프로 AngularJS

Pro AngularJS

by Adam Freeman

풀 Angular JS

애덤 프리먼 지음 | 유윤선 옮김

Apress®

저자 소개

◎ 애덤 프리먼(Adam Freeman)

다양한 기업에서 고위직을 역임한 바 있는 IT 전문가로서, 최근에
는 전 세계적인 은행에서 최고 기술 이사 및 최고 운영 책임자로
근무한 바 있다. 현재는 은퇴 후 집필에 힘쓰며, 취미생활로 달리
기를 하며 시간을 보내고 있다.

기술 감수자 소개

◎ **파비오 클라우디오 페라치아티(Fabio Claudio Ferracchiati)**

마이크로소프트 기술을 활용한 선임 컨설턴트이자 선임 애널리스트/개발자다. 파비오는 브레인 포스(www.brainforce.com)의 이탈리아 지부(ww.brainforce.it)에서 근무하고 있다. 파비오는 .NET 마이크로소프트 인증 솔루션 개발자, .NET 마이크로소프트 인증 애플리케이션 개발자, 마이크로소프트 인증 전문가이며, 여러 책의 집필 및 기술 감수에 참여하고 있다. 지난 10년간 이탈리아 및 전 세계에서 출간하는 잡지에 많은 글을 기고한 바 있으며, 다양한 컴퓨터 관련 주제를 다룬 10권 이상의 책을 공동 집필했다.

역자 서문

한때 사용자 상호작용을 처리하는 용도로 제한적으로 사용되던 자바스크립트는 이제 풀스택 애플리케이션을 개발할 수 있는 언어로 자리매김했다. 자바스크립트가 이렇게 발전하기까지는 여러 브라우저의 호환성 문제를 깔끔하게 해결해준 제이쿼리, 자바스크립트로 서버를 구동할 수 있게 해준 node.js, 자바스크립트로 데이터베이스를 구현한 몽고디비 등이 큰 역할을 했다. 이제 자바스크립트만 가지고도 서버와 연동하고, 데이터베이스에 데이터를 저장하는 복잡한 애플리케이션을 개발할 수 있게 됐고, 이를 증명하듯 자바스크립트 기반의 단일 페이지 애플리케이션(SPA)이 연일 출시되고 있다.

하지만 이와 같이 자바스크립트의 언어적 위상이 커졌음에도 불구하고, 풀스택 단일 페이지 애플리케이션에서 자바스크립트를 구현하는 모범 기법에 대한 논의나 참고할 만한 자료는 아직 부족한 실정이다. 이를테면 대다수 주요 언어에서 다양한 MVC 프레임워크가 나와 있는 것과 달리, 자바스크립트에서는 그동안 사용할 만한 MVC 프레임워크가 전무했다. 물론 제이쿼리를 활용하면 다양한 DOM 처리를 손쉽게 수행할 수 있지만, 이 과정에서 뷰와 컨트롤러, 심지어 모델 코드가 복잡하게 얽히는 문제가 생길 수 있다. AngularJS는 이와 같은 문제를 해결하기 위해 구글에서 내놓은 MVC 프레임워크이자 솔루션이다. AngularJS는 모델-뷰-컨트롤러(MVC) 패턴을 충실히 따라 애플리케이션 코드를 분리해주고, 다양한 내장 컨트롤러와 서비스, 편의 기능을 통해 자바스크립트 기반의 단일 페이지 애플리케이션 개발을 도와준다.

이 책에서는 AngularJS를 활용해 단일 페이지 애플리케이션을 개발할 때 알아야 할 모든 내용을 다루고 있다. 이 책의 1부에서는 AngularJS를 활용해 단일 페이지 애플리케이션 개발을 시작할 때 알아야 할 기본 정보를 소개한다. 이 과정에서 AngularJS 환경설정, HTML 및 부트스트랩 CSS, 자바스크립트 기초 지식을 다루고, 큰 맥락에서 AngularJS 애플리케이션이 어떻게 구성되는지 볼 수 있게 실전 애플리케이션(스포츠 상점)을 구현한다. 이 책의 2부에서는 AngularJS 애플리케이션을 구성하는 다양한 컴포넌트 및 개념(디렉티브, 컨트롤러, 스코프, 필터 등)을 차례로 소개하고, 이를 토대로 커스텀 필터나 디렉티브를 직접 정의하는 고급 주제로까지 논의를 확장한다. 이 책의 3부에서는 AngularJS의 모듈 및 서비스를 소개하며, AngularJS가 전역 객체, 에러, 표현식, Ajax 요청/프로미스, REST 등에 사용하는 다양한 서비스에 대해 들여다본다. 또, 단위 테스트 지원을 위해 AngularJS가 내부적으로 사용하는 서비스에 대해서도 빠짐없이 소개함으로써 AngularJS가 어떤 식으로 의존성을 해결하고 컴포넌트(서비스, 상수 등)를 주입하는지 친절히 설명한다.

한마디로 이 책은 AngularJS를 활용해 단일 페이지 애플리케이션을 개발할 때 고급 개발자가 알아야 할 모든 지식을 일목요연하게 정리한 완벽 가이드다. 이 책에서는 각 컴포넌트에 대한 풍부한 설명과 수많은 실전 예제를 통해 레퍼런스 수준의 정보를 제공한다. 또, 독자들이 한눈에 필요한 내용을 찾을 수 있게 각 장에서는 문제-해결책-예제 형태의 레시피와 참조 인덱스(장 서두)를 제공한다. 따라서 독자들은 특정 문제에 대한 해결책을 상세 설명과 예제를 통해 바로 찾아볼 수 있음은 물론, 책을 처음부터 끝까지 읽고 나면 각 컴포넌트가 서로 어떤 식으로 결합해 활용되는지 자연스럽게 이해할 수 있다. 개인적으로 역자는 이 책을 처음부터 끝까지 차례로 읽은 후, 실전 예제를 다루는 8장의 스포츠 상점 예제를 다시 한 번 살펴봄으로써 독자들이 큰 맥락에서 AngularJS 애플리케이션을 어떻게 구현해야 하는지 이해해볼 것을 권장한다.

이 책의 대상 독자

이 책은 자바스크립트 단일 페이지 애플리케이션을 개발하려는 모든 개발자를 대상으로 한다. 이 책에서는 가능한 한 AngularJS에 초점을 맞추기 위해 서버(node.js) 및 데이터베이스(Deployd, 몽고디비)에 대한 설명은 최소화했으므로 이와 같은 내용을 모르더라도 책의 예제를 이해하는 데 큰 무리가 없다. 또, 예제를 이해하는 데 필요한 자바스크립트 지식을 자세히 다루고 있으므로 자바스크립트에 대한 지식이 부족한 독자라도 책의 내용을 충분히 이해할 수 있다. 아울러, 다른 언어에서 MVC 프레임워크를 활용해본 경험이 있는 개발자라면 이 책을 통해 손쉽게 자바스크립트 MVC 패턴을 클라이언트 애플리케이션에 적용할 수 있을 것이다.

감사의 글

먼저 이 책의 번역을 맡겨주시고, 오랜 번역 기간 동안 기다려주신 비제이퍼블릭 김범준 대표께 감사를 전한다. 아울러 좋은 프레임워크를 개발하고 출시해준 모든 구글 개발자들과 좋은 책을 집필해준 애덤 프리먼에게 감사하다. 끝으로 나와 항상 함께하시는 하나님과 사랑하는 가족들에게 감사하다.

역자 소개

◎ **유윤선**

인디 개발자이자 프리랜서 번역가로 활동 중이다. 역서로는『단일 페이지 웹 애플리케이션』,『전문가를 위한 안드로이드 프로그래밍』,『하둡 인 프랙티스』,『시작하세요! iOS 6 프로그래밍』,『프로페셔널 Node.js 프로그래밍』,『NoSQL 프로그래밍』,『프로 스프링 3』,『라이프해커』,『시작하세요! 아이폰 5 프로그래밍』,『안드로이드 레시피』,『시작하세요! Unity 3D 게임 프로그래밍』,『시작하세요! 안드로이드 게임 프로그래밍』,『시작하세요! 아이폰 4 프로그래밍』,『플래시 빌더 4 & 플렉스 4 바이블』,『쉽고 빠르게 익히는 CSS3』,『스프링 시큐리티 3』,『시작하세요! 아이패드 프로그래밍』등이 있다.

차례

저자 소개 — iv

기술 감수자 소개 — v

역자 서문 — vi

역자 소개 — viii

PART 01 준비하기   1

chapter 1
준비하기 3

선행 지식 — 3

책의 구조 — 4

이 책의 예제 — 4

예제 코드 다운로드 — 8

개발 환경 설정 — 8

정리 — 16

chapter 2
첫 번째 AngularJS 앱 17

프로젝트 준비 — 17

AngularJS 활용 — 19

기본을 넘어서 — 31

정리 — 49

chapter 3

AngularJS 이해 51

AngularJS가 뛰어난 분야 - 51
MVC 패턴 이해 - 55
RESTful 서비스 이해 - 60
자주 하기 쉬운 설계 실수 - 63
정리 - 64

chapter 4

HTML 및 부트스트랩 CSS 기초 65

HTML 이해 - 66
부트스트랩 이해 - 71
정리 - 86

chapter 5

자바스크립트 기초 87

예제 프로젝트 준비 - 88
Script 엘리먼트 이해 - 89
명령 사용 - 90
함수의 정의 및 사용 - 91
변수 및 타입의 활용 - 96
자바스크립트 연산자 활용 - 110
배열 활용 - 118
undefined 및 null 값의 비교 - 123
프로미스 활용 - 127
JSON 활용 - 133
정리 - 135

chapter 6

스포츠 상점: 실전 애플리케이션 137

시작하기 - 138

(가짜) 상품 데이터 표시 - 146

카테고리 목록 표시 - 152

정리 - 169

chapter 7

스포츠 상점: 내비게이션 및 결제 171

예제 프로젝트 준비 - 171

실제 상품 데이터 활용 - 171

부분 뷰 생성 - 176

장바구니 생성 - 179

URL 내비게이션 추가 - 188

결제 절차의 시작 - 193

정리 - 197

chapter 8

스포츠 상점: 주문 및 관리자 기능 199

예제 프로젝트 준비 - 199

배송 상세 정보 수집 - 200

주문하기 - 209

개선하기 - 214

상품 카탈로그 관리 - 216

정리 - 235

PART 02

AngularJS 활용   237

chapter 9

AngularJS 앱 해부 239

예제 프로젝트 준비 - 240

모듈 활용 - 241

모듈을 활용한 AngularJS 컴포넌트 정의 - 243

모듈을 활용한 코드 조직화 - 262

정리 - 268

chapter 10

바인딩 및 템플릿 디렉티브 활용 269

디렉티브는 언제, 왜 사용하나 - 270

예제 프로젝트 준비 - 271

데이터 바인딩 디렉티브 활용 - 272

템플릿 디렉티브 활용 - 279

정리 - 301

chapter 11

엘리먼트 및 이벤트 디렉티브 활용 303

예제 프로젝트 준비 - 304

엘리먼트 디렉티브 활용 - 305

이벤트 처리 - 315

특수 어트리뷰트 관리 - 322

정리 - 325

chapter 12

폼 활용 327

예제 프로젝트 준비 - 328

Form 엘리먼트의 양방향 데이터 바인딩 활용 - 329

폼 유효성 검증 - 336

폼 유효성 검증 피드백 전달 - 344

폼 디렉티브 어트리뷰트 활용 - 354

정리 - 365

chapter 13

컨트롤러 및 스코프 활용 367

컨트롤러 및 스코프는 언제, 왜 사용하나 - 368

예제 프로젝트 준비 - 368

기본 이론 이해 - 369

컨트롤러 조직화 - 375

스코프리스 컨트롤러 활용 - 394

명시적 스코프 업데이트 - 396

정리 - 401

chapter 14

필터 활용 403

필터는 언제, 왜 사용하나 - 404

예제 프로젝트 준비 - 404

단일 데이터 값 필터링 - 407

컬렉션 필터링 - 418

필터 체인 - 428

커스텀 필터 구현 - 429

정리 - 435

chapter 15

커스텀 디렉티브 구현 437

커스텀 디렉티브는 언제, 왜 사용하나 - 438

예제 프로젝트 준비 - 438

커스텀 디렉티브 구현 - 439

jqLite 활용 - 454

제이쿼리를 통한 jqLite 대체 - 469

정리 - 471

chapter 16

고급 디렉티브 구현 473

예제 프로젝트 준비 - 474

복잡한 디렉티브 정의 - 475

디렉티브 템플릿 활용 - 481

디렉티브 스코프 관리 - 491

정리 - 510

chapter 17

고급 디렉티브 기능 511

예제 프로젝트 준비 - 512

트랜스클루전 활용 - 512

디렉티브 내 컨트롤러 활용 - 519

커스텀 폼 엘리먼트 구현 - 526

정리 - 537

PART 03

AngularJS 서비스   539

chapter 18
모듈 및 서비스 활용 541

서비스 및 모듈은 언제, 왜 사용하나 - 541

예제 프로젝트 준비 - 542

모듈을 활용한 애플리케이션 구조화 - 544

서비스의 생성 및 활용 - 549

내장 모듈 및 서비스의 활용 - 557

정리 - 559

chapter 19
전역 객체, 에러, 표현식을 위한 서비스 561

예제 프로젝트 준비 - 561

DOM API 전역 객체 접근 - 562

예외 처리 - 575

위험한 데이터 처리 - 579

AngularJS 표현식 및 디렉티브 활용 - 586

정리 - 596

chapter 20
Ajax 서비스 및 프로미스 597

Ajax 서비스는 언제, 왜 사용하나 - 598

예제 프로젝트 준비 - 598

Ajax 요청 수행 - 599

프로미스 활용 - 616

정리 - 628

chapter 21

REST 서비스 629

REST 서비스는 언제, 왜 사용하나 - 630

예제 프로젝트 준비 - 630

$http 서비스 활용 - 640

Ajax 요청 숨기기 - 645

정리 - 659

chapter 22

뷰를 위한 서비스 661

뷰 서비스는 언제, 왜 사용하나 - 661

예제 프로젝트 준비 - 662

URL 라우팅 활용 - 664

라우트 파라미터 활용 - 672

라우트 설정 - 679

정리 - 686

chapter 23

애니메이션 및 터치를 위한 서비스 687

예제 프로젝트 준비 - 687

엘리먼트 애니메이션 - 687

터치 이벤트 지원 - 694

정리 - 697

chapter 24

프로비전 및 주입을 위한 서비스 699

프로비전 및 주입 서비스는 언제, 왜 사용하나 - 699

예제 프로젝트 준비 - 699

AngularJS 컴포넌트 등록 - 700

주입 관리 - 702

정리 - 708

chapter 25

단위 테스트 709

단위 테스트는 언제, 왜 사용하나 - 710

예제 프로젝트 준비 - 710

카르마 및 자스민 활용 - 714

목 객체 이해 - 719

컨트롤러 테스트 - 720

목 객체 활용 - 723

기타 컴포넌트 테스트 - 733

정리 - 739

찾아보기 - 740

PART

01

준비하기

CHAPTER 1

준비하기

AngularJS는 서버사이드 개발 분야의 모범 기법을 활용해 브라우저에서 HTML을 개선하고 리치 애플리케이션을 쉽고 간단하게 개발해줄 수 있는 토대를 마련해준다. AngularJS 애플리케이션은 모델-뷰-컨트롤러(MVC)라는 디자인 패턴을 중심으로 개발하며, MVC 패턴에서는 다음과 같은 특성을 강조한다.

- **확장 가능성**: 기본적인 내용을 이해하고 나면 아무리 복잡한 AngularJS 애플리케이션이라도 어떻게 동작하는지 쉽게 알 수 있다. 이 말은 애플리케이션을 개선해 사용자가 원하는 새로운 기능이나 유용한 기능을 손쉽게 구현할 수 있다는 뜻이다.

- **유지보수 가능성**: AngularJS 앱은 디버그 및 수정이 쉽다. 이 말은 장기적인 유지보수가 그만큼 간편해진다는 뜻이다.

- **테스트 가능성**: AngularJS는 단위 테스트 및 단대단(end-to-end) 테스트를 충실히 지원한다. 따라서 사용자가 알아차리기 전에 먼저 내부 결함을 찾아 고칠 수 있다.

- **표준화**: AngularJS는 웹 브라우저의 기본 기능을 토대로 최신 기능(HTML5 API 등) 및 인기 있는 툴과 프레임워크를 활용해 표준과 호환되는 웹 앱을 간편하게 개발할 수 있게 해준다.

AngularJS는 구글에서 후원하고 관리하는 오픈 소스 자바스크립트 라이브러리로 이미 대규모의 복잡한 웹 앱에서 사용된 바 있다. 이 책에서는 독자들이 프로젝트에서 AngularJS를 최대한 활용하는 데 필요한 제반 지식을 다루려고 한다.

| 선행 지식

이 책을 읽는 독자들은 웹 개발의 기본 개념, HTML 및 CSS의 동작 방식과, 가능하다면 자바스크립트의 작동 방식에 대해서도 알고 있는 게 좋다. 그러나 이들 주제에 익숙하지 않은 독자들을 위해 이 책의 4장과 5장에서는 HTML, CSS, 자바스크립트를 복습할 수 있는 내용을 다룬다. AngularJS를 주제로 하는 책에서 HTML을 완전히 다루기에는 지면이 턱없이 부족하다. HTML 및 CSS에 대해서 자세히 알고 싶다면 Apress에서 출간한 필자의 저서 『The Definitive Guide to HTML5』를 읽어보기 바란다.

책의 구조

이 책은 총 3부로 이뤄지며, 각 부에서는 다음과 같은 주제를 다루고 있다.

1부: 준비하기

이 책의 1부에서는 책의 나머지 내용을 읽는 데 도움되는 정보를 제공한다. 1부에는 이 장을 비롯해 HTML, CSS, 자바스크립트를 복습할 수 있는 장이 들어 있다. 또 첫 번째 AngularJS 애플리케이션을 개발하는 법을 보여주고, 스포츠 상점이라는 좀 더 현실적인 애플리케이션을 개발하는 과정을 안내한다.

2부: AngularJS 활용

이 책의 2부에서는 AngularJS 애플리케이션의 다양한 컴포넌트 타입에 대한 개요로 시작해 각 타입을 차례로 활용해봄으로써 AngularJS 라이브러리의 기능을 소개한다. 또한 AngularJS에 내장되어 있는 다양한 기능을 자세히 소개하고 수많은 커스터마이징 옵션의 활용 예를 보여준다.

3부: AngularJS 모듈 및 서비스

이 책의 3부에서는 AngularJS에서 중요한 역할을 하는 두 개의 컴포넌트인 모듈과 서비스에 대해 다룬다. 두 컴포넌트를 생성하는 다양한 방법을 소개하고, AngularJS에서 제공하는 다양한 내장 서비스를 설명하는데, 여기에는 단일 페이지 애플리케이션 개발, Ajax, RESTful API 및 단위 테스트를 단순화해주는 서비스도 포함된다.

이 책의 예제

이 책에는 수많은 예제 코드가 담겨 있다. AngularJS를 배우는 가장 좋은 방법은 예제를 통해 배우는 것이므로 가능한 한 많은 예제를 담으려고 노력했다. 또, 최대한 많은 예제를 선보이기 위해 간단한 관례를 채택함으로써 파일 내용을 매번 반복해서 보여주지 않아도 되게 했다. 각 장에서 파일을 처음 사용할 때는 예제 1-1처럼 전체 내용을 모두 보여준다.

```html
<!DOCTYPE html>
<html ng-app="todoApp">
<head>
    <title>TO DO List</title>
    <link href="bootstrap.css" rel="stylesheet" />
    <link href="bootstrap-theme.css" rel="stylesheet" />
    <script src="angular.js"></script>
    <script>
        var model = {
            user: "Adam",
            items: [{ action: "Buy Flowers", done: false },
                    { action: "Get Shoes", done: false },
                    { action: "Collect Tickets", done: true },
                    { action: "Call Joe", done: false }]
        };

        var todoApp = angular.module("todoApp", []);

        todoApp.controller("ToDoCtrl", function ($scope) {
            $scope.todo = model;
        });

    </script>
</head>
<body ng-controller="ToDoCtrl">
    <div class="page-header">
        <h1>To Do List</h1>
    </div>
    <div class="panel">
        <div class="input-group">
            <input class="form-control" />
            <span class="input-group-btn">
                <button class="btn btn-default">Add</button>
            </span>
        </div>
        <table class="table table-striped">
            <thead>
                <tr>
                    <th>Description</th>
                    <th>Done</th>
                </tr>
            </thead>
            <tbody></tbody>
        </table>
    </div>
</body>
</html>
```

이 예제는 2장에서 발췌한 것이다. 이 예제의 내용이 이해되지 않더라도 걱정하지 말기 바란다. 다만 각 장에서 파일을 처음으로 사용할 때는 예제 1-1에서 보여준 것처럼 전체 예제를 모두 보여준다는 사실만 기억하자. 예제를 두 번째나 그 이상 여러 차례 보여줄 때는 변경된 부분만 들어 있는 부분 예제를 보여준다. 이 예제가 부분 예제라는 사실은 예제 1-2처럼 말줄임표(...)를 통해 알 수 있다.

예제 1-2. 부분 예제

```
...
<body ng-controller="ToDoCtrl">
    <div class="page-header">
        <h1>
            {{todo.user}}'s To Do List
            <span class="label">{{todo.items.length}}</span>
        </h1>
    </div>
    <div class="panel">
        <div class="input-group">
            <input class="form-control" />
            <span class="input-group-btn">
                <button class="btn btn-default">Add</button>
            </span>
        </div>
        <table class="table table-striped">
            <thead>
                <tr>
                    <th>Description</th>
                    <th>Done</th>
                </tr>
            </thead>
            <tbody>
                <tr ng-repeat="item in todo.items">
                    <td>{{item.action}}</td>
                    <td>{{item.done}}</td>
                </tr>
            </tbody>
        </table>
    </div>
</body>
...
```

이 예제는 2장에서 발췌한 부분 예제다. 여기서는 body 엘리먼트 및 그 내용만 볼 수 있고, 다양한 엘리먼트를 강조한 것을 볼 수 있다. 이 책에서는 이런 방식을 통해 책에서 설명하려고 하는 특정 기능을 강조한다. 이와 같은 부분 예제에서는 이전 예제에서 달라진 부분만을 보여준다. 그런데 종종 같은 파일 내에서 여러 곳을 수정해야 할 때가 있다. 이때는 예제 1-3처럼 지면상 필요 없는 부분을 생략한다.

```html
<!DOCTYPE html>
<html ng-app="todoApp">
<head>
    <title>TO DO List</title>
    <link href="bootstrap.css" rel="stylesheet" />
    <script src="angular.js"></script>
    <script>

        var model = {
            user: "Adam",
            items: [{ action: "Buy Flowers", done: false },
                    { action: "Get Shoes", done: false },
                    { action: "Collect Tickets", done: true },
                    { action: "Call Joe", done: false }]
        };

        var todoApp = angular.module("todoApp", []);

        todoApp.controller("ToDoCtrl", function ($scope) {
            $scope.todo = model;
        });

    </script>
</head>
<body ng-controller="ToDoCtrl">

    <!-- ...지면상 생략된 엘리먼트... -->

    <div class="panel">
        <div class="input-group">
            <input class="form-control" />
            <span class="input-group-btn">
                <button class="btn btn-default">Add</button>
            </span>
        </div>
        <table class="table table-striped">
            <thead>
                <tr>
                    <th>Description</th>
                    <th>Done</th>
                </tr>
            </thead>
            <tbody></tbody>
        </table>
    </div>
</body>
</html>
```

이와 같은 관례를 사용하는 덕분에 책에 좀 더 많은 예제를 실을 수 있지만 특정 기능을 찾는 게 좀 더 어려워지기도 한다. 이 점을 감안해 2부와 3부에서는 AngularJS 기능을 설명하는 각 장마다 요약표를 제시해 해당 기술을 다루는 예제를 한눈에 볼 수 있게 했다.

┃예제 코드 다운로드

이 책에서 사용하는 모든 예제 코드는 www.apress.com에서 내려받을 수 있다. 예제 코드는 무료로 내려받을 수 있으며, 책의 코드를 직접 입력하지 않고 예제를 바로 사용할 수 있게끔 모든 리소스를 제공한다. 물론 꼭 코드를 내려받을 필요는 없지만, 코드를 내려받으면 예제를 좀 더 실험해보고 코드 일부를 본인의 프로젝트에 직접 사용하는 게 쉬워진다.

┃개발 환경 설정

AngularJS 개발에는 브라우저, 텍스트 편집기, 웹 서버가 필요하다. 클라이언트사이드 웹 앱을 개발할 때 좋은 점 중 하나는 다양한 개발 도구를 활용해 자신의 작업 스타일과 코딩 방식에 맞는 환경을 꾸릴 수 있다는 점이다. 이어지는 절에서는 독자들이 따라 할 수 있게 필자가 사용하는 개발 환경에 대해 설명한다(필자가 사용하는 툴을 그대로 사용할 필요는 없지만 이렇게 하면 예제가 제대로 동작할 가능성이 높아진다. 만일 다른 툴을 사용한다면 이 장의 '간단한 테스트 수행' 절로 이동해 모든 것이 제대로 동작하는지 확인하자).

> **팁** 클라이언트사이드 개발에서 자주 사용하는 인기 있는 툴로 Yeoman(http://yeoman.io)이 있다. 이 툴은 클라이언트사이드 개발을 위해 긴밀하게 연동된 개발 파이프라인을 제공해준다. 필자는 주로 사용하는 윈도우 운영체제와의 호환성 문제로 인해 이 툴을 사용하지 않으며, 이 툴은 전반적으로 제약이 필요 이상으로 많다고 생각한다. 그러나 일부 독자들에게는 도움될 만한 기능이 있을 것이다.

웹 브라우저 선택

AngularJS는 많은 현대 웹 브라우저에서 동작하며, 개발자는 사용자가 사용할 수 있는 모든 브라우저에서 앱을 테스트해야 한다. 하지만 개발용으로는 애플리케이션의 현재 상태를 보여주고 기본적인 테스트를 수행할 수 있게끔 개발 환경에 적합한 브라우저를 선택해야 한다.

필자는 이 책에서 구글 크롬을 사용하며, 독자들도 같은 브라우저를 사용할 것을 권장한다. 크롬은 안정적인 브라우저일 뿐 아니라 최신 W3C 표준에 부합하며, 훌륭한 F12 개발자 툴(F12 키를 누르면 나타나므로 이렇게 부른다)을 제공한다.

개발에 크롬을 사용하는 가장 중요한 이유는 구글에서 F12 툴에 AngularJS를 지원하는 크롬 확장 플러그인을 개발했기 때문이다. 이 툴은 매우 유용하니, 꼭 설치하기 바란다. 크롬 확장 플러그인 스토어의 URL은 매우 길어 제대로 입력하기 어려우므로 'Batarang AngularJS'를 검색해 URL을 찾기 바란다.

> **주의** 대다수 자바스크립트 라이브러리와 마찬가지로 이전 버전의 인터넷 익스플로러에서는 일부 호환 성 문제가 있다. 적절한 장에서 다루겠지만, http://docs.angularjs.org/guide/ie를 통해 이와 같은 문제를 해결하는 법에 대한 요약 정보와 각 이슈를 다루는 법을 한눈에 볼 수 있다.

코드 편집기 선택

AngularJS를 개발할 때는 어떤 텍스트 편집기든 사용해도 된다. 가장 많이 사용하는 편집기로는 웹스톰(www.jetbrains.com/webstorm)과 서브라임 텍스트(www.sublimetext.com)가 있다. 둘 다 유료 제품으로, 윈도우, 리눅스, 맥 OS에서 사용할 수 있다. 두 편집기 모두 일반 편집기와 비교 해 AngularJS를 좀 더 쉽게 사용할 수 있는 개선 기능을 제공한다.

코드 편집기만큼 개발자들의 취향이 갈리는 분야도 없다. 필자는 개인적으로 웹스톰이나 서브라 임 텍스트로 제대로 코딩하는 게 어려웠다. 대신 필자는 마이크로소프트의 웹용 비주얼 스튜디오 익스프레스 2013을 사용한다. 이 개발 툴은 무료로 사용할 수 있으며 AngularJS를 기본으로 지 원한다(자세한 설명은 www.microsoft.com/visualstudio/express를 참고). 물론 비주얼 스튜디오는 윈도우에서만 실행되지만, 필자가 보기에는 여타 편집기에 뒤지지 않는 훌륭한 코드 편집기를 갖 춘 IDE다.

> **팁** 선호하는 편집기에서 HTML, 자바스크립트 파일(둘 다 일반 텍스트)을 쓸 수만 있다면, 책의 예 제를 따라 할 때는 어떤 편집기를 사용하든 상관없다.

Node.js 설치

클라이언트사이드 개발에 자주 사용하는 개발 툴은 대부분 자바스크립트로 작성돼 있으며 이를 실행하는 데는 Node.js가 필요하다. Node.js는 구글 크롬 브라우저에서 사용하는 것과 같은 자바 스크립트 엔진을 토대로 개발됐지만 브라우저 밖에서도 실행될 수 있게 변형되어, 현재는 자바스 크립트 애플리케이션을 개발하는 범용적인 프레임워크 기능을 제공한다.

http://nodejs.org로 이동해 자신의 플랫폼(윈도우, 리눅스, 맥 OS용이 제공된다)에 맞는 Node.js 패키지를 내려받자. 이때 패키지 매니저도 설치하고 설치 디렉터리를 경로에 추가해야 한다.

Node.js 설치 여부를 확인하려면 명령행을 열고 node를 입력한다. 그런 다음 프롬프트가 바뀔 때까지 기다린 후 다음 내용을 (한 줄에) 입력한다.

```
function testNode() {return "Node is working"}; testNode();
```

이와 같이 인터랙티브하게 사용할 경우 설치가 제대로 됐다면 Node.js에서는 자바스크립트 입력값을 해석한 후 다음 출력값을 표시한다.

```
'Node is working'
```

 Node.js를 설치하고 이를 통해 웹 서버를 만드는 방식에는 여러 가지가 있다. 여기서는 가장 간편하면서 안정적인 방식을 사용한다. 바로, node.js 설치 디렉터리 내에 로컬로 필요한 애드온 모듈을 설치하는 방식이다. 다른 설정 옵션은 http://Nodejs.org에서 볼 수 있다.

웹 서버 설치

이 책의 예제 개발에 사용하기에는 간단한 웹 서버도 충분하다. 여기서는 Connect라는 Node.js 모듈을 사용해 웹 서버를 만든다. Node.js 설치 디렉터리에서 다음 명령을 실행한다.

```
npm install connect
```

NPM은 노드 패키지 설치 프로그램으로, 이 명령을 실행하면 Connect 모듈에 필요한 파일을 내려받는다. 다음으로, server.js라는 새 파일(마찬가지로 Node.js 설치 폴더 내에)을 생성하고, 파일의 내용을 예제 1-4에 보이는 내용으로 채운다.

예제 1-4. server.js 파일의 내용

```
var connect = require('connect');

connect.createServer(
    connect.static("../angularjs")

).listen(5000);
```

이 파일에서는 5000포트에 대한 요청에 응답하는 간단한 서버를 생성하고, angularjs라는 폴더에 들어 있는 파일을 제공한다. 이 폴더는 Node.js 설치 폴더와 같은 레벨상에 있는 폴더다.

테스트 시스템 설치

AngularJS의 가장 중요한 특징 중 하나는 단위 테스트 지원이다. 이 책에서는 카르마(Karma) 테스트 러너와 자스민(Jasmine) 테스트 프레임워크를 사용한다. 두 프레임워크는 모두 폭넓게 사용하는 프레임워크이고, 연동하기도 쉽다. Node.js 설치 디렉터리 내에서 다음 명령을 실행한다.

```
npm install -g karma
```

그럼 NPM이 카르마에 필요한 파일을 내려받아 설치해준다. 이 장에서는 추가로 필요한 설정이 없다. 카르마는 25장에서 다시 살펴본다.

AngularJS 디렉터리 생성

다음으로 개발을 진행하는 동안 AngularJS 애플리케이션을 제공할 디렉터리를 생성해야 한다. 이와 같이 디렉터리를 생성하면 코드 진행 상황을 체크할 수 있고 파일들을 일관되게 정리할 수도 있다. Node.js 설치 폴더와 같은 레벨상에 angularjs라는 새 폴더를 생성한다(물론 다른 위치를 사용할 수도 있지만, 그렇게 할 경우 경로에 맞게 server.js 파일의 내용도 수정해야 한다).

AngularJS 라이브러리 다운로드

다음으로 최신의, 안정적인 AngularJS 라이브러리를 http://angularjs.org에서 내려받아야 한다. 메인 페이지에서 Download 링크를 클릭하고 그림 1-1처럼 Stable과 Uncompressed 옵션을 체크했는지 확인하자. 이 그림에서 볼 수 있듯 이 페이지에서는 안정적이지 않은 배포 과거 버전과 최소 버전을 선택할 수 있고, 콘텐츠 배포 네트워크(CDN)를 선택할 수도 있다. 하지만 이 책에서는 압축이 해제된 로컬 라이브러리 버전을 사용한다. 이 파일을 angularjs 디렉터리 내 angular.js로 저장한다.

이 책을 쓰고 있는 현 시점 기준으로 AngularJS의 안정적인 버전은 1.2.5다. 이 책에서는 계속해서 이 버전을 사용한다. 책이 편집을 거쳐 출간되기까지는 시간이 걸리는 만큼 독자들이 이 책을 읽을 때쯤에는 좀 더 최신 버전이 나와 있을 것이다. 하지만 안정적인 버전의 AngularJS API는 바뀌지 않으므로 새 버전을 사용하더라도 아무 문제 없을 것이다.

> **팁** 다운로드 메뉴에는 필자가 이 책에서 사용한 것과 동일한 버전을 내려받을 수 있는 과거 버전 링크도 들어 있다.

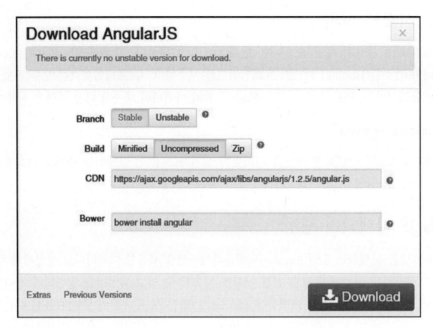

그림 1-1. AngularJS 라이브러리 내려받기

AngularJS 추가 파일 다운로드

그림 1-1을 자세히 살펴보면 좌측 하단 구석에서 Extras 링크를 볼 수 있다. 이 링크를 클릭하면 코어 AngularJS 라이브러리의 기능을 확장해주는 추가 파일을 내려받을 수 있다. 이들 파일 중 일부는 이후 장에서 사용할 예정인데, 표 1-1을 보면 필요한 추가 파일의 목록과 각 파일을 사용하는 장을 알 수 있다.

표 1-1. AngularJS 추가 파일

파일	설명	사용한 장
angular-touch.js	터치 이벤트 지원 기능을 제공한다.	23
angular-animate.js	콘텐츠가 변할 때 애니메이션을 제공한다.	23
angular-mocks.js	단위 테스트를 위해 목 객체를 제공한다.	25
angular-route.js	URL 라우팅을 제공한다.	21
angular-sanitize.js	위험한 콘텐츠 이스케이핑을 제공한다.	19
angular-locale-fr-fr.js	프랑스에서 사용하는 프랑스어를 위한 지역화를 제공한다. 이 파일은 i18n 폴더에서 볼 수 있는 여러 지역화 파일 중 하나다.	14

부트스트랩 다운로드

이 책에서는 예제 내용에 스타일을 적용하는 데 부트스트랩 CSS 프레임워크를 사용한다. 부트스트랩은 AngularJS를 사용할 때 꼭 필요한 프레임워크는 아니며, 둘 사이에는 아무런 직접적인 관련이 없다. 하지만 부트스트랩을 사용하면 커스텀 CSS 스타일을 매번 반복적으로 정의하지 않아도 콘텐츠 레이아웃을 명확하게 정의할 수 있는 CSS 스타일을 활용할 수 있다.

http://getbootstrap.com으로 이동해 Download Bootstrap 버튼을 클릭한다. 그럼 자바스크립트 및 CSS 파일이 들어 있는 아카이브 파일을 내려받을 수 있다. 다음 파일을 angularjs 파일과 더불어 angularjs 폴더 안에 복사한다.

- `bootstrap-3.0.3/dist/css/bootstrap.css`

- `bootstrap-3.0.3/dist/css/bootstrap-theme.css`

이때 파일 구조를 새로 만들면 안 된다. 파일은 angularjs 폴더 안에 복사해야 한다. 부트스트랩에 대해서는 4장에서 자세히 소개한다(파일명에서 알 수 있듯 현재 필자가 사용하는 부트스트랩 버전은 3.0.3이다).

> **팁** 부트스트랩은 CSS 파일과 자바스크립트로 이뤄진다. 이 책에서는 CSS 파일을 모든 예제에 사용하지만, 자바스크립트 기능은 AngularJS의 동작 방식을 설명하는 데 필요하지 않으므로 사용하지 않는다.

선택 옵션: 라이브리로드

AngularJS 앱 개발은 대개 반복 과정을 통해 진행된다. 따라서 소소한 부분을 수없이 수정하고, 브라우저를 통해 보는 일을 계속 반복해야 한다. 이때 필자는 라이브리로드(http://livereload.com)라는 툴을 사용한다. 이 툴은 폴더 내 파일을 모니터링하고 변경 사항을 감지하면 자동으로 브라우저를 재로드해준다. 물론 작은 부분이라고 생각할 수도 있지만, 특히 여러 브라우저 및 브라우저 창에서 업데이트 사항을 계속해서 확인해야 한다면 이 툴이 시간을 크게 줄여줄 수 있다. 이 책을 쓰고 있는 현 시점 기준으로 윈도우용은 알파 버전이지만 잘 동작한다. 맥 OS 버전은 좀 더 발전했으며, 9.99달러에 판매된다(분명히 말하지만 필자는 어떤 소프트웨어 회사와도 아무런 관련이 없다. 필자가 책에서 사용하는 모든 툴은 Apress에서 제공하거나 필자가 직접 구매한 것이다. 툴을 추천할 때는 이 툴을 사용하는 게 좋기 때문이지 해당 기업으로부터 어떠한 보상이나 처우를 받은 것이 아님을 분명히 밝혀둔다).

Deployd 다운로드

6장에서는 상당한 수준의 예제 애플리케이션 개발에 착수하는데, 이를 위해서는 HTTP 요청을 보내 데이터를 가져올 서버가 필요하다. 또, 이 기능은 AngularJS의 AJAX 기능과 RESTful 웹 서비스 처리를 설명하는 3부에서도 필요하다.

이 작업에 사용할 서버로는 Deployd를 선택했다. 이 서버는 Deployd.com에서 내려받을 수 있다. Deployd는 웹 애플리케이션용 API를 모델링할 수 있는 훌륭한 크로스플랫폼 툴이다. Deployd는 Node.js 및 몽고디비를 기반으로 개발됐으며, 데이터를 JSON(실제로는 JSON과 유사한 파생 형식. 하지만 이 책에서는 큰 차이가 없다)으로 저장하고, 자바스크립트를 사용해 서버사이드를 개발할 수 있게 해준다.

아쉽지만 Deployd의 미래는 조금 불확실해 보인다. 이 프로젝트의 비즈니스 모델은 클라우드 제공자로 백엔드 서비스를 손쉽게 배포하는 것이었는데, 안타깝게도 큰 호응을 얻지 못한 것 같다. 이 책을 쓰고 있는 현 시점 기준으로 이 프로젝트는 한동안 개발이 중단된 상태이며, 개발자들이 다른 프로젝트로 옮겨 갔을 가능성도 있는 상태다. 하지만 Deployd 툴은 계속해서 다운로드할 수 있으며, 로컬에 설치하거나 원한다면 Node.js 및 몽고디비를 지원하는 다른 클라우드 제공자로 배포할 수도 있다. 물론 Deployd의 지속적인 개발이 중단됐을 수도 있지만 이 프로젝트는 오픈 소스다. 모든 소스 코드, 설치 파일, 문서는 https://github.com/deployd/deployd 및 http://deployd.com에서 볼 수 있다. 또 이 책과 함께 제공되는 소스 코드에도 윈도우 및 맥용 Deployd 설치 파일을 포함시켰다. 그럼, 각자 플랫폼에 맞는 Deployd를 내려받고 설치하자. 현재로서는 추가 설정이 필요 없다. Deployd를 사용하는 법은 6장에서 자세히 다룬다.

간단한 테스트 수행

모든 설치를 제대로 끝냈고 모든 것이 정상 동작하는지 확인하기 위해 angularjs 폴더 내에 새 HTML 파일을 생성하고, 파일명을 test.html로 지정한 다음, 내용을 예제 1-5처럼 채운다.

예제 1-5. test.html 파일을 통한 AngularJS 및 부트스트랩 테스트

```html
<!DOCTYPE html>
<html ng-app>
<head>
    <title>First Test</title>
    <script src="angular.js"></script>
    <link href="bootstrap.css" rel="stylesheet" />
    <link href="bootstrap-theme.css" rel="stylesheet" />
</head>
<body>
    <div class="btn btn-default">{{"AngularJS"}}</div>
    <div class="btn btn-success">Bootstrap</div>
```

```
  </body>
</html>
```

이 파일 내용 중에는 처음 보는 내용도 있을 것이다. `html` 엘리먼트에 들어 있는 `ng-app` 어트리뷰트 및 `body` 엘리먼트의 `{{AngularJS}}`는 AngularJS에서 유래했고, `btn`, `btn-default`, `btn-success` 클래스는 부트스트랩에서 유래했다. 이들 요소의 의미에 대해서는 지금 당장은 신경 쓰지 않아도 된다. 이 HTML 문서의 목적은 개발 환경이 제대로 설정됐는지 확인하는 데 있기 때문이다. 부트스트랩의 동작 방식에 대해서는 4장에서 설명하고, AngularJS에 대해서는 이 책 전반을 통해 설명한다.

웹 서버 실행

웹 서버를 실행하려면 Node.js 설치 디렉터리에서 다음 명령을 실행하면 된다.

```
node server.js
```

그러면 앞서 이 장에서 만든 `server.js` 파일을 로드하고 5000포트에서 HTTP 요청의 리스닝을 시작한다.

테스트 파일 로드

크롬을 실행한 후 http://localhost:5000/test.html로 이동한다. 그러면 그림 1-2와 같은 결과를 볼 수 있다.

그림 1-2. 개발 환경 테스트

그림 1-3에서는 AngularJS나 부트스트랩이 제대로 동작하지 않을 때 어떤 일이 일어나는지 볼 수 있다. 여기서는 AngularJS 테스트 과정에서 중괄호 문자(`{` 및 `}`)가 그대로 보이는 것과 콘텐츠가 버튼으로 표시되지 않는 것(이 작업은 부트스트랩이 수행해준다)을 볼 수 있다. 이때는 웹 서버의 설정을 확인하고, `angularjs` 폴더 내에 올바른 파일을 두었는지 검사한 후 다시 테스트해야 한다.

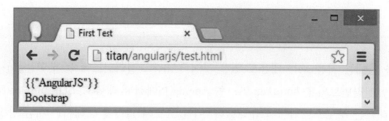

그림 1-3. 기본 테스트 실패 화면

l 정리

이 장에서는 이 책의 내용과 구조에 대해 개괄적으로 설명하고 AngularJS 웹 개발에 필요한 소프트웨어도 소개했다. 앞서 말한 바와 같이 AngularJS를 배우는 가장 좋은 방법은 예제를 살펴보는 것이다. 이에 따라 2장에서는 바로 첫 번째 AngularJS 애플리케이션 개발에 착수한다.

첫 번째 AngularJS 앱

AngularJS 개발을 시작하는 가장 좋은 방법은 직접 웹 애플리케이션 개발을 해보는 것이다. 이 장에서는 타깃 애플리케이션의 정적인 목업부터 시작해 AngularJS 기능을 적용함으로써 (간단하기는 하지만) 동적인 웹 애플리케이션으로 변모시키는 간단한 개발 과정을 소개한다. 6장부터 8장에서는 좀 더 복잡하고 현실적인 AngularJS 애플리케이션을 개발하는 법을 다룬다. 그러나 지금은 간단한 예제만으로도 AngularJS 앱의 주요 컴포넌트를 보여주는 데 충분하며, 이를 통해 이 책의 나머지 내용을 이해할 수 있는 기초를 마련하게 될 것이다.

| 프로젝트 준비|

1장에서는 이 책에서 사용하는 개발 환경을 준비하고 테스트하는 법을 설명했다. 이어지는 예제를 따라 하려면 지금쯤 모든 환경이 바르게 설정돼 있고 제대로 실행돼야 한다.

여기서는 먼저 정적인 HTML 목업을 사용해 이 장의 애플리케이션인 할 일 애플리케이션을 개발한다. 여기서는 angularjs 폴더 내에 todo.html이라는 간단한 새 HTML 파일을 추가했다. 새 파일의 내용은 예제 2-1에서 볼 수 있다.

예제 2-1. todo.html 파일의 초기 내용

```
<!DOCTYPE html>
<html data-ng-app>
<head>
    <title>TO DO List</title>
    <link href="bootstrap.css" rel="stylesheet" />
    <link href="bootstrap-theme.css" rel="stylesheet" />
</head>
<body>
    <div class="page-header">
        <h1>Adam's To Do List</h1>
```

```
            </div>
            <div class="panel">
                <div class="input-group">
                    <input class="form-control" />
                    <span class="input-group-btn">
                        <button class="btn btn-default">Add</button>
                    </span>
                </div>
                <table class="table table-striped">
                    <thead>
                        <tr>
                            <th>Description</th>
                            <th>Done</th>
                        </tr>
                    </thead>
                    <tbody>
                        <tr><td>Buy Flowers</td><td>No</td></tr>
                        <tr><td>Get Shoes</td><td>No</td></tr>
                        <tr><td>Collect Tickets</td><td>Yes</td></tr>
                        <tr><td>Call Joe</td><td>No</td></tr>
                    </tbody>
                </table>
            </div>
    </body>
</html>
```

 지금부터는 별도로 언급하지 않는 한 모든 파일을 앞 장에서 만든 angularjs 폴더에 추가한다. 예제 파일은 직접 작성하지 않고, Apress.com에서 무료로 내려받아도 된다. 예제 파일은 장별로 정리돼 있으며 예제를 개발하고 테스트하는 데 필요한 모든 파일을 담고 있다.

이 파일은 AngularJS를 사용하지 않는다. 심지어 이 파일에는 현재 angular.js 파일을 불러오는 script 엘리먼트도 없는 상태다. 자바스크립트 파일을 추가하고 AngularJS 기능을 적용하는 일은 잠시 후 할 예정이며, 현재 todo.html 파일은 할 일 애플리케이션의 목업 역할을 하는 정적인 HTML 엘리먼트만을 포함하고 있다. 바로, 페이지 상단의 헤더와 할 일 목록을 보여주는 테이블이다. 이 파일의 내용을 확인하기 위해 브라우저를 사용해 그림 2-1처럼 todo.html 파일로 이동해보자.

참고 이 장의 예제를 간단히 하기 위해 여기서는 모든 내용을 todo.html 파일 내에 집어넣는다. 보통 AngularJS 애플리케이션에서는 잘 설계된 파일 구조를 사용해 파일을 나누지만, 여기서는 또 다른 문제가 생기는 것을 방지하기 위해 이 방식을 사용하지 않는다. 대신 복잡한 AngularJS 애플리케이션의 개발을 시작하는 6장부터 상황에 맞게 파일 구조를 나누는 법을 다룬다.

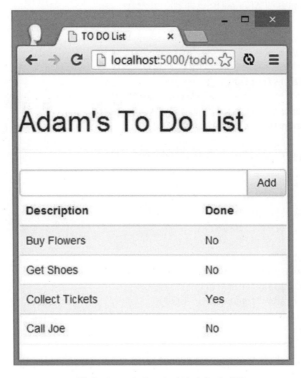

그림 2-1. todo.html 파일의 초기 내용

I AngularJS 활용

todo.html 파일 내 정적인 HTML은 이 장에서 구현하려는 기본 기능을 담는 그릇 역할을 한다. 사용자는 할 일 목록을 볼 수 있어야 하고, 완료된 할 일을 체크 표시하거나, 새 할 일 항목을 추가할 수 있어야 한다. 이어지는 절에서는 AngularJS를 추가하고 실제 할 일 애플리케이션이 될 수 있게끔 기본 기능을 추가한다. 예제를 간단히 하기 위해 여기서는 사용자가 한 명뿐이며, 애플리케이션의 데이터 상태 보존에 대해서는 신경 쓰지 않는다고 가정한다.

HTML 파일에 AngularJS 적용

HTML 파일에 AngularJS를 추가하는 방법은 간단하다. 그냥 angular.js 파일을 불러오는 script 엘리먼트를 추가하고, AngularJS 모듈을 개발한 후, 예제 2-2처럼 html 엘리먼트에 어트리뷰트를 적용하면 된다.

```html
<!DOCTYPE html>
<html ng-app="todoApp">
<head>
    <title>TO DO List</title>
    <link href="bootstrap.css" rel="stylesheet" />
    <link href="bootstrap-theme.css" rel="stylesheet" />
    <script src="angular.js"></script>
    <script>
        var todoApp = angular.module("todoApp", []);
    </script>
</head>
<body>
    <div class="page-header">
        <h1>Adam's To Do List</h1>
    </div>
    <div class="panel">
        <div class="input-group">
            <input class="form-control" />
            <span class="input-group-btn">
                <button class="btn btn-default">Add</button>
            </span>
        </div>
        <table class="table table-striped">
            <thead>
                <tr>
                    <th>Description</th>
                    <th>Done</th>
                </tr>
            </thead>
            <tbody>
                <tr><td>Buy Flowers</td><td>No</td></tr>
                <tr><td>Get Shoes</td><td>No</td></tr>
                <tr><td>Collect Tickets</td><td>Yes</td></tr>
                <tr><td>Call Joe</td><td>No</td></tr>
            </tbody>
        </table>
    </div>
</body>
</html>
```

AngularJS 앱은 하나 이상의 모듈로 구성된다. 모듈은 다음과 같이 `angular.module` 메서드를 호출해 생성한다.

```
...
var  todoApp  = angular.module("todoApp", []);
...
```

모듈에 대해서는 9장과 18장에서 좀 더 자세히 설명하겠지만, 예제 2-2에서는 예제에 적용할 모듈을 생성하고 적용하는 것을 볼 수 있다. angular.module 메서드의 인자는 생성할 모듈명과 필요한 추가 모듈 배열이다. 여기서는 애플리케이션 모듈명에 App을 첨부하는 조금 헷갈리기 쉬운 명명 관례를 사용해 todoApp이라는 이름의 모듈을 생성하고, 두 번째 인자로 빈 배열을 지정함으로써 추가 모듈이 필요 없음을 AngularJS에게 알렸다(일부 AngularJS 기능은 다른 모듈에 들어 있다. 아울러 18장에서는 커스텀 모듈을 생성하는 법을 보여준다).

> **주의** 대다수 개발자가 의존성 인자를 빼먹는 실수를 자주 하는데, 이렇게 하면 에러가 발생한다. 의존성이 없다면 빈 배열을 사용해 의존성 인자를 지정해야 한다. 의존성을 사용하는 자세한 방법은 18장에서 설명한다.

AngularJS가 모듈을 어떻게 적용해야 하는지는 ng-app 어트리뷰트를 통해 알려준다. AngularJS는 새 엘리먼트, 어트리뷰트, 클래스 및 (자주 사용하지는 않지만) 특수 주석을 추가함으로써 HTML을 확장한다. AngularJS 라이브러리는 동적으로 문서 내 HTML을 파싱해 이들 추가 요소의 위치를 파악하고 이를 처리해 애플리케이션을 생성한다. 개발자는 자바스크립트를 통해 내장 기능을 보완함으로써 애플리케이션의 기능을 커스터마이징하고, 자신만의 추가 기능을 HTML에 정의할 수 있다.

> **참고** AngularJS 컴파일은 런타임이 실행하는 결과를 생성하기 위해 컴파일러가 소스 코드를 처리하는 C#이나 자바 프로젝트의 컴파일 과정과는 다르다. AngularJS 라이브러리는 브라우저가 콘텐츠를 로드할 때 HTML 엘리먼트를 해석하고, 표준 DOM API 및 자바스크립트 기능을 사용해 엘리먼트를 추가하거나 제거하고, 이벤트 핸들러 등을 설정한다고 표현하는 게 좀 더 정확하다. AngularJS 개발 과정에서는 명시적인 컴파일 단계가 없다. HTML과 자바스크립트 파일을 수정한 후 브라우저로 로드하는 과정만 있을 뿐이다.

HTML에 추가하는 AngularJS 요소 중 가장 중요한 요소는 ng-app 어트리뷰트다. 이 어트리뷰트는 예제 내 html 엘리먼트 중 AngularJS가 컴파일하고 처리해야 할 모듈이 들어 있음을 알려주는 역할을 한다. 자바스크립트 프레임워크로 AngularJS만 사용하는 경우 관례상 ng-app 어트리뷰트를 예제 2-2와 같이 html 엘리먼트에 적용한다. 하지만 AngularJS를 제이쿼리 같은 다른 기술과 함께 사용하는 경우에는 ng-app 어트리뷰트를 문서 내 엘리먼트에 적용함으로써 AngularJS 앱이 차지하는 범위를 좀 더 제한할 수 있다.

특히 오랫동안 웹 앱을 개발하고 HTML 표준을 준수하는 데 익숙한 개발자라면 HTML 문서에 비표준 어트리뷰트 및 엘리먼트를 추가하는 게 이상해 보일 수 있다. ng-app 같은 어트리뷰트를 사용하는 방식이 익숙하지 않다면 다른 방법도 사용할 수 있다. 바로, data 어트리뷰트와 함께 AngularJS 디렉티브를 사용하는 방식이다. 이들 디렉티브에 대해서는 2장에서 자세히 다루겠지만, 지금은 ng-app이 디렉티브이고, 다음과 같이 적용할 수 있다는 사실만 알아두면 된다.

```
...
<html  data-ng-app="todoApp">
...
```

이 책에서 필자는 AngularJS 관례를 사용하고 ng-app 어트리뷰트 및 사용 가능한 모든 HTML 개선 기능을 사용할 것이다. 독자들 또한 이와 같이 하기를 권장하지만, 다른 접근 방식을 사용하고 싶거나 개발 툴 체인에서 비표준 HTML 엘리먼트나 어트리뷰트를 처리할 수 없다면 이와 같은 대안을 사용해도 된다.

데이터 모델 생성

AngularJS는 **모델-뷰-컨트롤러**(MVC) 패턴을 지원한다. MVC 패턴에 대해서는 3장에서 자세히 설명한다. 간단히 말해 MVC 패턴을 따르려면 애플리케이션을 각기 다른 세 영역으로 나눠야 한다. 바로, 애플리케이션의 데이터(모델), 데이터를 처리하는 로직(컨트롤러), 데이터를 보여주는 로직(뷰)다.

필자의 할 일 애플리케이션에서 데이터는 현재 HTML 엘리먼트 내 여러 곳에 분산돼 있다. 사용자의 이름은 다음과 같이 헤더에 들어 있다.

```
...
<h1>Adam's To Do  List</h1>
...
```

또, 할 일 항목의 상세 정보는 다음과 같이 테이블 내 td 엘리먼트에 들어 있다.

```
...
<tr><td>Buy  Flowers</td><td>No</td></tr>
...
```

첫 번째로 할 일은 흩어진 데이터를 모두 모아서 HTML 엘리먼트와 분리해 모델을 만드는 것이다. 3장에서 설명하겠지만 데이터를 데이터 표현 로직과 분리한다는 생각은 MVC 패턴에서 가장 핵심이 되는 개념 중 하나다. AngularJS 애플리케이션은 브라우저상에 존재하므로 데이터 모델은 예제 2-3과 같이 script 엘리먼트 내에 자바스크립트를 사용해 정의해야 한다.

예제 2-3. todo.html 파일 내 데이터 모델 생성

```html
<!DOCTYPE html>
<html ng-app="todoApp">
<head>
    <title>TO DO List</title>
    <link href="bootstrap.css" rel="stylesheet" />
    <link href="bootstrap-theme.css" rel="stylesheet" />
    <script src="angular.js"></script>
    <script>

        var model = {
            user: "Adam",
            items: [{ action: "Buy Flowers", done: false },
                    { action: "Get Shoes", done: false },
                    { action: "Collect Tickets", done: true },
                    { action: "Call Joe", done: false }]
        };

        var todoApp = angular.module("todoApp", []);

    </script>
</head>
<body>
    <div class="page-header">
        <h1>To Do List</h1>
    </div>
    <div class="panel">
        <div class="input-group">
            <input class="form-control" />
            <span class="input-group-btn">
                <button class="btn btn-default">Add</button>
            </span>
        </div>
        <table class="table table-striped">
            <thead>
                <tr>
                    <th>Description</th>
                    <th>Done</th>
                </tr>
            </thead>
            <tbody>
            </tbody>
        </table>
    </div>
</body>
</html>
```

여기서는 예제를 단순화했지만, 모델은 데이터 객체를 생성, 조회, 저장, 수정하는 데 필요한 로직을 포함할 수도 있다. AngularJS 앱에서 이 로직은 주로 서버에서 담당하고 웹 서버를 통해 접근한다. 자세한 내용은 3장을 참고하자.

여기서는 앞서 여러 HTML 엘리먼트에 분산된 데이터에 대응되는 속성을 사용해 자바스크립트 객체를 정의했다. user 속성은 사용자의 이름을 정의하고, items 속성은 나의 할 일 항목을 나타내는 객체 배열을 정의한다.

보통 모델을 정의할 때는 MVC 패턴의 다른 부분도 함께 정의하지만, 여기서는 간단한 AngularJS 애플리케이션 개발 과정을 보여주는 게 목적이다. 바뀐 실행 결과는 그림 2-2에서 볼 수 있다.

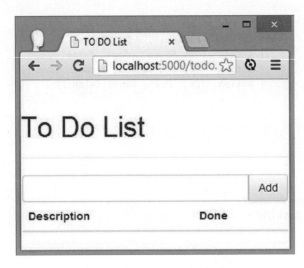

그림 2-2 데이터 모델의 생성 결과

AngularJS 프로젝트를 개발하다 보면 일정 시점에 이르러 MVC 패턴에 따라 각 부분을 정의하고 서로 연결해야 한다. 이때 특히 이 장에서 필자가 한 것처럼 정적 목업을 통해 개발하고 있었다면 마치 개발이 뒤처지는 느낌이 들 수도 있다. 하지만 이런 초기 투자는 결국 나중에 큰 보상으로 돌아오게 돼 있다. 6장에서 좀 더 복잡하고 현실적인 AngularJS 애플리케이션의 개발에 착수해보면 독자들도 규모가 큰 예제를 접할 수 있을 것이다. 이런 예제에서는 초기 설정 작업이 많이 필요하지만 그 대신 설정을 마치고 나면 기능을 빠르게 연결할 수 있다.

컨트롤러 생성

컨트롤러는 뷰를 지원하는 데 필요한 비즈니스 로직을 정의한다(물론 **비즈니스 로직**이라는 용어는 컨트롤러를 이해하는 데 큰 도움이 안 되지만). 컨트롤러를 가장 쉽게 이해하려면 컨트롤러에 들어가지 않는 로직과 컨트롤러에 남아 있는 로직을 구분해 설명하는 게 좋다.

데이터의 저장 및 조회와 관련한 로직은 **모델**에 포함된다. 데이터를 포매팅하고 사용자에게 보여주는 로직은 **뷰**에 포함된다. 컨트롤러는 모델과 뷰 사이에 위치하며 둘을 서로 연결해준다. 컨트롤러는 사용자 상호작용에 반응하며, 모델 내 데이터를 업데이트하고, 뷰에서 요청한 데이터를 뷰에게 제공한다.

지금은 이 내용이 이해되지 않아도 괜찮다. 이 책을 마칠 때쯤에는 MVC 패턴에 완전히 익숙해지고, AngularJS에서 MVC 패턴이 어떻게 적용되는지 이해할 수 있을 것이다. MVC 패턴에 대해서는 3장부터 자세히 설명하지만, 복잡한 AngularJS 웹 애플리케이션의 개발을 시작하는 6장에서야 비로소 MVC에서의 컴포넌트 구분을 좀 더 명확히 이해하게 될 것이다.

> **팁** 패턴에 익숙하지 않더라도 걱정하지 말자. MVC 패턴은 상식적인 패턴이며, 이 책에서는 꽤 느슨하게 이 패턴을 적용한다. 패턴은 단순히 개발자를 돕기 위한 수단이므로 필요에 따라 자유롭게 채택하면 된다. MVC 패턴과 관련 용어들이 익숙해지고 나면 이 중 필요한 부분만을 선택해 프로젝트에 적용하고 원하는 개발 방식대로 개발을 진행할 수 있을 것이다.

컨트롤러는 앞 절에서 본 것처럼 `angular.module`을 호출해 반환되는 Module 객체에서 `controller` 메서드를 호출해 생성한다. 예제 2-4에서 볼 수 있듯 `controller` 메서드의 인자는 새 컨트롤러명 및 컨트롤러의 기능을 정의하기 위해 호출하는 함수다.

예제 2-4. todo.html 파일 내 컨트롤러 생성

```
<!DOCTYPE html>
<html ng-app="todoApp">
<head>
    <title>TO DO List</title>
    <link href="bootstrap.css" rel="stylesheet" />
    <link href="bootstrap-theme.css" rel="stylesheet" />
    <script src="angular.js"></script>
    <script>

        var model = {
            user: "Adam",
            items: [{ action: "Buy Flowers", done: false },
                    { action: "Get Shoes", done: false },
                    { action: "Collect Tickets", done: true },
                    { action: "Call Joe", done: false }]
        };

        var todoApp = angular.module("todoApp", []);
```

```
        todoApp.controller("ToDoCtrl", function ($scope) {
            $scope.todo = model;
        });

    </script>
</head>
<body ng-controller="ToDoCtrl">
    <div class="page-header">
        <h1>To Do List</h1>
    </div>
    <div class="panel">
        <div class="input-group">
            <input class="form-control" />
            <span class="input-group-btn">
                <button class="btn btn-default">Add</button>
            </span>
        </div>
        <table class="table table-striped">
            <thead>
                <tr>
                    <th>Description</th>
                    <th>Done</th>
                </tr>
            </thead>
            <tbody></tbody>
        </table>
    </div>
</body>
</html>
```

관례상 컨트롤러의 이름은 <이름>Ctrl로 지정하는데, <이름>은 애플리케이션에서 컨트롤러가 하는
역할을 잘 나타내는 이름으로 한다. 실제 애플리케이션에서는 보통 여러 개의 컨트롤러를 사용하
지만 이 예제에서는 ToDoCtrl이라고 부르는 컨트롤러 하나만 있으면 된다.

 이런 식으로 컨트롤러의 이름을 지정하는 것은 관례일 뿐이며, 원하는 이름을 얼마든지 지정해도
된다. 이와 같이 널리 사용되는 관례를 따르는 주된 이유는 AngularJS를 알고 있는 다른 프로그
래머들도 쉽게 프로젝트의 구조를 알아차릴 수 있게 하기 위해서다.

물론 여기서는 최대한 간단한 컨트롤러를 보여주기 위해 이와 같은 컨트롤러를 생성했다. 컨트롤
러의 주된 역할 중 하나는 필요한 데이터를 뷰에게 제공하는 것이다. 뷰가 항상 전체 모델에 접근
할 수 있는 것은 적절하지 않으므로 컨트롤러를 사용해 뷰가 접근할 수 있는 데이터 영역을 선택
하는데, 이를 **스코프**라고 부른다.

이 컨트롤러 함수의 인자는 $scope로서, $ 기호 다음에 scope를 사용한다. AngularJS 앱에서 $

로 시작하는 변수명은 AngularJS에서 제공하는 내장 기능을 나타낸다. $가 있으면 이는 주로 내장 **서비스**를 나타낸다. 이들 서비스는 자체 컴포넌트로 여러 컨트롤러에게 기능을 제공하는 일을 한다. 하지만 $scope는 특수 변수로서, 뷰에게 데이터 및 기능을 노출하는 데 사용한다. 스코프에 대해서는 13장에서 자세히 설명하고, 내장 서비스는 18~25장에서 설명한다.

이 앱에서는 뷰에서 전체 모델을 사용하려고 한다. 이를 위해 $scope 서비스 객체에 todo라는 속성을 정의하고 전체 모델을 다음과 같이 대입했다.

```
...
$scope.todo = model;
...
```

이렇게 하면 잠시 후 보게 될 뷰에서 모델 데이터를 사용할 수 있게 된다. 또, 컨트롤러가 책임질 HTML 문서 영역을 지정해야 하는데, 이때는 ng-controller 어트리뷰트를 사용하면 된다. 여기서는 컨트롤러가 하나뿐이므로(또, 간단한 애플리케이션이므로) 다음과 같이 body 엘리먼트에 ng-controller 어트리뷰트를 적용했다.

```
...
<body ng-controller="ToDoCtrl">
...
```

ng-controller 어트리뷰트의 값은 컨트롤러의 이름인 ToDoCtrl로 설정했다. 컨트롤러와 관련한 주제는 13장에서 자세히 살펴본다.

뷰 생성

뷰는 컨트롤러에서 제공하는 데이터를 브라우저에서 보여줄 콘텐츠를 생성하게 하는 애노테이션 HTML 엘리먼트와 결합함으로써 생성된다. 예제 2-5에서는 **데이터 바인딩**(data binding)이라는 애노테이션을 사용해 모델 데이터로 HTML 문서를 채우는 것을 볼 수 있다.

예제 2-5. todo.html 파일 내 뷰를 통한 모델 데이터 표시

```
...
  <body ng-controller="ToDoCtrl">
      <div class="page-header">
          <h1>
              {{todo.user}}'s To Do List
              <span class="label label-default">{{todo.items.length}}</span>
          </h1>
      </div>
      <div class="panel">
          <div class="input-group">
              <input class="form-control" />
              <span class="input-group-btn">
```

```
                <button class="btn btn-default">Add</button>
            </span>
        </div>
        <table class="table table-striped">
            <thead>
                <tr>
                    <th>Description</th>
                    <th>Done</th>
                </tr>
            </thead>
            <tbody>
                <tr ng-repeat="item in todo.items">
                    <td>{{item.action}}</td>
                    <td>{{item.done}}</td>
                </tr>
            </tbody>
        </table>
    </div>
</body>
...
```

모델, 컨트롤러, 뷰를 결합한 결과는 브라우저를 사용해 그림 2-3처럼 todo.html 파일로 이동하면 볼 수 있다. 이어지는 절에서는 이 HTML이 어떻게 생성됐는지 설명한다.

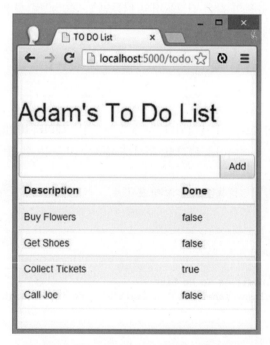

그림 2-3. todo.html 파일에 뷰를 적용한 결과

모델 값 삽입

AngularJS는 이중 중괄호 문자({{ 및 }})를 사용해 데이터 바인딩 표현식을 지정한다. 이 표현식 안에 있는 내용은 자바스크립트에 의해 해석되며, 컨트롤러의 스코프에 지정된 데이터 및 함수로 제한된다. 이 예제에서는 $scope 객체에 생성한 속성명을 통해 컨트롤러를 정의할 때 $scope 객체에 지정한 모델 부분에만 접근할 수 있다.

이 말은 예컨대 model.user 속성에 접근하려면 todo.user를 참조하는 데이터 바인딩 표현식을 정의해야 한다는 뜻이다. 이렇게 해야 하는 이유는 모델 객체를 $scope.todo 속성에 대입했기 때문이다.

AngularJS는 문서 내 HTML을 컴파일하고 ng-controller 어트리뷰트를 찾은 후, ToDoCtrl 함수를 호출해 뷰를 생성하는 데 사용할 스코프를 설정한다. 각 데이터 바인딩 표현식을 만날 때마다 AngularJS는 지정된 값을 $scope 객체에서 검사한 후 해당 값을 HTML 문서에 삽입한다. 예를 들어, 다음 표현식은

```
...
{{todo.user}}'s To Do List
...
```

처리 후 다음과 같은 문자열로 변형된다.

```
Adam's To Do List
```

이를 **데이터 바인딩** 또는 **모델 바인딩**이라고 하며, 이때 모델의 값은 HTML 엘리먼트의 내용으로 바인딩된다. 데이터 바인딩을 생성하는 방식은 이외에도 몇 가지가 있는데, 자세한 내용은 10장에서 설명한다.

표현식 평가

데이터 바인딩 표현식의 내용은 유효한 자바스크립트 명령이라면 무엇이든 사용할 수 있다. 이 말은 모델에서 새 데이터를 생성하는 작업도 수행할 수 있다는 뜻이다. 예제 2-5에서는 이 기능을 사용해 다음과 같이 할 일 항목의 개수를 표시한다.

```
...
<div class="page-header">
    {{todo.user}}'s To Do List<span class="label label-default">{{todo.items.length}}
        </span>
</div>
...
```

AngularJS는 이 표현식을 평가하고 사용자에게 할 일 목록 개수를 알려주기 위해 배열 항목의 개수를 표시한다. 여기서는 부트스트랩 라벨 클래스로 포매팅된 HTML 문서의 헤더에 이 정보를 표시한다.

팁　표현식은 데이터 값을 보여주기 적합하게끔 간단히 수정하는 데만 사용해야 한다. 데이터 바인딩은 복잡한 로직을 수행하거나 모델을 조작하는 데 사용해서는 안 된다. 이 작업은 컨트롤러의 몫이다. 때로는 뷰가 해야 할지, 컨트롤러가 해야 할지 구분하기 어려운 로직을 접하기도 하는데, 필자는 이 부분에 대해서 크게 걱정하지 말고 현재 개발 방향을 최대한 유지하는 쪽에서 가장 적합한 선택을 하고, 필요에 따라 나중에 로직을 옮길 것을 권장한다. 아무리 해도 결정을 못하겠다면 로직을 컨트롤러에 두자. 그럼 대개의 경우 올바른 선택이 될 것이다.

디렉티브 사용

표현식은 **디렉티브**와 함께 사용할 수 있다. 디렉티브는 AngularJS에게 콘텐츠를 어떻게 처리해야 할지 알려준다. 이 예제에서는 ng-repeat 어트리뷰트를 사용해 AngularJS가 다음과 같이 컬렉션 내 각 객체별로 엘리먼트를 생성하게끔 했다.

```
...
<tr ng-repeat="item in todo.items">
    <td>{{item.action}}</td><td>{{item.done}}</td>
</tr>
...
```

ng-repeat 어트리뷰트의 값은 <이름> in <컬렉션> 형태로 들어 있다. 여기서는 todo.items 내 item을 지정했는데, 이렇게 하면 tr 엘리먼트 및 여기 포함된 td 엘리먼트를 todo.items 배열 내 객체별로 생성하고, 배열 내 각 객체를 item이라는 변수에 대입하라는 의미가 된다.

item 변수를 사용하면 배열 내 각 객체 속성에 따라 데이터를 바인딩해 다음 HTML을 생성할 수 있다.

```
...
<tr ng-repeat="item in todo.items" class="ng-scope">
    <td class="ng-binding">Buy Flowers</td>
    <td class="ng-binding">false</td>
</tr>
<tr ng-repeat="item in todo.items" class="ng-scope">
    <td class="ng-binding">Get  Shoes</td>
    <td class="ng-binding">false</td>
</tr>
<tr ng-repeat="item in todo.items" class="ng-scope">
    <td class="ng-binding">Collect Tickets</td>
    <td class="ng-binding">true</td>
```

```
</tr>
<tr ng-repeat="item in todo.items" class="ng-scope">
    <td class="ng-binding">Call   Joe</td>
    <td class="ng-binding">false</td>
</tr>
...
```

이후 장에서 배우겠지만 디렉티브는 AngularJS의 동작에 있어서 핵심이 되며, ng-repeat 디렉티브는 앞으로 가장 많이 보게 될 디렉티브 중 하나다.

┃ 기본을 넘어서

이제 기본 MVC 구성 요소를 정의했고 이 과정에서 이 장을 시작할 때 작성한 정적인 목업 페이지의 동적 버전을 개발했다. 이제 튼튼한 기초를 마련했으니 고급 기술을 활용해 기능을 추가하고 좀 더 완전한 앱을 만들 수 있게 됐다. 이어지는 절에서는 다양한 AngularJS 기능을 할 일 앱에 적용하고 해당 기능을 자세히 설명한 장이 몇 장인지 소개한다.

양방향 모델 바인딩 활용

앞 절에서 사용한 바인딩은 **단방향 바인딩**이라고 부른다. 이때 값은 모델에서 가져와 템플릿 내 엘리먼트를 채우는 데 사용된다. 웹 앱 개발에서는 이런 방식이 대부분 표준으로 통하며 폭넓게 사용되고 있다. 예를 들어, 제이쿼리와 연동할 때 필자는 Handlebars 템플릿 패키지를 사용하는데, 이 템플릿에서는 이런 유형의 바인딩 및 데이터 객체로부터 HTML 콘텐츠를 생성해주는 데 도움되는 기능을 제공한다.

AngularJS는 한 발짝 더 나아가 **양방향 바인딩**도 제공한다. 이때 모델은 엘리먼트를 생성하는 데 사용될 뿐 아니라, 엘리먼트 내 변화가 생기면 모델 또한 같이 바뀌게 된다. 양방향 바인딩을 어떻게 구현하는지 보여주기 위해 여기서는 예제 2-6처럼 체크박스를 통해 각 할 일의 상태를 나타내게끔 todo.html을 수정했다.

예제 2-6. todo.html 파일에 체크박스 추가

```
...
<tr ng-repeat="item in todo.items">
    <td>{{item.action}}</td>
    <td><input type="checkbox" ng-model="item.done" /></td>
    <td>{{item.done}}</td>
</tr>
...
```

여기서는 체크박스 입력 엘리먼트를 담기 위해 새 td 엘리먼트도 추가했다. 여기서 중요한 부분은 ng-model 어트리뷰트로, 이 어트리뷰트는 AngularJS에서 입력 엘리먼트와 데이터 객체(엘리먼트를 생성할 때 할 일 항목에 ng-repeat 디렉티브를 부여한)의 done 속성 사이에 양방향 바인딩을 적용하게끔 한다.

HTML이 처음으로 컴파일되면 AngularJS에서는 done 속성값을 사용해 입력 엘리먼트의 값을 설정한다. 여기서는 체크박스를 사용하므로 true 값은 체크박스를 선택 상태로 만들고, false 값은 체크박스를 선택 해제 상태로 만든다. 그림 2-4처럼 브라우저를 사용해 todo.html 파일로 이동하면 이 결과를 확인할 수 있다. 이 화면에서는 체크박스의 설정이 독자들이 바인딩 기능을 좀 더 쉽게 알 수 있게끔 테이블에 남겨둔 true/false 값과 일치하는 것을 볼 수 있다.

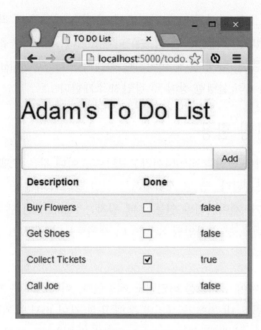

그림 2-4. 체크박스 입력 엘리먼트 추가

양방향 바인딩의 효과는 리스트에서 첫 번째 항목을 선택/선택 해제할 때 분명히 드러난다. 그림 다음 칼럼에 있는 텍스트 값 또한 함께 바뀌는 것을 볼 수 있다. AngularJS 바인딩은 동적이며, 입력 엘리먼트에 적용한 것과 같은 양방향 바인딩은 모델을 업데이트하고, 이어서 관련 데이터가 바인딩돼 있는 다른 엘리먼트도 업데이트한다. 이 경우, 입력 엘리먼트와 가장 오른쪽에 있는 칼럼 텍스트가 그림 2-5에서 보듯 매끄럽게 동기화된다.

양방향 바인딩은 사용자 입력을 받는 엘리먼트에 적용할 수 있다. 대개 이들 엘리먼트는 HTML 폼 엘리먼트로, 이 주제에 대해서는 12장에서 자세히 다룬다. 이와 같은 동적인 모델을 활용하면

AngularJS를 통해 복잡한 애플리케이션도 손쉽게 만들 수 있다. 이 책을 통해 앞으로도 AngularJS가 얼마나 동적인지 계속해서 확인할 수 있을 것이다.

그림 2-5. 양방향 바인딩의 활용

팁 여기서는 독자들이 양방향 데이터 바인딩의 효과를 쉽게 볼 수 있게 칼럼에 true/false 값을 남겨뒀지만 실제 제품에서는 대개 이렇게 하지 않는다. 다행히 구글 크롬의 Batarang 확장 플러그인을 사용하면 모델(및 일부 AngularJS 기능)을 손쉽게 살펴보고 모니터링할 수 있다. Batarang 확장 플러그인에 대해서는 1장을 참고하자.

컨트롤러 동작 구현 및 활용

컨트롤러는 스코프의 **동작**을 정의한다. 동작이란 애플리케이션의 비즈니스 로직을 구현하기 위해 모델 내 데이터에 수행하는 기능을 말한다. 컨트롤러에서 정의한 동작은 데이터를 사용자에게 보여줄 수 있게 뷰를 지원하며, 사용자 상호작용을 기반으로 모델을 업데이트한다.

간단한 동작의 예를 보이기 위해 여기서는 todo.html의 헤더 오른쪽에 있는 라벨을 변경해 아직 끝내지 않은 할 일 목록의 개수를 보여주려고 한다. 이를 위해 수정할 코드는 예제 2-7에서 볼 수 있다(여기서는 true/false 값을 보여주는 칼럼도 없앴다. 이 칼럼은 데이터 모델의 바인딩을 보여주기 위한 용도로 사용됐을 뿐이다).

예제 2-7. todo.html 파일 내 컨트롤러 동작의 정의 및 활용

```
<!DOCTYPE html>
<html ng-app="todoApp">
<head>
    <title>TO DO List</title>
    <link href="bootstrap.css" rel="stylesheet" />
    <link href="bootstrap-theme.css" rel="stylesheet" />
    <script src="angular.js"></script>
    <script>

        var model = {
            user: "Adam",
            items: [{ action: "Buy Flowers", done: false },
```

```
                        { action: "Get Shoes", done: false },
                        { action: "Collect Tickets", done: true },
                        { action: "Call Joe", done: false }]
        };

        var todoApp = angular.module("todoApp", []);

        todoApp.controller("ToDoCtrl", function ($scope) {
            $scope.todo = model;

            $scope.incompleteCount = function () {
                var count = 0;
                angular.forEach($scope.todo.items, function (item) {
                    if (!item.done) { count++ }
                });
                return count;
            }
        });

    </script>
</head>
<body ng-controller="ToDoCtrl">
    <div class="page-header">
        <h1>
            {{todo.user}}'s To Do List
            <span class="label label-default" ng-hide="incompleteCount() == 0">
                {{incompleteCount()}}
            </span>
        </h1>
    </div>
    <div class="panel">

        <div class="input-group">
            <input class="form-control" />
            <span class="input-group-btn">
                <button class="btn btn-default">Add</button>
            </span>
        </div>
        <table class="table table-striped">
            <thead>
                <tr>
                    <th>Description</th>
                    <th>Done</th>
                </tr>
            </thead>
            <tbody>
                <tr ng-repeat="item in todo.items">
                    <td>{{item.action}}</td>
                    <td><input type="checkbox" ng-model="item.done" /></td>
                </tr>
            </tbody>
        </table>
    </div>
```

```
</body>
</html>
```

동작은 컨트롤러 함수로 전달된 $scope 객체에 함수를 추가함으로써 정의한다. 이 예제에서는 끝내지 못한 할 일 목록의 개수를 반환하는 함수를 정의했다. 이들 항목의 개수는 $scope.todo. items 배열 내 항목을 순회하며 done 속성값이 false인 항목의 개수를 세어 계산했다.

> **팁** 여기서는 angular.forEach 메서드를 사용해 데이터 배열의 내용을 순회했다. AngularJS에는 자바스크립트 언어를 보완해주는 유용한 유틸리티 메서드가 여럿 있다. 유틸리티 메서드에 대해서는 5장에서 설명한다.

$scope 객체에 함수를 첨부하는 데 사용한 속성명은 동작명으로 사용된다. 필자가 정의한 동작명은 incompleteCount이며, 이 동작은 뷰를 형성하는 HTML 엘리먼트에 컨트롤러를 적용하는 ng-controller 어트리뷰트 스코프 내에서 호출할 수 있다.

예제 2-7에서는 incompleteCount 동작을 두 번 사용했다. 첫 번째는 다음과 같이 항목의 개수를 표시하기 위한 단순 바인딩에 사용했다.

```
...
<span  class="label label-default"  ng-hide="incompleteCount() == 0">
    {{incompleteCount()}}
</span>
...
```

이때 괄호를 사용해 동작을 호출한다는 점에 주의하자. 동작으로는 객체를 인자로 넘겨줄 수도 있는데, 이렇게 하면 다양한 데이터 객체에 사용할 수 있는 범용적인 동작을 정의할 수 있다. 이 애플리케이션은 간단하므로 여기서는 아무 인자도 넘겨주지 않고, 대신 필요한 데이터를 직접 컨트롤러 내 $scope 객체로부터 가져온다.

또, 다음과 같이 디렉티브와 연계해 동작을 사용한다.

```
...
<span  class="label default"  ng-hide="incompleteCount() == 0">
    {{incompleteCount()}}
</span>
...
```

ng-hide 디렉티브는 어트리뷰트로 지정된 표현식이 true일 경우 이 디렉티브가 적용된 엘리먼트(및 콘텐츠 엘리먼트)를 숨겨준다. 여기서는 incompleteCount 동작을 호출하고 끝내지 못한 할 일 개수가 0인지 검사한다. 남은 할 일 개수가 0이면 리스트에서 항목 개수를 표시하는 라벨을 사용자에게 숨긴다.

브라우저를 사용해 todo.html 파일로 이동하면 그림 2-6처럼 이 동작을 적용한 결과를 볼 수 있다. 리스트에서 항목을 선택/선택 해제하면 카운터 라벨에서 표시하는 항목 수가 달라지고, 모든 항목을 선택하면 카운터가 사라진다.

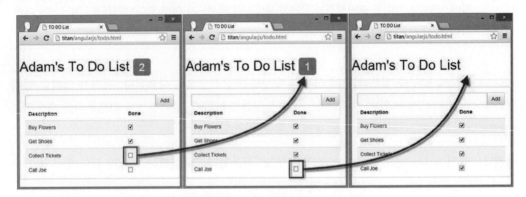

그림 2-6. 컨트롤러 동작의 활용

다른 동작에 의존하는 동작의 활용

AngularJS를 관통하는 주제 중 하나는 HTML, CSS, 자바스크립트의 본래 특성과 자연스럽게 연동해 웹 애플리케이션 개발을 진행하는 것이다. 예를 들어, 동작은 자바스크립트 함수를 사용해 생성하므로, 같은 컨트롤러 내 다른 동작에서 제공하는 기능을 토대로 하는 동작을 정의할 수도 있다. 예제 2-8에서는 할 일 목록의 미완료 항목 개수를 기반으로 CSS 클래스를 선택하는 동작을 구현했다.

예제 2-8. todo.html 파일 내 동작 개발

```
<!DOCTYPE html>
<html ng-app="todoApp">
<head>
    <title>TO DO List</title>
    <link href="bootstrap.css" rel="stylesheet" />
    <link href="bootstrap-theme.css" rel="stylesheet" />
    <script src="angular.js"></script>
    <script>

        var model = {
            user: "Adam",
```

```
            items: [{ action: "Buy Flowers", done: false },
                    { action: "Get Shoes", done: false },
                    { action: "Collect Tickets", done: true },
                    { action: "Call Joe", done: false }]
        };

        var todoApp = angular.module("todoApp", []);

        todoApp.controller("ToDoCtrl", function ($scope) {
            $scope.todo = model;

            $scope.incompleteCount = function () {
                var count = 0;
                angular.forEach($scope.todo.items, function (item) {
                    if (!item.done) { count++ }
                });
                return count;
            }

            $scope.warningLevel = function () {
                return $scope.incompleteCount() < 3 ? "label-success" : "label-warning";
            }
        });

    </script>
</head>
<body ng-controller="ToDoCtrl">
    <div class="page-header">
        <h1>
            {{todo.user}}'s To Do List
            <span class="label label-default" ng-class="warningLevel()"
                ng-hide="incompleteCount() == 0">
                {{incompleteCount()}}
            </span>
        </h1>
    </div>

    <!-- ...지면상 엘리먼트 생략... -->

</body>
</html>
```

여기서는 warningLevel이라는 새 동작을 정의했는데, 이 동작은 미완료 항목의 개수를 토대로 부트스트랩 CSS 클래스명을 반환한다. 이때 미완료 항목은 incompleteCount 동작을 호출함으로써 가져온다. 이와 같은 접근 방식을 사용하면 컨트롤러 내 중복 로직을 줄일 수 있음은 물론이고, 25장에서 보겠지만 단위 테스트 절차도 간편해지는 효과가 있다.

warningLevel 동작은 다음과 같이 ng-class 디렉티브를 사용해 적용했다.

```
...
<span  class="label"  ng-class="warningLevel()"  ng-hide="incompleteCount() == 0">
...
```

이 디렉티브는 동작에서 반환한 CSS 클래스를 적용한다. 이렇게 하면 그림 2-7에서 보듯 결과적으로 HTML 문서의 라벨 색상이 바뀌는 효과가 있다(AngularJS의 전체 디렉티브는 2부에서 설명한다. 아울러 커스텀 디렉티브를 정의하는 방법은 15~17장에서 다룬다).

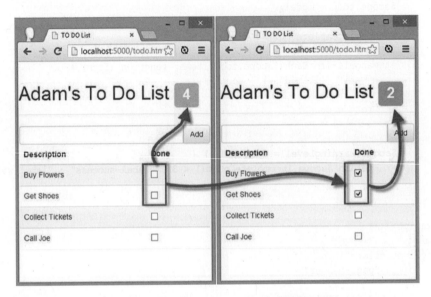

그림 2-7. 디렉티브를 사용해 엘리먼트에 클래스 적용

> 팁 여기서는 span 엘리먼트에 두 개의 디렉티브가 있고, 두 디렉티브 모두 각기 다른 동작을 사용하는 것을 볼 수 있다. 동작과 디렉티브는 애플리케이션에서 원하는 기능에 따라 자유롭게 조합할 수 있다.
>
> 인쇄판에서는 잘 보이지 않을 수도 있지만 그 결과 미완료 항목 개수가 3개 이하일 때는 라벨이 녹색으로 표시되고, 4개 이상일 때는 주황색으로 표시된다.

사용자 상호작용 반응

지금까지 동작과 디렉티브를 조합해 앱 기능을 구현하는 법을 살펴봤다. AngularJS 앱에서 멋진 기능은 대부분 이와 같은 조합을 통해 구현할 수 있다. 아울러 가장 멋진 조합 중 하나는 사용자 상호작용에 반응해 디렉티브와 동작을 함께 사용할 때 이뤄진다. 예제 2-9에서는 사용자가 새 할 일 항목을 추가할 수 있게끔 수정한 todo.html 파일을 볼 수 있다.

```html
<!DOCTYPE html>
<html ng-app="todoApp">
<head>
    <title>TO DO List</title>
    <link href="bootstrap.css" rel="stylesheet" />
    <link href="bootstrap-theme.css" rel="stylesheet" />
    <script src="angular.js"></script>
    <script>

        var model = {
            user: "Adam",
            items: [{ action: "Buy Flowers", done: false },
                    { action: "Get Shoes", done: false },
                    { action: "Collect Tickets", done: true },
                    { action: "Call Joe", done: false }]
        };

        var todoApp = angular.module("todoApp", []);

        todoApp.controller("ToDoCtrl", function ($scope) {
            $scope.todo = model;

            $scope.incompleteCount = function () {
                var count = 0;
                angular.forEach($scope.todo.items, function (item) {
                    if (!item.done) { count++ }
                });
                return count;
            }

            $scope.warningLevel = function () {
                return $scope.incompleteCount() < 3 ? "label-success" : "label-warning";
            }

            $scope.addNewItem = function (actionText) {
                $scope.todo.items.push({ action: actionText, done: false });
            }
        });

    </script>
</head>
<body ng-controller="ToDoCtrl">
    <div class="page-header">
        <h1>
            {{todo.user}}'s To Do List
            <span class="label label-default" ng-class="warningLevel()"
                  ng-hide="incompleteCount() == 0">
                {{incompleteCount()}}
            </span>
        </h1>
```

```
            </div>
        <div class="panel">
            <div class="input-group">
                <input class="form-control" ng-model="actionText" />
                <span class="input-group-btn">
                    <button class="btn btn-default"
                            ng-click="addNewItem(actionText)">Add</button>
                </span>
            </div>
            <table class="table table-striped">
                <thead>
                    <tr>
                        <th>Description</th>
                        <th>Done</th>
                    </tr>
                </thead>
                <tbody>
                    <tr ng-repeat="item in todo.items">
                        <td>{{item.action}}</td>
                        <td><input type="checkbox" ng-model="item.done" /></td>
                    </tr>
                </tbody>
            </table>
        </div>
    </body>
</html>
```

여기서는 다음과 같이 새 할 일 항목의 텍스트를 인자로 받아 이를 action 속성의 텍스트 값으로 설정하고 done 속성을 false로 지정해 데이터 모델에 새 객체를 추가해주는 addNewItem 동작을 추가했다.

```
...
$scope.addNewItem = function(actionText) {
    $scope.todo.items.push({ action: actionText, done: false});
}
...
```

이 동작은 모델을 수정하는 첫 번째 동작이지만, 실제 프로젝트에서는 뷰를 위해 데이터를 가져오고 준비하는 동작과 사용자 상호작용에 반응하고 모델을 업데이트는 동작이 여러 개로 분리돼 있는 게 보통이다. 이 동작은 표준 자바스크립트 함수로 정의했으며, 자바스크립트에서 배열이 지원하는 push 메서드를 사용해 모델을 업데이트할 수 있다는 점에 주의하자.

이 예제에서 재미있는 부분은 바로 디렉티브를 사용하는 부분이다. 여기서는 두 개의 디렉티브를 사용하는데, 첫 번째 디렉티브는 다음과 같다.

```
...
<input class="form-control" ng-model="actionText" />
...
```

이 디렉티브는 체크박스를 설정할 때 사용한 ng-model 디렉티브와 같은 디렉티브로, 앞으로 폼
엘리먼트를 사용하면서 많이 접하게 될 것이다. 여기서 주의해서 볼 부분은 모델에 속하지 않는
속성명을 디렉티브가 업데이트할 속성명으로 지정했다는 점이다. ng-model 디렉티브는 컨트롤
러 스코프 내에서 동적으로 속성을 생성해주고, 사용자 입력을 처리하는 데 사용할 수 있는 동적
인 모델 속성을 생성해준다. 이 예제에 추가한 두 번째 디렉티브에서는 동적 속성을 사용한다.

```
...
<button class="btn btn-default" ng-click="addNewItem(actionText)">Add</button>
...
```

ng-click 디렉티브는 click 이벤트가 일어날 때 표현식을 실행하는 핸들러를 설정해준다. 여기
서는 표현식이 addNewItem 동작을 호출하고, 인자로 동적 속성인 actionText를 전달한다. 이
렇게 하면 그림 2-8처럼 사용자가 입력한 텍스트가 들어 있는 새 할 일 항목을 입력 엘리먼트에
추가하는 효과가 있다.

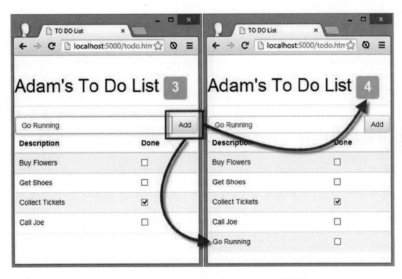

그림 2-8. 동작 및 디렉티브를 활용한 새 할 일 항목 추가

팁   아마 대다수 독자들은 개별 엘리먼트에 이벤트 처리 코드를 추가하지 말라고 배웠을 텐데, 여기
서 ng-click 디렉티브를 button 엘리먼트에 추가하니 이상해 보일 수도 있을 것이다. 하지만 걱
정하지 않아도 된다. AngularJS가 HTML 파일을 컴파일하다 디렉티브를 만나면, AngularJS는
이벤트 핸들러 코드가 엘리먼트와 분리되게끔 핸들러를 설정해준다. AngularJS 디렉티브와 컴파
일 과정에서 이들 디렉티브로부터 생성되는 HTML 및 자바스크립트의 차이를 명확히 인식하자.

미완료 항목의 개수를 보여주는 라벨은 새 항목을 리스트에 추가할 때 자동으로 업데이트된다는 점을 기억하자. AngularJS 앱의 라이브 모델의 장점 중 하나는 바인딩과 동작을 활용해 다양한 연동 기능을 구현할 수 있는 토대를 마련할 수 있다는 점이다.

모델 데이터의 필터링 및 정렬

14장에서는 동작을 구현하지 않고도 뷰에서 보여줄 모델의 데이터를 효과적으로 준비할 수 있는 AngularJS **필터** 기능을 자세히 다룬다. 물론, 기능을 사용한다 해도 잘못된 것은 아니지만 필터는 좀 더 범용적인 용도로 사용하고, 애플리케이션 전역에서 재사용하는 특징이 있다. 예제 2-10에는 필터 기능의 예를 보여주기 위해 수정한 todo.html이 나와 있다.

예제 2-10. todo.html 파일에 필터 추가

```
...
<tbody>
    <tr ng-repeat="item in todo.items | filter:{done: false} | orderBy:'action'">
        <td>{{item.action}}</td>
        <td><input type="checkbox" ng-model="item.done" /></td>
    </tr>
</tbody>
...
```

필터링은 데이터 모델의 어느 부분에나 적용할 수 있으며, 여기서는 테이블의 내용을 할 일 목록의 상세 정보로 채우는 ng-repeat 디렉티브에서 사용하는 데이터를 제어하고 있다. 여기서는 두 개의 필터를 사용하는데, 바로 filter 필터와 orderBy 필터다.

filter 필터는 설정된 기준에 따라 객체를 선택한다. 이 예제에서는 done 속성값이 false인 항목만을 선택하게끔 필터를 적용했다. 이렇게 하면 완료된 할 일 항목이 사용자에게 안 보이게 되는 효과가 있다. orderBy 필터는 데이터를 정렬하는데, 이 필터는 action 속성값으로 정렬하게끔 지정했다.

필터에 대해서는 14장에서 자세히 다루겠지만, 브라우저를 사용해 todo.html 파일로 이동한 후, 새 항목을 추가하고 Done 체크박스를 누르면 그림 2-9처럼 결과를 확인할 수 있다.

팁 orderBy 필터를 사용할 때 정렬에 사용하려는 속성을 작은따옴표로 감싸 문자열 리터럴 값으로 지정한 점에 주의하자. 기본적으로 AngularJS에서는 모든 것을 스코프에 의해 정의된 속성으로 간주하므로, 따옴표를 사용하지 않으면 action이라는 스코프 속성을 찾게 된다. 이 방식은 프로그래밍적으로 속성을 정의할 때는 도움되지만, 상수를 지정해야 할 때는 리터럴 값을 사용해야 함을 의미한다.

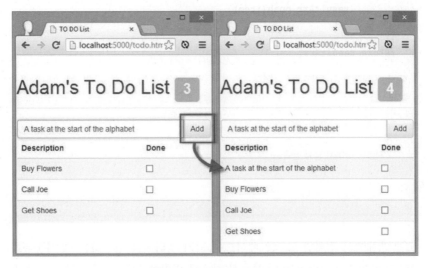

그림 2-9. 필터링 및 정렬의 활용

새 항목을 추가하면 새 항목이 알파벳순으로 정렬돼 리스트에 삽입되고, 체크박스를 선택하면 항목이 사라질 것이다(모델에 있는 데이터는 정렬되지 않는다. 정렬 작업은 테이블 행을 생성하기 위해 ng-repeat 디렉티브를 처리할 때 수행된다).

필터 개선

앞의 예제는 필터 기능을 보여주기에는 충분하지만, 체크한 항목이 사용자가 볼 수 없게 완전히 가려지므로 별로 쓸모가 없다. 다행히 예제 2-11처럼 커스텀 필터를 만드는 간단한 방법이 있다.

예제 2-11. todo.html 파일 내 커스텀 필터 생성

```
...
<script>
    var model = {
        user: "Adam",
        items: [{ action: "Buy Flowers", done: false },
            { action: "Get Shoes", done: false },
            { action: "Collect Tickets", done: true },
            { action: "Call Joe", done: false }],
    };

    var todoApp = angular.module("todoApp", []);

    todoApp.filter("checkedItems", function () {
        return function (items, showComplete) {
            var resultArr = [];
            angular.forEach(items, function (item) {
                if (item.done == false || showComplete == true) {
```

```
                    resultArr.push(item);
                }
            });
            return resultArr;
        }
    });

    todoApp.controller("ToDoCtrl", function ($scope) {
        $scope.todo = model;

        // ...지면상 나머지 명령 생략...
    });
</script>
...
```

AngularJS 모듈 객체에서 정의한 filter 메서드는 필터 팩터리를 생성하는 데 사용된다. 필터 팩
터리는 데이터 객체셋을 필터링하는 데 사용할 함수를 반환해준다. 팩터리 부분에 대해서는 지금
신경 쓰지 않아도 된다. 다만 filter 메서드에서 필터링된 데이터를 반환하는 함수를 필요로 한
다는 점만 기억하면 충분하다. 필자가 필터에 지정한 이름은 checkedItems이며, 실제 필터링을
수행하는 함수에는 두 개의 인자가 있다.

```
    ...
    return function (items, showComplete)  {
    ...
```

items 인자는 AngularJS에서 제공하며, 필터링할 객체셋이 된다. 여기서는 필터를 적용할 때
showComplete 인자 값을 제공하는데, 이 값은 done으로 표시된 할 일을 필터링된 데이터에 남
길지 여부를 판단하는 데 사용된다. 커스텀 필터를 적용하는 방법은 예제 2-12에서 볼 수 있다.

예제 2-12. todo.html 파일 내 커스텀 필터 적용

```
...
<div class="panel">
    <div class="input-group">
        <input class="form-control" ng-model="actionText" />
        <span class="input-group-btn">
            <button class="btn btn-default"
                    ng-click="addNewItem(actionText)">Add</button>
        </span>
    </div>

    <table class="table table-striped">
        <thead>
            <tr>
                <th>Description</th>
                <th>Done</th>
```

```
            </tr>
        </thead>
        <tbody>
            <tr ng-repeat=
                "item in todo.items | checkedItems:showComplete | orderBy:'action'">
                <td>{{item.action}}</td>
                <td><input type="checkbox" ng-model="item.done" /></td>
            </tr>
        </tbody>
    </table>

    <div class="checkbox-inline">
        <label><input type="checkbox" ng_model="showComplete"> Show Complete</label>
    </div>
</div>
...
```

여기서는 ng-model 디렉티브를 사용해 showComplete라는 모델 값을 설정하는 체크박스를 추가했다. 이 모델 값은 테이블 내 ng-repeat 디렉티브를 통해 커스텀 필터로 전달한다.

```
...
<tr ng-repeat="item in todo.items | checkedItems:showComplete | orderBy:'action'">
...
```

커스텀 필터 구문은 내장 필터 기능과 구문이 동일하다. 먼저 filter 메서드를 통해 생성한 필터의 이름을 지정하고, 이어서 콜론(:), 그 다음에는 필터 함수로 전달하려는 모델 속성명을 지정한다. 이 예제에서는 showComplete 모델 속성을 지정했는데, 이렇게 하면 체크박스의 상태를 사용해 체크 항목의 가시성을 제어한다는 의미가 된다. 결과는 그림 2-10에서 확인할 수 있다.

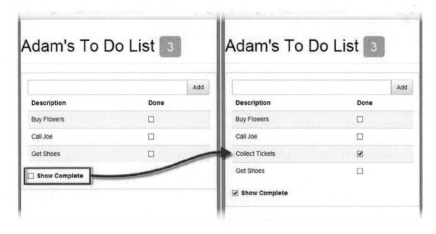

그림 2-10. 커스텀 필터의 활용

Ajax를 통한 데이터 수신

마지막으로 수정할 부분은 Ajax 요청을 통해 할 일 목록 데이터를 JSON 데이터로 받게 하는 것이다(JSON에 대해서는 5장에서 자세히 다룬다). 먼저 angularjs 폴더에 todo.json이라는 파일을 생성한다. 이 파일의 내용은 예제 2-13에서 볼 수 있다.

예제 2-13. todo.json 파일의 내용

```
[{ "action": "Buy Flowers", "done": false },
 { "action": "Get Shoes", "done": false },
 { "action": "Collect Tickets", "done": true },
 { "action": "Call Joe", "done": false }]
```

파일 내용에서 볼 수 있듯, JSON 데이터 형식은 자바스크립트 객체를 선언하는 방식과 거의 같다. 웹 앱에서 JSON이 데이터 형식으로 자주 사용되는 것 또한 이 때문이다. 예제 2-14에서는 로컬에 선언된 배열 대신 todo.json 파일에서 데이터를 불러오게끔 수정한 todo.html 파일을 볼 수 있다.

예제 2-14. Ajax 호출을 통한 JSON 데이터 불러오기

```
...
<script>
    var model = {
        user: "Adam"
    };

    var todoApp = angular.module("todoApp", []);

    todoApp.run(function ($http) {
        $http.get("todo.json").success(function (data) {
            model.items = data;
        });
    });

    todoApp.filter("checkedItems", function () {
        return function (items, showComplete) {
            var resultArr = [];
            angular.forEach(items, function (item) {

                if (item.done == false || showComplete == true) {
                    resultArr.push(item);
                }
            });
            return resultArr;
        }
    });
```

```
     todoApp.controller("ToDoCtrl", function ($scope) {
         $scope.todo = model;

         $scope.incompleteCount = function () {
             var count = 0;
             angular.forEach($scope.todo.items, function (item) {
                 if (!item.done) { count++ }
             });
             return count;
         }

         $scope.warningLevel = function () {
             return $scope.incompleteCount() < 3 ? "label-success" : "label-warning";
         }

         $scope.addNewItem = function(actionText) {
             $scope.todo.items.push({ action: actionText, done: false});
         }

     });
</script>
...
```

여기서는 정적으로 선언된 데이터 모델에서 items 배열을 제거하고 AngularJS 모듈 객체에 정의된 run 메서드에 호출 코드를 추가했다. run 메서드는 AngularJS가 초기 설정을 마치는 시점에 한 번만 실행할 함수를 인자로 받는다.

run 메서드로 넘겨준 함수에서는 $http 인자를 지정했다. 이 인자를 사용하면 AngularJS에게 Ajax 호출을 지원하는 서비스 객체를 사용하고 싶다고 알리게 된다. 이와 같이 인자를 사용해 필요한 기능을 AngularJS에게 알려주는 방식을 **의존성 주입**(dependency injection)이라고 부르며, 이에 대해서는 9장에서 자세히 설명한다.

$http 서비스는 저수준 Ajax 요청에 대한 접근 기능을 제공한다. 하지만 여기서 말하는 저수준은 **RESTful** 웹 서비스에서 사용하는 $resource와 비교해볼 때(REST는 3장에서, $resource 서비스 객체는 21장에서 설명한다) 실제로 그렇게 저수준은 아니다. 이 예제에서는 $http.get 메서드를 사용해 서버로 todo.json 파일에 대한 HTTP GET 요청을 보낸다.

```
...
$http.get("todo.json").success(function (data) {
    model.items = data;
});
...
```

get 메서드의 결과는 **프로미스**(promise)로서, 이 객체는 미래에 완료될 일을 나타내는 데 사용된다. 프로미스의 구체적인 동작 방식에 대해서는 5장과 20장에서 자세히 살펴본다. 다만 지금은 프로미스 객체를 가지고 success 메서드를 호출하면 서버로 보낸 Ajax 요청이 완료될 때 호출할 함수를 지정할 수 있다는 점과, 서버에서 조회한 JSON 데이터는 파싱을 거쳐 자바스크립트 객체가 되고, success 함수의 data 인자로 넘어온다는 사실만 알아두면 된다. 여기서는 수신한 데이터를 가지고 모델을 업데이트한다.

```
...
$http.get("todo.json").success(function (data) {
    model.items = data;
});
...
```

브라우저를 사용해 todo.html 파일로 이동하더라도 아무런 차이를 느낄 수 없겠지만, 이제 데이터는 HTTP 요청을 통해 서버에서 가져오고 있다. F12 툴을 활용해 네트워크 연결을 살펴보면 그림 2-11에서처럼 이 사실을 확인할 수 있다.

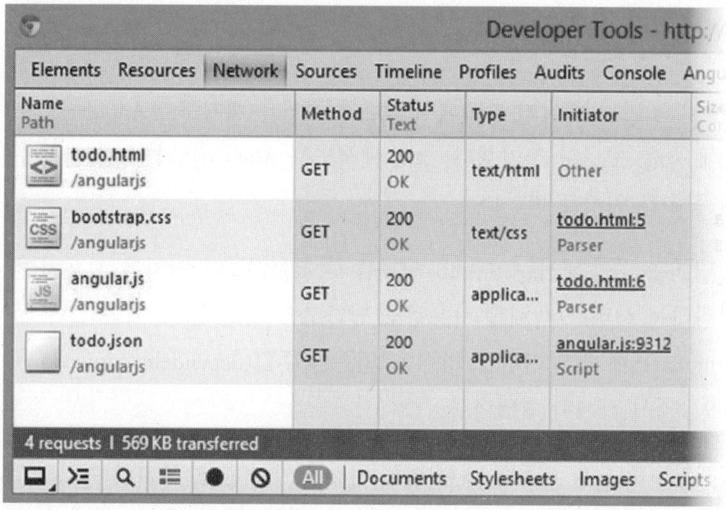

그림 2-11. Ajax를 통해 데이터를 가져오는지 확인

실제로 Ajax를 사용하고 있는지 브라우저를 통해 확인해야 한다는 사실만 보더라도 AngularJS를 사용하면 원격 파일과 데이터와 연동하는 게 얼마나 쉬운지 알 수 있다. 이와 같은 접근 방식은 좀 더 복잡한 웹 앱을 간편하게 개발할 수 있게 해주는 AngularJS의 여러 기능의 기초가 되므로 이 책을 통해 계속해서 보게 될 것이다.

| 정리

이 장에서는 HTML 목업 애플리케이션에서 출발해 MVC 패턴을 구현하고 웹 서버에서 JSON 데이터를 가져오는 동적인 앱으로 발전시키는 과정을 통해 간단한 첫 번째 AngularJS 앱을 개발했다. 이 과정에서 AngularJS에서 개발자에게 제공하는 다양한 주요 컴포넌트에 대해 언급했고, 좀 더 많은 정보를 다루고 있는 이 책의 각 장을 소개했다.

이제 AngularJS가 어떤 식으로 동작하는지 알게 됐으니 다음 장에서 다룰 MVC 패턴부터 시작해 AngularJS의 존재 기반이 되는 컨텍스트에 대해 좀 더 자세히 알아보자.

AngularJS 이해

이 장에서는 웹 앱 개발 세계라는 맥락에서 AngularJS를 살펴보고 이어지는 장에서 다룰 주제에 대비해 배경 지식을 쌓는다. AngularJS의 목적은 서버사이드 개발 시에만 사용할 수 있었던 툴과 기능을 웹 클라이언트에도 제공함으로써, 풍부하고 복잡한 웹 애플리케이션을 개발, 테스트, 유지보수하기 쉽게 해주는 데 있다.

AngularJS는 HTML을 **확장**할 수 있게 해줌으로써 제 기능을 발휘한다. 이런 개념은 익숙해지기 전까지는 이상하게 느껴질 수 있다. AngularJS 애플리케이션은 커스텀 엘리먼트, 어트리뷰트, 클래스, 주석을 통해 기능을 표현한다. 물론, 복잡한 애플리케이션에서는 표준 마크업과 커스텀 마크업이 섞여 있는 HTML 문서가 나올 수도 있다.

AngularJS에서 지원하는 개발 방식은 **모델-뷰-컨트롤러**(MVC) 패턴에서 유래했다. 하지만 이 패턴은 AngularJS를 사용할 때 수없이 다른 모습으로 바뀌는 만큼 종종 '모델-뷰-아무개(Model-View-Whatever)'라고 불리기도 한다. 이 책에서는 가장 안정적이고 폭넓게 사용된다는 측면에서 표준 MVC 패턴에만 집중한다. 이어지는 절에서는 AngularJS를 통해 큰 이득을 얻을 수 있는 프로젝트의 성격(아울러 더 나은 대안이 존재하는 분야)을 설명하고, MVC 패턴을 살펴보며, 개발자들이 하기 쉬운 실수를 다룬다.

I AngularJS가 뛰어난 분야

AngularJS는 모든 문제를 해결할 수 있는 솔루션이 아니다. 따라서 언제 AngularJS를 사용해야 하고, 언제 다른 대안을 찾아봐야 하는지 명확히 아는 게 중요하다. AngularJS는 서버사이드 개발자들만 사용할 수 있었던 기능을 제공하지만, 이 작업을 모두 브라우저 내에서 처리한다. 이 말은 AngularJS를 적용한 HTML 문서를 로드할 때 AngularJS가 매번 많은 일을 처리해야 함을 뜻한다. 즉, HTML 엘리먼트를 컴파일하고, 데이터 바인딩을 평가하고, 디렉티브를 실행하는 등의 작업을 수행할 뿐 아니라 2장에서 설명한 것과 같은 기능을 지원해야 한다.

이런 작업을 수행하는 데는 시간이 걸리기 마련이며, 이때 소요되는 시간은 HTML 문서의 복잡도, 관련 자바스크립트 코드, 브라우저의 품질, 기기의 처리 능력에 좌우된다. 최신 데스크톱 장비에서 최신 브라우저를 사용한다면 아무런 지체 현상도 느끼지 못하겠지만, 전력이 부족한 스마트폰에서 예전 브라우저를 사용한다면 AngularJS 앱의 초기 설정이 상당히 느리게 느껴질 수 있다.

따라서 우리의 목표는 가능한 한 설정을 덜 수행하고, 설정을 수행할 때 사용자에게 가능한 한 앱의 많은 부분을 제공하는 것이다. 이 말은 개발하는 웹 애플리케이션의 유형에 대해 신중하게 고려해야 한다는 뜻이다. 넓게 보면 웹 애플리케이션에는 두 종류가 있다. 바로 **라운드 트립** 애플리케이션과 **단일 페이지** 애플리케이션이다.

라운드 트립 애플리케이션과 단일 페이지 애플리케이션의 이해

오랫동안 웹 앱은 **라운드 트립** 모델을 따라 개발됐다. 브라우저에서는 서버에 초기 HTLM 문서를 요청한다. 사용자 상호작용(링크 클릭, 폼 전송 등)이 일어나면 브라우저는 새 HTML 문서를 요청해 서버에서 다시 받는다. 이런 유형의 애플리케이션에서는 브라우저가 사실상 HTML 콘텐츠의 렌더링 엔진이며, 모든 애플리케이션 로직 및 데이터는 서버단에 있다. 브라우저는 계속해서 무상태 HTTP 요청을 보내고, 서버는 동적으로 HTML 문서를 생성해 요청을 처리한다.

지금도 많은 웹 개발이 라운드 트립 애플리케이션을 대상으로 이뤄지고 있는데, 그 이유 중 하나는 이렇게 하면 브라우저에서 필요한 기능이 그만큼 적기 때문에 가능한 한 많은 클라이언트를 지원할 수 있기 때문이다. 하지만 라운드 트립 애플리케이션에는 심각한 단점이 몇 가지 있다. 바로, 다음 HTML 문서를 요청하고 로드할 때까지 사용자를 기다리게 한다는 점과, 많은 요청을 처리하고 모든 애플리케이션 상태를 관리할 대규모의 서버사이드 인프라스트럭처가 필요하다는 점, 각 HTML 문서 내에 모든 내용(결국 서버로부터 응답이 올 때마다 매번 같은 내용이 여러 번 포함된다)이 포함돼 있으므로 많은 대역폭이 필요하다는 점 등이다.

단일 페이지 애플리케이션은 다른 접근 방식을 취한다. 초기 HTML 문서는 브라우저로 보내지만, 사용자 상호작용이 일어나면 Ajax 요청을 통해 HTML이나 데이터 일부를 가져와 기존 엘리먼트에 삽입 후 사용자에게 보여준다. 초기 HTML 문서는 다시 로드하거나 대체하지 않으며, 사용자는 Ajax 요청이 비동기적으로 처리되는 동안 기존 HTML과 계속 상호작용(이 상호작용이 '데이터 로딩 중'이라는 메시지를 보는 것에 그칠지라도)할 수 있다.

대다수 현대 앱은 두 양 극단 사이 어딘가에 위치하며, 기본적으로 라운드 트립 모델을 사용하면서 자바스크립트를 사용해 전체 페이지 변경 횟수를 줄이는 개선 방식을 사용하고 있다(경우에 따라서는 클라이언트사이드 유효성 검증을 수행해 폼 작성 오류 횟수를 줄이는 데 초점을 맞추기도 한다).

AngularJS는 애플리케이션이 단일 페이지 모델에 가까워질수록 초기 작업 부담을 크게 줄여주는 효과가 있다. 물론, 그렇다고 AngularJS를 라운드 트립 애플리케이션에서 사용할 수 없다는 말은 아니다(당연히 사용할 수 있다). 다만, 이 경우 제이쿼리처럼 더 간단하고 두드러진 기술이 존재한다는 점을 강조하고 싶다. 그림 3-1에서는 웹 애플리케이션 유형과 AngularJS가 어느 지점에서 도움이 되는지 볼 수 있다.

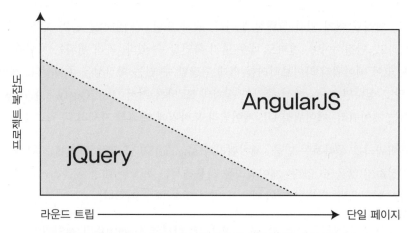

그림 3-1. AngularJS는 단일 페이지 웹 애플리케이션에 적합하다

AngularJS는 단일 페이지 애플리케이션에서 두각을 나타내며, 특히 복잡한 라운드 트립 애플리케이션에서도 유용하게 활용할 수 있다. 간단한 프로젝트라면 제이쿼리나 유사한 대체 라이브러리를 사용하는 게 더 좋을 것이다(물론 AngularJS를 모든 프로젝트에서 사용한다고 해서 말릴 수는 없겠지만).

현재 웹 앱 프로젝트는 점차 단일 페이지 애플리케이션 모델로 이동하는 추세인데, 바로 이 분야에서 AngularJS는 두각을 나타낼 수 있다. 단순히 초기 처리 시간 때문인 것만은 아니며, MVC 패턴(이 장에서 나중에 설명) 사용에 따른 혜택이 복잡한 대형 프로젝트에서야 비로소 제대로 나타나는데 단일 페이지 모델이 바로 그런 애플리케이션을 지향하기 때문이다.

> **팁** 순환 논리처럼 보일 수도 있지만, AngularJS 및 유사 프레임워크는 복잡한 웹 애플리케이션이 그만큼 작성하고 유지보수하기 어렵기 때문에 등장했다. 이런 프로젝트가 공통적으로 지니는 문제점으로 인해 AngularJS 같은 강력한 툴이 등장했고, 이 툴 덕분에 차세대 복잡한 프로젝트를 진행할 수 있게 됐다. 이는 순환 논리로 생각하기보다는 선순환 구조로 보는 게 좋다.

AngularJS와 제이쿼리는 웹 앱 개발 시 서로 다른 접근 방식을 사용한다. 제이쿼리는 명시적으로 브라우저의 문서 객체 모델(DOM)을 조작해 애플리케이션을 생성하는 데 초점을 맞춘다. 반면에 AngularJS는 브라우저와 협력해 애플리케이션의 개발 기초를 제공하는 데 초점을 맞춘다.

제이쿼리는 의심할 여지 없이 강력한 툴이다. 필자 또한 제이쿼리를 즐겨 사용한다. 제이쿼리는 강력하고, 안정적이며, 결과도 매우 빨리 확인할 수 있다. 특히 필자는 제이쿼리의 유연한 API와, 코어 제이쿼리 라이브러리를 쉽게 확장할 수 있는 확장성을 좋아한다. 제이쿼리에 대해 더 알고 싶다면 Apress에서 출간한 필자의 또 다른 저서 『Pro jQuery 2.0』을 참고하자. 이 책에서는 제이쿼리, 제이쿼리 UI, 제이쿼리 모바일에 대해서 자세히 다루고 있다.

하지만 제이쿼리를 좋아하는 만큼, 제이쿼리가 AngularJS만큼 모든 작업에 적합하지 않다는 사실도 인정하지 않을 수 없다. 제이쿼리를 사용해서는 복잡한 대형 애플리케이션을 작성하고 관리하기 어려우며, 완벽한 단위 테스트 작업 또한 매우 어렵다.

필자가 AngularJS로 작업하기를 좋아하는 이유 중 하나는 AngularJS가 제이쿼리의 핵심 기능을 기반으로 개발됐기 때문이다. 실제로, AngularJS에는 제이쿼리의 축소 버전인 **jqLite**가 들어 있으며, jqLite는 커스텀 디렉티브(15~17장에서 설명)를 작성하는 데 사용된다. 또, 제이쿼리를 HTML 문서에 추가하면 AngularJS에서는 이를 자동으로 감지해 jqLite 대신 제이쿼리를 사용한다(물론 실제로 제이쿼리를 추가할 일은 거의 없겠지만).

AngularJS의 주된 단점 중 하나는 실제 결과를 보기 전까지 상당한 초기 개발 투자 시간이 필요하다는 점이다. 사실, 이런 특징은 MVC 기반의 개발에서 흔히 볼 수 있는 특징이다. 하지만 이런 초기 투자는 많은 수정과 오랜 유지보수 기간이 필요한 복잡한 앱을 감안할 때 충분히 가치 있다.

간단히 정리하자면, 제이쿼리는 단위 테스트가 중요하지 않고, 즉각적으로 결과를 확인하고 싶은, 복잡도가 낮은 웹 앱에 적합하다. 또, 제이쿼리는 라운드 트립 웹 앱(사용자 상호작용에 따라 새 HTML 문서를 로드하는)에서 생성한 HTML을 개선하는 데도 이상적이다. 서버에서 생성한 HTML 콘텐츠를 수정하지 않고도 제이쿼리는 쉽게 적용할 수 있기 때문이다. 반면에 AngularJS는 충분한 설계 및 기획 시간이 있을 때 복잡한 단일 페이지 웹 앱에 사용해야 한다.

l MVC 패턴 이해

모델-뷰-컨트롤러라는 용어는 1970년대 후반부터 사용됐으며, 제록스 파크의 스몰토크 프로젝트에서 처음 등장했다. 당시 이 개념은 초기 GUI 애플리케이션을 조직화하기 위한 방안으로 고안됐다. 초기 MVC 패턴의 세부 내용에는 **스크린**, **툴**처럼 스몰토크에 국한된 개념이 일부 포함됐지만, 전체적인 개념은 여전히 애플리케이션에 적용할 만하다. 특히 MVC 패턴은 웹 애플리케이션에 매우 적합하다.

MVC 패턴은 루비 온 레일즈, ASP.NET MVC 프레임워크 같은 툴킷을 통해 웹 개발의 서버사이드단에 자리를 잡았다. 최근, MVC 패턴은 날이 갈수록 기능이 풍부해지고 복잡해지는 클라이언트사이드 웹 개발을 관리하는 방식으로 인식되고 있으며, AngularJS 또한 이런 환경에서 등장하게 됐다.

MVC 패턴을 적용하는 데 있어 핵심은 **관심사의 분리**라는 핵심 전제를 구현하는 데 있다. 이를 통해 애플리케이션의 모델은 비즈니스 및 프레젠테이션 로직과 분리된다. 클라이언트사이드 웹 개발에서 이 말은 데이터, 데이터를 처리하는 로직, 데이터를 보여주는 데 사용하는 HTML 엘리먼트를 서로 분리해야 함을 뜻한다. 이렇게 하면 개발, 유지보수, 테스트하기 쉬운 클라이언트사이드 애플리케이션을 만들 수 있다.

MVC 패턴을 구성하는 세 가지 요소는 **모델**, **컨트롤러**, **뷰**다. 그림 3-2에서는 서버사이드 개발에 적용된 전통적인 MVC 패턴의 모습을 볼 수 있다.

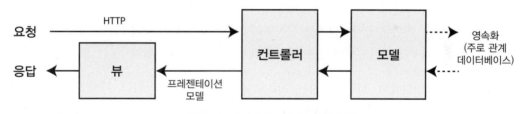

그림 3-2. 서버사이드 MVC 패턴 구현

이 그림은 마이크로소프트의 서버사이드 MVC 패턴 구현체에 대해 다룬 필자의 저서 『Pro ASP.NET MVC Framework』에서 발췌했다. 이 그림에서는 기본적으로 모델을 데이터베이스에서 가져오고, 브라우저가 보낸 HTTP 요청을 서비스하는 게 애플리케이션의 목적이라고 전제하는 것을 볼 수 있다. 이와 같은 설계 방식은 앞서 설명한 라운드 트립 웹 앱의 토대가 된다.

물론 AngularJS는 브라우저 내에 존재하므로 그림 3-3처럼 MVC 구현 방식이 조금 달라진다.

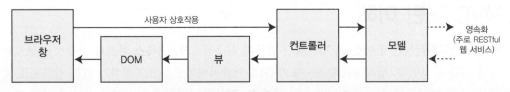

그림 3-3. AngularJS의 MVC 패턴 구현체

클라이언트사이드 MVC 패턴 구현체는 데이터를 서버사이드 컴포넌트로부터 가져오며 주로 RESTful 웹 서비스(5장에서 설명)를 사용한다. 컨트롤러와 뷰의 목적은 모델에 들어 있는 데이터를 가지고 DOM 조작을 수행해 사용자가 상호작용할 수 있는 HTML 엘리먼트를 생성하고 관리하는 것이다. 이런 상호작용은 컨트롤러로 전달됨으로써 인터랙티브 애플리케이션을 구성할 수 있는 고리를 완성한다.

 클라이언트에서 AngularJS 같은 MVC 프레임워크를 사용한다고 해서 서버사이드에서 MVC 프레임워크를 사용하지 못하는 것은 아니다. 다만, 이후에 보겠지만 AngularJS 클라이언트를 사용하면 AngularJS를 사용하지 않을 경우 서버단에 존재할 복잡한 작업을 일부 대신 처리해줄 뿐이다. 이렇게 하면 서버에서 처리하는 부담이 그만큼 줄고, 더 적은 서버 성능으로 더 많은 클라이언트를 지원할 수 있으므로 그만큼 효과적이다.

패턴과 패턴 추종자

좋은 패턴은 다른 사람이 다른 프로젝트에서 효과적으로 해결한 문제를 해결할 수 있는 접근 방식을 제공한다. 패턴은 규칙이라기보다는 조리법이며, 요리사가 각기 다른 오븐과 재료에 맞게 조리법을 바꾸듯 패턴도 특정 프로젝트에 맞게 적절히 바꿔야 한다.

패턴으로부터 얼마만큼의 거리를 둘지는 주로 오랜 경험을 통해 결정된다. 특정 패턴을 유사한 프로젝트에 적용하는 데 들인 시간만큼 자신에게 무엇이 적합하고 무엇이 적합하지 않은지에 대한 지식을 쌓게 된다. 특정 패턴을 처음 접하거나 새로운 프로젝트에 착수한다면 패턴의 장점과 빠지기 쉬운 함정을 완전히 이해할 수 있을 때까지 가능한 한 패턴을 충실히 지켜야 한다. 하지만 전체 개발 방식을 특정 패턴을 중심으로 재형성하지 않게끔 주의해야 한다. 그렇지 않으면 패턴으로 인해 얻을 수 있을 거라 예상했던 결과보다 생산성이 더 떨어지게 되기 때문이다.

패턴은 유연한 툴이지, 고정된 규칙이 아니다. 하지만 많은 개발자들이 둘의 차이점을 잘 이해하지 못하고 있으며, 일부 개발자는 '패턴 추종자'가 된다. 이런 개발자들은 실제 패턴을 프로젝트에 적용하기보다는 패턴에 대해 얘기하는 데 더 많은 시간을 할애하고, 자신들의 패턴 해석에서 벗어난 사고를 중대한 범죄로 간주한다. 필자는 이런 쓸데없는 열정은 인생 낭비이고, 어차피 이런 사람들은 우리가 뭐라고 하든 변하지 않으니 그냥 무시하라고 충고하고 싶다. 대신 각자 맡은 작업에 충실하고 패턴을 현실에 맞게 유연하게 활용함으로써 얼마든지 좋은 결과를 낼 수 있음을 보여주기만 하면 된다.

이 점을 염두에 두고 이 책을 보면 필자가 각 예제에서 MVC 패턴의 핵심 개념은 그대로 따르면서, 각기 다른 기능과 기법을 보여줄 때 패턴을 응용하는 것을 볼 수 있다. 실제로 필자가 프로젝트에서 작업할 때는 이런 방식을 택한다. 채택할 가치가 있는 패턴은 수용하지만, 그렇지 않은 부분은 과감하게 버리는 것이다.

모델 이해

모델(MVC에서 M에 해당)에는 사용자가 사용할 데이터가 들어 있다. 모델의 유형은 크게 두 가지다. 바로, 컨트롤러에서 뷰로 전달된 데이터를 나타내는 뷰 모델과 비즈니스 도메인 내 데이터, 작업, 변형, 데이터를 생성, 정렬, 조작하는 데 필요한 규칙(이를 통칭해 **모델 로직**이라고 부른다)이 들어 있는 **도메인 모델**이다.

> **팁** MVC 패턴을 처음 접하는 많은 개발자는 MVC 패턴의 목적이 데이터로부터 로직을 분리하는 것이라는 생각하에 데이터 모델 안에 로직을 포함시키는 개념을 낯설어한다. 그러나 이는 잘못된 것이다. MVC 프레임워크의 목적은 애플리케이션을 세 개의 기능 영역으로 분리하는 것이고, 각 영역은 얼마든지 로직과 데이터를 포함할 수 있다. MVC 패턴의 목적은 모델에서 로직을 제거하는 게 아니다. 오히려 모델 안에 모델 데이터를 생성, 관리하는 데 필요한 로직만 들어가게 하는 것이다.

MVC 패턴에 대해 배우다 보면 꼭 등장하는 단어가 '비즈니스'라는 단어다(사실 많은 웹 개발자가 이런 용어가 나오게끔 한 비즈니스 애플리케이션과는 거리가 멀지만 말이다). 하지만 비즈니스 애플리케이션은 여전히 개발 세계에서 큰 부분을 차지하고 있다. 예를 들어 여러분이 판매 회계 시스템을 개발한다면 여러분의 비즈니스 도메인은 판매 회계와 관련한 절차를 포함하고, 도메인 모델에서는 계정 데이터 및 회계 정보를 생성, 저장, 관리하는 로직을 포함할 것이다. 또, 고양이 동영상 웹 사이트를 개발하더라도 마찬가지로 비즈니스 도메인이 필요하다. 다만 이 경우 비즈니스 도메인이 기업 구조에 적합하지 않을 뿐이다. 이때는 도메인 모델에 고양이 동영상과 이들 동영상을 생성, 저장, 조작하는 로직이 들어갈 것이다.

많은 AngularJS 모델은 로직을 서버사이드로 효과적으로 넘겨주고, RESTful 웹 서비스를 통해 로직을 호출한다. 브라우저에는 데이터 영속화를 위한 지원 기능이 빈약하므로 필요한 데이터는

Ajax를 통해 가져오는 게 더 간편하다. AngularJS에서 지원하는 Ajax 기능에 대해서는 20장에서 살펴보고, RESTful 서비스는 21장에서 다룬다.

> **팁**   HTML5 표준화 과정에서 정의된 클라이언트사이드 영속화 API도 있다. 하지만 현재 이들 표준의 수준은 혼재해 있으며 구현체 또한 품질이 제 각각이다. 하지만 가장 큰 문제는 대다수 사용자가 새 API를 구현하지 않는 브라우저를 여전히 사용한다는 점이다. 특히 영업 부문 애플리케이션을 표준 HTML 버전으로 마이그레이션하는 문제로 인해 인터넷 익스플로러 6/7/8을 여전히 폭넓게 사용하는 기업 환경에서는 더욱 그렇다.

MVC 패턴의 각 컴포넌트별로 포함해야 할 것과 포함하지 말아야 할 것을 살펴보자. MVC 패턴을 사용하는 애플리케이션의 모델에서는

- 도메인 데이터를 포함해야 한다.
- 도메인 데이터를 생성, 관리, 수정하는 로직(웹 서비스를 통해 원격 로직을 실행해야 하더라도)을 포함해야 한다.
- 모델 데이터를 노출하고 모델 데이터상에서 작업을 수행할 수 있는 정돈된 API를 제공해야 한다.

모델에서는

- 모델을 가져오고 관리하는 상세 방법을 노출하지 말아야 한다(다시 말해, 데이터 저장 메커니즘이나 원격 웹 서비스에 대한 세부 사항은 컨트롤러나 뷰로 노출하지 말아야 한다).
- 사용자 상호작용을 기반으로 모델을 변형하는 로직을 포함하지 말아야 한다(이 일은 컨트롤러의 역할이므로).
- 사용자에게 데이터를 보여주는 로직을 포함하지 말아야 한다(이 일은 뷰의 역할이다).

모델을 컨트롤러와 뷰로부터 철저히 분리하면 로직을 좀 더 쉽게 테스트할 수 있다는 장점(AngularJS 단위 테스트에 대해서는 25장에서 설명)과 더불어 애플리케이션의 개선 및 유지보수가 한결 쉽고 간편해진다.

가장 훌륭한 도메인 모델에는 영속적으로 데이터를 가져오고 저장하는 로직과 생성, 조회, 수정, 삭제 작업(CRUD)을 위한 로직이 들어 있다. 모델은 이 로직을 직접 포함할 수도 있지만, 대개는 RESTful 웹 서비스를 호출해 서버사이드 데이터베이스 작업을 호출하는 로직을 담고 있다(실전 AngularJS 애플리케이션을 다루는 8장과 21장에서 자세히 살펴본다).

컨트롤러 이해

컨트롤러는 AngularJS 웹 앱에서 데이터 모델과 뷰를 연결하는 조직이다. 컨트롤러는 비즈니스 도메인 로직(**동작**이라고 부름)을 모델의 일부인 **스코프**에 추가한다.

 다른 MVC 프레임워크에서는 조금 다른 용어를 사용한다. 예를 들어 ASP.net MVC 프레임워크 개발자라면 '동작'보다는 '액션 메서드'라는 개념이 좀 더 익숙할 것이다. 하지만 두 용어 모두 의도하는 바는 같으며, 서버사이드 개발을 통해 MVC 기술을 익힌 적이 있다면 AngularJS 개발을 할 때도 도움이 될 것이다.

MVC를 사용해 개발한 컨트롤러에서는

- 스코프를 초기화하는 데 필요한 로직을 포함해야 한다.
- 스코프의 데이터를 뷰가 표시하는 데 필요한 로직/동작을 포함해야 한다.
- 사용자 상호작용을 기반으로 스코프를 업데이트하는 데 필요한 로직/동작을 포함해야 한다.

컨트롤러에서는

- DOM을 조작하는 로직을 포함하지 말아야 한다(이 일은 뷰의 역할이다).
- 데이터의 영속화를 관리하는 로직을 포함하지 말아야 한다(이 일은 모델의 역할이다).
- 스코프 밖에 있는 데이터를 조작하지 말아야 한다.

여기서 나열한 목록을 보면 스코프가 컨트롤러를 정의하고 사용하는 데 큰 영향을 미치는 것을 알 수 있다. 스코프 및 컨트롤러에 대해서는 13장에서 자세히 다룬다.

뷰 데이터 이해

AngularJS 애플리케이션에서 데이터가 도메인 모델만 있는 것은 아니다. 컨트롤러는 **뷰 데이터**(**뷰 모델 데이터** 또는 **뷰 모델**이라고도 부름)를 생성해 뷰 정의를 단순화한다. 뷰 데이터는 영속적이지 않으며 도메인 모델 데이터의 일부를 합성하거나 사용자 상호작용에 반응해 생성한다. 뷰 데이터를 사용하는 예는 2장에서 ng-model 디렉티브를 사용해 사용자가 입력 엘리먼트에 입력한 텍스트를 캡처할 때 제시한 바 있다. 13장에서 자세히 다루겠지만 뷰 데이터는 주로 컨트롤러의 스코프를 통해 생성하고 접근한다.

뷰 이해

AngularJS 뷰는 개선된 HTML 엘리먼트를 통해 데이터 바인딩 및 디렉티브를 사용해 HTML을 생성함으로써 정의한다. AngularJS 애플리케이션의 디렉티브는 HTML 엘리먼트를 통해 동적인 웹 앱을 구현함으로써 유연한 뷰를 만들어준다. 데이터 바인딩에 대해서는 10장에서 자세히 살펴보고, 내장 커스텀 디렉티브를 활용하는 방법은 10~17장에서 살펴본다. 뷰는

- 사용자에게 데이터를 보여주는 데 필요한 로직과 마크업을 포함해야 한다.

뷰는

- 복잡한 로직을 포함하지 말아야 한다(이런 로직은 컨트롤러에 두는 게 좀 더 적합하다).
- 도메인 모델을 생성, 저장, 조작하는 로직을 포함하지 말아야 한다.

물론 뷰도 로직을 포함할 수 있지만, 이 로직은 최대한 단순해야 하며, 가급적 포함하지 않는 게 좋다. 가장 단순한 형태의 메서드 호출이나 표현식 이외의 로직을 뷰에 집어넣는 순간 전체 애플리케이션은 그만큼 테스트 및 유지보수가 어려워진다.

I RESTful 서비스 이해

앞 장에서 설명한 것처럼 AngularJS 앱의 도메인 모델 로직은 클라이언트와 서버 사이에 분산돼 있다. 서버에는 주로 데이터베이스와 같은 영속성 저장소가 있으며, 이를 관리하는 로직이 들어 있다. 예를 들어 SQL 데이터베이스의 경우 필요한 로직으로 데이터베이스 서버 커넥션을 여는 로직, SQL 쿼리 실행 로직, 결과를 클라이언트로 보낼 수 있게 처리하는 로직 등이 포함된다.

클라이언트사이드 코드에서는 데이터 저장소에 직접 접근하지 않는 게 좋다. 이렇게 하면 클라이언트와 데이터 저장소 사이의 의존도가 높아져 단위 테스트를 하는 게 어려워지고, 클라이언트 코드를 바꾸지 않고 데이터 저장소를 바꾸기도 그만큼 어려워진다.

서버를 사용해 데이터 저장소에 대한 접근을 중재하면 이와 같은 의존성을 줄일 수 있다. 클라이언트의 코드에서는 서버로(부터) 데이터를 가져오고 전달하는 책임은 있지만 데이터가 내부적으로 어떻게 저장되고 어떤 식으로 접근하는지에 대한 상세 정보는 모른다.

클라이언트와 서버 사이에 데이터를 주고받는 방식에는 여러 가지가 있다. 이 중 가장 많이 사용하는 방식으로 Ajax(**비동기적 자바스크립트 및 XML**) 요청을 서버사이드 코드로 보내 서버에서 JSON을 전송하게 하고, HTML 폼을 사용해 데이터를 변형하는 방식이 있다(2장 끝에서 서버로부터 할 일 데이터를 가져올 때도 이 방식을 사용했다. 이때는 필요한 JSON 콘텐츠를 반환하는 URL을 요청했다).

이 방식은 잘 동작하며, HTTP 요청의 성격을 그대로 사용해 데이터의 생성, 조회, 수정, 삭제 (CRUD) 작업을 수행하는 **RESTful 웹 서비스**의 기초가 된다.

RESTful 웹 서비스에서 요청하는 작업은 HTTP 방식 및 URL의 조합을 통해 표현한다. 예를 들어 다음과 같은 URL이 있다고 가정하자.

http://myserver.mydomain.com/people/bob

RESTful 웹 서비스와 관련한 표준 URL 명세는 없지만 기본적으로 URL이 가리키는 내용을 바로 알 수 있는 URL을 사용하는 게 관례다. 이 경우 people이라는 데이터 객체 컬렉션이 존재하고, 이 URL이 bob이라는 컬렉션 내 특정 객체를 가리키는 것을 알 수 있다.

이 URL은 작업하려는 데이터 객체를 식별해주고, HTTP 방식은 표 3-1과 같이 작업하려는 내용을 지정한다.

표 3-1. HTTP 방식에 대한 응답으로 수행하는 주요 작업

방식	설명
GET	URL을 통해 지정한 데이터를 조회한다.
PUT	URL을 통해 지정한 데이터를 업데이트한다.
POST	주로 폼 데이터 값을 데이터 필드로 사용해 새 데이터 객체를 생성한다.
DELETE	URL을 통해 지정한 데이터를 삭제한다.

표에서 설명한 작업을 수행할 때 HTTP 방식을 꼭 사용할 필요는 없다. 자주 이용하는 대안으로 POST 방식을 사용해 객체가 존재하면 업데이트하고, 객체가 존재하지 않으면 생성하는 기법을 사용하곤 한다. 이렇게 되면 PUT 방식은 사용할 일이 없다. AngularJS에서 Ajax를 지원하는 기능에 대해서는 20장에서, RESTful 서비스와의 연동에 대해서는 21장에서 자세히 살펴본다.

멱등적 HTTP 방식

HTTP 방식과 데이터 저장소에서의 작업 사이의 매핑은 어떤 형식으로든 구현할 수 있지만 앞의 표에서 설명한 관례를 가능한 한 충실히 따를 것을 권장한다.

일반적인 방식에서 벗어날 경우에는 HTTP 명세에 정의된 HTTP 방식의 성격을 존중하도록 주의해야 한다. 예를 들어 GET 방식은 이 방식에 반응해 수행하는 응답에서 데이터를 조회하기만 하고 수정해서는 안 된다. 브라우저(또는 프록시 같은 중간 장치)에서는 서버의 상태를 변경하지 않고 GET 요청을 반복적으로 보낼 수 있을 거라고 기대한다(물론 그렇다고 다른 클라이언트의 요청으로 인해 같은 GET 요청 사이에서 서버의 상태가 변하지 않는다는 뜻은 아니다).

PUT과 DELETE 방식은 멱등적이다. 이 말은 여러 개의 동일한 요청이 단일 요청과 동일한 효과를 지녀야 한다는 뜻이다. 따라서 예컨대 /people/bob URL을 지정해 DELETE 방식을 사용하면 첫 번째 요청에서는 people 컬렉션에서 bob 객체를 삭제하고, 이후 요청에서는 아무 일도 하지 말아야 한다(물론, 다른 클라이언트에서 bob 객체를 재생성한다면 얘기가 달라질 수 있다).

POST 방식은 효과가 없지도, 멱등적이지도 않다. 그래서 RESTful 최적화 과정에서 객체 생성 및 수정을 처리하는 데 이 방식을 자주 사용하곤 한다. bob 객체가 없을 경우 POST 방식을 사용하면 객체를 생성하고, 이후 같은 URL로 POST 요청을 보내면 이 요청에서는 생성된 객체를 업데이트하게 된다.

이들 내용은 여러분이 직접 RESTful 웹 서비스를 구현할 때 매우 중요하다. RESTful 서비스를 소모하는 클라이언트를 구현한다면 각 HTTP 방식이 해당하는 데이터 작업만 알고 있으면 된다. 이와 같은 서비스를 사용하는 방법은 6장에서, RESTful 서비스에 대한 AngularJS의 지원 기능에 대해서는 21장에서 자세히 살펴본다.

│ 자주 하기 쉬운 설계 실수

이 절에서는 AngularJS 프로젝트에서 자주 빠지기 쉬운 세 가지 실수에 대해 살펴본다. 여기서 실수는 코딩 오류가 아니라, AngularJS나 MVC 패턴에서 제공하는 혜택을 제대로 느낄 수 없게끔 웹 앱의 전체 설계에 문제를 일으키는 실수를 말한다.

잘못된 곳에 로직 배치

가장 많이 하는 실수는 잘못된 컴포넌트에 로직을 배치함으로써 MVC 패턴에서 지향하는 관심사의 분리를 방해하는 것이다. 다음은 이 문제의 다양한 예다.

- 비즈니스 로직을 컨트롤러가 아닌 뷰에 두기

- 도메인 로직을 모델이 아닌 컨트롤러에 두기

- RESTful 서비스를 사용할 때 데이터 저장 로직을 클라이언트 모델에 두기

이런 문제는 겉으로 드러나기까지 오랜 시간이 걸리므로 찾아내기가 그만큼 어렵다. 이때도 애플리케이션은 잘 동작하겠지만 시간이 지날수록 개선하고 유지보수하는 게 어려워진다. 특히, 세 번째 사례의 경우 데이터 저장소를 바꾸기 전까지 문제가 드러나지 않는다(프로젝트가 성숙하고 어느 정도 사용자가 생기기 전까지 이런 일은 거의 일어나지 않는다).

> **팁** 로직을 어디에 둬야 할지 제대로 감을 잡으려면 경험이 쌓여야 한다. 하지만 단위 테스트를 사용한다면 로직을 커버하기 위해 작성한 테스트가 MVC 패턴에 잘 부합하지 않는다는 게 바로 눈에 띄므로 문제를 좀 더 쉽게 찾아낼 수 있다. AngularJS의 단위 테스트 지원에 대해서는 25장에서 살펴본다.

AngularJS 개발 경험이 쌓이다 보면 자연스럽게 로직을 어디에 둬야 할지 알게 된다. 하지만 그전에 참고할 만한 세 가지 규칙을 정리해봤다.

- 뷰 로직은 데이터 표현만을 위해 데이터를 준비해야 하며, 모델을 수정해서는 안 된다.

- 컨트롤러 로직은 직접 모델로부터 데이터를 생성, 수정, 삭제하지 말아야 한다.

- 클라이언트는 데이터 저장소에 직접 접근하지 말아야 한다.

개발하는 동안 이 규칙을 염두에 둔다면 대부분의 문제를 피할 수 있을 것이다.

데이터 저장소 데이터 형식의 채택

두 번째 문제는 개발 팀이 서버사이드 데이터 저장소의 특이성에 의존하는 애플리케이션을 개발할 때 생긴다. 최근에 필자는 서버사이드 SQL 서버의 특이한 데이터 구조를 존중해 클라이언트를 개발하는 프로젝트에 참여한 바 있다. 문제는 이 프로젝트에서 핵심 데이터 타입으로 다른 표현 방식을 사용하는 좀 더 안정적인 데이터베이스로 데이터베이스를 업그레이드해야 한다는 점이었다.

잘 설계된 AngularJS 애플리케이션은 RESTful 서비스를 통해 데이터를 가져오고, 이때 데이터 저장소의 상세 구현 정보를 숨기고 클라이언트로 적당한 데이터 형식을 통해 데이터를 제공하는 것은 서버의 몫이다. 클라이언트에서 데이터를 어떻게 표현해야 하는지 결정하고, 데이터 저장소에서도 이 형식을 사용하게 해야 한다. 만일 데이터 저장소에서 이 형식을 지원할 수 없다면 데이터를 변형하는 것 또한 서버가 할 일이다.

기존 방식의 고수

AngularJS의 가장 강력한 특징 중 하나는 특히 디렉티브 기능과 관련해 제이쿼리를 기반으로 개발됐다는 점이다(15장에서 자세히 설명). 그런데 문제는 개념적으로는 프로젝트에서 AngularJS를 사용하지만 내부적으로는 결국 제이쿼리를 사용하는 데 그치기 쉽다는 점이다.

이 문제는 설계 문제처럼 보이지 않을 수도 있지만, 제이쿼리에서는 MVC 컴포넌트를 쉽게 분리할 수 없고, 개발하는 웹 앱을 테스트, 개선, 유지보수하기가 어려우므로 애플리케이션의 전체 모습을 크게 왜곡할 수 있다. AngularJS 앱에서 제이쿼리를 통해 DOM을 직접 조작한다면 문제가 있는 것이다.

이 장에서 설명한 것처럼 AngularJS는 모든 작업에 적합한 툴이 아니므로, 프로젝트 시작 시점에 어떤 툴이 적합한지 선택하는 게 중요하다. AngularJS를 사용하기로 했다면 끝없는 문제를 야기하는 제이쿼리 편의 기능에 의존하지 말아야 한다. 이 주제에 대해서는 AngularJS의 제이쿼리 구현체가 jqLite를 다루는 15장부터 커스텀 디렉티브 구현 방법을 다루는 17장까지 살펴본다.

▎정리

이 장에서는 AngularJS의 사용 맥락에 대해 살펴봤다. 먼저 AngularJS를 사용하기 적합한 (또는 적합하지 않은) 프로젝트의 유형, AngularJS에서 MVC 패턴을 지원하는 방식, REST에 대한 간단한 소개, HTTP 요청을 통해 데이터 작업을 표현하는 방식에 대해 알아봤다. 끝으로 AngularJS 프로젝트를 수행하면서 빠지기 쉬운 세 가지 설계 함정도 들여다봤다. 다음 장에서는 HTML을 간단히 소개하고 이 책에서 계속해서 사용할 부트스트랩 CSS 프레임워크에 대해 살펴본다.

CHAPTER 4

HTML 및 부트스트랩 CSS 기초

개발자들은 여러 경로를 통해 웹 앱 개발 세계에 발을 내딛지만 개중에는 웹 앱에서 주로 사용하는 기본 기술을 잘 모르는 사람도 있다. 이 장에서는 HTML에 대해 간단히 소개하고, 이 책의 예제에 스타일을 적용하는 데 사용하는 부트스트랩 CSS 라이브러리에 대해서도 소개한다. 5장에서는 자바스크립트에 대해 살펴보고, 이 책의 나머지 부분에서 다루는 예제를 이해하는 데 필요한 정보를 제공한다. 이들 주제가 익숙한 개발자라면 AngularJS를 사용해 좀 더 복잡한 실전 앱을 개발하는 6장으로 건너뛰어도 좋다. 표 4-1에는 이 장의 내용이 정리돼 있다.

표 4-1. 장 요약

문제	해결책	예제
HTML 문서의 콘텐츠 타입 선언	HTML 엘리먼트를 사용한다.	1
HTML 엘리먼트 설정	어트리뷰트를 사용한다.	2, 3
콘텐츠와 메타데이터의 차이	HTML 문서의 head 및 body 영역을 사용한다.	4
HTML 문서에 부트스트랩 스타일 적용	엘리먼트에 부트스트랩 CSS 클래스를 적용한다.	5
table 엘리먼트에 스타일 적용	table 및 관련 CSS 클래스를 사용한다.	6, 7
form 엘리먼트에 스타일 적용	form-group 및 form-control CSS 클래스를 사용한다.	8
그리드 레이아웃 생성	부트스트랩 12-column 그리드를 사용한다.	9
반응형 그리드 생성	large 및 small 그리드 클래스를 사용한다.	10

> **팁** 여기서는 HTML에 대해 자세히 다루지 않는다. 이 주제는 별도로 책 한 권이 필요할 정도로 내용이 방대하기 때문이다. 브라우저에서 지원하는 HTML, CSS, 자바스크립트에 대한 자세한 내용이 알고 싶다면 Apress에서 출간한 필자의 책 『The Definitive Guide to HTML5』를 참고하자.

I HTML 이해

HTML을 이해하는 데는 HTML 문서를 직접 살펴보는 것이 가장 큰 도움이 된다. HTML 문서를 보면 HTML의 기본 구조뿐 아니라 모든 HTML 문서가 따르는 계층구조를 알 수 있다. 예제 4-1에는 2장에서 사용한 간단한 HTML 문서가 나와 있다. 이 문서는 2장에서 보여준 첫 번째 예제가 아니라 AngularJS 지원 기능을 추가하면서 조금 나중에 등장한 예제의 내용이다. 이 장을 준비하면서 필자는 이 예제에 나와 있는 엘리먼트를 2장에서 설정한 angularjs 디렉터리에 todo.html 파일로 저장했다.

예제 4-1. todo.html 문서의 내용

```html
<!DOCTYPE html>
<html ng-app="todoApp">
<head>
    <title>TO DO List</title>
    <link href="bootstrap.css" rel="stylesheet" />
    <link href="bootstrap-theme.css" rel="stylesheet" />
    <script src="angular.js"></script>
    <script>
        var todoApp = angular.module("todoApp", []);
    </script>
</head>
<body>
    <div class="page-header">
        <h1>Adam's To Do List</h1>
    </div>
    <div class="panel">
        <div class="input-group">
            <input class="form-control" />
            <span class="input-group-btn">
                <button class="btn btn-default">Add</button>
            </span>
        </div>
        <table class="table table-striped">
            <thead>
                <tr>
                    <th>Description</th>
                    <th>Done</th>
                </tr>
            </thead>
            <tbody>
                <tr><td>Buy Flowers</td><td>No</td></tr>
                <tr><td>Get Shoes</td><td>No</td></tr>
                <tr><td>Collect Tickets</td><td>Yes</td></tr>
                <tr><td>Call Joe</td><td>No</td></tr>
            </tbody>
        </table>
    </div>
```

```
</body>
</html>
```

복습할 겸 그림 4-1에서는 이 문서에 들어 있는 HTML 엘리먼트를 브라우저에서 연 모습을 보여주고 있다.

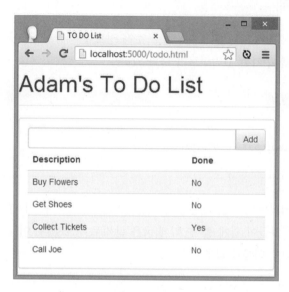

그림 4-1. 브라우저에서 본 todo.html 파일

HTML 엘리먼트 해부

HTML의 중심에는 **엘리먼트**가 있다. 엘리먼트는 브라우저에게 HTML 문서의 각 부분이 어떤 내용을 담고 있는지 알려준다. 다음은 이 예제에서 가져온 엘리먼트의 예다.

```
...
<h1>Adam's To Do  List</h1>
...
```

그림 4-2에서 볼 수 있듯, 이 엘리먼트는 세 부분으로 나뉜다. 시작 태그, 종료 태그, 내용이다.

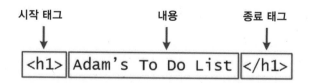

그림 4-2. 간단한 HTML 엘리먼트의 해부

이 엘리먼트의 '이름'(name, **태그명** 또는 그냥 **태그**라고도 부른다)은 h1이고, 이 이름은 브라우저에게 태그 사용의 내용을 최상위 헤더로 처리하게끔 지시한다. 엘리먼트는 꺾쇠 괄호(< 및 > 문자) 사이에 태그명을 집어넣어 시작하고, 엘리먼트를 끝낼 때도 같은 방식으로 태그를 사용한다(다만 이때는 왼쪽 꺾쇠 괄호(<) 다음에 / 문자를 사용한다는 점이 다르다).

어트리뷰트 이해

엘리먼트에 어트리뷰트를 추가하면 브라우저로 추가 정보를 제공할 수 있다. 예제 4-2에는 예제 문서에서 어트리뷰트를 추가한 엘리먼트가 나와 있다.

예제 4-2. 어트리뷰트 정의

```
...
<link href="bootstrap.css" rel="stylesheet" />
...
```

이 엘리먼트는 링크 엘리먼트로서, 다른 콘텐츠를 문서로 불러온다. 이 엘리먼트에는 두 개의 어트리뷰트가 있는데, 독자들이 쉽게 볼 수 있게 굵은 글씨로 강조했다. 어트리뷰트는 항상 시작 태그의 일부로서 정의하며, **이름**과 **값**을 갖는다.

이 예제에서 두 어트리뷰트의 이름은 href와 rel이다. 링크 엘리먼트에서 href 어트리뷰트는 불러올 콘텐츠를 지정하고, rel 어트리뷰트는 콘텐츠의 유형을 지정한다. 이 링크 엘리먼트의 어트리뷰트는 bootstrap.css 파일을 불러오고 이를 스타일시트(CSS 파일을 담고 있는 파일)로 처리하게끔 브라우저에게 지시한다.

모든 어트리뷰트에 값이 필요하지는 않다. 어트리뷰트를 정의하는 것만으로도 엘리먼트와 관련해 어떤 동작을 원하는지 브라우저에게 신호를 보낼 수 있다. 예제 4-3에서는 이와 같은 어트리뷰트가 들어 있는 엘리먼트를 볼 수 있다(예제 문서에서 가져온 엘리먼트는 아니고 이 예제를 위해 새로 만든 엘리먼트다).

예제 4-3. 값이 필요 없는 어트리뷰트의 정의

```
...
<input name="snowdrop" value="0" required>
...
```

이 엘리먼트에는 세 개의 어트리뷰트가 있다. 처음 두 어트리뷰트 name과 value에는 앞의 예제와 마찬가지로 값이 지정돼 있다(이 부분이 조금 헷갈릴 수 있다. 이들 어트리뷰트의 이름

은 name과 value다. name 어트리뷰트의 value는 snowdrop이고, value 어트리뷰트의 value
는 0이다). 세 번째 어트리뷰트에는 그냥 required 단어만 쓰여 있다. 이 어트리뷰트가 바
로 값이 필요 없는 어트리뷰트의 예다. 물론 원한다면 이름에 어트리뷰트 값을 설정하거나
(required="required") 빈 문자열을 사용해(required="") 값을 정의할 수도 있다.

엘리먼트 콘텐츠 이해

엘리먼트는 텍스트를 포함할 수 있지만, 다른 엘리먼트도 포함할 수 있다. 다음은 다른 엘리먼트
를 포함하는 엘리먼트의 예다.

```
...
<thead>
    <tr>
        <th>Description</th>
        <th>Done</th>
    </tr>
</thead>
...
```

HTML 문서의 엘리먼트는 자연스러운 계층구조를 형성한다. html 엘리먼트는 body 엘리먼트
를 포함하고, body 엘리먼트는 콘텐츠 엘리먼트를 포함하며, 각 콘텐츠 엘리먼트는 다른 엘리먼
트를 포함하는 식이다. thead 엘리먼트는 tr 엘리먼트를 포함하고, tr 엘리먼트는 다시 th 엘리
먼트를 포함한다. 이와 같은 중첩 엘리먼트는 하위 엘리먼트에게 상위 엘리먼트의 중요성을 전달
하므로 HTML에서 매우 핵심적인 개념이 된다.

빈 엘리먼트 이해

HTML 명세에는 콘텐츠를 포함하지 않는 엘리먼트도 들어 있다. 이를 **빈 엘리먼트** 또는 **셀프 클
로징 엘리먼트**라고 부른다. 이런 엘리먼트는 별도의 종료 태그 없이 작성한다. 다음은 빈 엘리먼
트의 예다.

```
...
<input class="form-control" />
...
```

빈 엘리먼트는 단일 태그로 정의하며, 마지막 꺾쇠 괄호(> 문자) 앞에 / 문자를 추가한다.

문서 구조 이해

HTML 문서의 기본 구조를 정의하는 핵심 엘리먼트가 몇 가지 있다. 바로 DOCTYPE, html,
head, body 엘리먼트다. 예제 4-4에는 나머지 콘텐츠 엘리먼트를 제거한 상태에서 이들 엘리먼
트 사이의 관계가 나와 있다.

```
<!DOCTYPE html>
<html>
<head>
    ...head 콘텐츠...
</head>
<body>
    ...body 콘텐츠...
</body>
</html>
```

문서 객체 모델의 이해

브라우저가 HTML 문서를 로드하고 처리할 때 브라우저는 **문서 객체 모델**(DOM)을 생성한다. DOM은 자바스크립트 객체를 사용해 문서 내 각 엘리먼트를 나타내는 모델이며, HTML 문서의 콘텐츠를 프로그래밍적으로 처리할 수 있게 해주는 메커니즘이다.

AngularJS에서는 DOM을 직접 조작할 일이 거의 없다(커스텀 디렉티브를 생성하는 게 아니라면). 하지만 브라우저가 자바스크립트 객체를 통해 표현되는 HTML 문서의 라이브 모델을 관리한다는 사실만은 잘 이해하는 게 중요하다. AngularJS에서 이들 객체를 수정하면, 브라우저는 수정 사항을 반영하기 위해 표시하는 콘텐츠를 업데이트한다. 이는 웹 애플리케이션의 핵심이 되는 기초 중 하나다. 만일 DOM을 수정할 수 없다면 클라이언트사이드 웹 앱을 개발하는 것 또한 불가능할 것이다.

이들 엘리먼트 각각은 HTML 문서에서 차지하는 역할이 있다. DOCTYPE 엘리먼트는 브라우저에게 이 문서가 HTML 문서이고, 구체적으로 'HTML5' 문서임을 알려준다. 과거 버전의 HTML에는 좀 더 많은 정보가 필요하다. 예를 들어 다음은 HTML4 문서에 사용하는 DOCTYPE 엘리먼트다.

```
...
<!DOCTYPE HTML PUBLIC "-//W3C//DTD HTML 4.01//EN"
    "http://www.w3.org/TR/html4/strict.dtd">
...
```

html 엘리먼트는 HTML 콘텐츠를 포함하는 문서의 영역을 표시한다. 이 엘리먼트는 항상 다른 두 핵심 구성 엘리먼트(head 및 body)를 포함한다. 이 장의 서두에서 설명한 것처럼 여기서는 개별 HTML 엘리먼트에 대해 자세히 다루지 않는다. 이들 엘리먼트의 종류는 수없이 많고, HTML5를 완전히 다루려면 1,000페이지 남짓한 책 한 권이 필요하기 때문이다. 하지만 이와 별개로, 여기서는 각 엘리먼트가 브라우저에게 어떤 식으로 콘텐츠를 알려주는지 이해하기 쉽게 todo.html 파일에 사용한 엘리먼트에 대한 설명을 간단히 표로 정리했다. 표 4-2에는 예제 문서에 사용한 엘리먼트가 정리돼 있다.

표 4-2. 예제 문서에 사용한 HTML 엘리먼트

엘리먼트	설명
DOCTYPE	문서의 콘텐츠 타입을 지정한다.
body	콘텐츠 엘리먼트(이 장에서 나중에 설명)가 들어 있는 문서 영역을 표시한다.
button	버튼을 표시. 종종 서버로 전송할 폼에서 사용한다.
div	범용 엘리먼트. 프레젠테이션 용도로 문서에 구조를 추가하는 데 종종 사용한다.
h1	최상위 헤더를 표시한다.
head	메타데이터(이 장에서 나중에 설명)가 들어 있는 문서 영역을 나타낸다.
html	HTML(보통 전체 문서)이 들어 있는 문서 영역을 나타낸다.
input	사용자로부터 단일 데이터 항목을 수집하는 데 사용하는 필드를 표시한다.
link	콘텐츠를 HTML 문서로 불러온다.
script	문서의 일부로 실행할 스크립트(주로 자바스크립트)를 나타낸다.
span	범용 엘리먼트. 주로 프레젠테이션 목적으로 문서에 구조를 추가하는 데 사용한다.
style	캐스케이딩 스타일 시트 설정 영역을 나타냄. 3장을 참고하자.
table	테이블을 나타냄. 콘텐츠를 행과 열로 조직화하는 데 사용한다.
tbody	테이블의 바디(헤더나 푸터가 아닌)
td	테이블 행의 콘텐츠 셀을 나타낸다.
th	테이블 행의 헤더 셀을 나타낸다.
thead	테이블의 헤더를 나타낸다.
tr	테이블의 행을 나타낸다.
title	문서의 제목을 나타냄. 브라우저에서 창이나 탭의 제목을 설정하는 데 사용한다.

| 부트스트랩 이해

HTML 엘리먼트는 자신이 나타내는 콘텐츠의 유형을 브라우저에게 알려주지만, 콘텐츠를 어떻게 표시해야 하는지에 대한 구체적인 정보는 제공하지 않는다. 엘리먼트를 표시하는 방식에 대한 구체적인 정보는 **캐스케이딩 스타일 시트**(CSS)를 사용해 제공한다. CSS는 엘리먼트 외형의 각 요소를 설정할 수 있는 방대한 **속성**과 이들 속성을 적용할 대상을 고르는 **선택자**로 구성된다.

CSS를 사용할 때 자주 겪게 되는 문제 중 하나는 일부 브라우저에서 속성을 조금 다르게 해석함에 따라 기기가 다르면 HTML의 내용이 다르게 보일 수 있다는 점인데, 이 문제는 추적하고 해결하기가 쉽지 않다. 그래서 웹 앱 개발자들이 좀 더 간편하고 안정적으로 HTML 콘텐츠에 스타일을 입힐 수 있게 도와주는 CSS 프레임워크가 등장했다.

이 중 최근 큰 인기를 얻은 CSS 프레임워크로 부트스트랩이 있다. 부트스트랩은 본래 트위터에서 개발했지만, 이후 오픈소스 프로젝트로 폭넓게 사용됐다. 부트스트랩은 엘리먼트에 일관되게 스타일을 적용할 수 있는 CSS 클래스와 추가 개선 작업을 수행해주는 자바스크립트 코드로 구성된다.

필자는 프로젝트에서 부트스트랩을 자주 사용한다. 부트스트랩은 모든 브라우저에서 잘 동작할 뿐 아니라, 사용하기 간편하며, 제이쿼리를 기반으로 개발됐다(물론 이 책에서는 제이쿼리에 의존하는 기능은 사용하지 않지만 이 점은 분명 환영할 만한 점이다).

이 책에서는 각 장에 커스텀 CSS를 정의하거나 나열하지 않아도 된다는 점에서 각 예제에 스타일을 적용하는 데 부트스트랩 CSS 스타일을 사용한다. 부트스트랩에서는 이 책에서 사용하고 설명하는 것보다 더 많은 기능을 제공하며, 자세한 내용은 http://getbootstrap.com에서 볼 수 있다.

팁 이 책에서는 부트스트랩 자바스크립트 컴포넌트를 사용하지 않는다. 사실 부트스트랩의 자바스크립트 코드는 잘 동작하지만 이 책의 주제는 AngularJS인 만큼 여기서는 예제에 기본 CSS 스타일을 적용하는 것으로 사용 범위를 제한한다.

이 책의 주제가 부트스트랩이 아닌 만큼 부트스트랩에 대해서는 자세히 다루지 않는다. 하지만 이 책에 사용한 예제 중 어느 부분이 AngularJS 기능이고, 어느 부분이 부트스트랩 스타일 적용 부분인지 알 수 있을 만큼의 정보는 제공하려 한다. 기본 부트스트랩 기능을 보여주기 위해 angularjs 폴더에 bootstrap.html이라는 HTML 파일을 생성했다. 이 파일의 내용은 예제 4-5에서 볼 수 있다.

예제 4-5. bootstrap.html 파일의 내용

```html
<!DOCTYPE html>
<html xmlns="http://www.w3.org/1999/xhtml">
<head>
    <title>Bootstrap Examples</title>
    <link href="bootstrap.css" rel="stylesheet" />
    <link href="bootstrap-theme.css" rel="stylesheet" />
</head>
<body>
    <div class="panel">
        <h3 class="panel-heading">Button Styles</h3>
        <button class="btn">Basic Button</button>
        <button class="btn btn-primary">Primary</button>
        <button class="btn btn-success">Success</button>
        <button class="btn btn-warning">Warning</button>
        <button class="btn btn-info">Info</button>
        <button class="btn btn-danger">Danger</button>
    </div>
    <div class="well">
        <h3 class="panel-heading">Button Sizes</h3>
```

```
            <button class="btn btn-large btn-success">Large Success</button>
            <button class="btn btn-warning">Standard Warning</button>
            <button class="btn btn-small btn-danger">Small Danger</button>
        </div>
        <div class="well">
            <h3 class="panel-heading">Block Buttons</h3>
            <button class="btn btn-block btn-large btn-success">Large Block Success</button>
            <button class="btn btn-block btn-warning">Standard Block Warning</button>
            <button class="btn btn-block btn-small btn-info">Small Block Info</button>
        </div>
</body>
</html>
```

> 💬 **팁** 이어지는 예제는 1장에서 `angularjs` 폴더에 추가한 `bootstrap.css` 및 `bootstrap-theme.`
> `css` 파일에 의존한다. 이들 파일을 삭제했다면 1장의 설명을 따라 부트스트랩을 다시 내려받고
> 제 위치로 복사해야 한다.

이 HTML에는 부트스트랩을 적용할 때 흔히 볼 수 있는 다양한 기능이 잘 나타나 있다. 그림
4-3에서는 브라우저에서 HTML을 열어본 결과 화면을 볼 수 있다. 여기서 사용한 기능에 대해
서는 잠시 후 설명하겠다.

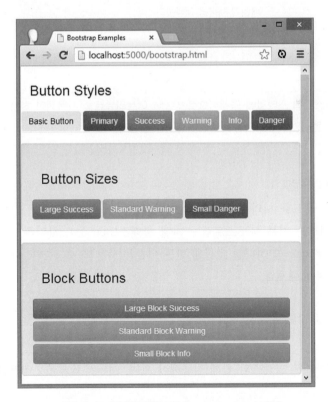

그림 4-3. 브라우저에서 본 bootstrap.html 파일

기본 부트스트랩 클래스 적용

부트스트랩 스타일은 관련 어트리뷰트를 연계하는 데 사용하는 class 어트리뷰트를 통해 적용한다. class 어트리뷰트는 단순히 CSS 스타일을 적용하는 데 사용될 뿐 아니라 부트스트랩 및 비슷한 프레임워크가 동작하는 방식에 있어서 기초가 되는 어트리뷰트다. 다음은 이 예제에서 class 어트리뷰트를 적용한 HTML 엘리먼트의 예다.

```
...
<div class="panel">
...
```

여기서는 class 어트리뷰트를 panel로 지정했는데, panel은 부트스트랩에서 정의하는 여러 CSS 클래스 중 하나다. class 어트리뷰트 값을 부트스트랩의 클래스명으로 지정하면 부트스트랩에서 정의한 CSS 스타일 속성이 브라우저에 의해 적용돼, 해당 엘리먼트의 외양을 바꾸게 된다. 예제 4-5에는 세 가지 기본 스타일 클래스가 있는데, 이에 대해서는 표 4-3에 정리돼 있다.

표 4-3. 예제에 사용한 기본 부트스트랩 스타일 클래스

부트스트랩 클래스	설명
panel	둥근 모서리를 적용한 패널을 표시. 패널은 헤더와 푸터를 가질 수 있다.
panel-heading	패널의 제목을 생성한다.
btn	버튼을 생성한다.
well	들여쓰기 효과와 함께 엘리먼트를 그룹으로 지정한다.

 모든 부트스트랩 스타일에 명시적으로 class 어트리뷰트를 사용해야 하는 것은 아니다. h1-h6 같은 제목 엘리먼트에는 자동으로 스타일이 적용된다.

스타일 컨텍스트 수정

부트스트랩에서는 용두를 나타내기 위해 엘리먼트에 적용하는 스타일 컨텍스트 클래스를 정의한다. 이들 클래스는 기본 부트스트랩 스타일 클래스(btn 등), 하이픈, primary, success, warning, info, danger 중 하나를 조합해 만든 이름을 사용해 지정한다. 다음은 스타일 컨텍스트 클래스를 적용하는 예제다.

```
...
<button class="btn btn-primary">Primary</button>
...
```

컨텍스트 클래스는 기본 클래스와 함께 적용해야 하며, 여기서 button 엘리먼트에 btn과 btn-primary 클래스를 함께 사용한 것 또한 이 때문이다(여러 클래스는 공백을 사용해 구분한다). 컨텍스트 클래스는 꼭 사용할 필요가 없고, 어디까지나 선택 사항이며, 주로 강조를 위해서 사용한다.

크기 변경

크기 수정 클래스를 사용하면 엘리먼트에 스타일이 적용되는 방식을 조금 바꿀 수 있다. 이 클래스는 기본 클래스명, 하이픈, lg 또는 sm을 조합해 지정한다. 다음은 크기 클래스를 사용한 예제 코드다.

```
...
<button class="btn btn-lg btn-success">Large Success</button>
...
```

크기 클래스를 생략하면 엘리먼트에 기본 스타일 크기를 사용한다. 이때 컨텍스트 클래스와 크기 클래스를 조합해 사용할 수도 있음에 주의하자. 부트스트랩 클래스의 수정 기능은 얼마든지 서로 조합해 엘리먼트에 스타일을 적용하는 방식을 완전히 제어할 수 있다. 버튼 엘리먼트의 경우 다음과 같이 가로 공간을 모두 채우게끔 btn-block 클래스를 적용할 수 있다.

```
...
<button class="btn btn-block btn-lg btn-success">Large Block Success</button>
...
```

btn-block 클래스는 그림 4-3과 같이 크기 클래스 및 컨텍스트 클래스와 조합해 사용할 수도 있다.

부트스트랩을 활용한 테이블 스타일 지정

부트스트랩에는 테이블 엘리먼트에 스타일을 지정하는 기능도 들어 있다(이 기능은 2장에서 예제에 사용한 바 있다). 표 4-4에는 부트스트랩에서 테이블에 대해 지원하는 CSS 클래스가 정리돼 있다.

표 4-4. 테이블용 부트스트랩 CSS 클래스

부트스트랩 클래스	설명
table	일반 스타일을 테이블 엘리먼트 및 그 내용에 적용한다.
table-striped	테이블 행에 2줄 간격 스트라이프를 적용한다.
table-bordered	모든 행과 칼럼에 보더를 적용한다.
table-hover	테이블 행에 마우스를 올릴 때 다른 스타일을 적용한다.
table-condensed	좀 더 촘촘한 레이아웃을 보여주기 위해 테이블 내 간격을 축소한다.

이들 클래스는 모두 table 엘리먼트에 직접 적용된다. 여기서는 테이블에 적용할 수 있는 부트스트랩의 스타일을 보여주기 위해 예제 4-6처럼 bootstrap.html 파일의 내용을 수정했다.

예제 4-6. bootstrap.html 파일에 스타일 적용 테이블 추가

```
<!DOCTYPE html>
<html xmlns="http://www.w3.org/1999/xhtml">
<head>
    <title>Bootstrap Examples</title>
    <link href="bootstrap.css" rel="stylesheet" />
    <link href="bootstrap-theme.css" rel="stylesheet" />
</head>
<body>
    <div class="panel">
        <h3 class="panel-heading">Standard Table with Context</h3>
        <table class="table">
            <thead>
                <tr><th>Country</th><th>Capital City</th></tr>
            </thead>
            <tr class="success"><td>United Kingdom</td><td>London</td></tr>
            <tr class="danger"><td>France</td><td>Paris</td></tr>
            <tr><td>Spain</td><td class="warning">Madrid</td></tr>
        </table>
    </div>
    <div class="panel">
        <h3 class="panel-heading">Striped, Bordered and Highlighted Table</h3>
        <table class="table table-striped table-bordered table-hover">
            <thead>
                <tr><th>Country</th><th>Capital City</th></tr>
            </thead>
            <tr><td>United Kingdom</td><td>London</td></tr>
            <tr><td>France</td><td>Paris</td></tr>
            <tr><td>Spain</td><td>Madrid</td></tr>
        </table>
    </div>
</body>
</html>
```

이 예제에서는 서로 다른 부트스트랩 클래스를 조합하는 방식을 보여주기 위해 두 개의 테이블 엘리먼트를 사용했다. 결과 화면은 그림 4-4에서 볼 수 있다.

첫 번째 table 엘리먼트에는 table 클래스만 있으므로 테이블에 기본 부트스트랩 스타일이 적용됐다. 예제를 재미있게 하기 위해 두 개의 tr 엘리먼트와 한 개의 td 엘리먼트에 컨텍스트 클래스를 적용해, 각 행과 셀에 컨텍스트 스타일을 적용할 수 있음을 보여줬다.

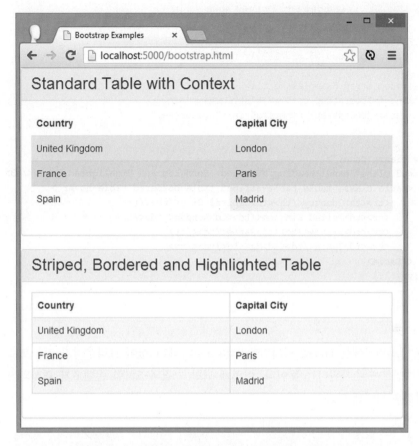

그림 4-4. 부트스트랩을 활용한 table 엘리먼트 스타일 적용

두 번째 테이블에서는 기본 테이블 클래스와 더불어 `table-striped`, `table-bordered`, `table-hover`도 함께 적용했다. 이렇게 하면 테이블 행에 번갈아 서로 다른 스타일이 적용되고, 행 및 셀에 보더를 추가하며, (그림에서는 잘 보이지 않겠지만) 마우스를 올릴 때 행이 강조되는 효과가 있다.

올바른 테이블 구조의 확인

예제 4-6에서 테이블을 정의할 때 `thead` 엘리먼트를 사용한 점에 주의하자. 이와 같이 별도 헤더를 사용하지 않은 경우 브라우저는 `table` 엘리먼트의 직계 자손인 `tbody` 엘리먼트 및 `tr` 엘리먼트를 자동으로 추가한다. 브라우저의 이 같은 동작에 의존할 경우 부트스트랩과 연동할 때 이상한 결과가 생기게 된다. `table` 엘리먼트에 적용되는 대다수 CSS 클래스가 `tbody` 엘리먼트의 자손에 추가되기 때문이다. `boostrap.html` 파일에 정의한 예제 4-7의 테이블을 살펴보자.

```
<!DOCTYPE html>
<html xmlns="http://www.w3.org/1999/xhtml">
<head>
    <title>Bootstrap Examples</title>
    <link href="bootstrap.css" rel="stylesheet" />
    <link href="bootstrap-theme.css" rel="stylesheet" />
</head>
<body>
    <div class="panel">
        <h3 class="panel-heading">Striped, Bordered and Highlighted Table</h3>
        <table class="table table-striped table-bordered table-hover">
            <tr><th>Country</th><th>Capital City</th></tr>
            <tr><td>United Kingdom</td><td>London</td></tr>
            <tr><td>France</td><td>Paris</td></tr>
            <tr><td>Spain</td><td>Madrid</td></tr>
        </table>
    </div>
</body>
</html>
```

이 table 엘리먼트에는 thead 엘리먼트가 없다. 즉 헤더 행이 브라우저가 자동으로 생성하는
tbody 엘리먼트에 추가된다는 뜻이다. 이렇게 되면 그림 4-5처럼 콘텐츠가 표시되는 결과에도
중요한 영향을 끼치게 된다.

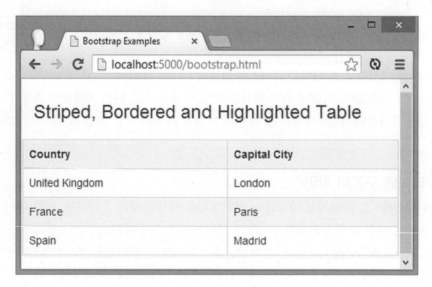

그림 4-5. 헤더와 보디 행을 테이블에 합친 결과

이제 행의 스트라이프가 헤더부터 시작하는 것을 볼 수 있다. 물론 대수롭지 않게 생각할 수도 있지만, 이 예제를 직접 실행해보고 테이블 행에 마우스를 올려보면 헤더 행에 하이라이트가 표시되는 원하지 않은 결과가 나오는 것을 알 수 있다.

부트스트랩을 활용한 폼 생성

부트스트랩에는 폼에 적용할 수 있는 스타일도 포함돼 있는데, 이를 통해 예제 4-8과 같이 애플리케이션의 다른 엘리먼트와 일관된 스타일을 폼에 적용할 수 있다.

예제 4-8. bootstrap.html 파일에서의 폼 엘리먼트 스타일 적용

```
<!DOCTYPE html>
<html xmlns="http://www.w3.org/1999/xhtml">
<head>
    <title>Bootstrap Examples</title>
    <link href="bootstrap.css" rel="stylesheet" />
    <link href="bootstrap-theme.css" rel="stylesheet" />
</head>
<body>
    <div class="panel">
        <h3 class="panel-header">
            Form Elements
        </h3>

        <div class="form-group">
            <label>Name:</label>
            <input name="name" class="form-control" />
        </div>

        <div class="form-group">
            <label>Email:</label>
            <input name="email" class="form-control" />
        </div>

        <div class="radio">
            <label>
                <input type="radio" name="junkmail" value="yes" checked />
                Yes, send me endless junk mail
            </label>
        </div>
        <div class="radio">
            <label>
                <input type="radio" name="junkmail" value="no" />
                No, I never want to hear from you again
            </label>
        </div>

        <div class="checkbox">
            <label>
```

```
            <input type="checkbox" />
            I agree to the terms and conditions.
         </label>
      </div>

      <input type="button" class="btn btn-primary" value="Subscribe" />
   </div>
</body>
</html>
```

이 파일에는 사용자로부터 데이터를 수집하는 여러 폼 엘리먼트가 들어 있다. AngularJS의 폼 지원 기능에 대해서는 12장에서 다루지만, 여기서는 부트스트랩을 사용해 폼 엘리먼트에 스타일을 적용하는 법을 보여주기 위해 이 같은 예제를 작성했다. 결과 화면은 그림 4-6에서 볼 수 있다.

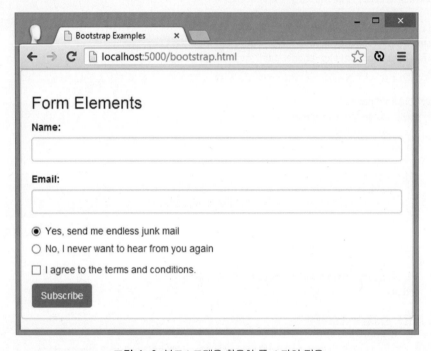

그림 4-6. 부트스트랩을 활용한 폼 스타일 적용

기본적인 폼 스타일은 다음과 같이 label과 input 엘리먼트가 들어 있는 div 엘리먼트에 form-group 클래스를 적용해 지정하면 된다.

```
...
<div class="form-group">
    <label>Email:</label>
    <input name="email" class="form-control" />
</div>
...
```

그럼 부트스트랩에서는 label이 input 엘리먼트 위에 보이고 input 엘리먼트가 사용 가능한 가로 길이를 100퍼센트 차지하게끔 스타일을 적용해준다.

다른 폼 엘리먼트에는 다른 클래스를 적용할 수도 있다. 이 예제에서는 다음과 같이 type을 checkbox로 지정한 checkbox 클래스(마찬가지로 div 엘리먼트에 적용)도 사용하고 있다.

```
...
<div class="checkbox">
    <label>
        <input type="checkbox" />
        I agree to the terms and conditions.
    </label>
</div>
...
```

팁 설명 텍스트 및 input 엘리먼트를 포함하는 데 label 엘리먼트를 사용했다는 점에 주의하자. 이 방식은 다른 유형의 input 엘리먼트에 사용한 것과는 그 구조가 다르다.

부트스트랩을 활용한 그리드 생성

부트스트랩에서는 1개부터 12개까지 칼럼을 포함할 수 있는 다양한 그리드 레이아웃과 반응형 레이아웃(그리드의 레이아웃이 화면 너비에 따라 변함으로써 모바일 기기나 데스크톱에서 같은 콘텐츠를 다르게 보여주는)을 지원하는 스타일 클래스를 제공한다. 예제 4-9에서는 bootstrap. html 파일을 사용해 그리드 레이아웃을 생성했다.

예제 4-9. bootstrap.html 파일을 통한 그리드 레이아웃 생성

```
<!DOCTYPE html>
<html xmlns="http://www.w3.org/1999/xhtml">
<head>
    <title>Bootstrap Examples</title>
    <link href="bootstrap.css" rel="stylesheet" />
    <link href="bootstrap-theme.css" rel="stylesheet" />
    <style>
        #gridContainer {padding: 20px;}
        .grid-row > div { border: 1px solid lightgrey; padding: 10px;
                          background-color: aliceblue; margin: 5px 0; }
    </style>
</head>
<body>
    <div class="panel">

        <h3 class="panel-header">
            Grid Layout
        </h3>
```

```
<div id="gridContainer">

    <div class="row grid-row">
        <div class="col-xs-1">1</div>
        <div class="col-xs-1">1</div>
        <div class="col-xs-2">2</div>
        <div class="col-xs-2">2</div>
        <div class="col-xs-6">6</div>
    </div>

    <div class="row grid-row">
        <div class="col-xs-3">3</div>
        <div class="col-xs-4">4</div>
        <div class="col-xs-5">5</div>
    </div>

    <div class="row grid-row">
        <div class="col-xs-6">6</div>
        <div class="col-xs-6">6</div>
    </div>

    <div class="row grid-row">
        <div class="col-xs-11">11</div>
        <div class="col-xs-1">1</div>
    </div>

    <div class="row grid-row">
        <div class="col-xs-12">12</div>
    </div>
    </div>
    </div>
</body>
</html>
```

테이블 vs. 그리드

table 엘리먼트는 표 형태의 데이터를 나타내지만, 그리드에 콘텐츠를 배치하는 데도 종종 사용된다. 일반적으로 테이블을 사용할 경우 콘텐츠와 콘텐츠의 표현 방식을 서로 분리한다는 원칙에서 벗어나게 되므로 CSS를 사용해 그리드에 콘텐츠를 배치해야 한다. 그리드 레이아웃은 CSS3에서는 명세에 포함돼 있지만 아직까지 주요 브라우저에서조차도 일관되게 구현되고 있지 않다. 따라서 현재 가장 좋은 해결책은 부트스트랩 같은 CSS 프레임워크를 사용하는 것이다.

필자는 별다른 문제가 생기기 전까지는 이 방식을 고수한다. 필자가 참여하는 프로젝트에서는 클라이언트가 CSS 프레임워크를 받아들일 수 없고, 웹 앱을 최신 CSS3 레이아웃을 지원하지 않는 기기에서 실행해야 하는 경우가 종종 있다. 이런 경우 필자는 table 레이아웃을 사용해 그리드 레이아웃을 생성한다. 이 작업을 CSS2를 사용해 직접 수행하면 스타일 조정 및 수정이 관리할 수 없을 만큼 복잡해지기 때문이다. 여느 때와 마찬가지로 필자는 가능하다면 레이아웃으로부터 엘리먼트 타입을 분리하는 패턴을 고수하라고 충고하고 싶다. 하지만 더 좋은 해결책이 없는 상황이라면 table 엘리먼트를 그리드 레이아웃으로 사용하는 것을 주저하지 말아야 한다.

부트스트랩 그리드 레이아웃 시스템은 사용하기 간편하다. div 엘리먼트에 row 클래스를 적용하고 칼럼만 지정하면 div 엘리먼트에 들어 있는 콘텐츠에 그리드 레이아웃을 바로 적용할 수 있다.

각 행은 12개의 칼럼을 정의하며, 사용자는 col-xs 클래스명 다음에 칼럼 개수를 지정해 각 자식 엘리먼트가 차지할 칼럼 개수를 정할 수 있다. 예를 들어 col-xs-1이라고 지정하면 이 엘리먼트는 1개의 칼럼을 차지하며, col-xs-2는 2개의 칼럼을 차지하는 식이다. 마찬가지로 col-xs-12를 지정하면 엘리먼트가 전체 행을 차지하게 된다. 예제에서는 row 클래스를 사용해 여러 개의 div 엘리먼트를 생성했고, 각 div 엘리먼트에는 col-xs-* 클래스를 적용한 추가 div 엘리먼트가 들어 있다. 결과 화면은 그림 4-7에서 볼 수 있다.

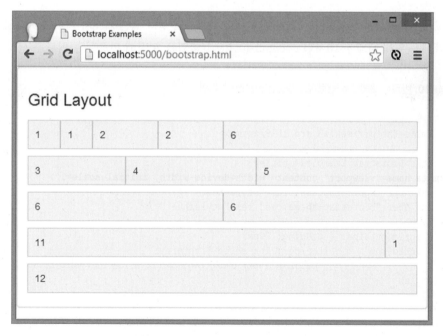

그림 4-7. 부트스트랩 그리드 레이아웃 생성

부트스트랩에서는 행 안에 있는 엘리먼트에 아무 스타일도 적용하지 않는다. 여기서 style 엘리먼트를 사용해 배경색을 설정하고, 행 사이 공백과 보더를 추가해주는 커스텀 CSS 스타일을 작성한 것도 이 때문이다. 다음은 row 클래스와 함께 적용된 grid-row 클래스다.

```
...
<div class="row grid-row">
...
```

반응형 그리드 생성

반응형 그리드는 브라우저 창의 크기에 따라 레이아웃을 조절한다. 반응형 그리드의 주요 목적은 사용할 수 있는 화면 크기에 따라 같은 콘텐츠를 모바일 기기와 데스크톱 등에서 다르게 보여주는 데 있다. 반응형 그리드를 생성하려면 각 셀에 적용한 col-* 클래스를 표 4-5에 나온 클래스 중 하나로 바꿔야 한다.

표 4-5. 반응형 그리드를 위한 부트스트랩 CSS 클래스

부트스트랩 클래스	설명
col-sm-*	화면 크기가 768픽셀보다 크면 그리드 셀이 가로로 표시된다.
col-md-*	화면 크기가 940픽셀보다 크면 그리드 셀이 가로로 표시된다.
col-lg-*	화면 크기가 1170픽셀보다 크면 그리드 셀이 가로로 표시된다.

화면 크기가 클래스에서 지원하는 크기보다 작으면 그리드 행의 셀은 가로가 아니라 세로로 쌓이게 된다. 예제를 위해 예제 4-10처럼 bootstrap.html 파일을 수정해 반응형 그리드를 생성했다.

예제 4-10. 반응형 그리드를 생성하는 bootstrap.html 파일

```
<!DOCTYPE html>
<html xmlns="http://www.w3.org/1999/xhtml">
<head>
    <title>Bootstrap Examples</title>
    <meta name="viewport" content="width=device-width, initial-scale=1">
    <link href="bootstrap.css" rel="stylesheet" />
    <link href="bootstrap-theme.css" rel="stylesheet" />
    <style>
        #gridContainer { padding: 20px; }
        .grid-row > div { border: 1px solid lightgrey;
                          padding: 10px; background-color: aliceblue; margin: 5px 0; }
    </style>
</head>
<body>
    <div class="panel">

        <h3 class="panel-header">
            Grid Layout
```

```
        </h3>
        <div id="gridContainer">

            <div class="row grid-row">
                <div class="col-sm-3">3</div>
                <div class="col-sm-4">4</div>
                <div class="col-sm-5">5</div>
            </div>

            <div class="row grid-row">
                <div class="col-sm-6">6</div>
                <div class="col-sm-6">6</div>
            </div>

            <div class="row grid-row">
                <div class="col-sm-11">11</div>
                <div class="col-sm-1">1</div>
            </div>

        </div>
    </div>
</body>
</html>
```

이 예제에서는 이전 예제에서 일부 그리드 행을 제거하고, col-xs* 클래스를 col-sm-*으로 바꿨다. 이렇게 하고 나면 브라우저 창이 768픽셀보다 클 때는 행이 가로로 표시되고, 이 크기보다 작을 때는 세로로 쌓이게 된다. 결과 화면은 크롬과 아이폰 에뮬레이터에서 실행한 그림 4-8에서 확인할 수 있다.

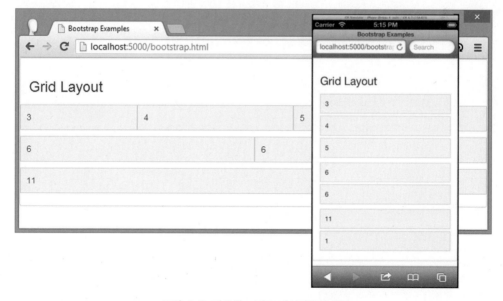

그림 4-8. 반응형 그리드 레이아웃의 생성

이 예제에서는 meta 엘리먼트를 추가한 점에 주의하자. 이 엘리먼트는 모바일 브라우저에게 콘텐츠를 실제 크기로 표시하게끔 지시한다. meta 엘리먼트가 없다면 많은 모바일 브라우저에서는 콘텐츠가 데스크톱 전용이라고 간주하고, 사용자가 상세 내용을 보기 위해 줌인할 것이라고 예상하게 된다. 간단히 말해 모바일 기기를 대상으로 할 때는 이와 같은 meta 엘리먼트를 항상 추가해야 한다. 자세한 내용은 Apress에서 출간한 『The Definitive Guide to HTML5』를 참고하자.

| 정리

이 장에서는 HTML 및 부트스트랩 CSS 프레임워크에 대해 간단히 소개했다. 웹 애플리케이션을 효과적으로 개발하려면 HTML 및 CSS에 대해 잘 이해해야 한다. 하지만 이를 배우는 가장 좋은 방법은 직접 경험해보는 것이며, 이 장에서 다룬 설명과 예제 정도면 앞으로 보게 될 예제를 이해하기에 충분할 정도의 배경 지식이 될 것이다. 다음 장에서는 계속해서 이 책에서 사용하는 자바스크립트의 기본 기능을 소개하고, AngularJS에서 제공하는 언어 개선 기능도 일부 살펴본다.

자바스크립트 기초

이 장에서는 이 책에서 사용하는 자바스크립트 언어에서 가장 중요한 기능을 정리해 짧게 소개한다. 자바스크립트에 대해 완벽하게 다룰 만큼 지면이 충분하지는 않지만 이 책에서 앞으로 살펴볼 예제를 충분히 따라 할 수 있도록 핵심 내용을 설명하는 데 집중했다. 아울러 핵심이 되는 자바스크립트 언어 기능과 관련해서는 AngularJS에서 제공하는 유틸리티 메서드도 함께 설명했다.

이 장의 끝에서는 자바스크립트 프로미스가 어떤 식으로 동작하는지 예를 통해 살펴본다. 프로미스는 Ajax 요청 같은 비동기적 작업을 나타내며, AngularJS 앱에서 폭넓게 사용된다(이 주제는 21장에서 다시 살펴본다). 또, AngularJS에서 데이터를 처리할 때 가장 많이 사용하는 JSON 데이터와 관련한 AngularJS의 지원 기능도 살펴본다. 표 5-1에는 이 장의 내용이 정리돼 있다.

표 5-1. 장 요약

문제	해결책	예제
HTML 문서에 자바스크립트 추가	스크립트 엘리먼트를 사용한다.	1
자바스크립트 기능 추가	자바스크립트 명령을 사용한다.	3
명령을 실행할 때 사용할 명령 그룹을 생성	함수를 사용한다.	4~6
함수 삭제	angular.isFunction 메서드를 사용한다.	7
나중에 사용하기 위해 값 및 객체를 저장	변수를 사용한다.	8
각기 다른 데이터 유형 저장	타입을 사용한다.	9, 10, 12
문자열 감지 및 조작	angular.isString, angular.uppercase, anguler.lowercase 메서드를 사용한다.	11
커스텀 데이터 타입 정의	객체를 생성한다.	13~23
자바스크립트 코드 흐름 제어	조건문을 사용한다.	24
두 객체나 값이 같은지 판단	일치 및 동등 연산자를 사용한다.	25~28
명시적인 타입 변환	to<type> 메서드를 사용한다.	29~31
관련 객체나 값을 차례로 한곳에 저장	배열을 사용한다.	32~37

변수가 정의돼 있는지, 값이 대입돼 있는지 판단	null 및 undefined 값을 검사한다.	38~41
비동기적 작업이 완료될 때 알림을 수신	프로미스 객체를 사용한다.	42, 43
JSON 데이터의 인코딩 및 디코딩	angular.toJson 및 angular.fromJson 메서드를 사용한다.	44

ǀ 예제 프로젝트 준비

이 장에서는 기본적인 자바스크립트 기법을 사용하는 예와 더불어 자바스크립트 언어를 보완하기 위해 AngularJS에서 제공하는 범용 유틸리티 메서드를 살펴본다.

angular.js, bootstrap.css, bootstrap-theme.css 파일이 웹 서버 angularjs 폴더에 모두 들어 있는지 확인하고, jsdemo.html이라는 새 HTML 파일을 생성한다. 이 HTML 파일의 내용을 예제 5-1처럼 채운다.

예제 5-1. jsdemo.html 파일의 초기 내용

```
<!DOCTYPE html>
<html>
<head>
    <title>Example</title>
    <script src="angular.js"></script>
    <script type="text/javascript">
        console.log("Hello");
    </script>
</head>
<body>
    This is a simple example
</body>
</html>
```

브라우저를 사용해 jsdemo.html 파일로 이동하면 그림 5-1과 같은 결과 화면을 볼 수 있다. 이 장에서는 자바스크립트 언어를 배우는 데 주안점을 두며, 브라우저에 표시되는 내용은 그리 중요하지 않다.

그림 5-1. 예제 HTML 파일 테스트

또, 이 장에서는 2장에서 작성한 todo.json 파일도 사용한다. 이 파일을 기존 예제에서 복사하거나 예제 5-2에 보이는 내용과 같이 새로 작성한다.

예제 5-2. todo.json 파일의 내용

```
[{ "action": "Buy Flowers", "done": false },
 { "action": "Get Shoes", "done": false },
 { "action": "Collect Tickets", "done": true },
 { "action": "Call Joe", "done": false }]
```

| Script 엘리먼트 이해

자바스크립트 코드는 script 엘리먼트를 사용해 HTML 문서에 추가한다. script 엘리먼트를 사용하는 방법에는 두 가지가 있으며, 두 방식 모두 예제 5-1에서 볼 수 있다. 첫 번째 방식은 src 어트리뷰트를 적용하고 자바스크립트 명령이 들어 있는 파일을 불러오는 것이다. 이 방식은 다음과 같이 AngularJS 라이브러리 파일을 불러올 때 사용한다.

```
...
<script src="angular.js"></script>
...
```

또, 다음과 같이 script 엘리먼트 태그 사이에 자바스크립트 명령을 집어넣음으로써 **인라인 스크립트**를 생성할 수도 있다.

```
...
<script type="text/javascript">
    console.log("Hello");
</script>
...
```

실제 프로젝트에서는 관리하기가 훨씬 쉽다는 점에서 주로 외부 파일을 사용하지만, 이 책에서 작성하는 예제의 경우 종종 같은 파일 내에서 HTML과 자바스크립트를 모두 보여주는 게 더 편리하다.

이 예제의 인라인 스크립트에는 console.log 메서드를 호출하는 명령이 들어 있다. 이 명령은 **자바스크립트 콘솔**에 메시지를 쓰는 일을 한다. 콘솔은 스크립트가 실행되는 동안 디버깅 정보를 보여주기 위해 브라우저에서 제공하는 기본(하지만 유용한) 툴이다. 각 브라우저에서는 서로 다른 방식으로 콘솔을 보여준다. 구글 크롬에서는 도구 메뉴에서 자바스크립트 콘솔을 선택할 수 있다. 그림 5-2에서는 구글 크롬의 콘솔을 볼 수 있다.

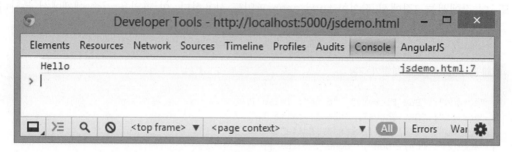

그림 5-2. 구글 크롬의 자바스크립트 콘솔

> 💬 **팁** 이 그림의 크롬 창에는 AngularJS 탭이 있는 것을 볼 수 있다. 이 탭은 1장에서 설명한 Batarang 확장 플러그인을 통해 추가됐으며, AngularJS 앱을 디버깅하는 데 도움이 된다.

콘솔 창에서는 `console.log` 메서드의 호출 결과뿐 아니라 이 메시지가 어디에서 유래됐는지(이 경우 jsdemo.html 파일의 일곱째 줄) 볼 수 있다. 이 장에서는 캡처 화면은 첨부하지 않고 예제의 결과만을 보여줄 생각이다. 따라서, 예컨대, 예제 5-1의 출력 결과는 다음과 같다.

```
Hello
```

이 장에서 나중에 보게 될 일부 예제에서는 독자들이 읽기 쉽게 결과 형식을 조금 수정했다. 이어지는 절에서는 자바스크립트 언어의 핵심 기능을 살펴본다. 다른 현대 프로그래밍 언어를 접한 경험이 있다면 자바스크립트의 구문과 방식 또한 익숙하게 느껴질 것이다.

ㅣ명령 사용

자바스크립트의 기본 구성 요소는 **명령**(statement)이다. 각 명령은 단일 명령을 나타내며, 명령은 주로 세미콜론(;)으로 끝난다. 세미콜론은 선택 사항이지만, 세미콜론을 사용하면 코드가 그만큼 읽기 쉬워지고, 한 줄에도 여러 개의 명령을 사용할 수 있다는 장점이 있다. 예제 5-3에는 script 엘리먼트를 사용해 정의한 스크립트 명령이 나와 있다.

예제 5-3. jsdemo.html 파일 내 자바스크립트 명령 사용

```
<!DOCTYPE HTML>
<html>
    <head>
        <title>Example</title>
        <script src="angular.js"></script>
```

```
        <script type="text/javascript">
            console.log("This is a statement");
            console.log("This is also a statement");
        </script>
    </head>
    <body>
        This is a simple example
    </body>
</html>
```

브라우저에서는 각 명령을 차례로 실행하는데, 이 예제에서는 콘솔에 메시지를 출력하는 일을 한다. 결과는 다음과 같다.

```
This is a statement
This is also a statement
```

ㅣ함수의 정의 및 사용

브라우저가 HTML 문서를 처리할 때 브라우저는 엘리먼트를 하나씩 살펴본다. 브라우저가 script 엘리먼트를 만나면 브라우저는 정의된 순서대로 script 엘리먼트 내 자바스크립트 명령을 바로 실행한다.

앞의 예제의 경우 브라우저에서 일어나는 일은 다음과 같다. 브라우저는 HTML 문서를 처리하다가, script 엘리먼트를 만나고, 찾아낸 두 개의 명령을 실행한다(두 명령은 모두 콘솔에 메시지를 쓰는 명령이다). 또, 여러 개의 명령을 **함수**로 묶을 수도 있는데, 함수는 예제 5-4에서 볼 수 있듯 브라우저가 함수를 **호출**하는 명령을 만나기 전까지는 실행되지 않는다.

예제 5-4. jsdemo.html 파일 내 자바스크립트 함수 정의

```
<!DOCTYPE HTML>
<html>
<head>
    <title>Example</title>
    <script src="angular.js"></script>
    <script type="text/javascript">
        function myFunc() {
            console.log("This is a statement");
        };

        myFunc();
    </script>
</head>
```

```
<body>
    This is a simple example
</body>
</html>
```

함수를 정의하는 법은 간단하다. `function` 키워드 다음에 함수에 지정하려는 이름, 이어서 괄호(`(` 및 `)` 문자)를 사용하면 된다. 함수에 포함시키려는 명령은 중괄호(`{` 및 `}` 문자)로 감싸면 된다.

이 예제에서는 함수명이 myFunc이고, 이 함수에는 자바스크립트 콘솔에 메시지를 기록하는 명령 한 개만 들어 있다. 함수 내 명령은 브라우저가 다음과 같이 myFunc 함수를 호출하는 다른 명령을 만나기 전까지 실행되지 않는다.

```
...
myFunc();
...
```

함수에 들어 있는 명령을 실행하면 다음 결과가 출력된다.

```
This is a statement
```

함수를 정의하는 법을 보여주는 것 외에 이 예제는 별다른 도움이 되지 않는다. 특히 함수를 정의한 후 바로 호출한다는 점에서 더욱 그렇다. 함수는 이와 같이 바로 호출하기보다는 사용자 상호작용과 같은 이벤트 변화에 반응해 호출하는 게 좀 더 도움이 된다.

파라미터를 갖춘 함수의 정의

자바스크립트에서는 예제 5-5처럼 함수에 파라미터를 정의할 수도 있다.

예제 5-5. jsdemo.html 파일 내 파라미터를 갖춘 함수 정의

```
<!DOCTYPE HTML>
<html>
<head>
    <title>Example</title>
    <script src="angular.js"></script>
    <script type="text/javascript">
        function myFunc(name, weather) {
            console.log("Hello " + name + ".");
            console.log("It is " + weather + " today");
        };

        myFunc("Adam", "sunny");
    </script>
```

```
</head>
<body>
    This is a simple example
</body>
</html>
```

여기서는 myFunc 함수에 name과 weather라는 두 개의 파라미터를 추가했다. 자바스크립트는 동적으로 타입이 지정되는 언어다. 즉 함수를 정의할 때 파라미터의 데이터 타입을 선언하지 않아도 된다는 뜻이다. 동적 타입 지정에 대해서는 이 장에서 나중에 자바스크립트 변수를 다룰 때 다시 살펴본다. 파라미터를 갖춘 함수를 호출할 때는 다음과 같이 함수를 호출하면서 값을 인자로 함께 제공해야 한다.

```
...
myFunc("Adam", "sunny");
...
```

이 예제의 결과는 다음과 같다.

```
Hello Adam.
It is sunny today
```

함수를 호출할 때 제공하는 인자의 개수는 함수의 인자 개수와 일치하지 않아도 된다. 함수 파라미터의 개수보다 적은 인자를 사용해 함수를 호출하면 지정하지 않은 파라미터의 값은 모두 자바스크립트의 특수 값인 undefined가 된다. 파라미터보다 많은 인자를 사용해 함수를 호출하면 추가 인자는 그냥 무시된다.

이와 같은 특징으로 인해 자바스크립트에서는 같은 이름과 서로 다른 파라미터를 사용해 두 개의 함수를 정의하고, 함수를 호출할 때 제공한 인자를 기반으로 자바스크립트에서 함수를 구분해주는 기능을 사용할 수 없다. 이를 **다형성**이라고 부르는데, 자바나 C# 같은 언어에서는 다형성을 지원하지만 자바스크립트에서는 이를 사용할 수 없다. 대신 같은 이름으로 두 개의 함수를 정의하는 경우 두 번째 정의가 첫 번째 정의를 그냥 대체하게 된다.

팁 | 자바스크립트에서 그나마 다형성에 가장 가깝게 구현할 수 있는 방법은 인자의 개수 및 타입에 따라 각기 다르게 동작하는 단일 함수를 정의하는 것이다. 하지만 이렇게 할 경우 신중한 테스트가 필요하고, API가 지저분해질 수 있는 만큼 가급적 사용하지 않을 것을 권장한다.

결과를 반환하는 함수의 정의

return 키워드를 사용하면 함수에서 결과를 반환할 수 있다. 예제 5-6에서는 결과를 반환하는 함수를 볼 수 있다.

예제 5-6. jsdemo.html 파일 내 함수를 통한 결과 반환

```html
<!DOCTYPE HTML>
<html>
<head>
    <title>Example</title>
    <script src="angular.js"></script>
    <script type="text/javascript">
        function myFunc(name) {
            return ("Hello " + name + ".");
        };

        console.log(myFunc("Adam"));
    </script>
</head>
<body>
    This is a simple example
</body>
</html>
```

이 함수는 한 개의 파라미터를 정의하고, 이를 사용해 결과를 생성한다. 이 예제에서는 함수를 호출하고, 그 결과를 다음과 같이 console.log 함수의 인자로 전달했다.

```
...
console.log(myFunc("Adam"));
...
```

함수를 정의할 때는 함수가 결과를 반환한다고 선언하거나 반환하는 데이터 타입을 지정할 필요가 없다는 점에 주의하자. 이 예제의 결과는 다음과 같다.

```
Hello Adam.
```

함수 감지

함수는 자바스크립트에서 객체 형태로 전달할 수 있으므로 특정 객체가 함수인지 판단하는 게 도움이 될 수 있다. AngularJS에서는 예제 5-7과 같이 angular.isFunction 메서드를 통해 이와 같은 기능을 제공한다.

모든 AngularJS 유틸리티 메서드는 angular.isFunction과 마찬가지로 전역 객체인 angular
를 통해 접근한다. angular 객체는 script 엘리먼트를 사용해 HTML 파일에 angular.js를
추가할 때 자동으로 생성된다.

예제 5-7. jsdemo.html 파일 내 함수 판단

```
<!DOCTYPE html>
<html>
<head>
    <title>Example</title>
    <script src="angular.js"></script>
    <script type="text/javascript">

        function printMessage(unknownObject) {
            if (angular.isFunction(unknownObject)) {
                unknownObject();
            } else {
                console.log(unknownObject);
            }
        }

        var variable1 = function sayHello() {
            console.log("Hello!");
        };

        var variable2 = "Goodbye!";

        printMessage(variable1);
        printMessage(variable2);

    </script>
</head>
<body>
    This is a simple example
</body>
</html>
```

이 예제는 실제 프로젝트와 관계없이 작성했으므로 좀 더 복잡한 측면이 있다. 여기서는 각기 다
른 인자 타입을 받는 printMessage 함수를 정의했다. 그런 다음 angular.isFunction 메서드
를 사용해 처리 중인 객체가 함수인지 검사하고, 함수이면 다음과 같이 함수를 호출하게 했다.

```
...
unknownObject();
...
```

isFunction 메서드가 객체를 인자로 받으면 이 메서드는 인자가 함수일 경우 true, 아니면

false를 반환한다. 함수가 아닌 객체의 경우, `console.log` 메서드로 객체를 넘겨준다.

여기서는 printMessage 함수를 보여주기 위해 두 개의 변수를 생성했다. variable1은 함수이고, variable2는 문자열이다. printMessage 함수로는 두 변수를 모두 넘겨준다. variable1은 함수로 인식돼 호출되고, variable2는 콘솔에 출력된다. variable1이 호출되면 이 함수는 마찬가지로 콘솔에 출력하는 일을 하며, 출력 결과는 다음과 같다.

```
Hello!
Goodbye!
```

변수 및 타입의 활용

앞의 예제에서는 변수를 정의하는 법을 볼 수 있었다. 변수를 정의할 때는 var 키워드를 사용하고, 선택적으로 단일 명령문 내에서 변수 값을 대입한다. 함수 내에 정의한 변수는 지역 변수이며, 함수 내에서만 사용할 수 있다. script 엘리먼트 안에 직접 정의한 변수는 전역 변수이며, 같은 HTML 문서 내 다른 스크립트를 비롯해 어디에서나 접근할 수 있다. 예제 5-8에서는 지역 변수와 전역 변수의 활용법을 볼 수 있다.

예제 5-8. jsdemo.html 파일 내 지역 변수 및 전역 변수의 활용

```
<!DOCTYPE HTML>
<html>
    <head>
        <title>Example</title>
        <script src="angular.js"></script>
        <script type="text/javascript">
            var myGlobalVar = "apples";

            function myFunc(name) {
                var myLocalVar = "sunny";
                return ("Hello " + name + ". Today is " + myLocalVar + ".");
            };
            console.log(myFunc("Adam"));
        </script>
        <script type="text/javascript">
            console.log("I like " + myGlobalVar);
        </script>
    </head>
    <body>
        This is a simple example
    </body>
</html>
```

자바스크립트는 동적 타입 언어다. 이 말이 자바스크립트에 타입이 없다는 뜻은 아니다. 다만, 변수의 타입을 명시적으로 선언할 필요가 없고, 아무런 어려움 없이 같은 변수에 각기 다른 타입을 대입할 수 있다는 뜻이다. 자바스크립트에서는 변수에 대입한 값을 기반으로 타입을 판단하며, 사용 맥락에 따라 자유롭게 타입을 변환한다. 예제 5-8의 결과는 다음과 같다.

```
Hello Adam. Today is sunny.
I like apples
```

AngularJS 개발을 할 때 전역 변수를 사용하는 것은 관심사의 분리(3장에서 설명)를 저해할 수 있고, 단위 테스트(25장에서 설명)를 어렵게 하므로 지양해야 한다. 일반적으로 두 컴포넌트를 서로 연동하기 위해 전역 변수를 사용해야 한다면 애플리케이션 설계에서 뭔가가 잘못된 것이다.

원시 타입 활용

자바스크립트에서는 string, number, boolean 같은 원시 타입을 정의한다. 이렇게만 놓고 보면 지원하는 타입이 몇 개 안 되는 것처럼 보이지만 자바스크립트에서는 이들 세 타입을 매우 유연하게 활용한다.

불리언 활용

boolean 타입에는 true와 false라는 두 값이 있다. 예제 5-9에서는 두 값을 사용한 예제를 볼 수 있는데, 사실 이 타입이 가장 효과적으로 사용되는 경우는 if문 같은 조건문 내에서다. 이 예제에서는 콘솔에 아무것도 출력하지 않는다.

예제 5-9. jsdemo.html 파일 내 불리언 값 정의

```html
<!DOCTYPE HTML>
<html>
<head>
    <title>Example</title>
    <script src="angular.js"></script>
    <script type="text/javascript">
        var firstBool = true;
        var secondBool = false;
    </script>
</head>
<body>
    This is a simple example
</body>
</html>
```

문자열 활용

string 값은 예제 5-10처럼 큰따옴표나 작은따옴표 문자를 사용해 정의한다.

예제 5-10. jsdemo.html 파일 내 문자열 변수 정의

```html
<!DOCTYPE HTML>
<html>
<head>
    <title>Example</title>
    <script src="angular.js"></script>
    <script type="text/javascript">
        var firstString = "This is a string";
        var secondString = 'And so is this';
    </script>
</head>
<body>
    This is a simple example
</body>
</html>
```

따옴표 문자는 반드시 서로 일치해야 한다. 예를 들어 작은따옴표로 시작해서 큰따옴표로 마칠 수는 없다. 이 예제에서는 콘솔에 아무것도 출력하지 않는다. AngularJS에는 표 5-2에 나온 것과 같이 문자열 값을 좀 더 쉽게 사용할 수 있게 해주는 유틸리티 메서드가 들어 있다.

표 5-2. 문자열에 활용할 수 있는 AngularJS 메서드

메서드	설명
angular.isString(object)	인자가 문자열이면 true, 아니면 false를 반환한다.
angular.lowercase(string)	인자를 소문자로 변환한다.
angular.uppercase(string)	인자를 대문자로 변환한다.

AngularJS에서 제공하는 이들 세 문자열 관련 메서드의 활용 예는 예제 5-11에서 볼 수 있다.

예제 5-11. jsdemo.html 파일 내 AngularJS 문자열 관련 메서드 활용

```html
<!DOCTYPE html>
<html>
<head>
    <title>Example</title>
    <script src="angular.js"></script>
    <script type="text/javascript">
        console.log(angular.isString("Hello") + " " + angular.isArray(23));
        console.log("I am " + angular.uppercase("shouting"));
        console.log("I am " + angular.lowercase("WhiSpeRing"));
```

```
        </script>
    </head>
    <body>
        This is a simple example
    </body>
</html>
```

angular.isString 메서드는 타입이 불확실한 객체를 처리할 때 도움이 된다. 이 메서드는 AngularJS에서 객체 타입 검사를 위해 제공하는 여러 관련 메서드 중 하나다. angular.uppercase 및 angular.lowercase 메서드는 메서드명에서 알 수 있는 동작을 수행하며, 이 예제의 명령에서는 자바스크립트 콘솔에 다음 결과를 출력한다.

```
true false
I am SHOUTING
I am whispering
```

숫자 활용

number 타입은 **정수** 및 **부동 소수** 숫자(또는 **실수**)를 둘 다 나타내는 데 사용한다. 예제 5-12에는 이를 활용한 예제가 나와 있다.

예제 **5-12**. jsdemo.html 파일 내 숫자 값 정의

```
<!DOCTYPE html>
<html>
<head>
    <title>Example</title>
    <script src="angular.js"></script>
    <script type="text/javascript">
        var daysInWeek = 7;
        var pi = 3.14;
        var hexValue = 0xFFFF;

        console.log(angular.isNumber(7) + " " + angular.isNumber("Hello"));
    </script>
</head>
<body>
    This is a simple example
</body>
</html>
```

사용하려는 숫자의 유형은 지정하지 않아도 된다. 필요한 값을 표현하기만 하면 자바스크립트가 알아서 숫자를 처리해준다. 이 예제에서는 정수 값, 부동 소수 값을 정의하고, 16진수 값을 나타내기 위해 값 앞에 0x 접두어를 사용했다.

AngularJS에서는 객체나 값을 인자로 전달받고, 인자가 숫자인 경우 `true`, 아닌 경우 `false`를 반환하는 `angular.isNumber` 메서드를 통해 표준 자바스크립트 기능을 보완해준다. 이 예제는 콘솔에 다음 결과를 출력한다.

```
true false
```

객체 생성

자바스크립트 객체를 생성하는 방법에는 여러 가지가 있다. 예제 5-13에는 간단한 예제가 나와 있다.

> **팁** 자바스크립트에서는 새 객체가 기능을 상속하게 해주는 프로토타입 상속을 지원한다. 프로토타입 상속은 자바스크립트에서 폭넓게 사용되지는 않지만 AngularJS 서비스를 생성하는 여러 방법 중 한 방법의 근간이 되므로 18장에서 간단히 다룬다.

예제 5-13. jsdemo.html 파일 내 객체 생성

```html
<!DOCTYPE HTML>
<html>
<head>
    <title>Example</title>
    <script src="angular.js"></script>
    <script type="text/javascript">
        var myData = new Object();
        myData.name = "Adam";
        myData.weather = "sunny";

        console.log("Hello " + myData.name + ". ");
        console.log("Today is " + myData.weather + ".");
    </script>
</head>
<body>
    This is a simple example
</body>
</html>
```

여기서는 `new Object()`를 호출해 새 객체를 생성하고 결과(새로 생성한 객체)를 `myData`라는 변수에 대입했다. 객체가 생성되고 나면 다음과 같이 값을 그냥 대입해 객체에 속성을 정의할 수 있다.

```
...
myData.name = "Adam";
...
```

이 명령을 실행하기 전까지 객체에는 name이라는 속성이 없었다. 이 명령이 실행되고 나면 이 속성이 존재하게 되며, 값으로 Adam을 갖게 된다. 속성값을 읽을 때는 다음과 같이 변수명과 속성명을 조합해 사용하면 된다.

```
...
console.log("Hello " + myData.name + ". ");
...
```

이 예제의 실행 결과는 다음과 같다.

```
Hello Adam.
Today is sunny.
```

객체 리터럴 활용

객체 리터럴 형식을 사용해 객체 및 속성을 한 번에 정의할 수도 있다. 예제 5-14에서는 **객체 리터럴**을 사용하는 법을 볼 수 있다.

예제 5-14. jsdemo.html 파일 내 객체 리터럴 형식 사용

```
<!DOCTYPE HTML>
<html>
<head>
    <title>Example</title>
    <script src="angular.js"></script>
    <script type="text/javascript">
        var myData = {
            name: "Adam",
            weather: "sunny"
        };

        console.log("Hello " + myData.name + ". ");
        console.log("Today is " + myData.weather + ".");
    </script>
</head>
<body>
    This is a simple example
</body>
</html>
```

정의하려는 속성과 값은 콜론(:)을 통해 구분하고, 각 속성은 콤마(,)를 통해 서로 구분한다. 이

렇게 객체를 생성하더라도 결과는 이전 예제와 동일하며, 출력 결과는 다음과 같다.

```
Hello Adam.
Today is sunny.
```

메서드로서의 함수 활용

필자가 자바스크립트에서 가장 좋아하는 기능 중 하나는 객체에 함수를 추가할 수 있는 기능이다. 객체에 정의한 함수는 **메서드**라고 부른다. 예제 5-15에서는 이런 식으로 메서드를 추가하는 방법을 볼 수 있다.

예제 5-15. jsdemo.html 파일 내 객체에 메서드 추가

```html
<!DOCTYPE HTML>
<html>
<head>
    <title>Example</title>
    <script src="angular.js"></script>
    <script type="text/javascript">
        var myData = {
            name: "Adam",
            weather: "sunny",
            printMessages: function() {
                console.log("Hello " + this.name + ". ");
                console.log("Today is " + this.weather + ".");
            }
        };
        myData.printMessages();
    </script>
</head>
<body>
    This is a simple example
</body>
</html>
```

이 예제에서는 printMessages라는 메서드를 생성하기 위해 함수를 사용했다. 이때 객체에서 정의한 속성을 참조하기 위해 this 키워드를 사용한다는 점에 주의하자. 함수가 메서드로 사용될 때, 함수는 이 메서드가 정의된 객체를 특수 변수인 this를 통해 인자로 전달받는다. 이 예제의 출력 결과는 다음과 같다.

```
Hello Adam.
Today is sunny.
```

객체 상속

AngularJS에서는 angular.extend 메서드를 통해 한 객체의 속성과 메서드를 다른 객체로 쉽게 복사할 수 있게 해준다. 이 메서드를 사용한 예제는 예제 5-16에서 볼 수 있다.

예제 5-16. jsdemo.html 파일 내 객체 상속

```html
<!DOCTYPE html>
<html>
<head>
    <title>Example</title>
    <script src="angular.js"></script>
    <script type="text/javascript">
        var myData = {
            name: "Adam",
            weather: "sunny",
            printMessages: function () {
                console.log("Hello " + this.name + ". ");
                console.log("Today is " + this.weather + ".");
            }
        };

        var myExtendedObject = {
            city: "London"
        };

        angular.extend(myExtendedObject, myData);

        console.log(myExtendedObject.name);
        console.log(myExtendedObject.city);

    </script>
</head>
<body>
    This is a simple example
</body>
</html>
```

이 예제에서는 city 속성을 사용해 객체를 생성하고 이를 myExtendedObject라는 변수에 대입했다. 그런 다음 angular.extend 메서드를 사용해 myData 객체의 모든 속성과 함수를 myExtendedObject로 복사했다. 끝으로, 원본 속성과 복사한 속성을 보여주기 위해 console.log 메서드를 사용해 name 및 city 속성값을 출력했다. 출력 결과는 다음과 같다.

```
Adam
London
```

extend 메서드는 타깃 객체의 속성 및 메서드를 그대로 보존한다. 이와 같이 속성과 메서드를 보존하지 않고 객체의 복사본을 생성하고 싶다면 `angular.copy` 메서드를 대신 사용하면 된다.

객체 활용

객체를 생성하고 나면 객체를 가지고 다양한 작업을 수행할 수 있다. 이어지는 절에서는 이 책에서 나중에 유용하게 활용할 만한 작업을 설명한다.

객체 감지

AngularJS에서는 예제 5-17과 같이 인자가 객체인 경우 true, 아니면 false를 반환하는 `angular.isObject` 메서드를 제공한다.

예제 5-17. jsdemo.html 파일 내 객체 감지

```
<!DOCTYPE html>
<html>
<head>
    <title>Example</title>
    <script src="angular.js"></script>
    <script type="text/javascript">
        var myObject = {
            name: "Adam",
            weather: "sunny",
        };

        var myName = "Adam";
        var myNumber = 23;

        console.log("myObject: " + angular.isObject(myObject));
        console.log("myName: " + angular.isObject(myName));
        console.log("myNumber: " + angular.isObject(myNumber));
    </script>
</head>
<body>
    This is a simple example
</body>
</html>
```

여기서는 객체, 문자열, 숫자를 정의하고, `angular.isObject` 메서드를 사용해 세 변수를 모두 검사해 콘솔에서 다음과 같은 출력 결과를 얻었다.

```
myObject: true
myName: false
myNumber: false
```

속성값의 읽기 및 수정

객체를 가지고 가장 많이 하는 작업 중 하나는 객체에서 정의한 속성에 대입된 값을 읽거나 수정하는 것이다. 이때는 예제 5-18에 나와 있듯 서로 다른 두 가지 구문을 사용할 수 있다.

예제 5-18. jsdemo.html 파일 내 객체 속성의 읽기 및 수정

```
<!DOCTYPE HTML>
<html>
<head>
    <title>Example</title>
    <script src="angular.js"></script>
    <script type="text/javascript">
        var myData = {
            name: "Adam",
            weather: "sunny",
        };

        myData.name = "Joe";
        myData["weather"] = "raining";

        console.log("Hello " + myData.name + ".");
        console.log("It is " + myData["weather"]);
    </script>
</head>
<body>
    This is a simple example
</body>
</html>
```

첫 번째 방식은 대다수 프로그래머가 익숙한 방식으로, 이전 예제에서도 사용한 바 있다. 바로 객체명과 속성을 다음과 같이 점으로 서로 연결해 사용하는 것이다.

```
...
myData.name = "Joe";
...
```

속성에 새 값을 대입할 때는 등호 부호(=)를 사용하면 되고, 등호 부호를 생략하면 현재 값을 읽을 수 있다.

두 번째 방식은 다음과 같은 배열 구문과 인덱스를 사용하는 것이다.

```
...
myData["weather"] = "raining";
...
```

이때는 접근하려는 속성명을 대괄호([및]) 사이에 지정하면 된다. 이 방식을 사용하면 접근하려
는 속성명을 다음과 같이 변수로 사용할 수 있으므로 속성에 편리하게 접근할 수 있다.

```
...
var myData = {
    name: "Adam",
    weather: "sunny",
};
var propName = "weather";
myData[propName] = "raining";
...
```

이 기법은 다음 절에서 살펴볼 객체의 속성명 나열에도 기본적으로 사용된다. 이 예제의 콘솔 출
력 결과는 다음과 같다.

```
Hello Joe.
It is raining
```

객체 속성 나열

객체의 속성을 하나씩 나열할 때는 for...in 명령문을 사용한다. 예제 5-19에서는 이 명령을 사
용하는 예제를 볼 수 있다.

예제 5-19. jsdemo.html 파일 내 객체 속성 나열

```html
<!DOCTYPE html>
<html>
<head>
    <title>Example</title>
    <script src="angular.js"></script>
    <script type="text/javascript">
        var myData = {
            name: "Adam",
            weather: "sunny",
            printMessages: function () {
                console.log("Hello " + this.name + ". ");
                console.log("Today is " + this.weather + ".");
            }
        };

        for (var prop in myData) {
            console.log("Name: " + prop + " Value: " + myData[prop]);
```

```
        }

        console.log("---");

        angular.forEach(myData, function (value, key) {
            console.log("Name: " + key + " Value: " + value);
        });

    </script>
</head>
<body>
    This is a simple example
</body>
</html>
```

for...in 순환문은 표준 자바스크립트 기능으로서, myData 객체의 각 속성별로 코드 블록 내명령을 실행한다. prop 변수에는 매 반복마다 속성명이 대입된다. 여기서는 배열 인덱스 방식을 사용해 객체의 속성값을 가져오고 있다.

AngularJS에서는 angular.forEach 메서드라는 대체 메서드를 제공한다. 이 메서드는 객체와 더불어 각 속성별로 실행할 함수를 인자로 받는다. 이 함수는 value 및 key 파라미터를 통해 현재의 속성값과 속성명을 전달받는다. 이 메서드의 결과는 다음 콘솔 출력 결과에서 보듯 for...in 순환문을 사용할 때와 동일하다.

```
Name: name Value: Adam
Name: weather Value: sunny
Name: printMessages Value: function () {
    console.log("Hello "  + this.name + ". ");
    console.log("Today is "  + this.weather + ".");
}
---
Name: name Value: Adam
Name: weather Value: sunny
Name: printMessages Value: function () {
    console.log("Hello "  + this.name + ". ");
    console.log("Today is "  + this.weather + ".");
}
```

이 결과를 보면 두 경우 모두 myData 객체에 메서드로 정의한 함수가 속성으로 함께 나열된 것을 볼 수 있다. 이는 자바스크립트가 함수를 유연하게 처리함에 따른 결과이지만, 자바스크립트 초보자라면 반드시 주의해야 할 사항이다.

속성 및 메서드의 추가/삭제

객체 리터럴 방식을 사용하더라도 객체에 새 속성을 얼마든지 정의할 수 있다. 예제 5-20에는 이를 보여주는 예제가 나와 있다(이 절의 예제에서는 콘솔에 아무 값도 출력하지 않는다).

예제 5-20. jsdemo.html 파일 내 객체에 새 속성 추가

```html
<!DOCTYPE HTML>
<html>
<head>
    <title>Example</title>
    <script src="angular.js"></script>
    <script type="text/javascript">
        var myData = {
            name: "Adam",
            weather: "sunny",
        };

        myData.dayOfWeek = "Monday";
    </script>
</head>
<body>
    This is a simple example
</body>
</html>
```

이 예제에서는 dayOfWeek라는 객체에 새 속성을 추가했다. 여기서는 점 표기법(객체와 속성명을 점으로 연결하는)을 사용했지만, 배열 인덱스 표기법도 얼마든지 사용할 수 있다. 지금쯤이면 충분히 예상했겠지만 예제 5-21처럼 속성값을 함수로 설정하면 객체에 새 메서드를 추가할 수도 있다.

예제 5-21. jsdemo.html 파일 내 객체에 새 메서드 추가

```html
<!DOCTYPE HTML>
<html>
<head>
    <title>Example</title>
    <script src="angular.js"></script>
    <script type="text/javascript">
        var myData = {
            name: "Adam",
            weather: "sunny",
        };

        myData.SayHello = function() {
            console.write("Hello");
        };
```

```
    </script>
</head>
<body>
    This is a simple example
</body>
</html>
```

객체에서 속성이나 메서드를 삭제할 때는 예제 5-22처럼 delete 키워드를 사용한다.

예제 5-22. jsdemo.html 파일 내 객체 속성 삭제

```
<!DOCTYPE HTML>
<html>
<head>
    <title>Example</title>
    <script src="angular.js"></script>
    <script type="text/javascript">
        var myData = {
            name: "Adam",
            weather: "sunny",
        };

        delete myData.name;
        delete myData["weather"];
        delete myData.SayHello;
    </script>
</head>
<body>
    This is a simple example
</body>
</html>
```

객체의 속성 존재 여부 감지

예제 5-23처럼 in 표현식을 사용하면 객체에 속성이 존재하는지 여부를 검사할 수 있다.

예제 5-23. jsdemo.html 파일 내 객체에 속성 존재 여부 검사

```
<!DOCTYPE HTML>
<html>
<head>
    <title>Example</title>
    <script src="angular.js"></script>
    <script type="text/javascript">
        var myData = {
            name: "Adam",
            weather: "sunny",
        };
```

```
        var hasName = "name" in myData;
        var hasDate = "date" in myData;

        console.log("HasName: " + hasName);
        console.log("HasDate: " + hasDate);
    </script>
</head>
<body>
    This is a simple example
</body>
</html>
```

이 예제에서는 존재하는 속성과 존재하지 않는 속성을 하나씩 검사한다. 그 결과 hasName 변수의 값은 true이고, hasDate 속성의 값은 다음과 같이 false가 된다.

```
HasName: true
HasDate: false
```

| 자바스크립트 연산자 활용

자바스크립트에서는 다양한 표준 연산자를 지원한다. 이 중 가장 많이 사용하는 연산자를 표 5-3에 정리했다.

표 5-3. 유용한 자바스크립트 연산자

연산자	설명
++, --	전치(후치) 증가, 감소 연산자
+, -, *, /, %	덧셈, 뺄셈, 곱셈, 나눗셈, 나머지 연산자
<, <=, >, >=	~보다 작은, ~보다 작거나 같은, ~보다 큰, ~보다 크거나 같은
==, !=	동등성/비동등성 검사
===, !==	항등성/비항등성 검사
&&, ||	논리적 AND 및 OR (||는 null 값 검사를 생략하는 데도 사용)
=	대입 연산자
+	문자열 결합
?:	3항 조건 연산자

조건문 활용

많은 자바스크립트 연산자는 조건문과 함께 사용된다. 이 책에서는 주로 if/else 및 switch 명령을 사용한다. 예제 5-24에서는 두 구문의 사용법을 볼 수 있다(다른 프로그래밍 언어를 접해봤다면 익숙할 것이다).

예제 5-24. jsdemo.html 파일 내 if/else 및 switch 조건문의 활용

```
<!DOCTYPE HTML>
<html>
<head>
    <title>Example</title>
    <script src="angular.js"></script>
    <script type="text/javascript">

        var name = "Adam";

        if (name == "Adam") {
            console.log("Name is Adam");
        } else if (name == "Jacqui") {
            console.log("Name is Jacqui");
        } else {
            console.log("Name is neither Adam or Jacqui");
        }

        switch (name) {
            case "Adam":
                console.log("Name is Adam");
                break;
            case "Jacqui":
                console.log("Name is Jacqui");
                break;
            default:
                console.log("Name is neither Adam or Jacqui");
                break;
        }
    </script>
</head>
<body>
    This is a simple example
</body>
</html>
```

이 예제의 결과는 다음과 같다.

```
Name is Adam
Name is Adam
```

동등 연산자 vs. 항등 연산자

동등 연산자와 항등 연산자는 특히 중요하다. 동등 연산자는 동등성을 판단하기 위해 피연산자의 타입을 같은 타입으로 강제 변환하려고 한다. 이런 동작은 제대로 알고 사용하기만 한다면 유용하게 활용할 수 있다. 예제 5-25에서는 동등 연산자를 사용한 예제를 볼 수 있다.

예제 5-25. jsdemo.html 파일에서의 동등 연산자 활용

```html
<!DOCTYPE HTML>
<html>
<head>
    <title>Example</title>
    <script src="angular.js"></script>
    <script type="text/javascript">

        var firstVal = 5;
        var secondVal = "5";

        if (firstVal == secondVal) {
            console.log("They are the same");
        } else {
            console.log("They are NOT the same");
        }
    </script>
</head>
<body>
    This is a simple example
</body>
</html>
```

이 스크립트의 출력 결과는 다음과 같다.

```
They are the same
```

자바스크립트에서는 두 개의 피연산자를 같은 타입으로 변환하고 이를 비교한다. 기본적으로 동등 연산자에서는 타입과 상관없이 값이 같은지 검사한다. 만일 값과 타입이 둘 다 같은지 검사하고 싶다면 예제 5-26처럼 항등 연산자(===, 동등 연산자처럼 두 개가 아닌 세 개의 등호 기호를 사용)를 사용해야 한다.

예제 5-26. jsdemo.html 파일 내 항등 연산자 활용

```html
<!DOCTYPE HTML>
<html>
```

```
<head>
    <title>Example</title>
    <script src="angular.js"></script>
    <script type="text/javascript">

        var firstVal = 5;
        var secondVal = "5";

        if (firstVal === secondVal) {
            console.log("They are the same");
        } else {
            console.log("They are NOT the same");
        }
</script>
</head>
<body>
    This is a simple example
</body>
</html>
```

이 예제에서는 항등 연산자가 두 변수가 서로 다르다고 간주한다. 항등 연산자에서는 타입을 강제로 변환하지 않는다. 그 결과 이 스크립트는 다음 결과를 콘솔에 출력한다.

```
They are NOT the same
```

자바스크립트 원시 타입은 값으로 비교하지만 자바스크립트 객체는 참조를 통해 비교한다. 예제 5-27에는 자바스크립트가 객체 비교에 있어서 동등성과 항등성 검사를 어떤 식으로 수행하는지 나타나있다.

예제 5-27. jsdemo.html 파일에서의 객체 동등성 및 항등성 검사

```
<!DOCTYPE HTML>
<html>
<head>
    <title>Example</title>
    <script src="angular.js"></script>
    <script type="text/javascript">

        var myData1 = {
            name: "Adam",
            weather: "sunny",
        };

        var myData2 = {
            name: "Adam",
            weather: "sunny",
```

```
        };

        var myData3 = myData2;

        var test1 = myData1 == myData2;
        var test2 = myData2 == myData3;
        var test3 = myData1 === myData2;
        var test4 = myData2 === myData3;

        console.log("Test 1: " + test1 + " Test 2: " + test2);
        console.log("Test 3: " + test3 + " Test 4: " + test4);
    </script>
</head>
<body>
    This is a simple example
</body>
</html>
```

이 스크립트의 결과는 다음과 같다.

```
Test 1: false Test 2: true
Test 3: false Test 4: true
```

예제 5-28에는 원시 타입에 대해 같은 검사를 수행한 예제가 나와 있다.

예제 5-28. jsdemo.html 파일 내 원시 타입에 대한 동등성 및 항등성 검사

```
<!DOCTYPE HTML>
<html>
<head>
    <title>Example</title>
    <script src="angular.js"></script>
    <script type="text/javascript">

        var myData1 = 5;
        var myData2 = "5";
        var myData3 = myData2;

        var test1 = myData1 == myData2;
        var test2 = myData2 == myData3;
        var test3 = myData1 === myData2;
        var test4 = myData2 === myData3;

        console.log("Test 1: " + test1 + " Test 2: " + test2);
        console.log("Test 3: " + test3 + " Test 4: " + test4);
    </script>
</head>
<body>
```

```
        This is a simple example
</body>
</html>
```

이 스크립트의 결과는 다음과 같다.

```
Test 1: true Test 2: true
Test 3: false Test 4: true
```

 AngularJS에서는 자바스크립트의 내장 비교 기능을 확장한 `angular.equals` 메서드를 제공한
다. 이 메서드는 두 개의 객체 또는 값을 인자로 받고, 두 인자가 항등성 검사(===)를 통과하거나
두 인자가 모두 객체이고 이들 객체의 모든 속성이 항등성 검사를 통과할 때 `true`를 반환한다. 필
자는 이 메서드를 잘 사용하지 않는 편이라 이 장의 예제에도 이 메서드를 포함시키지 않았다.

명시적 타입 변환

문자열 결합 연산자(+)는 덧셈 연산자(마찬가지로 +)보다 우선시된다. 이 말은 자바스크립트
에서는 덧셈보다 변수 값의 문자열 결합을 더 먼저 수행한다는 뜻이다. 자바스크립트에서는 자유
롭게 타입을 변환해 결과를 생성하므로 이와 같은 연산자 우선순위로 인해 종종 예제 5-29와 같
이 예상하지 않은 값이 나오는 혼란이 초래될 수 있다.

예제 5-29. jsdemo.html 파일 내 문자열 연산자 우선순위

```
<!DOCTYPE HTML>
<html>
<head>
    <title>Example</title>
    <script src="angular.js"></script>
    <script type="text/javascript">

        var myData1 = 5 + 5;
        var myData2 = 5 + "5";

        console.log("Result 1: " + myData1);
        console.log("Result 2: " + myData2);

</script>
</head>
<body>
    This is a simple example
</body>
</html>
```

이 스크립트의 결과는 다음과 같다.

```
Result 1: 10
Result 2: 55
```

이 예제에서 두 번째 결과는 다소 당황스럽다. 본래 의도는 덧셈 연산자로 사용하려는 것이었지만, 여기서는 연산자 우선순위와 타입 변환으로 인해 결국 문자열 결합 연산자가 사용됐다. 이런 현상을 피하려면 다음 절에서 설명하는 것처럼 올바른 연산을 수행할 수 있게 값의 타입을 명시적으로 변환해야 한다.

숫자의 문자열 변환

여러 개의 숫자 변수를 사용하고, 이를 문자열로 결합하고 싶다면, 예제 5-30처럼 toString 메서드를 사용해 숫자로 문자열을 변환하면 된다.

예제 5-30. jsdemo.html 파일의 숫자.toString 메서드 활용

```html
<!DOCTYPE HTML>
<html>
<head>
    <title>Example</title>
    <script src="angular.js"></script>
    <script type="text/javascript">
        var myData1 = (5).toString() + String(5);
        console.log("Result: " + myData1);
</script>
</head>
<body>
    This is a simple example
</body>
</html>
```

이 예제에서 괄호 안에 숫자 값을 집어넣은 다음 toString 메서드를 호출했다는 점에 주의하자. 이렇게 하는 이유는 숫자 타입에서 정의하는 메서드를 호출하려면 자바스크립트가 먼저 리터럴 값을 숫자로 변환할 수 있게 해야 하기 때문이다. 또, 여기서는 String 함수를 호출하고 인자로 숫자 값을 넘겨주는 또 다른 방식도 소개하고 있다. 두 방식 모두 효과는 동일한데, 숫자를 문자열로 바꿀 수 있게 해준다. 따라서 이 경우 사용된 + 연산자는 덧셈이 아니라 문자열 결합에 쓰이게 된다. 이 스크립트의 출력 결과는 다음과 같다.

```
Result: 55
```

이외에도 숫자를 문자열로 표시하는 방식을 좀 더 제어할 수 있는 다른 메서드가 있다. 이들 메서드는 표 5-4에 간단히 정리했다. 이 표에 수록된 메서드는 모두 number 타입에서 정의한다.

표 5-4. 유용한 숫자−문자열 변환 메서드

메서드	설명	반환값
`toString()`	10진수로 숫자를 반환한다.	string
`toString(2) toString(8) toString(16)`	2진수, 8진수, 16진수를 사용해 숫자를 표현한다.	string
`toFixed(n)`	소수점 n 자리를 사용해 실수를 표현한다.	string
`toExponential(n)`	지수 표기법을 사용해 소수점 이전 한 자리와 소수점 이후 n 자리로 숫자를 표현한다.	string
`toPrecision(n)`	필요하다면 지수 표기법을 사용해 n개의 소수점으로 숫자를 표현한다.	string

문자열의 숫자 변환

반대로 문자열 결합이 아니라 덧셈을 수행하게끔 문자열을 숫자로 바꿀 수도 있다. 이때는 예제 5-31처럼 Number 함수를 사용하면 된다.

예제 5-31. jsdemo.html 파일 내 문자열의 숫자 변환

```
<!DOCTYPE HTML>
<html>
<head>
    <title>Example</title>
    <script src="angular.js"></script>
    <script type="text/javascript">

        var firstVal = "5";
        var secondVal = "5";

        var result = Number(firstVal) + Number(secondVal);

        console.log("Result: " + result);
    </script>
</head>
<body>
    This is a simple example
</body>
</html>
```

이 스크립트의 출력 결과는 다음과 같다.

```
Result: 10
```

Number 메서드는 문자열 값을 파싱하는 데 있어서 매우 엄격하지만, 숫자가 아닌 문자열을 무시하고 좀 더 유연하게 문자열을 파싱해주는 다른 함수도 있다. 바로, parseInt와 parseFloat 함수다. 이들 세 함수는 표 5-5에 정리돼 있다.

표 5-5. 유용한 문자열의 숫자 변환 메서드

메서드	설명
Number(str)	지정한 문자열을 파싱해 정수 또는 실수를 생성한다.
parseInt(str)	지정한 문자열을 파싱해 정수 값을 생성한다.
parseFloat(str)	지정한 문자열을 파싱해 정수 또는 실수 값을 생성한다.

| 배열 활용

자바스크립트 배열은 다른 프로그래밍 언어의 배열과 거의 같은 방식으로 동작한다. 예제 5-32에서는 배열을 생성하고 내용을 채우는 법을 볼 수 있다.

예제 5-32. jsdemo.html 파일 내 배열 생성 및 내용 채우기

```
<!DOCTYPE HTML>
<html>
<head>
    <title>Example</title>
    <script src="angular.js"></script>
    <script type="text/javascript">

        var myArray = new Array();
        myArray[0] = 100;
        myArray[1] = "Adam";
        myArray[2] = true;

    </script>
</head>
<body>
    This is a simple example
</body>
</html>
```

여기서는 new Array()를 호출해 새 배열을 생성했다. 이렇게 하면 빈 배열이 생성되는데, 이 배열은 myArray 변수에 대입했다. 이어지는 명령에서는 배열 내 다양한 인덱스 위치에 값을 대입했다(이 예제에는 콘솔 출력 코드가 없다).

이 예제에는 주의해서 볼 만한 점이 몇 가지 있다. 먼저, 배열을 생성할 때 항목의 개수를 선언할 필요가 없다는 점이다. 자바스크립트 배열은 어떤 크기의 항목이든 얼마든지 담을 수 있게 자동으로 크기가 조절된다. 둘째로, 배열에 보관할 데이터 타입을 선언할 필요가 없다는 점이다. 모든 자바스크립트 배열은 어떤 유형의 데이터 타입이든 담을 수 있다. 이 예제에서는 배열에 세 개의 항목(숫자, 문자열, 불리언)을 대입했다.

배열 리터럴 활용

배열 리터럴 방식을 사용하면 예제 5-33과 같이 한 명령문 내에서 배열을 생성하고 내용을 채울 수 있다.

예제 5-33. jsdemo.html 파일 내 배열 리터럴 방식 활용

```
<!DOCTYPE HTML>
<html>
<head>
    <title>Example</title>
    <script src="angular.js"></script>
    <script type="text/javascript">

      var myArray = [100, "Adam", true];

    </script>
</head>
<body>
    This is a simple example
</body>
</html>
```

이 예제에서는 대괄호([및]) 사이에 배열에 보관할 항목을 지정함으로써 myArray 배열에 새 배열이 대입되게 했다(이 예제에는 콘솔 출력 코드가 없다).

배열 감지

AngularJS에서는 예제 5-34와 같이 인자가 배열인 경우 true를 반환하는 angular.isArray 메서드를 제공한다.

```
<!DOCTYPE html>
<html>
<head>
    <title>Example</title>
    <script src="angular.js"></script>
    <script type="text/javascript">

        console.log(angular.isArray([100, "Adam", true]));
        console.log(angular.isArray("Adam"));
        console.log(angular.isArray(23));

    </script>
</head>
<body>
    This is a simple example
</body>
</html>
```

이 예제는 다음의 콘솔 결과를 출력한다.

```
true
False
False
```

배열 내용의 읽기 및 수정

배열의 특정 인덱스에 있는 값을 읽을 때는 예제 5-35처럼 대괄호([및])를 사용하고 그 안에 인 덱스를 집어넣으면 된다.

예제 5-35. jsdemo.html 파일 내 배열 인덱스의 데이터 읽기

```
<!DOCTYPE HTML>
<html>
<head>
    <title>Example</title>
    <script src="angular.js"></script>
    <script type="text/javascript">
        var myArray = [100, "Adam", true];
        console.log("Index 0: " + myArray[0]);
    </script>
</head>
<body>
    This is a simple example
```

```
  </body>
</html>
```

자바스크립트 배열의 특정 위치에 있는 데이터를 수정할 때는 해당 인덱스에 새 값을 대입하면
된다. 일반 변수와 마찬가지로 특정 인덱스에 있는 데이터 타입도 아무 문제 없이 바꿀 수 있다.
이 예제의 출력 결과는 다음과 같다.

```
Index 0: 100
```

예제 5-36에서는 배열의 내용을 수정하는 예제를 볼 수 있다.

예제 5-36. jsdemo.html 파일 내 배열 내용 수정

```
<!DOCTYPE HTML>
<html>
<head>
    <title>Example</title>
    <script src="angular.js"></script>
    <script type="text/javascript">
        var myArray = [100, "Adam", true];
        myArray[0] = "Tuesday";
        console.log("Index 0: " + myArray[0]);
    </script>
</head>
<body>
    This is a simple example
</body>
</html>
```

이 예제에서는 기존에 숫자 값이 보관돼 있던 배열의 0번째 위치에 문자열을 대입했다. 출력 결
과는 다음과 같다.

```
Index 0: Tuesday
```

배열 내용 열거

배열의 내용은 for 순환문을 사용하거나 AngularJS의 angular.forEach 메서드를 사용해 열거
할 수 있다. 예제 5-37에서는 이 두 방식을 모두 볼 수 있다.

```
<!DOCTYPE html>
<html>
<head>
    <title>Example</title>
    <script src="angular.js"></script>
    <script type="text/javascript">
        var myArray = [100, "Adam", true];

        for (var i = 0; i < myArray.length; i++) {
            console.log("Index " + i + ": " + myArray[i]);
        }

        console.log("---");

        angular.forEach(myArray, function (value, key) {
            console.log(key + ": " + value);
        });

    </script>
</head>
<body>
    This is a simple example
</body>
</html>
```

자바스크립트 for 순환문은 다른 프로그래밍 언어의 순환문과 똑같이 동작한다. 배열에 들어 있는 항목 개수는 length 속성을 통해 알 수 있다. angular.forEach 메서드에서는 배열 경계가 필요 없지만, 현재 배열 항목의 인덱스를 제공해주지 않는다. 이 예제의 출력 결과는 다음과 같다.

```
Index  0: 100
Index  1: Adam
Index  2: true
---
0: 100
1: Adam
2: true
```

내장 배열 메서드 활용

자바스크립트 배열 객체는 배열에 활용할 수 있는 다양한 메서드를 정의한다. 표 5-6에는 이 중 가장 도움되는 메서드를 정리했다.

표 5-6. 유용한 배열 메서드

메서드	설명	반환값
concat(otherArray)	배열의 내용을 인자로 지정한 다른 배열과 합친다. 여러 개의 배열을 지정할 수 있다.	Array
join(separator)	배열 내 모든 항목을 결합해 문자열을 형성한다. 인자 값은 항목을 구분하는 데 사용할 문자를 지정한다.	string
pop()	배열을 스택처럼 처리해 배열에서 마지막 항목을 제거하고 반환한다.	object
push(item)	배열을 스택처럼 처리해 특정 항목을 배열에 첨부한다.	void
reverse()	배열 내 항목의 순서를 역으로 지정한다.	Array
shift()	pop()과 유사하지만, 배열의 첫 번째 항목을 제거한다.	object
slice(start, end)	배열 내 일부 영역을 반환한다.	Array
sort()	배열 내 항목을 정렬한다.	Array
splice(index, count)	지정한 인덱스부터 시작해 count 수만큼 항목을 제거한다.	Array
unshift(item)	push()와 유사하지만 배열의 시작 위치에 새 항목을 삽입한다.	void

l undefined 및 null 값의 비교

자바스크립트에서는 값을 비교할 때 주의해야 할 특수 값을 한두 개 정의한다. 바로 undefined와 null이다. undefined 값은 값이 대입되지 않은 변수를 읽거나 존재하지 않는 속성값을 읽으려고 할 때 반환된다. 예제 5-38에서는 자바스크립트에서 undefined가 어떻게 사용되는지 볼 수 있다.

예제 5-38. jsdemo.html 파일의 undefined 특수 값 사용

```
<!DOCTYPE HTML>
<html>
<head>
    <title>Example</title>
    <script src="angular.js"></script>
    <script type="text/javascript">
        var myData = {
            name: "Adam",
            weather: "sunny",
        };
        console.log("Prop: " + myData.doesntexist);
    </script>
</head>
<body>
    This is a simple example
</body>
</html>
```

이 예제의 출력 결과는 다음과 같다.

```
Prop: undefined
```

자바스크립트에서는 이례적으로 또 다른 특수 값인 null도 정의한다. null 값은 undefined와는 조금 다르다. undefined 값은 아무 값도 정의되지 않았을 때 반환되는 반면, null은 값을 대입했지만 이 값이 유효한 객체, 문자열, 숫자, 불리언이 아님을 나타내려고 할 때 사용한다. 다시 말해, '없는 값'이라는 값을 정의한 경우다. 둘을 좀 더 확실히 구분할 수 있게 예제 5-39에서는 값이 undefined에서 null로 바뀌는 과정을 보여준다.

예제 5-39. jsdemo.html 파일의 undefined 및 null 활용

```
<!DOCTYPE HTML>
<html>
<head>
    <title>Example</title>
    <script src="angular.js"></script>
    <script type="text/javascript">

        var myData = {
            name: "Adam",
        };

        console.log("Var: " + myData.weather);
        console.log("Prop: " + ("weather" in myData));

        myData.weather = "sunny";
        console.log("Var: " + myData.weather);
        console.log("Prop: " + ("weather" in myData));

        myData.weather = null;
        console.log("Var: " + myData.weather);
        console.log("Prop: " + ("weather" in myData));

    </script>
</head>
<body>
    This is a simple example
</body>
</html>
```

이 예제에서는 객체를 생성하고, 정의되지 않은 weather 속성값을 읽으려고 한다.

```
...
console.log("Var: " + myData.weather);
console.log("Prop: " + ("weather" in myData));
...
```

weather라는 속성이 없으므로 myData.weather를 호출해 반환되는 값은 undefined다. 아울러 in 키워드를 사용해 객체에 이 속성이 들어 있는지 검사하게 되면 false가 반환된다. 이들 두 명령의 출력 결과는 다음과 같다.

```
Var: undefined
Prop: false
```

다음으로 weather 속성에 값을 대입한다. 이렇게 하면 객체에 속성을 추가하는 효과가 있다.

```
...
myData.weather = "sunny";
console.log("Var: " + myData.weather);
console.log("Prop: " + ("weather" in myData));
...
```

그런 다음 속성값을 읽어 객체에 속성이 존재하는지 다시 검사한다. 예상했겠지만 이제 객체에서 속성을 정의하고 있고, 그 값은 sunny가 된다.

```
Var: sunny
Prop: true
```

이번에는 다음과 같이 속성값을 null로 설정한다.

```
...
myData.weather = null;
...
```

이렇게 하면 특별한 효과가 있다. 즉, 이 속성은 여전히 객체에서 정의하고 있지만, 아무 값도 포함하지 않는다고 지정하는 효과가 있는 것이다.

```
Var: null
Prop: true
```

null은 객체이고, undefined는 별도 타입이므로 undefined와 null 값을 구분할 때는 이와 같은 차이점을 아는 게 매우 중요하다.

null 또는 undefined의 검사

속성이 null이나 undefined인지 검사하고 싶다면(둘을 구분하지 않는 경우) 예제 5-40처럼 간단히 if 명령과 부정 연산자(!)를 사용하면 된다.

예제 5-40. jsdemo.html 파일 내 속성의 null 또는 undefined 여부 검사

```
<!DOCTYPE HTML>
<html>
<head>
    <title>Example</title>
    <script src="angular.js"></script>
    <script type="text/javascript">
        var myData = {
            name: "Adam",
            city: null
        };

        if (!myData.name) {
            console.log("name IS null or undefined");
        } else {
            console.log("name is NOT null or undefined");
        }

        if (!myData.city) {
            console.log("city IS null or undefined");
        } else {
            console.log("city is NOT null or undefined");
        }

    </script>
</head>
<body>
    This is a simple example
</body>
</html>
```

이 기법은 검사하는 타입을 불리언으로 강제 변환하는 자바스크립트의 타입 변환 기법을 기반으로 한다. 변수나 속성이 null이나 undefined라면 변환된 불리언 값은 false가 된다. 이 예제의 출력 결과는 다음과 같다.

```
name is NOT null or undefined
city IS null or undefined
```

팁 || 연산자를 사용하면 null 값도 같이 검사할 수 있다. 이 기법은 9장에서 볼 수 있다.

또, 예제 5-41처럼 AngularJS의 angular.isDefined 및 angular.isUndefined 메서드를 활용할
수도 있다.

예제 5-41. jsdemo.html 파일 내 AngularJS 메서드를 활용한 정의 값 검사

```html
<!DOCTYPE html>
<html>
<head>
    <title>Example</title>
    <script src="angular.js"></script>
    <script type="text/javascript">

        var myData = {
            name: "Adam",
            city: null
        };

        console.log("name: " + angular.isDefined(myData.name));
        console.log("city: " + angular.isDefined(myData.city));
        console.log("country: " + angular.isDefined(myData.country));

    </script>
</head>
<body>
    This is a simple example
</body>
</html>
```

이들 메서드는 null인지 여부가 아니라 값이 정의돼 있는지 여부만을 검사하며, null과
undefined 값을 구분하는 데 유용하게 활용할 수 있다. 이 예제에서는 angular.isDefined 메서
드를 사용해 속성 및 값이 정의된 속성과, 속성이 정의돼 있지만 값이 null인 속성, 정의되지 않
은 값을 검사하고 있다. 이 예제의 출력 결과는 다음과 같다.

```
name: true
city: true
country: false
```

| 프로미스 활용

프로미스는 비동기적으로 수행하고 미래 어느 시점에 완료될 작업 항목을 자바스크립트에서 표
현하는 방식이다. 프로미스를 가장 많이 접하는 경우는 Ajax 요청을 수행할 때다. 브라우저는 내

부적으로 HTTP 요청을 보내고, 프로미스를 사용해 요청이 완료될 때 애플리케이션에게 이를 알려주게 된다. 예제 5-42에는 Ajax 요청을 보내는 간단한 AngularJS 애플리케이션이 나와 있다.

> **참고** 이 예제는 이 장의 서두에서 작성한 `todo.json` 파일에 의존해 동작한다.

예제 5-42. jsdemo.html 파일 내 간단한 AngularJS 애플리케이션 구현

```html
<!DOCTYPE html>
<html ng-app="demo">
<head>
    <title>Example</title>
    <script src="angular.js"></script>
    <link href="bootstrap.css" rel="stylesheet" />
    <link href="bootstrap-theme.css" rel="stylesheet" />
    <script type="text/javascript">

        var myApp = angular.module("demo", []);

        myApp.controller("demoCtrl", function ($scope, $http) {
            var promise = $http.get("todo.json");
            promise.success(function (data) {
                $scope.todos = data;
            });
        });

    </script>
</head>
<body ng-controller="demoCtrl">
    <div class="panel">
        <h1>To Do</h1>
        <table class="table">
            <tr><td>Action</td><td>Done</td></tr>
            <tr ng-repeat="item in todos">
                <td>{{item.action}}</td>
                <td>{{item.done}}</td>
            </tr>
        </table>
    </div>
</body>
</html>
```

이 예제에서 사용한 AngularJS 기능은 2장에서 본 익숙한 내용이다. 여기서는 AngularJS 모듈을 생성하고, 이 모듈에 demoCtrl이라는 컨트롤러를 부여했다. 컨트롤러는 $scope 객체를 사용해 뷰로 데이터를 제공하고, 뷰는 데이터 바인딩 및 ng-repeat 디렉티브를 사용해 테이블을 채운다. 브라우저에서 실행한 예제 파일은 그림 5-3에서 볼 수 있다.

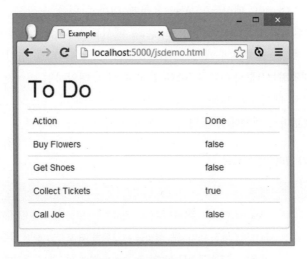

그림 5-3. 간단한 AngularJS 앱

자바스크립트와 비동기적 프로그래밍

C#이나 자바 같은 프로그래밍 언어를 사용하다가 자바스크립트에 입문했다면 lock이나 synchronized처럼 코드의 비동기적 실행을 제어하는 키워드가 없다는 사실에 놀랄 수도 있다. 자바스크립트는 이런 유형의 흐름 제어를 지원하지 않으며, 우선순위를 설정하는 기능도 제공하지 않는다. 그 덕분에 개발은 좀 더 쉬워졌지만 그만큼 부작용이 생기기도 쉬워졌다. 이 주제에 대해서는 커스텀 프로미스 생성과 관련한 AngularJS 지원 기능을 다루는 20장에서 자세히 살펴본다.

AngularJS에서 프로미스가 어떻게 동작하는지 보여주려면 모듈, 컨트롤러, 뷰만 설정하면 된다. 이 예제에서 핵심 부분은 바로 다음 코드다.

```
...
var promise = $http.get("todo.json");
promise.success(function (data) {
    $scope.todos = data;
});
...
```

Ajax 요청을 보낼 때는 $http 서비스(20장에서 설명)를 사용하고, get 메서드는 서버에서 조회할 파일의 URL을 파라미터로 받는다(여기서는 파일명을 지정해 불러오려는 파일이 현재 HTML 문서와 같은 위치에 있다고 알려준다).

Ajax 요청은 비동기적으로 수행되며, 브라우저는 요청을 보내는 동안 예제 애플리케이션을 계속해서 실행한다. $http.get 메서드는 Ajax 요청에 대한 알림을 수신하는 데 사용할 수 있는 프로미스 객체를 반환한다. 이 예제에서는 success 메서드를 사용해 요청이 완료됐을 때 호출할 콜백 함수를 등록했다. 콜백 함수에서는 서버에서 조회한 데이터를 수신하는데, 이 데이터는 $scope에 속성을 대입하는 데 사용한다. 이와 같이 속성을 대입하면 이어서 ng-repeat 디렉티브에게 할 일 항목으로 테이블을 채울 수 있는 콘텐츠가 전달된다. success 메서드는 표 5-7에 정리된 것과 같이 프로미스 객체에서 정의하는 세 가지 메서드 중 하나다.

표 5-7. 프로미스 객체가 정의하는 메서드

메서드	설명
error(callback)	프로미스에서 나타내는 작업을 완료할 수 없을 때 호출할 콜백 함수를 지정한다.
success(callback)	프로미스에서 나타내는 작업을 완료했을 때 호출할 콜백 함수를 지정한다.
then(success, err)	프로미스가 성공하든 실패하든 호출할 콜백 함수를 지정한다.

세 메서드는 모두 함수를 인자로 받고, 프로미스의 결과에 따라 함수를 호출한다. success 콜백 함수는 서버에서 조회한 데이터를 인자로 전달받고, error 콜백 함수는 발생한 문제에 대한 상세 정보를 받는다.

팁 프로미스에서 정의하는 메서드를 이벤트와 같이 생각할 수도 있다. 사용자가 버튼을 클릭하거나 이벤트를 트리거할 때 콜백 함수가 호출되는 것처럼, 작업이 완료될 때도 프로미스가 콜백 함수를 호출한다.

세 프로미스 메서드 모두 다른 프로미스 객체를 반환해, 비동기적 작업을 연쇄적으로 수행할 수 있다. 예제 5-43에는 이를 보여주는 간단한 예제가 나와 있다.

예제 5-43. jsdemo.html 파일 내 프로미스 체인

```
<!DOCTYPE html>
<html ng-app="demo">
<head>
    <title>Example</title>
    <script src="angular.js"></script>
    <link href="bootstrap.css" rel="stylesheet" />
    <link href="bootstrap-theme.css" rel="stylesheet" />
    <script type="text/javascript">

        var myApp = angular.module("demo", []);

        myApp.controller("demoCtrl", function ($scope, $http) {
            $http.get("todo.json").then(function (response) {
```

```
            $scope.todos = response.data;
        }, function () {
            $scope.todos = [{action: "Error"}];
        }).then(function () {
            $scope.todos.push({action: "Request Complete"});
        });
    });

    </script>
</head>
<body ng-controller="demoCtrl">
    <div class="panel">
        <h1>To Do</h1>
        <table class="table">
            <tr><td>Action</td><td>Done</td></tr>
            <tr ng-repeat="item in todos">
                <td>{{item.action}}</td>
                <td>{{item.done}}</td>
            </tr>
        </table>
    </div>
</body>
</html>
```

여기서는 then 메서드를 두 번 사용했다. 첫 번째로 사용할 때는 $http.get 메서드에 대한 호출 응답을 처리하고, 두 번째로 사용할 때는 나중에 호출될 함수를 등록했다. 이런 코드는 읽기가 힘들므로 이 예제에서는 굵은 글씨로 표시해 순서를 강조했다. 먼저, Ajax 요청을 생성하기 위해 get 메서드를 호출한다.

```
...
$http.get("todo.json").then(function (response) {
    $scope.todos = response.data;
}, function () {
    $scope.todos = [{action: "Error"}];
}).then(function () {
    $scope.todos.push({action: "Request Complete"});
});
...
```

여기서는 then 메서드를 사용해 Ajax 요청이 완료될 때 호출할 함수를 지정했다. 첫 번째 함수는 요청이 성공할 때 실행되고, 두 번째 함수는 요청이 실패할 때 실행된다.

```
...
$http.get("todo.json").then(function (response) {
    $scope.todos = response.data;
}, function () {
    $scope.todos = [{action: "Error"}];
}).then(function () {
```

```
        $scope.todos.push({action: "Request Complete"});
    });
    ...
```

프로미스에서는 두 함수 중 하나는 반드시 실행되게끔 보장하지만, Ajax 요청이 완료되거나 실패 해야 함수가 호출된다. 그런 다음 then 메서드를 다시 한 번 사용해 함수를 추가했다.

```
    ...
    $http.get("todo.json").then(function (response) {
        $scope.todos = response.data;
    }, function () {
        $scope.todos = [{action: "Error"}];
    }).then(function () {
        $scope.todos.push({action: "Request Complete"});
    });
    ...
```

이번에는 then 메서드로 한 개의 함수만 넘겼는데, 이렇게 하면 문제가 생긴 경우 아무런 콜백을 받지 않겠다는 의미가 된다. 마지막 함수에서는 앞서 호출된 함수와 상관없이 데이터 모델에 항목을 추가하고 있다. 성공한 Ajax 요청 결과는 그림 5-4에서 볼 수 있다.

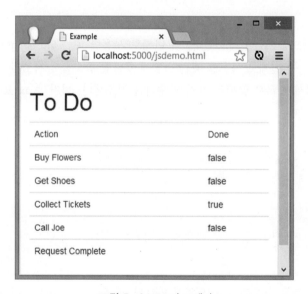

그림 5-4. 프로미스 체인

 메서드 체인이 지금 이해되지 않더라도 괜찮다. 프로젝트에서 직접 프로미스를 사용해보기 시작 하면 곧바로 이해할 수 있기 때문이다. 아울러 AngularJS의 Ajax 지원 기능을 다루는 20장과 RESTful 웹 서비스를 다루는 21장에서 좀 더 많은 프로미스 예제를 볼 수 있다.

▮ JSON 활용

자바스크립트 객체 표기법(JSON)은 사실상 웹 앱의 표준 데이터 형식이 됐다. JSON은 단순하고, 자바스크립트 코드를 사용해 연동하기 쉽다는 이유로 매우 인기 있는 데이터 형식으로 자리매김했다. JSON은 Number, String, Boolean, Array, Object 및 특수 타입인 null 같은 기본데이터 타입을 지원한다.

복습할 겸 간단한 JSON 문자열이 들어 있는 todo.json 파일의 내용을 다시 한 번 살펴보자.

```
[{ "action": "Buy Flowers", "done": false },
 { "action": "Get Shoes", "done": false },
 { "action": "Collect Tickets", "done": true },
 { "action": "Call Joe", "done": false }]
```

JSON 데이터는 자바스크립트에서 배열이 객체를 리터럴 형식을 통해 선언할 때와 형식이 비슷하다. 유일한 차이점은 객체의 속성명을 따옴표로 감쌌다는 점뿐이다.

팁 JSON은 연동하기 쉽지만 JSON 라이브러리에서 JSON을 조금씩 다른 방식으로 인코딩/디코딩함에 따라 여전히 문제가 생길 소지가 있다. 특히 이런 문제는 JSON을 지원하는 웹 앱과 서버를 서로 다른 프로그래밍 언어로 구현할 때 자주 생긴다. 더욱 문제가 되는 형식으로 날짜 형식이 있다. 날짜 형식은 다양한 지역 달력과 표기 형식으로 인해 지금껏 쉽게 연동했던 적이 한 번도 없었다. 게다가 JSON에는 날짜를 나타내는 네이티브 정의도 없으므로 JSON 라이브러리에서는 각기 다른 인코딩 방식을 사용해 날짜를 인코딩하게 된다. 따라서 데이터가 애플리케이션 전체에서 일관된 형식으로 인코딩되는지 JSON 데이터를 철저히 테스트하는 게 매우 중요하다.

AngularJS를 사용하면 JSON과 쉽게 연동할 수 있다. Ajax를 통해 JSON 데이터를 요청하면, $http.get 메서드를 사용해 웹 서버의 JSON 파일을 요청한 앞의 예제에서 본 것처럼, 응답은 자바스크립트 객체로 자동으로 파싱되고, success 함수로 전달된다.

AngularJS는 JSON을 명시적으로 인코딩하고 디코딩하는 두 메서드를 통해 이를 보완한다. 바로 angular.fromJson 메서드와 angular.toJson 메서드다. 두 메서드를 사용한 예제 코드는 예제 5-44에서 볼 수 있다.

예제 5-44. jsdemo.html 파일의 JSON 데이터 인코딩/디코딩

```html
<!DOCTYPE html>
<html ng-app="demo">
<head>
    <title>Example</title>
    <script src="angular.js"></script>
```

```html
    <link href="bootstrap.css" rel="stylesheet" />
    <link href="bootstrap-theme.css" rel="stylesheet" />
    <script type="text/javascript">

        var myApp = angular.module("demo", []);

        myApp.controller("demoCtrl", function ($scope, $http) {
            $http.get("todo.json").success(function (data) {
                var jsonString = angular.toJson(data);
                console.log(jsonString);
                $scope.todos = angular.fromJson(jsonString);
            });
        });

    </script>
</head>
<body ng-controller="demoCtrl">
    <div class="panel">
        <h1>To Do</h1>
        <table class="table">
            <tr><td>Action</td><td>Done</td></tr>
            <tr ng-repeat="item in todos">
                <td>{{item.action}}</td>
                <td>{{item.done}}</td>
            </tr>
        </table>
    </div>
</body>
</html>
```

이 예제에서는 프로미스의 success 함수로 전달된 데이터 객체를 대상으로 작업을 수행한다. 이 데이터는 웹 서버에서 받는 JSON 데이터 형태로 수신되고, AngularJS에 의해 자바스크립트 배열로 자동으로 파싱된다. 여기서는 angular.toJson 메서드를 사용해 배열을 JSON으로 다시 인코딩하고 이를 콘솔에 출력했다. 끝으로, 생성한 JSON을 가지고 angular.fromJson 메서드를 호출해 또 다른 자바스크립트 객체를 생성해, AngularJS 컨트롤러 내 데이터 모델을 채우고, ng-repeat 디렉티브를 통해 테이블 엘리먼트의 내용을 채운다.

팁   JSON 데이터를 필요로 하는 AngularJS 기능 중 대부분은 데이터를 자동으로 인코딩/디코딩하므로 이들 메서드를 직접 사용할 일은 거의 없다.

| 정리

이 장에서는 자바스크립트 언어 및 AngularJS에서 자바스크립트 핵심 기능을 보완하기 위해 제공하는 유틸리티 메서드에 대해 간단히 소개했다. 또, 프로미스에 대해 살펴보고, AngularJS의 JSON 지원 기능에 대해서도 알아봤다. 프로미스와 JSON 지원 기능은 둘 다 Ajax 요청을 수행하고 3장에서 설명한 단일 페이지 애플리케이션 모델을 구현하는 데 있어서 핵심이 되는 개념이다.

이 책에서 자바스크립트에 대해 자세한 설명을 수록하지는 못하지만 이 장에서 소개한 기능은 이 책에서 가장 많이 사용하는 기능으로서, AngularJS의 다양한 개발 기법을 따라 가기에 충분하다. 6장에서는 좀 더 현실적인 개발 예제를 시작함에 따라 좀 더 깊이 있게 AngularJS 웹 앱 내부를 들여다본다.

스포츠 상점:
실전 애플리케이션

앞 장에서는 쉽고 간단한 AngularJS 애플리케이션을 개발했다. 이와 같이 크기가 작고 특정 기능에 집중하는 예제를 사용하면 AngularJS의 특정 기능을 보여주는 게 그만큼 쉬워지지만 큰 맥락을 놓칠 수도 있다. 이런 문제를 조금이나마 해결하기 위해 이제부터는 간단하지만 실전에서 사용할 만한 이커머스 애플리케이션을 개발한다.

이 애플리케이션의 이름은 스포츠 상점으로, 다른 온라인 상점의 접근 방식을 그대로 따른다. 이 애플리케이션에는 사용자가 카테고리와 페이지를 통해 검색할 수 있는 온라인 제품 카탈로그와 사용자가 상품을 담거나 뺄 수 있는 쇼핑 바구니, 배송 정보를 입력하고 주문할 수 있는 결제 페이지가 모두 들어 있다. 아울러 카탈로그를 관리할 수 있게 생성, 조회, 수정, 삭제(CRUD) 기능을 구현한 관리자 페이지도 만들 생각이다. 물론 관리자 페이지에서 카탈로그를 관리할 수 있는 사람은 로그인한 관리자뿐이다.

이 장과 이어지는 장의 목적은 가능한 한 실전에 가까운 애플리케이션을 개발함으로써 실전 AngularJS 개발이 어떤 것인지 독자들이 피부로 느끼게 하는 것이다. 물론 이 과정에서 AngularJS에 집중하기 위해 데이터 저장소와 같은 외부 시스템과의 연동은 단순화했으며, 결제 프로세스 같은 절차는 아예 생략했다.

스포츠 상점 예제는 필자가 여러 책에서 사용하고 있는 예제로, 이 예제를 주로 사용하는 이유는 각기 다른 프레임워크, 언어, 개발 스타일을 사용해 동일한 결과를 구현할 수 있기 때문이다. 물론 이 장의 내용을 따라 하기 위해 필자의 다른 책을 읽을 필요는 없지만, 『Pro ASP.NET』과 『Pro ASP.NET MVC』를 읽었다면 아마 흥미로운 차이점을 느낄 수 있을 것이다.

스포츠 상점 애플리케이션에서 사용하는 AngularJS 기능은 이어지는 장에서 자세히 다룬다. 여기서는 같은 내용을 반복하는 대신 예제 애플리케이션을 이해하는 데 필요한 내용만 설명하고, 상세 정보를 담고 있는 다른 장을 소개한다. 이 장은 처음부터 끝까지 읽으면서 AngularJS가 어떻게 동작하는지 이해해도 되고, 상세 장으로 왔다갔다 하면서 상세 정보를 확인해가며 읽어도 된다. 하지만 어떤 방식을 사용하든 모든 내용을 바로 이해할 수 있으리라 기대해서는 안 된다. AngularJS에는 다양한 영역이 있으며, 스포츠 상점 애플리케이션은 이러한 여러 영역이 서로 어떻게 맞물리는지 보여주는 데 목적이 있다.

단위 테스트

서로 다른 책에서 스포츠 상점 애플리케이션을 사용하는 이유 중 하나는 단위 테스트를 초반에 도입하기 쉽기 때문이다. AngularJS에서는 단위 테스트를 훌륭하게 지원하지만 이 책에서는 마지막 장까지 단위 테스트에 대해서 설명하지 않는다. 그 이유는 방대한 단위 테스트를 작성하려면 먼저 AngularJS가 어떻게 동작하는지 이해해야 하는데, 여기에 필요한 정보를 모두 다루고, 같은 내용을 책의 나머지 부분에서 반복하고 싶지 않기 때문이다.

그렇다고 해서 AngularJS에서 단위 테스트가 어렵다거나 단위 테스트를 작성하려면 AngularJS 전문가가 돼야 한다는 뜻은 아니다. 단위 테스트를 단순하게 해주는 기능이 2부와 3부에서 설명하는 핵심 개념에 의존하기 때문이다. 단위 테스트를 일찌감치 시작하고 싶다면 25장으로 바로 넘어가도 좋다. 하지만 필자는 단위 테스트 기능의 기반이 되는 토대를 제대로 이해할 수 있게 책을 차례로 읽을 것을 권장한다.

| 시작하기

애플리케이션 개발에 착수하기 전에 준비해야 할 사항이 몇 가지 있다. 이어지는 절에서는 데이터를 제공할 서버를 설정하는 데 필요한 AngularJS 선택 기능을 설치하는 절차를 설명한다.

데이터 준비

첫 번째 단계는 새 Deployd 애플리케이션을 생성하는 것이다. 이를 위해 생성된 파일을 보관할 디렉터리를 생성해야 한다(이 디렉터리를 어디에 생성하는지는 중요하지 않다). 이 디렉터리의 이름을 deployd라고 하고, 애플리케이션 파일이 들어 있는 angularjs 폴더와 같은 레벨상에 둔다.

> **참고** Deployd는 1장에서 내려받고 설치하라고 안내한 바 있다. 아직 설치하지 않았다면 1장을 참고해 자세한 설치 방법을 확인하자.

새 디렉터리로 이동해 명령행에 다음 내용을 입력한다.

```
dpd create sportsstore
```

새 서버를 시작하기 위해 다음 명령을 입력한다.

```
dpd -p 5500 sportsstore\app.dpd dashboard
```

팁 이 파일 구분자는 윈도우 운영체제의 구분자다. 다른 플랫폼에서는 `sportsstore/app.dpd`를 사용한다.

그럼 그림 6-1처럼 브라우저에 서비스를 설정하는 데 사용하는 Deployd 대시보드가 표시될 것이다.

그림 6-1. Deployd 대시보드의 초기 상태

데이터 구조 생성

다음으로 저장할 데이터의 구조를 Deployd에게 알려줘야 한다. 대시보드에서 녹색 버튼을 클릭하고 팝업 메뉴에서 Collection을 선택한다. 그림 6-2와 같이 컬렉션의 이름을 /products로 설정한다.

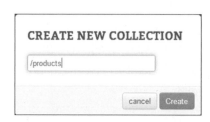

그림 6-2. products 컬렉션 생성

그럼 Deployd에서 컬렉션에 저장할 JSON 객체의 속성을 생성하는 창을 보여줄 것이다. 표 6-1과 같이 속성을 입력한다.

표 6-1. Products 컬렉션에 필요한 속성

속성명	타입	필수 여부(Required)
name	string	예
description	string	예
category	string	예
price	number	예

속성을 모두 추가하고 나면 대시보드가 그림 6-3과 같이 보일 것이다. 이때 모든 속성명을 제대로 입력하고, 각 속성별로 올바른 타입을 선택했는지 확인하자.

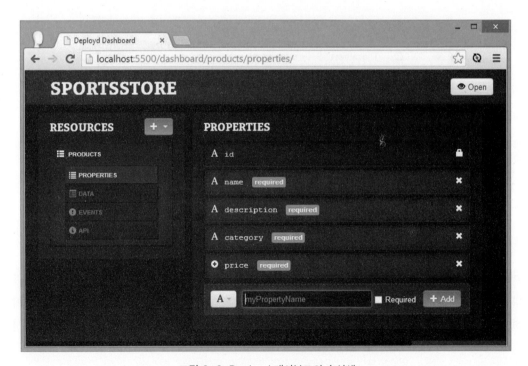

그림 6-3. Deployd 대시보드의 속성셋

팁　　Deployd에서 id 속성을 추가한 것에 주의하자. 이 속성은 데이터베이스에서 객체를 고유 식별하는 데 사용된다. Deployd는 자동으로 id 속성에 고유 값을 부여하며, 8장에서 관리자 기능을 구현할 때도 이 값에 의존한다.

데이터 추가

이제 Deployd에서 저장할 객체의 구조를 정의했으니 스포츠 상점 애플리케이션에서 사용자에게 제공할 상품에 대한 상세 정보를 추가할 차례다. 대시보드의 왼쪽에 있는 Data 링크를 클릭한다. 그럼 객체 속성별로 값을 입력해 데이터베이스를 채울 수 있는 편집기 그리드가 나타난다. 그리드를 사용해 표 6-2와 같이 데이터 항목을 생성한다. Deployd에서는 각 객체가 저장될 때 id 속성을 자동으로 채워주니 id 속성값을 지정하는 것은 신경 쓰지 않아도 된다.

표 6-2. Products 테이블의 데이터

상품명	설명	카테고리	가격
Kayak	1인용 보트	수상스포츠	275
Lifejacket	멋진 보호 장비	수상스포츠	48.95
Soccer Ball	FIFA 인증 규격 및 무게	축구	19.5
Corner Flags	코너 플래그	축구	34.95
Stadium	35,000좌석 경기장	축구	79500.00
Thinking Cap	두뇌 효율을 75% 개선	체스	16
Unsteady Chair	상대방에게 불리한 체스 의자	체스	29.95
Human Chess Board	가족이 하기에 즐거운 게임	체스	75
Bling-Bling King	금과 다이아몬드로 장식한 킹	체스	1200

> **팁** Deployd에서는 number 필드에 소수점 값을 입력할 때 이상한 동작을 한다. 어떤 이유에선지 첫 번째로 입력한 소수점은 사라지게 되는데, 이때는 소수점을 한 번 더 입력하고 나머지 값을 입력하면 된다.

데이터 입력을 모두 마치면 Deployd의 대시보드가 그림 6-4와 같은 형태가 된다.

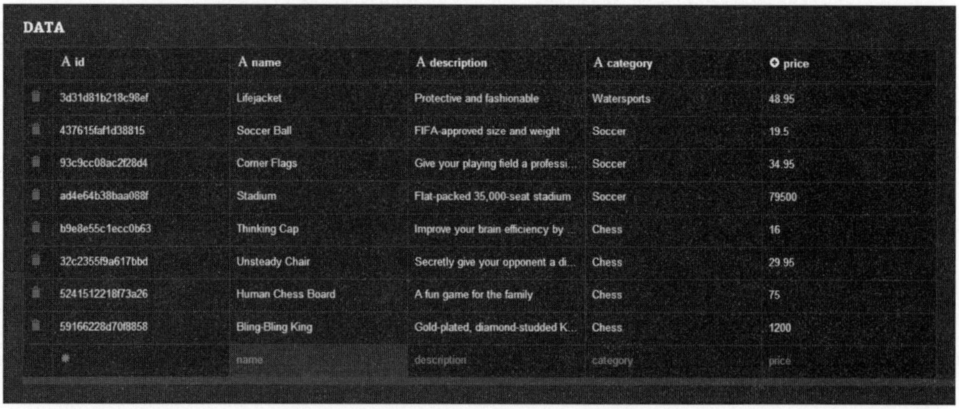

그림 6-4. 스포츠 상점 대시보드에 상품 데이터 입력

데이터 서비스 테스트

Deployd가 제대로 설정돼 있고 잘 동작하는지 확인하기 위해 브라우저 창을 열고 다음 URL로 이동하자.

```
http://localhost:5500/products
```

이 URL에서는 로컬 장비에 Deployd를 설치했고, Deployd를 시작할 때 포트 번호를 변경하지 않았다고 가정한다. /products URL은 Deployd에서 /products 컬렉션의 내용을 JSON 문자열 형태로 요청하는 URL로 해석한다. 구글 크롬 같은 일부 브라우저에서는 브라우저 창에 JSON 응답을 바로 표시하지만, 마이크로소프트 인터넷 익스플로러 같은 브라우저에서는 JSON을 파일로 다운로드해야 한다. 하지만 어떤 경우든 다음과 같은 데이터를 볼 수 있을 것이다(이 데이터는 독자들이 쉽게 볼 수 있게 형식을 조금 변형한 것이며 id 필드 값은 이와 다를 수 있다).

```
[{"category":"Watersports","description":"A boat for one person","name":"Kayak",
    "price":275,"id":"05af70919155f8fc"},
 {"category":"Watersports", "description":"Protective and fashionable",
    "name":"Lifejacket","price":48.95,"id":"3d31d81b218c98ef"},
 {"category":"Soccer","description":"FIFA-approved size and weight",
    "name":"Soccer Ball","price":19.5,"id":"437615faf1d38815"},
 {"category":"Soccer","description":"Give your playing field a professional touch",
    "name":"Corner Flags","price":34.95,"id":"93c9cc08ac2f28d4"},
 {"category":"Soccer","description":"Flat-packed 35,000-seat stadium",
    "name":"Stadium","price":79500,"id":"ad4e64b38baa088f"},
 {"category":"Chess","description":"Improve your brain efficiency by 75%",
    "name":"Thinking Cap","price":16,"id":"b9e8e55c1ecc0b63"},
 {"category":"Chess","description":"Secretly give your opponent a disadvantage",
    "name":"Unsteady Chair","price":29.95,"id":"32c2355f9a617bbd"},
 {"category":"Chess","description":"A fun game for the family",
    "name":"Human Chess Board","price":75,"id":"5241512218f73a26"},
 {"category":"Chess","description":"Gold-plated, diamond-studded King",
    "name":"Bling-Bling King","price":1200,"id":"59166228d70f8858"}]
```

애플리케이션 준비

애플리케이션을 작성하기 전에 애플리케이션을 구성하는 파일과 필요한 AngularJS 및 부트스트랩 파일을 내려받을 디렉터리 구조를 생성해 angularjs 폴더를 준비해야 한다.

디렉터리 구조 생성

AngularJS 애플리케이션을 구성하는 파일은 어떤 식으로 관리하든 상관없다. 또, 원한다면 클라이언트사이드 개발 툴과 더불어 미리 정의된 템플릿을 사용해도 된다. 하지만 여기서는 가능한 한 단순한 구조를 유지하고, 필자가 대다수 AngularJS 프로젝트에서 사용하는 기본 레이아웃을 따르기로 한다. 물론 프로젝트가 복잡해짐에 따라 파일 구조를 바꾸는 일도 생기므로 항상 이 레이아웃만 사용하는 것은 아니지만 대개 이 레이아웃으로 프로젝트를 시작한다. angularjs 폴더 내에 표 6-3에 설명한 디렉터리를 생성하자.

표 6-3. 스포츠 상점 애플리케이션에 필요한 폴더

폴더명	설명
components	커스텀 AngularJS 컴포넌트를 포함.
controllers	애플리케이션의 컨트롤러를 포함. 컨트롤러는 13장에서 다룬다.
filters	커스텀 필터를 포함. 필터는 14장에서 다룬다.
ngmodules	AngularJS 선택 모듈을 포함. 선택 모듈은 이 책 전반에서 다루며, 스포츠 상점 애플리케이션을 개발할 때 각 모듈에 대한 참고 자료를 제공한다.
views	스포츠 상점 애플리케이션의 부분 뷰를 포함. 뷰는 디렉티브 및 필터를 포함할 수 있으며, 디렉티브와 필터는 10~17장에서 다룬다.

AngularJS 및 부트스트랩 파일의 설치

필자는 메인 AngularJS 자바스크립트 파일과 부트스트랩 CSS 파일을 메인 angularjs 디렉터리에 집어넣고, AngularJS 선택 모듈은 ngmodules 폴더에 집어넣는 방식을 선호한다. 굳이 이렇게 해야 하는 이유는 없지만 이렇게 하는 게 이제는 습관처럼 돼 버렸다. 1장의 설명을 따라 표 6-4에 나와 있는 파일들을 angularjs 폴더로 복사하자.

표 6-4. angularjs 폴더에 설치할 파일

파일명	설명
angular.js	메인 AngularJS 기능
bootstrap.css	부트스트랩 CSS 스타일
bootstrap-theme.css	부트스트랩 CSS 파일의 기본 테마

angular.js 파일에 AngularJS 기능이 모두 들어 있는 것은 아니다. 스포츠 상점 애플리케이션에서는 선택 모듈에서 제공하는 추가 기능도 일부 필요하다. 이들 파일은 ngmodules 폴더에 보관한다. 1장의 설명을 따라 표 6-5에 나와 있는 파일을 내려받고 angularjs/ngmodules 폴더에 집어넣자.

표 6-5. ngmodules 폴더에 설치할 선택 모듈 파일

파일명	설명
angular-route.js	URL 라우팅 지원 기능을 추가한다. 스포츠 상점 애플리케이션에서 URL 라우팅 기능은 7장을 참고하고, 이 모듈에 대한 자세한 정보는 22장을 참고하자.
angular-resource.js	RESTful API 지원 기능을 추가한다. 스포츠 상점 애플리케이션에서의 REST 활용은 8장을 참고하고, 이 모듈에 대한 자세한 내용은 21장을 참고하자.

기본 골격 개발

새 AngularJS 애플리케이션을 개발할 때는 빈 콘텐츠로 기본 구조 목업을 구성하고, 각 부분을 차례로 채워나가는 게 좋다. 스포츠 상점 애플리케이션의 기본 레이아웃은 많은 웹 스토어에서 볼 수 있는 2 칼럼 레이아웃(첫 번째 칼럼에 있는 카테고리를 통해 두 번째 칼럼에 표시된 상품을 필터링할 수 있는)이다. 그림 6-5에서는 우리가 만들려고 하는 레이아웃을 볼 수 있다.

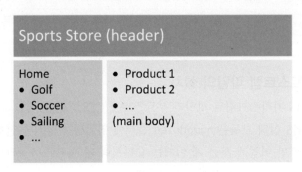

그림 6-5. 2 칼럼 스포츠 상점 레이아웃

물론, 애플리케이션을 개발하면서 기능을 추가하겠지만, 이 그림만 보더라도 구현하려는 초기 기능은 잘 알 수 있다. 우선, 구조 마크업 및 자바스크립트와 CSS 파일의 링크 엘리먼트를 포함하는 최상위 레벨 HTML 파일을 생성해야 한다. 예제 6-1에서는 angularjs 폴더에 생성한 app. html 파일의 내용을 볼 수 있다.

예제 6-1. app.html 파일의 내용

```
<!DOCTYPE html>
<html ng-app="sportsStore">
<head>
    <title>SportsStore</title>
    <script src="angular.js"></script>
    <link href="bootstrap.css" rel="stylesheet" />
    <link href="bootstrap-theme.css" rel="stylesheet" />
    <script>
        angular.module("sportsStore", []);
```

```
        </script>
    </head>
    <body>
        <div class="navbar navbar-inverse">
            <a class="navbar-brand" href="#">SPORTS STORE</a>
        </div>
        <div class="panel panel-default row">
            <div class="col-xs-3">
                Categories go here
            </div>
            <div class="col-xs-8">
                Products go here
            </div>
        </div>
    </body>
</html>
```

이 파일에는 기본 레이아웃을 정의하는 HTML 엘리먼트가 들어 있고, 이 레이아웃에서는 4장에서 설명한 대로 부트스트랩을 사용해 테이블 구조에 스타일을 적용했다. 이 파일에는 AngularJS와 관련한 부분이 두 곳 있다. 첫 번째 부분은 다음과 같이 angular.module 메서드를 호출하는 script 엘리먼트다.

```
...
<script>
    angular.module("sportsStore", []);
</script>
...
```

AngularJS 애플리케이션에서 모듈은 최상위 레벨 구성 요소이며, 이 메서드는 sportsStore라는 새 모듈을 생성한다. 지금은 모듈을 생성하는 것 외에 모듈을 가지고 아무 일도 하지 않지만, 이 모듈은 나중에 애플리케이션의 기능을 정의하는 데 사용할 것이다.

두 번째로 AngularJS와 관련한 부분은 다음과 같이 html 엘리먼트에 ng-app 디렉티브를 적용한 부분이다.

```
...
<html ng-app="sportsStore">
...
```

ng-app 디렉티브를 사용하면 sportsStore 모듈 내에 정의한 기능을 HTML에서 사용할 수 있게 된다. 필자는 ng-app 디렉티브를 html 엘리먼트에 적용하기를 좋아하는 편이지만 원한다면 특정 엘리먼트에 적용하거나 body 엘리먼트에 대신 적용할 수도 있다.

AngularJS 모듈을 생성하고 적용했지만 app.html 파일의 내용은 단순히 부트스트랩을 사용해 스타일을 적용한 애플리케이션의 기본 구조에 지나지 않는다. 그림 6-6에서는 브라우저에서

app.html 파일이 현재 어떻게 보이는지 볼 수 있다.

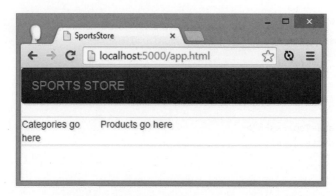

그림 6-6. 스포츠 상점 애플리케이션의 초기 레이아웃

> 🗨️ **팁**   app.html 파일을 요청하기 위해 필자는 http://localhost:5000/app.html URL을 사용했다.
> 필자는 1장에서 소개한 Node.js 웹 서버를 사용하는데, 이 서버는 로컬 장비의 5000포트에서
> 실행된다. 이 서버는 이 장을 시작할 때 새로 만든 Deployd 서버(5500포트에서 실행하도록 설
> 정한)와는 별개의 서버다.

아직까지는 대단해 보이지 않지만 여러 기능이 제 자리를 잡고 AngularJS를 활용해 애플리케이션
기능을 구현하면 우리 애플리케이션이 금세 멋진 외형을 갖추게 될 것이다.

| (가짜) 상품 데이터 표시

먼저 상품 데이터를 표시하는 기능부터 추가하려고 한다. 한 번에 한 가지 기능만 집중해서 살펴
보기 위해 여기서는 먼저 가짜 로컬 데이터부터 정의한다. 그런 다음 7장에서 Deployd 서버에서
가져온 데이터로 이 데이터를 교체할 예정이다.

컨트롤러 구현

먼저 컨트롤러부터 시작하자. 컨트롤러는 3장에서 설명한 것처럼 스코프 내의 뷰를 지원하는 데
필요한 로직과 데이터를 정의한다. 여기서 만들 컨트롤러는 애플리케이션 전체에서 사용할 예정
(이런 컨트롤러를 필자는 **최상위 레벨 컨트롤러**라고 부른다)이며, 자체 파일에 컨트롤러를 정의
할 생각이다. 나중에는 여러 관련 컨트롤러를 한 파일로 묶기도 하지만 최상위 레벨 컨트롤러는
자체 파일에 둔다. 예제 6-2에는 이 컨트롤러에 사용할 controllers/sportsStore.js 파일의
내용이 나와 있다.

최상위 레벨 컨트롤러를 별도 파일로 보관하는 이유는 버전 관리 시스템에서 이 파일이 변경됐을 때 이를 놓치지 않기 위해서다. 최상위 레벨 컨트롤러는 개발 초기 단계에서는 여러 번 바뀌기 마련이며, 이에 따라 프로젝트가 외형을 갖춰가는 동안 최상위 레벨 컨트롤러의 변경 정보로 인해 다른 컨트롤러가 변경됐다는 사실을 놓칠 수도 있다. 하지만 주요 기능이 완료된 프로젝트 후반에는 최상위 레벨 컨트롤러가 좀처럼 바뀌지 않으며, 바뀔 경우 사실상 애플리케이션의 거의 모든 기능이 제대로 동작하지 않을 위험이 있다. 이 시점에서는 누가 최상위 레벨 컨트롤러를 변경했는지 확인하고, 변경 사항이 철저히 테스트됐는지 검증하는 게 중요하다.

예제 6-2. sportsStore.js 파일의 내용

```
angular.module("sportsStore")
.controller("sportsStoreCtrl", function ($scope) {

    $scope.data = {
        products: [
            { name: "Product #1", description: "A product",
                category: "Category #1", price: 100 },
            { name: "Product #2", description: "A product",
                category: "Category #1", price: 110 },
            { name: "Product #3", description: "A product",
                category: "Category #2", price: 210 },
            { name: "Product #4", description: "A product",
                category: "Category #3", price: 202 }]
    };
});
```

이 파일의 첫 번째 명령에서는 angular.module 메서드를 호출한다는 점에 주의하자. 이 메서드는 app.html 파일에서 스포츠 상점 애플리케이션의 메인 모듈을 정의할 때 호출한 메서드와 같은 메서드다. 모듈을 정의할 때 다음과 같이 추가 인자를 지정했다는 점만 다를 뿐이다.

```
...
angular.module("sportsStore", []);
...
```

이때 두 번째 인자는 배열(현재는 비어 있다)로서, sportsStore 모듈이 의존하는 모듈을 나열하고, AngularJS가 이들 모듈의 위치를 찾아 해당 모듈의 기능을 제공하게끔 지시한다. 이 배열에는 나중에 항목을 추가할 예정이며, 지금은 AngularJS에서 새 모듈을 생성할 때 배열(빈 배열이든 아니든)을 제공한다는 점만 알아두면 된다. AngularJS에서는 이미 존재하는 모듈을 생성하려고 하면 에러를 보고하므로 항상 고유한 모듈명을 사용하도록 주의해야 한다.

이와 달리 sportsStore.js 파일에서 angular.module 메서드를 호출할 때는 두 번째 인자를 사용하지 않는다.

```
...
angular.module("sportsStore")
...
```

이와 같이 두 번째 인자를 생략하면 AngularJS에게 이미 정의된 모듈을 찾게끔 지시하게 된다. 이때 AngularJS는 지정한 모듈이 존재하지 않을 경우 에러를 보고하므로 해당 모듈이 이미 생성돼 있어야 한다.

angular.module 메서드를 호출하는 두 명령 모두 애플리케이션 기능을 정의하는 데 사용할 수 있는 Module 객체를 반환한다. 여기서는 Module 객체의 controller 메서드를 사용했는데, 이 메서드는 이름에서 알 수 있듯 컨트롤러를 정의하는 일을 한다. Module 객체에서 제공하는 전체 메서드(및 모듈에서 생성하는 컴포넌트)는 9장과 18장에서 자세히 설명한다. 또, 스포츠 상점 애플리케이션을 개발하는 동안 이런 메서드를 사용하는 예제를 볼 수 있을 것이다.

참고 필자는 보통 HTML 파일에서 이런 식으로 메인 애플리케이션 모듈을 생성하는 코드를 호출하지 않는다. 자바스크립트 파일 안에 모든 내용을 집어넣는 게 더 간편하기 때문이다. 하지만 여기서 이와 같이 명령을 분리한 이유는 angular.module 메서드의 두 가지 사용법이 끊임없이 혼란을 초래하고, 이 부분에 대해 독자들의 주의를 환기시키고 싶었기 때문이다(물론 이 과정에서 충분히 생략할 수 있는 자바스크립트 명령을 HTML 안에 집어넣어야 했다).

스포츠 상점 애플리케이션에서 최상위 레벨 컨트롤러의 주된 역할은 애플리케이션에서 보여주는 각기 다른 뷰에서 사용할 데이터를 정의하는 것이다. 앞으로 보겠지만(아울러 13장에서 자세히 다루겠지만) AngularJS에서는 여러 컨트롤러가 계층구조를 이룬다. 이와 같은 컨트롤러는 상위 컨트롤러로부터 데이터 및 로직을 상속할 수 있으므로, 최상위 레벨 컨트롤러에 데이터를 정의하면 나중에 정의할 컨트롤러에서 데이터 및 로직을 구현하기가 그만큼 쉬워진다.

여기서 정의한 데이터는 객체 배열로서, Deployd에 저장된 데이터와 동일한 속성을 갖고 있다. 이와 같은 객체 배열을 사용하면 실제 제품 정보를 가져오는 Ajax 요청을 보내지 않더라도 먼저 개발을 진행할 수 있다.

주의 컨트롤러 스코프에서 데이터를 정의할 때 데이터 객체를 배열로 정의하고, 이 배열을 data라는 객체의 products라는 속성에 대입한 후, data 객체를 다시 스코프에 첨부한다는 점에 주의하자. 상속받으려는 데이터를 정의할 때는 스코프에 직접 속성을 대입할 경우(즉, $scope.products = [data]), 다른 컨트롤러에서는 읽을 수 있지만 항상 데이터를 수정할 수는 없게 된다는 점에 각별히 주의해야 한다. 자세한 내용은 13장에서 설명한다.

제품 상세 정보 표시

제품의 상세 정보를 표시하려면 app.html 파일에 HTML 마크업을 조금 추가해야 한다. AngularJS에서는 예제 6-3에서 보듯 데이터를 쉽게 표시할 수 있다.

예제 6-3. app.html 파일 내 제품 상세 정보 표시

```html
<!DOCTYPE html>
<html ng-app="sportsStore">
<head>
    <title>SportsStore</title>
    <script src="angular.js"></script>
    <link href="bootstrap.css" rel="stylesheet" />
    <link href="bootstrap-theme.css" rel="stylesheet" />
    <script>
        angular.module("sportsStore", []);
    </script>
    <script src="controllers/sportsStore.js"></script>
</head>
<body ng-controller="sportsStoreCtrl">
    <div class="navbar navbar-inverse">
        <a class="navbar-brand" href="#">SPORTS STORE</a>
    </div>
    <div class="panel panel-default row">
        <div class="col-xs-3">
            Categories go here
        </div>
        <div class="col-xs-8">
            <div class="well" ng-repeat="item in data.products">
                <h3>
                    <strong>{{item.name}}</strong>
                    <span class="pull-right label label-primary">
                        {{item.price | currency}}
                    </span>
                </h3>
                <span class="lead">{{item.description}}</span>
            </div>
        </div>
    </div>
</body>
</html>
```

이 예제에서는 굵게 표시한 변경 사항이 세 곳 있다. 첫 번째로 수정한 부분은 controllers 폴더에서 sportsStore.js 파일을 불러오게끔 script 엘리먼트를 추가한 부분이다. 이 파일은 sportsStoreCtrl 컨트롤러를 담고 있는 파일이다. sportsStore 모듈은 app.html 파일에 정의했고, sportsStore.js 파일 내에서 찾아 사용했으므로 여기서는 인라인 script 엘리먼트(모듈을 '정의'하는)가 파일(모듈을 '상속'하는)을 불러오는 스크립트보다 먼저 나타나야 한다.

다음으로 수정한 부분은 다음과 같이 ng-controller 디렉티브를 사용해 컨트롤러를 뷰에 적용한 부분이다.

```
...
<body ng-controller="sportsStoreCtrl">
...
```

sportsStoreCtrl 컨트롤러는 전체 애플리케이션을 지원하는 데 사용할 예정이므로 이 컨트롤러에서 지원하는 뷰가 전체 콘텐츠 엘리먼트가 되게끔 body 엘리먼트에 이 디렉티브를 적용했다. 특정 기능을 지원하기 위해 다른 컨트롤러를 추가하기 시작하다 보면 이 부분이 좀 더 명확히 이해될 것이다.

콘텐츠 엘리먼트 생성

예제 6-3에서 마지막으로 수정한 코드에서는 스포츠 상점에서 판매 중인 상품의 상세 정보를 표시하게끔 엘리먼트를 생성한다. AngularJS에서 제공하는 디렉티브 중 가장 유용한 디렉티브 중의 하나로 ng-repeat가 있다. 이 디렉티브는 데이터 배열 내 각 객체별로 엘리먼트를 생성해준다. ng-repeat는 어트리뷰트 형태로 적용하며, 이 어트리뷰트의 값은 다음과 같이 지정한 배열 내 각 데이터 객체별로 사용할 지역 변수를 생성한다.

```
...
<div class="well" ng-repeat="item in data.products">
...
```

여기서 사용한 값은 ng-repeat 디렉티브가 뷰 컨트롤러가 스코프로 적용한 data.products 배열 내 각 객체를 순회하며 각 객체를 item이라는 변수에 대입하라고 지시한다. 이렇게 하고 나면 현재 객체를 **데이터 바인딩** 표현식({{ 및 }})을 통해 다음과 같이 접근할 수 있다.

```
...
<div class="well" ng-repeat="item in data.products">
    <h3>
        <strong>{{item.name}}</strong>
        <span class="pull-right label label-primary">{{item.price | currency}}</span>
    </h3>
    <span class="lead">{{item.description}}</span>
</div>
...
```

ng-repeat 디렉티브는 각 데이터 객체별로 자신이 적용된 엘리먼트(및 모든 자손 엘리먼트)를 복제한다. 데이터 객체는 item 변수에 대입되고, 이를 통해 name, price, description 속성을 삽입할 수 있게 된다.

name 및 description 값은 HTML 엘리먼트에서 그대로 삽입되지만, price 속성은 조금 다르게 처리한다. 즉, price 속성에는 필터를 적용한다. 필터는 뷰에서 표시하는 데이터 값을 포

매팅하거나 정렬한다. AngularJS에는 숫자 값을 화폐 단위로 포매팅해주는 통화 필터를 비롯해 내장 필터가 몇 개 들어 있다. 필터는 | 문자와 필터명을 사용해 적용하는데, item.price | currency 같은 표현식을 사용하면 AngularJS는 item의 price 속성값을 통화 필터를 통해 넘겨주게 된다.

통화 필터는 기본적으로 값을 미국 달러로 포매팅하지만, AngularJS에서는 다른 통화 형식도 표시하게끔 지역화된 필터를 일부 제공한다(14장에서 설명). 내장 필터 및 커스텀 필터를 구현하는 법은 14장에서 자세히 다룬다. 아울러 다음 절에서도 커스텀 필터를 구현할 예정이다. 각 엘리먼트별로 생성되는 최종 엘리먼트셋은 다음과 같다.

```html
<div class="well ng-scope" ng-repeat="item in data.products">
    <h3>
        <strong class="ng-binding">Product #1</strong>
        <span class="pull-right label label-primary ng-binding">$100.00</span>
    </h3>
    <span class="lead ng-binding">A product</span>
</div>
```

여기서 AngularJS가 각 엘리먼트에 ng-로 시작하는 클래스를 적용한 것에 주의하자. 이는 AngularJS에서 엘리먼트를 처리하고 데이터 바인딩을 해석함에 따른 결과물로, 이 클래스는 바꾸려고 하면 안 된다. 브라우저에서 app.html 파일을 로드해보면 예제 6-3의 달라진 결과를 볼 수 있다(그림 6-7 참고). 여기서는 한두 개의 제품만 표시하고 있지만 단일 리스트에는 전체 상세 정보가 모두 표시된다(이 장에서는 나중에 페이징 기능을 추가해 이 문제를 해결할 것이다).

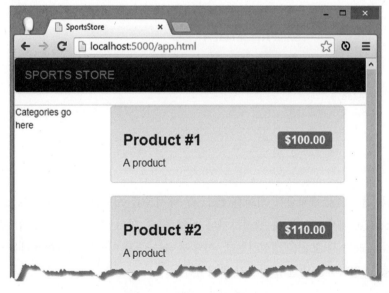

그림 6-7. 상세 정보 엘리먼트 생성

카테고리 목록 표시

다음으로 사용자가 표시할 상품 목록을 필터링할 수 있게 카테고리 목록을 표시해야 한다. 이 기능을 구현하려면 사용자가 이동할 수 있는 엘리먼트를 생성하고, 상품 카테고리 선택 내비게이션을 처리해야 하며, 끝으로 선택한 카테고리의 상품만 표시되게끔 상세 화면을 업데이트해야 한다.

카테고리 목록 생성

여기서는 고정 카테고리를 가지고 HTML 엘리먼트를 하드코딩하기보다는 상품 데이터 객체로부터 동적으로 카테고리 엘리먼트를 생성하려고 한다. 이와 같은 동적 접근 방식은 설정하기가 좀 더 복잡하지만, 스포츠 상점 애플리케이션에서 상품 카탈로그가 자동으로 수정되게 한다는 장점이 있다. 하지만 이를 위해서는 상품 데이터 객체 배열로부터 고유 카테고리명 목록을 생성해야 한다. AngularJS에는 이와 같은 기능이 기본으로 들어 있지 않지만, 커스텀 필터를 생성하고 적용하면 이 기능을 쉽게 구현할 수 있다. 여기서는 filters 디렉터리에 customFilters.js라는 파일을 생성하고 그 내용을 예제 6-4처럼 채운다.

예제 6-4. customFilters.js 파일의 내용

```
angular.module("customFilters", [])
    .filter("unique", function () {
        return function (data, propertyName) {
            if (angular.isArray(data) && angular.isString(propertyName)) {
                var results = [];
                var keys = {};
                for (var i = 0; i < data.length; i++) {
                    var val = data[i][propertyName];
                    if (angular.isUndefined(keys[val])) {
                        keys[val] = true;
                        results.push(val);
                    }
                }
                return results;
            } else {
                return data;
            }
        }
    });
```

커스텀 필터는 Module 객체에서 정의한 filter 메서드를 사용해 생성하고, Module 객체는 angular.module 메서드를 통해 생성하거나 가져올 수 있다. 여기서는 커스텀 필터를 담을 customFilters라는 새 모듈을 생성하는데, 이렇게 하는 주된 이유는 애플리케이션 내에서 여러 모듈을 정의하고 결합하는 법을 보여주기 위해서다.

> **팁** 언제 컴포넌트를 기존 모듈에 추가해야 하고, 언제 새 모듈을 생성해야 하는지에 대한 명확한 규칙은 없다. 필자의 경우 나중에 다른 애플리케이션에서 재사용할 만한 기능을 정의할 때 모듈을 생성하는 편이다. 데이터 포매팅은 거의 모든 AngularJS 애플리케이션에서 필요한 기능이고, 대부분의 개발자가 필요한 공통 형식을 유틸리티를 통해 구현하므로 커스텀 필터는 재사용할 만한 모듈로 볼 수 있다.

filter 메서드의 인자는 필터명(이 경우 고유한 이름)과 실제 작업을 수행할 필터 함수를 반환하는 팩터리 함수를 인자로 받는다. AngularJS에서는 필터 인스턴스를 생성해야 할 때 '팩터리 함수'를 호출하고, 필터링을 수행할 때는 '필터 함수'를 호출한다.

모든 필터 함수는 포매팅할 데이터를 인자로 받는데, 여기서 사용한 커스텀 필터에서는 고유 값 목록을 생성하는 데 사용할 객체 속성을 지정하기 위해 propertyName이라는 인자를 추가로 정의하고 있다. propertyName 인자 값을 지정하는 방법은 필터를 적용하면서 보게 될 것이다. 필터 함수의 구현 방식 자체는 간단하다. 데이터 배열의 내용을 모두 순회하며 propertyName 인자를 통해 제공되는 속성명의 고유 값 목록을 구성하기만 하면 된다.

> **팁** 물론 category 속성을 검사하게끔 필터 함수를 하드코딩할 수도 있었지만, 이렇게 하면 애플리케이션 내 다른 곳이나 다른 AngularJS 애플리케이션에서 고유 값 필터를 재사용할 수 있는 가능성이 그만큼 줄어든다. 하지만 이와 같이 속성명을 인자로 받게 하면 데이터 객체 컬렉션에서 특정 속성을 대상으로 한 고유 값 목록을 생성하는 범용적인 필터를 구현할 수 있다.

필터 함수는 수신한 데이터를 처리할 수 없는 경우에도 필터링된 데이터를 반환해야 할 책임이 있다. 이를 위해 여기서는 처리 중인 데이터가 배열이고 propertyName이 문자열인지 검사하고, 이 과정에서 angular.isArray 및 angular.isString 메서드를 사용해 검사를 수행한다. 이후 코드에서는 angular.isUndefined 메서드를 사용해 속성이 정의돼 있는지 확인한다. AngularJS 에서는 객체 및 속성의 타입을 검사하는 것을 비롯해 다양한 유틸리티 메서드를 제공한다. 이들 메서드에 대해서는 5장에서 자세히 언급한 바 있다. 배열 및 속성명을 인자로 전달받은 경우 커스텀 필터는 고유 속성값 배열을 생성해 반환한다. 그렇지 않은 경우 커스텀 필터는 수정하지 않은 원본 데이터를 그대로 반환한다.

> **팁** 필터에서 변경한 내용은 사용자에게 표시되는 내용에만 영향을 주고, 스코프상에 있는 원본 데이터는 수정하지 않는다.

카테고리 내비게이션 링크 생성

다음으로 사용자가 제품 카테고리 사이를 이동하는 데 사용할 링크를 생성해야 한다. 이를 위해서는 예제 6-5와 같이 앞 절에서 구현한 고유 필터와 더불어 AngularJS의 내장 기능을 몇 가지 사용해야 한다.

예제 6-5. app.html 파일 내 내비게이션 링크 생성

```html
<!DOCTYPE html>
<html ng-app="sportsStore">
<head>
    <title>SportsStore</title>
    <script src="angular.js"></script>
    <link href="bootstrap.css" rel="stylesheet" />
    <link href="bootstrap-theme.css" rel="stylesheet" />
    <script>
        angular.module("sportsStore", ["customFilters"]);
    </script>
    <script src="controllers/sportsStore.js"></script>
    <script src="filters/customFilters.js"></script>
</head>
<body ng-controller="sportsStoreCtrl">
    <div class="navbar navbar-inverse">
        <a class="navbar-brand" href="#">SPORTS STORE</a>
    </div>
    <div class="panel panel-default row">
        <div class="col-xs-3">
            <a ng-click="selectCategory()"
                class="btn btn-block btn-default btn-lg">Home</a>
            <a ng-repeat="item in data.products | orderBy:'category' | unique:'category'"
                ng-click="selectCategory(item)" class=" btn btn-block btn-default btn-lg">
                {{item}}
            </a>
        </div>
        <div class="col-xs-8">
            <div class="well" ng-repeat="item in data.products">
                <h3>
                    <strong>{{item.name}}</strong>
                    <span class="pull-right label label-primary">
                        {{item.price | currency}}
                    </span>
                </h3>
                <span class="lead">{{item.description}}</span>
            </div>
        </div>
    </div>
</body>
</html>
```

이 예제에서 첫 번째로 수정한 부분은 예제 6-4에서 생성한 customFilters 모듈(고유 값 필터가 들어 있는)에 대한 의존성을 선언하게끔 sportsStore 모듈의 정의를 업데이트한 것이다.

```
...
angular.module("sportsStore", ["customFilters"]);
...
```

이와 같은 과정을 **의존성 선언**이라고 부른다. 이 경우 sportsStore 모듈은 customFilters 모듈의 기능에 의존하게 된다. 이처럼 의존성을 선언하면 AngularJS에서는 customFilters 모듈을 찾고, 이 모듈 안에 들어 있는 컴포넌트(필터 및 컨트롤러)를 참조할 수 있게 해준다. 이 과정을 **의존성 리졸브**(resolving the dependency)라고 부른다.

> **팁** 모듈 및 다른 컴포넌트 사이에서 의존성을 선언하고 관리하는 과정(**의존성 주입**이라고 부름)은 AngularJS에서 핵심이 되는 과정이다. 자세한 내용은 9장에서 살펴본다.

또, 여기서는 다음과 같이 customFilters 모듈이 들어 있는 파일의 내용을 로드하게끔 script 엘리먼트도 추가했다.

```
...
<script>
    angular.module("sportsStore", ["customFilters"]);
</script>
<script src="controllers/sportsStore.js"></script>
<script src="filters/customFilters.js"></script>
...
```

여기서는 customFilters.js 파일용 script 엘리먼트를 sportsStore 모듈을 생성하고 customFilters 파일에 대한 의존성을 선언하는 코드 다음에 정의한 점에 주의하자. 이렇게 해야 하는 이유는 AngularJS에서 의존성을 리졸브하려면 모듈을 사용하기 전 모든 모듈을 로드해야 하기 때문이다. 그 결과 모듈을 '확장'할 때는 script 엘리먼트를 선언하는 순서가 중요하지만(모듈이 이미 정의돼 있어야 하므로), 새 모듈을 '정의'하거나 의존성을 선언할 때는 순서가 중요하지 않다(이 사실은 다소 헷갈릴 수 있다). 예제 6-5에서 마지막으로 수정한 코드에서는 카테고리 선택 엘리먼트를 생성한다. 이들 엘리먼트에서는 꽤 여러 작업이 진행 중이므로 그림 6-8에 나와 있는 결과 화면(카테고리 버튼이 추가된)을 먼저 보는 게 좀 더 이해하기 수월할 것이다.

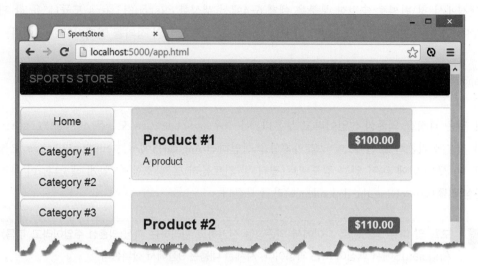

그림 6-8. 카테고리 내비게이션 버튼

내비게이션 엘리먼트 생성

마크업에서 제일 재미있는 부분은 ng-repeat 어트리뷰트를 사용해 다음과 같이 각 제품 카테고리별로 엘리먼트를 생성하는 부분이다.

```
...
<a ng-click="selectCategory()" class="btn btn-block btn-default btn-lg">Home</a>
<a ng-repeat="item in data.products | orderBy:'category' | unique:'category'"
    ng-click="selectCategory(item)" class=" btn btn-block btn-default btn-lg">
        {{item}}
</a>
...
```

ng-repeat 어트리뷰트 값에서 첫 번째 부분은 제품 상세 정보를 생성할 때 사용한 값과 동일하며, ng-repeat 디렉티브가 data.products 배열 내 객체를 순회하며 현재 객체를 item이라는 변수에 대입하고, 이 디렉티브가 적용된 엘리먼트를 복제하게끔 한다.

이 어트리뷰트 값의 두 번째 부분은 AngularJS가 data.products 배열을 orderBy라는 내장 필터(이 필터는 배열을 정렬하는 데 사용한다)로 넘기게 한다. orderBy 필터는 정렬 기준이 되는 객체 속성을 인자로 받는데, 이 인자는 필터명 다음에 콜론(: 문자), 이어서 인자 값을 사용해 지정한다. 이 예제에서는 category 속성을 사용하고 있다(orderBy 필터는 14장에서 자세히 살펴본다).

여기서 작은따옴표(′ 문자) 사이에 속성명을 지정했다는 점에 주의하자. 기본적으로 AngularJS 에서는 표현식 내 이름이 스코프에 정의된 변수라고 가정한다. 따라서 정적인 값을 지정하려면 문자 리터럴을 사용해야 하는데, 자바스크립트에서는 이때 작은따옴표를 사용한다(물론 큰따옴 표를 사용할 수도 있지만, 큰따옴표는 이미 `ng-repeat` 디렉티브 어트리뷰트 값의 시작 및 종료 위치를 지정하면서 사용했다).

orderBy 필터를 사용하면 category 속성값 순으로 제품 객체가 정렬된다. 필터의 좋은 기능 중 하나는 막대 기호(| 문자)와 다른 필터명을 사용해 여러 개의 필터 체인을 적용할 수 있다는 것이다. 이 경우 이 장에서 앞서 개발한 고유 값 필터도 함께 사용하고 있다. AngularJS에서는 적용 순으로 필터를 적용하므로, 이 경우 객체는 category 속성값 순으로 먼저 정렬되고, 이어서 고유 값 필터를 거쳐 고유 카테고리 값을 생성하게 된다. 다음 코드에서는 고유 값 필터가 필터를 적용하는 속성을 어떻게 지정하는지 볼 수 있다.

```
...
<a ng-repeat="item in data.products | orderBy:'category' | unique:'category'"
...
```

이렇게 하면 data.products 배열이 먼저 orderBy 필터를 통해 처리된 후 category 속성값을 기반으로 객체가 정렬된다. 정렬된 배열은 이어서 고유값(unique) 필터로 전달되고, 고유한 카 테고리 값만 담긴 문자열 배열이 반환된다(고유값 필터에서는 처리하는 값의 순서를 변경하지 않으므로 결과는 이전 필터에서 정렬한 순서를 그대로 따른다).

좀 더 직접적으로 설명하자면, 이 명령은 ng-repeat 디렉티브를 통해 고유 카테고리명 목록을 생성하고, 이를 item이라는 현재 값 변수에 대입한 후, 각 값별 엘리먼트를 생성하라는 명령이 된다.

물론 필터 순서를 바꾸더라도 동일한 효과를 거둘 수 있다. 이 경우 제품 객체가 아니라 문자열 배열을 대상으로 orderBy 필터를 적용한다는 점이 달라질 뿐이다(unique 필터에서 결과로 생성 하는 배열이 문자열 배열이므로). orderBy 필터는 객체를 대상으로 정렬을 수행하게끔 설계됐 지만 orderBy:'toString()'과 같이 하면 문자열을 정렬할 때도 사용할 수 있다. 하지만 이 경우 따옴표를 사용하는 것을 잊지 말아야 한다. 따옴표를 생략하면 AngularJS에서는 toString 메 서드를 호출하는 대신 toString이라는 스코프 속성을 찾게 된다.

클릭 이벤트 처리

a 엘리먼트에서는 ng-click 디렉티브를 사용해 사용자가 버튼을 클릭할 때 반응할 수 있게 했 다. AngularJS에서는 이벤트에 반응해 컨트롤러 동작을 쉽게 호출할 수 있게 여러 가지 내장 디렉

티브를 제공하는데, 자세한 내용은 11장에서 다룬다. 이름에서 알 수 있듯 ng-click 디렉티브는
다음과 같이 click 이벤트가 일어날 때 AngularJS에서 할 일을 지정한다.

```
...
<a ng-click="selectCategory()" class="btn btn-block btn-default btn-lg">Home</a>
<a ng-repeat="item in data.products | orderBy:'category' | unique:'category'"
    ng-click="selectCategory(item)" class=" btn btn-block btn-default btn-lg">
        {{item}}
</a>
...
```

app.html 파일에는 두 개의 a 엘리먼트가 있다. 첫 번째 엘리먼트는 정적인 엘리먼트로 홈 버튼
을 생성한다. 이 버튼은 모든 카테고리의 제품을 표시하는 데 사용한다. 이 엘리먼트의 경우 인
자 없이 selectCategory라는 컨트롤러 동작을 호출하게끔 ng-click 디렉티브를 설정했다. 이
동작은 잠시 후 구현하기로 하고, 지금은 나머지 a 엘리먼트부터 살펴보자. 이 엘리먼트는 ng-
repeat 디렉티브를 적용한 엘리먼트로서, item 변수 값을 인자로 사용해 selectCategory 동
작을 호출하게끔 ng-click 디렉티브를 설정했다. ng-repeat 디렉티브에서 고유 카테고리별로
엘리먼트를 생성할 때 ng-click 디렉티브는 selectCategory 동작이 버튼에 해당하는 카테고
리를 넘겨받게끔(예컨대 selectCategory('Category #1')와 같이) 자동으로 설정된다.

카테고리 선택

아직은 a 엘리먼트에 설정한 ng-click 디렉티브가 정의되지 않은 컨트롤러 동작을 호출하고 있
으므로 브라우저에서 카테고리 버튼을 선택해도 아무 효과가 없다. AngularJS에서는 스코프 내에
서 존재하지 않는 동작이나 데이터 값에 접근하려고 하더라도 아무런 에러를 일으키지 않는다.
이는 나중에 다른 곳에서 해당 동작이나 데이터 값이 정의될 수 있다는 가정을 기반으로 하기 때
문이다. 이와 같은 특성으로 인해 설령 오타를 내더라도 에러가 생기지 않아 디버깅이 어려워지
는 문제가 있지만, 대개는 이와 같은 접근 방식이 도움되는 측면이 더 많다. 자세한 내용은 컨트
롤러와 스코프의 동작 방식에 대해 다루는 13장에서 살펴본다.

컨트롤러 정의

이제 사용자가 카테고리 버튼을 누를 때 반응할 수 있게 selectCategory라는 컨트롤러 동작
을 정의해야 한다. 이 동작은 최상위 레벨 컨트롤러인 sportsStoreCtrl 컨트롤러에 추가하
지 않는다. 이 컨트롤러는 전체 애플리케이션에서 필요한 동작과 데이터를 보관하는 용도로만
사용해야 하기 때문이다. 대신 여기서는 제품 목록 및 카테고리 뷰에서만 사용할 새 컨트롤러
를 생성한다. 예제 6-6에서는 새 컨트롤러를 정의하기 위해 프로젝트에 추가한 controllers/
productListControllers.js 파일의 내용을 볼 수 있다.

독자들 중에는 필터가 들어 있는 파일보다 컨트롤러의 파일에 좀 더 구체적인 이름을 사용하는 것을 의아해하는 사람도 있을 것이다. 이렇게 하는 이유는 필터는 좀 더 범용적이고, 애플리케이션의 다른 영역이나 다른 애플리케이션에서도 사용할 수 있는 반면 이 절에서 구현하는 유형의 컨트롤러는 특정 기능을 위한 용도이기 때문이다(커스텀 디렉티브를 생성하는 법을 다루는 15~17장에서 보겠지만, 모든 컨트롤러가 이에 해당하는 것은 아니다).

예제 6-6. productListControllers.js 파일의 내용

```javascript
angular.module("sportsStore")
    .controller("productListCtrl", function ($scope, $filter) {

        var selectedCategory = null;

        $scope.selectCategory = function (newCategory) {
            selectedCategory = newCategory;
        }

        $scope.categoryFilterFn = function (product) {
            return selectedCategory == null ||
            product.category == selectedCategory;
        }
    });
```

여기서는 app.html 파일에 정의된 sportsStore 모듈을 사용해 controller 메서드를 호출한다(angular.module 메서드의 인자를 한 개만 지정하면 기존 모듈을 찾고, 두 인자를 사용하면 새 모듈을 생성한다는 사실을 기억하자).

이 컨트롤러의 이름은 productListCtrl이며, 예제 6-6에서 ng-click 디렉티브의 동작명과 일치하는 selectCategory라는 동작을 정의한다. 또, 이 컨트롤러에서는 상품 객체를 인자로 받고, 아무 카테고리도 선택돼 있지 않거나 카테고리가 선택된 경우 해당 카테고리에 상품이 속할 때 true를 반환하는 categoryFilterFn도 정의한다. 이 동작은 잠시 후 뷰에 컨트롤러를 추가할 때 유용하게 사용될 것이다.

selectedCategory 변수는 스코프에 정의하지 않았다는 점에 주의하자. 이 변수는 일반 자바스크립트 변수이다. 이 말은 디렉티브나 뷰의 데이터 바인딩을 통해 이 변수에 접근할 수 없다는 뜻이다. 여기서는 selectCategory 동작을 호출해 카테고리를 선택하고, categoryFilterFn 동작을 사용해 상품 객체를 필터링할 수 있게 했지만 어떤 카테고리가 선택됐는지에 대한 상세 정보는 내부 변수에서만 보관하게끔 했다. 실제 스포츠 상점 애플리케이션에서는 이와 같은 기능을 사용하지 않는다. 여기서는 다만 컨트롤러(및 다른 AngularJS 컴포넌트)에서 제공하는 공개 서비스와 데이터를 어떤 식으로 선택할 수 있는지 독자들에게 예시를 보여주기 위해 이런 예제 코드를 작성한 것이다.

컨트롤러의 적용 및 상품 필터링

이제 ng-click 디렉티브가 selectCategory 동작을 호출할 수 있게 ng-controller 디렉티브를 사용해 뷰에 컨트롤러를 적용해야 한다. 이와 같이 컨트롤러를 적용하지 않으면 ng-click 디렉티브가 포함된 엘리먼트의 스코프가 이 동작이 들어 있지 않은 최상위 sportsStoreCtrl 컨트롤러에서 생성한 스코프가 되므로 주의하자. 수정한 코드는 예제 6-7에서 볼 수 있다.

예제 6-7. app.html 파일 내 컨트롤러 적용

```html
<!DOCTYPE html>
<html ng-app="sportsStore">
<head>
    <title>SportsStore</title>
    <script src="angular.js"></script>
    <link href="bootstrap.css" rel="stylesheet" />
    <link href="bootstrap-theme.css" rel="stylesheet" />
    <script>
        angular.module("sportsStore", ["customFilters"]);
    </script>
    <script src="controllers/sportsStore.js"></script>
    <script src="filters/customFilters.js"></script>
    <script src="controllers/productListControllers.js"></script>
</head>
<body ng-controller="sportsStoreCtrl">
    <div class="navbar navbar-inverse">
        <a class="navbar-brand" href="#">SPORTS STORE</a>
    </div>
    <div class="panel panel-default row" ng-controller="productListCtrl">
        <div class="col-xs-3">
            <a ng-click="selectCategory()"
               class="btn btn-block btn-default btn-lg">Home</a>
            <a ng-repeat="item in data.products | orderBy:'category' | unique:'category'"
               ng-click="selectCategory(item)" class=" btn btn-block btn-default btn-lg">
                {{item}}
            </a>
        </div>
        <div class="col-xs-8">
            <div class="well"
                ng-repeat="item in data.products | filter:categoryFilterFn">
                <h3>
                    <strong>{{item.name}}</strong>
                    <span class="pull-right label label-primary">
                        {{item.price | currency}}
                    </span>
                </h3>
                <span class="lead">{{item.description}}</span>
            </div>
        </div>
    </div>
</body>
</html>
```

여기서는 productListControllers.js 파일을 불러오는 script 엘리먼트를 추가하고, 카테고리 목록과 상품 목록을 모두 포함하는 뷰 영역에 productListCtrl 컨트롤러를 나타내는 ng-controller를 적용했다.

productListCtrl에 대한 ng-controller 디렉티브를 이처럼 sportsStoreCtrl 컨트롤러의 스코프 내에 적용하면 **컨트롤러 스코프 상속**을 활용하게 된다. 컨트롤러 스코프 상속에 대해서는 13장에서 자세히 살펴보겠지만, 간단히 설명하자면 productListCtrl의 스코프가 sportsStoreCtrl에서 정의하는 data.products 배열 및 기타 데이터 및 동작을 상속하고, productListCtrl에서 정의하는 데이터 및 동작과 함께 뷰로 전달되는 효과가 있다. 따라서 이 기법을 사용하면 컨트롤러의 기능 스코프를 컨트롤러를 사용하는 일부 뷰로 제한할 수 있고, 그에 따라 단위 테스트(25장에서 설명)를 수행하고 애플리케이션 내 컴포넌트 간 예상치 못한 의존성을 예방하는 데 큰 도움이 된다.

예제 6-7에는 수정한 코드가 한 곳 더 있다. 바로, 다음과 같이 상품 상세 정보를 생성하는 ng-repeat 디렉티브의 설정을 변경한 것이다.

```
...
<div class="well" ng-repeat="item in data.products | filter:categoryFilterFn">
...
```

AngularJS에서 제공하는 내장 필터의 하나로 (이름이 헷갈리기는 하지만) filter가 있다. filter는 컬렉션을 처리하고 자신이 갖고 있는 객체의 서브셋을 선택한다. 필터에 대해서는 14장에서 자세히 다루지만, 여기서는 productListCtrl 컨트롤러에서 정의한 함수명을 지정해 filter 기능을 사용한다. 상품 상세 정보를 생성하는 ng-repeat 디렉티브에 filter를 적용하면 그림 6-9와 같이 현재 선택된 카테고리에 속하는 상품들만 표시할 수 있다.

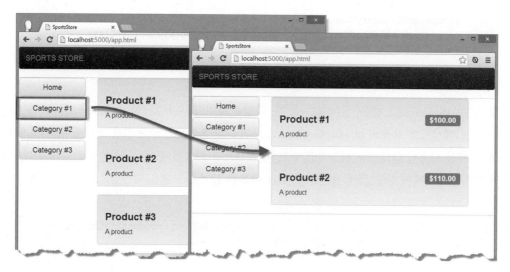

그림 6-9. 카테고리 선택

선택 카테고리 강조

사용자는 카테고리 버튼을 선택해 상품을 필터링할 수 있지만, 아직까지 어떤 카테고리가 선택 됐는지에 대한 시각적인 피드백이 전혀 없다. 이 문제를 해결하기 위해 여기서는 선택 카테고리 에 해당하는 카테고리 버튼에 부트스트랩 btn-primary CSS 클래스를 선택적으로 적용한다. 이 를 위해서는 예제 6-8과 같이 우선 카테고리를 인자로 받고, 해당 카테고리가 선택 카테고리이면 CSS 클래스명을 반환하는 동작을 추가해야 한다.

> **팁** AngularJS 모듈에서 메서드 호출 체인을 어떤 식으로 구성하는지 주의해서 살펴보자. 이처럼 메서드 체인을 사용할 수 있는 이유는 Module에서 정의하는 메서드가 Module을 반환하기 때문 이다. 이와 같은 API를 보통 **플루언트 API**라고 부른다.

예제 6-8. productListControllers.js 파일 내 부트스트랩 클래스명 반환

```
angular.module("sportsStore")
    .constant("productListActiveClass", "btn-primary")
    .controller("productListCtrl", function ($scope, $filter, productListActiveClass) {

        var selectedCategory = null;

        $scope.selectCategory = function (newCategory) {
            selectedCategory = newCategory;
        }

        $scope.categoryFilterFn = function (product) {
            return selectedCategory == null ||
            product.category == selectedCategory;
        }

        $scope.getCategoryClass = function (category) {
            return selectedCategory == category ? productListActiveClass : "";
        }
    });
```

동작 코드 내에 클래스명을 집어넣는 것은 바람직하지 않으므로 여기서는 Module 객체의 constant 메서드를 사용해 productListActiveClass 클래스에 상수 값을 정의했다. 이렇게 하 면 한 곳에서 사용된 클래스를 바꾸기만 해도 이 클래스가 사용된 모든 곳이 영향을 받게 된다. 아 울러 컨트롤러 내에서 상수 값에 접근할 수 있게 다음과 같이 상수명을 의존성으로 선언했다.

```
...
.controller("productListCtrl", function ($scope, $filter, productListActiveClass) {
...
```

이렇게 하고 나면 getCategoryClass 동작에서 productListActiveClass 값을 사용할 수 있다. productListActiveClass 동작에서는 간단히 인자로 받은 카테고리를 검사해 클래스명 또는 빈 문자열을 반환하는 일만 한다.

getCategoryClass 동작은 조금 이상해 보일 수도 있지만, 이 동작은 각 카테고리 내비게이션 버튼에서 모두 호출하며, 각 버튼은 자신이 나타내는 카테고리명을 인자로 넘겨준다. 이제 CSS 클래스를 적용하기 위해 예제 6-9와 같이 app.html에 ng-class 디렉티브를 사용한다.

예제 6-9. app.html 파일에 ng-class 디렉티브 적용

```
...
<div class="col-xs-3">
    <a ng-click="selectCategory()"
        class="btn btn-block btn-default btn-lg">Home</a>
    <a ng-repeat="item in data.products | orderBy:'category' | unique:'category'"
        ng-click="selectCategory(item)" class=" btn btn-block btn-default btn-lg"
        ng-class="getCategoryClass(item)">
        {{item}}
    </a>
</div>
...
```

ng-class 어트리뷰트(11장에서 자세히 설명)는 자신이 적용된 엘리먼트에 getCategoryClass 동작에서 반환하는 클래스를 추가한다. 결과 화면은 그림 6-10에서 볼 수 있다.

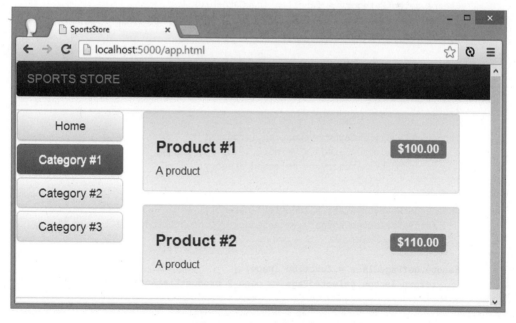

그림 6-10. 선택 카테고리의 강조

페이지 기능 추가

이 장에서 마지막으로 추가할 기능은 한 번에 전체 상품 상세 정보 중 몇 개만 보이게 하는 페이지 기능이다. 물론 이 예제에서는 페이지 기능이 필요할 만큼 데이터가 많지 않지만 페이지 기능은 자주 사용하는 기능인 만큼 예시를 보여주는 게 좋다고 판단했다. 페이지 기능을 구현하는 데 필요한 단계는 총 세 단계다. 우선, 스코프에서 페이지 상태를 추적하게끔 컨트롤러를 수정해야 하고, 필터를 구현해야 하며, 끝으로 뷰를 업데이트해야 한다. 각 단계는 이어지는 절에서 차례로 설명한다.

컨트롤러 업데이트

예제 6-10과 같이 페이지 기능을 지원하기 위해 productListCtrl 컨트롤러를 업데이트했다.

예제 6-10. productListControllers.js 파일 내 페이지 추적을 위한 컨트롤러 업데이트

```
angular.module("sportsStore")
    .constant("productListActiveClass", "btn-primary")
    .constant("productListPageCount", 3)
    .controller("productListCtrl", function ($scope, $filter,
        productListActiveClass, productListPageCount) {

        var selectedCategory = null;

        $scope.selectedPage = 1;
        $scope.pageSize = productListPageCount;

        $scope.selectCategory = function (newCategory) {
            selectedCategory = newCategory;
            $scope.selectedPage = 1;
        }

        $scope.selectPage = function (newPage) {
            $scope.selectedPage = newPage;
        }

        $scope.categoryFilterFn = function (product) {
            return selectedCategory == null ||
                product.category == selectedCategory;
        }

        $scope.getCategoryClass = function (category) {
            return selectedCategory == category ? productListActiveClass : "";
        }

        $scope.getPageClass = function (page) {
            return $scope.selectedPage == page ? productListActiveClass : "";
        }
    });
```

페이지에서 표시하는 상품 개수는 productListPageCount라는 상수로 정의하고, 컨트롤러
의 의존성으로 선언했다. 컨트롤러 내에서는 상수 값을 노출할 스코프상의 변수(뷰에서 이 상
수에 접근할 수 있게) 및 현재 선택 페이지 변수를 정의했다. 또, 선택 페이지를 변경할 수 있는
selectPage 동작을 정의하고, ng-class 디렉티브와 함께 사용해 (앞서 카테고리를 강조할 때
처럼) 선택 페이지를 강조하는 getPageClass 동작도 정의했다.

팁 독자들 중에는 왜 뷰에서 상수 값에 직접 접근하지 못하고 모든 상수를 스코프를 통해 명시적으
로 노출해야 하는지 궁금한 사람도 있을 것이다. 그 이유는 3장에서 설명한 것과 같은 밀접한 컴
포넌트 결합을 AngularJS에서 가능한 한 막으려고 하기 때문이다. 만일 뷰가 서비스나 상수 값
에 직접 접근할 수 있다면 각 컴포넌트 간 결합도와 의존성이 걷잡을 수 없이 증가해 그만큼 테스
트 및 유지보수가 어려워질 것이다.

필터 구현

여기서는 페이지 기능을 지원하는 두 개의 새 필터를 구현했다. 두 필터 모두 예제 6-11에서 보
듯 customFilters.js 파일에 추가했다.

예제 6-11. customFilters.js 파일에 필터 추가

```
angular.module("customFilters", [])
.filter("unique", function () {
    return function (data, propertyName) {
        if (angular.isArray(data) && angular.isString(propertyName)) {
            var results = [];
            var keys = {};
            for (var i = 0; i < data.length; i++) {
                var val = data[i][propertyName];
                if (angular.isUndefined(keys[val])) {
                    keys[val] = true;
                    results.push(val);
                }
            }
            return results;
        } else {
            return data;
        }
    }
})
.filter("range", function ($filter) {
    return function (data, page, size) {
        if (angular.isArray(data) && angular.isNumber(page) && angular.isNumber(size)) {
            var start_index = (page - 1) * size;
            if (data.length < start_index) {
                return [];
```

```
            } else {
                return $filter("limitTo") (data.splice(start_index), size);
            }
        } else {
            return data;
        }
    }
})
.filter("pageCount", function () {
    return function (data, size) {
        if (angular.isArray(data)) {
            var result = [];
            for (var i = 0; i < Math.ceil(data.length / size) ; i++) {
                result.push(i);
            }
            return result;
        } else {
            return data;
        }
    }
});
```

새로 추가한 두 필터 중 첫 번째 필터인 range는 상품 페이지에 해당하는 배열 내 일부 영역 항목을 반환한다. 이 필터는 현재 선택된 페이지(영역의 시작 인덱스를 판단하는 데 사용) 및 페이지 크기(종료 인덱스를 판단하는 데 사용)를 인자로 받는다.

range 필터는 limitTo라는 내장 필터의 기능을 기반으로 개발했다는 점을 제외하면 별다른 내용이 없다. limitTo 내장 필터는 배열에서 지정한 개수만큼 항목을 반환해주는 필터다. 이 필터를 사용하기 위해 여기서는 필터 인스턴스를 생성하고 사용할 수 있게끔 $filter 서비스에 대한 의존성을 선언했다. $filter 서비스와 관련한 자세한 내용은 14장에서 다루기로 하고, 이 예제에서 핵심이 되는 코드를 살펴보면 다음과 같다.

```
...
return $filter("limitTo") (data.splice(start_index), size);
...
```

이 코드에서는 표준 자바스크립트 splice 메서드를 사용해 데이터 배열의 일부를 선택하고 이를 limitTo 필터의 인자로 전달해 페이지에서 표시할 수 있는 항목 개수 이상을 선택하지 못하게 제한했다. limitTo 필터는 배열의 길이를 넘어서는 문제를 알아서 해결해주고, 지정한 숫자를 사용할 수 없는 경우 더 적은 항목을 반환해준다.

두 번째 필터인 pageCount는 조금 조잡한(하지만 편리한) 편법을 사용하고 있다. ng-repeat 디렉티브를 사용하면 콘텐츠를 쉽게 생성할 수 있지만 이 디렉티브는 데이터 배열에만 사용할 수 있다. 예를 들어 이 디렉티브를 사용해 지정된 횟수만큼 반복하게 할 수는 없다. 이 필터에서는 데이터 배열을 모두 보여주는 데 필요한 페이지 개수를 계산하고, 페이지 수만큼의 숫자 값이 들어 있는 배열을 생성한다. 따라서, 예를 들어 데이터 배열을 세 페이지에서 보여줄 수 있다면, pageCount 필터의 결과는 1, 2, 3 값을 담고 있는 배열이 된다. 이 필터가 왜 유용한지는 다음 절에서 알 수 있을 것이다.

주의 여기서는 ng-repeat 디렉티브의 제한적인 기능을 우회하기 위해 필터 기능을 조금 과도하게 사용하고 있다. 이는 잘못된 행동이지만, (앞으로 보겠지만) 앞서 구현한 기능을 그대로 사용하는 데 큰 도움이 된다. 물론 이 방식보다는 ng-repeat 디렉티브를 대신해 지정한 횟수만큼 엘리먼트를 생성해주는 커스텀 디렉티브를 구현하는 게 나은 해결책이다. 이와 같은 커스텀 디렉티브를 구현하는 데 필요한 지식은 16장과 17장에서 다룬다.

뷰 업데이트

페이지 기능을 구현하기 위한 마지막 단계로 한 페이지의 상품만 뷰에 표시하고, 각 페이지를 이동할 수 있는 버튼을 제공하게끔 뷰를 업데이트해야 한다. 예제 6-12에서는 이를 위해 수정한 app.html 파일의 내용을 볼 수 있다.

예제 6-12. app.html 파일 내 페이지 기능 추가

```html
<!DOCTYPE html>
<html ng-app="sportsStore">
<head>
    <title>SportsStore</title>
    <script src="angular.js"></script>
    <link href="bootstrap.css" rel="stylesheet" />
    <link href="bootstrap-theme.css" rel="stylesheet" />
    <script>
        angular.module("sportsStore", ["customFilters"]);
    </script>
    <script src="controllers/sportsStore.js"></script>
    <script src="filters/customFilters.js"></script>
    <script src="controllers/productListControllers.js"></script>
</head>
<body ng-controller="sportsStoreCtrl">
    <div class="navbar navbar-inverse">
        <a class="navbar-brand" href="#">SPORTS STORE</a>
    </div>
    <div class="panel panel-default row" ng-controller="productListCtrl">
        <div class="col-xs-3">
            <a ng-click="selectCategory()"
                class="btn btn-block btn-default btn-lg">Home</a>
            <a ng-repeat="item in data.products | orderBy:'category' | unique:'category'"
                ng-click="selectCategory(item)" class=" btn btn-block btn-default btn-lg"
                ng-class="getCategoryClass(item)">
```

```
                    {{item}}
                </a>
            </div>
            <div class="col-xs-8">
                <div class="well"
                    ng-repeat=
                "item in data.products | filter:categoryFilterFn | range:selectedPage:pageSize">
                    <h3>
                        <strong>{{item.name}}</strong>
                        <span class="pull-right label label-primary">
                            {{item.price | currency}}
                        </span>
                    </h3>
                    <span class="lead">{{item.description}}</span>
                </div>
                <div class="pull-right btn-group">
                    <a ng-repeat=
                        "page in data.products | filter:categoryFilterFn | pageCount:pageSize"
                        ng-click="selectPage($index + 1)" class="btn btn-default"
                        ng-class="getPageClass($index + 1)">
                        {{$index + 1}}
                    </a>
                </div>
            </div>
        </div>
    </div>
</body>
</html>
```

첫째로 수정한 부분은 상품 목록을 생성하는 ng-repeat 디렉티브로, 이번에는 range 필터를 거쳐 현재 페이지에 표시할 상품을 선택하게끔 했다. 이 필터의 인자로는 앞서 컨트롤러 스코프에 정의한 값을 사용해 현재 페이지의 상세 정보와 페이지별 상품 개수를 넘겨준다.

둘째로, 페이지 내비게이션 버튼을 추가했다. 여기서는 ng-repeat 디렉티브를 사용해 현재 선택한 카테고리에서 필요한 상품 페이지 수를 알아오고, 그 결과를 pageCount 필터로 넘겨, ng-repeat 디렉티브가 올바른 개수의 페이지 내비게이션 버튼을 생성하게 했다. 현재 선택된 페이지는 ng-class 디렉티브를 통해 표시하고, 페이지는 ng-click 디렉티브를 통해 변경한다.

결과 화면은 그림 6-11에서 볼 수 있다. 이 그림에서는 전체 상품을 표시하는 데 두 페이지가 필요함을 알 수 있다. 물론 가짜 데이터에는 여러 페이지가 필요할 정도로 카테고리에 속한 상품 개수가 많지는 않지만 우리가 구현한 페이지 기능만큼은 확실히 확인할 수 있다.

그림 6-11. 상품 상세 정보의 페이지 이동

| 정리

이 장에서는 스포츠 상점 애플리케이션 개발에 착수했다. MVC 패턴을 따른 모든 개발 프레임워크는 공통된 특징이 있다. 즉, 처음에 보기에는 느리게 진행되는 것 같은 오랜 준비 작업이 있다는 점과, 어느 순간 모든 기능들이 제자리를 찾아간다는 점이다. AngularJS도 마찬가지이며, 독자들도 이 장을 통해 빠른 (실제 페이지 기능을 추가하는 게 이 기능을 설명하는 것보다 시간이 더 짧게 걸릴 정도로) 개발 속도를 느낄 수 있었을 것이다. 이제 기본 골격을 갖췄으니 다음 장에서는 개발 속도가 한층 더 빨라질 것이다. 다음 장에서는 Deployd 서버에서 실제 데이터를 가져와 사용하고, 장바구니를 구현하며, 결제 프로세스에 착수한다.

스포츠 상점: 내비게이션 및 결제

이 장에서는 장바구니 및 결제 프로세스에 대한 작업을 개시함으로써 실제 데이터 연동 기능을 추가해 스포츠 애플리케이션의 개발을 계속해서 진행한다.

I 예제 프로젝트 준비

여기서는 6장에서 작업한 프로젝트를 토대로 개발을 이어간다. 이 장의 예제를 따라 하고 싶지만 프로젝트를 처음부터 개발하고 싶지 않다면 www.apress.com에서 6장의 소스 코드를 내려받기 바란다.

I 실제 상품 데이터 활용

6장에서는 사용자에게 상품 데이터를 보여주는 기능을 모두 한곳에 정리했지만 애플리케이션의 기본 골격을 서로 연결하는 데 초점을 맞추느라 이 과정에서 더미 데이터를 사용했다. 이제 실제 데이터를 사용하게끔 이 부분을 바꿔볼 차례다. 여기서는 앞서 6장 서두에서 설정한 Deployd 서버를 사용해 실제 데이터를 가져올 것이다.

AngularJS에서는 $http라는 서비스를 통해 Ajax 요청을 수행하게끔 지원한다. 이 서비스가 동작하는 자세한 방법은 3부에서 설명하고, $http 서비스 자체에 대해서는 23장에서 자세히 살펴볼 것이다. 하지만 독자들은 예제 7-1에 나온 최상위 레벨 sportsStoreCtrl 컨트롤러의 수정된 코드를 통해 이 서비스가 어떻게 동작하는지 어느 정도 감을 잡을 수 있을 것이다.

```javascript
angular.module("sportsStore")
    .constant("dataUrl", "http://localhost:5500/products")
    .controller("sportsStoreCtrl", function ($scope, $http, dataUrl) {

        $scope.data = {};

        $http.get(dataUrl)
            .success(function (data) {
                $scope.data.products = data;
            })
            .error(function (error) {
                $scope.data.error = error;
            });
    });
```

AngularJS 컴포넌트 호출을 비롯해 대부분의 자바스크립트 메서드 호출은 **동기적**이다. 이 말은 현재 명령이 완료되기 전까지 다음 명령을 실행하지 않는다는 뜻이다. 하지만 웹 애플리케이션에서는 백그라운드에서 요청을 보내고 있는 동안에도 사용자가 애플리케이션과 계속 상호작용할 수 있어야 하므로 이와 같은 동기적 방식을 사용할 수 없다.

여기서는 Ajax 요청을 사용해 필요한 데이터를 가져온다. Ajax는 **비동기적 자바스크립트 및 XML**(Asynchronous JavaScript and XML)의 약어로, 여기서 중요한 단어는 바로 **비동기적** (asynchronous)이다. Ajax 요청은 비동기적으로 일어나는 일반 HTTP 요청으로, 다시 말해, 백그라운드에서 수행된다. AngularJS는 **프로미스**를 사용해 비동기적 작업을 나타내는데, 제이쿼리 같은 라이브러리를 사용해봤다면 이와 같은 프로미스가 익숙할 것이다(프로미스에 대해서는 5장에서 소개한 바 있고 20장에서 자세히 설명한다).

$http 서비스는 다양한 Ajax 요청을 수행할 수 있는 메서드를 정의한다. 여기서 사용한 get 메서드는 인자로 전달받은 URL을 요청하는 HTTP GET 방식을 사용한다. 이 예제에서는 dataUrl 이라는 상수를 사용해 URL을 정의했고, 6장에서 Deployd 서버를 테스트할 때 사용한 URL을 사용했다.

$http.get 메서드가 Ajax 요청을 시작하면 요청이 완료되지 않았더라도 애플리케이션은 계속해서 실행된다. 이때 서버가 요청에 응답하면 AngularJS에서 우리에게 이를 알려줄 수 있는 방법이 필요한데, 이때 사용되는 것이 프로미스다. $http.get 메서드는 success 및 error 메서드를 정의하는 객체를 반환한다. 이들 메서드로 함수를 넘겨주면 AngularJS의 **프로미스**가 요청 결과를 알려주기 위해 둘 중 하나를 호출해준다.

AngularJS는 모든 요청이 정상적으로 완료된 경우 success 메서드로 넘겨준 함수를 호출하고,

추가로 JSON 데이터를 자바스크립트 객체로 변환한 후 success 함수의 인자로 넘겨준다. Ajax HTTP 요청에 문제가 생긴 경우 AngularJS는 error 메서드로 넘겨준 함수를 호출한다.

팁   JSON은 **자바스크립트 객체 표기법**의 약자이며, 웹 애플리케이션에서 자주 사용하는 데이터 교환 형식이다. JSON은 자바스크립트와 유사한 방식으로 데이터를 표현하므로 그만큼 자바스크립트 애플리케이션에서 사용하기가 쉽다. JSON은 사람이 읽기 쉽고 구현하기 쉽다는 특징 덕분에 Ajax의 X에 해당하는 XML을 거의 대체했다. JSON에 대해서는 5장에서 소개한 바 있으며, 자세한 내용은 http://en.wikipedia.org/wiki/Json에서 볼 수 있다.

이 예제에서 사용한 success 함수는 AngularJS에서 수행하는 JSON 자동 변환 기능을 그대로 사용하므로 내용이 간단하다. 여기서는 서버로부터 받은 데이터를 컨트롤러 스코프의 data. products 변수에 대입하고 있다. error 함수에서는 문제의 원인을 알리기 위해 AngularJS에서 넘겨준 데이터를 data.error 스코프 변수에 대입하고 있다(error 함수는 다음 절에서 다시 살펴본다).

Ajax 요청 결과는 그림 7-1에서 볼 수 있다. AngularJS가 sportsStore 컨트롤러 인스턴스를 생성하면 HTTP 요청이 실행되고, 데이터가 도착하면 스코프가 데이터를 가지고 업데이트된다. 6장에서 구현한 상품 상세 정보, 카테고리, 페이지 기능은 예전과 동일하게 동작하며, 다만 이제 상품 데이터를 Deployd 서버에서 가져오고 있다는 점이 다르다.

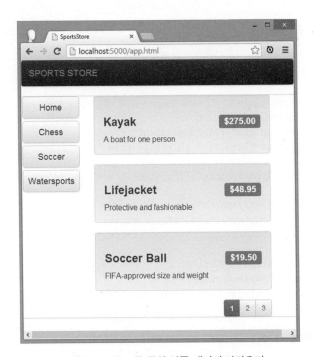

그림 7-1. Ajax를 통한 상품 데이터 가져오기

달라진 점이 잘 안 보일 수도 있지만 Ajax를 통해 데이터를 가져오는 기능은 AngularJS 개발에서 가장 중요한 요소 중 하나인 스코프의 동적인 성격을 잘 보여준다. 애플리케이션이 처음 실행되면 상품 정보가 전혀 없더라도 HTML 콘텐츠가 생성되고 사용자에게 표시된다.

콘텐츠가 렌더링되고 난 후 어느 시점이 되면 서버에서 데이터를 가져와 스코프 내의 data.products 변수에 대입하게 된다. 그럼 AngularJS에서는 모든 바인딩을 업데이트하고, 상품 데이터에 의존하는 동작을 통해 그 결과를 업데이트함으로써 애플리케이션 전체에 새 데이터가 반영되게끔 한다. 기본적으로 AngularJS 스코프는 '살아 있는' 데이터 저장소로서, 변경 사항에 반응하고 이를 전달한다. 이 책에서는 이와 같이 변경 사항을 전달하는 예제를 수없이 보게 될 것이다.

Ajax 에러 처리

Ajax 요청이 성공한 경우에는 데이터를 스코프에 집어넣고 AngularJS에서 모든 바인딩 및 뷰 디렉티브를 업데이트하면 되므로 처리가 간단하다. 하지만 에러를 처리하려면 좀 더 많은 작업을 해야 하고, 문제가 생겼음을 사용자에게 알리기 위해 뷰에 새 엘리먼트를 추가해야 한다. 예제 7-2에서는 사용자에게 에러를 보여주기 위해 수정한 app.html 파일의 내용을 볼 수 있다.

예제 7-2. app.html 파일 내 에러 표시

```
<!DOCTYPE html>
<html ng-app="sportsStore">
<head>
    <title>SportsStore</title>
    <script src="angular.js"></script>
    <link href="bootstrap.css" rel="stylesheet" />
    <link href="bootstrap-theme.css" rel="stylesheet" />
    <script>
        angular.module("sportsStore", ["customFilters"]);
    </script>
    <script src="controllers/sportsStore.js"></script>
    <script src="filters/customFilters.js"></script>
    <script src="controllers/productListControllers.js"></script>
</head>
<body ng-controller="sportsStoreCtrl">
    <div class="navbar navbar-inverse">
        <a class="navbar-brand" href="#">SPORTS STORE</a>
    </div>

    <div class="alert alert-danger" ng-show="data.error">
```

```
        Error ({{data.error.status}}). The product data was not loaded.
        <a href="/app.html" class="alert-link">Click here to try again</a>
    </div>

    <div class="panel panel-default row" ng-controller="productListCtrl"
        ng-hide="data.error">
        <div class="col-xs-3">
            <a ng-click="selectCategory()"
                class="btn btn-block btn-default btn-lg">Home</a>
            <a ng-repeat="item in data.products | orderBy:'category' | unique:'category'"
                ng-click="selectCategory(item)" class=" btn btn-block btn-default btn-lg"
                ng-class="getCategoryClass(item)">
                {{item}}
            </a>
        </div>
        <div class="col-xs-8">
            <div class="well"
                ng-repeat=
        "item in data.products | filter:categoryFilterFn | range:selectedPage:pageSize">
                <h3>
                    <strong>{{item.name}}</strong>
                    <span class="pull-right label label-primary">
                        {{item.price | currency}}
                    </span>
                </h3>
                <span class="lead">{{item.description}}</span>
            </div>
            <div class="pull-right btn-group">
                <a ng-repeat=
                    "page in data.products | filter:categoryFilterFn | pageCount:pageSize"
                    ng-click="selectPage($index + 1)" class="btn btn-default"
                    ng-class="getPageClass($index + 1)">
                    {{$index + 1}}
                </a>
            </div>
        </div>
    </div>
</body>
</html>
```

여기서는 사용자에게 에러를 보여주기 위해 뷰에 새 div 엘리먼트를 추가했다. 이때 어트리뷰트
값에 지정한 표현식이 true가 될 때까지 엘리먼트를 숨겨주는 ng-show 디렉티브를 사용했다.
여기서는 data.error 속성을 지정했는데, 이렇게 하면 이 속성에 값이 대입될 때 AngularJS가
해당 div 엘리먼트를 보여주게 된다. data.error 속성은 Ajax 요청 에러가 일어나기 전까지 값
이 undefined이므로 이 div 엘리먼트는 컨트롤러에서 $http.get 메서드의 결과에 따라 보이거
나 안 보이게 된다.

ng-show 디렉티브와 대응되는 반대 디렉티브로 ng-hide가 있다. 이 디렉티브는 카테고리 버튼과 상품 상세 정보가 들어 있는 div 엘리먼트에 적용했다. ng-hide 디렉티브는 표현식이 true가 될 때까지 엘리먼트를 보여주고, 표현식이 true가 되는 순간 엘리먼트를 숨겨준다. 그 결과 Ajax 요청 에러가 생기면 그림 7-2와 같이 일반 콘텐츠는 보이지 않게 되고 에러 정보로 대체된다.

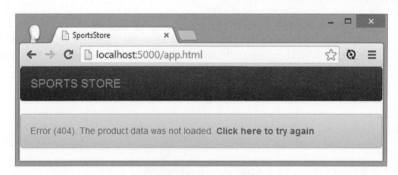

그림 7-2. 사용자에게 에러 표시

팁　ng-show 및 ng-hide 디렉티브는 10장에서 자세히 설명한다.

이 캡처 화면은 sportsStore.js 파일 내 dataUrl 값에 http://localhost:5500/doesNot Exist처럼 존재하지 않는 값을 지정해 캡처한 것이다.

error 함수로 전달되는 객체는 status 및 message 속성을 정의한다. status 속성은 HTTP 에러 코드로 설정되고, message 속성은 문제를 나타내는 문자열을 반환한다. 사용자에게 보여주는 메시지에는 status 속성을 포함시키고, 더불어 애플리케이션(여기서는 데이터)을 재로드할 수 있는 링크를 함께 표시했다.

| 부분 뷰 생성

app.html 파일의 HTML은 이제 각 엘리먼트가 하는 일을 한눈에 알 수 없을 정도로 복잡해지기 시작했다. 앞으로 스포츠 상점 애플리케이션에 기능을 더 추가하면 이 HTML은 더 복잡해질 게 자명하다.

다행히 마크업을 여러 파일로 나누고, ng-include 디렉티브를 사용하면 런타임 시점에 파일을 불러올 수 있다. 이를 위해 여기서는 views/productList.html 파일을 새로 생성했다. 이 파일의 내용은 예제 7-3에서 볼 수 있다.

```html
<div class="panel panel-default row" ng-controller="productListCtrl"
        ng-hide="data.error">
    <div class="col-xs-3">
        <a ng-click="selectCategory()"
            class="btn btn-block btn-default btn-lg">Home</a>
        <a ng-repeat="item in data.products | orderBy:'category' | unique:'category'"
            ng-click="selectCategory(item)" class=" btn btn-block btn-default btn-lg"
            ng-class="getCategoryClass(item)">
            {{item}}
        </a>
    </div>
    <div class="col-xs-8">
        <div class="well"
            ng-repeat=
         "item in data.products | filter:categoryFilterFn | range:selectedPage:pageSize">
            <h3>
                <strong>{{item.name}}</strong>
                <span class="pull-right label label-primary">
                    {{item.price | currency}}
                </span>
            </h3>
            <span class="lead">{{item.description}}</span>
        </div>
        <div class="pull-right btn-group">
            <a ng-repeat=
                "page in data.products | filter:categoryFilterFn | pageCount:pageSize"
                ng-click="selectPage($index + 1)" class="btn btn-default"
                ng-class="getPageClass($index + 1)">
                {{$index + 1}}
            </a>
        </div>
    </div>
</div>
```

여기서는 상품 및 카테고리 목록을 정의하는 엘리먼트를 HTML 파일로 복사해 붙여 넣었다. 부분 뷰는 HTML의 일부로서, 완전한 HTML 문서처럼 html, head, body 엘리먼트가 필요 없다. 예제 7-4에서는 app.html 파일에서 해당 엘리먼트를 제거하고, ng-include 디렉티브를 사용해 이를 대체한 것을 볼 수 있다.

예제 7-4. app.html 파일 내 부분 뷰 불러오기

```html
<!DOCTYPE html>
<html ng-app="sportsStore">
<head>
    <title>SportsStore</title>
    <script src="angular.js"></script>
```

```
        <link href="bootstrap.css" rel="stylesheet" />
        <link href="bootstrap-theme.css" rel="stylesheet" />
        <script>
            angular.module("sportsStore", ["customFilters"]);
        </script>
        <script src="controllers/sportsStore.js"></script>
        <script src="filters/customFilters.js"></script>
        <script src="controllers/productListControllers.js"></script>
</head>
<body ng-controller="sportsStoreCtrl">
    <div class="navbar navbar-inverse">
        <a class="navbar-brand" href="#">SPORTS STORE</a>
    </div>

    <div class="alert alert-danger" ng-show="data.error">
        Error ({{data.error.status}}). The product data was not loaded.
        <a href="/app.html" class="alert-link">Click here to try again</a>
    </div>

    <ng-include src="'views/productList.html'"></ng-include>

</body>
</html>
```

> 🗨️ **팁** 부분 뷰를 사용하면 세 가지 장점이 있다. 첫 번째 장점은 여기서 한 것처럼 애플리케이션을 관리
> 하기 쉬운 단위로 쪼갤 수 있다는 점이다. 두 번째 장점은 애플리케이션에서 반복적으로 사용하
> 는 HTML 요소를 생성할 수 있다는 점이다. 세 번째 장점은 애플리케이션에서 특정 기능을 사용
> 하면서 다양한 기능 영역을 보여주기 쉽다는 점이다. 세 번째 장점에 대해서는 이 장에서 나중에
> 볼 'URL 라우트 정의' 절을 통해 자세히 다룬다.

디렉티브는 개발하는 사람이 적용 방식(엘리먼트, 어트리뷰트, 클래스, HTML 주석 등)을 지
정할 수 있다. 이와 관련한 자세한 방법은 16장에서 살펴본다. ng-include 디렉티브의 경우
엘리먼트 및 어트리뷰트로 적용할 수 있게끔 설정됐으며 여기서는 엘리먼트 방식을 사용했다.
AngularJS는 ng-include 디렉티브를 만나면 Ajax 요청을 보내고, src 어트리뷰트에서 지정한
파일을 로드한다. 사용자에게 보이는 내용은 시각적으로 달라진 점이 전혀 없지만 이제 app.
html 파일의 마크업이 그만큼 단순해졌고, 상품 목록과 관련한 모든 HTML을 별도 파일로 정리
할 수 있게 됐다.

> 🗨️ **팁** ng-include 디렉티브를 사용할 때 파일명은 작은따옴표 안에 리터럴 값을 집어넣어 지정했다.
> 이렇게 하지 않으면 디렉티브가 스코프 속성을 검사해 파일명을 찾게 된다.

| 장바구니 생성

이제 사용자는 상품을 볼 수 있지만 장바구니가 없이는 아무것도 살 수가 없다. 이 절에서는 이커머스 사이트를 이용해본 독자라면 누구에게나 익숙한 장바구니 기능을 구현한다. 기본적인 흐름은 그림 7-3과 같다.

그림 7-3. 장바구니의 기본 흐름

이어지는 절에서 보겠지만 장바구니 기능을 구현하려면 커스텀 AngularJS 컴포넌트를 구현하는 것을 비롯해 변경해야 할 곳이 몇 군데 있다.

장바구니 모듈 및 서비스 정의

지금까지는 안에 들어 있는 컴포넌트의 타입을 토대로 프로젝트의 파일을 정리했다. 필터는 filters 폴더에 정의돼 있고, 뷰는 views 폴더에 정의돼 있는 식이다. 애플리케이션의 기본 기능을 개발할 때는 이와 같은 방식도 괜찮지만 프로젝트를 진행하다 보면 여러 AngularJS 컴포넌트가 필요한 기능도 존재하기 마련이다. 물론 컴포넌트 타입에 따라 계속해서 파일을 정리할 수도 있지만 이 방식보다는 컴포넌트가 공통적으로 나타내는 기능에 따라 파일을 정리하는 게 좀 더 효과적이다. 이와 같은 컴포넌트들은 components 폴더에 담는다. 앞으로 보겠지만 장바구니 기능은 부분 뷰와 여러 컴포넌트를 통해 필요한 기능을 구현해야 하므로 이와 같은 정리 방식이 적합하다. 여기서는 먼저 components/cart 폴더를 생성하고, cart.js라는 새 자바스크립트 파일을 추가했다. 이 파일의 내용은 예제 7-5에서 볼 수 있다.

예제 7-5. cart.js 파일의 내용

```
angular.module("cart", [])
.factory("cart", function () {

    var cartData = [];

    return {

        addProduct: function (id, name, price) {
```

```
            var addedToExistingItem = false;
            for (var i = 0; i < cartData.length; i++) {
                if (cartData[i].id == id) {
                    cartData[i].count++;
                    addedToExistingItem = true;
                    break;
                }
            }
            if (!addedToExistingItem) {
                cartData.push({
                    count: 1, id: id, price: price, name: name
                });
            }
        },

        removeProduct: function (id) {
            for (var i = 0; i < cartData.length; i++) {
                if (cartData[i].id == id) {
                    cartData.splice(i, 1);
                    break;
                }
            }
        },

        getProducts: function () {
            return cartData;
        }
    }
});
```

여기서는 먼저 cart라는 새 모듈 안에 커스텀 서비스를 생성했다. AngularJS에서는 서비스를 통해 다양한 기능을 제공하는데, 서비스는 애플리케이션을 통해 접근할 수 있는 싱글턴 객체에 지나지 않는다(싱글턴이란 서비스에 의존하는 모든 컴포넌트에서 단일 객체를 생성해 공유한다는 뜻이다).

서비스를 사용하면 AngularJS의 중요한 기능을 잘 볼 수 있을 뿐만 아니라, 이런 식으로 장바구니를 구현하면 공유된 인스턴스로 인해 모든 컴포넌트가 같은 장바구니에 접근하고, 사용자가 선택한 상품에 해당하는 동일한 뷰를 갖게 된다는 장점이 있다.

18장에서 설명하겠지만 구현하려는 기능에 따라 서비스를 다양하게 생성할 수 있다. 예제 7-5에서는 Module.factory 메서드를 호출하고 서비스명(여기서는 cart) 및 팩터리 함수를 넘겨주는 가장 간단한 방법을 사용했다. 팩터리 함수는 AngularJS에서 서비스를 필요로 할 때 호출하며, 서비스 객체를 생성할 책임이 있다. 애플리케이션에서는 단일 서비스 객체를 공통으로 사용하므로 팩터리 함수는 한 번만 호출된다.

장바구니 서비스 팩터리 함수는 서비스를 통해 외부로 직접 노출되지 않는 데이터 배열에 대한 작업을 수행하는 세 메서드가 정의된 객체를 반환한다. 여기서 외부로 배열을 노출하지 않는 이유는 서비스 내의 모든 작업을 외부로 노출할 필요가 없음을 독자들에게 보여주기 위해서다. 장바구니 서비스 객체는 표 7-1에 정리된 세 메서드를 정의한다. 장바구니 내 상품은 id, name, price 속성을 정의하는 객체를 사용해 표현하며, 사용자가 장바구니에 담은 상품의 개수를 기록하기 위해 count 속성을 사용한다.

표 7-1. 장바구니 서비스에서 정의한 메서드

메서드	설명
addProduct(id, name, price)	장바구니에 지정한 상품을 추가하거나 장바구니에 해당 상품이 이미 들어 있다면 상품 개수를 늘린다.
removeProduct(id)	지정한 ID를 갖고 있는 상품을 제거한다.
getProducts()	장바구니 내 객체 배열을 반환한다.

장바구니 위젯 생성

다음으로 장바구니에 담긴 내용을 요약하고, 사용자가 결제 절차를 시작할 수 있게 해줄 위젯을 생성해야 한다. 이를 위해 여기서는 커스텀 디렉티브를 생성한다. **디렉티브**는 AngularJS 개발에서 핵심적인 부분을 차지하며, 독립적으로 재사용이 가능한 기능 단위를 말한다. AngularJS 개발을 처음 시작할 때는 수많은 내장 디렉티브(9~12장에서 자세히 설명)를 사용하게 된다. 하지만 디렉티브를 다루는 게 좀 더 익숙해지면 머지않아 애플리케이션에 맞는 커스텀 디렉티브를 생성해 사용하게 될 것이다.

디렉티브는 많은 일을 할 수 있다. 이 책에서 나중에 디렉티브에 대해 설명하는 데 여섯 개 장이나 할애하는 것도 이 때문이다. 심지어 디렉티브는 경량 제이쿼리 버전인 **jqLite**를 활용해 DOM 엘리먼트를 조작할 수도 있다. 간단히 말해 디렉티브는 간단한 헬퍼부터 복잡한 기능에 이르기까지, 현재 애플리케이션과 밀접하게 연결된 결과부터 다른 애플리케이션에서도 완전히 재사용할 수 있는 로직까지 모든 기능을 구현하는 데 사용할 수 있다. 예제 7-6에서는 위젯 디렉티브를 생성하기 위해 cart.js 파일에 추가한 코드를 볼 수 있다. 여기서는 간단한 기능을 수행하는 디렉티브를 볼 수 있다.

예제 7-6. cart.js 파일 내 디렉티브 추가

```
angular.module("cart", [])
.factory("cart", function () {

    var cartData = [];
```

```
        return {
            // ...지면상 서비스 명령 생략...
        }
    })
    .directive("cartSummary", function (cart) {
        return {
            restrict: "E",
            templateUrl: "components/cart/cartSummary.html",
            controller: function ($scope) {

                var cartData = cart.getProducts();

                $scope.total = function () {
                    var total = 0;
                    for (var i = 0; i < cartData.length; i++) {
                        total += (cartData[i].price * cartData[i].count);
                    }
                    return total;
                }

                $scope.itemCount = function () {
                    var total = 0;
                    for (var i = 0; i < cartData.length; i++) {
                        total += cartData[i].count;
                    }
                    return total;
                }
            }
        };
    });
```

디렉티브는 AngularJS 모듈의 `directive` 메서드를 호출해 생성하고, 인자로 디렉티브명(이 경우 `cartSummary`) 및 **디렉티브 정의 객체**를 반환하는 팩터리 함수를 넘겨줌으로써 생성할 수 있다. 디렉티브 정의 객체는 디렉티브가 하는 일과 이 일을 수행하는 방법을 AngularJS에게 알려주는 속성을 정의한다. `cartSummary` 디렉티브를 정의할 때는 세 가지 속성을 지정했으며, 이들 속성은 표 7-2에서 볼 수 있다(전체 속성은 16장과 17장에서 설명한다).

표 7-2. cartSummary 디렉티브에 사용할 정의 속성

속성	설명
restrict	디렉티브를 어떻게 적용할지 지정한다. 여기서는 E 값을 사용해 엘리먼트에만 디렉티브를 사용하게끔 제한했다. 가장 많이 사용하는 값은 EA로, 디렉티브를 엘리먼트 또는 어트리뷰트로 적용하게 한다.
templateUrl	디렉티브의 엘리먼트 안에 삽입할 내용이 들어 있는 부분 뷰의 URL을 지정한다.
controller	부분 뷰로 데이터 및 기능을 제공할 컨트롤러를 지정한다.

이 디렉티브는 기본적인 디렉티브이기는 하지만 디렉티브를 생성하는 데 사용할 수 있는 가장 간단한 방식은 아니다. 15장에서는 AngularJS 버전의 제이쿼리인 jqLite를 활용해 기존 콘텐츠를 조작하는 디렉티브를 생성하는 법을 보여준다. 여기서 생성한 디렉티브(템플릿 및 컨트롤러를 지정하고, 적용 방식을 제한하는)는 16장과 17장에서 다룬다.

간단히 말해, 이 디렉티브 정의에서는 컨트롤러를 정의하고, AngularJS가 components/cart/cartSummary.html 뷰를 사용하게 하며, 엘리먼트에만 디렉티브를 적용할 수 있게 제한한다. 예제 7-6의 컨트롤러에서는 같은 모듈 내에 정의된 장바구니 서비스에 대한 의존성을 선언한 것을 볼 수 있다. 이렇게 하면 장바구니 항목을 대상으로 작업을 수행하는 서비스에서 제공하는 메서드를 동일하게 사용하는 total 및 itemCount 동작을 정의할 수 있다. 컨트롤러에서 정의한 동작은 예제 7-7에 나와 있는 부분 뷰에서 사용할 수 있다.

예제 7-7. cartSummary.html 파일의 내용

```
<style>
    .navbar-right { float: right !important; margin-right: 5px;}
    .navbar-text { margin-right: 10px; }
</style>

<div class="navbar-right">
    <div class="navbar-text">
        <b>Your cart:</b>
        {{itemCount()}} item(s),
        {{total() | currency}}
    </div>
    <a class="btn btn-default navbar-btn">Checkout</a>
</div>
```

이 부분 뷰에는 스포츠 상점 레이아웃 상단에 있는 내비게이션 바에 적용된 일부 부트스트랩 CSS를 재정의하기 위한 style 엘리먼트가 들어 있다. 필자는 부분 뷰에 style 엘리먼트를 직접 집어넣지 않는 편이지만 여기서는 관련 CSS의 양도 적고, 이 뷰에만 영향을 주기 위해 이 같은 방식을 사용했다. 다른 상황이었다면 별도 CSS 파일을 정의하고 이를 애플리케이션의 메인 HTML 파일에서 불러오는 방식을 사용했을 것이다.

부분 뷰에서는 컨트롤러의 동작을 사용해 항목 개수 및 전체 가격을 표시한다. 또 이 뷰에는 Checkout이라는 라벨이 적힌 엘리먼트도 들어 있다. 지금은 이 버튼을 클릭해도 아무 일이 일어나지 않지만 이 장에서 나중에 이 버튼도 제대로 동작하게끔 구현할 것이다.

장바구니 위젯 적용

장바구니 위젯을 애플리케이션에 적용하려면 세 단계를 거쳐야 한다. 자바스크립트 파일의 내용을 불러오게끔 script 엘리먼트를 추가해야 하고, 장바구니 모듈에 대한 의존성을 추가해야 하며, 마크업어 디렉티브 엘리먼트를 추가해야 한다. 예제 7-8에서는 이와 같이 수정한 app.html 파일을 볼 수 있다.

```html
<!DOCTYPE html>
<html ng-app="sportsStore">
<head>
    <title>SportsStore</title>
    <script src="angular.js"></script>
    <link href="bootstrap.css" rel="stylesheet" />
    <link href="bootstrap-theme.css" rel="stylesheet" />
    <script>
        angular.module("sportsStore", ["customFilters", "cart"]);
    </script>
    <script src="controllers/sportsStore.js"></script>
    <script src="filters/customFilters.js"></script>
    <script src="controllers/productListControllers.js"></script>
    <script src="components/cart/cart.js"></script>
</head>
<body ng-controller="sportsStoreCtrl">
    <div class="navbar navbar-inverse">
        <a class="navbar-brand" href="#">SPORTS STORE</a>
        <cart-summary />
    </div>
    <div class="alert alert-danger" ng-show="data.error">
        Error ({{data.error.status}}). The product data was not loaded.
        <a href="/app.html" class="alert-link">Click here to try again</a>
    </div>
    <ng-include src="'views/productList.html'"></ng-include>
</body>
</html>
```

예제 7-8에서 디렉티브를 정의할 때 cartSummary라는 이름을 사용했지만 app.html 파일에 추가한 엘리먼트는 cart-summary라는 점에 주의하자. 15장에서 설명하겠지만 AngularJS에서는 두 형식을 서로 매핑할 수 있게 컴포넌트명을 **정규화**한다. 장바구니 위젯을 추가한 화면의 결과는 그림 7-4에서 볼 수 있다. 이 위젯은 아직까지는 별다른 기능을 수행하지 않았지만, 이어지는 절을 통해 다른 기능들을 추가할 것이다.

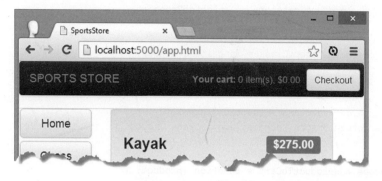

그림 7-4. 장바구니 위젯

상품 선택 버튼 추가

AngularJS 애플리케이션을 개발할 때는 기초를 개발하는 초기에 많은 노력이 들지만 일단 기초를 완성하고 나면 다른 기능들도 금세 추가할 수 있다. 이 점에 있어서는 장바구니 기능도 마찬가지다. 다음으로 할 일은 사용자가 장바구니 상품을 추가할 수 있게 상품 상세 정보에 버튼을 추가하는 것이다. 먼저 상품 목록 뷰가 장바구니를 대상으로 작업을 수행할 수 있게 컨트롤러에 동작을 추가해야 한다. 예제 7-9에서는 수정한 controllers/productListControllers.js 파일을 볼 수 있다.

예제 7-9. productListControllers.js 파일에 장바구니 지원 기능 추가

```
angular.module("sportsStore")
    .constant("productListActiveClass", "btn-primary")
    .constant("productListPageCount", 3)
    .controller("productListCtrl", function ($scope, $filter,
        productListActiveClass, productListPageCount, cart) {

        var selectedCategory = null;

        $scope.selectedPage = 1;
        $scope.pageSize = productListPageCount;

        $scope.selectCategory = function (newCategory) {
            selectedCategory = newCategory;
            $scope.selectedPage = 1;
        }

        $scope.selectPage = function (newPage) {
            $scope.selectedPage = newPage;
        }

        $scope.categoryFilterFn = function (product) {
            return selectedCategory == null ||
```

```
                product.category == selectedCategory;
        }

        $scope.getCategoryClass = function (category) {
            return selectedCategory == category ? productListActiveClass : "";
        }

        $scope.getPageClass = function (page) {
            return $scope.selectedPage == page ? productListActiveClass : "";
        }

        $scope.addProductToCart = function (product) {
            cart.addProduct(product.id, product.name, product.price);
        }
    });
```

여기서는 장바구니 서비스에 대한 의존성을 선언하고 상품 객체를 인자로 받아 장바구니 서비스
의 addProduct 메서드를 호출하는 addProductToCart 동작을 정의했다.

> **팁** 이와 같이 서비스에 대한 의존성을 선언하고, 스코프를 통해 선택적으로 기능을 노출하는 방식은
> 앞으로 AngularJS 개발을 진행하면서 자주 접하게 될 것이다. 뷰는 스코프를 통해 허용된 데이
> 터 및 동작에만 접근할 수 있다(물론 6장에서 본 것처럼(아울러 13장에서 자세히 설명하겠지만)
> 컨트롤러가 중첩돼 있거나(17장에서 설명) 디렉티브가 정의된 경우 스코프는 다른 스코프를 상
> 속할 수 있다).

이제 상품 상세 정보를 보여주는 부분 뷰에 버튼을 추가하고, 예제 7-10과 같이 addProductTo
Cart 동작을 호출하게 한다.

예제 7-10. productList.html 파일에 버튼 추가

```
<div class="panel panel-default row" ng-controller="productListCtrl"
        ng-hide="data.error">
    <div class="col-xs-3">
        <a ng-click="selectCategory()"
            class="btn btn-block btn-default btn-lg">Home</a>
        <a ng-repeat="item in data.products | orderBy:'category' | unique:'category'"
            ng-click="selectCategory(item)" class=" btn btn-block btn-default btn-lg"
            ng-class="getCategoryClass(item)">
            {{item}}
        </a>
    </div>
</div>
<div class="col-xs-8">
    <div class="well"
            ng-repeat=
        "item in data.products | filter:categoryFilterFn | range:selectedPage:pageSize">
```

```
            <h3>
                <strong>{{item.name}}</strong>
                <span class="pull-right label label-primary">
                    {{item.price | currency}}
                </span>
            </h3>
            <button ng-click="addProductToCart(item)"
                    class="btn btn-success pull-right">
                Add to cart
            </button>
            <span class="lead">{{item.description}}</span>
        </div>
        <div class="pull-right btn-group">
            <a ng-repeat=
                "page in data.products | filter:categoryFilterFn | pageCount:pageSize"
               ng-click="selectPage($index + 1)" class="btn btn-default"
               ng-class="getPageClass($index + 1)">
                {{$index + 1}}
            </a>
        </div>
    </div>
  </div>
</div>
```

> **팁** 부트스트랩에서는 a 및 button 엘리먼트가 동일한 외양을 갖게끔 스타일을 적용한다. 이로 인해 필자는 두 엘리먼트를 혼용해 사용하는 편이다. 하지만 이와 별개로 이 장에서 나중에 살펴볼 **URL 라우팅**을 사용할 때는 a 엘리먼트가 좀 더 유용하다.

버튼 및 그 효과는 그림 7-5에서 볼 수 있다. Add to cart 버튼 중 하나를 클릭하면 컨트롤러의 동작이 호출되고, 이어서 서비스 메서드가 호출돼 장바구니 위젯이 업데이트된다.

그림 7-5. 장바구니에 상품 추가

I URL 내비게이션 추가

계속해서 결제 기능을 구현하기 전에 **URL 라우팅** 지원 기능을 추가해 스포츠 상점 애플리케이션의 인프라스트럭처를 개선하려고 한다. URL 라우팅에 대해서는 22장에서 자세히 설명하겠지만, 간단히 말해 URL 라우팅은 현재 URL을 기반으로 자동으로 각기 다른 뷰를 보여주는 기능을 말한다. URL 라우팅을 활용하면 사용자가 마음대로 이동할 수 있는 대규모 애플리케이션을 개발하기가 쉬워지는데, 여기서는 URL 라우팅을 기반으로 사용자가 구매를 완료하고 주문을 서버로 전송하는 데 필요한 뷰를 보여주려고 한다.

먼저 사용자가 결제 절차를 시작할 때 사용자에게 보여줄 뷰부터 생성해야 한다. 예제 7-11에서는 현재 간단한 내용만 들어 있는 views/checkoutSummary.html 파일을 볼 수 있다. 이 파일은 나중에 URL 라우팅 기능을 구현한 후 다시 돌아와 내용을 채울 것이다.

예제 7-11. checkoutSummary.html 파일의 내용

```
<div class="lead">
    This is the checkout summary view
</div>
<a href="#/products" class="btn btn-primary">Back</a>
```

URL 라우트 정의

먼저 특정 URL과 브라우저가 해당 URL로 이동할 때 보여줄 뷰를 서로 매핑한 **라우트**를 정의하는 작업으로 시작한다. 처음으로 매핑할 두 개의 라우트는 /product 및 /checkout으로, 각각 productList.html 및 checkoutSummary.html 뷰로 매핑된다. 또 다른 라우트는 범용 라우트로, 기본적으로 productList.html 뷰를 보여준다. 예제 7-12에서는 라우팅을 구현하기 위해 수정한 app.html 파일의 내용을 볼 수 있다.

예제 7-12. app.html 파일에 URL 라우팅 지원 추가

```
<!DOCTYPE html>
<html ng-app="sportsStore">
<head>
    <title>SportsStore</title>
    <script src="angular.js"></script>
    <link href="bootstrap.css" rel="stylesheet" />
    <link href="bootstrap-theme.css" rel="stylesheet" />
    <script>
        angular.module("sportsStore", ["customFilters", "cart", "ngRoute"])
        .config(function ($routeProvider) {
```

```
            $routeProvider.when("/checkout", {
                templateUrl: "/views/checkoutSummary.html"
            });

            $routeProvider.when("/products", {
                templateUrl: "/views/productList.html"
            });

            $routeProvider.otherwise({
                templateUrl: "/views/productList.html"
            });
        });
    </script>
    <script src="controllers/sportsStore.js"></script>
    <script src="filters/customFilters.js"></script>
    <script src="controllers/productListControllers.js"></script>
    <script src="components/cart/cart.js"></script>
    <script src="ngmodules/angular-route.js"></script>
</head>
<body ng-controller="sportsStoreCtrl">
    <div class="navbar navbar-inverse">
        <a class="navbar-brand" href="#">SPORTS STORE</a>
        <cart-summary />
    </div>
    <div class="alert alert-danger" ng-show="data.error">
        Error ({{data.error.status}}). The product data was not loaded.
        <a href="/app.html" class="alert-link">Click here to try again</a>
    </div>
    <ng-view />
</body>
</html>
```

여기서는 애플리케이션으로 angular-route.js 파일을 불러오기 위해 script 엘리먼트를 추가했다. 이 파일에서 제공하는 기능은 ngRoute라는 모듈에 정의돼 있으며, 이 모듈은 sportsStore 모듈의 의존성으로 선언했다.

라우트를 설정하기 위해 이 예제에서는 모듈 객체의 config 메서드를 호출했다. config 메서드는 함수를 인자로 받는데, 이 함수는 모듈이 로드되는 시점(아직 애플리케이션이 실행되기 전)에 호출되므로 최초 설정 작업을 수행할 수 있게 해준다.

config 메서드로 전달한 함수에서는 **프로바이더**에 대한 의존성을 선언한다. 앞에서 언급한 것처럼 AngularJS 서비스를 생성하는 방법은 여러 가지 있으며, 그 중 하나로 **프로바이더 객체**(프로바이더의 이름은 서비스명과 Provider를 합친 것이다)를 통해 서비스를 설정하는 방법이 있다. 의존성으로 선언한 $routeProvider는 $route 서비스에 대한 프로바이더로서, 애플리케이션에서 URL 라우팅을 설정하는 데 사용된다.

팁 프로바이더를 사용해 서비스를 생성하는 방법은 18장에서 설명하고, `$route` 서비스 및 `$routeProvider`를 활용하는 방법은 22장에서 살펴본다.

여기서는 `$routeProvider` 객체에서 정의한 두 메서드를 사용해 필요한 라우트를 설정한다. when 메서드를 사용하면 다음과 같이 URL을 뷰로 매핑할 수 있다.

```
...
$routeProvider.when("/checkout", {
    templateUrl: "/views/checkoutSummary.html"
});
...
```

이 명령을 사용하면 AngularJS는 URL이 /checkout인 경우 /views/checkoutSummary.html 파일을 보여주게 된다. otherwise 메서드는 URL이 when 메서드에서 정의한 URL 중 어느 URL 과도 일치하지 않을 때 보여줄 뷰를 지정한다. 이와 같은 대체 라우트는 항상 지정해두는 게 좋으며, 여기서는 /views/ProductList.html 뷰 파일을 기본으로 지정했다.

URL 라우트는 전체 URL이 아니라 현재 URL의 'path' 부분과 비교해 일치 여부를 판단한다. 앞에서 본 라우트에 매칭되는 URL은 다음과 같다.

```
http://localhost:5000/app.html#/checkout
```

이 URL에서는 # 문자 다음에 나오는 path 부분을 굵은 글씨로 강조했다. http://localhost:5000/checkout 같은 URL은 브라우저가 AngularJS 애플리케이션 대신 서버에서 다른 문서를 로드하게 끔 하므로 AngularJS에서는 전체 URL을 모니터링하지 않는다. 이 부분이 잘 이해되지 않는 개발자들을 위해 URL 라우팅에 따른 효과를 표 7-3에 정리해봤다.

표 7-3. URL 라우팅 정책의 효과

URL	효과
http://localhost:5000/app.html#/checkout	checkoutSummary.html 뷰를 표시한다.
http://localhost:5000/app.html#/products	productList.html 뷰를 표시한다.
http://localhost:5000/app.html#/other	productList.html 뷰를 표시(otherwise 메서드에서 정의한 대체 라우트로 인해)한다.
http://localhost:5000/app.html	productList.html 뷰를 표시(otherwise 메서드에서 정의한 대체 라우트로 인해)한다.

22장에서 자세히 설명하겠지만 HTML5 히스토리 API에 대한 지원 기능도 활성화할 수 있다. 이 경우 URL을 모니터링하는 방식이 달라짐에 따라 http://localhost:5000/checkout 같은 URL도 제대로 동작하게 된다. 하지만 브라우저 구현체가 서로 다르고, 사용자가 직접 URL을 편집할 경우 브라우저에서 다른 문서를 로드해 사용자에게 혼란을 초래하기 쉬운 만큼 주의가 필요하다.

라우트 뷰 표시

라우팅 정책에서는 특정 URL 경로에 맞게 보여줄 뷰를 정의한다. 하지만 이를 어디에 보여줘야 할지 AngularJS에게 알려주지는 않는다. 이를 위해서는 ng-view 디렉티브가 필요하다. 이 디렉티브는 다른 라우팅 기능과 더불어 ngRoute 모듈에 정의돼 있다. 예제 7-12에서는 다음과 같이 ng-include 디렉티브를 ng-view로 대체했다.

```
...
<body ng-controller="sportsStoreCtrl">
    <div class="navbar navbar-inverse">
        <a class="navbar-brand" href="#">SPORTS STORE</a>
        <cart-summary />
    </div>
    <div class="alert alert-danger" ng-show="data.error">
        Error ({{data.error.status}}). The product data was not loaded.
        <a href="/app.html" class="alert-link">Click here to try again</a>
    </div>
    <ng-view />
</body>
...
```

이때는 아무 설정 옵션도 필요 없다. 디렉티브를 추가하기만 하면 현재 선택된 뷰를 어디에 집어 넣어야 할지 AngularJS가 알 수 있게 된다.

URL 라우팅을 활용한 페이지 이동

이제 URL 라우트를 정의하고 ng-view 디렉티브도 적용했으니 애플리케이션을 통해 이동할 URL 경로를 변경할 차례다. 첫 번째로 수정할 부분은 장바구니 위젯에서 표시하는 Checkout 버튼이다. 예제 7-13에서는 수정한 cartSummary.html 파일을 볼 수 있다.

예제 7-13. cartSummary.html 파일 내 URL 경로 내비게이션 활용

```
<style>
    .navbar-right { float: right !important; margin-right: 5px;}
    .navbar-text { margin-right: 10px; }
</style>
```

```
<div class="navbar-right">
    <div class="navbar-text">
        <b>Your cart:</b>
        {{itemCount()}} item(s),
        {{total() | currency}}
    </div>
    <a href="#/checkout" class="btn btn-default navbar-btn">Checkout</a>
</div>
```

여기서는 href 어트리뷰트를 사용해 경로를 변경하게끔 a 엘리먼트를 수정했다. 이제 이 엘리먼트를 클릭하면 브라우저는 새 URL(이미 로드된 문서 내 로컬 URL)로 이동하게 된다. 내비게이션 변경 정보는 AngularJS 라우팅 서비스에서 감지하고, 그 결과 ng-view 디렉티브를 통해 그림 7-6과 같이 checkoutSummary.html 뷰를 보여주게 된다.

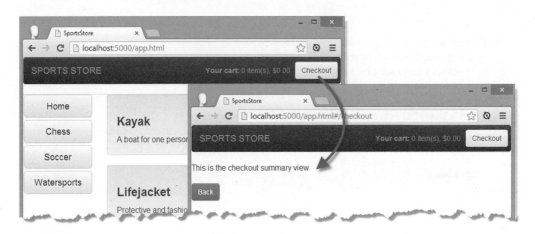

그림 7-6. 결제 요약 정보로의 이동

그림 7-6에서 브라우저에 표시된 URL이 초기 시작 URL인 http://localhost:5000/app.html에서 http://localhost:5000/app.html#/checkout으로 바뀐 점에 주의하자. checkoutSummary.html 뷰에서 뒤로 가기 버튼(이 버튼은 예제 7-12에서 다음과 같이 /products 경로로 이동하게끔 설정했다)을 클릭하면 이전 화면으로 돌아갈 수 있다.

```
...
<a href="#/products" class="btn btn-primary">Back</a>
...
```

URL 라우팅을 사용하면 사용자가 보게 될 뷰, ng-view 디렉티브의 위치나 배열 또는 공유 컴포넌트(컨트롤러나 서비스)에 대한 사전 지식이 전혀 없더라도 ng-view 디렉티브를 통해 사용자가 보게 될 레이아웃을 컴포넌트가 자유롭게 바꿀 수 있다는 장점이 있다. 따라서 복잡한 애플리케이션의 규모를 확장하기도 그만큼 쉬워지고, 간단히 URL 라우팅 설정만 변경해 애플리케이션의 동작을 쉽게 바꿀 수도 있다.

 물론 URL을 직접 http://localhost:5000/app.html#/products나 http://localhost:5000/
app.html#로 수정해 상품 목록 화면으로 돌아올 수도 있다. 이때 마지막 URL에 있는 # 문자에
주의하자. 이 문자를 빼먹으면 브라우저에서는 URL을 app.html 페이지를 로드하라는 요청으로
해석하게 되므로 저장되지 않은 상태가 유실된다. 스포츠 상점 애플리케이션의 경우, 예컨대 장
바구니의 내용을 잃어버리게 될 수 있다. URL의 까다로운 특성상 사용자가 이를 직접 수정할 경
우 아주 사소한 오류로도 예상치 못한 결과가 생길 수 있다.

| 결제 절차의 시작

이제 라우팅 설정을 마쳤으니 결제 절차를 진행해보자. 첫째로 할 일은 cartSummaryControll
er라는 새 컨트롤러를 정의하는 일이다. 이 컨트롤러는 controllers/checkoutControllers.
js라는 새 파일에 저장한다. 예제 7-14에서는 이 컨트롤러의 내용을 볼 수 있다.

예제 7-14. checkoutControllers.js 파일의 내용

```
angular.module("sportsStore")
.controller("cartSummaryController", function($scope, cart) {

    $scope.cartData = cart.getProducts();

    $scope.total = function () {
        var total = 0;
        for (var i = 0; i < $scope.cartData.length; i++) {
            total += ($scope.cartData[i].price * $scope.cartData[i].count);
        }
        return total;
    }

    $scope.remove = function (id) {
        cart.removeProduct(id);
    }
});
```

새 컨트롤러는 sportsStore 모듈에 추가하고, 장바구니 서비스에 의존한다. 이 컨트롤러는
cartData라는 스코프 속성을 통해 장바구니의 내용을 노출하고, 장바구니에 담긴 상품의 전체
가격을 계산하고, 장바구니에서 상품을 제거할 수 있는 동작을 정의한다. 컨트롤러에서 구현한
기능을 사용하면 checkoutSummary.html 파일에 들어 있는 임시 콘텐츠를 장바구니의 요약 정
보로 대체할 수 있다. 예제 7-15에서는 수정한 코드를 볼 수 있다.

```html
<h2>Your cart</h2>

<div ng-controller="cartSummaryController">

    <div class="alert alert-warning" ng-show="cartData.length == 0">
        There are no products in your shopping cart.
        <a href="#/products" class="alert-link">Click here to return to the catalogue</a>
    </div>

    <div ng-hide="cartData.length == 0">
        <table class="table">
            <thead>
                <tr>
                    <th>Quantity</th>
                    <th>Item</th>
                    <th class="text-right">Price</th>
                    <th class="text-right">Subtotal</th>
                </tr>
            </thead>
            <tbody>
                <tr ng-repeat="item in cartData">
                    <td class="text-center">{{item.count}}</td>
                    <td class="text-left">{{item.name}}</td>
                    <td class="text-right">{{item.price | currency}}</td>
                    <td class="text-right">{{ (item.price * item.count) | currency}}</td>
                    <td>
                        <button ng-click="remove(item.id)"
                                class="btn btn-sm btn-warning">Remove</button>
                    </td>
                </tr>
            </tbody>
            <tfoot>
                <tr>
                    <td colspan="3" class="text-right">Total:</td>
                    <td class="text-right">
                        {{total() | currency}}
                    </td>
                </tr>
            </tfoot>
        </table>

        <div class="text-center">
            <a class="btn btn-primary" href="#/products">Continue shopping</a>
            <a class="btn btn-primary" href="#/placeorder">Place order now</a>
        </div>
    </div>
</div>
```

이 뷰에는 새로운 내용이 없다. 컨트롤러는 `ng-controller` 디렉티브를 사용해 지정하고, `ng-show` 및 `ng-hide` 디렉티브를 사용해 장바구니에 상품이 없을 때 경고를 표시하고, 상품이 들어 있으면 요약 정보를 표시했다. 또, `ng-repeat` 디렉티브를 사용해 장바구니 상품별로 테이블 내 각 행을 생성하고, 데이터 바인딩을 활용해 상세 정보를 표시했다. 각 행에는 단위 및 전체 가격이 들어 있으며, `ng-click` 디렉티브를 사용해 컨트롤러 동작을 호출하고 장바구니에서 상품을 제거할 수 있는 버튼이 들어 있다.

뷰 끝에 있는 두 개의 a 엘리먼트는 사용자가 애플리케이션 내 다른 곳으로 이동할 수 있게 해준다.

```
...
<a class="btn btn-primary" href="#/products">Continue shopping</a>
<a class="btn btn-primary" href="#/placeorder">Place order now</a>
...
```

Continue shopping 버튼은 `#/products` 경로로 이동해 사용자가 상품 목록으로 돌아가게 해주고, Place order 버튼은 `#/placeorder`라는 새 URL 경로로 이동하게 해준다. 이 URL은 다음 절에서 설정한다.

결제 요약 정보 적용

다음으로 예제 7-16처럼 app.html 파일에 script 엘리먼트를 추가하고 결제 과정을 마무리하기 위해 추가 라우트를 정의해야 한다.

예제 7-16. app.html 파일에 결제 요약 정보 적용

```html
<!DOCTYPE html>
<html ng-app="sportsStore">
<head>
    <title>SportsStore</title>
    <script src="angular.js"></script>
    <link href="bootstrap.css" rel="stylesheet" />
    <link href="bootstrap-theme.css" rel="stylesheet" />
    <script>
        angular.module("sportsStore", ["customFilters", "cart", "ngRoute"])
        .config(function ($routeProvider) {
            $routeProvider.when("/complete", {
                templateUrl: "/views/thankYou.html"
            });

            $routeProvider.when("/placeorder", {
                templateUrl: "/views/placeOrder.html"
            });

            $routeProvider.when("/checkout", {
                templateUrl: "/views/checkoutSummary.html"
```

```
            });

            $routeProvider.when("/products", {
                templateUrl: "/views/productList.html"
            });

            $routeProvider.otherwise({
                templateUrl: "/views/productList.html"
            });
        });
    </script>
    <script src="controllers/sportsStore.js"></script>
    <script src="filters/customFilters.js"></script>
    <script src="controllers/productListControllers.js"></script>
    <script src="components/cart/cart.js"></script>
    <script src="ngmodules/angular-route.js"></script>
    <script src="controllers/checkoutControllers.js"></script>
</head>
<body ng-controller="sportsStoreCtrl">
    <div class="navbar navbar-inverse">
        <a class="navbar-brand" href="#">SPORTS STORE</a>
        <cart-summary />
    </div>
    <div class="alert alert-danger" ng-show="data.error">
        Error ({{data.error.status}}). The product data was not loaded.
        <a href="/app.html" class="alert-link">Click here to try again</a>
    </div>
    <ng-view />
</body>
</html>
```

새로 정의한 라우트에서는 URL을 다음 장에서 구현할 뷰로 연결한다. 그림 7-7에서는 사용자가 장바구니 위젯에서 Checkout 버튼을 클릭할 때 장바구니 요약 정보가 사용자에게 표시되는 것을 볼 수 있다.

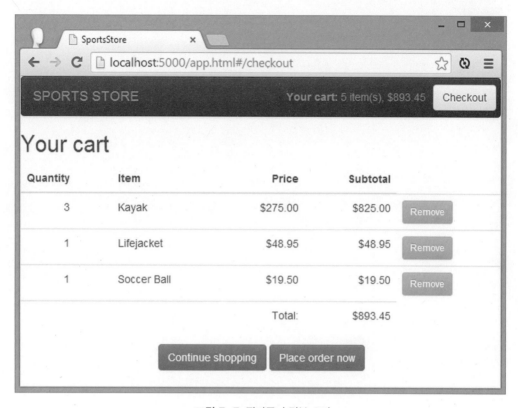

그림 7-7. 장바구니 정보 요약

| 정리

이 장에서는 계속해서 스포츠 상점 애플리케이션을 개발했으며, Deployd 서버에서 상품 데이터를 가져오고, 부분 뷰에 대한 지원 기능을 추가하고, 커스텀 디렉티브를 구현했다. 또, URL 라우팅을 설정하고 사용자가 주문할 수 있는 기능을 추가하기 시작했다. 다음 장에서는 스포츠 상점 애플리케이션을 완성하고, 관리자 지원 기능을 추가한다.

스포츠 상점:
주문 및 관리자 기능

이 장에서는 배송 정보를 수집해 유효성을 검증하고 주문을 Deployd 서버에 저장해봄으로써 스포츠 상점 애플리케이션을 마무리한다. 또, 인증된 사용자가 주문 내역을 보고 상품 카탈로그를 관리할 수 있게 해주는 관리자 애플리케이션도 개발한다.

| 예제 프로젝트 준비

여기서는 6장에서 시작하고 7장에서 확장한 프로젝트를 기반으로 개발을 진행한다. 예제를 따라하고 싶지만 처음부터 프로젝트를 개발하고 싶지 않다면 www.apress.com에서 7장의 소스 코드를 내려받으면 된다.

7장에서는 장바구니 요약 정보를 사용자에게 보여줌으로써 결제 절차 구현을 시작했다. 이 요약 정보에는 /placeorder URL 경로로 이동할 수 있는 a 엘리먼트도 들어 있는데, 이를 위해 앞 장에서는 app.html 파일에 URL 라우트를 추가했다. 사실 앞에서는 두 개의 라우트를 정의했는데, 둘 다 이 장에서 결제 절차를 완료하는 데 필요한 URL이다.

```
...
$routeProvider.when("/complete", {
    templateUrl: "/views/thankYou.html"
});

$routeProvider.when("/placeorder", {
    templateUrl: "/views/placeOrder.html"
});
...
```

이 장에서는 URL 라우트에서 지정한 이름의 뷰를 생성하고, 결제 절차를 마무리하는 데 필요한 컴포넌트를 구현한다.

| 배송 상세 정보 수집

사용자에게 장바구니 요약 정보를 보여주고 나면 배송할 상세 정보를 사용자로부터 얻어야 한다. 이때는 대다수 웹 애플리케이션에서 필요한 폼과 연동할 수 있는 AngularJS 기능을 활용한다. 여기서는 사용자의 배송 정보를 수집할 수 있는 views/placeOrder.html 파일을 추가했다. 이 파일은 앞에서 본 두 라우팅 URL 중 한 곳에서 지정한 뷰의 이름과 동일하다. 여기서는 다양한 폼 관련 기능을 사용할 예정인데, 동일한 코드를 계속 반복해서 사용하지 않기 위해 먼저 데이터 속성(사용자의 이름 및 거리 주소)에 대한 작업부터 시작하고, 새로운 기능을 사용할 때 필요한 다른 속성을 추가하려고 한다. 예제 8-1에서는 placeOrder.html 뷰 파일의 초기 내용을 볼 수 있다.

예제 8-1. placeOrder.html 파일의 내용

```html
<h2>Check out now</h2>
<p>Please enter your details, and we'll ship your goods right away!</p>

<div class="well">
    <h3>Ship to</h3>
    <div class="form-group">
        <label>Name</label>
        <input class="form-control" ng-model="data.shipping.name" />
    </div>

    <h3>Address</h3>

    <div class="form-group">
        <label>Street Address</label>
        <input class="form-control" ng-model="data.shipping.street" />
    </div>

    <div class="text-center">
        <button class="btn btn-primary">Complete order</button>
    </div>
</div>
```

이 뷰에서 우선 눈여겨볼 점은 ng-controller 디렉티브를 사용해 컨트롤러를 지정하지 않았다는 점이다. 이 말은 최상위 레벨 컨트롤러인 sportsStoreCrtl(이 컨트롤러는 7장에서 소개한 ng-view 디렉티브가 들어 있는 뷰를 관리한다)에서 이 뷰를 지원한다는 뜻이다. 이 경우처럼 뷰에 추가 동작이 필요 없는 경우 부분 뷰에서는 컨트롤러를 정의하지 않아도 된다는 점을 기억하자.

이 예제에서 사용한 중요한 AngularJS 기능은 바로 다음과 같이 input 엘리먼트에 ng-model 디렉티브를 사용한 것이다.

```
...
<input class="form-control" ng-model="data.shipping.name" />
...
```

ng-model 디렉티브는 **양방향 데이터 바인딩**을 설정한다. 데이터 바인딩에 대해서는 10장에서 자세히 설명하겠지만, 간단히 말하면 스포츠 상점 애플리케이션에서 지금까지 사용한 데이터 바인딩({{ 및 }} 문자를 사용하는)은 **단방향 바인딩**으로, 스코프로부터 값을 표시하는 역할만 한다. 단방향 바인딩에서 표시하는 값은 필터링하거나 단순 데이터 값이 아닌 표현식으로도 사용할 수 있지만 읽기 전용 관계를 나타낸다. 바인딩에서 표시하는 값은 스코프에서 해당 값이 변할 경우 업데이트되지만, 업데이트 방향은 스코프로부터 바인딩으로 한 방향으로만 진행된다.

양방향 바인딩은 폼 엘리먼트에서 사용하며, 단순히 값을 보여주는 게 아니라 사용자가 값을 입력해 스코프 내 값을 변경할 수 있게 해준다. 이때 업데이트 흐름은 스코프와 데이터 바인딩 사이에서 양방향으로 진행된다. ng-model 디렉티브에 대해서는 10장에서 자세히 설명하고, 폼과 관련한 AngularJS 지원 기능은 12장에서 살펴본다. 이 장에서는 사용자가 input 엘리먼트에 값을 입력하면 이 값이 ng-model 디렉티브를 통해 지정한 스코프 속성(이 경우 data.shipping. name 속성 또는 data.shipping.street 속성)에도 대입된다는 정도만 알아두면 된다. 브라우저에서 실행한 결과 화면은 그림 8-1에서 볼 수 있다.

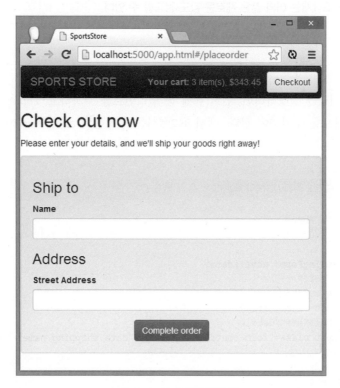

그림 8-1. 상세 정보 입력 폼

팁 이때 스코프에 `data.shipping` 객체나 개별 `name`, `street` 속성을 정의하게끔 컨트롤러를 수정하지 않아도 된다는 점에 주의하자. AngularJS의 스코프는 매우 유연하며, 속성이 아직 정의되지 않았으면 동적으로 속성을 정의한다. 자세한 내용은 13장에서 살펴본다.

폼 유효성 검증 기능 추가

폼 엘리먼트를 사용하는 웹 애플리케이션을 개발해본 경험이 있다면 사용자가 입력 필드에 아무 내용이나 입력한다는 사실(아울러 사용자가 항상 의미 있고 유용한 데이터만 제공한다고 가정하는 게 얼마나 어리석은지)을 잘 알고 있을 것이다. 원하는 데이터를 항상 얻을 수 있게끔 AngularJS에서는 값이 적합한지 여부를 검사할 수 있는 **폼 유효성 검증** 기능을 제공한다.

AngularJS의 폼 유효성 검증 기능은 `type` 및 `required`처럼 폼 엘리먼트에 적용된 표준 HTML 어트리뷰트를 존중한다. 폼 유효성 검증은 자동으로 수행되지만, 사용자에게 검증 결과를 피드백으로 전달하고 전체 유효성 검증 결과를 애플리케이션과 연동하려면 작업이 조금 필요하다.

팁 HTML5에서는 `input` 엘리먼트의 `type` 어트리뷰트에서 사용할 수 있는 새로운 값을 정의했으며, 이들 값은 예컨대 이메일 주소나 숫자 값을 검증하는 데 사용할 수 있다. 12장에서 보겠지만 AngularJS에서는 이와 같은 새로운 값도 검증할 수 있다.

유효성 검증 준비

폼 유효성 검증 기능을 설정하려면, 먼저 뷰에 폼 엘리먼트를 추가하고, `input` 엘리먼트에 유효성 검증 어트리뷰트를 추가해야 한다. 예제 8-2에서는 수정한 `placeOrder.html` 파일을 볼 수 있다.

예제 8-2. 유효성 검증을 위한 placeOrder.html 파일 준비

```html
<h2>Check out now</h2>
<p>Please enter your details, and we'll ship your goods right away!</p>

<form name="shippingForm" novalidate>
    <div class="well">
        <h3>Ship to</h3>
        <div class="form-group">
            <label>Name</label>
            <input class="form-control" ng-model="data.shipping.name" required />
        </div>

        <h3>Address</h3>
```

```
        <div class="form-group">
            <label>Street Address</label>
            <input class="form-control" ng-model="data.shipping.street" required />
        </div>

        <div class="text-center">
            <button class="btn btn-primary">Complete order</button>
        </div>
    </div>
</form>
```

스포츠 상점 애플리케이션에서는 브라우저의 폼 전송 내장 기능을 사용하지 않지만, 폼 엘리먼트는 주로 세 가지 용도로 사용된다.

첫 번째 용도는 유효성 검증을 활성화하는 것이다. AngularJS에서는 특수 기능을 사용하기 위해 커스텀 디렉티브를 사용해 일부 HTML 엘리먼트를 재정의하는데, 이에 해당하는 엘리먼트 중 하나가 폼이다. 폼 엘리먼트가 없으면 AngularJS에서는 input, select, textarea 같은 엘리먼트의 내용을 검증할 수 없다.

폼 엘리먼트의 두 번째 용도는 브라우저에서 수행하려는 유효성 검증을 비활성화하는 것이다. 이를 위해서는 novalidate 어트리뷰트를 사용하면 된다. 이 어트리뷰트는 표준 HTML5 기능으로서, 사용자가 제공하는 데이터를 AngularJS에서만 검사하게 해준다. novalidate 어트리뷰트를 빼먹으면 사용자가 브라우저에 따라 서로 상충되거나 중복되는 유효성 검증 피드백을 받게 될수 있다.

폼 엘리먼트의 마지막 용도는 폼 유효성 검증 결과를 보고하는 데 사용할 변수를 정의하는 것이다. 이때는 name 어트리뷰트를 사용한다(여기서는 이 어트리뷰트를 shippingForm으로 설정했다). 이 장의 후반부에서 이 값이 유효성 검증 피드백을 표시하고, 폼의 내용이 유효할 때 사용자가 주문을 할 수 있게 버튼 엘리먼트를 연결하는 데 사용되는 것을 볼 수 있다.

여기서는 폼 엘리먼트 이외에도 input 엘리먼트에 required 어트리뷰트를 적용했다. 이 어트리뷰트는 AngularJS에서 인식하는 유효성 검증 어트리뷰트 중 가장 간단한 형태의 어트리뷰트로, 해당 엘리먼트가 유효하려면 사용자가 값(아무 값이나)을 지정해야 함을 뜻한다. 폼 엘리먼트를 검증하는 자세한 방법은 12장에서 살펴본다.

유효성 검증 피드백 표시

폼 엘리먼트 및 유효성 검증 어트리뷰트를 선언하고 나면 AngularJS에서는 사용자가 제공하는 데이터의 검증을 시작한다. 하지만 사용자에게 피드백을 전달하려면 할 일이 아직 남아 있다. 자세한 내용은 12장에서 보겠지만, 이때 사용할 수 있는 피드백의 종류로는 두 가지가 있다. 즉,

AngularJS에서 유효하거나 유효하지 않다고 지정한 폼 엘리먼트에 지정한 클래스를 활용해 CSS 스타일을 정의할 수 있고, 스코프 변수를 활용해 특정 엘리먼트에 대한 피드백 메시지를 보여주거나 안 보여줄 수 있다. 예제 8-3에서는 두 방식을 모두 사용한 코드를 볼 수 있다.

예제 8-3. placeOrder.html 파일에 유효성 검증 피드백 적용

```html
<style>
    .ng-invalid { background-color: lightpink; }
    .ng-valid { background-color: lightgreen; }
    span.error { color: red; font-weight: bold; }
</style>

<h2>Check out now</h2>
<p>Please enter your details, and we'll ship your goods right away!</p>

<form name="shippingForm" novalidate>
    <div class="well">
        <h3>Ship to</h3>
        <div class="form-group">
            <label>Name</label>
            <input name="name" class="form-control"
                ng-model="data.shipping.name" required />
            <span class="error" ng-show="shippingForm.name.$error.required">
                Please enter a name
            </span>
        </div>

        <h3>Address</h3>

        <div class="form-group">
            <label>Street Address</label>
            <input name="street" class="form-control"
                ng-model="data.shipping.street" required />
            <span class="error" ng-show="shippingForm.street.$error.required">
                Please enter a street address
            </span>
        </div>

        <div class="text-center">
            <button class="btn btn-primary">Complete order</button>
        </div>
    </div>
</form>
```

AngularJS에서는 폼 엘리먼트에 ng-valid 및 ng-invalid 클래스를 지정하므로, 여기서는 이들 클래스를 대상으로 하는 CSS 스타일이 들어 있는 style 엘리먼트를 정의했다. 폼 엘리먼트에는 항상 두 클래스 중 하나가 적용되므로 이 스타일 중 하나는 항상 적용된다.

여기서는 스포츠 상점 애플리케이션에 간단한 유효성 검증 설정을 적용했다. 그 결과 폼이 사용자에게 처음 보일 때 유효하지 않은 폼 스타일이 적용되고 있는데, 이는 바람직하지 않다. 12장에서는 AngularJS에서 제공하는 추가 기능을 활용해 유효성 메시지가 표시되는 시점을 제어하는 법을 다룬다.

CSS 스타일은 input 엘리먼트에 문제가 있다는 사실을 알리는 효과는 있지만 무슨 문제가 있는지는 알려주지 못한다. 이를 위해서는 각 엘리먼트에 name 어트리뷰트를 추가하고, AngularJS에서 스코프에 추가한 유효성 검증 데이터를 활용해 다음과 같이 에러 메시지가 보이거나 안 보이게 제어해야 한다.

```
...
<input name="street" class="form-control" ng-model="data.shipping.street" required />
<span class="error" ng-show="shippingForm.street.$error.required">
    Please enter a street address
</span>
...
```

이 코드에는 사용자의 거리 주소를 입력받는 input 엘리먼트가 나와 있다. 이 엘리먼트에는 name 값으로 street를 지정했다. 그럼 AngularJS에서는 스코프에 shippingForm.street 객체(이 객체는 form 엘리먼트의 name과 input 엘리먼트의 name을 결합한 것이다)를 생성한다. 이 객체에서는 $error 속성을 정의하는데, 이 속성은 그 자체가 input 엘리먼트의 내용 중 유효성 검증을 통과하지 못한 어트리뷰트별 속성을 갖고 있는 객체다. 간단히 말해 shippingForm.street.$error.required 속성이 true이면 street input 엘리먼트의 내용이 유효하지 않음을 알 수 있고, ng-show 디렉티브를 사용해 사용자에게 에러 메시지를 보여줄 수 있다(유효성 검증 속성은 12장에서, ng-show 디렉티브는 11장에서 자세히 다룬다). 폼의 초기 상태는 그림 8-2에서 볼 수 있다.

input 엘리먼트에 상세 정보를 하나씩 입력하면 required 어트리뷰트를 하나씩 충족해 엘리먼트에 적용된 빨간색 색상이 녹색으로 바뀌고 에러 메시지가 사라지게 된다.

이 장에서는 일부러 유효성 검증 과정을 단순화했다. 12장에서 보겠지만 AngularJS에서는 이것보다 훨씬 더 상세하고 보기 좋은 유효성 검증 기능 설정을 지정할 수 있다.

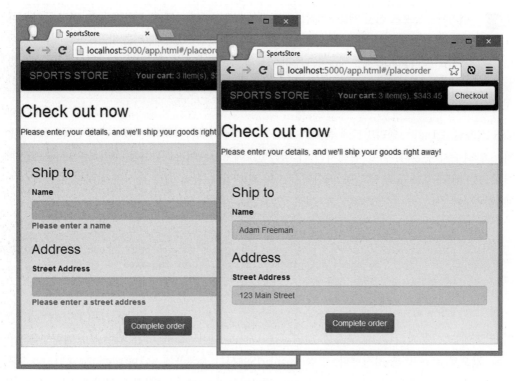

그림 8-2. 초기 (유효하지 않은) 폼

버튼의 유효성 검증 기능 연계

대부분의 웹 애플리케이션에서 사용자는 폼 데이터를 제공하고 유효성 검증을 통과하기 전까지 다음 단계로 이동할 수 없어야 한다. 이를 위해 여기서는 폼이 유효하지 않을 경우, Complete order 버튼을 비활성화했다가 사용자가 폼을 제대로 채울 때 자동으로 활성화하려고 한다.

이를 구현하려면 AngularJS에서 스코프에 추가한 유효성 검증 정보를 활용해야 한다. 앞 절에서 엘리먼트별 메시지를 표시하는 데 사용한 필드별 정보뿐 아니라 폼의 전체 상태 정보도 가져올 수 있다. shippingForm.$invalid 속성은 하나 이상의 input 엘리먼트가 유효하지 않을 때 true로 설정되며, 이 속성값을 ng-disabled 디렉티브와 함께 사용하면 버튼 엘리먼트의 상태를 관리할 수 있다. ng-disabled 디렉티브는 11장에서 자세히 다룰 것인데, 간단히 말해 설정된 스코프 속성이나 표현식에 따라 엘리먼트에 disabled 어트리뷰트를 추가하거나 제거하는 기능을 수행한다. 예제 8-4에는 폼 유효성 검증 결과를 토대로 버튼 상태를 관리하는 코드가 나와 있다.

```
...
<div class="text-center">
    <button ng-disabled="shippingForm.$invalid"
        class="btn btn-primary">Complete order</button>
</div>
...
```

ng-disabled 디렉티브를 버튼에 적용한 결과는 그림 8-3에서 볼 수 있다.

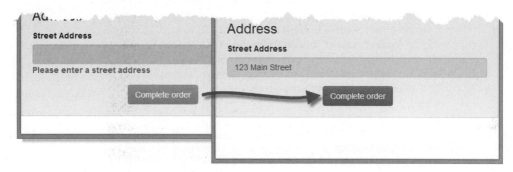

그림 8-3. 폼 유효성 검증 결과를 기반으로 한 버튼의 상태 제어

나머지 폼 필드 추가

이제 AngularJS에서 폼 유효성 검증을 어떻게 처리하는지 알게 됐으니 폼에 나머지 input 엘리먼트를 추가해보자. 앞에서는 중복되는 마크업을 나열하지 않고 개별적인 유효성 검증 기능을 보여주기 위해 이들 엘리먼트를 추가하지 않았지만 이제 다음 단계를 위해 전체 폼을 완성해야 할 시점이 됐다. 예제 8-5에서는 나머지 input 엘리먼트 및 관련 유효성 검증 메시지를 추가한 예제를 볼 수 있다.

예제 8-5. placeOrder.html 파일에 나머지 폼 필드 추가

```
<style>
    .ng-invalid { background-color: lightpink; }
    .ng-valid { background-color: lightgreen; }
    span.error { color: red; font-weight: bold; }
</style>

<h2>Check out now</h2>
<p>Please enter your details, and we'll ship your goods right away!</p>

<form name="shippingForm" novalidate>
    <div class="well">
```

```
<h3>Ship to</h3>
<div class="form-group">
    <label>Name</label>
    <input name="name" class="form-control"
        ng-model="data.shipping.name" required />
    <span class="error" ng-show="shippingForm.name.$error.required">
        Please enter a name
    </span>

</div>

<h3>Address</h3>

<div class="form-group">
    <label>Street Address</label>
    <input name="street" class="form-control"
        ng-model="data.shipping.street" required />
    <span class="error" ng-show="shippingForm.street.$error.required">
        Please enter a street address
    </span>
</div>

<div class="form-group">
    <label>City</label>
    <input name="city" class="form-control"
        ng-model="data.shipping.city" required />
    <span class="error" ng-show="shippingForm.city.$error.required">
        Please enter a city
    </span>
</div>

<div class="form-group">
    <label>State</label>
    <input name="state" class="form-control"
        ng-model="data.shipping.state" required />
    <span class="error" ng-show="shippingForm.state.$error.required">
        Please enter a state
    </span>
</div>

<div class="form-group">
    <label>Zip</label>
    <input name="zip" class="form-control"
        ng-model="data.shipping.zip" required />
    <span class="error" ng-show="shippingForm.zip.$error.required">
        Please enter a zip code
    </span>
</div>

<div class="form-group">
    <label>Country</label>
    <input name="country" class="form-control"
        ng-model="data.shipping.country" required />
```

```
        <span class="error" ng-show="shippingForm.country.$error.required">
            Please enter a country
        </span>
    </div>

    <h3>Options</h3>
    <div class="checkbox">
        <label>
            <input name="giftwrap" type="checkbox"
                ng-model="data.shipping.giftwrap" />
            Gift wrap these items
        </label>
    </div>

    <div class="text-center">
        <button ng-disabled="shippingForm.$invalid"
                class="btn btn-primary">Complete order</button>
    </div>
        </div>
    </form>
```

> **팁** 예제 8-5에 나온 마크업은 중복되는 내용이 많은데다 오타가 생기기도 쉽다. 독자들 중에는 `ng-repeat` 디렉티브를 사용해 객체 배열에서 각 필드를 나타내는 `input` 엘리먼트를 생성하고 싶어하는 사람도 있을 것이다. 하지만 이 기법은 `ng-repeat` 스코프 내에서 `ng-model` 및 `ng-show` 같은 디렉티브를 해석하는 방식으로 인해 제대로 동작하지 않는다. 따라서 중복되는 마크업을 그냥 받아들이거나 좀 더 우아한 방식을 사용하고 싶다면 15~17장을 참고해 커스텀 디렉티브를 생성해 사용할 것을 권장한다.

| 주문하기

폼 유효성 검증 결과를 통해 버튼 엘리먼트의 상태를 제어하기는 했지만 아직까지 버튼을 눌러도 아무 효과가 없다. 그 이유는 아직 주문 전송 기능을 구현해 스포츠 상점 애플리케이션을 완성하지 못했기 때문이다. 이 절에서는 Deployd 서버에서 제공하는 데이터베이스를 확장해 Ajax 요청을 사용해 서버로 주문 데이터를 전송하고, 주문 절차를 마무리하기 위해 주문 완료 메시지를 표시한다.

Deployd 서버 확장

이번에는 스포츠 상점 애플리케이션에서 전송할 주문을 받아들일 수 있게 Deployd 설정을 확장해야 한다. Deployd 대시보드(6장에서 처음 사용한)를 사용해 녹색 더하기 버튼을 클릭하고, 그림 8-4처럼 Collection을 선택한다.

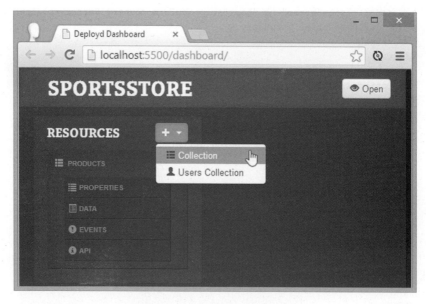

그림 8-4. Deployd에 새 컬렉션 추가

새 컬렉션의 이름을 /orders로 설정하고 Create 버튼을 클릭한다. 그럼 Deployd 대시보드에서는 6장에서 products 컬렉션을 생성할 때 본 적 있는 속성 편집기 화면을 보여준다. 표 8-1과 같이 속성을 정의한다.

표 8-1. Orders 컬렉션에 필요한 속성

속성	타입	필수 여부
name	string	예
street	string	예
city	string	예
state	string	예
zip	string	예
country	string	예
giftwrap	boolean	아니오
products	array	예

이때 giftwrap과 products 속성의 타입에 주의하자. 이들 속성은 다른 속성과 타입이 다르며, 타입을 잘못 지정하면 이상한 결과가 생기게 된다. 작업을 마치고 나면 orders 컬렉션의 속성 목록이 그림 8-5처럼 표시될 것이다.

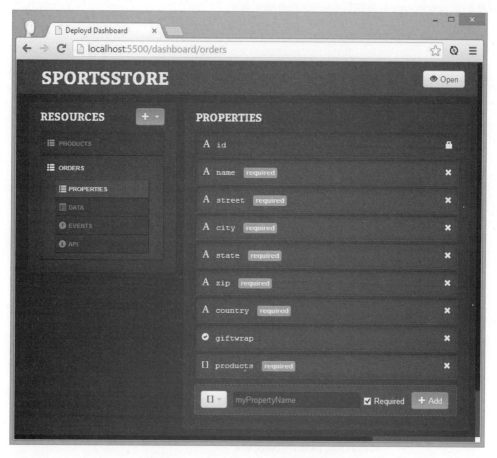

그림 8-5. Deployd orders 컬렉션에 속성 추가

컨트롤러 동작 정의

다음으로 Ajax 요청을 사용해 주문 상세 정보를 서버로 전송할 컨트롤러 동작을 정의해야 한다. 이 기능은 여러 곳에 정의할 수 있다(예컨대 서비스로 정의하거나 새 컨트롤러에 정의하거나). 이와 같은 유연성은 AngularJS 개발을 할 때 볼 수 있는 특징 중 하나다. AngularJS 애플리케이션 의 구조와 관련해 절대적으로 옳거나 잘못된 코드 위치는 존재하지 않으며, 경험이 쌓이면서 스스로 자신의 스타일에 맞게 선호하는 위치를 결정할 뿐이다. 여기서는 예제를 가능한 한 간단히 하기 위해 이 동작을 최상위 레벨 컨트롤러인 sportsStore 컨트롤러에 추가한다. 이 컨트롤러 에는 Ajax 요청을 통해 상품 데이터를 가져오는 코드가 이미 들어 있다. 예제 8-6에서 수정한 코드를 볼 수 있다.

```javascript
angular.module("sportsStore")
    .constant("dataUrl", "http://localhost:5500/products")
    .constant("orderUrl", "http://localhost:5500/orders")
    .controller("sportsStoreCtrl", function ($scope, $http, $location,
        dataUrl, orderUrl, cart) {

        $scope.data = {
        };

        $http.get(dataUrl)
            .success(function (data) {
                $scope.data.products = data;
            })
            .error(function (error) {
                $scope.data.error = error;
            });

        $scope.sendOrder = function (shippingDetails) {
            var order = angular.copy(shippingDetails);
            order.products = cart.getProducts();
            $http.post(orderUrl, order)
                .success(function (data) {
                    $scope.data.orderId = data.id;
                    cart.getProducts().length = 0;
                })
                .error(function (error) {
                    $scope.data.orderError = error;
                }).finally(function () {
                    $location.path("/complete");
                });
        }
    });
```

Deployd에서는 POST 요청에 반응해 데이터베이스에 새 객체를 생성하고, 이렇게 생성한 객체를 응답으로 반환한다. 이 객체에는 새 객체를 참조하기 위해 생성된 id 어트리뷰트도 들어 있다.

이 점을 염두에 두면 컨트롤러에 새로 추가한 로직이 어떻게 동작하는지 쉽게 이해할 수 있을 것이다. 여기서는 POST 요청에 사용할 URL을 지정하는 상수를 새로 추가하고, 사용자가 필요한 상품에 대한 상세 정보를 가져올 수 있게 장바구니 서비스에 대한 의존성을 추가했다. 컨트롤러에 새로 추가한 동작의 이름은 sendOrder이며, 이 동작은 사용자의 배송 상세 정보를 인자로 받는다.

여기서는 애플리케이션의 다른 부분에 영향을 주지 않고 안전하게 객체를 조작하기 위해 5장에서 설명한 angular.copy 유틸리티 메서드를 사용해 배송 정보 객체를 복사한다. 배송 상세 정보 객체의 속성(이들 속성은 앞 절에서 살펴본 ng-model 디렉티브에 의해 생성된다)은 앞서 Deployd orders 컬렉션에 정의한 속성에 대응되며, 우리가 할 일은 장바구니에 담긴 상품 배열을 참조하는 products 속성을 정의하는 것뿐이다.

이 예제에서는 지정한 URL로 Ajax POST 요청을 보내는 $http.post 메서드를 사용하고, 5장에서 설명한 success 및 error 메서드(20장에서 자세히 설명)를 사용해 요청 결과에 반응한다. 요청이 성공하면 새로 생성된 주문 객체의 id를 스코프 속성에 대입하고, 장바구니의 내용을 비운다. 요청이 실패하면 나중에 참조할 수 있게 에러 객체를 스코프에 대입한다.

또, $http.post 메서드에서 반환한 프로미스의 then 메서드도 사용한다. then 메서드는 Ajax 요청이 성공하든 실패하든 항상 호출할 함수를 인자로 받는다. 여기서는 요청 결과와 상관없이 같은 뷰를 보여주기 위해 then 메서드를 사용해 $location.path 메서드를 호출한다. 이렇게 하면 프로그래밍적으로 URL의 경로 컴포넌트를 설정할 수 있으며, 7장에서 설정한 URL 설정에 따라 뷰를 전환할 수 있다($location 서비스는 11장에서, URL 라우팅과 함께 사용하는 예제는 22장에서 볼 수 있다).

컨트롤러 동작 호출

새 컨트롤러 동작을 호출하려면 예제 8-7과 같이 배송 정보 상세 뷰에서 버튼 엘리먼트에 ng-click 디렉티브를 추가해야 한다.

예제 8-7. placeOrder.html 파일에 디렉티브 추가

```
...
<div class="text-center">
    <button ng-disabled="shippingForm.$invalid"
            ng-click="sendOrder(data.shipping)"
            class="btn btn-primary">
        Complete order
    </button>
</div>
...
```

뷰 정의

Ajax 요청이 완료된 후 지정한 URL 경로는 /complete이다. URL 라우팅 설정에서는 이 URL을 /views/thankYou.html 파일로 매핑한다. 이 파일을 새로 생성하고, 내용을 예제 8-8처럼 채운다.

```
<div class="alert alert-danger" ng-show="data.orderError">
    Error ({{data.orderError.status}}). The order could not be placed.
    <a href="#/placeorder" class="alert-link">Click here to try again</a>
</div>

<div class="well" ng-hide="data.orderError">
    <h2>Thanks!</h2>
    Thanks for placing your order. We'll ship your goods as soon as possible.
    If you need to contact us, use reference {{data.orderId}}.
</div>
```

뷰에서는 Ajax 요청의 성공/실패를 모두 처리하기 위해 두 가지 각기 다른 콘텐츠 영역을 정의한
다. 요청 과정에서 에러가 생겼다면 에러 상세 정보와 더불어 사용자가 다시 주문을 할 수 있게
배송 상세 정보 화면으로 돌아가는 링크를 표시한다. 요청이 성공했다면 새 주문 객체의 id가 들
어 있는 감사 메시지를 보여준다. 요청 성공 화면은 그림 8-6에서 볼 수 있다.

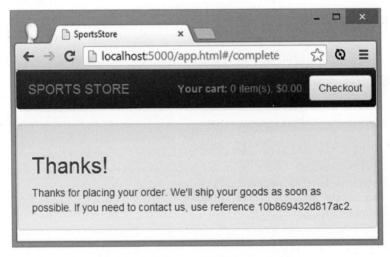

그림 8-6. 주문 후 사용자에게 피드백 표시

| 개선하기

지금까지 스포츠 상점 애플리케이션의 사용자 측면을 개발하면서 우리는 다소 쉽고 간편한 방법
을 택했다. 이런 부분은 이후 장에서 소개할 기법을 통해 얼마든지 개선할 수 있지만 이들 기법을
적용하려면 아직 배우지 않은 개념을 활용해야 하므로 여기서는 이를 적용하지 않았다.

우선, app.html 파일을 브라우저로 로드할 때 뷰가 표시되는 시점과 상품 및 카테고리 엘리먼트

가 생성되는 시점 사이에 약간의 시차가 있는 것을 볼 수 있다. 이는 데이터를 가져오는 Ajax 요청이 백그라운드에서 실행되고, 이 요청이 서버의 응답을 기다리는 동안 AngularJS가 계속해서 애플리케이션을 실행하고, 뷰를 보여주기 때문이다(아울러 데이터가 도착하면 뷰를 업데이트한다). 22장에서는 URL 라우팅 기능을 활용해 Ajax 요청이 완료되기 전까지 AngularJS에서 뷰를 보여주지 않게 하는 법을 소개한다.

다음으로, 내비게이션 및 페이지 이동 기능에 사용하기 위해 상품 데이터를 처리해 카테고리를 추출하고 있다. 실제 프로젝트라면 상품 데이터가 처음 도착할 때 이 정보를 처리하고, 이후에는 계속해서 재사용하는 방식을 택할 것이다. 20장에서는 프로미스를 활용해 이와 같은 작업에 적합한 동작 체인을 구현하는 법을 살펴본다.

끝으로 23장에서 보게 될 $animate 서비스를 사용해 URL 경로가 바뀔 때 한 뷰에서 다른 뷰로 부드럽게 전환되게끔 애니메이션을 사용할 수 있을 것이다.

최적화 함정 피하기

이 책에서 필자는 카테고리와 페이지 데이터를 재사용하는 것을 고려할 수 있다고 했지 반드시 그렇게 하겠다고는 안 했다. 이렇게 말한 이유는 모든 유형의 최적화를 신중하게 고려해야 하고, 무분별한 최적화 작업으로 인해 빠지기 쉬운 두 가지 함정을 피하는 게 중요하기 때문이다.

첫 번째 함정은 **조기 최적화**다. 이 경우 개발자는 현재 구현체에서 아무 문제도 일으키지 않으며 명세에도 위반되지 않음에도 작업을 최적화하려고 한다. 이와 같은 최적화는 코드를 좀 더 특정 상황에 맞추게 하는 경향이 있으며, AngularJS에서 흔히 보듯 한 컴포넌트에서 다른 컴포넌트로의 기능 이동을 저해하게 된다(이와 같은 자유로운 기능 이동은 AngularJS 개발에서 가장 좋은 점 중 하나다). 아울러, 아직 문제가 생기지 않은 코드를 최적화함으로써 아무도 신경 쓰지 않는 (잠재적) 문제를 해결하는 데 시간을 소모하게 된다. 이 시간은 실제 문제를 해결하거나 사용자에게 필요한 기능을 개발하는 데 쓰는 게 더 바람직하다.

두 번째 함정은 **전환 최적화**로서, 실제 해결책을 제시하기보다는 문제의 성격을 바꾸는 최적화를 말한다. 카테고리와 페이지 데이터 생성과 관련한 핵심 이슈는 정보를 캐싱함으로써 데이터를 생성하는 데 필요한 연산을 줄일 수 있다는 점이다. 이 생각은 좋은 생각처럼 보일 수도 있지만 데이터를 캐싱하려면 메모리가 필요하고, 모바일 기기에서는 메모리가 부족한 일이 자주 생긴다. 데이터 레코드를 처리하지 않음으로써 이득을 볼 수 있는 기기와 이런 연산을 피하기 위해 추가 데이터를 저장할 공간이 부족한 기기는 같은 유형의 기기다. 또, 데이터가 처리되는 동안 사용자가 기다려야 할 정도로 클라이언트로 많은 데이터를 보낼 경우 이 문제는 더 심각해지고, 이에 따라 애플리케이션을 설계한 방식을 고려해야 한다. 아마도 이 경우 데이터를 좀 더 작은 단위로 가져와 처리하는 게 좀 더 합리적인 대안이 될 것이다.

그렇다고 애플리케이션을 최적화하지 말아야 한다는 얘기가 아니다. 다만 실제로 해결해야 할 문제가 있고, 최적화만이 이 문제를 해결할 유일한 방법이 아니라면, 최적화를 할 필요가 없다는 것이다. 비효율성에 대한 반감으로 소중한 개발 시간을 낭비하지 말고 실제 문제를 해결하는 데 시간을 할애하자.

상품 카탈로그 관리

스포츠 상점 애플리케이션을 마무리하기 위해 이번에는 관리자가 상품 카탈로그와 주문 내역을 관리할 수 있는 애플리케이션을 개발하려고 한다. 이 과정을 통해 독자들은 AngularJS에서 **생성, 조회, 수정, 삭제**(CRUD) 작업을 어떻게 수행하는지 볼 수 있고, 메인 스포츠 상점 애플리케이션의 주요 기능도 다시 한 번 확인할 수 있을 것이다.

 백엔드 서비스마다 인증을 조금씩 다른 방식으로 구현하지만 기본적인 전제는 동일하다. 사용자의 인증 정보를 특정 URL로 보내면, 요청이 성공한 경우 브라우저가 쿠키를 반환하고, 이후 요청에서 브라우저는 이 쿠키를 함께 전송해 사용자를 식별하게 된다. 이 절에서 사용한 예제는 Deployd를 대상으로 하지만, 다른 플랫폼으로도 쉽게 이관할 수 있을 것이다.

Deployd 준비

데이터베이스 수정은 관리자만 할 수 있어야 한다. 이를 위해 여기서는 Deployd를 사용해 관리자 사용자를 정의하고, 표 8-2와 같이 접근 정책을 정의한다.

표 8-2. Deployd 컬렉션의 접근 제어 정책

컬렉션	관리자	사용자
products	생성, 조회, 수정, 삭제	조회
orders	생성, 조회, 수정, 삭제	생성

간단히 말해 관리자는 모든 컬렉션을 대상으로 모든 작업을 수행할 수 있다. 반면에 일반 사용자는 products 컬렉션을 조회(수정은 불가능)하거나 orders 컬렉션에 새 객체를 생성(조회, 수정, 삭제는 불가능)할 수 있다.

Deployd 대시보드에서 녹색 버튼을 클릭하고 팝업 메뉴에서 Users 컬렉션을 선택한다. 새 컬렉션의 이름을 그림 8-7과 같이 /users로 설정한다.

그림 8-7. users 컬렉션 생성

Create 버튼을 클릭한다. 그럼 Deployd에서 컬렉션을 생성하고 다른 컬렉션에서 객체를 정의하는 데 사용한 속성 편집기 화면을 보여준다. Users 컬렉션은 id, username, password 속성을 사용해 정의한다(이 애플리케이션에서 필요한 속성은 이게 전부다). /users 컬렉션의 Data 버튼을 클릭하고, 그림 8-8과 같이 사용자명이 admin, 비밀번호가 secret인 새 객체를 생성한다.

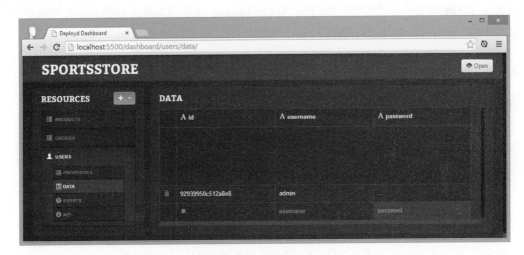

그림 8-8. 관리자 사용자 생성

컬렉션 보호

Deployd에서 필자가 좋아하는 기능 중 하나는 서버사이드 기능을 구현하는 데 사용할 수 있는 간단한 자바스크립트 API를 정의한다는 점이다. 이 API에 따라 컬렉션을 대상으로 작업을 수행할 때는 여러 이벤트가 호출된다. 콘솔에서 products 컬렉션을 클릭하고 Events를 클릭하자. 그럼 각기 다른 컬렉션 이벤트를 나타내는 여러 탭(On Get, On Validate, On Post, On Put, On Delete)을 볼 수 있다. 이들 이벤트는 모든 컬렉션에 대해 정의되며, 이를 통해 할 수 있는 작업 중 가장 많이 사용하는 작업이 바로 자바스크립트를 활용해 인증 정책을 강제하는 것이다. 다음 자바스크립트를 On Put과 On Delete 탭에 입력하자.

```
if (me === undefined || me.username != "admin") {
    cancel("No authorization", 401);
}
```

Deployd API에서 변수 me는 현재 사용자를 나타내며, cancel 함수는 지정한 메시지 및 HTTP 상태 코드와 함께 요청을 끝낸다. 이 코드는 인증된 사용자가 존재하고, 사용자가 admin일 때는 접근을 허용하지만, 그 외 나머지 요청은 모두 401 상태 코드와 함께 중단한다. 401 상태 코드는 클라이언트가 요청을 보낼 권한이 없음을 나타내는 상태 코드다.

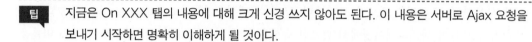 팁   지금은 On XXX 탭의 내용에 대해 크게 신경 쓰지 않아도 된다. 이 내용은 서버로 Ajax 요청을 보내기 시작하면 명확히 이해하게 될 것이다.

orders 컬렉션의 Events 탭에서도 On Post 및 On Validate 탭을 제외하고 같은 과정을 반복한다. 표 8-3에는 앞의 코드가 필요한 컬렉션 탭이 정리돼 있다. 나머지 탭은 빈 채로 두면 된다.

표 8-3. 자바스크립트 코드를 통해 인증을 적용하는 이벤트 탭

컬렉션	설명
products	On Put, On Delete
orders	On Get, On Put, On Delete
users	없음

관리자 애플리케이션 구현

이번에는 관리자 작업에 사용할 별도 AngularJS 애플리케이션을 개발한다. 물론 이 기능을 메인 애플리케이션으로 연동할 수도 있지만, 이렇게 하면 모든 사용자가 (이 중 대부분은 이 기능을 쓸 일이 전혀 없음에도) 관리자 기능에 필요한 코드를 내려받는 불편이 따른다. 여기서는 angularjs 폴더에 admin.html이라는 새 파일을 추가했다. 이 파일의 내용은 예제 8-9에서 볼 수 있다.

```html
<!DOCTYPE html>
<html ng-app="sportsStoreAdmin">
<head>
    <title>Administration</title>
    <script src="angular.js"></script>
    <script src="ngmodules/angular-route.js"></script>
    <link href="bootstrap.css" rel="stylesheet" />
    <link href="bootstrap-theme.css" rel="stylesheet" />
    <script>
        angular.module("sportsStoreAdmin", ["ngRoute"])
            .config(function ($routeProvider) {

                $routeProvider.when("/login", {
                    templateUrl: "/views/adminLogin.html"
                });

                $routeProvider.when("/main", {
                    templateUrl: "/views/adminMain.html"
                });

                $routeProvider.otherwise({
                    redirectTo: "/login"
                });
            });
    </script>
</head>
<body>
    <ng-view />
</body>
</html>
```

이 HTML 파일에는 AngularJS 및 부트스트랩 파일을 불러오는 데 필요한 script 및 link 엘리먼트와 더불어 sportsStoreAdmin 모듈을 정의할 인라인 script 엘리먼트가 들어 있다. sportsStoreAdmin 모듈에는 이 애플리케이션의 기능이 들어갈 예정이며, 이 모듈은 ng-app 디렉티브를 사용해 html 엘리먼트에 적용했다. 여기서는 Module.config 메서드를 사용해 애플리케이션에 세 개의 라우트를 생성하고, body 엘리먼트의 ng-view 디렉티브를 제어한다. 표 8-4에는 URL과 매칭되는 경로와 각 URL에서 로드하는 뷰가 정리돼 있다.

표 8-4. admin.html 파일의 URL 경로

URL 경로	뷰
/login	/views/adminLogin.html
/main	/views/adminMain.html
나머지 URL	/login으로 리다이렉트

otherwise 메서드로 정의한 라우트에서는 redirectTo 옵션을 사용해 URL 경로를 다른 라우트로 변경한다. 이렇게 하면 브라우저 경로를 사용자를 인증하는 데 사용하는 /login 경로로 옮기는 효과가 있다. URL 라우트에서 사용할 수 있는 전체 설정 옵션은 22장에서 자세히 설명한다.

플레이스홀더 뷰 추가

여기서는 인증 기능을 먼저 구현할 생각인데, 그 전에 인증이 성공했을 때 뭔가 내용을 보여줄 수 있게 /views/adminMain.html 뷰 파일에 임시로 내용을 추가해야 한다. 예제 8-10에서는 이 파일의 임시 콘텐츠를 보여준다.

예제 8-10. adminMain.html 파일의 내용

```
<div class="well">
    This is the main view
</div>
```

임시 내용은 애플리케이션에서 사용자를 인증할 수 있게 되면 의미 있는 내용으로 바꿀 것이다.

인증 구현

Deployd에서는 표준 HTTP 요청을 사용해 사용자를 인증한다. 애플리케이션은 /users/login URL로 POST 요청을 보내는데, 이때 사용자를 인증하기 위한 사용자명 및 비밀번호가 포함된다. 서버에서는 인증이 성공할 경우 200 상태 코드를 사용해 응답하고, 사용자를 인증할 수 없는 경우 401 코드를 사용해 응답한다. 인증을 구현하기 위해 여기서는 먼저 Ajax 요청을 수행하고, 응답을 처리하는 컨트롤러를 정의한다. 예제 8-11에서는 이를 위해 작성한 controllers/adminControllers.js 파일의 내용을 볼 수 있다.

예제 8-11. adminControllers.js 파일의 내용

```
angular.module("sportsStoreAdmin")
.constant("authUrl", "http://localhost:5500/users/login")
.controller("authCtrl", function($scope, $http, $location, authUrl) {

    $scope.authenticate = function (user, pass) {
        $http.post(authUrl, {
            username: user,
            password: pass
        }, {
            withCredentials: true
        }).success(function (data) {
            $location.path("/main");
        }).error(function (error) {
```

```
                $scope.authenticationError = error;
            });
        }
    });
```

여기서는 angular.module 메서드를 사용해 admin.html 파일에서 생성한 sportsStoreAdmin 모듈을 확장한다. 이 컨트롤러에서는 상수를 사용해 인증에 사용할 URL을 지정하고, 사용자명 과 비밀번호를 인자로 받아 $http.post 메서드(20장에서 설명)를 사용해 Deployd 서버로 Ajax 요청을 보내는 authenticate라는 동작을 정의하는 authCtrl 컨트롤러를 생성한다. 또, Ajax 요청이 성공한 경우 (URL 라우트 변화가 일어나게끔) $location 서비스(11장에서 설명)를 사 용해 프로그래밍적으로 브라우저에서 표시하는 경로를 변경한다.

> **팁** 여기서는 withCredentials 옵션을 true로 설정해 $http.post 메서드의 인자로 선택 설정 객체 를 넘겨줬다. 이렇게 하면 크로스 오리진 요청 지원이 활성화돼, 인증을 처리하는 쿠키와 연동해 Ajax 요청을 사용할 수 있게 된다. 이 옵션을 활성화하지 않으면 브라우저는 Deployd에서 인증 응답의 일부로 반환하는 쿠키를 무시하게 되고, 이후 요청에서도 이 쿠키가 사용되지 않게 된다. $http 서비스에서 사용할 수 있는 전체 옵션은 20장에서 자세히 설명한다.

서버에서 에러를 반환하면, 사용자에게 자세한 오류 정보를 보여주기 위해 error 함수로 전달된 객체를 스코프 변수에 대입한다. 여기서는 admin.html 파일 내 컨트롤러가 들어 있는 자바스크 립트 파일이 확장 모듈이 정의된 script 엘리먼트보다 나중에 위치하게끔 포함시키는 게 중요하 다. 예제 8-12에서는 수정한 admin.html 파일을 볼 수 있다.

예제 8-12. admin.html 파일에 컨트롤러용 script 엘리먼트 추가

```html
<!DOCTYPE html>
<html ng-app="sportsStoreAdmin">
<head>
    <title>Administration</title>
    <script src="angular.js"></script>
    <script src="ngmodules/angular-route.js"></script>
    <link href="bootstrap.css" rel="stylesheet" />
    <link href="bootstrap-theme.css" rel="stylesheet" />
    <script>
        angular.module("sportsStoreAdmin", ["ngRoute"])
            .config(function ($routeProvider) {

                $routeProvider.when("/login", {
                    templateUrl: "/views/adminLogin.html"
                });
```

```
            $routeProvider.when("/main", {
                templateUrl: "/views/adminMain.html"
            });

            $routeProvider.otherwise({
                redirectTo: "/login"
            });
        });
    </script>
    <script src="controllers/adminControllers.js"></script>
</head>
<body>
    <ng-view />
</body>
</html>
```

인증 뷰 정의

다음으로 사용자가 사용자명과 비밀번호를 입력할 수 있게 하고, authCtrl 컨트롤러에서 정의한 authenticate 동작을 호출하며, 에러 발생 시 상세 정보를 보여줄 뷰를 생성해야 한다. 예제 8-13에서는 views/adminLogin.html 파일의 내용을 볼 수 있다.

예제 8-13. adminLogin.html 파일의 내용

```
<div class="well" ng-controller="authCtrl">

    <div class="alert alert-info" ng-hide="authenticationError">
        Enter your username and password and click Log In to authenticate
    </div>

    <div class="alert alert-danger" ng-show="authenticationError">
        Authentication Failed ({{authenticationError.status}}). Try again.
    </div>

    <form name="authForm" novalidate>
        <div class="form-group">
            <label>Username</label>
            <input name="username" class="form-control" ng-model="username" required />
        </div>
        <div class="form-group">
            <label>Password</label>
            <input name="password" type="password" class="form-control"
                ng-model="password" required />
        </div>
        <div class="text-center">
            <button ng-click="authenticate(username, password)"
                ng-disabled="authForm.$invalid"
                class="btn btn-primary">
                Log In
```

```
        </button>
      </div>
    </form>
 </div>
```

이 뷰에서는 메인 SportsStore 애플리케이션에서 소개한 기법을 사용하며, 이들 기법에 대해서는 이후 장에서 좀 더 자세히 설명한다. ng-controller 디렉티브는 뷰를 authCtrl 컨트롤러와 연계하는 데 사용한다. 또, 이 예제에서는 AngularJS의 폼 및 유효성 검증 기능(12장에서 설명)을 사용해 사용자가 입력한 정보를 수집하고, 사용자명과 비밀번호를 모두 입력하기 전까지 Log In 버튼을 클릭할 수 없게 한다. 이어서 ng-show 및 ng-hide 디렉티브(11장)를 사용해 사용자가 인증 정보를 입력하게 하고, 에러를 보고한다. 끝으로, ng-click 디렉티브(11장)를 사용해 컨트롤러의 authenticate 동작을 호출해 인증을 수행한다.

브라우저에서 실행한 뷰 화면은 그림 8-9에서 볼 수 있다. 인증을 수행하려면 Deployd에서 기대하는 사용자명(admin) 및 비밀번호(secret)를 입력하고 버튼을 클릭하면 된다.

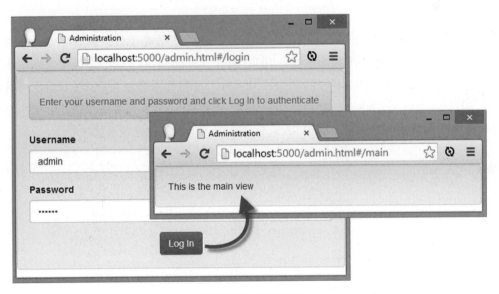

그림 8-9. 사용자 인증

메인 뷰 및 컨트롤러의 정의

사용자가 인증되고 나면 ng-view 디렉티브는 adminMain.html 뷰를 보여준다. 이 뷰에서는 관리자가 상품 카탈로그의 내용을 관리하고 주문 내역을 볼 수 있게 해준다.

애플리케이션에 필요한 기능을 정의하기 전에 먼저 상품 및 주문 내역을 보여주는 뷰에 사용할 임시 콘텐츠를 정의하자. 먼저, views/adminProducts.html 파일을 생성하고 내용을 예제 8-14처럼 채운다.

예제 8-14. adminProducts.html 파일의 내용

```
<div class="well">
    This is the product view
</div>
```

다음으로 views/adminOrders.html 파일을 생성한다. 이 파일에도 예제 8-15와 같이 임시 내용을 채워 넣는다.

예제 8-15. adminOrders.html 파일의 내용

```
<div class="well">
    This is the order view
</div>
```

이런 임시 내용을 채워 넣는 이유는 관리자 애플리케이션에서 뷰의 흐름을 확인하기 위해서다. URL 라우팅 기능에는 심각한 제약이 있다. 바로, 여러 개의 ng-view 디렉티브를 중첩해 사용할 수 없다는 것인데, 이로 인해 ng-view 스코프 내에서 각기 다른 뷰를 보여주기가 그만큼 어려워진다. 여기서는 ng-include 디렉티브를 대안으로 사용해 이 문제를 해결하는 방법을 보여준다. 먼저 예제 8-16과 같이 adminControllers.js 파일에 새 컨트롤러를 정의한다.

예제 8-16. adminControllers.js 파일에 새 컨트롤러 추가

```
angular.module("sportsStoreAdmin")
.constant("authUrl", "http://localhost:5500/users/login")
.controller("authCtrl", function($scope, $http, $location, authUrl) {

    $scope.authenticate = function (user, pass) {
        $http.post(authUrl, {
            username: user,
            password: pass
        }, {
            withCredentials: true
        }).success(function (data) {
            $location.path("/main");
        }).error(function (error) {
            $scope.authenticationError = error;
        });
    }
})
.controller("mainCtrl", function($scope) {
```

```
        $scope.screens = ["Products", "Orders"];
        $scope.current = $scope.screens[0];

        $scope.setScreen = function (index) {
            $scope.current = $scope.screens[index];
        };

        $scope.getScreen = function () {
            return $scope.current == "Products"
                ? "/views/adminProducts.html" : "/views/adminOrders.html";
        };
    });
```

새 컨트롤러의 이름은 mainCtrl이며, ng-include 디렉티브를 사용해 뷰를 관리하고 각 뷰를
전환하는 내비게이션 버튼을 생성하는 데 필요한 동작과 데이터를 제공한다. setScreen 동작은
현재 보이는 뷰를 변경하는 데 사용하며, 현재 뷰는 getScreen 동작을 통해 외부로 노출한다.

이 컨트롤러의 기능을 사용하는 구체적인 예제는 예제 8-17에서 볼 수 있다. 이 예제에서는
adminMain.html 파일을 수정해 임시 기능을 제거했다.

예제 8-17. adminMain.html 파일 수정

```html
<div class="panel panel-default row" ng-controller="mainCtrl">
    <div class="col-xs-3 panel-body">
        <a ng-repeat="item in screens" class="btn btn-block btn-default"
            ng-class="{'btn-primary': item == current }" ng-click="setScreen($index)">
            {{item}}
        </a>
    </div>
    <div class="col-xs-8 panel-body" >
        <div ng-include="getScreen()" />
    </div>
</div>
```

이 뷰는 ng-repeat 디렉티브를 사용해 스코프 screens 배열 내 각 값별로 a 엘리먼트를 생성한
다. 10장에서 설명하겠지만 ng-repeat 디렉티브는 이 디렉티브에서 생성하는 엘리먼트 내에서
참조할 수 있는 특수 변수를 몇 개 정의하는데, 그 중 하나가 $index다. $index는 배열 내 현재
항목의 위치를 반환한다. 여기서는 이 값을 setScreen 컨트롤러 동작을 호출하는 ng-click 디
렉티브와 함께 사용하고 있다.

이 뷰에서 가장 중요한 부분은 ng-include 디렉티브를 사용하는 부분이다. ng-include 디렉
티브는 7장에서 부분 뷰를 표시하는 데 사용한 바 있으며 10장에서 좀 더 자세히 설명한다. ng-
include 디렉티브는 다음과 같이 표시할 뷰의 이름을 가져오기 위해 호출할 동작을 전달받을 수
있다.

```
...
<div ng-include="getScreen()" />
...
```

여기서는 현재 선택된 내비게이션 값을 이 절 서두에 정의한 뷰 중 하나로 매핑하는 getScreen 동작을 지정하고 있다. ng-repeat 디렉티브에서 생성하는 버튼 및 클릭 결과는 그림 8-10에서 볼 수 있다. 물론 이 방식은 URL 라우팅 기능을 우아하게 활용하는 방식은 아니지만, ng-view 디렉티브를 한 개만 사용해 필요한 뷰의 깊이를 충분히 제어할 수 없는 경우 유용하게 활용할 수 있다.

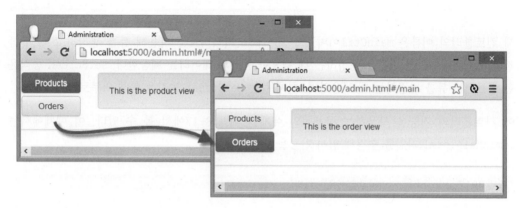

그림 8-10. ng-include 디렉티브를 활용한 뷰 선택

주문 기능 구현

먼저 가장 구현하기 쉬운(읽기 전용 목록이므로) 주문 목록부터 시작해보자. 실제 이커머스 애플리케이션이라면 주문은 결제 검증, 재고 관리, 상품 선택 및 포장, 주문한 상품의 배송에 이르기까지 복잡한 과정을 거칠 것이다. 6장에서 설명한 것처럼 이런 기능은 AngularJS를 사용해 구현할 만한 기능이 아니므로 스포츠 상점 애플리케이션에서는 이런 기능을 생략했다. 이 점을 염두에 두고, adminControllers.js 파일에 새 컨트롤러를 추가한다. 이 컨트롤러는 예제 8-18과 같이 $http 서비스를 사용해 Ajax GET 요청을 Deployd로 보내 주문을 가져온다.

예제 8-18. adminControllers.js 파일에 주문 조회 컨트롤러 추가

```
angular.module("sportsStoreAdmin")
.constant("authUrl", "http://localhost:5500/users/login")
.constant("ordersUrl", "http://localhost:5500/orders")
.controller("authCtrl", function ($scope, $http, $location, authUrl) {

    // ...지면상 컨트롤러 명령 생략...
```

```
})
.controller("mainCtrl", function ($scope) {

    // ...지면상 컨트롤러 명령 생략...

})
.controller("ordersCtrl", function ($scope, $http, ordersUrl) {

    $http.get(ordersUrl, {withCredentials : true})
        .success(function (data) {
            $scope.orders = data;
        })
        .error(function (error) {
            $scope.error = error;
        });

    $scope.selectedOrder;

    $scope.selectOrder = function(order) {
        $scope.selectedOrder = order;
    };

    $scope.calcTotal = function(order) {
        var total = 0;
        for (var i = 0; i < order.products.length; i++) {
            total +=
                order.products[i].count * order.products[i].price;
        }
        return total;
    }
});
```

여기서는 상수를 사용해 서버에 저장된 주문 목록을 반환하는 URL을 정의했다. 컨트롤러 함수에서는 이 URL로 Ajax 요청을 보내고, data 객체를 스코프상의 orders 속성에 대입하거나, 요청이 성공하지 못한 경우 error 객체를 대입한다. 여기서는 인증을 수행할 때와 마찬가지로 $http.get 메서드를 호출할 때 withCredentials 설정을 지정한 것에 주의하자. 이렇게 하면 브라우저는 요청을 인증하기 위해 Deployd로 보안 쿠키가 담긴 요청을 보낸다.

컨트롤러의 나머지 내용은 간단하다. selectOrder 동작은 주문 상세 정보를 보기 위해 selectedOrder 속성을 설정한다. calcTotal 동작은 주문한 상품의 전체 가격을 계산한다.

ordersCtrl 컨트롤러를 활용하기 위해 예제 8-19에서는 adminOrders.html 파일에서 임시 콘텐츠를 제거하고 이를 마크업으로 대체했다.

```
<div ng-controller="ordersCtrl">

    <table class="table table-striped table-bordered">
        <tr><th>Name</th><th>City</th><th>Value</th><th></th></tr>
        <tr ng-repeat="order in orders">
            <td>{{order.name}}</td>
            <td>{{order.city}}</td>
            <td>{{calcTotal(order) | currency}}</td>
            <td>
                <button ng-click="selectOrder(order)" class="btn btn-xs btn-primary">
                    Details
                </button>
            </td>
        </tr>
    </table>

    <div ng-show="selectedOrder">
        <h3>Order Details</h3>

        <table class="table table-striped table-bordered">
            <tr><th>Name</th><th>Count</th><th>Price</th></tr>
            <tr ng-repeat="item in selectedOrder.products">
                <td>{{item.name}}</td>
                <td>{{item.count}}</td>
                <td>{{item.price| currency}} </td>
            </tr>
        </table>
    </div>
</div>
```

뷰는 두 개의 테이블 엘리먼트로 구성된다. 첫 번째 테이블에서는 주문 요약 정보와 더불어 특
정 주문을 자세히 볼 수 있게 selectOrder 동작을 호출하는 버튼을 보여준다. 두 번째 테이블
은 주문을 선택했을 때만 표시되고, 선택한 주문 상품의 상세 정보를 보여준다. 결과 화면은 그림
8-11에서 볼 수 있다.

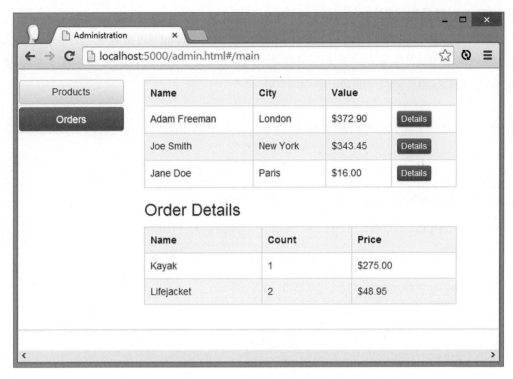

그림 8-11. SportsStore 주문 확인

상품 기능 구현

상품 기능과 관련해서는 데이터에 대한 모든 작업을 수행할 수 있게 하려고 한다. 다시 말해 관리자는 단순히 상품을 볼 수 있을 뿐 아니라 새 상품을 생성하거나, 기존 상품을 수정 또는 삭제할수 있다. Deployd 대시보드로 돌아와 Products 컬렉션을 선택하고 API 버튼을 클릭하면 HTTP요청을 사용해 데이터와 관련해 Deployd에서 제공하는 RESTful API 상세 정보를 볼 수 있다. RESTful API에 대해서는 12장에서 자세히 설명하겠지만, 간단히 말해 URL을 사용해 원하는 데이터 객체를 지정하고, 서버로 전송할 요청의 HTTP 방식을 통해 수행하려는 작업을 지정하면된다. 따라서, 예컨대, id 어트리뷰트 값이 100인 객체를 삭제하고 싶다면 DELETE HTTP 방식을 사용해 서버로 요청을 전송하고, URL은 /products/100으로 지정하면 된다.

RESTful API를 사용할 때 $http 서비스를 사용할 수도 있지만 이렇게 하면 작업을 수행할 때 사용할 전체 URL을 애플리케이션 전체로 노출해야 한다. 물론 이 작업을 수행해줄 서비스를 정의할 수도 있지만, 이 방식보다는 선택 ngResource 모듈에 정의된 $resource 서비스를 사용하는방식이 좀 더 우아하다. 이 모듈을 사용하면 서버 요청을 보낼 때 사용하는 URL을 정의하는것도 좀 더 간편해진다.

RESTful 컨트롤러 정의

여기서는 AngularJS의 $resource 서비스를 통해 Deployd RESTful API에 대한 접근을 허용하는 컨트롤러부터 정의한다. controllers 폴더에 adminProductController.js라는 새 파일을 생성하고, 예제 8-20과 같이 컨트롤러를 정의한다.

예제 8-20. adminProductController.js 파일의 내용

```javascript
angular.module("sportsStoreAdmin")
.constant("productUrl", "http://localhost:5500/products/")
.config(function($httpProvider) {
    $httpProvider.defaults.withCredentials = true;
})
.controller("productCtrl", function ($scope, $resource, productUrl) {

    $scope.productsResource = $resource(productUrl + ":id", { id: "@id" });

    $scope.listProducts = function () {
        $scope.products = $scope.productsResource.query();
    }

    $scope.deleteProduct = function (product) {
        product.$delete().then(function () {
            $scope.products.splice($scope.products.indexOf(product), 1);
        });
    }

    $scope.createProduct = function (product) {
        new $scope.productsResource(product).$save().then(function (newProduct) {
            $scope.products.push(newProduct);
            $scope.editedProduct = null;
        });
    }

    $scope.updateProduct = function (product) {
        product.$save();
        $scope.editedProduct = null;
    }

    $scope.startEdit = function (product) {
        $scope.editedProduct = product;
    }

    $scope.cancelEdit = function () {
        $scope.editedProduct = null;
    }

    $scope.listProducts();
});
```

이 주제는 21장에서 자세히 다루므로 여기서는 예제 코드를 깊이 다루지 않는다. 다만 지금 설명하고 넘어가야 할 핵심 주제에 대해서만 간략히 살펴보겠다.

먼저, $resource 서비스는 $http 서비스에서 제공하는 기능을 기반으로 개발됐다. 이 말은 이 서비스가 제대로 동작하려면 앞에서와 마찬가지로 withCredentials 옵션을 활성화해야 한다는 뜻이다. 여기서는 $http 서비스에서 생성한 요청에는 접근할 수 없지만 모듈의 config 메서드를 호출하고, 다음과 같이 $http 서비스의 '프로바이더'에 대한 의존성을 선언하면 모든 Ajax 요청에 대한 기본 설정을 변경할 수 있다.

```
...
.config(function($httpProvider) {
    $httpProvider.defaults.withCredentials = true;
})
...
```

18장에서 설명하겠지만 서비스는 다양한 방식으로 생성할 수 있으며, 이때 사용할 수 있는 한 가지 방법으로 서비스가 동작하는 방식을 바꾸는 데 사용되는 프로바이더 객체를 정의하는 방법이 있다. 이 경우 $http 서비스에 사용되는 프로바이더는 $httpProvider이며, 이는 모든 Ajax 요청의 설정을 지정하는 데 사용되는 기본 속성을 정의한다. $httpProvider 객체를 통해 설정할 수 있는 기본값에 대한 자세한 내용은 20장을 참고하자.

하지만 이 예제에서 가장 중요한 부분은 RESTful API에 대한 접근 기능을 제공하는 **접근 객체**를 생성하는 명령이다.

```
...
$scope.productsResource = $resource(productUrl + ":id", { id: "@id" });
...
```

$resource 호출로 전달된 첫 번째 인자는 쿼리를 수행할 때 사용할 URL 형식이다. 두 번째 인자인 맵 객체로 대응되는 :id 부분은 작업 중인 데이터 객체에 id 속성이 있을 경우 Ajax 요청에 사용된 URL에 이를 첨부해야 한다고 AngularJS에게 알려주는 역할을 한다.

RESTful API에 접근하는 데 사용된 URL 및 HTTP 방식은 이들 두 인자를 통해 유추한다. 이 말은 우리가 직접 $http 서비스를 사용해 개별적인 Ajax 호출을 보내지 않아도 된다는 뜻이다.

$resource 서비스를 사용한 결과로 반환받는 접근 객체는 서버에서 데이터를 가져오고, 데이터에 대한 작업을 수행하는 데 사용할 수 있는 query, get, delete, remove, save 메서드를 갖고 있다(21장에서 설명하겠지만 메서드는 개별 데이터 객체에도 정의된다). 이들 메서드를 호출하면 필요한 작업을 수행하는 Ajax 요청이 실행된다.

팁 $resource가 보내는 요청을 충분히 수용할 수 있을 만큼 Deployd가 유연하기는 하지만 접근 객체에 정의된 메서드는 Deploy에서 정의한 API로 완벽히 대응되지 않는다. 21장에서는 RESTful API로 완벽히 매핑되게끔 $resource 설정을 변경하는 법을 설명한다.

컨트롤러의 코드 대부분은 $resource 구현체를 통해 뷰로 이들 메서드를 제공하는 일을 한다. query 메서드에서 반환한 데이터 객체 컬렉션은 객체가 생성되거나 삭제될 때 자동으로 업데이트되지 않으므로 로컬 컬렉션과 원격 서버의 데이터 변화를 동기화하려면 코드를 추가해야 한다.

 팁 접근 객체는 서버에서 데이터를 자동으로 로드하지 않는다. 컨트롤러 함수 끝에서 query 메서드를 직접 호출하는 것도 이 때문이다.

뷰 정의

컨트롤러에서 정의한 기능을 활용하려면 예제 8-21과 같이 adminProducts.html 뷰에서 임시 콘텐츠를 마크업으로 바꿔야 한다.

예제 8-21. adminProducts.html 파일의 내용

```
<style>
    #productTable { width: auto; }
    #productTable td { max-width: 150px; text-overflow: ellipsis;
                       overflow: hidden; white-space: nowrap; }
    #productTable td input { max-width: 125px; }
</style>

<div ng-controller="productCtrl">
    <table id="productTable" class="table table-striped table-bordered">
        <tr>
            <th>Name</th><th>Description</th><th>Category</th><th>Price</th><th></th>
        </tr>
        <tr ng-repeat="item in products" ng-hide="item.id == editedProduct.id">
            <td>{{item.name}}</td>
            <td class="description">{{item.description}}</td>
            <td>{{item.category}}</td>
            <td>{{item.price | currency}}</td>
            <td>
                <button ng-click="startEdit(item)" class="btn btn-xs btn-primary">
                    Edit
                </button>
                <button ng-click="deleteProduct(item)" class="btn btn-xs btn-primary">
                    Delete
                </button>
            </td>
        </tr>
        <tr ng-class="{danger: editedProduct}">
```

```
<td><input ng-model="editedProduct.name" required /></td>
<td><input ng-model="editedProduct.description" required /></td>
<td><input ng-model="editedProduct.category" required /></td>
<td><input ng-model="editedProduct.price" required /></td>
<td>
    <button ng-hide="editedProduct.id"
            ng-click="createProduct(editedProduct)"
            class="btn btn-xs btn-primary">
        Create
    </button>
    <button ng-show="editedProduct.id"
            ng-click="updateProduct(editedProduct)"
            class="btn btn-xs btn-primary">
        Save
    </button>
    <button ng-show="editedProduct"
            ng-click="cancelEdit()" class="btn btn-xs btn-primary">
        Cancel
    </button>
</td>
        </tr>
    </table>
</div>
```

이 뷰에서는 새로운 기능은 사용하지 않지만 AngularJS 디렉티브를 활용해 상태가 유지되는 편집기 뷰를 관리할 수 있다는 사실을 잘 보여준다. 뷰의 엘리먼트에서는 컨트롤러의 동작을 활용해 상품 객체 컬렉션을 조작하고, 사용자가 새 상품을 생성하거나, 기존 상품을 수정/삭제할 수 있게 한다.

HTML 파일에 참조 추가

이제 남은 일은 새 모듈과 컨트롤러를 불러올 수 있게 script 엘리먼트를 추가하고, ngResource에 대한 의존성을 선언하게끔 메인 애플리케이션 모듈을 업데이트하는 것뿐이다. 예제 8-22를 참고하자.

예제 8-22. admin.html 파일에 참조 추가

```
<!DOCTYPE html>
<html ng-app="sportsStoreAdmin">
<head>
    <title>Administration</title>
    <script src="angular.js"></script>
    <script src="ngmodules/angular-route.js"></script>
    <script src="ngmodules/angular-resource.js"></script>
    <link href="bootstrap.css" rel="stylesheet" />
    <link href="bootstrap-theme.css" rel="stylesheet" />
    <script>
```

```
angular.module("sportsStoreAdmin", ["ngRoute", "ngResource"])
    .config(function ($routeProvider) {

        $routeProvider.when("/login", {
            templateUrl: "/views/adminLogin.html"
        });

        $routeProvider.when("/main", {
            templateUrl: "/views/adminMain.html"
        });

        $routeProvider.otherwise({
            redirectTo: "/login"
        });
    });
    </script>
    <script src="controllers/adminControllers.js"></script>
    <script src="controllers/adminProductController.js"></script>
</head>
<body>
    <ng-view />
</body>
</html>
```

실행 결과는 그림 8-12에서 볼 수 있다. 사용자는 input 엘리먼트를 채우고 Create 버튼을 클릭해 새 상품을 생성할 수 있고, Edit 버튼이나 Delete 버튼 중 하나를 클릭해 상품을 수정하거나 제거할 수 있다.

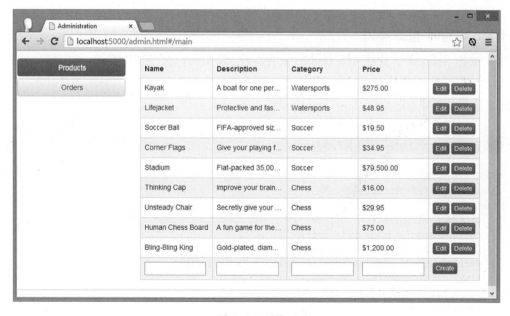

그림 8-12. 상품 편집

| 정리

이 장에서는 메인 스포츠 상점 애플리케이션을 마무리하고, 스포츠 상점 관리자 도구를 개발했다. 이 과정에서 폼 유효성 검증을 수행하는 법, $http 서비스를 사용해 Ajax POST 요청을 보내는 법, 이후 다른 장에서 소개할 고급 기법을 활용해 개선할 만한 점을 소개했다. 관리자 애플리케이션에서는 인증을 수행하는 법(보안 쿠키를 사용하게끔 Ajax 요청을 설정하는 법 포함)과 더불어 $resource 서비스를 사용해 RESTful API를 호출하는 법을 살펴봤다. 스포츠 상점 애플리케이션에서 사용한 이와 같은 기능과 주제는 이 책을 통해 앞으로도 계속 보게 될 것이다. 2부에서는 각기 다른 AngularJS 컴포넌트에 대한 개요를 시작으로 AngularJS를 좀 더 깊이 들여다본다.

02

AngularJS
활용

PART

02

Angularis

흉추

CHAPTER 9

AngularJS 앱 해부

AngularJS 애플리케이션은 3장에서 설명한 MVC 패턴을 따르지만 개발 과정 자체는 좀 더 광범위한 구성 요소에 따라 달라진다. 물론 기본적인 구성 요소(모델, 뷰, 컨트롤러)는 존재하지만 AngularJS 앱에는 **모듈**, **디렉티브**, **필터**, **팩터리**, **서비스** 같은 다양한 가변적 요소들이 함께 사용된다. 개발을 진행할 때는 이와 같은 작은 컴포넌트들을 사용해 큰 MVC 패턴의 살을 채우게 된다.

각기 다른 유형의 AngularJS 컴포넌트는 서로 긴밀하게 연동되며, 한 가지 기능을 보여주려면 종종 여러 컴포넌트를 함께 사용해야 한다. 분명 어디서부턴가는 설명을 시작해야 하지만, 독자들이 이 책을 끝까지 읽고 나서야 비로소 모든 컴포넌트가 하는 일을 알게 하고 싶지는 않다. 특히 AngularJS의 장점이 기능이 늘어나고 복잡해짐에 따라 각기 다른 구성 요소를 사용해 애플리케이션의 구조를 바꿀 수 있는 점임을 감안하면 더욱 그렇다.

이 장에서는 좀 더 큰 맥락에서 AngularJS 환경에 대해 얘기하기 위해 최상위 레벨 컴포넌트인 '모듈' 관점에서 논의를 진행한다. 이 장에서는 AngularJS 애플리케이션에서 모듈이 수행하는 각기 다른 역할에 대해 설명하고, 모듈을 생성하는 법을 배우며, 모듈이 AngularJS의 주요 기능에 대한 게이트웨이 역할을 어떻게 수행하는지 살펴본다.

이어지는 장에서는 아직 자세히 다루지 않은 기능에 의존한다. 이 경우 독자들은 이 장으로 다시 돌아와 해당 기능을 모듈 맥락에서 살펴보고, 각 기능이 좀 더 큰 AngularJS 애플리케이션 관점에서 어떤 역할을 하는지 확인하고, 예제를 살펴본 후 자세한 설명이 나와있는 장에 대한 정보를 확인할 수 있다. 이 장은 이 책의 나머지 장에 대한 미리 보기를 제공하는 일종의 썸네일 정도로 생각하면 좋겠다. 이 장에는 AngularJS 개발의 기초가 되는 주요 개념인 **의존성 주입**, **팩터리 함수** 같은 개념에 대한 설명과 더불어 자세한 설명('왜' 특정 타입의 컴포넌트가 중요하고, '언제' 해당 컴포넌트를 적용해야 하는지)을 볼 수 있는 다른 장들에 대한 다양한 참고 자료가 정리돼 있다. 표 9-1에는 이 장의 내용이 요약돼 있다.

표 9-1. 장 요약

문제	해결책	예제
AngularJS 모듈 생성	angular.module 메서드를 사용한다.	1, 2
모듈의 스코프 설정	ng-app 어트리뷰트를 사용한다.	3
컨트롤러 정의	Module.controller 메서드를 사용한다.	4, 8
컨트롤러를 뷰에 적용	ng-controller 어트리뷰트를 사용한다.	5, 7
컨트롤러에서 뷰로 데이터 전달	$scope 서비스를 사용한다.	6
디렉티브 정의	Module.directive 메서드를 사용한다.	9
필터 정의	Module.filter 메서드를 사용한다.	10
프로그래밍적으로 필터 사용	$filter 서비스를 사용한다.	11
서비스 정의	Module.service, Module.factory, Module.provider 메서드를 사용한다.	12
기존 객체나 값으로부터 서비스를 정의	Module.value 메서드를 사용한다.	13
애플리케이션 코드에 구조 추가	여러 모듈을 생성하고, ng-app 어트리뷰트를 통해 참조한 모듈로부터 의존성을 선언한다.	14~16
모듈이 로드될 때 호출할 함수 등록	Module.config 및 Module.run 메서드를 사용한다.	17

┃ 예제 프로젝트 준비

이 책의 2부에서는 다시 예제에 간단한 프로젝트 구조를 사용한다. angularjs 폴더의 내용을 지우고, 1장에서 설명한 대로 angular.js, bootstrap.css, bootstrap-theme.css 파일을 추가한다. example.html이라는 HTML 파일을 생성하고 내용을 예제 9-1처럼 채운다.

예제 9-1. example.html 파일의 내용

```html
<!DOCTYPE html>
<html ng-app="exampleApp" >
<head>
    <title>AngularJS Demo</title>
    <link href="bootstrap.css" rel="stylesheet" />
    <link href="bootstrap-theme.css" rel="stylesheet" />
    <script src="angular.js"></script>
    <script>

        var myApp = angular.module("exampleApp", []);

        myApp.controller("dayCtrl", function ($scope) {
            // 이곳에 컨트롤러 명령을 추가
        });
```

```
            </script>
    </head>
    <body>
        <div class="panel" ng-controller="dayCtrl">
            <div class="page-header">
                <h3>AngularJS App</h3>
            </div>
            <h4>Today is {{day || "(unknown)"}}</h4>
        </div>
    </body>
</html>
```

이 예제에는 이어지는 절에서 설명할 최소 수준의 AngularJS 앱을 구성하는 요소들이 들어 있다. 이 앱의 뷰에는 아직 설정되지 않은 데이터 바인딩 표현식이 들어 있다. 이에 따라 5장에서 설명한 자바스크립트 || 연산자를 사용해 이미 정의된 경우 day 변수 값을 보여주고, 값이 정의돼 있지 않으면 unknown을 보여준다. 그림 9-1에서는 브라우저에서 열어본 이 HTML 문서를 볼 수 있다.

그림 9-1. 브라우저에서 HTML 문서 표시

┃모듈 활용

모듈은 AngularJS 애플리케이션에서 최상위 레벨 컴포넌트다. 물론 모듈을 전혀 참조하지 않더라도 간단한 AngularJS 앱을 개발할 수 있지만, 시간이 지나면 간단한 애플리케이션도 복잡해지고, 관리할 수 없을 정도로 복잡해지면 결국 애플리케이션을 재작성해야 하기 때문이다. 모듈 활용은 쉬우며, 모듈을 설정하고 관리하기 위해 추가로 작성하는 자바스크립트 명령 몇 줄은 투자할 만한 가치가 충분하다. 모듈은 AngularJS 앱에서 세 가지 중요한 역할을 한다.

- AngularJS 애플리케이션을 HTML 문서의 영역과 연계한다.

- 핵심 AngularJS 프레임워크 기능에 대한 게이트웨이 역할을 한다.

- AngularJS 애플리케이션에서 코드 및 컴포넌트를 정리하는 데 도움을 준다.

이어지는 절에서는 여기서 소개한 각 기능을 하나씩 살펴본다.

AngularJS 애플리케이션의 경계 설정

AngularJS 애플리케이션을 개발하는 첫 번째 단계는 모듈을 정의하고, 모듈을 HTML 문서의 영역과 연계하는 것이다. 모듈은 angular.module 메서드를 사용해 정의한다. 예제 9-2에는 예제 앱에서 모듈을 생성하는 명령이 나와 있다.

예제 9-2. 모듈 생성

```
...
var myApp = angular.module("exampleApp", []);
...
```

module 메서드는 표 9-2에서 설명하는 세 가지 인자를 지원하지만 보통은 처음 두 개의 인자만 사용한다.

표 9-2. angular.module 메서드에서 지원하는 인자

인자	설명
name	새 모듈의 이름
requires	이 모듈이 의존하는 모듈셋(set)
config	모듈의 설정. 이 인자를 지정하면 Module.config 메서드를 호출하는 것과 결과가 같다. '모듈 생명주기 활용' 절을 참고하자.

HTML 문서와 연계할 모듈을 생성할 때(앞으로 보게 될 코드 정리 용도가 아니라)는 모듈에 App이라는 접두어를 붙이는 게 관례다. 이 예제에서는 모듈에 exampleApp이라는 이름을 사용했다. 이 관례를 사용하면 코드 구조에서 어떤 모듈이 최상위 레벨 AngularJS 애플리케이션을 나타내는지 쉽게 알 수 있다는 장점이 있다. 여러 모듈이 들어 있는 복잡한 앱에서는 이런 관례가 큰 도움이 될 수 있다.

자바스크립트에서 모듈 정의는 모듈 활용 과정의 일부분에 지나지 않는다. 이렇게 정의한 모듈은 ng-app 어트리뷰트를 사용해 HTML 콘텐츠에 적용해야 한다. 웹 프레임워크로 AngularJS만을 사용하는 경우 예제 9-3처럼 ng-app 어트리뷰트를 html 엘리먼트에 적용하는 게 관례다. 이 예제에는 ng-app 어트리뷰트를 적용한 example.html의 엘리먼트가 나와 있다.

```
...
<html ng-app="exampleApp">
...
```

`ng-app` 어트리뷰트는 AngularJS 생명주기의 부트스트랩 과정에서 사용되며, 자세한 내용은 이 장에서 나중에 설명한다(여기서 말하는 부트스트랩을 4장에서 설명한 부트스트랩 CSS 프레임워크와 혼동하지 말자).

모듈 생성/조회 함정 피하기

모듈을 생성할 때는 모듈에 의존성이 없더라도 `name` 및 `requires` 인자를 지정해야 한다. 의존성이 어떻게 동작하는지는 이 장에서 나중에 설명할 것인데, 다음과 같이 `requires` 인자를 빼먹는 실수를 자주 한다.

```
...
var myApp = angular.module("exampleApp");
...
```

이렇게 하면 모듈을 생성하는 게 아니라 이전에 생성한 exampleApp이라는 모듈을 찾게 되므로, 대개 에러가 발생한다(이 이름의 모듈이 존재하지 않는다면. 하지만 이 경우에도 보통 예상치 않은 동작을 하게 된다).

| 모듈을 활용한 AngularJS 컴포넌트 정의

`angular.module` 메서드는 표 9-3에 정리된 속성과 메서드를 통해 AngularJS에서 제공하는 주요 기능에 접근할 수 있게 해주는 Module 객체를 반환한다. 이 장의 도입부에서 설명한 것처럼 Module 객체에서 제공하는 기능은 이 책에서 계속해서 설명할 중요한 기능이다. 이 절에서는 이 중 가장 중요한 기능을 추려 간략히 설명하고, 좀 더 자세한 정보를 볼 수 있는 장을 참고할 수 있게 했다.

Module 객체에서 정의하는 메서드는 크게 세 범주로 나뉜다. AngularJS 애플리케이션용 컴포넌트를 정의하는 메서드, 이와 같은 컴포넌트를 쉽게 생성하게 해주는 메서드, AngularJS 생명주기 관리를 도와주는 메서드다. 여기서는 먼저 애플리케이션 구성 요소부터 소개하고 이어서 다른 기능에 대해서 살펴보겠다.

표 9-3. Module 객체의 멤버

이름	설명
animation(name, factory)	애니메이션 기능을 지원. 23장에서 설명한다.
config(callback)	모듈이 로드될 때 모듈을 설정하는 데 사용할 함수를 등록. 자세한 내용은 '모듈 생명주기 활용' 절을 참고하자.
constant(key, value)	상수 값을 반환하는 서비스를 정의. 이 장에서 나중에 나올 '모듈 생명주기 활용' 절을 참고하자.
controller (name, constructor)	컨트롤러를 생성. 자세한 내용은 13장을 참고하자.
directive(name, factory)	표준 HTML을 확장한 디렉티브를 생성. 15~17장을 참고하자.
factory(name, provider)	서비스를 생성. 자세한 내용 및 이 메서드가 provider 및 service 메서드와 어떻게 다른지에 대한 설명은 18장을 참고하자.
filter(name, factory)	사용자에게 보여주기 위해 데이터를 포매팅하는 필터를 생성. 자세한 내용은 14장을 참고하자.
provider(name, type)	서비스를 생성. 자세한 내용 및 이 메서드가 service 및 factory 메서드와 어떻게 다른지에 대한 설명은 18장을 참고하자.
name	모듈의 이름을 반환한다.
run(callback)	AngularJS가 모든 모듈을 로드하고 설정한 후 호출할 함수를 등록. 자세한 내용은 '모듈 생명주기 활용' 절을 참고하자.
service (name, constructor)	서비스를 생성. 자세한 내용 및 이 메서드가 provider 및 factory 메서드와 어떻게 다른지에 대한 설명은 18장을 참고하자.
value(name, value)	상수 값을 반환하는 서비스를 정의. 자세한 내용은 이 장에서 나중에 보게 될 '값 정의' 절을 참고하자.

컨트롤러 정의

컨트롤러는 AngularJS 애플리케이션에서 가장 큰 구성 요소 중 하나로, 모델과 뷰를 서로 연결해주는 역할을 한다. 대부분의 AngularJS 프로젝트에서는 여러 개의 컨트롤러를 사용하며, 각 컨트롤러는 애플리케이션의 특정 부분에 필요한 데이터와 로직을 전달하는 일을 한다. 컨트롤러에 대해서는 13장에서 자세히 살펴본다.

컨트롤러는 Module.controller 메서드를 사용해 정의한다. 이 메서드는 두 개의 인자를 받는데, 첫 번째 인자는 컨트롤러의 이름이고, 또 다른 인자는 컨트롤러를 설정하고 사용할 수 있게 해주는 **팩터리** 함수다(자세한 내용은 이 장에서 나중에 '팩터리 및 작업자 함수' 사이드바를 참고하자). 예제 9-4에는 example.html 예제에서 컨트롤러를 생성하는 명령이 나와 있다.

```
...
myApp.controller("dayCtrl", function ($scope) {
    // 이곳에 컨트롤러 명령을 추가
});
...
```

컨트롤러 이름에는 Ctrl 접두어를 사용하는 게 관례다. 예제의 명령에서는 dayCtrl이라는 새 컨트롤러를 생성하고 있다. Module.controller 메서드로 넘겨준 함수는 컨트롤러의 의존성을 선언하는 데 사용되는데, 컨트롤러의 **의존성**이란 컨트롤러가 필요로 하는 AngularJS 컴포넌트를 말한다. AngularJS에서는 $ 기호로 시작하는 인자명을 사용해 지정할 수 있는 내장 서비스와 기능을 몇 가지 제공한다. 이 예제에서는 $scope를 지정해 AngularJS에서 컨트롤러의 스코프를 제공하게끔 한다. $scope에 대한 의존성을 선언하려면 다음과 같이 팩터리 함수의 인자로 이름을 지정하면 된다.

```
...
myApp.controller("dayCtrl", function (**$scope**) {
...
```

이 코드는 **의존성 주입**(Dependency Injection, DI)의 예로서, AngularJS에서는 함수에 지정한 인자를 검사하고 이 인자에 해당하는 컴포넌트 위치를 찾게 된다. 자세한 내용은 '의존성 주입 이해' 사이드바를 참고하자. controller 메서드로 넘겨준 함수는 x라는 인자를 갖고 있고, AngularJS에서는 함수가 호출될 때 자동으로 스코프 객체를 넘겨주게 된다. 서비스가 어떻게 동작하는지는 18장에서, 스코프가 어떻게 동작하는지는 13장에서 자세히 살펴본다.

의존성 주입 이해

AngularJS 기능에서 가장 많이 어려워하는 기능 중 하나가 의존성 주입이다. 의존성 주입이 무엇이고, 어떻게 동작하고, 왜 유용한 기능인지 이해하기가 쉽지 않을 수 있다. 다른 프레임워크에서 의존성 주입을 이미 접했던 개발자라도 AngularJS에서는 조금 다른 접근 방식을 사용하고, 다른 언어와는 차별되는 일부 기능을 섞어 사용하므로 제대로 이해하기가 쉽지 않다.

이 장을 읽다 보면 알겠지만 AngularJS 애플리케이션은 컨트롤러, 디렉티브, 필터 등 여러 컴포넌트로 구성된다. 이 장에서는 각 컴포넌트에 대해 하나씩 설명하고 간단한 예제를 제공한다.

그러려면 먼저 의존성 주입이 해결해주는 문제가 무엇인지부터 이해해야 한다. AngularJS 애플리케이션에서 일부 컴포넌트는 다른 컴포넌트에 의존한다. 예제 9-4에서 필자의 컨트롤러는 데이터를 뷰로 전달하는 데 필요한 $scope 컴포넌트를 사용해야 한다. 이게 바로 **의존성**의 한 예다. 즉, 컨트롤러가 제대로 동작하려면 $scope 컴포넌트에 '의존'해야 하는 것이다.

의존성 주입은 컴포넌트 사이의 이와 같은 의존성 처리 과정을 단순화해준다(이를 의존성을 해결한다고 한다). 의존성 주입이 없다면 어떤 식으로든 $scope를 직접 찾아야 할 것이다(아마도 전역 변수를 사용해). 물론 이렇게 할 수도 있겠지만 AngularJS 기능을 사용하는 것만큼 간편하지는 않다.

AngularJS 애플리케이션에서 컴포넌트는 팩터리 함수에 인자를 정의함으로써 '의존성을 선언한다'. 이때 인자의 이름은 의존하는 컴포넌트와 일치해야 한다. AngularJS에서는 controller 함수의 인자를 검사하고, $scope 컴포넌트에 의존한다는 사실을 판단한 후, $scope를 찾아 팩터리 함수의 호출 시점에 인자로 넘겨준다.

다른 식으로 설명하자면, 의존성 주입은 함수 인자의 용도를 바꿔준다. 의존성 주입이 없다면 호출 코드에서 넘겨주려는 객체를 인자가 받아야 하지만, 의존성 주입을 활용하면 함수에서 인자를 사용해 필요한 컴포넌트를 AngularJS에게 '요청'할 수 있다.

AngularJS에서 의존성 주입을 사용함에 따른 재미있는 부작용 중 하나는 인자 순서가 항상 의존성이 선언된 순서와 일치해야 한다는 것이다. 다음 함수를 살펴보자.

```
...
myApp.controller("dayCtrl", function ($scope, $filter) {
...
```

이 함수로 넘겨준 첫 번째 인자는 $scope 컴포넌트이고, 두 번째 인자는 $filter 서비스 객체다. 지금은 $filter 객체가 무슨 일을 하는지는 신경 쓰지 않아도 된다. 이 객체는 이 장에서 나중에 살펴볼 것이다. 여기서 중요한 건 의존성을 선언하는 순서를 AngularJS에서 존중한다는 점이다. 만일 다음과 같이 의존성 순서를 바꾼다면

```
...
myApp.controller("dayCtrl", function ($filter, $scope) {
...
```

AngularJS에서는 $filter 객체를 첫 번째 인자로 넘겨주고, $scope 객체를 두 번째 인자로 넘긴다. 간단히 말해 의존성 주입 인자를 정의하는 순서가 중요하지 않다. 물론 당연해 보일 수도 있지만 이 방식은 자바스크립트의 일반적인 동작 방식과는 다르며, 익숙해지기까지 시간이 조금 필요하다. 독자들 중에는 다른 프로그래밍 언어에서 이와 유사한 기법을 본 사람도 있을 것이다. 예컨대 C#의 **네임드 파라미터**가 이와 유사하다.

개발 도중 의존성 주입을 활용하면 AngularJS에서 컴포넌트를 관리해주고, 필요할 때 함수로 컴포넌트를 제공해준다는 점이 가장 큰 장점이다. 또, 의존성 주입은 실제 컴포넌트를 **가짜 객체**나 **목 객체**로 대체해 특정 코드 영역에 집중할 수 있게 해주므로 코드 테스트에도 도움이 된다. 이와 관련한 자세한 내용은 25장에서 살펴본다.

뷰에 컨트롤러 적용

컨트롤러를 정의하는 것은 전체 과정 중 일부에 지나지 않는다. AngularJS에서 컨트롤러가 제어하는 HTML 문서 내 뷰 영역을 알 수 있게 하려면 컨트롤러를 HTML 엘리먼트에 적용해야 한다. 이때는 ng-controller 어트리뷰트를 사용한다. 예제 9-5에는 dayCtrl 컨트롤러를 HTML 문서에 적용한 example.html의 HTML 엘리먼트가 나와 있다.

예제 9-5. example.html 파일 내 뷰 정의

```
...
<body>
    <div class="panel" ng-controller="dayCtrl">
        <div class="page-header">
            <h3>AngularJS App</h3>
        </div>
        <h4>Today is {{day || "(unknown)"}}</h4>
    </div>
</body>
...
```

이 예제에서 뷰는 div 엘리먼트와 그 내용(즉, ng-controller 어트리뷰트가 적용된 엘리먼트와 이 엘리먼트의 내용)이다.

컨트롤러를 생성할 때 인자로 지정한 $scope 컴포넌트는 뷰에 데이터를 제공하는 데 사용된다. 아울러 $scope를 통해 설정된 데이터만 표현식과 데이터 바인딩에 사용할 수 있다. 지금은 브라우저에서 example.html로 이동하면 데이터 바인딩에 따라 (unknown) 문자열이 생성된다. 이렇게 된 이유는 다음과 같이 null 값을 피하기 위해 || 연산자를 사용했기 때문이다.

```
...
<h4>Today is {{day || "(unknown)"}}</h4>
...
```

AngularJS 데이터 바인딩에서 좋은 기능 중 하나는 데이터 바인딩을 사용해 자바스크립트 표현식을 해석할 수 있다는 점이다. 이 바인딩에서는 $scope 컴포넌트가 널이 아닐 경우 $scope 컴포넌트에서 제공하는 day 속성값을 표시하고, 널일 경우 (unknown)을 대신 표시한다. day 속성에 값을 제공하려면 예제 9-6과 같이 컨트롤러 설정 함수에서 $scope에 값을 대입해야 한다.

예제 9-6. example.html 파일 내 모델 데이터 값 정의

```
...
<script>

    var myApp = angular.module("exampleApp", []);
```

```
myApp.controller("dayCtrl", function ($scope) {
    var dayNames = ["Sunday", "Monday", "Tuesday", "Wednesday",
        "Thursday", "Friday", "Saturday"];
    $scope.day = dayNames[new Date().getDay()];
});
```
```
</script>
...
```

여기서는 새 Date를 생성하고, getDay 메서드를 호출해 요일의 숫자 값을 가져온 후, 문자열 값 배열에서 요일명을 찾는다. script 엘리먼트에 새 코드를 추가하고 나면 지정한 값을 뷰에서 바로 사용할 수 있게 되고, 그림 9-2처럼 HTML 출력 결과에도 사용되는 것을 볼 수 있다.

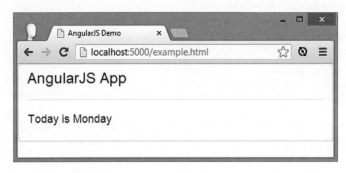

그림 9-2. $scope 서비스를 활용한 변수 정의 효과

다중 뷰 생성

각 컨트롤러는 여러 뷰를 지원할 수 있다. 이를 활용하면 같은 데이터를 각기 다른 방식으로 보여주거나 연관성이 높은 데이터를 좀 더 효과적으로 생성하고 관리할 수 있다. 예제 9-7에서는 $scope에 데이터 속성을 추가하고, 이를 활용하는 두 번째 뷰를 생성하는 코드를 볼 수 있다.

예제 9-7. example.html 파일에 두 번째 뷰 추가

```
<!DOCTYPE html>
<html ng-app="exampleApp">
<head>
    <title>AngularJS Demo</title>
    <link href="bootstrap.css" rel="stylesheet" />
    <link href="bootstrap-theme.css" rel="stylesheet" />
    <script src="angular.js"></script>
    <script>

        var myApp = angular.module("exampleApp", []);

        myApp.controller("dayCtrl", function ($scope) {
```

```
            var dayNames = ["Sunday", "Monday", "Tuesday", "Wednesday",
                "Thursday", "Friday", "Saturday"];
            $scope.day = dayNames[new Date().getDay()];
            $scope.tomorrow = dayNames[(new Date().getDay() + 1) % 7];
        });

    </script>
</head>
<body>
    <div class="panel">
        <div class="page-header">
            <h3>AngularJS App</h3>
        </div>
        <h4 ng-controller="dayCtrl">Today is {{day || "(unknown)"}}</h4>
        <h4 ng-controller="dayCtrl">Tomorrow is {{tomorrow || "(unknown)"}}</h4>
    </div>
</body>
</html>
```

여기서는 HTML 문서에서 두 개의 뷰를 나란히 생성할 수 있게 ng-controller 어트리뷰트 위
치를 옮겼다. 결과 화면은 그림 9-3에서 볼 수 있다.

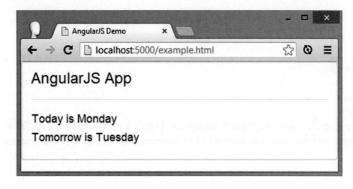

그림 9-3. 컨트롤러 추가

물론 뷰 하나만 사용하더라도 이와 동일한 효과를 구현할 수 있지만 여기서는 컨트롤러와 뷰를
다양하게 활용하는 법을 보여주기 위해 이 같은 예제를 사용했다.

다중 컨트롤러 생성

아무리 간단한 애플리케이션이라도 여러 개의 컨트롤러가 들어 있기 마련이며, 각 컨트롤러는 애
플리케이션에서 각기 다른 기능을 책임진다. 예제 9-8에서는 example.html 파일에 두 번째 컨
트롤러를 추가한 코드를 보여준다.

```html
<!DOCTYPE html>
<html ng-app="exampleApp">
<head>
    <title>AngularJS Demo</title>
    <link href="bootstrap.css" rel="stylesheet" />
    <link href="bootstrap-theme.css" rel="stylesheet" />
    <script src="angular.js"></script>
    <script>

        var myApp = angular.module("exampleApp", []);

        myApp.controller("dayCtrl", function ($scope) {
            var dayNames = ["Sunday", "Monday", "Tuesday", "Wednesday",
                "Thursday", "Friday", "Saturday"];
            $scope.day = dayNames[new Date().getDay()];
        });

        myApp.controller("tomorrowCtrl", function ($scope) {
            var dayNames = ["Sunday", "Monday", "Tuesday", "Wednesday",
                "Thursday", "Friday", "Saturday"];
            $scope.day = dayNames[(new Date().getDay() + 1) % 7];
        });

    </script>
</head>
<body>
    <div class="panel">
        <div class="page-header">
            <h3>AngularJS App</h3>
        </div>
        <h4 ng-controller="dayCtrl">Today is {{day || "(unknown)"}}</h4>
         <h4 ng-controller="tomorrowCtrl">Tomorrow is {{day || "(unknown)"}}</h4>
    </div>
</body>
</html>
```

여기서는 내일의 요일명을 처리하는 tomorrowCtrl라는 새 컨트롤러를 추가했다. 또, 각 컨트롤러가 자체 뷰를 가질 수 있게 HTML 마크업도 수정했다. 수정 결과는 그림 9-3과 동일하다. 다만, 이제 콘텐츠를 생성하는 방식이 달라졌을 뿐이다.

팁 이 예제에서 두 뷰가 서로 값에 영향을 주지 않고 day 속성값을 사용할 수 있다는 점에 주의하자. 각 컨트롤러는 전체 애플리케이션 스코프에서 자신만의 영역이 있으며, dayCtrl 컨트롤러의 day 속성은 tomorrowCtrl 컨트롤러에 정의된 day 속성과는 독립적이다. 스코프에 대해서는 13장에서 자세히 설명한다.

물론 실제 프로젝트라면 이렇게 간단한 앱에서 두 개의 컨트롤러와 뷰를 생성하지는 않을 것이다. 하지만 여기서는 각기 다른 모듈의 기능을 보여주기 위해 이 같은 예제를 사용했다. 아울러 이 방식이 독자들이 기초를 쌓는 데도 도움될 것이다.

플루언트 API 활용

Module 객체에서 정의한 메서드의 결과는 Module 객체 자체다. 이런 방식이 처음에는 이상해 보일 수 있지만 이 기법 덕분에 여러 메서드 호출을 한 번에 체인 형태로 실행할 수 있는 **플루언트 API**를 사용할 수 있다. 예를 들어, 예제 9-8에서 작성한 script 엘리먼트는 myApp 변수를 정의하지 않고 다음과 같이 재작성할 수 있다.

```
...
<script>

    angular.module("exampleApp", [])
        .controller("dayCtrl", function ($scope) {
            var dayNames = ["Sunday", "Monday", "Tuesday", "Wednesday",
                "Thursday", "Friday", "Saturday"];
            $scope.day = dayNames[new Date().getDay()];
        })
        .controller("tomorrowCtrl", function ($scope) {
            var dayNames = ["Sunday", "Monday", "Tuesday", "Wednesday",
                "Thursday", "Friday", "Saturday"];
            $scope.day = dayNames[(new Date().getDay() + 1) % 7];
        });

</script>
...
```

angular.module 메서드를 호출하면 결과로 Module 객체를 반환받고, 이 객체를 대상으로 다시 controller 메서드를 호출해 dayCtrl 컨트롤러를 설정한다. controller 메서드의 결과 또한 angular.module 메서드를 호출할 때 반환받은 Module 객체와 같은 객체이므로 이를 다시 사용해 controller 메서드를 호출해 tomorrowCtrl를 설정할 수 있다.

디렉티브 정의

디렉티브는 HTML을 확장하고 개선해 풍부한 웹 애플리케이션을 구현할 수 있게 해주는 만큼 AngularJS에서 가장 강력한 기능이라고 할 수 있다. AngularJS에는 여러 좋은 기능이 있지만 이 중에서도 디렉티브가 구현하는 재미가 가장 크고 또 유연하다. AngularJS에서 제공하는 내장 디렉티브는 10~12장에서 다룰 예정인데, 이외에도 원한다면 내장 디렉티브 대신 커스텀 디렉티브를 직접 구현할 수 있다. 커스텀 디렉티브를 구현하는 자세한 방법은 15~17장에서 설명할 예정인데, 간단히 말해 커스텀 디렉티브는 Module.directive 메서드를 통해 생성한다. 커스텀 디렉티브의 예는 예제 9-9에서 볼 수 있다.

예제 9-9. example.html 파일 내 커스텀 디렉티브 생성

```html
<!DOCTYPE html>
<html ng-app="exampleApp">
<head>
    <title>AngularJS Demo</title>
    <link href="bootstrap.css" rel="stylesheet" />
    <link href="bootstrap-theme.css" rel="stylesheet" />
    <script src="angular.js"></script>
    <script>

        var myApp = angular.module("exampleApp", []);

        myApp.controller("dayCtrl", function ($scope) {
            var dayNames = ["Sunday", "Monday", "Tuesday", "Wednesday",
                "Thursday", "Friday", "Saturday"];
            $scope.day = dayNames[new Date().getDay()];
        });

        myApp.controller("tomorrowCtrl", function ($scope) {
            var dayNames = ["Sunday", "Monday", "Tuesday", "Wednesday",
                "Thursday", "Friday", "Saturday"];
            $scope.day = dayNames[(new Date().getDay() + 1) % 7];
        });

        myApp.directive("highlight", function () {
            return function (scope, element, attrs) {
                if (scope.day == attrs["highlight"]) {
                    element.css("color", "red");
                }
            }
        });

    </script>
</head>
<body>
    <div class="panel">
        <div class="page-header">
            <h3>AngularJS App</h3>
        </div>
        <h4 ng-controller="dayCtrl" highlight="Monday">
            Today is {{day || "(unknown)"}}
        </h4>
        <h4 ng-controller="tomorrowCtrl">Tomorrow is {{day || "(unknown)"}}</h4>
    </div>
</body>
</html>
```

커스텀 디렉티브를 생성하는 방법에는 여러 가지가 있지만 이 예제에서는 가장 간단한 방법을 사용한다. 여기서는 Module.directive 메서드를 호출하고, 인자로 생성하려는 디렉티브의 이름과, 디렉티브를 생성하는 팩터리 함수를 넘겨주고 있다.

팩터리 및 작업자 함수

AngularJS 컴포넌트를 생성하는 모든 Module 메서드는 함수를 인자로 받는다. 이런 함수를 종종 **팩터리 함수**라고 부르는데, 이렇게 부르는 이유는 이 함수가 AngularJS에서 작업을 수행하는 데 활용할 객체를 생성하는 책임이 있기 때문이다. 종종 팩터리 함수에서는 **작업자 함수**를 반환하는데, 이는 곧 AngularJS가 어떤 작업을 수행하는 데 필요한 객체 또한 함수라는 뜻이다. 예제 9-9에서 directive 메서드를 호출할 때 이와 같은 예제 코드를 볼 수 있다. directive 메서드의 두 번째 인자는 다음과 같이 팩터리 함수다.

```
...
myApp.directive("highlight", function () {
    return function (scope, element, attrs) {
        if (scope.day == attrs["highlight"]) {
            element.css("color", "red");
        }
    }
});
...
```

팩터리 함수에서는 또 다른 함수를 반환하는데, AngularJS에서는 매번 디렉티브를 적용해야 할 때 이 함수를 호출한다. 이런 함수를 **작업자 함수**라고 부른다.

```
...
myApp.directive("highlight", function () {
    return function (scope, element, attrs) {
        if (scope.day == attrs["highlight"]) {
            element.css("color", "red");
        }
    }
});
...
```

이때 특정 시점에 팩터리 함수나 작업자 함수가 호출될 것이라고 기대해서는 안 된다는 점을 잘 이해해야 한다. 컴포넌트를 등록하려고 할 때는 Module 메서드(이 경우 directive)를 호출한다. 그럼 AngularJS에서는 컴포넌트를 설정하고 싶을 때 팩터리 함수를 호출하고, 컴포넌트를 적용해야 할 때 작업자 함수를 호출한다. 이와 같은 세 이벤트는 즉각적으로 일어나지 않는다(다시 말해 다른 Module 메서드가 팩터리 함수보다 먼저 호출되고, 다른 팩터리 함수가 작업자 함수보다 먼저 호출될 수 있다).

HTML 엘리먼트에 디렉티브 적용

이 예제의 팩터리 함수는 디렉티브를 생성할 책임이 있다. 디렉티브는 AngularJS에서 HTML 내 디렉티브를 만날 때마다 호출하는 작업자 함수다. 커스텀 디렉티브가 어떻게 동작하는지 이해하려면 HTML 엘리먼트에 디렉티브를 어떻게 적용하는지부터 살펴보는 게 좋다.

```
...
<h4 ng-controller="dayCtrl" highlight="Monday">
...
```

우리가 만든 커스텀 디렉티브는 highlight이고, 여기서는 어트리뷰트로 적용했다(16장에서 설명하겠지만 커스텀 HTML 엘리먼트로 적용하는 등의 다른 옵션도 있다). 그리고 highlight 어트리뷰트의 값을 Monday로 설정했다. 이 커스텀 디렉티브의 목적은 day 모델 속성이 어트리뷰트 값과 일치할 경우 커스텀 디렉티브가 적용된 엘리먼트의 내용을 강조하는 것이다.

directive 메서드에 인자로 넘겨준 팩터리 함수는 AngularJS가 HTML 내에서 이 어트리뷰트를 만날 때 호출된다. 팩터리 함수에서 생성하는 directive 함수는 AngularJS에 의해 호출되고, 세 개의 인자를 넘겨받는다. 바로, 뷰의 스코프, 디렉티브가 적용된 엘리먼트, 엘리먼트의 어트리뷰트다.

> **팁** directive 함수의 인자는 scope이지, $scope가 아니라는 점에 주의하자. 이때 $ 기호가 없는 이유와 둘 사이의 구체적인 차이점은 15장에서 설명한다.

scope 인자를 활용하면 뷰에서 사용할 수 있는 데이터를 검사할 수 있다. 이 경우 day 속성값을 가져올 수 있다. attrs 인자는 디렉티브를 적용한 어트리뷰트를 비롯해 엘리먼트에 적용된 모든 어트리뷰트를 제공한다. 여기서는 highlight 어트리뷰트의 값을 가져오는 데 이 인자를 사용한다. highlight 어트리뷰트의 값과 스코프의 day 값이 서로 일치하면 element 인자를 사용해 HTML 콘텐츠를 설정한다.

element 인자는 jqLite 객체로서, AngularJS에 들어 있는 경량 버전의 제이쿼리다. 이 예제에서 사용한 메서드(css)는 CSS 속성값을 설정한다. 여기서는 color 속성값을 설정해 엘리먼트의 텍스트 색상을 변경한다. jqLite의 전체 메서드는 15장에서 자세히 살펴본다. 커스텀 디렉티브의 적용 결과는 그림 9-4에서 볼 수 있다(물론 월요일에 이 예제를 실행하지 않는다면 highlight 어트리뷰트 값을 변경해야 한다).

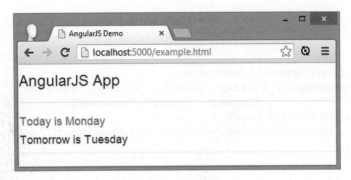

그림 9-4. 커스텀 디렉티브의 효과

필터 정의

필터는 사용자에게 표시되는 뷰의 형식을 포매팅하는 데 사용한다. 한 번 정의하고 나면 필터는 전체 모듈에서 사용할 수 있으며, 이를 통해 여러 컨트롤러와 뷰에서 데이터를 일관되게 표현할 수 있다. 예제 9-10에서는 필터를 포함하게끔 example.html 파일을 업데이트했다. 아울러 14장에서는 AngularJS에서 제공하는 내장 필터를 비롯해 필터를 사용할 수 있는 다양한 방법을 설명한다.

예제 9-10. example.html 파일에 필터 추가

```
<!DOCTYPE html>
<html ng-app="exampleApp">
<head>
    <title>AngularJS Demo</title>
    <link href="bootstrap.css" rel="stylesheet" />
    <link href="bootstrap-theme.css" rel="stylesheet" />
    <script src="angular.js"></script>
    <script>

        var myApp = angular.module("exampleApp", []);

        myApp.controller("dayCtrl", function ($scope) {
            $scope.day = new Date().getDay();
        });

        myApp.controller("tomorrowCtrl", function ($scope) {
            $scope.day = new Date().getDay() + 1;
        });

        myApp.directive("highlight", function () {
            return function (scope, element, attrs) {
                if (scope.day == attrs["highlight"]) {
                    element.css("color", "red");
```

```
                }
            }
        });

        myApp.filter("dayName", function () {
            var dayNames = ["Sunday", "Monday", "Tuesday", "Wednesday",
                            "Thursday", "Friday", "Saturday"];
            return function (input) {
                return angular.isNumber(input) ? dayNames[input] : input;
            };
        });

    </script>
</head>
<body>
    <div class="panel">
        <div class="page-header">
            <h3>AngularJS App</h3>
        </div>
        <h4 ng-controller="dayCtrl" highlight="Monday">
            Today is {{day || "(unknown)" | dayName}}
        </h4>
        <h4 ng-controller="tomorrowCtrl">
            Tomorrow is {{day || "(unknown)" | dayName}}
        </h4>
    </div>
</body>
</html>
```

filter 메서드는 필터를 정의하는 데 사용하며, 인자로는 새 필터의 이름, 호출 시 필터를 생성할 팩터리 함수를 넘겨준다. 필터 자체는 함수로서, 데이터를 포매팅해 보여줄 수 있게 데이터 값을 인자로 받는다.

여기서 정의한 필터의 이름은 dayName으로, Date 객체에서 가져온 요일의 숫자 값을 이름으로 변형하는 코드를 한곳으로 합치는 데 사용한다. 팩터리 함수에서는 요일명 배열을 정의하고, 이 배열을 활용해 숫자 값을 변형하는 함수를 반환한다.

```
...
return function (input) {
    return angular.isNumber(input) ? dayNames[input] : input;
};
...
```

여기서는 5장에서 설명한 angular.isNumber 메서드를 사용해 값이 숫자인지 검사하고, 숫자이면 요일명을 반환한다(예제를 간단히 하기 위해 여기서는 값이 배열 범위를 벗어나는지는 검사하지 않는다).

필터 적용

필터는 뷰 내에서 템플릿 표현식에 적용한다. 다음과 같이 데이터 바인딩이나 표현식 다음에 막대(|) 문자를 사용하고, 이어서 필터명을 지정한다.

```
...
<h4 ng-controller="dayCtrl" highlight="Monday">
    Today is {{day || "(unknown)" | dayName}}
</h4>
...
```

필터는 자바스크립트 표현식을 해석한 뒤에 적용된다. 그 덕분에 여기서는 || 연산자를 통해 null 값을 검사하고, | 연산자를 통해 필터를 바로 적용한다. 이렇게 하면 day 속성값이 널이 아닐 경우 필터 함수로 전달되고, day 속성값이 널일 때는 (unknown) 값이 대신 전달된다. 필터 함수에서 isNumber 메서드를 사용하는 것 또한 이 경우를 처리하기 위해서다.

디렉티브 수정

예리한 독자라면 필터를 추가함에 따라 앞서 구현한 디렉티브가 제대로 동작하지 않게 된 것을 눈치 챘을 것이다. 문제는 이제 컨트롤러에서 포매팅된 이름이 아니라 현재 요일의 숫자 값을 스코프에 추가한다는 점이다. 디렉티브에서는 Monday 값을 검사하지만 이제 넘겨받는 값은 1, 2 등과 같은 숫자 값이므로 날짜를 강조하는 기능이 제대로 동작할 리 없다.

AngularJS에서는, 이 예제에서 컨트롤러에서 이름 포매팅을 제거하고 필터로 옮긴 것처럼, 한 컴포넌트에서 다른 컴포넌트로 코드를 리팩터링하는 일이 자주 생기고 이에 따라 문제를 해결해야 하는 일이 비일비재하다. 이 문제를 해결하는 방법은 몇 가지(숫자 값도 사용하게끔 디렉티브를 업데이트하는 것을 비롯해)가 있다. 하지만 여기서는 조금 복잡한 방법을 보여주려고 한다. 예제 9-11에서는 수정한 디렉티브 정의를 볼 수 있다.

예제 9-11. example.html 파일 내 디렉티브 변경

```
...
myApp.directive("highlight", function ($filter) {

    var dayFilter = $filter("dayName");

    return function (scope, element, attrs) {
        if (dayFilter(scope.day) == attrs["highlight"]) {
            element.css("color", "red");
        }
    }
});
...
```

이 예제에서는 AngularJS 애플리케이션에서 생성하는 컴포넌트를 HTML 엘리먼트에서만 사용할 수 있는 게 아니라는 점을 볼 수 있다. 이런 컴포넌트는 자바스크립트 코드에서도 얼마든지 사용할 수 있다.

이 경우 $filter 인자를 디렉티브의 팩터리 함수에 추가했다. 이렇게 하면 함수가 호출될 때 필터 서비스 객체를 가져올 수 있다. $filter 서비스는 앞의 예제에서 추가한 커스텀 필터를 비롯해 정의된 모든 필터에 접근할 수 있게 해준다. 앞에서 정의한 필터는 다음과 같이 필터명을 통해 가져올 수 있다.

```
...
var dayFilter = $filter("dayName");
...
```

여기서는 팩터리에서 생성한 필터 함수를 가져와, 이 함수를 호출해 숫자 값을 요일명으로 변형한다.

```
...
if (dayFilter(scope.day) == attrs["highlight"]) {
...
```

이렇게 코드를 바꾸고 나면 다시 디렉티브가 제대로 동작한다. 이 예제에는 주의해서 볼 점이 두가지 있다. 첫 번째 사항은 AngularJS 개발 과정에서 이와 같은 코드 리팩터링이 자연스러운 과정이라는 점이다. 두 번째 사항은 AngularJS에서는 선언적(HTML을 통한) 방식과 명령을 통한(자바스크립트) 방식 모두를 사용해 컴포넌트에 접근할 수 있게 함으로써 리팩터링을 쉽게 해준다는 점이다.

서비스 정의

서비스는 애플리케이션 전역에서 사용할 만한 기능을 제공하는 **싱글턴** 객체다. AngularJS에는 HTTP 요청 처리 같은 공통 작업을 도와주는 내장 서비스가 여러 개 있다. 또, 앞의 예제에서 사용한 $scope 및 $filter 객체처럼 AngularJS의 핵심 컴포넌트 중 일부는 서비스 형태로 제공된다. 물론 AngularJS에서는 커스텀 서비스도 생성할 수 있다. 커스텀 서비스를 생성하는 방법은 이절에서 간단히 설명한 후 18장에서 자세히 살펴본다.

> **팁** **싱글턴**이란 AngularJS에서 단일 객체 인스턴스만을 생성하고, 서비스가 필요할 때 애플리케이션의 나머지 영역에서 이 객체를 공유함을 뜻한다.

서비스를 생성할 때는 Module 객체에서 정의한 각기 다른 세 가지 메서드를 호출할 수 있다. 이들 메서드는 각각 service, factory, provider다. 세 메서드는 서로 밀접한 관련이 있으며, 자세한 차이점은 18장에서 설명한다. 이 장에서는 예제 9-12처럼 service 메서드를 사용해 기본적인 서비스를 구현한다.

예제 9-12. example.html 파일 내 간단한 서비스 구현

```html
<!DOCTYPE html>
<html ng-app="exampleApp">
<head>
    <title>AngularJS Demo</title>
    <link href="bootstrap.css" rel="stylesheet" />
    <link href="bootstrap-theme.css" rel="stylesheet" />
    <script src="angular.js"></script>
    <script>

        var myApp = angular.module("exampleApp", []);

        myApp.controller("dayCtrl", function ($scope, days) {
            $scope.day = days.today;
        });

        myApp.controller("tomorrowCtrl", function ($scope, days) {
            $scope.day = days.tomorrow;
        });

        myApp.directive("highlight", function ($filter) {

            var dayFilter = $filter("dayName");

            return function (scope, element, attrs) {
                if (dayFilter(scope.day) == attrs["highlight"]) {
                    element.css("color", "red");
                }
            }
        });

        myApp.filter("dayName", function () {
            var dayNames = ["Sunday", "Monday", "Tuesday", "Wednesday",
                            "Thursday", "Friday", "Saturday"];
            return function (input) {
                return angular.isNumber(input) ? dayNames[input] : input;
            };
        });

        myApp.service("days", function () {
            this.today = new Date().getDay();
            this.tomorrow = this.today + 1;
        });

    </script>
</head>
<body>
```

```
    <div class="panel">
        <div class="page-header">
            <h3>AngularJS App</h3>
        </div>
        <h4 ng-controller="dayCtrl" highlight="Monday">
            Today is {{day || "(unknown)" | dayName}}
        </h4>
        <h4 ng-controller="tomorrowCtrl">
            Tomorrow is {{day || "(unknown)" | dayName}}
        </h4>
    </div>
</body>
</html>
```

service 메서드는 두 개의 인자를 받는다. 바로 서비스명과, 서비스 객체를 생성할 때 호출할 팩터리 함수다. 팩터리 함수를 호출할 때 AngularJS는 this 키워드를 통해 접근할 수 있는 새 객체를 대입하는데, 여기서는 this 객체를 사용해 today와 tomorrow 속성을 정의한다. 이 서비스는 간단한 서비스지만, 이를 통해 이제 AngularJS 내 모든 코드에서 서비스에 접근해 today와 tomorrow 값을 알 수 있게 됐다. 이 기법을 활용하면 복잡한 애플리케이션 개발 과정이 그만큼 단순해진다.

팁   여기서는 controller 메서드를 호출한 후 service 메서드를 호출하고 있지만 컨트롤러 내에서 서비스를 사용할 수 있다는 점에 주의하자. 컴포넌트는 어느 순서로 생성하든 상관없으며 AngularJS에서는 팩터리 함수를 호출하고 의존성 주입을 수행하기 전 모든 설정을 제대로 수행해준다. 자세한 내용은 이 장에서 나중에 나오는 'AngularJS 생명주기 활용' 절을 참고하자.

서비스는 다음과 같이 days 서비스에 대한 의존성을 선언해 접근할 수 있다.

```
...
myApp.controller("tomorrowCtrl", function ($scope, days) {
...
```

AngularJS에서는 의존성 주입을 활용해 days 서비스를 찾고, 팩터리 함수의 인자로 서비스를 넘겨준다. 이에 따라 컨트롤러에서는 today 및 tomorrow 속성값을 가져와 $scope 서비스를 사용해 뷰로 값을 넘겨줄 수 있다.

```
...
myApp.controller("tomorrowCtrl", function ($scope, days) {
    $scope.day = days.tomorrow;
});
...
```

18장에서는 service 메서드를 통해 자바스크립트 프로토타입을 활용하는 법을 비롯해 다양한 서비스 구현 방식을 살펴본다.

값 정의

Module.value 메서드는 고정값 및 객체를 반환하는 서비스를 생성하게 해준다. 물론 불필요해 보일 수도 있지만, 이를 활용하면 service나 filter 같은 모듈 메서드를 통해 생성하는 객체뿐 아니라 모든 값이나 객체에 대해 의존성 주입을 활용할 수 있게 되므로 그만큼 편리하다. 이 방식은 좀 더 일관적인 개발 기법을 적용하게 해주고, 단위 테스트를 단순화해주며, 24장에서 설명할 데코레이션 같은 고급 기능을 활용할 수 있게 해준다. 예제 9-13에는 값을 사용하도록 수정한 example.html이 나와 있다.

예제 9-13. example.html 파일 내 값 정의

```
...
<script>

    var myApp = angular.module("exampleApp", []);

    // ...지면상 명령 생략...

    var now = new Date();
    myApp.value("nowValue", now);

    myApp.service("days", function (nowValue) {
        this.today = nowValue.getDay();
        this.tomorrow = this.today + 1;
    });

</script>
...
```

이 예제에서는 now라는 변수를 정의했다. 그런 다음 이 변수에 새 Date를 대입하고, Module. value 메서드를 호출해 nowValue라는 값 서비스를 생성했다. 이어서, days 서비스를 생성할 때 nowValue 서비스를 의존성으로 선언했다.

값 없는 객체 활용

단위 테스트에 대한 효용성을 고려하더라도 값 서비스를 사용하는 게 불필요하게 복잡하다고 생각하는 독자도 있을 것이다. 하지만 AngularJS에서는 팩터리 함수의 모든 인자가 의존성을 선언한다고 가정하므로 값 서비스를 사용하는 게 값을 사용하지 않는 것보다 더 간편하다는 사실을 알게 될 것이다.

AngularJS를 처음 접하는 개발자들은 값을 사용하지 않고 대개 다음과 같은 코드를 작성한다.

```
...
var now = new Date();

myApp.service("days", function (now) {
    this.today = now.getDay();
    this.tomorrow = this.today + 1;
});
...
```

이 코드를 실행하려고 하면 브라우저 자바스크립트 콘솔에서 다음과 같은 에러를 볼 수 있다.

Error: Unknown provider: nowProvider ⟨- now ⟨- days

여기서 문제는 AngularJS가 팩터리 함수를 사용할 때 now 파라미터의 값을 지역 변수로 사용하지 않는다는 점이다. 이에 따라 now 값은 필요한 시점에 스코프에서 사용할 수 없는 값이된다.

AngularJS 값을 생성할 생각이 전혀 없다면(대부분의 개발자는 한 번쯤은 이 과정을 거친다) 자바스크립트 클로저 기능을 활용할 수도 있다. 이를 활용하면 다음과 같이 함수 내에서 변수를 참조할 수 있다.

```
...
var now = new Date();

myApp.service("days", function () {
    this.today = now.getDay();
    this.tomorrow = this.today + 1;
});
...
```

여기서는 팩터리 함수에서 인자를 제거했고, 이에 따라 AngularJS에서는 찾아야 할 의존성이 없어졌다. 물론 이 코드도 잘 동작하지만, days 서비스를 테스트하기가 그만큼 어려워졌다. 따라서 이 방식보다는 값 서비스를 생성하는 접근 방식을 따를 것을 권장한다.

│ 모듈을 활용한 코드 조직화

앞의 예제에서는 컨트롤러, 필터, 서비스 같은 컴포넌트를 생성할 때 AngularJS가 팩터리 함수에서 의존성 주입을 어떻게 활용하는지 배웠다. 이 장의 서두에서는 모듈을 생성하는 angular. module 메서드의 두 번째 인자가 모듈 의존성 배열이라고 설명한 바 있다.

```
...
var myApp = angular.module("exampleApp", []);
...
```

모든 AngularJS 모듈은 다른 모듈에 정의된 컴포넌트에 의존할 수 있으며, 그 덕분에 복잡한 애플리케이션에서 코드를 조직화하는 게 쉬워진다. 이를 활용한 예제를 보여주기 위해 여기서는 angularjs 폴더에 controllers.js라는 자바스크립트 파일을 추가했다. 새 파일의 내용은 예제 9-14에서 볼 수 있다.

예제 9-14. controllers.js 파일의 내용

```
var controllersModule = angular.module("exampleApp.Controllers", [])

controllersModule.controller("dayCtrl", function ($scope, days) {
    $scope.day = days.today;
});

controllersModule.controller("tomorrowCtrl", function ($scope, days) {
    $scope.day = days.tomorrow;
})
```

controllers.js 파일에서는 exampleApp.Controllers라는 새 모듈을 생성하고, 이 모듈을 이전 예제의 두 컨트롤러를 정의하는 데 사용했다. 코드를 조직화할 때는 애플리케이션을 공통 컴포넌트 타입의 모듈로 정리하고, 메인 모듈의 이름에 컴포넌트 타입을 결합해 각 모듈에 들어 있는 컴포넌트의 내용이 무엇인지 명확히 알 수 있게 하는 방식을 많이 사용한다. 여기서 exampleApp.Controllers라는 이름을 사용한 것 또한 이 때문이다. 마찬가지로, filters.js라는 자바스크립트 파일을 새로 생성하고, 그 내용을 예제 9-15처럼 채운다.

예제 9-15. filters.js 파일의 내용

```
angular.module("exampleApp.Filters", []).filter("dayName", function () {
    var dayNames = ["Sunday", "Monday", "Tuesday", "Wednesday",
                    "Thursday", "Friday", "Saturday"];
    return function (input) {
        return angular.isNumber(input) ? dayNames[input] : input;
    };
});
```

여기서는 exampleApp.Filters라는 모듈을 생성하고, 이를 활용해 이전 예제의 메인 모듈에 속한 필터를 생성했다. 여기서는 좀 더 다양한 코드 예제를 보여주기 위해 module 메서드의 결과를 가지고 곧바로 filter 메서드를 호출하는 플루언트 API를 사용했다(자세한 내용은 '플루언트 API 활용' 사이드바 참고).

모듈을 자체 파일에 보관하거나 모듈 안에 들어 있는 컴포넌트를 기반으로 모듈을 조직화하는 데 따른 요구 조건 같은 건 존재하지 않지만 필자는 이와 같은 방식을 선호하는 편이며, 독자들이 처음 모듈을 활용할 때는 이 방식부터 시작하는 게 좋다. 물론 AngularJS 개발 경험이 쌓이다 보면 자신에게 좀 더 적합한 방식을 자연스럽게 찾게 될 것이다.

예제 9-16에서는 controllers.js 및 filters.js 파일을 불러오기 위해 script 엘리먼트를 추가하고, 이들 파일에 들어 있는 모듈을 메인 exampleApp 모듈의 의존성으로 선언했다. 또, 모듈을 자체 파일에 꼭 정의할 필요가 없다는 사실을 강조하기 위해 example.html 파일에서 추가로 두 개의 모듈을 생성했다.

예제 9-16. example.html 파일 내 모듈 의존성 활용

```html
<!DOCTYPE html>
<html ng-app="exampleApp">
<head>
    <title>AngularJS Demo</title>
    <link href="bootstrap.css" rel="stylesheet" />
    <link href="bootstrap-theme.css" rel="stylesheet" />
    <script src="angular.js"></script>
    <script src="controllers.js"></script>
    <script src="filters.js"></script>
    <script>

        var myApp = angular.module("exampleApp",
            ["exampleApp.Controllers", "exampleApp.Filters",
             "exampleApp.Services", "exampleApp.Directives"]);

        angular.module("exampleApp.Directives", [])
            .directive("highlight", function ($filter) {

                var dayFilter = $filter("dayName");

                return function (scope, element, attrs) {
                    if (dayFilter(scope.day) == attrs["highlight"]) {
                        element.css("color", "red");
                    }
                }
            });

        var now = new Date();
        myApp.value("nowValue", now);

        angular.module("exampleApp.Services", [])
            .service("days", function (nowValue) {
                this.today = nowValue.getDay();
                this.tomorrow = this.today + 1;
            });
```

```
        </script>
    </head>
    <body>
        <div class="panel">
            <div class="page-header">
                <h3>AngularJS App</h3>
            </div>
            <h4 ng-controller="dayCtrl" highlight="Monday">
                Today is {{day || "(unknown)" | dayName}}
            </h4>
            <h4 ng-controller="tomorrowCtrl">
                Tomorrow is {{day || "(unknown)" | dayName}}
            </h4>
        </div>
    </body>
</html>
```

메인 모듈에 필요한 의존성을 선언하기 위해 다음과 같이 각 모듈명을 `module` 메서드의 두 번째 인자로 넘기는 배열에 추가했다.

```
...
var myApp = angular.module("exampleApp", ["exampleApp.Controllers", "exampleApp.Filters",
    "exampleApp.Services", "exampleApp.Directives"]);
...
```

의존성은 특정 순서대로 정의하지 않아도 되며, 모듈 또한 아무 순서로나 정의할 수 있다. 예를 들어, 이 예제에서는 exampleApp.Services 모듈에 의존하는 exampleApp 모듈을 먼저 정의한 후 exampleApp.Services 모듈을 정의한다.

AngularJS에서는 애플리케이션에서 정의한 모든 모듈을 로드하고, 의존성을 해결하며, 각 모듈에 들어 있는 컴포넌트를 서로 결합한다. 이와 같은 결합 과정 덕분에 AngularJS에서는 다른 모듈의 기능을 손쉽게 사용할 수 있게 된다. 예를 들어, exampleApp.Services 모듈에 들어 있는 days 서비스는 exampleApp 모듈에 있는 nowValue 값에 의존하고, exampleApp.Directives 모듈에 들어 있는 디렉터브는 exampleApp.Filters 모듈의 필터에 의존한다.

다른 모듈에도 많고 적음과 상관없이 원하는 만큼 기능을 담을 수 있다. 이 예제에서는 네 개의 모듈을 정의했지만, 값은 메인 모듈에 남겨뒀다. 물론, 값만을 위한 모듈(서비스와 값을 연계하는)을 생성하거나 개발 방식에 따라 다른 기능을 조합한 모듈도 얼마든지 추가로 정의할 수 있을 것이다.

모듈 생명주기 활용

Module.config 및 Module.run 메서드는 AngularJS 앱의 생명주기상 주요 시점에 호출되는 함수를 등록한다. config 메서드의 인자로 넘겨준 함수는 현재 모듈이 로드될 때 호출되며, run 메서드의 인자로 넘겨준 함수는 모든 모듈이 로드될 때 호출된다. 두 메서드를 사용한 예제는 예제 9-17에서 볼 수 있다.

예제 9-17. example.html 파일 내 config 및 run 메서드 활용

```
...
<script>
    var myApp = angular.module("exampleApp",
        ["exampleApp.Controllers", "exampleApp.Filters",
            "exampleApp.Services", "exampleApp.Directives"]);

    myApp.constant("startTime", new Date().toLocaleTimeString());
    myApp.config(function (startTime) {
        console.log("Main module config: " + startTime);
    });
    myApp.run(function (startTime) {
        console.log("Main module run: " + startTime);
    });

    angular.module("exampleApp.Directives", [])
        .directive("highlight", function ($filter) {

            var dayFilter = $filter("dayName");

            return function (scope, element, attrs) {
                if (dayFilter(scope.day) == attrs["highlight"]) {
                    element.css("color", "red");
                }
            }
        });

    var now = new Date();
    myApp.value("nowValue", now);

    angular.module("exampleApp.Services", [])
        .service("days", function (nowValue) {
            this.today = nowValue.getDay();
            this.tomorrow = this.today + 1;
        })
        .config(function() {
            console.log("Services module config: (no time)");
        })
        .run(function (startTime) {
            console.log("Services module run: " + startTime);
```

```
        });

</script>
...
```

이 예제에서 처음으로 수정한 부분은 constant 메서드를 사용하는 코드다. 이 메서드는 value 메서드와 유사하지만, config 메서드에 의해 의존성이 선언될 수 있는 서비스를 생성한다(값을 생성할 때는 이렇게 할 수 없다).

config 메서드는 이 메서드를 호출한 모듈이 로드된 후 호출할 함수를 인자로 받는다. config 메서드는 모듈을 설정하는 데 사용하며, 주로 연결 상세 정보나 사용자 인증 정보처럼 서버에서 가져온 값을 주입하는 데 사용한다.

run 메서드 또한 함수를 인자로 받는데, 이 함수는 모든 모듈이 로드되고, 각 모듈의 의존성이 해결된 후 호출된다. 다음은 이와 같은 콜백 함수가 호출되는 순서다.

1. exampleApp.Services 모듈의 config 콜백

2. exampleApp 모듈의 config 콜백

3. exampleApp.Services 모듈의 run 콜백

4. exampleApp 모듈의 run 콜백

AngularJS에서는 특정 모듈에 대한 의존성이 존재할 경우 해당 콜백이 먼저 호출되게끔 하는 똑똑한 처리를 수행한다. exampleApp.Services 모듈의 콜백이 메인 exampleApp 모듈의 콜백보다 먼저 호출된다는 점에서도 이 사실을 확인할 수 있다. 이와 같은 똑똑한 기능 덕분에 모듈은 모듈 의존성을 해결하는 데 사용되기 전에 먼저 설정을 마치게 된다. 이 예제를 실행하면 자바스크립트 콘솔에서 다음과 같은 출력 결과를 볼 수 있다.

```
Services module  config: (no  time)
Main module  config:  16:57:28
Services module  run:  16:57:28
Main module  run:  16:57:28
```

startTime 상수는 네 콜백 중 세 곳에서 사용할 수 있지만, exampleApp.Services 모듈의 config 콜백에서는 사용할 수 없다. 이때는 모듈 의존성이 아직 해결되기 전이기 때문이다. 이 시점에 config 콜백이 호출되면 startTime 상수는 아직 사용할 수 없는 상태다.

ㅣ정리

이 장에서는 모듈 관점에서 AngularJS 애플리케이션의 기본 구조를 설명했다. 또, 모듈을 정의하는 법, 모듈을 활용해 컨트롤러, 서비스, 필터 같은 핵심 컴포넌트를 생성하는 법, 각 컴포넌트를 활용해 애플리케이션 코드를 조직화하는 법, 애플리케이션 생명주기상 두 가지 주요 시점에 대응하는 법을 살펴봤다. 이 장을 시작하면서 설명한 것처럼 이 장에서 제공한 정보는 독자들이 이어지는 장에서 보게 될 개별 기능을 좀 더 큰 맥락에서 쉽게 참조할 수 있게 하고, 상세 정보를 볼 수 있는 장을 알려주기 위한 것이다. 다음 장에서는 내장 디렉티브를 시작으로 각 기능을 자세히 들여다본다.

바인딩 및 템플릿
디렉티브 활용

앞 장에서는 AngularJS 애플리케이션을 구현하는 데 사용할 수 있는 컴포넌트의 범위에 대해 간략히 설명했다. 독자들 중에는 이런 컴포넌트의 종류가 무척 다양해서 놀라고, 예제를 보더라도 각 컴포넌트의 용도가 잘 이해되지 않는 사람도 있을 것이다. 하지만 걱정하지 않아도 된다. 앞 장의 서두에서 말한 것처럼 앞 장의 설명과 예제는 디렉티브에 대해 설명하는 이 장을 시작으로 앞으로 볼 상세 정보에 대한 개괄적인 정보를 제공하기 위한 용도로 제시된 것이기 때문이다.

디렉티브는 AngularJS에서 가장 강력한 기능이다. 디렉티브는 자연스러운 표현 방식을 통해 HTML을 확장해 풍부하고 복잡한 웹 애플리케이션을 구현할 수 있는 기초를 마련해준다. AngularJS에는 다양한 내장 디렉티브가 들어 있으며, AngularJS의 다른 기능을 모두 무시하고 디렉티브만 활용하더라도 상당히 많은 작업을 할 수 있다. AngularJS에는 설명해야 할 내장 디렉티브가 여러 개 있으며, 이들 디렉티브에 대해서는 이 장과 11장, 12장에 걸쳐 설명한다. 또, 커스텀 디렉티브도 구현할 수 있는데, 커스텀 디렉티브를 구현하는 방법은 커스텀 디렉티브를 구현하는 데 필요한 기능을 다룬 후 15~17장에서 설명한다.

이 장에서 설명하는 디렉티브는 새 AngularJS 프로젝트를 시작할 때 가장 많이 사용하는 디렉티브지만, 복잡하고 사용 방식도 여러 가지다. 이어지는 장에서 설명할 디렉티브는 좀 더 단순하므로 한 번에 다 이해하려고 하지 않아도 된다. 표 10-1에는 이 장의 내용이 정리돼 있다.

표 10-1. 장 요약

문제	해결책	예제
단방향 바인딩 생성	컨트롤러 $scope에 속성을 정의하고 ng-bind 또는 ng-bind-template 디렉티브를 사용하거나 인라인 표현식({{ 및 }} 문자로 표시)을 사용한다.	1~2
AngularJS에서 인라인 바인딩 표현식을 처리하지 못하게 차단	ng-non-bindable 디렉티브를 사용한다.	2

양방향 바인딩 생성	ng-model 디렉티브를 사용한다.	3
반복 엘리먼트 생성	ng-repeat 디렉티브를 사용한다.	4~6
ng-repeat 디렉티브에서 현재 객체에 대한 컨텍스트 정보 가져오기	ng-repeat 디렉티브에서 제공하는 내장 변수인 $first 또는 $last 등을 사용한다.	7~9
여러 개의 최상위 레벨 어트리뷰트 반복	ng-repeat-start 및 ng-repeat-end 디렉티브를 사용한다.	10
부분 뷰 로드	ng-include 디렉티브를 사용한다.	11~16
조건에 따라 엘리먼트 표시	ng-switch 디렉티브를 사용한다.	17
AngularJS가 콘텐츠를 처리하는 동안 인라인 템플릿 표현식 숨김	ng-cloak 디렉티브를 사용한다.	18

디렉티브는 언제, 왜 사용하나

디렉티브는 AngularJS의 핵심 기능으로, 전체적인 AngularJS 개발 방식 및 AngularJS 애플리케이션의 구조에 영향을 준다. 다른 자바스크립트 라이브러리(제이쿼리 등)에서는 HTML 문서 내 엘리먼트를 극복해야 할 문제로 간주해 웹 애플리케이션을 생성하기 전에 엘리먼트 조작 및 수정을 수행하려고 한다.

그러나 AngularJS의 접근 방식은 다르다. AngularJS 웹 앱은 HTML을 보듬고 개선함으로써 AngularJS 웹 앱을 개발하며, HTML을 문제가 아니라 애플리케이션 기능을 개발할 수 있는 '기초'로 인식한다. 디렉티브의 사용 방식에 익숙해지기까지는 시간이 조금 걸릴 수 있다(특히 16장에서 설명하는 것처럼 커스텀 HTML 엘리먼트를 생성하려고 할 때). 하지만 이내 이 방식을 자연스럽게 느낄 수 있으며, 그 결과 표준 HTML과 커스텀 엘리먼트 및 어트리뷰트를 함께 사용할 수 있는 재미있는 개발 환경을 맛볼 수 있다.

AngularJS에는 대부분의 웹 애플리케이션에서 유용하게 활용할 수 있는 핵심 기능을 제공하는 50개 이상의 내장 디렉티브가 들어 있다. 이들 디렉티브는 데이터 바인딩, 폼 유효성 검증, 템플릿 생성, 이벤트 처리, HTML 엘리먼트 조작 기능 등을 제공한다. 앞에서 언급한 것처럼 커스텀 디렉티브를 사용하면 애플리케이션에 기능을 적용할 수도 있다. 표 10-2에는 AngularJS 애플리케이션에 언제, 왜 디렉티브를 사용해야 하는지가 정리돼 있다.

표 10-2. 디렉티브의 사용 이유와 시점

이유	시점
디렉티브는 이벤트 처리, 폼 유효성 검증, 템플릿 같은 핵심 AngularJS 기능을 외부로 노출한다. 커스텀 디렉티브를 사용하면 애플리케이션의 기능을 뷰에 적용할 수도 있다.	디렉티브는 AngularJS 애플리케이션 전역에서 사용한다.

┃예제 프로젝트 준비

이 장의 예제를 준비하면서 angularjs 웹 서비스 폴더의 내용을 지우고, 1장에서 설명한 대로 angular.js, bootstrap.css, bootstrap-theme.css 파일을 설치했다. 그런 다음 directives.html이라는 파일을 생성했다. 이 파일의 내용은 예제 10-1과 같다.

예제 10-1. directives.html 파일의 내용

```html
<!DOCTYPE html>
<html ng-app="exampleApp">
<head>
    <title>Directives</title>
    <script src="angular.js"></script>
    <link href="bootstrap.css" rel="stylesheet" />
    <link href="bootstrap-theme.css" rel="stylesheet" />
    <script>
        angular.module("exampleApp", [])
            .controller("defaultCtrl", function ($scope) {
                $scope.todos = [
                    { action: "Get groceries", complete: false },
                    { action: "Call plumber", complete: false },
                    { action: "Buy running shoes", complete: true },
                    { action: "Buy flowers", complete: false },
                    { action: "Call family", complete: false }];
            });
    </script>
</head>
<body>
    <div id="todoPanel" class="panel" ng-controller="defaultCtrl">
        <h3 class="panel-header">To Do List</h3>
        Data items will go here...
    </div>
</body>
</html>
```

이 파일의 내용은 일반적인 할 일 목록 애플리케이션의 골격에 해당한다(많은 웹 앱 예제가 할 일 목록을 기반으로 하는 이유 중 하나는 데이터 객체 목록이 템플릿 기능을 보여주기에 적합하기 때문이다).

이 예제에서는 9장에서 설명한 **AngularJS** 컴포넌트도 몇 개 볼 수 있다. 여기서는 angular. module 메서드를 사용해 exampleApp이라는 모듈을 생성하고, 플루언트 API를 사용해 defaultCtrl라는 컨트롤러를 정의했다. 컨트롤러는 $scope 서비스를 사용해 데이터 모델에 데이터 항목을 추가하고, 모듈 및 컨트롤러는 ng-app 및 ng-controller 디렉티브를 사용해 HTML 엘리먼트에 적용한다. directives.html 파일의 초기 실행 화면은 그림 10-1에서 볼 수 있다.

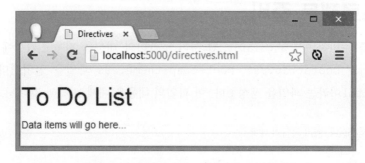

그림 10-1. directives.html 파일의 첫 번째 내용

팁 　예제 10-1의 내용은 블랙박스처럼 생각하면 된다. 각 컴포넌트에 대한 간단한 설명은 9장을 참고하고, 각 컴포넌트에 대한 자세한 설명은 각 컴포넌트에 대해 자세히 설명하는 이후 장의 설명을 참고하자.

I 데이터 바인딩 디렉티브 활용

첫 번째로 살펴볼 내장 디렉티브의 카테고리는 **데이터 바인딩** 디렉티브로, 데이터 바인딩 디렉티브는 AngularJS가 템플릿 패키지에서 완벽한 애플리케이션 개발 프레임워크로 거듭나게 해주는 핵심 기능을 수행한다. 데이터 바인딩은 모델의 값을 활용해 이를 HTML 문서에 집어넣어 준다. 표 10-3에는 이 카테고리에 속한 디렉티브가 정리돼 있으며, 이어지는 절에는 각 디렉티브의 활용법이 나와 있다.

표 10-3. 데이터 바인딩 디렉티브

디렉티브	적용 방식	설명
ng-bind	어트리뷰트, 클래스	HTML 엘리먼트의 innerText 속성을 바인딩한다.
ng-bind-html	어트리뷰트, 클래스	HTML 엘리먼트의 innerHTML 속성을 사용해 데이터 바인딩을 수행한다. 이 경우 브라우저가 콘텐츠를 콘텐츠가 아니라 HTML로 해석하게 되므로 잠재적인 위험이 따를 수 있다. 이 디렉티브를 활용하는 자세한 방법 및 이 디렉티브에서 지원하는 서비스에 대한 설명은 19장을 참고하자.
ng-bind-template	어트리뷰트, 클래스	ng-bind 디렉티브와 유사하지만 어트리뷰트 값에 여러 템플릿 표현식을 사용할 수 있다.
ng-model	어트리뷰트, 클래스	양방향 바인딩을 생성한다.
ng-non-bindable	어트리뷰트, 클래스	데이터 바인딩을 수행하지 않을 콘텐츠 영역을 선언한다.

AngularJS 개발에서 데이터 바인딩은 매우 중요하며, AngularJS 애플리케이션에서 데이터 바인딩이 적용되지 않는 핵심 HTML 영역은 거의 볼 수 없다. 또, 다음 절에서 배우겠지만 ng-bind 디렉티브는 AngularJS에서 매우 핵심적인 기능에 해당하므로, 데이터 바인딩을 좀 더 쉽게 생성할 수 있는 다른 표기법도 지원한다.

디렉티브 적용

표 10-3에는 각 디렉티브를 적용하는 방법을 알려주는 적용 방식 칼럼이 들어 있다. 모든 데이터 바인딩 디렉티브는 어트리뷰트 또는 클래스 형태로 적용할 수 있다. 이 장에서는 나중에 커스텀 HTML 엘리먼트 형태로 적용할 수 있는 디렉티브에 대해서도 다룬다.

디렉티브를 적용하는 방식은 주로 선호하는 방식과 개발 툴셋에 따라 결정된다. 필자는 다음과 같이 디렉티브를 어트리뷰트로 적용하는 방식을 선호한다.

```
...
There are <span ng-bind="todos.length"></span> items
...
```

여기서는 디렉티브를 어트리뷰트명(이 경우 ng-bind)으로 지정했으며, 디렉티브의 설정은 어트리뷰트 값으로 지정했다. 이 코드는 예제 10-2에서 가져왔으며 다음 절에서 설명할 todos.length 속성에 대한 단방향 데이터 바인딩을 설정한다.

어떤 개발자들은 어트리뷰트 방식을 좋아하지 않으며, 어트리뷰트 방식이 개발 툴 체인에서 문제를 일으키는 경우도 빈번하다. 일부 자바스크립트 라이브러리에서는 어트리뷰트명에 대해 가정하며, 일부 버전 관리 시스템에서는 비표준 어트리뷰트를 사용한 HTML 콘텐츠를 커밋할 수 없게끔 제한한다(필자는 대기업에서 이런 버전 관리 시스템을 자주 접했다). 커스텀 어트리뷰트를 사용할 수 없거나 사용하기 싫다면 다음과 같이 표준 class 어트리뷰트를 사용해 디렉티브를 설정하면 된다.

```
...
There are <span class="ng-bind: todos.length"></span> items
...
```

class 어트리뷰트의 값은 디렉티브의 이름이고, 이어서 콜론, 디렉티브 설정을 지정한다. 이 명령은 이전 명령과 효과가 동일하다(todos.length 속성에 대해 단방향 데이터 바인딩을 생성한다). 일부 디렉티브는 커스텀 AngularJS 엘리먼트 형태로 적용할 수 있다. 이와 같은 디렉티브의 예는 ng-include 디렉티브를 다루는 '부분 뷰 활용' 절에서 볼 수 있다.

모든 디렉티브를 모든 방식으로 적용할 수 있는 것은 아니다. 대부분의 디렉티브는 어트리뷰트나 클래스로 적용할 수 있지만, 일부 디렉티브는 커스텀 엘리먼트로 적용할 수 있다. 이 표에는 각 카테고리에 속한 디렉티브를 적용하는 방식이 정리돼 있다. 커스텀 디렉티브를 구현하는 방법은 16장에서 다루는데, 이와 같이 커스텀 디렉티브를 구현할 때는 새 디렉티브를 적용하는 방식도 지정할 수 있다.

과거 버전의 인터넷 익스플로러에서는 기본적으로 커스텀 HTML 엘리먼트를 지원하지 않는다는 점에 주의하자. 자세한 정보와 우회 방법은 http://docs.angularjs.org/guide/ie를 참고한다.

단방향 바인딩 수행(및 방지)

AngularJS에서는 두 가지 종류의 바인딩을 지원한다. 먼저 '단방향' 바인딩은 데이터 모델로부터 값을 가져와 HTML 엘리먼트에 집어넣는 것을 말한다. AngularJS 바인딩은 '라이브' 바인딩으로, 바인딩된 데이터 모델의 값이 변할 경우 새 값을 표시하기 위해 HTML 엘리먼트 또한 업데이트된다.

ng-bind 디렉티브는 단방향 데이터 바인딩을 생성하는 역할을 한다. 하지만 AngularJS에서는 HTML 문서에서 {{ 및 }} 문자를 만날 때마다 이와 같은 바인딩을 생성해주므로 이 디렉티브를 직접 사용하는 일은 거의 없다. 예제 10-2에서는 단방향 데이터 바인딩을 생성하는 각기 다른 방법을 볼 수 있다.

예제 10-2. directives.html 파일 내 단방향 데이터 바인딩 생성

```html
<!DOCTYPE html>
<html ng-app="exampleApp">
<head>
    <title>Directives</title>
    <script src="angular.js"></script>
    <link href="bootstrap.css" rel="stylesheet" />
    <link href="bootstrap-theme.css" rel="stylesheet" />
    <script>
        angular.module("exampleApp", [])
            .controller("defaultCtrl", function ($scope) {
                $scope.todos = [
                    { action: "Get groceries", complete: false },
                    { action: "Call plumber", complete: false },
                    { action: "Buy running shoes", complete: true },
                    { action: "Buy flowers", complete: false },
                    { action: "Call family", complete: false }];
            });
    </script>
</head>
<body>
```

```
<div id="todoPanel" class="panel" ng-controller="defaultCtrl">
    <h3 class="panel-header">To Do List</h3>

    <div>There are {{todos.length}} items</div>

    <div>
        There are <span ng-bind="todos.length"></span> items
    </div>

    <div ng-bind-template=
        "First: {{todos[0].action}}. Second: {{todos[1].action}}">
    </div>

    <div ng-non-bindable>
        AngularJS uses {{ and }} characters for templates
    </div>
</div>
</body>
</html>
```

브라우저에서 `directives.html` 파일을 실행한 결과는 그림 10-2에서 볼 수 있다. 결과 화면은 시각적으로 시선을 끌 만한 내용이 아니지만, 이 예제에 사용한 디렉티브는 흥미로운 작업을 수행하고 있다.

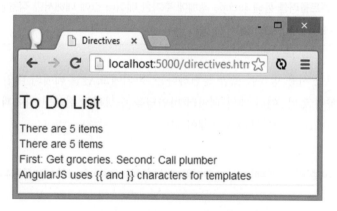

그림 10-2. 단방향 바인딩 생성

> 팁 {{ 및 }} 문자를 사용하는 자바스크립트 패키지가 AngularJS에만 있는 것은 아니며, 따라서 여러 자바스크립트 라이브러리를 함께 사용하려고 할 경우 문제가 생길 수 있다. AngularJS에서는 인라인 바인딩에 사용하는 문자를 바꿀 수 있게 해준다. 자세한 방법은 19장에서 설명한다.

이 예제에서 사용한 처음 두 개의 데이터 바인딩은 동일하다. 여기서는 {{ 및 }}를 사용해 `$scope.todos` 컬렉션의 항목 개수에 대해 단방향 바인딩을 생성했다.

```
...
<div>There are {{todos.length}} items</div>
...
```

이 방식은 데이터 바인딩을 표현하는 가장 자연스러운 방식이다. 이 경우 데이터 바인딩 코드를 읽기가 쉽고, HTML 엘리먼트 콘텐츠 안에 바인딩이 자연스럽게 적용된다. 두 번째 데이터 바인딩에서는 ng-bind 디렉티브를 사용한다. 이 디렉티브를 사용하더라도 앞에서와 효과는 동일하지만, 이때는 추가 엘리먼트가 필요하다.

```
...
There are <span ng-bind="todos.length"></span> items
...
```

ng-bind 디렉티브는 자신이 적용된 엘리먼트의 내용을 대체한다. 이 말은 원하는 효과를 얻으려면 span 엘리먼트를 추가해야 한다는 뜻이다. 필자는 프로젝트에서 ng-bind 디렉티브를 사용하지 않는다. 대신 인라인 바인딩을 선호한다.

ng-bind 디렉티브에서는 AngularJS에서 처리를 마치기 전 사용자에게 HTML 콘텐츠가 보일 때 템플릿 마크업을 숨길 수 있는 기능을 제공한다. 하지만 이 부분은 거의 문제가 안 되며, 이 장에서 나중에 설명할 ng-cloak 디렉티브를 통해서도 해결할 수 있다.

주의 바인딩은 컨트롤러를 통해 $scope 객체에 추가한 데이터 값에 대해서만 적용할 수 있다. $scope 가 어떻게 동작하는지는 13장에서 설명한다.

---

ng-bind 디렉티브는 사용 방식이 조금 불편하다는 것 외에도 단일 데이터 바인딩 표현식만 처리할 수 있다는 제약이 있다. 여러 개의 데이터 바인딩을 수행해야 한다면 다음과 같이 좀 더 유연한 ng-bind-template 디렉티브를 사용해야 한다.

```
...
<div ng-bind-template="First: {{todos[0].action}}. Second: {{todos[1].action}}"></div>
...
```

이 디렉티브에 지정한 값에는 두 개의 데이터 바인딩이 들어 있으며, ng-bind 디렉티브로는 이를 처리할 수 없다. 하지만 필자는 실제 프로젝트에서 이 디렉티브를 한 번도 사용해본 적이 없으며, 앞으로도 그럴 것 같다. 여기서는 다만 예제의 완성도를 위해 이 디렉티브를 언급했다.

인라인 데이터 바인딩 차단

인라인 바인딩의 단점은 AngularJS에서 {{ 및 }} 문자를 모두 찾아서 처리한다는 점이다. 이 경우 여러 개의 자바스크립트 툴킷을 사용하고, 특정 HTML 영역에 다른 템플릿 시스템을 사용하려면(또는 텍스트에서 이중 중괄호 문자를 사용하려는 경우) 문제가 될 수 있다. 이 문제를 해결하려면 AngularJS가 인라인 바인딩을 처리하지 못하게 하는 `ng-non-bindable` 디렉티브를 사용하면 된다.

```
...
<div ng-non-bindable>
    AngularJS uses {{ and }} characters for templates
</div>
...
```

이 디렉티브를 적용하지 않았다면 AngularJS에서는 div 엘리먼트의 내용을 처리하고, and라는 모델 속성으로 바인딩을 시도했을 것이다. AngularJS에서는 존재하지 않는 모델 속성으로 바인딩하라는 명령이 있어도 에러를 보고하지 않는다. 그 이유는 이 장에서 `ng-model` 디렉티브를 다루면서 설명하겠지만 AngularJS에서 해당 모델 속성이 나중에 생성되리라고 가정하기 때문이다. 대신 이 경우 아무 콘텐츠도 집어넣지 않게 되므로, 다음과 같이 원하는 결과 대신

```
AngularJS uses {{  and  }} characters for templates
```

다음 결과가 출력된다.

```
AngularJS uses characters for templates
```

양방향 바인딩 생성

'양방향' 데이터 바인딩은 양방향으로 데이터 변화를 추적해, 사용자로부터 데이터를 수집하는 엘리먼트가 애플리케이션의 상태를 변경할 수 있게 해준다. 양방향 바인딩은 `ng-model` 디렉티브를 사용해 생성하며, 예제 10-3에서 볼 수 있듯 한 개의 데이터 모델 속성을 단방향 바인딩과 양방향 바인딩 모두에도 사용할 수 있다.

예제 10-3. directives.html 파일 내 양방향 바인딩 생성

```
...
<body>
    <div id="todoPanel" class="panel" ng-controller="defaultCtrl">
        <h3 class="panel-header">To Do List</h3>
        <div class="well">
            <div>The first item is: {{todos[0].action}}</div>
        </div>

        <div class="form-group well">
            <label for="firstItem">Set First Item:</label>
```

```
            <input name="firstItem" class="form-control" ng-model="todos[0].action" />
        </div>
    </div>
</body>
 ...
```

이 예제에는 두 개의 데이터 바인딩이 들어 있으며, 둘 다 todos 데이터 배열 내 첫 번째 객체의 action 속성(이 배열은 컨트롤러에서 $scope 객체를 사용해 설정했고, todos[0].action을 통해 바인딩에서 참조)에 적용됐다. 첫 번째 바인딩은 인라인 단방향 바인딩으로, 이전 예제처럼 data 속성값을 그냥 보여준다. 두 번째 바인딩은 input 엘리먼트를 통해 적용했으며, 양방향 바인딩이다.

```
    ...
    <input name="firstItem" class="form-control" ng-model="todos[0].action" />
    ...
```

양방향 바인딩은 사용자가 데이터 값을 제공할 수 있는 엘리먼트에 적용할 수 있다. 이런 엘리먼트로는 input, textarea, select 엘리먼트 등이 있다. ng-model 디렉티브는 이 디렉티브가 적용된 엘리먼트의 내용을 설정하고, 사용자가 수정하는 값에 반응해 데이터 모델을 업데이트한다.

> **팁**   ng-model 디렉티브는 HTML 폼과 연동하고 커스텀 폼 디렉티브를 생성할 수 있는 추가 기능을 제공한다. 자세한 내용은 12장과 17장을 참고하자.

데이터 모델 속성값 변화는 모든 관련 바인딩으로 전달되며, 이를 통해 전체 애플리케이션의 데이터가 동기화된다. 이 예제의 경우 input 엘리먼트의 값이 바뀌면 데이터 모델이 업데이트되고, 이에 따라 인라인 단방향 바인딩에서 표시되는 값 또한 업데이트된다.

결과를 확인하려면 브라우저를 사용해 directives.html 문서로 이동하고, input 엘리먼트의 텍스트를 수정해보자. 그럼 단방향 바인딩에 사용한 값이 input 엘리먼트의 내용과 똑같이 유지되는 것을 볼 수 있다. 이와 같은 마술 같은 값 동기화는 모두 양방향 바인딩 덕분이다. 이런 효과를 피부로 느끼려면 예제를 작성하고 직접 실행해보는 게 가장 좋지만 그림 10-3에서도 결과 화면을 볼 수 있다.

> **참고**   물론 양방향 바인딩은 마술이 아니다. AngularJS에서는 표준 자바스크립트 이벤트를 활용해 내용이 변경될 때 input 엘리먼트로부터 이벤트를 수신하고, $scope 서비스를 통해 변경 사항을 전달한다. AngularJS에서 설정하는 이벤트 핸들러는 F12 개발자 도구를 통해 볼 수 있으며, $scope 서비스가 어떤 식으로 이런 변경 사항을 감지하고 전달하는지는 13장에서 자세히 설명한다.

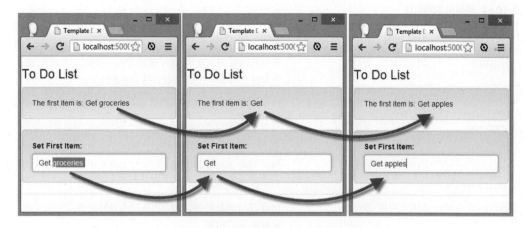

그림 10-3. 양방향 바인딩 활용

템플릿 디렉티브 활용

데이터 바인딩은 AngularJS 뷰의 핵심 기능이지만, 그 자체로는 할 수 있는 일이 제한적이다. 웹 애플리케이션(또는 모든 애플리케이션)은 데이터 객체 컬렉션에 대해 작업을 수행하고, 각기 다른 데이터 값을 기반으로 사용자에게 보여주는 뷰를 바꾸는 게 보통이다.

다행히 AngularJS에는 템플릿을 통해 HTML 엘리먼트를 생성하는 데 사용할 수 있는 디렉티브가 들어 있다. 이를 활용하면 데이터 컬렉션과 손쉽게 연동하고, 템플릿에 기본 로직을 추가해 데이터 상태에 반응할 수 있다. 이와 같은 템플릿 디렉티브는 표 10-4에 정리돼 있다.

이들 디렉티브는 자바스크립트 코드를 전혀 작성하지 않고도 뷰에 간단한 로직을 집어넣을 수 있게 도와준다. 3장에서 설명한 것처럼 뷰의 로직은 데이터를 보여주는 데 필요한 콘텐츠를 생성하는 것으로 제한해야 하며, 이들 디렉티브는 이런 원칙을 충실히 따르고 있다.

표 10-4. 템플릿 디렉티브

디렉티브	적용 방식	설명
ng-cloak	어트리뷰트, 클래스	문서가 처음 로드될 때 잠시 보일 수 있는 인라인 바인딩 표현식을 숨겨주는 CSS 스타일을 적용한다.
ng-include	엘리먼트, 어트리뷰트, 클래스	HTML 일부를 로드, 처리하고 문서 객체 모델에 삽입한다.
ng-repeat	어트리뷰트, 클래스	객체 내 배열 또는 속성에 해당하는 객체별로 단일 엘리먼트의 새 복사본을 생성한다.
ng-repeat-start	어트리뷰트, 클래스	여러 개의 최상위 레벨 엘리먼트가 사용된 반복 영역의 시작 위치를 표시한다.
ng-repeat-end	어트리뷰트, 클래스	여러 개의 최상위 레벨 엘리먼트가 사용된 반복 영역의 종료 위치를 표시한다.
ng-switch	엘리먼트, 어트리뷰트	데이터 바인딩 값을 기반으로 문서 객체 모델의 엘리먼트를 변경한다.

반복 엘리먼트 생성

뷰에서 가장 많이 사용하는 기능 중 하나는 데이터 컬렉션의 각 항목별로 같은 콘텐츠를 생성하는 것이다. AngularJS에서는 ng-repeat 디렉티브를 통해 이 작업을 수행하는데, 이 디렉티브는 복제하려는 엘리먼트에 적용하면 된다. 예제 10-4에는 ng-repeat 디렉티브의 사용법을 보여주는 간단한 예제가 나와 있다.

예제 10-4. directives.html 파일 내 ng-repeat 디렉티브 활용

```
...
<body>
    <div id="todoPanel" class="panel" ng-controller="defaultCtrl">
        <h3 class="panel-header">To Do List</h3>

        <table class="table">
            <thead>
                <tr>
                    <th>Action</th>
                    <th>Done</th>
                </tr>
            </thead>
            <tbody>
                <tr ng-repeat="item in todos">
                    <td>{{item.action}}</td>
                    <td>{{item.complete}}</td>
                </tr>
            </tbody>
        </table>
```

```
    </div>
</body>
...
```

이 예제는 ng-repeat 디렉티브를 사용하는 가장 간단하고 일반적인 예제(컬렉션 객체를 사용해 table 엘리먼트의 행을 생성하는)다. ng-repeat 디렉티브를 사용하는 과정은 두 부분으로 나뉜다. 첫 번째 부분은 데이터 객체의 소스를 지정하고, 템플릿 내에서 처리되는 객체를 참조할 때 사용할 이름을 지정하는 부분이다.

```
...
<tr ng-repeat="item in todos">
...
```

ng-repeat 디렉티브 어트리뷰트 값의 기본 형식은 <변수> in <소스>다. 이때 소스는 컨트롤러 $scope에 정의된 객체 또는 배열로서, 이 예제의 경우 todos 배열이다. 이 디렉티브는 배열 내 객체를 순회하며, 엘리먼트 및 그 내용을 새로 복사하고, 안에 들어 있는 템플릿을 처리한다. 디렉티브 어트리뷰트 값에 지정한 <변수>명은 현재 데이터 객체를 참조할 때 사용한다. 이 예제의 경우 변수명을 다음과 같이 사용했다.

```
...
<tr ng-repeat="item in todos">
    <td>{{item.action}}</td>
    <td>{{item.complete}}</td>
</tr>
...
```

이 예제에서는 td 엘리먼트가 들어 있는 tr 엘리먼트를 생성했다. 이 td 엘리먼트 안에는 현재 객체의 action 및 complete 속성을 참조하는 인라인 데이터 바인딩이 들어 있다. 브라우저에서 directives.html 파일로 이동하면 AngularJS에서는 디렉티브를 처리하고 다음과 같은 HTML 엘리먼트를 생성해준다.

```
...
<tbody>
    <!-- ngRepeat: todos 내 항목 -->
    <tr ng-repeat="item in todos" class="ng-scope">
        <td class="ng-binding">Get groceries</td>
        <td class="ng-binding">false</td>
    </tr>
    <tr ng-repeat="item in todos" class="ng-scope">
        <td class="ng-binding">Call plumber</td>
        <td class="ng-binding">false</td>
    </tr>
    <tr ng-repeat="item in todos" class="ng-scope">
```

```
            <td class="ng-binding">Buy running shoes</td>
            <td class="ng-binding">true</td>
        </tr>
        <tr ng-repeat="item in todos" class="ng-scope">
            <td class="ng-binding">Buy flowers</td>
            <td class="ng-binding">false</td>
        </tr>
        <tr ng-repeat="item in todos" class="ng-scope">
            <td class="ng-binding">Call family</td>
            <td class="ng-binding">false</td>
        </tr>
    </tbody>
    ...
```

여기서는 어떤 디렉티브에서 엘리먼트를 생성했는지 쉽게 알 수 있게 AngularJS가 주석을 생성해주는 것과 생성된 엘리먼트에 일부 클래스를 추가한 것을 볼 수 있다(이들 클래스는 AngularJS에서 내부적으로 사용한다). 그림 10-4에는 브라우저 창에서 본 HTML 문서의 내용이 나와 있다.

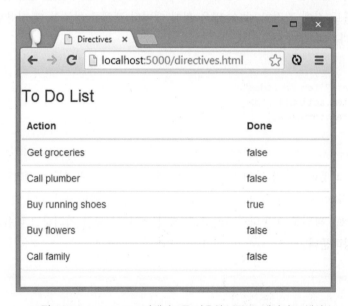

그림 10-4. ng-repeat 디렉티브를 사용한 HTML 엘리먼트 생성

팁 이들 엘리먼트를 확인하려면 HTML 보기나 페이지 소스 보기 메뉴가 아니라 F12 개발자 툴을 사용해야 한다. 대부분의 브라우저는 페이지 소스 보기 메뉴에서 서버로부터 받은 HTML만 보여주고, AngularJS에서 템플릿을 통해 생성한 엘리먼트는 보여주지 않는다. 개발자 툴에서는 라이브 문서 객체 모델을 보여주므로, AngularJS에서 생성한 내용이 반영된다.

객체 속성 반복

앞의 예제에서는 ng-repeat 디렉티브를 사용해 배열 내 객체를 순회했다. 하지만 이 배열 외에 객체의 속성을 반복할 수도 있다. 또, ng-repeat 디렉티브는 계층적으로 중첩해 사용할 수도 있다. 예제 10-5에서는 이와 같은 기능을 활용하면 템플릿이 얼마나 단순해지는지 볼 수 있다.

예제 10-5. directives.html 파일 내 객체 속성 반복 및 ng-repeat 디렉티브 중첩 활용

```
...
<table class="table">
    <thead>
        <tr>
            <th>Action</th>
            <th>Done</th>
        </tr>
    </thead>
    <tbody>
        <tr ng-repeat="item in todos">
            <td ng-repeat="prop in item">{{prop}}</td>
        </tr>
    </tbody>
</table>
...
```

바깥쪽 ng-repeat 디렉티브는 todos 배열 내 각 객체별로 tr 엘리먼트를 생성하고, 각 객체는 item 변수에 대입한다. 안쪽 ng-repeat 디렉티브에서는 각 item 객체의 각 속성별로 td 엘리먼트를 생성하고, 속성값을 prop 변수에 대입한다. 끝으로 prop 변수를 td 엘리먼트의 콘텐츠의 단방향 데이터 바인딩에 사용한다. 이렇게 하면 앞의 예제와 동일한 결과가 나오지만, 데이터 객체에 정의된 새 속성에 따라 td 엘리먼트를 좀 더 유연하게 생성할 수 있게 된다. 이 예제는 간단한 예제이지만 AngularJS 템플릿을 활용할 때 얼마만큼 유연한 작업을 할 수 있는지 잘 보여준다.

데이터 객체 키 활용

처리되는 각 속성이나 데이터 객체의 키를 가져올 수 있는 ng-repeat 디렉티브 설정의 대체 구문이 존재한다. 이 구문을 사용한 예제는 예제 10-6에서 볼 수 있다.

예제 10-6. directives.html 파일 내 데이터 값과 키 가져오기

```
...
<tr ng-repeat="item in todos">
    <td ng-repeat="(key, value) in item">
        {{key}}={{value}}
    </td>
</tr>
...
```

단일 변수명 대신 여기서는 괄호 안에 콤마로 구분한 두 개의 이름을 지정했다. ng-repeat 디렉티브에서 순회하는 각 객체나 속성별로 두 번째 변수에는 데이터 객체나 속성값이 대입된다. 이때 첫 번째 변수를 사용하는 방식은 데이터 소스에 따라 달라진다. 객체의 경우 키가 현재 속성명이 되고, 컬렉션의 경우 키가 현재 객체의 위치가 된다. 여기서는 객체의 속성을 나열하고 있으므로 키 값이 속성명이 되고, 값에는 속성값이 대입된다. 다음은 ng-repeat 디렉티브에서 생성하는 HTML 엘리먼트의 예로서, 데이터 바인딩을 통해 키와 값 변수에 삽입된 값을 강조했다.

```
...
<tr ng-repeat="item in todos" class="ng-scope">
    <!-- ngRepeat: 항목 내 (키, 값) -->
    <td ng-repeat="(key, value) in item" class="ng-scope ng-binding">
        action=Get groceries
    </td>
    <td ng-repeat="(key, value) in item" class="ng-scope ng-binding">
        complete=false
    </td>
</tr>
...
```

내장 변수 활용

ng-repeat 디렉티브는 현재 객체나 속성을 지정한 변수에 대입하는데, 이때 처리 중인 데이터에 대한 컨텍스트를 제공하는 내장 변수들도 제공된다. 이들 변수의 예는 예제 10-7에서 볼 수 있다.

예제 10-7. directives.html 파일 내 ng-repeat 내장 변수 활용

```
...
<table class="table">
    <thead>
        <tr>
            <th>#</th>
            <th>Action</th>
            <th>Done</th>
        </tr>
    </thead>
    <tr ng-repeat="item in todos">
        <td>{{$index + 1}}</td>
        <td ng-repeat="prop in item">
            {{prop}}
        </td>
    </tr>
</table>
...
```

여기서는 할 일 항목이 들어 있는 테이블에 새 칼럼을 추가하고, $index 변수를 사용해 배열 내 각 항목의 위치를 표시했다. $index 변수는 ng-repeat 디렉티브에서 배열 내 각 항목의 위치를 알려주기 위해 제공하는 내장 변수다. 자바스크립트 컬렉션 인덱스는 0 기반이므로, 여기서는 AngularJS에서 데이터 바인딩에 사용한 자바스크립트 표현식을 해석한다는 사실을 토대로 $index에 1을 추가했다. 결과 화면은 그림 10-5에서 볼 수 있다.

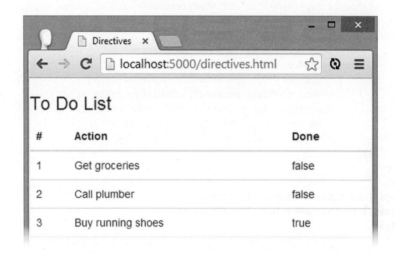

그림 10-5. ng-repeat 디렉티브에서 제공하는 내장 변수 활용

$index 변수는 가장 도움되는 변수 중 하나로, 표 10-5에는 이 디렉티브에서 제공하는 전체 변수를 모두 정리했다.

표 10-5. ng-repeat 디렉티브의 내장 변수

변수	설명
$index	현재 객체나 속성의 위치를 반환한다.
$first	현재 객체가 컬렉션 내 첫 번째 객체이면 true를 반환한다.
$middle	현재 객체가 컬렉션 내 첫 번째나 마지막 객체가 아니면 true를 반환한다.
$last	현재 객체가 컬렉션 내 마지막 객체이면 true를 반환한다.
$even	현재 객체가 컬렉션 내 짝수 번째 객체이면 true를 반환한다.
$odd	현재 객체가 컬렉션 내 홀수 번째 객체이면 true를 반환한다.

이런 변수를 활용하면 생성하는 엘리먼트를 좀 더 제어할 수 있다. 이들 변수를 주로 활용하는 경우로는 예제 10-8처럼 테이블 엘리먼트에 스트라이프 효과를 적용하는 경우가 있다.

```html
<!DOCTYPE html>
<html ng-app="exampleApp">
<head>
    <title>Directives</title>
    <script src="angular.js"></script>
    <link href="bootstrap.css" rel="stylesheet" />
    <link href="bootstrap-theme.css" rel="stylesheet" />
    <script>
        angular.module("exampleApp", [])
            .controller("defaultCtrl", function ($scope) {
                $scope.todos = [
                    { action: "Get groceries", complete: false },
                    { action: "Call plumber", complete: false },
                    { action: "Buy running shoes", complete: true },
                    { action: "Buy flowers", complete: false },
                    { action: "Call family", complete: false }];
            });
    </script>
    <style>
        .odd { background-color: lightcoral}
        .even { background-color: lavenderblush}
    </style>
</head>
<body>
    <div id="todoPanel" class="panel" ng-controller="defaultCtrl">
        <h3 class="panel-header">To Do List</h3>

        <table class="table">
            <thead>
                <tr>
                    <th>#</th>
                    <th>Action</th>
                    <th>Done</th>
                </tr>
            </thead>
            <tr ng-repeat="item in todos" ng-class="$odd ? 'odd' : 'even'">
                <td>{{$index + 1}}</td>
                <td ng-repeat="prop in item">{{prop}}</td>
            </tr>
        </table>
    </div>
</body>
</html>
```

여기서는 ng-class 디렉티브를 사용해 데이터 바인딩을 통해 엘리먼트의 class 어트리뷰트를 설정했다. 이 예제에서는 자바스크립트 3항 표현식을 사용해 $odd 변수의 값에 따라 엘리먼트에 odd 또는 even 클래스를 적용했다. 결과 화면은 그림 10-6에서 볼 수 있다.

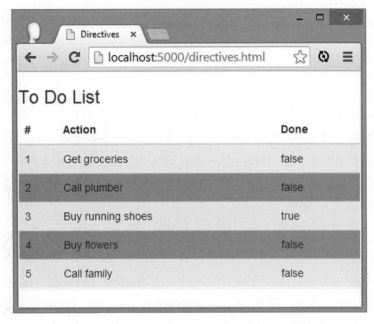

그림 10-6. ng-repeat 변수 값을 기반으로 한 스트라이프 효과

팁 ng-class 디렉티브는 ng-repeat에 자주 사용하는 다른 두 관련 디렉티브(ng-class-even, ng-class-odd)와 함께 11장에서 설명한다. 이름에서 알 수 있듯 이들 디렉티브는 ng-repeat 디렉티브에서 정의한 $odd 및 $even 변수를 기반으로 class 어트리뷰트 값을 설정한다.

물론 이 방식이 ng-repeat 변수를 사용하는 표준 방식이기는 하지만 대부분의 CSS 프레임워크에서는 테이블에 스트라이프를 적용할 수 있으며, 4장에서 본 것처럼 부트스트랩 프레임워크도이에 해당한다. 이들 변수의 강력한 힘을 실제로 활용하려면 다른, 좀 더 복잡한 디렉티브와 함께 변수를 사용하는 게 좋다. 예제 10-9에는 이를 보여주는 예제가 나와 있다.

예제 10-9. directives.html 파일 내 ng-repeat 변수를 활용하는 좀 더 복잡한 예제

```
...
<table class="table">
    <thead>
        <tr>
            <th>#</th>
            <th>Action</th>
            <th>Done</th>
        </tr>
    </thead>
    <tr ng-repeat="item in todos" ng-class="$odd ? 'odd' : 'even'">
        <td>{{$index + 1}}</td>
```

```
        <td>{{item.action}}</td>
        <td><span ng-if="$first || $last">{{item.complete}}</span></td>
    </tr>
</table>
...
```

이 예제에서는 ng-if 디렉티브를 사용했다. 이 디렉티브는 11장에서 자세히 설명한다. 다만 지금은 ng-if 디렉티브가 표현식이 적용된 엘리먼트가 false일 경우 엘리먼트를 제거한다는 사실만 알아두면 된다. 여기서는 이 디렉티브를 사용해 테이블의 **Done** 칼럼에서 span 엘리먼트를 제어함으로써 이 엘리먼트가 첫 번째 항목과 마지막 항목에서만 표시되게 했다.

여러 개의 최상위 레벨 엘리먼트 반복

ng-repeat 디렉티브는 디렉티브에서 처리하는 각 객체나 속성별로 한 개의 최상위 레벨 엘리먼트 및 그 내용만을 반복한다. 하지만 때로는 각 데이터 객체별로 '여러 개의' 최상위 엘리먼트를 반복해야 할 때가 있다. 필자는 주로 각 데이터 항목별로 여러 개의 테이블 행을 생성해야 할 때 이런 문제를 접한다. 이 경우 tr 엘리먼트와 그 부모 사이에 중간 엘리먼트가 허용되지 않으므로 ng-repeat를 사용해서는 구현하기가 어렵다. 이 문제를 해결하려면 예제 10-10과 같이 ng-repeat-start 및 ng-repeat-end 디렉티브를 사용하면 된다.

예제 10-10. directives.html 파일 내 ng-repeat-start 및 ng-repeat-end 디렉티브 활용

```
...
<table class="table">
    <tbody>
        <tr ng-repeat-start="item in todos">
            <td>This is item {{$index}}</td>
        </tr>
        <tr>
            <td>The action is: {{item.action}}</td>
        </tr>
        <tr ng-repeat-end>
            <td>Item {{$index}} is {{$item.complete? '' : "not "}} complete</td>
        </tr>
    </tbody>
</table>
...
```

ng-repeat-start 디렉티브는 ng-repeat처럼 설정하지만, ng-repeat-end 어트리뷰트가 적용된 엘리먼트가 나올 때까지 최상위 엘리먼트(및 그 콘텐츠)를 계속 반복한다. 이 예제의 경우, todos 배열 내 각 객체별로 tr 엘리먼트를 반복할 수 있게 된다.

부분 뷰 활용

ng-include 디렉티브는 서버에서 HTML 콘텐츠 일부를 가져와, 그 안에 들어 있는 디렉티브를 처리하기 위해 HTML을 컴파일하고, 이를 문서 객체 모델에 추가해준다. 이와 같은 콘텐츠를 **부분 뷰**라고 부른다.

부분 뷰의 활용법을 보여주기 위해 여기서는 웹 서버 angularjs 폴더에 table.html이라는 새 HTML 파일을 추가했다. 새 파일의 내용은 예제 10-11에서 볼 수 있다.

예제 10-11. table.html 파일의 내용

```
<table class="table">
    <thead>
        <tr>
            <th>#</th>
            <th>Action</th>
            <th>Done</th>
        </tr>
    </thead>
    <tr ng-repeat="item in todos" ng-class="$odd ? 'odd' : 'even'">
        <td>{{$index + 1}}</td>
        <td ng-repeat="prop in item">{{prop}}</td>
    </tr>
</table>
```

이 파일에는 이전 예제에서 table 엘리먼트를 정의한 HTML 조각과 더불어 모든 데이터 바인딩 및 디렉티브가 들어 있다. 예제 10-12에는 ng-include 디렉티브를 활용해 table.html 파일을 로드, 처리 후 메인 문서 모델에 삽입하는 예제가 나와 있다.

예제 10-12. directives.html 파일 내 ng-include 디렉티브 활용

```
<!DOCTYPE html>
<html ng-app="exampleApp">
<head>
    <title>Directives</title>
    <script src="angular.js"></script>
    <link href="bootstrap.css" rel="stylesheet" />
    <link href="bootstrap-theme.css" rel="stylesheet" />
    <script>
        angular.module("exampleApp", [])
            .controller("defaultCtrl", function ($scope) {
                $scope.todos = [
                    { action: "Get groceries", complete: false },
                    { action: "Call plumber", complete: false },
                    { action: "Buy running shoes", complete: true },
                    { action: "Buy flowers", complete: false },
```

```
                    { action: "Call family", complete: false }];
            });
    </script>
</head>
<body>
    <div id="todoPanel" class="panel" ng-controller="defaultCtrl">
        <h3 class="panel-header">To Do List</h3>
        <ng-include src="'table.html'"></ng-include>
    </div>
</body>
</html>
```

이 디렉티브는 지금까지 살펴본 내장 디렉티브 중 어트리뷰트나 클래스뿐 아니라 HTML 엘리먼트로도 사용할 수 있는 첫 번째 디렉티브다. 예제에서 보듯 디렉티브의 이름은 다음과 같이 엘리먼트 태그명으로 사용할 수 있다.

```
...
<ng-include src="'table.html'"></ng-include>
...
```

커스텀 엘리먼트는 다른 엘리먼트와 동일한 방식으로 사용한다. ng-include 디렉티브에서는 세 가지 설정 파라미터를 지원하는데, 엘리먼트 형태로 이 디렉티브를 사용할 경우 설정 파라미터는 어트리뷰트로 적용한다.

주의   ng-include 디렉티브를 빈 엘리먼트(다시 말해 `<ng-include src="'table.html'" />`)로 사용하지 않게 주의해야 한다. 이렇게 하면 ng-include 엘리먼트 다음에 나오는 콘텐츠가 DOM에서 제거된다. 따라서 이 예제에서 보여준 것처럼 열기 태그와 닫기 태그를 항상 지정해야 한다.

이 예제에서는 이 중 첫 번째 파라미터가 적용된 것을 볼 수 있다. src 어트리뷰트는 로드, 처리하고, 문서에 추가할 부분 뷰 파일의 위치를 설정한다. 이 예제에서는 table.html 파일을 지정했다. AngularJS에서 directives.html 파일을 처리할 때 ng-include 디렉티브를 만나면 AngularJS는 자동으로 table.html 파일에 대해 Ajax 요청을 보내고, 파일 내용을 처리한 후 문서에 첨부해준다. 표 10-6에는 이 장에서 사용한 src를 비롯한 세 가지 설정 파라미터가 정리돼 있다.

표 10-6. ng-include 디렉티브의 설정 파라미터

파라미터	설명
src	로드할 콘텐츠의 URL을 지정한다.
onload	콘텐츠가 로드될 때 실행할 표현식을 지정한다.
autoscroll	콘텐츠가 로드될 때 AngularJS에서 뷰포트를 스크롤할지 여부를 지정한다.

ng-include 디렉티브에서 로드한 파일의 내용은 메인 문서에 정의된 것처럼 처리된다. 이 말은 컨트롤러에서 정의한 데이터 모델 및 동작에도 접근할 수 있으며, ng-include 디렉티브를 ng-repeat 디렉티브 내에 정의한 경우, 이 장에서 앞서 설명한 $index 및 $first 같은 특수 변수에도 똑같이 접근할 수 있다는 뜻이다.

부분 뷰의 동적 선택

앞의 예제에서는 ng-include 디렉티브를 활용해 뷰를 여러 개의 부분 뷰 파일로 나누는 법을 살펴봤다. 이 방식은 그 자체로 훌륭한 기능이며, 애플리케이션 전역에서 뷰를 중복해 선언하지 않고 재사용할 수 있게 해줌은 물론이고, 데이터를 일관된 방식으로 표현하게 해주는 장점이 있다.

하지만 ng-include 디렉티브를 사용해 서버에서 로드할 파일을 지정할 때 조금 이상한 점을 눈치 챈 독자도 있을 것이다.

```
...
<ng-include src="'table.html'"></ng-include>
...
```

여기서는 table.html 파일을 작은따옴표를 사용해 문자열 리터럴로 지정했다. 이렇게 한 이유는 src 어트리뷰트가 자바스크립트 표현식으로 해석되므로, 정적으로 파일을 정의하려면 파일명을 작은따옴표로 감싸야 하기 때문이다.

ng-include의 진정한 힘은 src 설정을 해석하는 과정을 통해 볼 수 있다. 자세한 방법을 알아보기 위해 여기서는 **angularjs** 웹 서버 폴더에 list.html이라는 새 부분 뷰 파일을 추가했다. 이 파일의 내용은 예제 10-13에서 볼 수 있다.

예제 10-13. list.html 파일의 내용

```
<ol>
    <li ng-repeat="item in todos">
        {{item.action}}
        <span ng-if="item.complete"> (Done)</span>
    </li>
</ol>
```

이 파일에는 이전 예제에서 사용하지 않은 새 마크업이 들어 있다. 여기서는 ol 엘리먼트를 사용해 순서 목록을 나타내고, li 엘리먼트를 대상으로 ng-repeat 디렉티브를 사용해 각 할 일별로 리스트 항목을 생성한다. 또, 이전 예제에 적용한(11장에서 자세히 설명) ng-if 디렉티브를 사용해 완료된 할 일 항목 여부에 따라 span 엘리먼트를 포함시킬지 여부를 결정한다. 이제 할 일 항목을 보여주는 두 개의 부분 뷰를 갖췄으니, 예제 10-14와 같이 ng-include 디렉티브를 사용해 두 뷰를 서로 전환해보자.

```html
<!DOCTYPE html>
<html ng-app="exampleApp">
<head>
    <title>Directives</title>
    <script src="angular.js"></script>
    <link href="bootstrap.css" rel="stylesheet" />
    <link href="bootstrap-theme.css" rel="stylesheet" />
    <script>
        angular.module("exampleApp", [])
            .controller("defaultCtrl", function ($scope) {
                $scope.todos = [
                    { action: "Get groceries", complete: false },
                    { action: "Call plumber", complete: false },
                    { action: "Buy running shoes", complete: true },
                    { action: "Buy flowers", complete: false },
                    { action: "Call family", complete: false }];

                $scope.viewFile = function () {
                    return $scope.showList ? "list.html" : "table.html";
                };
            });
    </script>
</head>
<body>
    <div id="todoPanel" class="panel" ng-controller="defaultCtrl">
        <h3 class="panel-header">To Do List</h3>

        <div class="well">
            <div class="checkbox">
                <label>
                    <input type="checkbox" ng-model="showList">
                    Use the list view
                </label>
            </div>
        </div>

        <ng-include src="viewFile()"></ng-include>

    </div>
</body>
</html>
```

여기서는 showList라는 변수 값에 따라 앞서 생성한 두 부분 뷰 파일 중 한 파일명을 반환하는 viewFile이라는 동작을 컨트롤러에 정의했다. showList가 true이면 viewFile 동작에서는 list.html 파일명을 반환한다. showList가 false이거나 undefined이면 이 동작에서는 table. html 파일명을 반환한다.

showList 변수의 초기 값은 undefined다. 하지만 여기서는 이 장에서 앞서 설명한 ng-model 디렉티브를 사용해 변수 값을 설정하는 체크박스 input 엘리먼트를 추가했다. 사용자는 이 엘리먼트를 체크하거나 체크 해제해 showList 변수 값을 변경할 수 있다.

끝으로 다음과 같이 컨트롤러 동작을 통해 src 어트리뷰트 값을 가져오게끔 ng-include 디렉티브를 적용해야 한다.

```
...
<ng-include src="viewFile()"></ng-include>
...
```

AngularJS의 데이터 바인딩 기능에서는 체크박스와 showList 변수 값을 서로 동기화해주며, ng-include 디렉티브는 showList 값에 따라 콘텐츠를 로드해 표시한다. 체크박스의 선택/해제 결과는 그림 10-7에서 볼 수 있다.

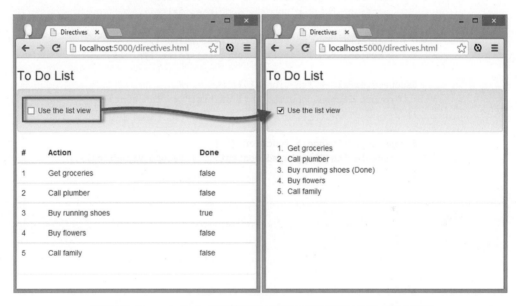

그림 10-7. ng-include 디렉티브에서 모델 속성을 기반으로 한 콘텐츠 표시

어트리뷰트 형태의 ng-include 디렉티브 활용

이 디렉티브는 엘리먼트 형태로 적용할 수 있는 첫 번째 디렉티브이므로 이번에는 어트리뷰트를 사용해 같은 디렉티브를 적용하는 법을 알아보려고 한다. 우선 예제 10-15에는 ng-include 디렉티브를 엘리먼트 형태로 적용한 예제가 나와 있고, src 및 onload 어트리뷰트가 설정된 것을 볼 수 있다. src의 사용법은 이전 예제에서 살펴본 바 있다. onload 어트리뷰트는 콘텐츠가 로드될 때 실행할 표현식을 지정하는 데 사용한다. 여기서는 예제에 추가한 reportChange 동작 (이 동작은 사용되는 콘텐츠 파일의 이름을 자바스크립트 콘솔에 출력한다)을 호출하게끔 지정

했다. onload 어트리뷰트는 그다지 중요하지 않지만 여기서는 여러 가지 설정 옵션을 보여주기
위해 이 어트리뷰트를 사용했다.

예제 10-15. directives.html 파일 내 여러 옵션을 지정한 ng-include 디렉티브의 엘리먼트 활용

```html
<!DOCTYPE html>
<html ng-app="exampleApp">
<head>
    <title>Directives</title>
    <script src="angular.js"></script>
    <link href="bootstrap.css" rel="stylesheet" />
    <link href="bootstrap-theme.css" rel="stylesheet" />
    <script>
        angular.module("exampleApp", [])
            .controller("defaultCtrl", function ($scope) {
                $scope.todos = [
                    { action: "Get groceries", complete: false },
                    { action: "Call plumber", complete: false },
                    { action: "Buy running shoes", complete: true },
                    { action: "Buy flowers", complete: false },
                    { action: "Call family", complete: false }];

                $scope.viewFile = function () {
                    return $scope.showList ? "list.html" : "table.html";
                };

                $scope.reportChange = function () {
                    console.log("Displayed content: " + $scope.viewFile());
                }

            });
    </script>
</head>
<body>
    <div id="todoPanel" class="panel" ng-controller="defaultCtrl">
        <h3 class="panel-header">To Do List</h3>

        <div class="well">
            <div class="checkbox">
                <label>
                    <input type="checkbox" ng-model="showList">
                    Use the list view
                </label>
            </div>
        </div>

        <ng-include src="viewFile()" onload="reportChange()"></ng-include>
    </div>
</body>
</html>
```

이번에는 커스텀 엘리먼트를 사용할 수 없다고 가정하고 예제 10-16과 같이 ng-include 디렉티브를 표준 HTML 엘리먼트에 커스텀 어트리뷰트로 적용하게끔 예제를 재작성해보자.

예제 10-16 directives.html 파일 내 ng-include 디렉티브의 어트리뷰트 형태 적용

```
...
<div ng-include="viewFile()" onload="reportChange()"></div>
...
```

ng-include 어트리뷰트는 모든 HTML 엘리먼트에 적용할 수 있으며, src 파라미터 값은 어트리뷰트 값(이 경우 viewFile())을 통해 가져온다. 다른 디렉티브 설정 파라미터는 별도 어트리뷰트로 표현하는데, 이 예제에서는 onload 어트리뷰트를 사용한 것을 볼 수 있다. ng-include 디렉티브를 이와 같이 적용하더라도 앞서 커스텀 엘리먼트를 사용할 때와 효과는 동일하다.

조건에 따른 엘리먼트 대체

ng-include 디렉티브는 중요한 콘텐츠 영역을 관리하는 데 효과적이지만, 때로는 이미 문서 내에 들어 있는 콘텐츠 일부를 전환해야 할 때도 있다. 이를 위해 AngularJS에서는 ng-switch 디렉티브를 제공한다. 예제 10-17에서는 ng-switch 디렉티브를 적용하는 예제를 볼 수 있다.

예제 10-17. directives.html 파일 내 ng-switch 디렉티브 활용

```html
<!DOCTYPE html>
<html ng-app="exampleApp">
<head>
    <title>Directives</title>
    <script src="angular.js"></script>
    <link href="bootstrap.css" rel="stylesheet" />
    <link href="bootstrap-theme.css" rel="stylesheet" />
    <script>
        angular.module("exampleApp", [])
            .controller("defaultCtrl", function ($scope) {

                $scope.data = {};

                $scope.todos = [
                    { action: "Get groceries", complete: false },
                    { action: "Call plumber", complete: false },
                    { action: "Buy running shoes", complete: true },
                    { action: "Buy flowers", complete: false },
                    { action: "Call family", complete: false }];
            });
    </script>
</head>
<body>
```

```
<div id="todoPanel" class="panel" ng-controller="defaultCtrl">

    <h3 class="panel-header">To Do List</h3>

    <div class="well">
        <div class="radio" ng-repeat="button in ['None', 'Table', 'List']">
            <label>
                <input type="radio" ng-model="data.mode"
                       value="{{button}}" ng-checked="$first" />
                {{button}}
            </label>
        </div>
    </div>

    <div ng-switch on="data.mode">
        <div ng-switch-when="Table">
            <table class="table">
                <thead>
                    <tr><th>#</th><th>Action</th><th>Done</th></tr>
                </thead>
                <tr ng-repeat="item in todos" ng-class="$odd ? 'odd' : 'even'">
                    <td>{{$index + 1}}</td>
                    <td ng-repeat="prop in item">{{prop}}</td>
                </tr>
            </table>
        </div>
        <div ng-switch-when="List">
            <ol>
                <li ng-repeat="item in todos">
                    {{item.action}}<span ng-if="item.complete"> (Done)</span>
                </li>
            </ol>
        </div>
        <div ng-switch-default>
            Select another option to display a layout
        </div>
    </div>

    </div>
  </body>
</html>
```

이 예제에서는 ng-repeat 디렉티브를 사용해 라디오 버튼을 생성한다. 각 라디오 버튼에서는 양방향 데이터 바인딩을 사용해 data.mode라는 모델 속성값을 설정한다. 라디오 버튼에서 정의한세 가지 값은 None, Table, List이며, 각 값을 사용해 할 일 항목을 표시할 레이아웃을 나타낸다.

예제의 나머지 부분에서는 ng-switch 디렉티브를 활용해 data.mode 속성의 설정값에 따라 각기 다른 엘리먼트를 보여주게 한다. 결과 화면은 그림 10-8에서 볼 수 있고, 디렉티브의 다양한 부분에 대해서는 그림을 보고 난 후 설명한다.

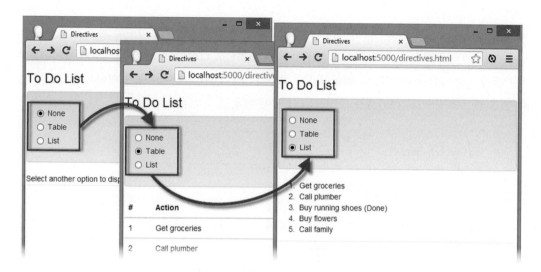

그림 10-8. ng-switch 디렉티브 활용

ng-switch 디렉티브는 on 어트리뷰트를 사용해 적용하는데, on 어트리뷰트는 다음과 같이 표시할 콘텐츠 영역을 결정하는 표현식을 지정한다.

```
...
<div ng-switch on="data.mode">
...
```

이 예제의 경우 data.mode 모델 속성값(라디오 버튼에서 관리하는)을 지정했다. 그런 다음 ng-switch-when 디렉티브를 사용해 다음과 같이 특정 값과 관련한 콘텐츠 영역을 지정한다.

```
...
<div ng-switch-when="Table">
    <table class="table">
        <!-- 지면상 엘리먼트 생략 -->
    </table>
</div>
<div ng-switch-when="List">
    <ol>
        <!-- 지면상 엘리먼트 생략-->
    </ol>
</div>
...
```

AngularJS에서는 어트리뷰트 값이 on 어트리뷰트에서 정의한 표현식과 일치할 경우 ng-switch-when 디렉티브가 적용된 엘리먼트를 보여준다. ng-switch 디렉티브 블록 내 나머지 엘리먼트는 무시된다. ng-switch-default 디렉티브는 다음과 같이 ng-swich-when 영역에서 일치하는 값이 없을 때 보여줄 기본 콘텐츠를 지정하는 데 사용한다.

```
...
<div ng-switch-default>
    Select another option to display a layout
</div>
...
```

ng-switch 디렉티브는 데이터 바인딩 값 변화에 반응한다. 이 예제에서 라디오 버튼을 클릭할 때 레이아웃이 바뀌는 것 또한 이 때문이다.

ng-include 및 ng-switch 디렉티브의 선택

ng-include 및 ng-switch 디렉티브는 동일한 효과에 사용할 수 있으며, 둘 중 어떤 디렉티브를 언제 사용하는 게 좋은지 판단하기 어려울 수 있다.

ng-switch 디렉티브는 작고 간단한 콘텐츠 블록을 대체하려고 할 때나 웹 앱을 정상적으로 실행할 때 사용자가 이들 블록을 볼 가능성이 클 경우 사용하는 게 좋다. 그 이유는 ng-switch 디렉티브를 사용하는 콘텐츠는 HTML 문서의 일부로 포함돼 있어야 하며, 사용자가 사용할 가능성이 낮은 콘텐츠를 이와 같이 항상 제공하는 것은 로드 시간 및 대역폭을 낭비하는 일이기 때문이다.

ng-include 디렉티브는 좀 더 복잡한 콘텐츠 및 애플리케이션에서 반복적으로 사용해야 하는 콘텐츠에 적합하다. 부분 뷰는 프로젝트에서 같은 콘텐츠를 여러 곳에서 보여줘야 하는 경우 중복 코드를 줄이는 데 도움이 된다. 하지만 부분 뷰는 최초로 필요할 때까지 요청하지 않으며, 이에 따라 브라우저가 ajax 요청을 보내고 서버로부터 응답을 받기까지 약간의 지연 시간이 생길 수 있음을 기억해야 한다.

둘 중 어떤 디렉티브를 사용해야 할지 모르겠다면 항상 ng-switch부터 시작하자. 이 디렉티브는 사용하기 쉽고, 콘텐츠가 지나치게 관리하기 복잡해지거나 같은 콘텐츠를 앱의 다른 곳에서도 사용해야 할 일이 생기면 ng-include로 언제든 쉽게 바꿀 수 있다.

처리되지 않은 템플릿 바인딩 표현식 숨기기

느린 기기에서 복잡한 콘텐츠를 처리할 때는 AngularJS에서 HTML을 파싱하고, 디렉티브를 처리하는 준비 과정 동안 브라우저가 문서 내 HTML을 보여주는 시간이 있다. 이 시간 동안은 인라인 템플릿 표현식에 정의한 내용이 그림 10-9와 같이 사용자에게도 표시된다.

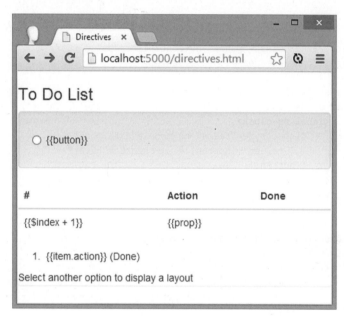

그림 10-9. AngularJS가 준비되는 동안 사용자에게 표시되는 템플릿 표현식

현재 대부분의 기기에는 이런 사실이 문제가 안 될 정도로 속도가 빠른 자바스크립트 구현체가 들어 있다. 사실 필자도 데스크톱 브라우저의 속도가 빨라 이 화면을 실제로 캡처하는 데 상당히 애를 먹었다.

하지만 이런 일은 실제로 일어난다(특히 예전의 기기나 브라우저를 대상으로 하는 경우). 아울러 이 문제를 해결하는 방법은 두 가지가 있다. 첫 번째 방법은 인라인 템플릿 표현식을 사용하지 않고 ng-bind 디렉티브를 사용하는 것이다. 이 디렉티브는 이 장의 앞에서 설명한 바 있으며, 인라인 표현식과 비교해 어색한 방식임을 강조한 바 있다.

또 다른 방법은 ng-cloak 디렉티브를 사용하는 것이다. 이 디렉티브를 사용하면 AngularJS에서 처리를 마칠 때까지 콘텐츠를 숨길 수 있다. ng-cloak 디렉티브는 CSS를 활용해 디렉티브가 적용된 엘리먼트를 숨겨주고, AngularJS에는 콘텐츠 처리를 마친 후 CSS 클래스를 제거해 사용자가 템플릿 표현식에 사용된 {{ 및 }} 문자를 보지 않게 해준다. ng-cloak 디렉티브는 원하는 방식에 따라 폭넓게 적용할 수도 있고 선택적으로 적용할 수도 있다. 대개는 body 엘리먼트에 이 디렉티브를 적용하지만, 이렇게 하면 AngularJS가 콘텐츠를 처리하는 동안 사용자는 빈 브라우저 창만 보게 된다. 필자는 이 방식보다는 예제 10-18과 같이 인라인 표현식이 사용된 문서 내 영역에만 선택적으로 디렉티브를 적용하는 방식을 선호한다.

예제 10-18. directives.html 파일 내 ng-cloak 디렉티브의 선택적 적용

```
...
<body>
    <div id="todoPanel" class="panel" ng-controller="defaultCtrl">
        <h3 class="panel-header">To Do List</h3>

    <div class="well">
        <div class="radio" ng-repeat="button in ['None', 'Table', 'List']">
            <label ng-cloak>
                <input type="radio" ng-model="data.mode"
                    value="{{button}}" ng-checked="$first">
                {{button}}
            </label>
        </div>
    </div>

    <div ng-switch on="data.mode" ng-cloak>
        <div ng-switch-when="Table">
            <table class="table">
                <thead>
                    <tr><th>#</th><th>Action</th><th>Done</th></tr>
                </thead>
                <tr ng-repeat="item in todos" ng-class="$odd ? 'odd' : 'even'">
                    <td>{{$index + 1}}</td>
                    <td ng-repeat="prop in item">{{prop}}</td>
                </tr>
            </table>
        </div>
        <div ng-switch-when="List">
            <ol>
                <li ng-repeat="item in todos">
                    {{item.action}}<span ng-if="item.complete"> (Done)</span>
                </li>
            </ol>
        </div>
        <div ng-switch-default>
            Select another option to display a layout
```

```
            </div>
        </div>
    </div>
</body>
...
```

템플릿 표현식이 들어 있는 문서 영역에만 이 디렉티브를 적용하면 사용자는 페이지의 정적인 구
조를 그대로 볼 수 있다. 물론 이 화면도 그리 보기 좋지는 않지만 빈 브라우저 화면보다는 낫다.
이 디렉티브의 적용 결과 화면은 그림 10-10에서 볼 수 있다(물론 AngularJS에서 콘텐츠의 처리
를 마치고 나면 전체 앱 레이아웃을 볼 수 있다).

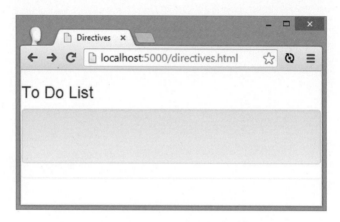

그림 10-10. 템플릿 표현식이 없는 정적인 콘텐츠 표시

| 정리

이 장에서는 AngularJS 디렉티브를 소개하고, 데이터 바인딩 및 템플릿 관리에 사용되는 디렉티
브에 대해 설명했다. 이들 디렉티브는 내장 템플릿에서 가장 강력하고 복잡한 기능을 담당하며,
AngularJS 프로젝트의 초기 개발 단계에서 핵심적인 역할을 한다. 11장에서는 엘리먼트 조작 및
이벤트 응답을 중심으로 내장 디렉티브에 대한 설명을 이어간다.

엘리먼트 및 이벤트 디렉티브 활용

이 장에서는 계속해서 AngularJS에서 제공하는 디렉티브에 대해 설명한다. 문서 객체 모델 (DOM)에서 엘리먼트를 추가, 제거, 숨김, 표시할 때 사용할 수 있는 디렉티브를 설명한다. 또, 클래스에서 엘리먼트를 추가/제거하고, 개별 CSS 스타일 속성을 설정하는 디렉티브, 이벤트 처리 디렉티브, AngularJS에서 데이터 바인딩에 의존하는 방식을 매핑하는 디렉티브, 불리언 어트리뷰트라는 HTML 기능을 살펴본다.

이 과정에서 AngularJS에서 기본으로 제공하지 않는 이벤트에 반응할 수 있게 커스텀 디렉티브를 생성하는 법도 배운다. 커스텀 디렉티브를 구현하는 자세한 방법은 15장까지 다루지 않지만, 커스텀 디렉티브는 자주 사용되므로 이 장에서 함께 다루는 게 좋다고 판단했다(물론 이를 위해서는 나중에 살펴볼 AngularJS 기능이 필요하지만). 표 11-1에는 이 장의 내용이 정리돼 있다.

표 11-1. 장 요약

문제	해결책	예제
엘리먼트 숨김/표시	ng-show 및 ng-hide 디렉티브를 사용한다.	1, 2
DOM에서 엘리먼트 제거	ng-if 디렉티브를 사용한다.	3
중간 부모 엘리먼트를 가질 수 없는 엘리먼트를 생성할 때 트랜스클루전 문제 해결	필터와 함께 ng-repeat 디렉티브를 사용한다.	4, 5
엘리먼트에 클래스를 지정 또는 개별 CSS 속성을 설정	ng-class 또는 ng-style 디렉티브를 사용한다.	6
ng-repeat 디렉티브에서 생성한 홀수/짝수 엘리먼트에 각기 다른 클래스 적용	ng-class-odd 및 ng-class-even 디렉티브를 사용한다.	7
이벤트가 일어날 때 수행할 행동을 정의	ng-click 같은 이벤트 디렉티브를 활용한다(이벤트 디렉티브 전체 목록은 표 11-3에서 볼 수 있다).	8
AngularJS에서 디렉티브를 제공하지 않는 이벤트의 처리	커스텀 이벤트 디렉티브를 생성한다.	9

| 예제 프로젝트 준비

이 예제에서는 계속해서 directives.html 파일을 사용한다. 예제 11-1에서는 예제를 간단히 하고, 이 장에서 살펴볼 디렉티브에 맞게끔 마크업 일부를 제거한 것을 볼 수 있다.

예제 11-1. directives.html 파일의 내용

```
<!DOCTYPE html>
<html ng-app="exampleApp">
<head>
    <title>Directives</title>
    <script src="angular.js"></script>
    <link href="bootstrap.css" rel="stylesheet" />
    <link href="bootstrap-theme.css" rel="stylesheet" />
    <script>
        angular.module("exampleApp", [])
            .controller("defaultCtrl", function ($scope) {
                $scope.todos = [
                    { action: "Get groceries", complete: false },
                    { action: "Call plumber", complete: false },
                    { action: "Buy running shoes", complete: true },
                    { action: "Buy flowers", complete: false },
                    { action: "Call family", complete: false }];
            });
    </script>
</head>
<body>
    <div id="todoPanel" class="panel" ng-controller="defaultCtrl">
        <h3 class="panel-header">To Do List</h3>

        <table class="table">
            <thead>
                <tr><th>#</th><th>Action</th><th>Done</th></tr>
            </thead>
            <tr ng-repeat="item in todos">
                <td>{{$index + 1}}</td>
                <td ng-repeat="prop in item">{{prop}}</td>
            </tr>
        </table>
    </div>
</body>
</html>
```

앞 장에서 할 일 항목의 레이아웃을 지정하는 부분은 모두 제거했으며 여기서는 다시 간단한 테이블을 사용하는 예제로 돌아왔다. 브라우저에서 실행한 directives.html 파일의 결과는 그림 11-1에서 볼 수 있다.

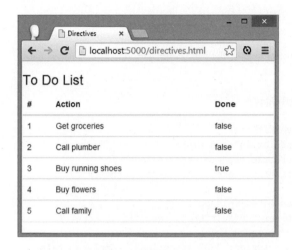

그림 11-1. 브라우저에서 본 directives.html 파일

| 엘리먼트 디렉티브 활용

이 장에서 첫째로 살펴볼 디렉티브는 문서 객체 모델(DOM)에서 엘리먼트를 설정하고 스타일을 적용하는 데 사용한다. 이들 디렉티브는 애플리케이션에서 콘텐츠 및 데이터를 보여주는 방식을 관리하고, 바인딩을 활용해 데이터 모델이 바뀔 때 동적으로 HTML 문서를 바꾸는 데 유용하게 활용할 수 있다. 엘리먼트 디렉티브는 표 11-2에 정리했다. 각 디렉티브와 구체적인 활용 예제는 이어지는 절에서 볼 수 있다.

표 11-2. 엘리먼트 디렉티브

디렉티브	적용 방식	설명
ng-if	어트리뷰트	DOM에서 엘리먼트를 추가 및 제거한다.
ng-class	어트리뷰트, 클래스	엘리먼트의 class 어트리뷰트를 설정한다.
ng-class-even	어트리뷰트, 클래스	ng-repeat 디렉티브 내에 생성된 짝수 번째 엘리먼트에 class 어트리뷰트를 설정한다.
ng-class-odd	어트리뷰트, 클래스	ng-repeat 디렉티브 내에 생성된 홀수 번째 엘리먼트에 class 어트리뷰트를 설정한다.
ng-hide	어트리뷰트, 클래스	DOM 내 엘리먼트를 보여주거나 숨긴다.
ng-show	어트리뷰트, 클래스	DOM 내 엘리먼트를 보여주거나 숨긴다.
ng-style	어트리뷰트, 클래스	하나 이상의 CSS 속성을 설정한다.

엘리먼트 표시, 숨김, 제거

이 카테고리에 속한 많은 디렉티브는 엘리먼트를 숨기거나 DOM에서 완전히 제거함으로써 사용자에게 엘리먼트를 보여줄지 여부를 제어한다. 예제 11-2에서는 엘리먼트의 가시성을 관리하는 기본 기법을 볼 수 있다.

예제 11-2. directives.html 파일 내 엘리먼트 가시성 관리

```html
<!DOCTYPE html>
<html ng-app="exampleApp">
<head>
    <title>Directives</title>
    <script src="angular.js"></script>
    <link href="bootstrap.css" rel="stylesheet" />
    <link href="bootstrap-theme.css" rel="stylesheet" />
    <script>
        angular.module("exampleApp", [])
            .controller("defaultCtrl", function ($scope) {
                $scope.todos = [
                    { action: "Get groceries", complete: false },
                    { action: "Call plumber", complete: false },
                    { action: "Buy running shoes", complete: true },
                    { action: "Buy flowers", complete: false },
                    { action: "Call family", complete: false }];
            });
    </script>
    <style>
        td > *:first-child {font-weight: bold}
    </style>
</head>
<body>
    <div id="todoPanel" class="panel" ng-controller="defaultCtrl">
        <h3 class="panel-header">To Do List</h3>

        <div class="checkbox well">
            <label>
                <input type="checkbox" ng-model="todos[2].complete" />
                Item 3 is complete
            </label>
        </div>

        <table class="table">
            <thead>
                <tr><th>#</th><th>Action</th><th>Done</th></tr>
            </thead>
            <tr ng-repeat="item in todos">
                <td>{{$index + 1}}</td>
                <td>{{item.action}}</td>
                <td>
                    <span ng-hide="item.complete">(Incomplete)</span>
```

```
                    <span ng-show="item.complete">(Done)</span>
                </td>
            </tr>
        </table>
    </div>
</body>
</html>
```

여기서는 ng-show 및 ng-hide 디렉티브를 사용해 테이블 각 행의 마지막 셀에 있는 span 엘리먼트의 가시성을 제어했다. 물론 데이터 바인딩을 통해서도 같은 효과를 구현할 수 있으므로 이 예제는 다분히 고안된 예제이지만, 여기서는 앞으로 나올 특정 문제를 보여주기 위해 이 같은 예제를 사용했다.

ng-show 및 ng-hide 디렉티브는 ng-hide라는 다소 헷갈리는 클래스를 엘리먼트에 추가하거나 제거함으로써 엘리먼트의 가시성을 제어한다. ng-hide 클래스는 display 속성을 none으로 설정하고, 엘리먼트를 뷰에서 제거하는 CSS 스타일을 적용한다. ng-show와 ng-hide의 차이점은 ng-show에서는 표현식이 false일 때 엘리먼트를 숨기고, ng-hide에서는 표현식이 true일 때 엘리먼트를 숨긴다는 점이다.

이 예제에는 세 번째 할 일 항목의 complete 속성을 설정하는 체크박스도 들어 있다. 여기서는 ng-show 및 ng-hide 디렉티브가 다른 디렉티브와 마찬가지로 데이터 바인딩으로 연결돼 있으며, 그림 11-2에서 보듯 이들 디렉티브의 제한적인 동작 방식을 보여주기 위해 이 체크박스를 추가했다.

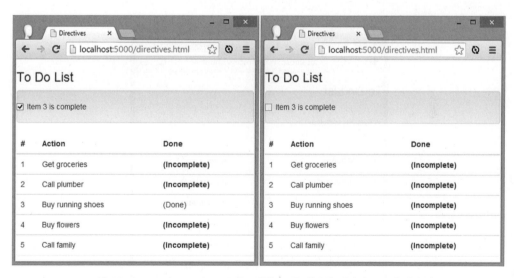

그림 11-2. ng-show 및 ng-hide 디렉티브를 활용한 엘리먼트 표시 및 숨김

이 그림에서는 다음과 같이 td 엘리먼트의 첫 번째 자식이 볼드체가 돼야 한다고 지정했음에도 불구하고, 예제 11-2에 추가한 스타일이 할 일 항목이 완료되지 않았을 때만 적용되는 것을 볼 수 있다.

```
...
td > *:first-child {font-weight: bold}
...
```

문제는 ng-show 및 ng-hide 디렉티브가 자신이 관리하는 엘리먼트를 DOM에 그대로 두고 사용자로부터 감추기만 하는 것이다. 이들 엘리먼트는 브라우저로부터 감춰져 있지 않으므로, 이 스타일 같은 위치 기반 CSS 선택자에서는 숨겨진 엘리먼트 또한 개수에 포함시킨다. 이런 경우 예제 11-3과 같이 ng-if 디렉티브를 사용하면 DOM에서 엘리먼트를 제거(단순히 숨기는 게 아니라)할 수 있다.

예제 11-3. directives.html 파일 내 ng-if 디렉티브 활용

```
...
<td>
    <span ng-if="!item.complete">(Incomplete)</span>
    <span ng-if="item.complete">(Done)</span>
</td>
...
```

---

ng-if에 대응되는 반대 디렉티브는 존재하지 않으므로 여기서 ng-hide 디렉티브와 같은 효과를 구현하려면 데이터 바인딩된 속성값을 직접 반대로 적용해줘야 한다. 그림 11-3에서 볼 수 있듯 ng-if 디렉티브를 사용하면 CSS 스타일 문제가 해결된다.

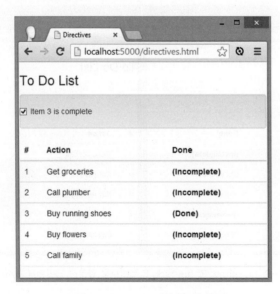

그림 11-3. ng-if 디렉티브의 활용

ng-repeat의 테이블 스트라이프 문제 및 충돌 해결

ng-show, ng-hide, ng-if 디렉티브는 모두 테이블을 구성하는 엘리먼트에 적용될 경우 문제가 있다. AngularJS를 처음 시작하는 개발자의 경우 이런 디렉티브를 사용해 테이블에서 보여주는 콘텐츠를 제어하려고 하므로 이는 심각한 문제라 할 수 있다.

우선 ng-show 및 ng-hide의 기본적인 동작 방식에 따라 이들 디렉티브는 스트라이프 테이블에서 쉽게 사용할 수 없다. 이 부분은 매우 헷갈리기 쉬운 부분이므로 예제를 통해 명확히 확인하고 넘어가는 게 중요하다. 예제 11-4에서는 완료되지 않은 항목만 표시되게끔 ng-hide 디렉티브를 tr 엘리먼트에 적용한 것을 볼 수 있다. 여기서는 table 엘리먼트에 부트스트랩 table-striped 클래스를 적용해 4장에서 설명한 것과 같은 스트라이프 효과도 적용했다.

예제 11-4. directives.html 파일 내 테이블 행에 ng-hide 디렉티브 활용

```
...
<table class="table table-striped">
    <thead>
        <tr><th>#</th><th>Action</th><th>Done</th></tr>
    </thead>
    <tr ng-repeat="item in todos" ng-hide="item.complete">
        <td>{{$index + 1}}</td>
        <td>{{item.action}}</td>
        <td>{{item.complete}}</td>
    </tr>
</table>
...
```

AngularJS에서는 디렉티브를 처리하지만 엘리먼트가 제거된 게 아니라 단순히 숨어 있으므로 그림 11-4와 같이 스트라이프 효과가 제대로 적용되지 않는다. 이 그림에서는 행 색상이 번갈아 적용되지 않은 것을 볼 수 있다.

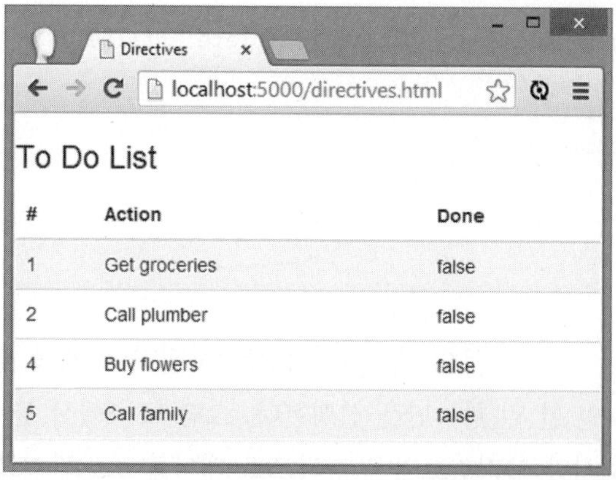

그림 11-4. ng-hide 디렉티브로 인해 발생하는 비일관적 스트라이프 스타일

이 문제는 ng-if 디렉티브를 사용해 해결할 수 있을 것처럼 보이기도 하지만, ng-if 디렉티브는 다음과 같이 ng-repeat 디렉티브와 같은 엘리먼트에 사용할 수 없다.

```
...
<tr ng-repeat="item in todos" ng-if="!item.complete">
    <td>{{$index + 1}}</td>
    <td>{{item.action}}</td>
    <td>{{item.complete}}</td>
</tr>
...
```

ng-repeat와 ng-if 디렉티브 모두 트랜스클루전(17장에서 자세히 설명)이라는 기법을 활용한다. 간단히 말해 이 경우 두 디렉티브 모두 자식 엘리먼트를 수정하려고 하는데, AngularJS에서는 둘을 모두 지원하는 방법을 알 수 없게 된다. 두 디렉티브를 모두 한 엘리먼트에 적용하려고 하면 자바스크립트 콘솔에서 다음과 같은 에러를 볼 수 있다.

```
Error: [$compile:multidir] Multiple directives [ngRepeat, ngIf] asking for transclusion on:
<!-- ngRepeat: item  in todos -->
```

이 경우는 여러 개의 AngularJS 기능을 서로 연결하더라도 문제를 해결할 수 없는 드문 사례에 속한다. 하지만 그렇다고 해서 문제를 해결할 수 없다는 건 아니다. 다만 ng-repeat와 ng-if 디렉티브를 함께 사용해서는 문제를 해결할 수 없을 뿐이다. 이 경우 필터(14장에서 자세히 설명)를 활용해 문제를 해결할 수 있다. 필터를 사용한 예제는 예제 11-5에서 볼 수 있다.

예제 11-5. directives.html 파일 내 트랜스클루전 문제 해결을 위한 필터 활용

```
...
<table class="table table-striped">
    <thead>
        <tr><th>#</th><th>Action</th><th>Done</th></tr>
    </thead>
    <tr ng-repeat="item in todos | filter: {complete: 'false'}">
        <td>{{$index + 1}}</td>
        <td>{{item.action}}</td>
        <td>{{item.complete}}</td>
    </tr>
</table>
...
```

여기서는 객체를 활용해 소스 항목의 속성을 매칭하는 필터 예제를 볼 수 있다. 필터에서는 complete 속성이 false인 할 일 항목만을 선택한다. 그림 11-5에서 볼 수 있듯 이렇게 하면 필터를 통과한 객체에 대해서만 엘리먼트가 생성되므로 테이블 스트라이프 스타일이 제대로 동작

하게 된다(AngularJS의 다른 기능과 마찬가지로 필터도 데이터 모델과 연결돼 있으며 데이터 배열의 변경 사항을 동적으로 반영한다).

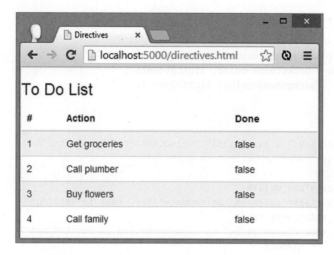

그림 11-5. 테이블 스트라이프 스타일을 위한 필터 활용

클래스 및 CSS 관리

AngularJS에서는 엘리먼트에 클래스를 적용하고 개별 CSS 속성을 설정할 수 있는 디렉티브를 여러 개 제공한다. 예제 11-6에서는 이 중 두 가지 디렉티브(ng-class 및 ng-style)를 볼 수 있다.

예제 11-6. directives.html 파일 내 ng-class 및 ng-style 디렉티브 활용

```html
<!DOCTYPE html>
<html ng-app="exampleApp">
<head>
    <title>Directives</title>
    <script src="angular.js"></script>
    <link href="bootstrap.css" rel="stylesheet" />
    <link href="bootstrap-theme.css" rel="stylesheet" />
    <script>
        angular.module("exampleApp", [])
            .controller("defaultCtrl", function ($scope) {
                $scope.todos = [
                    { action: "Get groceries", complete: false },
                    { action: "Call plumber", complete: false },
                    { action: "Buy running shoes", complete: true },
                    { action: "Buy flowers", complete: false },
                    { action: "Call family", complete: false }];

                $scope.buttonNames = ["Red", "Green", "Blue"];
```

```
                    $scope.settings = {
                        Rows: "Red",
                        Columns: "Green"
                    };
                });
        </script>
        <style>
            tr.Red { background-color: lightcoral; }
            tr.Green { background-color: lightgreen;}
            tr.Blue { background-color: lightblue; }
        </style>
    </head>
    <body>
        <div id="todoPanel" class="panel" ng-controller="defaultCtrl">
            <h3 class="panel-header">To Do List</h3>

            <div class="row well">
                <div class="col-xs-6" ng-repeat="(key, val) in settings">
                    <h4>{{key}}</h4>
                    <div class="radio" ng-repeat="button in buttonNames">
                        <label>
                            <input type="radio" ng-model="settings[key]"
                                   value="{{button}}">{{button}}
                        </label>
                    </div>
                </div>
            </div>
            <table class="table">
                <thead>
                    <tr><th>#</th><th>Action</th><th>Done</th></tr>
                </thead>
                <tr ng-repeat="item in todos" ng-class="settings.Rows">
                    <td>{{$index + 1}}</td>
                    <td>{{item.action}}</td>
                    <td ng-style="{'background-color': settings.Columns}">
                        {{item.complete}}
                    </td>
                </tr>
            </table>
        </div>
    </body>
</html>
```

여기서는 ng-class 및 ng-style 디렉티브의 적용 효과를 쉽게 확인할 수 있게 상당히 많은 디렉티브를 사용했다. 이 예제에서 핵심 역할을 하는 코드는 컨트롤러 스코프에 추가한 다음 객체다.

```
    ...
  $scope.settings = {
      Rows: "Red",
      Columns: "Green"
```

```
    };
    ...
```

여기서는 Rows 속성을 사용해 테이블 내 tr 엘리먼트의 배경색을 설정하고, Columns 속성을 사용해 **Done** 칼럼의 배경색을 설정한다. 사용자가 이들 값을 설정할 수 있게 ng-repeat 디렉티브를 사용해 두 개의 라디오 버튼을 생성하고, 부트스트랩 그리드(4장에서 설명)를 사용해 레이아웃을 지정했다. 또, ng-class 디렉티브를 사용해 다음과 같이 tr 엘리먼트의 색상을 설정했다.

```
    ...
    <tr ng-repeat="item in todos" ng-class="settings.Rows">
    ...
```

ng-class 디렉티브는 엘리먼트의 class 어트리뷰트를 관리한다. 이 예제에서 tr 엘리먼트에는 Rows 속성값에 따라 정의된 CSS 스타일 중 하나가 적용된다.

```
    ...
    <style>
        tr.Red { background-color: lightcoral; }
        tr.Green { background-color: lightgreen;}
        tr.Blue { background-color: lightblue; }
    </style>
    ...
```

> **팁** 맵 객체를 사용해 여러 CSS 클래스를 지정할 수도 있다. 이때 맵 객체의 속성은 CSS 클래스를 참조하고, 값은 클래스의 적용 여부를 제어하는 표현식이 된다. 8장에서는 이런 식으로 ng-class 디렉티브를 스포츠 상점 관리자 애플리케이션에 사용한 예제를 볼 수 있다.

클래스를 사용하지 않고 직접 CSS 속성을 설정할 때는 ng-style 디렉티브를 사용하면 된다.

```
    ...
    <td ng-style="{'background-color': settings.Columns}">{{item.complete}}</td>
    ...
```

ng-style 디렉티브는 CSS 속성에 대응되는 속성을 갖고 있는 객체를 사용해 설정한다. 이 예제에서는 Columns 모델 속성의 현재 값으로 설정된 background-color 속성이 이에 해당한다.

> **팁** 개별 CSS 속성을 엘리먼트에 적용하는 방식은 권장하지 않는다. 정적인 콘텐츠를 처리할 경우 클래스를 통해 스타일을 적용하는 게 훨씬 간편하다. 이 경우 스타일 정의를 한 곳만 바꾸더라도 스타일이 사용된 위치가 모두 바뀌기 때문이다. 하지만 ng-style을 사용할 때는 상황이 조금 다르다. 이때는 데이터 바인딩을 통해 속성값을 가져와야 하므로 일반적인 가이드라인이 적용되지 않는다. 따라서 가능한 한 클래스를 사용하는 게 좋지만, ng-style 디렉티브 사용을 삼가야 할 이유도 없다.

이렇게 하고 나면 그림 11-6과 같이 라디오 버튼을 통해 행의 배경색과 테이블 칼럼 색상을 변경할 수 있게 된다. 효과 자체는 동일하지만, 행은 클래스(및 ng-class 디렉티브)를 통해 설정한데 반해, 칼럼은 ng-style 디렉티브를 통해 직접 CSS 속성을 지정해 설정하고 있다.

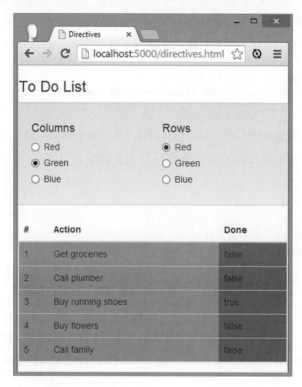

그림 11-6. ng-class 및 ng-style 디렉티브의 활용

홀수 및 짝수 번째 클래스 적용

ng-class 디렉티브의 변형으로 ng-class-odd 및 ng-class-even 디렉티브가 있다. 이들 디렉티브는 ng-repeat 디렉티브 내에서 사용하며, 홀수 또는 짝수 번째 엘리먼트에만 클래스를 적용한다. 이 방식은 10장에서 ng-repeat 디렉티브의 내장 변수인 $odd 및 $even을 사용하는 경우와 유사하다. 예제 11-7에서는 두 행마다 번갈아 이들 클래스를 적용해 동적인 스트라이프 테이블을 완성한 예제를 볼 수 있다.

예제 11-7. directives.html 파일 내 ng-class-odd 및 ng-class-even 디렉티브 활용

```
...
<table class="table">
    <thead>
        <tr><th>#</th><th>Action</th><th>Done</th></tr>
    </thead>
```

```
    <tr ng-repeat="item in todos" ng-class-even="settings.Rows"
            ng-class-odd="settings.Columns">
        <td>{{$index + 1}}</td>
        <td>{{item.action}}</td>
        <td>{{item.complete}}</td>
    </tr>
</table>
...
```

여기서는 예제에 맞게 기존 예제의 설정을 변경했다. 이제 더 이상 td 엘리먼트에 ng-style 디렉티브를 사용하지 않으며, ng-class 디렉티브는 ng-class-even 및 ng-class-odd 디렉티브로 대체했다.

ng-class-even 디렉티브는 엘리먼트가 ng-repeat 디렉티브 내에서 짝수 번째일 때만 자신이 적용된 엘리먼트의 class 어트리뷰트에 데이터 바인딩 값을 적용한다. 마찬가지로 ng-class-odd 디렉티브도 엘리먼트가 홀수 번째일 때만 엘리먼트를 수정한다. 이들 디렉티브를 같은 엘리먼트에 적용하면 부트스트랩을 사용하지 않더라도 그림 11-7과 같은 테이블 스트라이프 효과를 구현할 수 있다.

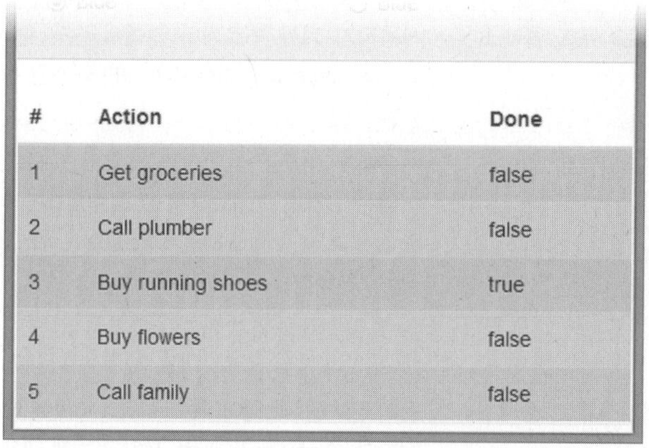

#	Action	Done
1	Get groceries	false
2	Call plumber	false
3	Buy running shoes	true
4	Buy flowers	false
5	Call family	false

그림 11-7. ng-class-odd 및 ng-class-even 디렉티브를 활용한 테이블 스트라이프

부트스트랩 같은 CSS 프레임워크를 사용할 때는 이런 디렉티브가 크게 도움되지 않지만, 테이블 스트라이프 효과는 거의 모든 자바스크립트 툴킷에서 지원할 정도로 자주 활용하는 기법이다.

| 이벤트 처리

HTML 엘리먼트는 사용자 행동을 비동기적으로 알려주는 이벤트를 정의한다. AngularJS에서는 각기 다른 이벤트가 일어날 때 커스텀 동작을 지정할 수 있는 이벤트 디렉티브를 정의하고 있다.

이와 같은 이벤트 디렉티브는 표 11-3에 정리돼 있다.

표 11-3. 이벤트 디렉티브

디렉티브	적용 방식	설명
ng-blur	어트리뷰트, 클래스	엘리먼트가 포커스를 잃을 때 일어나는 blur 이벤트에 대한 커스텀 동작을 지정한다.
ng-change	어트리뷰트, 클래스	콘텐츠의 상태가 바뀔 때(체크박스가 선택될 때, input 엘리먼트의 텍스트가 편집될 때 등) 폼 엘리먼트에서 일어나는 change 이벤트에 대한 커스텀 동작을 지정한다.
ng-click	어트리뷰트, 클래스	사용자가 마우스/포인터를 클릭할 때 일어나는 click 이벤트에 대한 커스텀 동작을 지정한다.
ng-copy ng-cut ng-paste	어트리뷰트, 클래스	복사, 잘라내기, 붙여넣기 이벤트에 대한 커스텀 동작을 지정한다.
ng-dblclick	어트리뷰트, 클래스	사용자가 마우스/포인터를 더블클릭할 때 일어나는 dblclick 이벤트에 대한 커스텀 동작을 지정한다.
ng-focus	어트리뷰트, 클래스	엘리먼트가 포커스를 얻을 때 일어나는 focus 이벤트에 대한 커스텀 동작을 지정한다.
ng-keydown ng-keydown ng-keyup	어트리뷰트, 클래스	사용자가 키를 누르거나 키에서 손을 뗄 때 일어나는 keydown, keyup, keypress 이벤트에 대한 커스텀 동작을 지정한다.
ng-mousedown ng-mouseenter ng-mouseleave ng-mousemove ng-mouseover ng-mouseup	어트리뷰트, 클래스	사용자가 마우스/포인터를 사용해 엘리먼트와 상호작용할 때 일어나는 6가지 표준 마우스 이벤트(mousedown, mouseenter, mouseleave, movemove, mouseover, mouseup)에 대한 커스텀 동작을 지정한다.
ng-submit	어트리뷰트, 클래스	폼이 전송될 때 일어나는 submit 이벤트에 대한 커스텀 동작을 지정한다. AngularJS의 폼 지원 기능에 대해서는 12장을 참고하자.

> **팁** AngularJS에서는 간단한 터치 이벤트 및 제스처를 지원하는 선택 모듈도 제공한다. 자세한 내용은 23장을 참고하자.

이벤트 핸들러 디렉티브는 표현식을 직접 해석하거나 컨트롤러의 동작을 호출하는 데 사용할 수 있다. 이들 이벤트 디렉티브는 기본적으로 동일하므로 여기서는 모든 디렉티브의 사용 예제를 다루지는 않고 예제 11-8을 통해 ng-click 및 두 가지 ng-mouse 디렉티브에 대해서만 살펴본다.

```html
<!DOCTYPE html>
<html ng-app="exampleApp">
<head>
    <title>Directives</title>
    <script src="angular.js"></script>
    <link href="bootstrap.css" rel="stylesheet" />
    <link href="bootstrap-theme.css" rel="stylesheet" />
    <script>
        angular.module("exampleApp", [])
            .controller("defaultCtrl", function ($scope) {

                $scope.todos = [
                    { action: "Get groceries", complete: false },
                    { action: "Call plumber", complete: false },
                    { action: "Buy running shoes", complete: true },
                    { action: "Buy flowers", complete: false },
                    { action: "Call family", complete: false }];

                $scope.buttonNames = ["Red", "Green", "Blue"];

                $scope.data = {
                    rowColor: "Blue",
                    columnColor: "Green"
                };

                $scope.handleEvent = function (e) {
                    console.log("Event type: " + e.type);
                    $scope.data.columnColor = e.type == "mouseover" ? "Green" : "Blue";
                }
            });
    </script>
    <style>
        .Red { background-color: lightcoral; }
        .Green { background-color: lightgreen; }
        .Blue { background-color: lightblue; }
    </style>
</head>
<body>
    <div id="todoPanel" class="panel" ng-controller="defaultCtrl">
        <h3 class="panel-header">To Do List</h3>

        <div class="well">
            <span ng-repeat="button in buttonNames">
                <button class="btn btn-info" ng-click="data.rowColor = button">
                    {{button}}
                </button>
            </span>
        </div>

        <table class="table">
```

```
            <thead>
                <tr><th>#</th><th>Action</th><th>Done</th></tr>
            </thead>
            <tr ng-repeat="item in todos" ng-class="data.rowColor"
                ng-mouseenter="handleEvent($event)"
                ng-mouseleave="handleEvent($event)">
                <td>{{$index + 1}}</td>
                <td>{{item.action}}</td>
                <td ng-class="data.columnColor">{{item.complete}}</td>
            </tr>
        </table>
    </div>
</body>
</html>
```

여기서는 ng-repeat 디렉티브를 사용해 생성하는 button 엘리먼트에 ng-click 디렉티브를 적용한다. 여기서 지정한 표현식은 버튼이 클릭될 때 실행되며, 다음과 같이 데이터 모델 값을 직접 업데이트한다.

```
...
<button class="btn btn-info" ng-click="data.rowColor = button">
    {{button}}
</button>
...
```

여기서는 컨트롤러에서 정의한 rowColor 속성에 새 값을 대입한다. rowColor 속성은 테이블의 tr 엘리먼트에 추가한 ng-class 디렉티브에서 사용하는 속성이다. 그 결과 버튼을 클릭하면 테이블 행의 배경색이 바뀌게 된다.

> **팁** 이벤트와는 상관없지만 이 예제에서 ng-repeat 디렉티브를 사용해 버튼을 생성할 때 디렉티브를 button 엘리먼트에 직접 적용한 대신 span 엘리먼트에 적용한 점에 주의하자. span 엘리먼트를 사용하지 않으면 버튼 사이에 여백이 없어지므로 보기 좋은 결과 화면이 나오지 않는다.

인라인 표현식을 사용하는 게 마음에 들지 않거나 복잡한 로직을 수행해야 한다면 컨트롤러에 동작을 정의하고, 이벤트 디렉티브에서 동작을 호출하면 된다. 예제에서 tr 엘리먼트를 생성할 때는 이 기법을 사용했다.

```
...
<tr ng-repeat="item in todos" ng-class="data.rowColor"
    ng-mouseenter="handleEvent($event)" ng-mouseleave="handleEvent($event)">
...
```

여기서는 ng-mouseenter 및 ng-mouseleave 디렉티브를 tr 엘리먼트에 적용하고, handleEvent 동작을 호출하게끔 지정했다. 이는 전통적인 자바스크립트 이벤트 처리 모델과도 유사하며, Event 객체에 접근하려면 $event 변수를 사용해야 한다. $event 변수는 모든 이벤트 디렉티브에서 정의하고 있다.

동작에서 이벤트를 처리할 때는 AngularJS에서 디렉티브에 사용하는 이벤트명과 내부 이벤트의 type 속성값이 다르므로 주의해야 한다. 이 예제에서는 mouseenter 및 mouseleave 이벤트를 처리하게끔 디렉티브를 추가했지만, 동작 함수에서는 다른 이벤트를 수신한다.

```
...
$scope.handleEvent = function (e) {
    console.log("Event type: " + e.type);
    $scope.data.columnColor = e.type == "mouseover" ? "Green" : "Blue";
}
...
```

동작 함수에서 수신하는 이벤트가 어떤 이벤트인지 가장 안전하게 확인하려면 console.log를 사용해 type 속성값을 콘솔에 출력하게끔 함수를 설정하면 된다. 이렇게 하면 mouseenter 이벤트가 실제로는 mouseover 이벤트로 들어오고, mouseleave 이벤트가 실제로는 mouseout 이벤트로 수신되는 것을 알 수 있다. 수신한 이벤트의 타입을 검사하고 나면 data.columnColor 모델 속성값을 Green이나 Blue로 설정한다. 이 값은 테이블 내 td 엘리먼트 중 한 곳에 적용한 ng-class 디렉티브에서 사용하며, 마우스가 테이블 행으로 들어오거나 테이블 행을 벗어날 때 마지막 테이블 칼럼의 색상을 변경하는 효과가 있다.

> **참고** 이와 같이 이벤트명이 불일치하는 것은 AngularJS 잘못이 아니다. 브라우저 이벤트(특히 마우스나 포인터 관련한) 세계는 원래부터 지저분했다. AngularJS는 이와 같은 복잡한 작업을 처리해주는 제이쿼리에 의존하지만, 제이쿼리가 완벽한 해결책이 될 수는 없으며, 올바른 이벤트를 받아 처리하려면 철저한 테스트가 항상 선행돼야 한다.

AngularJS의 이벤트 이해

AngularJS에서 다양한 내장 이벤트 디렉티브를 제공하지만, 예컨대 제이쿼리를 사용할 때보다 이벤트 핸들러를 작성해야 하는 경우가 별로 없음을 곧 알게 될 것이다. 그 이유는 웹 앱에서 대부분의 주요 이벤트는 사용자가 input이나 select 같은 폼 엘리먼트의 상태를 변경할 때 일어나는데, AngularJS에서는 이런 이벤트에 반응하기 위해 이벤트를 사용할 필요 없이 ng-model 디렉티브를 사용하면 되기 때문이다. 하지만 이때도 AngularJS 내부적으로는 여전히 이벤트 핸들러가 사용 중이며, 다만 이를 개발자가 직접 작성하고 관리할 필요가 없을 뿐이다.

개발자 중에는 이벤트 디렉티브를 엘리먼트에 직접 적용하는 것을 불편해하는 사람이 있다 (특히 엘리먼트에 인라인 표현식이 들어 있는 경우). 이와 같은 불편함을 느끼는 이유는 두 가지다. 하나는 단순히 습관이고, 다른 하나는 이 방식의 장점에 대한 우려 때문이다.

습관적인 불편함은 웹 개발자들이 코드를 엘리먼트에 직접 추가하는 대신 자바스크립트를 사용해 이벤트 핸들러를 생성하라는 교육을 자주 받기 때문에 생긴다. 하지만 제이쿼리를 사용해 내부적으로 핸들러를 생성해주는 AngularJS에서는 이 방식이 문제 되지 않는다. 이벤트 디렉티브를 엘리먼트에 적용하는 게 조금 이상하게 느껴질 수도 있지만, 심각한 자바스크립트 관리 문제로 이어지지는 않는다.

둘째로, 컨트롤러 동작이 아니라 표현식과 디렉티브를 함께 사용하는 것에 대해 우려할 수 있다. 필자는 뷰에 간단한 로직 외에 다른 내용을 담는 것을 싫어한다(3장 참고). 아울러 컨트롤러 동작을 사용하는 것을 더 선호하는 편이다. AngularJS에서는 ng-repeat 같은 디렉티브를 활용해 엘리먼트를 생성하므로 표현식을 사용할 일이 거의 없음을 이해해야 한다. 하지만 여전히 표현식은 테스트하고 유지보수하기 어려운 코드로 이어지기 쉽다. 필자는 이벤트 디렉티브를 열린 마음으로 받아들이되, 이벤트가 일어나는 시점에 호출하는 로직을 담을 때는 컨트롤러 동작을 사용하라고 권장하고 싶다.

커스텀 이벤트 디렉티브 생성

커스텀 디렉티브를 생성하는 다양한 방법은 15~17장에서 자세히 설명한다. 이 과정은 조금 복잡하고, 여러 가지 기능을 이해하고 사용해야 한다. 다만 이 장에서는 AngularJS에서 기본 디렉티브를 통해 제공하지 않는 이벤트를 프로젝트에서 처리하려고 할 때 사용할 수 있는 간단한 디렉티브를 생성하는 법을 살펴본다. 이 기법은 그만큼 자주 사용하는 기법이므로 이 장에서 함께 설명하는 게 좋다고 판단했다. 예제 11-9에서는 사용자가 화면을 탭하고 화면에서 손을 뗄 때 터치 기기에서 일어나는 touchstart 및 touchend 이벤트를 처리하기 위한 디렉티브를 생성했다.

예제 11-9. directives.html 파일 내 커스텀 이벤트 디렉티브 생성

```
<!DOCTYPE html>
<html ng-app="exampleApp">
<head>
    <title>Directives</title>
    <script src="angular.js"></script>
    <link href="bootstrap.css" rel="stylesheet" />
    <link href="bootstrap-theme.css" rel="stylesheet" />
    <script>
        angular.module("exampleApp", [])
```

```
                .controller("defaultCtrl", function ($scope, $location) {

                    $scope.message = "Tap Me!";

                }).directive("tap", function () {
                    return function (scope, elem, attrs) {
                        elem.on("touchstart touchend", function () {
                            scope.$apply(attrs["tap"]);
                        });
                    }
                });
        </script>
    </head>
    <body>
        <div id="todoPanel" class="panel" ng-controller="defaultCtrl">
            <div class="well" tap="message = 'Tapped!'">
                {{message}}
            </div>
        </div>
    </body>
</html>
```

여기서는 9장에서 소개한 Module.directive 메서드를 사용해 디렉티브를 생성한다. 이 디렉티브는 이름이 tap이며, 팩터리 함수를 반환한다. 이 함수는 다시 디렉티브가 적용된 엘리먼트를 처리할 작업자 함수를 생성해준다. 작업자 함수의 인자는 디렉티브가 작용 중인 스코프(스코프는 13장에서 설명), 디렉티브가 적용된 엘리먼트의 jqLite 또는 제이쿼리 표현값, 엘리먼트에 적용된 어트리뷰트 컬렉션이다.

여기서는 jqLite의 on 메서드(이 메서드는 같은 이름의 제이쿼리 메서드에서 유래됐다)를 사용해 touchstart 및 touchend 이벤트에 대한 핸들러 함수를 등록한다. 핸들러 함수에서는 scope.$apply 메서드를 호출해 어트리뷰트 컬렉션으로부터 가져온 디렉티브의 어트리뷰트 값으로 정의된 표현식을 해석한다.

jqLite는 15장에서, scope.$apply 메서드는 13장에서 설명한다. 이 디렉티브는 div 엘리먼트에 적용하고, 표현식에서는 message 모델 속성을 수정하고 있다.

```
    ...
    <div class="well" tap="message = 'Tapped!'">
    ...
```

touchstart 및 touchend 이벤트는 마우스 전용 플랫폼에서는 발생하지 않으므로 이 예제를 테스트하려면 구글 크롬에서 터치 이벤트 에뮬레이션을 활성화해야 한다(또는 터치를 지원하는 기기나 에뮬레이터를 사용해야 한다). div 엘리먼트를 탭하면 콘텐츠가 그림 11-8과 같이 바뀌게 된다.

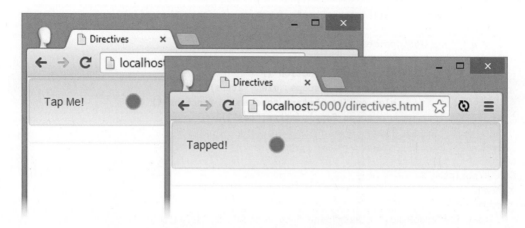

그림 11-8. 커스텀 이벤트 처리 디렉티브의 생성

| 특수 어트리뷰트 관리

대부분의 경우 AngularJS는 HTML과 부드럽게 동작하고, 표준 엘리먼트 및 어트리뷰트 기반 위에서 기능을 확장한다. 하지만 때로는 HTML의 쿼크로 인해 AngularJS에서 일부 어트리뷰트가 문제를 일으켜 디렉티브를 사용해야 하는 경우가 있다. 이어지는 절에서는 AngularJS에서 문제를 일으키는 두 가지 어트리뷰트 카테고리에 대해 살펴본다.

불리언 어트리뷰트 관리

대부분의 HTML 어트리뷰트의 의미는 어트리뷰트에 지정한 값에 따라 결정되지만 일부 HTML 어트리뷰트는 값과 상관없이 엘리먼트 내 존재 여부에 따라 효과가 생긴다. 이와 같은 어트리뷰트를 **불리언 어트리뷰트**라고 부른다. 대표적인 어트리뷰트로 disabled 어트리뷰트가 있다. 이 어트리뷰트를 예컨대 button 엘리먼트에 적용하면 다음과 같이 어트리뷰트에 값을 지정하지 않아도 버튼이 비활성화된다.

```
...
<button class="btn" disabled>My Button</button>
...
```

disabled 어트리뷰트에 설정할 수 있는 값은 다음과 같은 빈 문자열이나

```
...
<button class="btn" disabled="">My Button</button>
...
```

다음과 같은 disabled뿐이다.

```
...
<button class="btn" disabled="disabled">My Button</button>
...
```

이때 disabled 어트리뷰트 값을 false로 설정한다고 해서 버튼을 활성화할 수는 없다. 이런 유
형의 어트리뷰트는 AngularJS에서 사용하는 데이터 바인딩 접근 방식과는 서로 대치된다. 이 문
제를 해결하기 위해 AngularJS에서는 표 11-4와 같이 불리언 어트리뷰트를 관리하는 데 사용할
수 있는 여러 디렉티브를 제공한다.

표 11-4. 불리언 어트리뷰트 디렉티브

디렉티브	적용 방식	설명
ng-checked	어트리뷰트	checked 어트리뷰트를 관리(input 엘리먼트에 사용)한다.
ng-disabled	어트리뷰트	disabled 어트리뷰트를 관리(input 및 button 엘리먼트에 사용)한다.
ng-open	어트리뷰트	open 어트리뷰트를 관리(details 엘리먼트에 사용)한다.
ng-readonly	어트리뷰트	readonly 어트리뷰트를 관리(input 엘리먼트에 사용)한다.
ng-selected	어트리뷰트	selected 어트리뷰트를 관리(option 엘리먼트에 사용)한다.

이들 디렉티브는 사용 방식이 모두 같으므로 각 디렉티브의 사용법을 모두 살펴보지는 않겠다.
예제 11-10에는 ng-disabled 디렉티브를 적용한 예제가 나와 있다.

예제 11-10. directives.html 파일 내 불리언 어트리뷰트 관리

```html
<!DOCTYPE html>
<html ng-app="exampleApp">
<head>
    <title>Directives</title>
    <script src="angular.js"></script>
    <link href="bootstrap.css" rel="stylesheet" />
    <link href="bootstrap-theme.css" rel="stylesheet" />
    <script>
        angular.module("exampleApp", [])
            .controller("defaultCtrl", function ($scope) {
                $scope.dataValue = false;
            });
    </script>
</head>
<body>
    <div id="todoPanel" class="panel" ng-controller="defaultCtrl">
        <h3 class="panel-header">To Do List</h3>

        <div class="checkbox well">
            <label>
                <input type="checkbox" ng-model="dataValue">
                Set the Data Value
```

```
        </label>
    </div>

    <button class="btn btn-success" ng-disabled="dataValue">My Button</button>
  </div>
</body>
</html>
```

여기서는 button 엘리먼트의 상태를 관리하는 데 사용할 dataValue라는 모델 속성을 정의했다. 이 예제에는 ng-model 디렉티브를 사용해 dataValue 속성값과 양방향 데이터 바인딩(10장 참고)을 수행하는 체크박스가 들어 있고, button 엘리먼트에는 다음과 같이 ng-disabled 디렉티브를 적용했다.

```
...
<button class="btn btn-success" ng-disabled="dataValue">My Button</button>
...
```

여기서 disabled 어트리뷰트를 직접 설정하지 않은 점에 주의하자. 이 어트리뷰트를 설정하는 일은 지정된 표현식의 값(이 경우 dataValue 속성값)에 따라 ng-disabled 디렉티브가 할 일이다. dataValue 속성값이 true가 되면 ng-disabled 디렉티브는 DOM 엘리먼트에 다음과 같이 disabled 어트리뷰트를 추가한다.

```
...
<button class="btn btn-success" ng-disabled="dataValue" disabled="disabled">
    My Button
</button>
...
```

데이터 속성값이 false가 되면 disabled 디렉티브는 제거된다. 체크박스의 선택/해제에 따른 실행 결과는 그림 11-9에서 볼 수 있다.

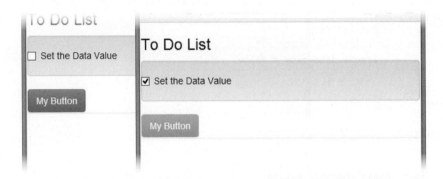

그림 11-9. ng-disabled 디렉티브를 활용한 disabled 어트리뷰트 관리

기타 어트리뷰트 관리

AngularJS에서 직접적으로 작업을 수행할 수 없는 다른 어트리뷰트와 연동하는 디렉티브가 세 가지 더 있다. 이들 디렉티브는 표 11-5에 정리돼 있다.

표 11-5. 기타 어트리뷰트

디렉티브	적용 방식	설명
ng-href	어트리뷰트	a 엘리먼트의 href 어트리뷰트를 설정한다.
ng-src	어트리뷰트	img 엘리먼트의 src 어트리뷰트를 설정한다.
ng-srcset	어트리뷰트	img 엘리먼트의 srcset 어트리뷰트를 설정. srcset 어트리뷰트는 HTML5 확장을 위한 초안의 표준으로, 각기 다른 화면 크기 및 픽셀 밀도별로 여러 이미지를 지정하게 해준다. 아직까지 브라우저 지원 수준은 제한적이다.

이들 디렉티브는 AngularJS에서 데이터 바인딩을 활용해 각 디렉티브와 관련한 어트리뷰트 값을 설정하고, ng-href 디렉티브의 경우, AngularJS에서 엘리먼트를 처리하기 전 사용자가 링크를 클릭해 잘못된 위치로 이동하지 못하게 막는 역할을 한다.

| 정리

이 장에서는 AngularJS에서 엘리먼트 조작 및 이벤트 처리를 위해 제공하는 디렉티브에 대해 살펴봤다. 또, DOM에서 엘리먼트를 보여주거나 숨기고, 추가, 제거하는 방법, 엘리먼트에서 클래스를 추가하거나 제거하는 법, 엘리먼트에 개별 CSS 스타일 속성을 설정하는 법, 이벤트를 처리하는 법, AngularJS에서 기본으로 제공하지 않는 이벤트를 처리하기 위해 커스텀 디렉티브를 구현하는 법 등을 살펴봤다. 끝으로 AngularJS 모델이 부합하지 않는 어트리뷰트를 관리하는 데 사용할 수 있는 디렉티브에 대해 배웠다. 다음 장에서는 폼 연동에 활용할 수 있는 AngularJS 기능에 대해 알아본다.

폼 활용

이 장에서는 폼 엘리먼트 연동과 관련해 AngularJS에서 제공하는 지원 기능을 살펴본다. 먼저 데이터 바인딩을 다룬 후 이어서 다양한 유형의 유효성 검증 기법에 대해 배운다. AngularJS에서는 디렉티브를 활용해 form, input, select 같은 표준 폼 엘리먼트를 부드럽게 개선해준다. 그리고 끝으로 AngularJS 개발 모델과 폼의 연동을 도와주기 위해 디렉티브에서 제공하는 추가 어트리뷰트에 대해 배운다. 표 12-1에는 이 장의 내용이 정리돼 있다.

표 12-1. 장 요약

문제	해결책	예제
양방향 모델 바인딩 생성	ng-model 디렉티브를 사용한다.	1~4
폼 엘리먼트 유효성 검증	문서에 form 엘리먼트를 추가하고, novalidate 어트리뷰트를 적용한다. $valid와 같은 특수 변수를 사용해 개별 엘리먼트나 전체 폼의 유효성을 판단한다.	5
유효성 검증 결과에 대한 시각적 피드백 전달	AngularJS 유효성 검증 CSS 클래스를 사용한다.	6, 7
텍스트 유효성 검증 힌트 제공	$valid와 같은 유효성 검증 특수 변수를 ng-show와 같은 다른 디렉티브와 연계해 사용한다.	8~10
유효성 검증 피드백 지연	유효성 검증 피드백 전달을 차단하는 변수를 추가한다.	11
input 엘리먼트에 대한 복잡한 검증	AngularJS에서 제공하는 추가 어트리뷰트를 사용한다.	12
체크박스를 사용할 때 모델 속성값 제어	ng-true-value 및 ng-false-value 어트리뷰트를 사용한다.	13
textarea의 내용 검증	AngularJS에서 제공하는 추가 어트리뷰트를 사용한다.	14
select 엘리먼트에 사용할 option 엘리먼트 생성	ng-options 어트리뷰트를 사용한다.	15~18

예제 프로젝트 준비

이 장에서는 forms.html이라는 새 HTML 파일을 생성했다. 이 파일의 초기 콘텐츠는 이전 장에서 디렉티브를 사용할 때의 내용과 유사하며, 예제 12-1에서 볼 수 있다.

예제 12-1. forms.html 파일의 내용

```html
<!DOCTYPE html>
<html ng-app="exampleApp">
<head>
    <title>Forms</title>
    <script src="angular.js"></script>
    <link href="bootstrap.css" rel="stylesheet" />
    <link href="bootstrap-theme.css" rel="stylesheet" />
    <script>
        angular.module("exampleApp", [])
            .controller("defaultCtrl", function ($scope) {
                $scope.todos = [
                    { action: "Get groceries", complete: false },
                    { action: "Call plumber", complete: false },
                    { action: "Buy running shoes", complete: true },
                    { action: "Buy flowers", complete: false },
                    { action: "Call family", complete: false }];
            });
    </script>
</head>
<body>
    <div id="todoPanel" class="panel" ng-controller="defaultCtrl">

        <h3 class="panel-header">
            To Do List
            <span class="label label-info">
                {{(todos | filter: {complete: 'false'}).length}}
            </span>
        </h3>

        <table class="table">
            <thead>
                <tr><th>#</th><th>Action</th><th>Done</th></tr>
            </thead>
            <tr ng-repeat="item in todos">
                <td>{{$index + 1}}</td>
                <td>{{item.action}}</td>
                <td>{{item.complete}}</td>
            </tr>
        </table>
    </div>
</body>
</html>
```

여기서는 다음과 같이 완료된 할 일 항목을 부트스트랩 라벨로 표시하는 span 엘리먼트를 추가했다는 점이 이전 예제와 조금 다르다.

```
...
<span class="label label-info">{{(todos | filter: {complete: 'false'}).length}}</span>
...
```

여기서 사용한 인라인 데이터 바인딩은 필터에 의존해 complete 속성값이 false인 할 일 객체를 선택한다. 필터가 어떻게 동작하는지는 14장에서 설명할 예정이지만, 브라우저에서 실행한 결과는 그림 12-1을 통해 볼 수 있다.

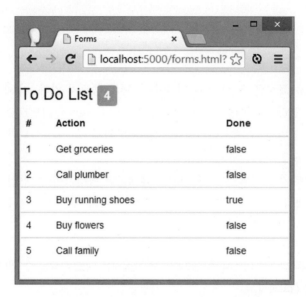

그림 12-1. 브라우저에서 본 forms.html 파일

I Form 엘리먼트의 양방향 데이터 바인딩 활용

AngularJS에서 제공하는 폼 관련 디렉티브를 자세히 살펴보기 전에 양방향 데이터 바인딩 주제에 대해 다시 다루려고 한다. 양방향 데이터 바인딩은 기본적으로 사용자로부터 데이터를 수집해 모델을 업데이트할 수 있는 폼 엘리먼트와 관련 있기 때문이다.

10장에서 설명한 것처럼 양방향 데이터 바인딩은 ng-model 디렉티브를 사용해 적용한다. 이 디렉티브는 input 엘리먼트를 비롯해 모든 폼 엘리먼트에 적용할 수 있다. AngularJS에서는 예제 12-2에서 보듯 폼 엘리먼트의 변경 사항에 따라 자동으로 데이터 모델 영역이 업데이트되게 한다.

```
...
<table class="table">
    <thead>
        <tr><th>#</th><th>Action</th><th>Done</th></tr>
    </thead>
    <tr ng-repeat="item in todos">
        <td>{{$index + 1}}</td>
        <td>{{item.action}}</td>
        <td>
            <input type="checkbox" ng-model="item.complete"
        </td>
    </tr>
</table>
...
```

사용자가 항목을 완료 표시할 수 없는 할 일 목록은 별로 쓸모가 없다. 이 예제에서는 complete 속성값을 보여주는 인라인 데이터 바인딩을 체크박스 input 엘리먼트로 바꿨다. 그런 다음 complete 속성과의 양방향 데이터 바인딩을 적용하기 위해 ng-model 디렉티브를 사용했다. 페이지가 처음으로 로드를 마치면 AngularJS에서는 complete 속성을 사용해 체크박스의 초기 상태를 설정하고, 사용자가 체크박스를 선택/선택 해제하면 속성값이 업데이트된다. ng-model 디렉티브는 AngularJS에서 가장 핵심적인 기능 중 하나(데이터 바인딩)를 사용자가 데이터 모델을 수정할 수 있는 형태로 제공하는 우아한 기능이다.

팁 ng-model 디렉티브는 커스텀 폼 엘리먼트를 생성하는 데도 사용할 수 있다. 자세한 설명 및 예제는 17장을 참고하자.

예제에서 input 엘리먼트를 선택하거나 선택 해제하면 데이터 모델 변화에 따른 효과를 확인할 수 있다. 단순히 input 엘리먼트의 상태뿐 아니라 모델이 변하는 것을 보려면 미완료 할 일 항목 개수를 표시하는 라벨을 유심히 보면 된다. AngularJS에서는 input 엘리먼트로 인한 모델의 변경 사항을 모든 관련 바인딩으로 전달해주므로, 그림 12-2와 같이 미완료 항목의 개수도 함께 업데이트된다.

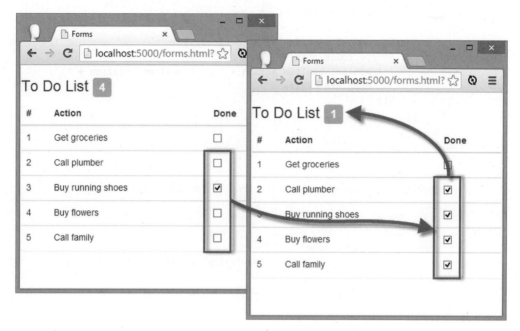

그림 12-2. input 엘리먼트를 활용한 모델 수정

암시적 모델 속성 생성

앞에서 본 예제에서는 컨트롤러를 설정할 때 명시적으로 정의한 모델 속성을 사용한다. 하지만 양방향 바인딩을 활용해 '암시적으로' 데이터 모델에 속성을 생성할 수도 있다. 이 기능은 폼 엘리먼트를 사용해 사용자로부터 데이터를 수집해 데이터 모델에 새 객체나 속성을 생성하려고 할 때 도움이 된다. 이 기능을 이해하려면 예제 12-3과 같은 예제를 보면서 이해하는 게 가장 쉽다.

예제 12-3. forms.html 파일 내 암시적으로 생성한 모델 속성 활용

```
<!DOCTYPE html>
<html ng-app="exampleApp">
<head>
    <title>Forms</title>
    <script src="angular.js"></script>
    <link href="bootstrap.css" rel="stylesheet" />
    <link href="bootstrap-theme.css" rel="stylesheet" />
    <script>
        angular.module("exampleApp", [])
            .controller("defaultCtrl", function ($scope) {
                $scope.todos = [
                    { action: "Get groceries", complete: false },
                    { action: "Call plumber", complete: false },
                    { action: "Buy running shoes", complete: true },
                    { action: "Buy flowers", complete: false },
```

```
                    { action: "Call family", complete: false }];

            $scope.addNewItem = function (newItem) {
                $scope.todos.push({
                    action: newItem.action + " (" + newItem.location + ")",
                    complete: false
                });
            };
        });
    </script>
</head>
<body>
    <div id="todoPanel" class="panel" ng-controller="defaultCtrl">

        <h3 class="panel-header">
            To Do List
            <span class="label label-info">
                {{ (todos | filter: {complete: 'false'}).length}}
            </span>
        </h3>

        <div class="row">
            <div class="col-xs-6">
                <div class="well">
                    <div class="form-group row">
                        <label for="actionText">Action:</label>
                        <input id="actionText" class="form-control"
                                ng-model="newTodo.action">
                    </div>
                    <div class="form-group row">
                        <label for="actionLocation">Location:</label>
                        <select id="actionLocation" class="form-control"
                                ng-model="newTodo.location">
                            <option>Home</option>
                            <option>Office</option>
                            <option>Mall</option>
                        </select>
                    </div>
                    <button class="btn btn-primary btn-block"
                            ng-click="addNewItem(newTodo)">
                        Add
                    </button>
                </div>
            </div>

            <div class="col-xs-6">
                <table class="table">
                    <thead>
                        <tr><th>#</th><th>Action</th><th>Done</th></tr>
                    </thead>
                    <tr ng-repeat="item in todos">
                        <td>{{$index + 1}}</td>
```

```
            <td>{{item.action}}</td>
            <td>
                <input type="checkbox" ng-model="item.complete">
            </td>
        </tr>
    </table>
</div>
</div>
</div>
</body>
</html>
```

이 예제의 HTML 엘리먼트는 원하는 레이아웃을 얻기 위해 적용한 부트스트랩 클래스로 인해
실제보다 좀 더 복잡해 보이지만, 우리는 input 엘리먼트

```
...
<input id="actionText" class="form-control" ng-model="newTodo.action">
...
```

및 다음 select 엘리먼트에만 신경 쓰면 된다.

```
...
<select id="actionLocation" class="form-control" ng-model="newTodo.location">
    <option>Home</option>
    <option>Office</option>
    <option>Mall</option>
</select>
...
```

두 엘리먼트 모두 명시적으로 정의하지 않은 모델 속성(newTodo.action 및 newTodo.
location 속성)을 업데이트하도록 설정된 ng-model 디렉티브를 사용한다. 이들 속성은 도메인
모델에 들어 있지 않지만, 사용자가 button 엘리먼트를 클릭할 때 호출하기 위해 컨트롤러에 정
의한 addNewItem 동작이 제대로 실행되려면 이 동작이 사용자 입력 값에 접근할 수 있어야 한다.

```
...
$scope.addNewItem = function (newItem) {
    $scope.todos.push({action: newItem.action + " (" + newItem.location + ")",
        complete: false
    });
};
...
```

이 컨트롤러 동작은 action과 location 속성이 들어 있는 객체를 인자로 받아 새 객체를 할 일
항목 배열에 추가하는 함수다. 다음 코드에서는 button 엘리먼트에 적용한 ng-click 디렉티브
를 통해 어떤 식으로 newTodo 객체를 동작으로 전달하는지 볼 수 있다.

```
...
<button class="btn btn-primary btn-block" ng-click="addNewItem(newTodo)">
    Add
</button>
...
```

> **팁** 물론 객체를 인자로 받는 대신 $scope.newTodo 객체에 대해 직접 작업을 수행하게끔 이 동작을
> 구현할 수도 있었지만, 이 방식을 사용하면 뷰 내 여러 곳에서 동작을 사용할 수 있다. 13장에서
> 보겠지만 컨트롤러 상속을 고려할 때는 이와 같이 뷰 내 여러 곳에서 동작을 사용할 수 있게 구현
> 하는 게 특히 중요하다.

newTodo 객체와 이 객체의 action 및 location 속성은 forms.html 페이지가 브라우저에서
처음 로드될 때는 존재하지 않는다. 모델에 들어 있는 데이터는 컨트롤러의 팩터리 함수에 하드
코딩한 기존 할 일 항목들뿐이다.

AngularJS에서는 input이나 select 엘리먼트가 변경될 때 newTodo 객체를 자동으로 생성하고,
사용자가 상호작용 중인 엘리먼트를 기반으로 action이나 location 속성에 값을 자동으로 대
입한다.

이와 같은 유연성 덕분에 AngularJS는 데이터 모델의 상태를 조금 관대하게 판단한다. 예를 들어
존재하지 않는 객체나 속성을 가져오려고 해도 에러가 생기지 않으며, 존재하지 않는 객체나 속
성에 값을 대입하면 AngularJS에서는 객체나 속성을 자동으로 생성해준다. 이를 암시적으로 정의
된 값 또는 객체라고 부른다.

> **팁** 여기서는 newTodo 객체를 사용해 관련 속성을 그룹으로 지정했지만 $scope 객체에 직접 암시적
> 으로 속성을 정의할 수도 있다. 이 책의 2장에서 작성한 첫 번째 AngularJS 예제에서도 이 기법
> 을 사용한 바 있다.

결과를 확인하려면 input 엘리먼트에 텍스트를 입력하고, select 엘리먼트에서 값을 선택한 다
음 Add 버튼을 클릭한다. 그럼 input 및 select 엘리먼트에서 변경한 내용에 따라 newTodo 객
체 및 속성이 생성되고, button 엘리먼트에 적용한 ng-click 디렉티브로 인해 이들 값을 사용
해 목록에 새 할 일 항목을 생성하는 컨트롤러 동작이 호출된다. 결과 화면은 그림 12-3에서 볼
수 있다.

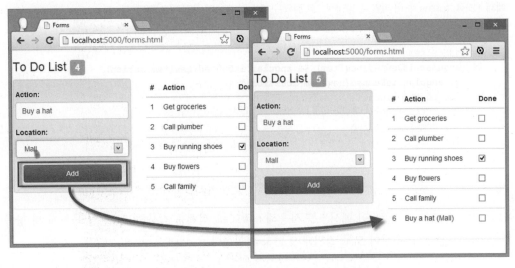

그림 12-3. 암시적으로 정의된 모델 속성 업데이트

데이터 모델 객체의 생성 여부 검사

속성이 정의된 암시적 정의 객체를 사용하면 데이터를 처리하는 동작을 깔끔하고 간편하게 호출할 수 있는 등의 장점이 있다. 하지만 단점도 있는데, 브라우저에서 forms.html 파일을 재로드하고, input 엘리먼트를 편집하지 않거나 select 엘리먼트에서 옵션을 선택하지 않고 Add 버튼을 클릭하면 이를 확인할 수 있다. 이 경우 버튼을 클릭할 때 인터페이스는 변하지 않지만 자바스크립트 콘솔에 다음과 같은 에러가 출력되는 것을 볼 수 있다.

```
TypeError: Cannot read property 'action' of undefined
```

문제는 AngularJS에서 폼 컨트롤이 수정되고 ng-model 디렉티브가 트리거될 때까지 생성되지 않는 객체 속성에 컨트롤러 동작이 접근한다는 데 있다.

암시적 정의에 의존할 때는 사용하려는 객체나 속성이 존재하지 않을 경우에 대비하게끔 코드를 작성하는 게 중요하다. AngularJS를 처음 접할 때는 이와 같은 문제가 자주 생기기 쉬운 만큼 여기서는 별도 예제를 작성했다. 예제 12-4에서는 객체 및 속성을 검사하게끔 수정한 동작 코드를 볼 수 있다.

```
...
$scope.addNewItem = function (newItem) {
    if (angular.isDefined(newItem) && angular.isDefined(newItem.action)
        && angular.isDefined(newItem.location)) {
        $scope.todos.push({
            action: newItem.action + " (" + newItem.location + ")",
            complete: false
        });
    }
};
```

여기서는 `angular.isDefined` 메서드를 사용해 `newItem` 객체를 검사하고, 할 일 목록에 새 항목을 추가하기 전에 두 속성이 모두 정의돼 있는지 확인한다.

폼 유효성 검증

앞 절에서 수정한 코드는 자바스크립트 에러는 막아주지만 결과나 에러를 보여주지 않고 사용자가 계속해서 애플리케이션을 사용하게 한다. 즉, 한 가지 문제(자바스크립트 에러)는 해결했지만, 또 다른 문제가 생겼다. 바로, 사용자 혼란이다.

이 예제에서는 데이터 객체의 존재 여부를 검사해야 한다는 점을 강조하고 싶지만(이 문제는 매우 자주 발생하므로), 이 예제 앱에서는 새 할 일 항목을 생성하기 전에 action과 location을 사용자로부터 받아야 한다는 제약이 있다. 앞서 코드에는 이 제약을 적용했지만 사용자에게도 이를 알려줘야 한다. 이는 자연스럽게 **폼 유효성 검증**에 대한 논의로 이어진다.

대부분의 웹 애플리케이션은 사용자로부터 데이터를 가져와야 한다. 사용자는 폼을 싫어하며(특히 터치 기기에서), 아무리 좋은 사용자라도 예상하지 못한 데이터를 입력하기 마련이다. 이와 같이 잘못된 데이터를 입력하는 데에는 여러 가지 이유가 있다('사용자가 멍청한 걸까?' 사이드바 참고). 결론은 이와 같이 사용자가 제공한 데이터를 사용하기 전에 데이터를 검사해야 한다는 것이다. 이어지는 절에서 자세히 설명하겠지만 AngularJS에서는 폼 데이터 검증을 폭넓게 지원한다.

사용자가 멍청한 걸까?

웹 애플리케이션 개발자들은 왜 사용자들이 폼 필드에 온갖 말도 안 되는 값을 집어넣어서 계정을 엉망으로 만드는지 궁금해한다. 물론 어떻게 보면 사용자가 멍청한 것일 수도 있지만 폼 데이터와 관련한 대부분의 문제는 개발자로 인해 생긴다. 사용자가 잘못된 데이터 값을 입력하는 주된 이유는 네 가지이며, 애플리케이션을 잘 설계하고 개발하기만 하면 이 문제를 어느 정도 줄일 수 있다.

첫 번째 이유는 폼에서 제공하는 힌트가 사용자를 헷갈리게 하거나 사용자가 주의를 기울이지 않아서 폼에서 원하는 데이터를 사용자가 제대로 이해하지 못하기 때문이다. 예를 들어 신용카드 정보를 입력받는 애플리케이션을 개발 중이라면 입력이 잘못된 경우를 자세히 살펴보자. 그럼 대부분의 문제는 이름 필드에 신용카드 번호를 입력하거나, 그 반대로 입력했기 때문일 것이다. 사용자들은 다른 웹 애플리케이션을 통해 두 개의 긴 input 필드가 있을 경우 이 중 하나는 신용카드이고 다른 하나는 이름 필드라고 자연스럽게 받아들인다. 주의를 기울이지 않는 사용자는 각 input 엘리먼트에 사용된 라벨을 자세히 읽어보지 않고 잘못된 필드에 정보를 제공하게 된다. 이와 같은 주의력 산만은 여러 가지 형태로 나타나며, 대부분은 우리가 제어할 수 있는 수준을 벗어난다. 하지만 사용자는 자신이 관심 있는 부분을 마치고(예를 들어 새 셔츠나 운동화 선택), 여러분에게 관심 있는 부분(배송 주소, 지불 방식 등)을 마치려고 할 때 어느 정도 집중력이 떨어지는 게 보통이다. 사용자 혼란과 부주의를 줄이기 위해 취할 수 있는 절차가 몇 가지 있다. 예를 들어, 사용자가 긴 배송 정보 폼을 채우기 전에 신용카드 정보를 묻는다. 또, 사용자 혼란을 최소화하게끔 폼 구조를 작성한다. 예컨대 라벨의 내용을 명확하게 하고, 폼 엘리먼트의 관례적인 순서를 따른다.

사용자가 잘못된 데이터를 제공하는 두 번째 이유는 우리가 원하는 정보를 사용자가 제공하고 싶지 않아서다. 이 경우 사용자는 가능한 한 빨리 폼을 완성하려고 하고, 이로 인해 최소한의 데이터만 입력한다. 이메일 주소를 a@a.com으로 입력하는 사용자가 많다면 이 문제를 겪고 있는 것이다. 이 경우 사용자가 왜 정확한 데이터를 제공하고 싶어하지 않는지 스스로에게 되물어보자. 예컨대 지나치게 많은 정보를 요구하고 있거나, 지나치게 자세한 정보나 개인 정보를 요구하고 있을 수 있다.

세 번째 이유는 우리가 요구하는 정보를 사용자가 갖고 있지 않아서다. 예를 들어 필자는 영국에 살고 있으므로 미국 주를 선택하라는 주소 폼을 완성하는 데 문제가 있다. 영국에는 주가 없으므로, 이런 데이터를 필수 데이터로 지정할 경우 잘못된 데이터를 얻게 되거나 사용자가 폼을 완성하지 못할 수 있다(NPR에서 필자가 기부할 수 없는 것도 이 때문이다. 필자는 이 서비스를 좋아하지만 기부 절차를 완료할 수가 없다).

마지막 이유는 간단하다. 바로, 사용자가 단순히 실수한 것이다. 필자는 타이핑 속도는 빠르지만 오타를 자주 내는 편이다. 필자는 종종 성을 Freeman 대신 e가 빠진 Freman으로 입력하는 실수를 한다. 이와 같은 오류와 관련해서는 사용자가 입력할 수 있는 자유 형식의 텍스트 양을 제한하는 것 외에 할 수 있는 조치가 별로 없다. 가능하다면 사용자가 선택할 수 있는 옵션 목록을 항상 제공하자.

웹 폼 디자인에 대해 자세히 다룰 생각은 없다. 하지만 이 문제에 접근하는 가장 좋은 방법은 사용자가 하려고 하는 작업에 집중하는 것이라는 사실만은 강조하고 싶다. 아울러 뭔가 문제가 생긴다면 사용자가 보는 시선으로 문제(아울러 필요한 해결책)를 보려고 노력해야 한다. 사용자는 여러분이 시스템을 어떻게 개발했는지 알 수 없고, 여러분의 비즈니스 프로세스에 대해서도 신경 쓰지 않는다. 다만, 작업을 완료하고 싶은 생각뿐이다. 사용자가 완료하려는 작업에 집중하고, 그 외 모든 절차를 간소화한다면 모든 사람이 행복해질 수 있을 것이다.

기본적인 폼 유효성 검증 수행

AngularJS에서는 type, required 같은 표준 HTML 엘리먼트 어트리뷰트를 존중해 기본적인 폼 유효성 검증 기능을 제공하며, 몇 가지 디렉티브를 추가해준다. 예제 12-5에서는 기본적인 폼 유효성 검증 기능을 보여주기 위해 폼 엘리먼트에 집중할 수 있게 forms.html 파일의 내용을 정리했다.

예제 12-5. forms.html 파일 내 기본적인 폼 유효성 검증 수행

```
<!DOCTYPE html>
<html ng-app="exampleApp">
<head>
    <title>Forms</title>
    <script src="angular.js"></script>
    <link href="bootstrap.css" rel="stylesheet" />
    <link href="bootstrap-theme.css" rel="stylesheet" />
    <script>
        angular.module("exampleApp", [])
            .controller("defaultCtrl", function ($scope) {
                $scope.addUser = function (userDetails) {
                    $scope.message = userDetails.name
                        + " (" + userDetails.email + ") (" + userDetails.agreed + ")";
                }

                $scope.message = "Ready";
            });
    </script>
</head>
<body>
    <div id="todoPanel" class="panel" ng-controller="defaultCtrl">
        <form name="myForm" novalidate ng-submit="addUser(newUser)">
            <div class="well">
                <div class="form-group">
                    <label>Name:</label>
                    <input name="userName" type="text" class="form-control"
                            required ng-model="newUser.name">
                </div>
```

```
        <div class="form-group">
            <label>Email:</label>
            <input name="userEmail" type="email" class="form-control"
                    required ng-model="newUser.email">
        </div>
        <div class="checkbox">
            <label>
                <input name="agreed" type="checkbox"
                        ng-model="newUser.agreed" required>
                I agree to the terms and conditions
            </label>
        </div>
        <button type="submit" class="btn btn-primary btn-block"
                ng-disabled="myForm.$invalid">
            OK
        </button>
    </div>
    <div class="well">
        Message: {{message}}
        <div>
            Valid: {{myForm.$valid}}
        </div>
    </div>
</form>
        </div>
    </body>
</html>
```

이 예제에서는 많은 일이 진행 중인데, 자세한 내용을 보기 전에 전체적인 결과를 먼저 확인하는 게 좋겠다. 그림 12-4에는 브라우저가 처음 HTML 문서를 로드할 때의 초기 상태가 나와 있다. 이 문서에는 세 개의 input 엘리먼트와 비활성화돼 클릭할 수 없는 OK 버튼이 들어 있다.

그림 12-4에서는 input 엘리먼트에 값을 입력하고 체크박스를 체크할 때 어떤 일이 생기는지도 볼 수 있다. 이 경우 버튼이 활성화되고, 사용자가 폼을 전송할 수 있게 된다. 이어지는 절에서는 이 동작을 정리하는 과정을 살펴보고, 그 과정에서 가장 기본적인 AngularJS 폼 유효성 검증 기능에 대해 알아본다.

팁   AngularJS에서는 이 장에서 설명하는 내장 폼 유효성 검증 기능뿐 아니라 커스텀 디렉티브를 통한 유효성 검증도 지원한다. 자세한 내용은 17장에서 설명한다.

그림 12-4. HTML 문서의 초기 상태

form 엘리먼트 추가

AngularJS의 폼 유효성 검증 지원 기능은 form과 input 같은 표준 HTML 엘리먼트를 대체하는 디렉티브를 기반으로 한다.

> 팁   폼 엘리먼트에 디렉티브를 사용하기 위해 별도로 할 일은 아무것도 없다. AngularJS에서는 form, input, select, textarea 엘리먼트를 만날 때 디렉티브를 자동으로 적용한다. 디렉티브에서는 폼에 AngularJS 기능을 자연스럽게 제공하고, 개발 경험을 개선할 수 있는 추가 어트리뷰트도 제공한다. 자세한 내용은 이 장에서 나중에 볼 '폼 디렉티브 어트리뷰트 활용' 절을 참고하자.

```
...
<form name="myForm" novalidate ng-submit="addUser(newUser)">
...
```

AngularJS 폼 유효성 검증 기능을 최대한 활용하려면 form 엘리먼트에서 몇 가지 어트리뷰트를 지정해야 한다. 그 중 첫 번째 어트리뷰트는 name 어트리뷰트다. form 엘리먼트를 대체하는 디렉티브에서는 폼 데이터의 유효성을 보고하는 변수를 몇 가지 정의하는데, name 속성값을 통해 이들 변수에 접근한다(이들 변수는 잠시 후 살펴본다).

다음 절에서 보겠지만 AngularJS에서는 표준 HTML 어트리뷰트를 사용해 폼 유효성 검증 기능을 설정한다. 하지만 최신 브라우저에서는 이와 같은 어트리뷰트를 사용하고 있고, 일부 엘리먼트 타입에 대해 비일관적으로 사용하고 있으므로(또, 특히 모바일 기기에서 일부 브라우저는 이런 어트리뷰트를 무시한다) 문제가 생길 수 있다. 브라우저의 유효성 검증 지원 기능을 비활성화하고 AngularJS의 기능을 활성화하기 위해 여기서는 form 엘리먼트에 novalidate 어트리뷰트를 적용했다. 이 어트리뷰트는 HTML5 명세에서 정의한 어트리뷰트로, 브라우저 스스로 폼 유효성 검증을 수행하지 않게 하고 AngularJS가 방해받지 않고 작업을 수행하게 해준다.

form 엘리먼트에 마지막으로 추가한 내용은 ng-submit 디렉티브다. 이 디렉티브는 11장에서 설명한 바 있다. 복습할 겸 다시 설명하자면 이 디렉티브는 사용자가 폼을 전송할 때(이 예제의 경우 OK 버튼을 클릭할 때) 실행되는 submit 이벤트에 대한 커스텀 응답을 지정한다. 이 예제에서는 addUser 컨트롤러 동작이 호출되게 하고, 암시로 정의된 newUser 객체를 인자로 넘겼다. newUser 객체는 폼 내 각 엘리먼트에 적용한 ng-model 디렉티브를 통해 생성한다.

유효성 검증 어트리뷰트 활용

다음으로 input 엘리먼트에 표준 HTML 유효성 검증 어트리뷰트를 적용해야 한다. 다음은 예제에서 가져온 input 엘리먼트 중 하나다.

```
...
<div class="form-group">
    <label>Email:</label>
    <input name="userEmail" type="email" class="form-control"
        required ng-model="newUser.email">
</div>
...
```

form 엘리먼트와 마찬가지로 AngularJS에서 제공하는 특수 변수(특수 변수는 이 장에서 나중에 설명)를 통해 접근할 수 있게 유효성을 검증하려는 개별 엘리먼트에 name 어트리뷰트를 추가하는 게 중요하다.

이 예제에서 강조한 다른 어트리뷰트들은 AngularJS에서 수행하려는 유효성 검증 타입을 지정한다. type 어트리뷰트는 input 엘리먼트에서 수집하려는 데이터 타입(이 경우 이메일 주소)을 지정한다. HTML5에서는 input 엘리먼트에서 새로운 유형의 어트리뷰트를 정의하는데, AngularJS에서 유효성을 검증할 수 있는 어트리뷰트는 표 12-2에 정리돼 있다.

표 12-2. input 엘리먼트의 타입 어트리뷰트 값

타입 값	설명
checkbox	체크박스를 생성(HTML5 이전부터 존재)한다.
email	이메일 주소를 받는 텍스트 인풋을 생성(HTML5에서 새로 추가)한다.
number	숫자 주소를 받는 텍스트 인풋을 생성(HTML5에서 새로 추가)한다.
radio	라디오 버튼을 생성(HTML5 이전부터 존재)한다.
text	임의의 값을 받을 수 있는 표준 텍스트 인풋을 생성(HTML5 이전부터 존재)한다.
url	URL을 받는 텍스트 인풋을 생성(HTML5에서 새로 추가)한다.

type 어트리뷰트에서 지정한 형식뿐 아니라 표준 어트리뷰트와 AngularJS 디렉티브를 조합해 좀 더 많은 제약을 지정할 수 있다. 이 예제에서는 사용자가 폼에 반드시 값을 지정하게끔 하는 required 어트리뷰트를 사용했다. 이 어트리뷰트를 type 어트리뷰트 값과 함께 활용하면 사용자가 반드시 값을 입력하고, 이 값이 이메일 주소 형식에 부합해야 AngularJS의 유효성 검사를 통과하게 된다.

주의　이메일 주소 및 URL의 유효성 검사는 형식 검사이지, 주소나 URL의 존재 여부 및 사용 여부에 대한 검사가 아니다.

각 input 엘리먼트 타입별로 각기 다른 어트리뷰트를 사용할 수 있으며 AngularJS에서는 유효성 검증 방식을 커스터마이징하는 데 사용할 수 있는 선택 디렉티브를 각 엘리먼트 타입별로 제공한다. 각 엘리먼트 및 어트리뷰트, 각 엘리먼트에서 사용할 수 있는 디렉티브는 이 장에서 나중에 설명한다.

이 예제에 들어 있는 다른 input 엘리먼트에는 rquired 어트리뷰트만 지정했다. text 타입 input 엘리먼트의 경우 이렇게 하면 사용자가 특정 형식과 상관없이 아무 값이나 입력하면 된다.

```
...
<input name="userName" type="text" class="form-control" required ng-model="newUser.
name">
...
```

여기서는 input 엘리먼트의 type 어트리뷰트를 지정했지만, type 어트리뷰트 값을 생략하더라도 type을 text로 지정한 것과 효과는 동일하다. 이 예제의 마지막 input 엘리먼트는 체크박스다.

```
...
<input name="agreed" type="checkbox" ng-model="newUser.agreed" required>
...
```

각 input 엘리먼트는 ng-model 디렉티브를 사용해 암시적으로 정의된 newUser 객체에 속성을 설정한다. 여기서는 모든 input 엘리먼트에 required 어트리뷰트를 적용했으므로 사용자가 이름, 올바른 형식의 이메일 주소를 입력하고 체크박스를 체크한 경우에만 폼이 유효성 검증을 통과하게 된다.

폼의 유효성 모니터링

AngularJS에서 표준 form 엘리먼트를 대체하기 위해 사용하는 디렉티브는 개별 엘리먼트나 폼 전체의 유효성 검증 상태를 검사하는 데 사용할 수 있는 특수 변수를 정의한다. 표 12-3에는 사용할 수 있는 전체 변수가 정리돼 있다.

표 12-3. 폼 디렉티브에서 정의한 유효성 검증 변수

변수	설명
$pristine	사용자가 엘리먼트/폼과 상호작용하지 않은 경우 true를 반환한다.
$dirty	사용자가 엘리먼트/폼과 상호작용한 경우 true를 반환한다.
$valid	엘리먼트/폼의 내용이 유효한 경우 true를 반환한다.
$invalid	엘리먼트/폼이 유효하지 않은 경우 true를 반환한다.
$error	유효성 검증 오류에 대한 상세 정보를 제공 – 자세한 내용은 '폼 유효성 검증 피드백 전달' 절을 참고하자.

이 장에서 나중에 보겠지만 이들 변수를 함께 사용하면 유효성 검증 오류에 대해 사용자에게 피드백을 제공할 수 있다. 이 예제에서는 이 중 두 개의 특수 변수를 사용하고 있다. 첫 번째로 다음과 같이 인라인 데이터 바인딩에 특수 변수를 사용하고 있다.

```
...
<div>Valid: {{myForm.$valid}}</div>
...
```

이 표현식에서는 $valid 변수를 통해 form 엘리먼트의 전체적인 유효성 검증 결과를 보여준다. 이 장에서는 앞서 유효성을 검증하려는 엘리먼트에 name 어트리뷰트를 사용하는 게 중요하다고 언급한 바 있다. 그 이유는 AngularJS에서는 각 엘리먼트(이 경우 myForm)별로 name 값을 갖고 있는 객체를 통해 앞의 표에서 본 속성을 노출하기 때문이다. 두 번째로 사용한 변수는 $invalid로, 이 변수는 다른 AngularJS 디렉티브와 함께 사용했다.

```
...
<button type="submit" class="btn btn-primary btn-block" ng-disabled="myForm.$invalid">
    OK
</button>
...
```

$invalid 속성은 폼에 속한 엘리먼트 중 하나라도 유효하지 않을 경우 true를 반환한다. 이 값을 ng-disabled 디렉티브의 표현식으로 사용하면 폼이 유효할 때까지 OK 버튼이 비활성화된다.

| 폼 유효성 검증 피드백 전달

앞에서 본 예제의 실행 결과는 비교적 간단하다. OK 버튼은 모든 input 엘리먼트가 유효할 때까지 비활성화되고, 사용자는 형식이 잘못된 데이터를 입력하거나 필수 데이터를 누락할 경우 폼을 전송할 수 없게 된다. 내부적으로 AngularJS에서는 사용자가 폼 엘리먼트와 상호작용하는 동안 유효성 검사를 수행하므로, 우리는 사용자가 데이터를 전송할 준비가 될 때까지 기다리지 않아도 실시간으로 이 검사 결과를 토대로 의미 있는 피드백을 전달할 수 있다. 이어지는 절에서는 AngularJS에서 실시간 유효성 검증 피드백을 전달하는 데 사용하는 두 가지 메커니즘을 살펴본다. 바로 클래스와 변수다.

CSS를 활용한 피드백 전달

사용자가 유효성 검증 대상이 되는 엘리먼트와 상호작용할 때면 AngularJS에서는 매번 해당 엘리먼트가 유효한지 상태를 검사한다. 유효성 검사는 엘리먼트의 타입과 엘리먼트 설정에 따라 달라진다. 예를 들어 체크박스의 경우 사용자가 체크박스를 체크했는지와 같은 간단한 검사만을 수행한다. 하지만 타입이 email인 input 엘리먼트의 경우, 사용자가 값을 입력했고, 이 값이 유효한 이메일 주소 형식을 갖고 있으며, 이메일 주소가 특정 도메인에 속하는지 여부 등을 검사하게 된다.

AngularJS에서는 유효성 검증 대상이 되는 엘리먼트에 특정 클래스를 추가하거나 제거함으로써 검증 결과를 보고한다. 이들 클래스는 CSS와 결합해 엘리먼트에 스타일 변화를 줌으로써 피드백을 전달하는 데 사용할 수 있다. AngularJS에서는 표 12-4에 정리된 네 가지 기본적인 클래스를 사용한다.

표 12-4. AngularJS 유효성 검증에서 사용하는 클래스

변수	설명
ng-pristine	사용자가 상호작용하지 않은 엘리먼트에는 이 클래스가 추가된다.
ng-dirty	사용자가 상호작용한 엘리먼트에는 이 클래스가 추가된다.
ng-valid	유효한 엘리먼트에는 이 클래스가 추가된다.
ng-invalid	유효하지 않은 엘리먼트에는 이 클래스가 추가된다.

AngularJS에서는 각 상호작용 후 엘리먼트에서 이들 클래스를 추가하거나 제거한다. 따라서 이를 활용하면 사용자의 개별 키 동작이나 클릭 동작에 따라 전체 폼이나 개별 엘리먼트를 대상으로

사용자에게 실시간으로 피드백을 전달할 수 있다. 예제 12-6에서는 이들 클래스를 활용하는 예제를 볼 수 있다.

예제 12-6. forms.html 파일 내 피드백 전달을 위한 유효성 검증 클래스 활용

```html
<!DOCTYPE html>
<html ng-app="exampleApp">
<head>
    <title>Forms</title>
    <script src="angular.js"></script>
    <link href="bootstrap.css" rel="stylesheet" />
    <link href="bootstrap-theme.css" rel="stylesheet" />
    <script>
        angular.module("exampleApp", [])
            .controller("defaultCtrl", function ($scope) {
                $scope.addUser = function (userDetails) {
                    $scope.message = userDetails.name
                        + " (" + userDetails.email + ") (" + userDetails.agreed + ")";
                }

                $scope.message = "Ready";
            });
    </script>
    <style>
        form .ng-invalid.ng-dirty { background-color: lightpink; }
        form .ng-valid.ng-dirty { background-color: lightgreen; }
        span.summary.ng-invalid { color: red; font-weight: bold; }
        span.summary.ng-valid { color: green; }
    </style>
</head>
<body>
    <div id="todoPanel" class="panel" ng-controller="defaultCtrl">
        <form name="myForm" novalidate ng-submit="addUser(newUser)">
            <div class="well">
                <div class="form-group">
                    <label>Name:</label>
                    <input name="userName" type="text" class="form-control"
                        required ng-model="newUser.name">
                </div>
                <div class="form-group">
                    <label>Email:</label>
                    <input name="userEmail" type="email" class="form-control"
                        required ng-model="newUser.email">
                </div>
                <div class="checkbox">
                    <label>
                        <input name="agreed" type="checkbox"
                            ng-model="newUser.agreed" required>
                        I agree to the terms and conditions
                    </label>
                </div>
```

```
            <button type="submit" class="btn btn-primary btn-block"
                    ng-disabled="myForm.$invalid">OK</button>
        </div>
        <div class="well">
            Message: {{message}}
            <div>
                Valid:
                <span class="summary"
                    ng-class="myForm.$valid ? 'ng-valid' : 'ng-invalid'">
                    {{myForm.$valid}}
                </span>
            </div>
        </div>
    </form>
    </div>
</body>
</html>
```

여기서는 표 12-4에서 설명한 네 개의 클래스에 속하는 엘리먼트를 선택하는 4개의 CSS 스타일을 정의했다. 처음 두 스타일에서는 사용자가 엘리먼트와 상호작용한 후 적용되는 ng-dirty 클래스에 속한 엘리먼트를 선택한다(상호작용 이전에는 엘리먼트가 ng-pristine 클래스에 속한다). 유효한 내용이 들어 있는 엘리먼트는 ng-valid 클래스에 속하며, 옅은 녹색 음영을 적용한다. 유효하지 않은 내용이 들어 있는 엘리먼트는 ng-invalid 클래스에 속하며, 옅은 핑크색 음영을 적용한다. ng-invalid 및 ng-valid를 CSS 선택자에서 ng-dirty 클래스와 함께 사용하면 사용자가 엘리먼트와 상호작용하기 전까지는 엘리먼트 유효성에 대한 실시간 피드백을 전달하지 않는 효과가 있다. 실제 효과를 확인하려면 브라우저에서 forms.html을 로드하고 타입이 email인 input 엘리먼트에 이메일 주소를 입력해보자. 그럼 입력을 시작하기 전에는 input 엘리먼트가 ng-pristine 클래스에 속하므로 그림 12-5와 같이 아무 CSS 스타일도 적용되지 않을 것이다.

그림 12-5. input 엘리먼트의 상호작용 이전 상태

입력을 시작하면 AngularJS에서는 엘리먼트를 ng-pristine 클래스에서 ng-dirty 클래스로 옮기고, 내용에 대한 검증을 시작한다. 그림 12-6에서는 내용이 올바른 이메일 주소가 아니므로 첫 글자를 입력한 후 엘리먼트에 ng-invalid 클래스가 추가된 것을 볼 수 있다.

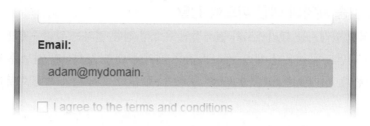

그림 12-6. input 엘리먼트의 유효하지 않은 상태

이메일 주소 입력을 마치면 AngularJS에서는 엘리먼트에서 ng-invalid 클래스를 제거하고 ng-valid 클래스를 추가해 그림 12-7과 같이 사용자가 올바른 이메일 주소를 입력했다는 피드백을 전달한다. 하지만 이 엘리먼트는 여전히 ng-dirty 클래스에 속한다. 일단 엘리먼트를 수정하고 나면 다시 ng-pristine으로 돌아갈 수 있는 방법은 없다.

그림 12-7. input 엘리먼트의 유효한 상태

물론 AngularJS에서 제공하는 특수 변수를 활용해 직접 엘리먼트에서 이들 클래스를 추가하거나 제거할 수도 있다. 예제 12-6에서 추가한 span 엘리먼트에서도 이 기법을 활용하고 있다.

```
...
<div>
    Valid: <span class="summary" ng-class="myForm.$valid ? 'ng-valid' : 'ng-invalid'">
        {{myForm.$valid}}
    </span>
</div>
...
```

여기서는 11장에서 설명한 ng-class 디렉티브를 사용해 전체 폼의 유효성 여부에 따라 span 엘리먼트에 ng-valid 클래스나 ng-invalid 클래스를 적용한다. span 엘리먼트에 정의한 스타일에서는 폼이 유효하지 않으면 색상을 빨간색으로, 유효하면 녹색으로 설정한다(텍스트 자체는 AngularJS에서 폼 엘리먼트와 연계한 $valid 변수와 데이터 바인딩해 설정한다. 이 기법은 기본 유효성 검증을 다루는 절에서 설명한 바 있으며 이 장에서 나중에 좀 더 자세히 살펴본다).

특정 유효성 검증 제약에 대한 피드백 전달

표 12-4에 나열된 클래스는 엘리먼트의 전체적인 유효성 검증 결과는 알려주지만 AngularJS에서는 이외에도 엘리먼트에 적용된 개별 유효성 검증 제약에 대한 구체적인 정보를 전달하기 위해 클래스를 추가한다. 이때 사용되는 클래스의 이름은 예제 12-7과 같이 해당 어트리뷰트를 기반으로 한다.

예제 12-7. forms.html 파일 내 구체적인 제약에 대한 피드백 전달

```
...
<style>
    form .ng-invalid-required.ng-dirty { background-color: lightpink; }
    form .ng-invalid-email.ng-dirty { background-color: lightgoldenrodyellow; }
    form .ng-valid.ng-dirty { background-color: lightgreen; }
    span.summary.ng-invalid {color: red; font-weight: bold; }
    span.summary.ng-valid { color: green }
</style>
...
```

예제에서 강조한 스타일에서는 특정 유효성 검증 오류에 적용되게끔 선택자를 수정했다. 이 예제에서는 두 가지 유효성 검증 제약을 한 input 엘리먼트에 적용했다. 먼저 required 어트리뷰트를 적용해 값을 항상 입력하게 했고, type 어트리뷰트를 email로 지정해 값이 유효한 이메일 주소가 되게끔 했다.

AngularJS에서는 이 경우 required 어트리뷰트 부합 여부를 나타내기 위해 엘리먼트에 ng-valid-required 및 ng-invalid-required 클래스를 추가하고, ng-valid-email 및 ng-invalid-email 클래스를 추가해 이메일 형식 부합 여부를 알려준다.

이 경우 엘리먼트가 한 제약에는 부합하지만 다른 제약에는 부합하지 않을 수 있는 만큼 이런 클래스를 활용할 때는 각별히 주의해야 한다. 예를 들어, type 어트리뷰트가 email인 엘리먼트는 input이 비어 있을 때 유효하게 된다. 따라서 이 경우 엘리먼트에 ng-valid-email 클래스 및 ng-invalid-required 클래스가 동시에 적용된다. 이는 HTML 명세로 인한 부작용으로, 사용자에게 올바른 피드백을 전달하려면 철저한 테스트가 필요하다(물론 다음 절에서 설명할 텍스트 힌트를 통해 이 문제를 해결할 수도 있다).

특수 변수를 활용한 피드백 전달

이 장에서 앞서 표 12-3에서 설명한 것처럼 AngularJS에서는 개별 엘리먼트나 폼 전체의 유효성을 뷰에서 확인할 수 있는 특수 변수를 제공한다. 앞에서는 ng-disabled 디렉티브를 적용하면서 버튼의 비활성 상태를 제어하는 데 이와 같은 특수 변수를 사용한 바 있다. 하지만 이들 변수

는 예제 12-8과 같이 ng-show 디렉티브와 함께 사용해 사용자에게 피드백을 제공하는 엘리먼트의 가시성을 제어하는 데도 활용할 수 있다. 이 예제에서는 예제를 간단히 하기 위해 이전 예제에서 일부 엘리먼트를 제거했다.

예제 12-8. forms.html 파일 내 유효성 검증 변수를 활용한 엘리먼트 가시성 제어

```html
<!DOCTYPE html>
<html ng-app="exampleApp">
<head>
    <title>Forms</title>
    <script src="angular.js"></script>
    <link href="bootstrap.css" rel="stylesheet" />
    <link href="bootstrap-theme.css" rel="stylesheet" />
    <script>
        angular.module("exampleApp", [])
            .controller("defaultCtrl", function ($scope) {
                $scope.addUser = function (userDetails) {
                    $scope.message = userDetails.name
                        + " (" + userDetails.email + ") (" + userDetails.agreed + ")";
                }

                $scope.message = "Ready";
            });
    </script>
    <style>
        form .ng-invalid-required.ng-dirty { background-color: lightpink; }
        form .ng-invalid-email.ng-dirty { background-color: lightgoldenrodyellow; }
        form .ng-valid.ng-dirty { background-color: lightgreen; }
        span.summary.ng-invalid { color: red; font-weight: bold; }
        span.summary.ng-valid { color: green; }
        div.error {color: red; font-weight: bold;}
    </style>
</head>
<body>
    <div id="todoPanel" class="panel" ng-controller="defaultCtrl">
        <form name="myForm" novalidate ng-submit="addUser(newUser)">
            <div class="well">
                <div class="form-group">
                    <label>Email:</label>
                    <input name="userEmail" type="email" class="form-control"
                        required ng-model="newUser.email">
                    <div class="error"
                        ng-show="myForm.userEmail.$invalid && myForm.userEmail.$dirty">
                        <span ng-show="myForm.userEmail.$error.email">
                            Please enter a valid email address
                        </span>
                        <span ng-show="myForm.userEmail.$error.required">
                            Please enter a value
                        </span>
                    </div>
```

```
            </div>
            <button type="submit" class="btn btn-primary btn-block"
                    ng-disabled="myForm.$invalid">OK</button>
        </div>
      </form>
    </div>
  </body>
</html>
```

여기서는 유효성 검증 메시지를 사용자에게 보여주기 위해 새 div를 추가했다. 이 div 엘리먼트의 가시성은 ng-show 디렉티브를 통해 제어한다. 이 디렉티브에서는 input 엘리먼트가 유효성 검증을 통과하지 못했고 엘리먼트가 dirty 상태일 때만 엘리먼트를 보여준다.

팁 AngularJS의 연속적인 폼 유효성 검증 성격으로 인해 required 어트리뷰트가 적용된 빈 pristine 상태의 input 엘리먼트에는 아무 값도 들어 있지 않으므로 유효하지 않은 엘리먼트가 된다. 여기서는 사용자가 데이터를 입력하기도 전에 에러 메시지를 보여주지 않기 위해 $dirty 가 true인지 검사하고 있다. 이렇게 하면 사용자가 엘리먼트와 상호작용한 후에 비로소 에러 메시지를 보여줄 수 있다.

특수 유효성 검증 변수에 접근할 때 input 엘리먼트를 어떻게 참조하는지 주의해서 살펴보자.

```
...
<div class="error" ng-show="myForm.userEmail.$invalid && myForm.userEmail.$dirty">
...
```

여기서는 엘리먼트를 form 엘리먼트의 name 값에 input 엘리먼트의 name을 조합하고, 둘을 점으로 구분해 myForm.userEmail과 같이 참조하고 있다. 유효성 검증을 수행하는 엘리먼트에 name 어트리뷰트를 적용하라고 앞서 강조한 것 또한 이와 같은 이유 때문이다.

div 엘리먼트 내에서는 input 엘리먼트에 적용한 두 가지 유효성 검증 제약과 관련해 span 엘리먼트 내에 에러 메시지를 정의했다. 이들 엘리먼트의 가시성은 특수 $error 변수를 사용해 제어한다. 이 변수는 유효성 검증 제약을 나타내는 속성을 지닌 객체를 반환한다. $error.required 가 true인지 검사하면 사용자가 required 요구 조건을 충족했는지 알 수 있고, $error.email 이 true인지 검사하면 사용자가 입력한 내용이 이메일 주소 형식에 부합하는지 알 수 있다. $error 객체는 엘리먼트에 적용된 모든 제약 조건에 대한 속성을 담고 있다. 결과 화면은 그림 12-8에서 볼 수 있다(이 그림의 첫 번째 패널 같은 결과를 보려면 문자를 입력하고 지워, 엘리먼트가 pristine에서 dirty 상태로 바뀌게 한다).

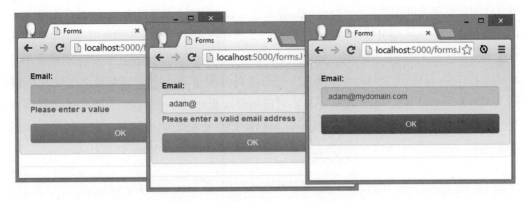

그림 12-8. 상황별 유효성 검증 에러 메시지 표시

피드백 엘리먼트 개수 줄이기

앞의 예제는 특수 유효성 검증 변수를 다른 디렉티브와 함께 사용해 사용자 경험을 개선하는 법을 잘 보여준다. 하지만 이렇게 하다 보면 결국 마크업에서 여러 개의 메시지가 중복될 수 있다. 예제 12-9에서 볼 수 있듯 이런 메시지는 컨트롤러 동작으로 통합할 수 있다.

예제 12-9. forms.html 파일 내 유효성 피드백 통합

```
...
<script>
    angular.module("exampleApp", [])
        .controller("defaultCtrl", function ($scope) {
            $scope.addUser = function (userDetails) {
                $scope.message = userDetails.name
                    + " (" + userDetails.email + ") (" + userDetails.agreed + ")";
            }

            $scope.message = "Ready";

            $scope.getError = function (error) {
                if (angular.isDefined(error)) {
                    if (error.required) {
                        return "Please enter a value";
                    } else if (error.email) {
                        return "Please enter a valid email address";
                    }
                }
            }

        });
</script>
...
```

여기서 정의한 동작의 이름은 getError로, 유효성 검증 엘리먼트로부터 $error 객체를 받아 정의된 속성을 기반으로 문자열을 반환한다. $error 객체는 문제가 생기기 전까지 정의되지 않으므로 여기서는 angular.isDefined 메서드(5장에서 설명)를 사용해 존재하지 않는 객체에 접근해 속성을 읽지 않게 했다(여기서는 예제를 단순히 하기 위해 첫 번째로 찾아낸 속성에 대한 에러 메시지를 반환하지만, 여러 개의 유효성 검증 에러가 있는 경우 $error 객체에 여러 개의 속성이 들어 있다). 예제 12-10과 같이 데이터 바인딩에서 이 동작을 사용하면 마크업이 좀 더 간결해진다.

예제 12-10. forms.html 파일 내 동작 활용

```
...
<div class="form-group">
    <label>Email:</label>
    <input name="userEmail" type="email" class="form-control"
            required ng-model="newUser.email">
    <div class="error" ng-show="myForm.userEmail.$invalid && myForm.userEmail.$dirty">
        {{getError(myForm.userEmail.$error)}}
    </div>
</div>
...
```

결과 화면은 동일하지만, 이제 에러 메시지를 한 곳에 정의할 수 있게 됐고, 그만큼 수정하거나 테스트하기도 쉬워졌다. 15~17장에서 다룰 예정인 커스텀 디렉티브를 구현한다면 이와 같은 유효성 검증 절차를 좀 더 단순화할 수 있을 것이다.

유효성 검증 피드백 지연

AngularJS 폼 유효성 검증은 반응이 매우 빠르며, 각 엘리먼트와의 상호작용 이후 매번 유효성 검증 상태를 업데이트한다. 이는 지나치게 빈번한 검사로 이어질 수 있고, 특히 사용자가 폼을 전송하려고 할 때까지 에러 메시지를 보여주지 않는 전통적인 폼 유효성 검증과 비교해 지나치게 공격적으로 에러 메시지를 사용자에게 보여줄 여지가 있다.

AngularJS의 이와 같은 기본 동작이 마음에 들지 않는다면 기본 기능을 토대로 피드백 전달을 늦출 수 있다. 예제 12-11에서는 버튼을 클릭할 때까지 피드백 전달을 늦추는 법을 볼 수 있다.

예제 12-11. forms.html 파일 내 유효성 검증 에러 메시지의 표시 지연

```
<!DOCTYPE html>
<html ng-app="exampleApp">
<head>
    <title>Forms</title>
```

```
<script src="angular.js"></script>
<link href="bootstrap.css" rel="stylesheet" />
<link href="bootstrap-theme.css" rel="stylesheet" />
<script>
    angular.module("exampleApp", [])
        .controller("defaultCtrl", function ($scope) {

            $scope.addUser = function (userDetails) {
                if (myForm.$valid) {
                    $scope.message = userDetails.name
                        + " (" + userDetails.email + ") ("
                        + userDetails.agreed + ")";
                } else {
                    $scope.showValidation = true;
                }
            }

            $scope.message = "Ready";

            $scope.getError = function (error) {
                if (angular.isDefined(error)) {
                    if (error.required) {
                        return "Please enter a value";
                    } else if (error.email) {
                        return "Please enter a valid email address";
                    }
                }
            }
        });
</script>
<style>
    form.validate .ng-invalid-required.ng-dirty { background-color: lightpink; }
    form.validate .ng-invalid-email.ng-dirty {
        background-color: lightgoldenrodyellow; }
    div.error { color: red; font-weight: bold; }
</style>
</head>
<body>
    <div id="todoPanel" class="panel" ng-controller="defaultCtrl">
        <form name="myForm" novalidate ng-submit="addUser(newUser)"
            ng-class="showValidation ? 'validate' : ''">
            <div class="well">
                <div class="form-group">
                    <label>Email:</label>
                    <input name="userEmail" type="email" class="form-control"
                        required ng-model="newUser.email">
                    <div class="error" ng-show="showValidation">
                        {{getError(myForm.userEmail.$error)}}
                    </div>
                </div>
                <button type="submit" class="btn btn-primary btn-block">OK</button>
            </div>
```

```
            </form>
        </div>
    </body>
</html>
```

이 예제를 보면 각 디렉티브에서 제공하는 일반적인 기능을 결합해 웹 앱에서 커스텀 인터랙션을 구현하는 게 얼마나 쉬운지 알 수 있다. 여기서는 전체 폼의 유효성을 검사하게끔 addUser 동작을 수정하고, 유효성 피드백을 표시해야 하는 경우 암시적으로 정의된 모델 속성을 true로 설정했다. addUser 동작은 폼이 전송될 때까지 호출되지 않는다. 이 말은 사용자가 아무 피드백 없이 input 엘리먼트에 원하는 내용을 마음대로 입력할 수 있다는 뜻이다.

폼이 전송되고 유효성 검증 에러가 존재할 경우, 모델 속성을 true로 설정해 유효성 검증 피드백을 표시하게 한다. 이 피드백은 form 엘리먼트에 적용한 클래스를 통해 제어하고, CSS 선택자를 통해 선택한다. 텍스트 피드백에 들어 있는 div 엘리먼트에서도 뷰 로직을 단순화하기 위해 같은 모델 속성을 사용한다. 이렇게 하면 사용자가 폼을 최초로 전송하기 전까지는 그림 12-9처럼 유효성 검증 피드백이 표시되지 않고, 폼 전송 이후에는 실시간 피드백이 제공된다.

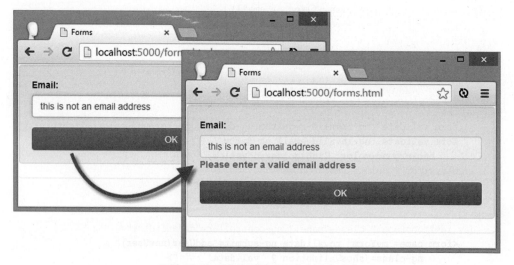

그림 12-9. 유효성 검증 피드백의 전달 지연

┃폼 디렉티브 어트리뷰트 활용

이 장에서 앞서 설명한 것처럼 AngularJS에서는 form, input, select 같은 표준 폼 엘리먼트를 대체하는 디렉티브를 사용해 폼 기능을 제공한다. 이들 디렉티브는 AngularJS의 개발 방식과 좀 더 긴밀하게 연동하는 데 사용할 수 있는 선택 어트리뷰트를 지원한다. 이어지는 절에서는

AngularJS 대체 디렉티브가 존재하는 폼 엘리먼트에 대해 하나씩 살펴보고, 폼 동작 방식을 좀 더 제어할 수 있는 추가 어트리뷰트에 대해서도 알아본다.

input 엘리먼트 활용

AngularJS에서 input 엘리먼트에 사용하는 디렉티브에서는 데이터 모델과의 연동 기능을 개선할 수 있는 추가 어트리뷰트를 제공한다. 이들 어트리뷰트는 표 12-5에 정리돼 있다. 이들 어트리뷰트는 input 엘리먼트에 type 어트리뷰트가 없거나 type 어트리뷰트가 text, url, email, number일 때만 사용할 수 있다.

표 12-5. input 엘리먼트에 사용할 수 있는 어트리뷰트

어트리뷰트	설명
ng-model	이 장에서 앞서 설명한 것처럼 양방향 모델 바인딩을 지정한다.
ng-change	11장에서 설명한 것처럼 엘리먼트의 내용이 바뀔 때 실행할 표현식을 지정한다.
ng-minlength	엘리먼트가 유효성 검증을 통과하는 데 필요한 최소 문자 길이를 지정한다
ng-maxlength	엘리먼트가 유효성 검증을 통과하는 데 필요한 최대 문자 길이를 지정한다.
ng-pattern	정규식을 설정한다. 엘리먼트가 유효성 검증을 통과하려면 이 정규식의 패턴과 일치해야 한다.
ng-required	데이터 바인딩을 통해 required 어트리뷰트 값을 설정한다.

이들 어트리뷰트 중 일부는 다른 곳에서 이미 다룬 바 있다. 예제 12-12에서는 나머지 어트리뷰트를 활용해 폼 유효성 검증을 수행하는 코드를 볼 수 있다.

예제 12-12. forms.html 파일 내 input 엘리먼트에 대한 어트리뷰트 활용

```
<!DOCTYPE html>
<html ng-app="exampleApp">
<head>
    <title>Forms</title>
    <script src="angular.js"></script>
    <link href="bootstrap.css" rel="stylesheet" />
    <link href="bootstrap-theme.css" rel="stylesheet" />
    <script>
        angular.module("exampleApp", [])
            .controller("defaultCtrl", function ($scope) {
                $scope.requireValue = true;
                $scope.matchPattern = new RegExp("^[a-z]");
            });
    </script>
</head>
<body>
```

```
<div id="todoPanel" class="panel" ng-controller="defaultCtrl">
    <form name="myForm" novalidate>
        <div class="well">
            <div class="form-group">
                <label>Text:</label>
                <input name="sample" class="form-control" ng-model="inputValue"
                        ng-required="requireValue" ng-minlength="3"
                        ng-maxlength="10" ng-pattern="matchPattern">
            </div>
        </div>

        <div class="well">
            <p>Required Error: {{myForm.sample.$error.required}}</p>
            <p>Min Length Error: {{myForm.sample.$error.minlength}}</p>
            <p>Max Length Error: {{myForm.sample.$error.maxlength}}</p>
            <p>Pattern Error: {{myForm.sample.$error.pattern}}</p>
            <p>Element Valid: {{myForm.sample.$valid}}</p>
        </div>
    </form>
</div>
</body>
</html>
```

여기서는 ng-required, ng-minlength, ng-maxlength, ng-pattern 어트리뷰트를 적용했는데, 네 어트리뷰트 모두 유효성 검증 제약을 적용한다. 그 결과 사용자가 항상 값을 입력해야 하고, 값이 소문자로 시작하며, 세 자에서 열 자 사이일 때만 유효성 검증을 통과하게 했다. 또, 이 예제에서는 그림 12-10과 같이 데이터 바인딩을 활용해 개별 제약에 대한 유효성 검증 상태를 보여주고 있다.

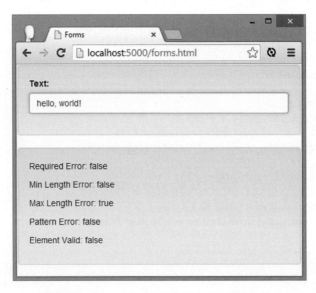

그림 12-10. input 엘리먼트에 추가 어트리뷰트 활용

AngularJS에서는 type 어트리뷰트가 email, url, number이면 형식을 검사하기 위해 ng-pattern을 자동으로 설정한다. 이런 타입의 input 엘리먼트에는 ng-pattern 어트리뷰트를 설정하지 말아야 한다.

체크박스 활용

표 12-6에는 type 어트리뷰트를 checkbox로 설정할 때 사용할 수 있는 추가 어트리뷰트가 정리돼 있다.

표 12-6. type 어트리뷰트가 checkbox일 때 input 엘리먼트에서 사용 가능한 어트리뷰트

어트리뷰트	설명
ng-model	이 장에서 앞서 설명한 것처럼 양방향 바인딩을 지정한다.
ng-change	11장에서 설명한 것처럼 엘리먼트의 내용이 변할 때 실행할 표현식을 지정한다.
ng-true-value	엘리먼트를 체크할 때 모델 바인딩 표현식에 설정할 값을 지정한다.
ng-false-value	엘리먼트를 체크 해제할 때 모델 바인딩 표현식에 설정할 값을 지정한다.

예제 12-13에서는 ng-true-value 및 ng-false-value 어트리뷰트를 사용하는 간단한 예제를 볼 수 있다.

예제 12-13. forms.html 파일 내 체크박스에 추가 어트리뷰트 사용

```
<!DOCTYPE html>
<html ng-app="exampleApp">
<head>
    <title>Forms</title>
    <script src="angular.js"></script>
    <link href="bootstrap.css" rel="stylesheet" />
    <link href="bootstrap-theme.css" rel="stylesheet" />
    <script>
        angular.module("exampleApp", [])
            .controller("defaultCtrl", function ($scope) {});
    </script>
</head>
<body>
    <div id="todoPanel" class="panel" ng-controller="defaultCtrl">
        <form name="myForm" novalidate>
            <div class="well">
                <div class="checkbox">
                    <label>
                        <input name="sample" type="checkbox" ng-model="inputValue"
                            ng-true-value="Hurrah!" ng-false-value="Boo!">
                    This is a checkbox
                    </label>
```

```
                    </div>
                </div>
                <div class="well">
                    <p>Model Value: {{inputValue}}</p>
                </div>
            </form>
        </div>
    </body>
</html>
```

ng-true-value 및 ng-false-value 어트리뷰트의 값은 체크박스의 상태가 변할 때 모델 바인
딩 표현식을 설정하는 데 사용된다. 이 말은 사용자가 엘리먼트와 상호작용하기 전까지는 모델
속성이(암시적으로 정의된 경우) 생성되지 않는다는 뜻이다. 자세한 내용은 '암시적 모델 속성
생성' 절을 참고하자.

텍스트 영역 활용

AngularJS에서는 textarea 엘리먼트용 디렉티브도 제공한다. 이 디렉티브에서는 표 12-5에서
설명한 것과 동일한 어트리뷰트를 지원한다. 이들 어트리뷰트를 활용하는 간단한 예제는 12-14
에서 볼 수 있다. 이 예제는 예제 12-12에서 사용한 것과 기본적으로 동일한 예제이지만, input
엘리먼트 대신 textarea를 사용한다.

예제 12-14. forms.html 파일 내 textarea 엘리먼트를 활용한 추가 어트리뷰트 사용

```
<!DOCTYPE html>
<html ng-app="exampleApp">
<head>
    <title>Forms</title>
    <script src="angular.js"></script>
    <link href="bootstrap.css" rel="stylesheet" />
    <link href="bootstrap-theme.css" rel="stylesheet" />
    <script>
        angular.module("exampleApp", [])
            .controller("defaultCtrl", function ($scope) {
                $scope.requireValue = true;
                $scope.matchPattern = new RegExp("^[a-z]");
            });
    </script>
</head>
<body>
    <div id="todoPanel" class="panel" ng-controller="defaultCtrl">
        <form name="myForm" novalidate>
            <div class="well">
                <div class="form-group">
                    <textarea name="sample" cols="40" rows="3"
```

```
                    ng-model="textValue"
                    ng-required="requireValue" ng-minlength="3"
                    ng-maxlength="10" ng-pattern="matchPattern">
                </textarea>
            </div>
        </div>
        <div class="well">
            <p>Required Error: {{myForm.sample.$error.required}}</p>
            <p>Min Length Error: {{myForm.sample.$error.minlength}}</p>
            <p>Max Length Error: {{myForm.sample.$error.maxlength}}</p>
            <p>Pattern Error: {{myForm.sample.$error.pattern}}</p>
            <p>Element Valid: {{myForm.sample.$valid}}</p>
        </div>
    </form>
</div>
</body>
</html>
```

select 엘리먼트 활용

AngularJS에서 select 엘리먼트에 사용하는 디렉티브에서는 input 엘리먼트에 사용할 수 있는 ng-required와 배열 및 객체로부터 option 엘리먼트를 생성하는 데 사용할 수 있는 ng-options 어트리뷰트를 정의한다. 예제 12-15에서는 ng-options 어트리뷰트를 사용한 예제를 볼 수 있다.

예제 12-15. forms.html 파일 내 select 엘리먼트에 대한 ng-options 어트리뷰트 활용

```
<!DOCTYPE html>
<html ng-app="exampleApp">
<head>
    <title>Forms</title>
    <script src="angular.js"></script>
    <link href="bootstrap.css" rel="stylesheet" />
    <link href="bootstrap-theme.css" rel="stylesheet" />
    <script>
        angular.module("exampleApp", [])
            .controller("defaultCtrl", function ($scope) {
                $scope.todos = [
                    { id: 100, action: "Get groceries", complete: false },
                    { id: 200, action: "Call plumber", complete: false },
                    { id: 300, action: "Buy running shoes", complete: true }];
            });
    </script>
</head>
<body>
    <div id="todoPanel" class="panel" ng-controller="defaultCtrl">
        <form name="myForm" novalidate>
```

```
            <div class="well">
                <div class="form-group">
                    <label>Select an Action:</label>
                    <select ng-model="selectValue"
                            ng-options="item.action for item in todos">
                    </select>
                </div>
            </div>

            <div class="well">
                <p>Selected: {{selectValue || 'None'}}</p>
            </div>
        </form>
    </div>
</body>
</html>
```

이 예제에서는 할 일 항목이 들어 있는 데이터 모델을 정의하고, 이전 예제에서 사용한 action 및 complete 속성 외에도 id 어트리뷰트를 추가로 정의했다.

select 엘리먼트에서는 다음과 같이 각 할 일 항목별로 option 엘리먼트를 생성할 수 있게 ng-options 어트리뷰트를 설정했다.

```
...
<select ng-model="selectValue" ng-options="item.action for item in todos">
...
```

여기서 사용한 표현식은 기본적인 ng-options 표현식으로, <라벨> for <변수> in <배열> 형태로 구성된다. AngularJS에서는 배열 내 각 객체별로 option 엘리먼트를 생성하고, 내용을 라벨로 설정한다. 이 예제의 경우 select 엘리먼트에서 다음 HTML을 생성한다.

```
...
<select ng-model="selectValue" ng-options="item.action for item in todos"
        class="ng-pristine ng-valid">
    <option value="?" selected="selected"></option>
    <option value="0">Get groceries</option>
    <option value="1">Call plumber</option>
    <option value="2">Buy running shoes</option>
</select>
...
```

ng-options 어트리뷰트는 사용법이 ng-repeat 디렉티브와 유사하지만, select 엘리먼트에만 적용되는 추가 기능과 특징을 지닌다는 점이 다르다.

첫 번째 option 엘리먼트 변경

select 엘리먼트의 생성 결과에 value 어트리뷰트 값이 물음표이고 아무 내용도 없는 option 엘리먼트가 있다는 점에 주목하자. AngularJS에서는 ng-model 어트리뷰트에서 지정한 속성이 undefined일 때 이 option 엘리먼트를 생성한다. 기본 option 엘리먼트는 예제 12-16과 같이 빈 value 어트리뷰트가 들어 있는 option 엘리먼트를 직접 추가해 대체할 수 있다.

예제 12-16. forms.html 파일 내 기본 option 엘리먼트 대체

```
...
<select ng-model="selectValue" ng-options="item.action for item in todos">
    <option value="">(Pick One)</option>
</select>
...
```

그럼 다음과 같은 HTML이 생성된다.

```
...
<select ng-model="selectValue" ng-options="item.action for item in todos"
        class="ng-pristine ng-valid">
    <option value="" class="">(Pick One)</option>
    <option value="0">Get groceries</option>
    <option value="1">Call plumber</option>
    <option value="2">Buy running shoes</option>
</select>
...
```

선택 값 변경

기본적으로 select 엘리먼트에서 option 엘리먼트를 선택하면 컬렉션 내 객체에 의해 ng-model 표현식이 업데이트된다. 브라우저에서 forms.html을 로드하고 선택을 해보면 이 결과를 직접 확인할 수 있다. 페이지 하단에는 selectValue 모델 속성을 보여주는 데이터 바인딩이 들어 있는데, 이 모델 속성값은 그림 12-11에서 보듯 select 엘리먼트에 의해 암시적으로 정의된다.

물론 ng-model 값을 설정할 때 항상 전체 소스 객체를 사용할 필요는 없다. 예제 12-17과 같이 ng-options 어트리뷰트에 다른 표현식을 사용하면 얼마든지 객체 속성 중 하나를 값으로 사용할 수 있다.

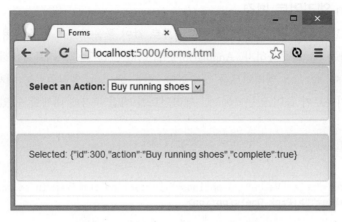

그림 12-11. select 엘리먼트 내 객체 선택

```
...
<select ng-model="selectValue"
        ng-options="item.id as item.action for item in todos">
    <option value="">(Pick One)</option>
</select>
...
```

이 표현식은 `<선택 속성> as <라벨> for <변수> in <배열>` 형태다. 이 예제에서는 사용자가 option 엘리먼트를 선택할 때 고르는 값으로 `item.id`를 지정했다. 수정한 결과는 그림 12-12에서 볼 수 있다.

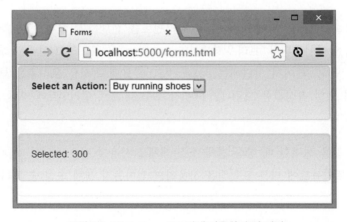

그림 12-12. ng-model 값에 사용할 속성 지정

optgroup 엘리먼트 생성

ng-options 어트리뷰트는 속성값을 기반으로 항목을 그룹으로 지정해, 각 값별로 optgroup 엘리먼트를 생성하는 데 사용할 수 있다. 예제 12-18에서는 이를 활용한 예제를 볼 수 있다. 이 예제에서는 모델 내 할 일 객체에 place 속성을 추가했다.

> **예제 12-18**. forms.html 파일 내 optgroup 엘리먼트 생성

```html
<!DOCTYPE html>
<html ng-app="exampleApp">
<head>
    <title>Forms</title>
    <script src="angular.js"></script>
    <link href="bootstrap.css" rel="stylesheet" />
    <link href="bootstrap-theme.css" rel="stylesheet" />
    <script>
        angular.module("exampleApp", [])
            .controller("defaultCtrl", function ($scope) {
              $scope.todos = [
                { id: 100, place: "Store", action: "Get groceries", complete: false },
                { id: 200, place: "Home", action: "Call plumber", complete: false },
                { id: 300, place: "Store", action: "Buy running shoes", complete: true }];
            });
    </script>
</head>
<body>
    <div id="todoPanel" class="panel" ng-controller="defaultCtrl">
        <form name="myForm" novalidate>

            <div class="well">
                <div class="form-group">
                    <label>Select an Action:</label>
                    <select ng-model="selectValue"
                        ng-options="item.action group by item.place for item in todos">
                        <option value="">(Pick One)</option>
                    </select>
                </div>
            </div>

            <div class="well">
                <p>Selected: {{selectValue || 'None'}}</p>
            </div>
        </form>
    </div>
</body>
</html>
```

객체를 그룹으로 지정하는 데 사용하는 속성은 ng-options 표현식 내 group을 통해 지정한다. 이 예제에서는 place 속성을 사용해 엘리먼트를 그룹으로 나누게끔 했고, 그 결과 다음과 같은 HTML이 생성된다.

```
...
<select ng-model="selectValue"
        ng-options="item.action group by item.place for item in todos"
        class="ng-pristine ng-valid">
    <option value="" class="">(Pick One)</option>
    <optgroup label="Store">
        <option value="0">Get groceries</option>
        <option value="2">Buy running shoes</option>
    </optgroup>
    <optgroup label="Home">
        <option value="1">Call plumber</option>
    </optgroup>
</select>
...
```

브라우저에서 optgroup 엘리먼트를 사용해 어떤 식으로 select 엘리먼트 메뉴에 그룹 구조를 추가하는지는 그림 12-13에서 볼 수 있다.

그림 12-13. optgroup 엘리먼트 생성

 item.id as item.action group by item.place for item in todos 같은 표현식을 사용하면 선택값과 그룹 지정 기능을 병행해 사용할 수 있다.

│ 정리

이 장에서는 AngularJS에서 어떤 식으로 디렉티브를 활용해 표준 폼 엘리먼트를 대체하고 개선하는지 살펴봤다. 먼저 양방향 데이터 바인딩을 적용하는 ng-model의 사용법과, 모델을 명시적, 암시적으로 정의하는 법을 배웠다. 또, AngularJS에서 어떤 방식으로 실시간 폼 유효성 검증을 수행하는지 살펴보고, CSS 및 특수 변수를 ng-show와 같은 디렉티브와 함께 사용해 사용자에게 피드백을 전달하는 법도 배웠다. 아울러 AngularJS 접근 방식에서 벗어나 유효성 검증을 늦추는 방법도 알아봤다. 끝으로 폼 엘리먼트를 AngularJS와 연동할 때 유효성 검사를 개선하고, 모델 바인딩을 좀 더 손쉽게 제어하며, 컬렉션을 통해 엘리먼트를 생성할 수 있게 해주는 추가 어트리뷰트를 살펴봤다. 다음 장에서는 두 가지 핵심 AngularJS 컴포넌트인 컨트롤러와 스코프의 관계에 대해 배운다.

컨트롤러 및 스코프 활용

이 장에서는 컨트롤러와 스코프의 관계를 살펴보고, 둘을 최대한 활용하는 법을 배운다. 앞으로 배우겠지만 스코프는 보기보다 복잡하며, 컨트롤러 사이의 통신에 사용할 수 있는 계층구조를 형성한다. 이 장에서는 스코프를 사용하지 않는 컨트롤러를 생성하는 법과, 스코프를 사용해 AngularJS와 다른 자바스크립트 프레임워크를 연동하는 법도 배운다. 표 13-1에는 이 장의 내용이 정리돼 있다.

표 13-1. 장 요약

문제	해결책	예제
컨트롤러 생성	Module.controller 메서드를 사용해 컨트롤러를 정의하고, ng-controller 디렉티브를 사용해 HTML 엘리먼트에 적용한다.	1, 2, 13
컨트롤러 스코프에 데이터 및 동작 추가	$scope 서비스에 대한 의존성을 선언하고, 컨트롤러 팩터리 함수 내에서 $scope에 속성을 대입한다.	3, 4
단일 컨트롤러 생성	ng-controller 디렉티브를 body 엘리먼트에 적용하고, 팩터리 함수를 사용해 애플리케이션에 필요한 모든 데이터 및 동작을 정의한다.	5
컨트롤러 재사용	ng-controller 디렉티브를 여러 HTML 엘리먼트에 적용한다.	6
컨트롤러 사이 통신	루트 스코프나 서비스를 통해 이벤트를 전달한다.	7, 8
다른 컨트롤러의 동작 및 데이터 상속	ng-controller 디렉티브를 중첩해 사용한다.	9~12
스코프 없는 컨트롤러 생성	스코프리스 컨트롤러를 사용한다.	14
변경 사항이 있음을 스코프에게 알림	$apply, $watch, $watchCollection 메서드를 사용해 변경 사항을 스코프에 주입하거나 스코프 변화를 모니터링한다.	15~17

컨트롤러 및 스코프는 언제, 왜 사용하나

컨트롤러는 도메인 모델과 뷰를 연결해주는 역할을 한다. 컨트롤러는 뷰에게 데이터와 서비스를 제공하고, 사용자 행동을 토대로 모델을 변경하는 데 필요한 비즈니스 로직을 정의한다.

컨트롤러 없이는 AngularJS 애플리케이션을 개발할 수 없다. 3장에서 설명한 것처럼 MVC 모델에서 가장 기초가 되는 구성 요소 중 하나가 컨트롤러다. 하지만 애플리케이션에서 몇 개의 컨트롤러를 사용할지, 또 컨트롤러를 어떻게 조직화할지, 컨트롤러에서 지원하는 데이터와 기능을 뷰로 어떻게 노출할지 등은 결정할 수 있다.

컨트롤러는 '스코프'를 통해 뷰에게 데이터와 로직을 제공한다. 스코프는 지금까지 이 책에서 사용한 데이터 바인딩 기법의 기초가 되는 기능으로서, AngularJS 개발에 있어서 매우 핵심적인 기능이다. 스코프가 어떻게 동작하는지 이해하면 AngularJS가 어떻게 설계돼 있는지 그만큼 잘 이해할 수 있다. 표 13-2에는 AngularJS에서 언제, 왜 컨트롤러를 사용해야 하는지가 정리돼 있다.

표 13-2. 컨트롤러와 스코프의 사용 이유와 시점

이유	시점
컨트롤러는 모델과 뷰 사이의 연결 고리다. 컨트롤러는 스코프를 사용해 모델의 데이터를 뷰로 노출하고, 뷰와의 사용자 상호작용을 기반으로 모델을 수정하는 데 필요한 로직을 제공한다.	컨트롤러는 AngularJS 애플리케이션 전반에서 사용하며, 지원하는 뷰에게 스코프를 제공한다

예제 프로젝트 준비

이 장에서는 angularjs 디렉터리에 controllers.html이라는 HTML 파일을 생성했다. 이 파일의 초기 내용은 예제 13-1에서 볼 수 있다.

예제 13-1. controllers.html 파일의 내용

```
<!DOCTYPE html>
<html ng-app="exampleApp">
<head>
    <title>Controllers</title>
    <script src="angular.js"></script>
    <link href="bootstrap.css" rel="stylesheet" />
    <link href="bootstrap-theme.css" rel="stylesheet" />
    <script>
        angular.module("exampleApp", []);
    </script>
</head>
<body>
```

```
    <div class="well">
        Content will go here.
    </div>
</body>
</html>
```

이 파일에는 모듈 한 개와 더불어 최소 수준의 AngularJS 애플리케이션이 들어 있다. 이 파일의
실행 결과는 그림 13-1에서 볼 수 있다.

그림 13-1. controllers.html 파일의 실행 결과

I 기본 이론 이해

기본 컨트롤러와 스코프만 활용하더라도 AngularJS에서 많은 작업을 할 수 있다. 사실 AngularJS
에서 제공하는 고급 기능은 애플리케이션이 복잡해지기 전까지는 사용하지 않아도 된다. 이 절에
서는 기본적인 내용을 설명한다. 여기서는 간단한 컨트롤러를 생성하고 적용하는 법, 스코프에
데이터와 로직을 정의하는 법, 스코프를 수정하는 법을 배운다. 고급 기법과 기능은 이 장에서 나
중에 살펴본다.

컨트롤러의 생성 및 적용

컨트롤러는 AngularJS의 Module 객체에서 제공하는 controller 메서드를 사용해 생성한다.
controller 메서드의 인자는 새 컨트롤러명과 컨트롤러를 생성할 함수다. 이 함수는 본래 **생성자**
라고 부르지만, 이 책에서는 AngularJS 컴포넌트를 생성하는 데 필요한 대부분의 메서드 호출이
다른 함수(**작업자 함수**)를 생성하는 데 사용하는 함수(팩터리) 형태로 돼 있다는 점에서 **팩터리
함수**라고 부른다. 팩터리/작업자 함수 방식은 처음에는 조금 이상하게 느껴질 수도 있지만 곧 익
숙해진다.

팩터리 함수는 의존성 주입 기능을 사용해 AngularJS 서비스에 대한 의존성을 선언할 수 있다. 거
의 모든 컨트롤러에서는 $scope 서비스를 요청해야 한다. 이 서비스는 뷰에서 사용할 수 있는 데
이터와 로직을 정의하는 스코프를 뷰에게 제공하는 역할을 한다. 간단한 컨트롤러를 생성하는 예

제는 예제 13-2에서 볼 수 있다.

예제 13-2. controllers.html 파일 내 간단한 컨트롤러 생성

```html
<!DOCTYPE html>
<html ng-app="exampleApp">
<head>
    <title>Controllers</title>
    <script src="angular.js"></script>
    <link href="bootstrap.css" rel="stylesheet" />
    <link href="bootstrap-theme.css" rel="stylesheet" />
    <script>
        angular.module("exampleApp", [])
            .controller("simpleCtrl", function ($scope) {

            });
    </script>
</head>
<body>
    <div class="well" ng-controller="simpleCtrl">
        Content will go here.
    </div>
</body>
</html>
```

> **팁**   엄밀히 말해 $scope는 서비스가 아니고, $rootScope라는 서비스(이 장에서 나중에 설명)에서 제공하는 객체다. 하지만 실제로는 $scope를 서비스처럼 사용하므로 여기서도 편의상 서비스라 는 용어를 사용하겠다.

컨트롤러를 생성해야 할 뿐 아니라 컨트롤러가 지원할 뷰도 표시해야 한다. 뷰를 지정할 때는 ng-controller 디렉티브를 사용한다. 이 디렉티브의 값은 컨트롤러를 생성할 때 사용한 값(이 경우 simpleCtrl)과 일치해야 한다. AngularJS를 사용할 때는 컨트롤러 이름에 Ctrl이라는 접 두어를 붙이는 게 관례다(하지만 의무 사항은 아니다). 현재 이 예제에서 정의한 컨트롤러는 아 무 일도 하지 않는다(뷰에게 아무 데이터나 로직도 제공하지 않는다). 컨트롤러의 내용은 이어지 는 절에서 채운다.

스코프 설정

컨트롤러는 '스코프'를 통해 뷰로 기능을 제공한다. 스코프는 예제 13-2에서 $scope 서비스에 대한 의존성을 선언해 컨트롤러에서 요청한 바로 그 서비스다. 스코프는 컨트롤러와 뷰 사이의 관계를 정의할 뿐 아니라 데이터 바인딩과 같이 AngularJS에서 매우 중요한 수많은 기능을 사용 할 수 있는 메커니즘을 제공한다.

컨트롤러 내에서 스코프를 사용하는 방법에는 두 가지가 있다. 먼저, '데이터'를 정의할 수 있고, 또 '동작'을 정의할 수 있다. 동작은 뷰의 바인딩 표현식이나 디렉티브로부터 호출할 수 있는 자바스크립트 함수를 말한다.

초기 데이터를 생성하고 동작을 설정하는 방법은 간단하다. 컨트롤러 팩터리 함수로 전달된 $scope 객체에 속성을 생성하고, 데이터 값이나 함수를 대입하기만 하면 된다. 예제 13-3에는 이를 보여주는 예제가 나와 있다.

예제 13-3. controllers.html 파일 내 스코프에 데이터 및 로직 추가

```html
<!DOCTYPE html>
<html ng-app="exampleApp">
<head>
    <title>Controllers</title>
    <script src="angular.js"></script>
    <link href="bootstrap.css" rel="stylesheet" />
    <link href="bootstrap-theme.css" rel="stylesheet" />
    <script>
        angular.module("exampleApp", [])
            .controller("simpleCtrl", function ($scope) {

                $scope.city = "London";

                $scope.getCountry = function (city) {
                    switch (city) {
                        case "London":
                            return "UK";
                        case "New York":
                            return "USA";
                    }
                }
            });
    </script>
</head>
<body>
    <div class="well" ng-controller="simpleCtrl">
        <p>The city is: {{city}}</p>
        <p>The country is: {{getCountry(city) || "Unknown"}}</p>
    </div>
</body>
</html>
```

여기서는 city 속성을 정의해 문자열 값을 대입하고, 도시명을 받아 그 도시가 속한 국가를 반환하는 간단한 함수인 getCountry 동작을 정의해 컨트롤러의 스코프를 설정했다. 데이터 값과 동작은 데이터 바인딩을 통해 사용한다. 데이터 변수는 이름을 통해 직접 접근할 수 있고, 동작은 일반 자바스크립트 함수처럼 호출할 수 있다. 수정한 코드의 실행 결과는 그림 13-2에서 볼 수 있다.

그림 13-2. 스코프에 데이터 및 변수 추가

컨트롤러 동작에 인자 넘기기

예제 13-3에서는 city 인자를 받는 getCountry 동작을 정의했다. 이렇게 인자로 받은 city 값은 관련 국가를 생성하는 데 사용된다. 데이터 바인딩에서 다음과 같이 동작을 호출하는 코드를 본 독자라면 조금 이상하다고 생각할 수도 있다.

```
...
<p>The country is: {{getCountry(city) || "Unknown"}}</p>
...
```

여기서는 스코프의 city 속성값을 동작의 인자로 넘기고 있는데, 이 동작 또한 city와 같은 스코프에 속한다. 따라서 이 동작은 다음과 같이 수정할 수 있을 것이다.

```
...
$scope.getCountry = function () {
    switch ($scope.city) {
        case "London":
            return "UK";
        case "New York":
            return "USA";
    }
}
...
```

이 동작 구현체에서는 인자를 제거하고, 스코프에서 직접 city를 가져온다. 이렇게 하면 데이터 바인딩이 다음과 같이 간결해진다.

```
...
<p>The country is: {{getCountry() || "Unknown"}}</p>
...
```

하지만 예제 13-3에서 이와 같은 접근 방식을 사용한 데에는 두 가지 이유가 있다. 첫 번째 이유는 같은 스코프에 정의된 city뿐 아니라 아무 city 값이나 동작에 사용할 수 있게 하기 위해서다. 이 방식은 이 장에서 나중에 살펴볼 **컨트롤러 상속**을 활용할 때 특히 도움된다. 인자를 받게 한 두 번째 이유는 동작을 좀 더 독립적으로 구현함으로써 단위 테스트를 쉽게 하기 위해서다. AngularJS의 단위 테스트 지원 기능은 25장에서 자세히 살펴본다. 물론, 컨트롤러 동작에서 인자를 사용하지 않는다고 해서 큰 문제가 생기는 것은 아니다. 하지만 필자는 관례적으로 이 방식을 사용하고, 독자들 또한 이 방식을 따를 것을 권장한다.

스코프 수정

스코프에서 가장 중요한 특징 중 하나는 변경 사항이 자동으로 전달돼, 모든 의존적인 데이터를 업데이트한다는 것이다. 예제 13-4에는 ng-model 디렉티브를 사용해 데이터 바인딩을 업데이트하는 수정된 예제가 나와 있다.

예제 13-4. controllers.html 파일 내 스코프 업데이트

```html
<!DOCTYPE html>
<html ng-app="exampleApp">
<head>
    <title>Controllers</title>
    <script src="angular.js"></script>
    <link href="bootstrap.css" rel="stylesheet" />
    <link href="bootstrap-theme.css" rel="stylesheet" />
    <script>
        angular.module("exampleApp", [])
            .controller("simpleCtrl", function ($scope) {

                $scope.cities = ["London", "New York", "Paris"];

                $scope.city = "London";

                $scope.getCountry = function (city) {
                    switch (city) {
                        case "London":
                            return "UK";
                        case "New York":
                            return "USA";
                    }
                }
            });
    </script>
</head>
<body ng-controller="simpleCtrl">

    <div class="well">
        <label>Select a City:</label>
        <select ng-options="city for city in cities" ng-model="city">
```

```
        </select>
    </div>

    <div class="well">
        <p>The city is: {{city}}</p>
        <p>The country is: {{getCountry(city) || "Unknown"}}</p>
    </div>
</body>
</html>
```

여기서는 도시명 배열을 추가하고, 이를 ng-options 어트리뷰트와 함께 select 엘리먼트에 사용해 option 엘리먼트를 생성했다. 또, ng-model 디렉티브를 사용해 사용자가 select 엘리먼트에서 값을 선택하면 스코프 내 city 모델 속성도 업데이트되게 했다.

여기서는 select 엘리먼트와 데이터 바인딩이 모두 포함되게끔 ng-controller 디렉티브를 적용한 위치도 바꾼 것을 볼 수 있다. 각 컨트롤러 인스턴스는 자체 스코프를 지니고 있으며, 모든 디렉티브와 바인딩이 같은 뷰에 속하게 하면 같은 데이터 값을 뷰에서 사용할 수 있다(ng-controller 디렉티브가 적용된 엘리먼트의 자식에게도 컨트롤러가 적용된다). 컨트롤러 인스턴스 하나당 스코프가 하나라는 개념은 매우 중요하며, 이 장에서 나중에 다시 한 번 다룰 예정이다.

select 엘리먼트를 추가한 결과는 이전 예제를 통해 기대한 결과와 동일하다. select 엘리먼트에서 값을 선택하면 그림 13-3과 같이 데이터 바인딩에 사용된 값도 업데이트된다.

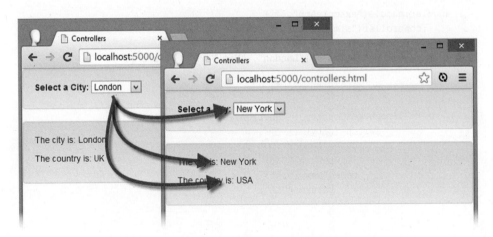

그림 13-3. 스코프 내 값 변경 효과

여기서 특별히 주의해서 볼 점은 변경된 내용이 선택된 도시명을 보여주는 데이터 바인딩만 있는 게 아니라는 점이다. 컨트롤러 동작을 호출한 결과를 보여주는 데이터 바인딩도 업데이트되기 때문이다. 이는 AngularJS에서 제공하는 매우 뛰어난 기능이지만, (앞으로 배우겠지만) 여러 가지 잠재적인 문제를 일으킬 수 있다.

| 컨트롤러 조직화

예제 13-4에는 body 엘리먼트의 내용을 모두 지원하는 컨트롤러가 한 개 있다. 작은 애플리케이션에서는 이와 같은 단일 컨트롤러로도 충분하겠지만 프로젝트 규모가 커지고 부분 뷰(10장에서 ng-include 디렉티브를 다루면서 살펴본 바 있으며, 22장에서 좀 더 자세히 다룬다)와 같은 복잡한 기능을 사용하다 보면 걷잡을 수 없이 복잡해질 수 있다. 애플리케이션에서 컨트롤러를 조직화하는 방법은 몇 가지가 있다. 이어지는 절에서는 각 방법에 대해 살펴본다.

> **팁** 애플리케이션에서 어떤 방식을 선택해야 할지 결정하기가 어려울 수 있으므로 여기서는 언제 각 방식을 적용해야 하는지에 대한 가이드라인을 제시한다. 일단 필자의 권고대로 시작해보되, 각 방식을 하나씩 시도해보고 자신과 프로젝트에 가장 잘 맞는 걸 선택하기를 권장한다.

단일 컨트롤러 활용

첫 번째 방식은 예제 13-4에서 사용한 방식이다. 바로, body 엘리먼트(또는 모든 데이터 바인딩 및 디렉티브가 들어 있는 특정 엘리먼트)에 ng-controller 디렉티브를 사용해 애플리케이션의 전체 HTML 엘리먼트에 단일 컨트롤러를 적용하는 것이다

이 접근 방식을 사용하면 몇 가지 장점이 있다. 우선, 간단하고, 스코프 사이의 통신(이 장에서 잠시 후 다룰 주제다)에 대해 걱정할 필요가 없으며, 전체 HTML에서 컨트롤러 동작을 사용할 수 있다. 단일 컨트롤러를 사용할 때는 그림 13-4와 같이 전체 애플리케이션에서 한 개의 뷰만 생성한다.

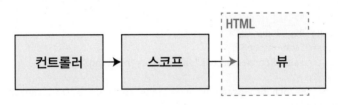

그림 13-4. 단일 컨트롤러 활용

물론 이 방식에는 단점도 있다. 이 장의 예제처럼 특정 AngularJS 기능을 보여주는 수준의 간단한 애플리케이션에서는 괜찮지만, 애플리케이션 기능을 전달하는 데 필요한 동작이 늘어남에 따라 코드가 금세 지저분해지기 때문이다. 이렇게 되면 프로젝트를 관리하기가 더 어려워지고, 테스트 절차도 그만큼 복잡해진다. 아울러 이 방식은 작고, 집중된 컴포넌트를 여러 개 사용한다는 AngularJS의 철학에도 배치된다(물론 이는 기술적인 요구조건이 아니라 스타일의 문제이기는 하지만). 예제 13-5에서는 단일 컨트롤러와 단일 뷰를 사용해 배송 정보 및 지불 정보를 입력받는

예제를 볼 수 있다. 여기서는 컨트롤러와 뷰 사이의 관계에 집중하기 위해 예제에 각 주소에 해당하는 데이터 필드 하나만 추가했다. 이 예제는 컨트롤러와 스코프 사이의 다양한 관계에 대해 다루는 이후 절에서 계속해서 수정할 것이다.

예제 13-5. controllers.html 파일 내 단일 컨트롤러 생성

```html
<!DOCTYPE html>
<html ng-app="exampleApp">
<head>
    <title>Controllers</title>
    <script src="angular.js"></script>
    <link href="bootstrap.css" rel="stylesheet" />
    <link href="bootstrap-theme.css" rel="stylesheet" />
    <script>
        angular.module("exampleApp", [])
            .controller("simpleCtrl", function ($scope) {

                $scope.addresses = {};

                $scope.setAddress = function (type, zip) {
                    console.log("Type: " + type + " " + zip);
                    $scope.addresses[type] = zip;
                }

                $scope.copyAddress = function () {
                    $scope.shippingZip = $scope.billingZip;
                }
            });
    </script>
</head>
<body ng-controller="simpleCtrl">

    <div class="well">
        <h4>Billing Zip Code</h4>
        <div class="form-group">
            <input class="form-control" ng-model="billingZip">
        </div>
        <button class="btn btn-primary" ng-click="setAddress('billingZip', billingZip)">
            Save Billing
        </button>
    </div>

    <div class="well">
        <h4>Shipping Zip Code</h4>
        <div class="form-group">
            <input class="form-control" ng-model="shippingZip">
        </div>
        <button class="btn btn-primary" ng-click="copyAddress()">
            Use Billing
        </button>
    </div>
```

```
        <button class="btn btn-primary"
                ng-click="setAddress('shippingZip', shippingZip)">
            Save Shipping
        </button>
    </div>
</body>
</html>
```

이 예제의 컨트롤러는 우편번호를 수집하는 데 사용하는 addresses 객체 및 setAddress와 copyAddress 동작을 정의한다. setAddress 동작은 우편번호 값 중 하나를 출력하고, copyAddress는 암시적으로 정의된 우편번호를 다른 곳으로 복사한다. 데이터 및 동작은 표준 AngularJS 디렉티브와 모델 바인딩을 활용해 HTML 엘리먼트로 연결된다. 이 예제의 결과 화면은 그림 13-5에서 볼 수 있다.

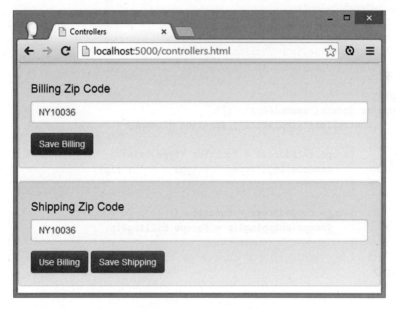

그림 13-5. 단일 컨트롤러 활용

사용자는 input 엘리먼트에 직접 우편번호를 입력할 수도 있고, Use Billing 버튼을 사용해 지불 주소의 우편번호를 배송 주소의 우편번호를 입력하는 input 엘리먼트에 복사할 수도 있다. 여기서는 스코프가 한 개뿐이고, 모든 데이터를 바로 사용할 수 있으므로 데이터 값을 쉽게 복사할 수 있다.

AngularJS를 처음 시작하고 간단한 애플리케이션을 개발하거나, 개발을 시작할 때 구체적인 설계 계획이 없다면 이와 같은 컨트롤러 조직화 방식으로 시작하는 게 좋다. 이 방식을 사용하면 쉽고 빠르게 개발을 진행할 수 있고, 개발이 어느 정도 진행되고 나면 이 장에서 설명하는 다른 방식 중 하나를 손쉽게 도입할 수 있다.

컨트롤러 재사용

같은 애플리케이션에서 여러 개의 뷰를 생성해야 할 경우 컨트롤러를 재사용할 수 있다. AngularJS에서는 매번 컨트롤러를 적용할 때마다 팩터리 함수를 호출하고, 각 컨트롤러 인스턴스는 자체 스코프를 갖게 된다. 이 방식은 조금 이상해 보일 수도 있지만 작은 데이터 값 서브셋을 관리해야 하는 간단한 컨트롤러에서는 매우 효과적이다. 이 경우 단일 컨트롤러와 비교해 일부 데이터 값만 컨트롤러에서 관리하면 되기 때문이다. MVC 패턴에서는 기능과 뷰를 분리하므로, 각기 다른 뷰는 같은 데이터와 기능을 각기 다른 방식으로 보여줄 수 있다. 예제 13-6에는 컨트롤러를 단순화하고, 두 개의 각기 다른 뷰에서 사용할 수 있게끔 재작성한 예제 코드가 나와 있다.

예제 13-6. controllers.html 파일 내 컨트롤러 재사용

```
<!DOCTYPE html>
<html ng-app="exampleApp">
<head>
    <title>Controllers</title>
    <script src="angular.js"></script>
    <link href="bootstrap.css" rel="stylesheet" />
    <link href="bootstrap-theme.css" rel="stylesheet" />
    <script>
        angular.module("exampleApp", [])
            .controller("simpleCtrl", function ($scope) {

                $scope.setAddress = function (type, zip) {
                    console.log("Type: " + type + " " + zip);
                }

                $scope.copyAddress = function () {
                    $scope.shippingZip = $scope.billingZip;
                }
            });
    </script>
</head>
<body>
    <div class="well" ng-controller="simpleCtrl">
        <h4>Billing Zip Code</h4>
        <div class="form-group">
            <input class="form-control" ng-model="zip">
        </div>
        <button class="btn btn-primary" ng-click="setAddress('billingZip', zip)">
            Save Billing
        </button>
    </div>
    <div class="well" ng-controller="simpleCtrl">
        <h4>Shipping Zip Code</h4>
        <div class="form-group">
            <input class="form-control" ng-model="zip">
```

```
        </div>
        <button class="btn btn-primary" ng-click="copyAddress()">
            Use Billing
        </button>
        <button class="btn btn-primary" ng-click="setAddress('shippingZip', zip)">
            Save Shipping
        </button>
    </div>
</body>
</html>
```

이 예제에서는 body 엘리먼트에서 ng-controller 디렉티브를 제거하고, 이를 두 개의 동일한 콘텐츠 영역에 적용했다(두 뷰 영역은 모두 simpleCtrl 컨트롤러를 사용한다). 이렇게 하면 두 개의 컨트롤러와 두 개의 뷰를 생성하는 효과가 있다. AngularJS에서는 각 뷰별로 팩터리 함수를 호출하므로, 각 뷰에 자체 스코프를 제공한다. 이 예제의 실행 화면은 그림 13-6에서 볼 수 있다.

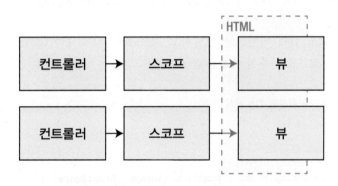

그림 13-6. 같은 컨트롤러의 다중 인스턴스 생성

각 컨트롤러에서 스코프로 제공하는 동작은 애플리케이션상의 다른 스코프와는 독립적이므로, 이를 활용하면 컨트롤러와 뷰를 단순화할 수 있다. 이제 각 컨트롤러는 한 개의 우편주소를 수집하는 일만 걱정하면 되므로 코드가 그만큼 단순해졌다(물론 이 예제는 애초부터 단순한 예제였으므로 효과가 크지 않지만 실제 애플리케이션이라면 효과가 좀 더 두드러질 것이다).

스코프 간의 통신

앞에서 살펴본 방식의 단점은 이제 각 우편주소가 각기 다른 스코프의 zip 변수에 저장돼 있으므로 copyAddress 동작이 더 이상 제 기능을 못한다는 점이다. 다행히 AngularJS에서는 스코프 간에 데이터를 공유할 수 있는 메커니즘을 제공한다. 자세한 방법을 알아보기 전에 먼저 스코프의 동작 방식을 단순화한 그림 13-6을 살펴보자.

스코프는 루트 스코프를 시작으로 계층구조를 통해 조직화된다. 각 컨트롤러에는 **루트 스코프**의 자식인 새 스코프가 부여된다. 따라서 여러 컨트롤러가 동작하는 과정을 좀 더 정확히 표현하자면 그림 13-7과 같은 형태가 된다.

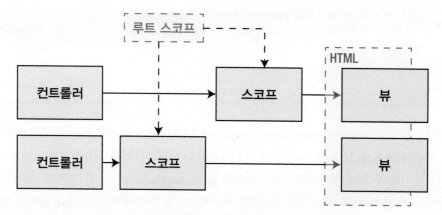

그림 13-7. 여러 컨트롤러가 적용됐을 때의 스코프 계층구조

루트 스코프는 스코프 간에 이벤트를 전달하고, 컨트롤러 간에 통신할 수 있게 해준다. 예제 13-7에서는 루트 스코프를 사용한 예제를 볼 수 있다.

예제 13-7. 루트 스코프를 활용한 컨트롤러 간 통신

```
...
<script>
    angular.module("exampleApp", [])
        .controller("simpleCtrl", function ($scope, $rootScope) {

            $scope.$on("zipCodeUpdated", function (event, args) {
                $scope[args.type] = args.zipCode;
            });

            $scope.setAddress = function (type, zip) {
                $rootScope.$broadcast("zipCodeUpdated", {
                    type: type, zipCode: zip
                });
                console.log("Type: " + type + " " + zip);
            }

            $scope.copyAddress = function () {
                $scope.zip = $scope.billingZip;
            }
        });
</script>
...
```

루트 스코프는 서비스 형태로 사용할 수 있으므로 여기서는 $rootScope(이 서비스는 AngularJS의 내장 서비스 중 하나로, 내장 서비스는 18장에서 자세히 설명한다)라는 이름을 사용해 컨트롤러의 의존성을 선언했다. $rootScope 서비스를 비롯해 모든 스코프는 표 13-3과 같이 이벤트 전송, 수신에 사용할 수 있는 메서드를 정의한다.

표 13-3. 이벤트 전송 및 수신을 위한 스코프 메서드

메서드	설명
$broadcast(name, args)	현재 스코프에서 모든 자식 스코프로 이벤트를 전달한다. 인자로는 이벤트명 및 이벤트와 함께 전달할 보조 데이터가 들어 있는 객체를 받는다.
$emit(name, args)	현재 스코프에서 루트 스코프까지 이벤트를 위로 전달한다.
$on(name, handler)	스코프에서 특정 이벤트를 수신할 때 호출할 핸들러 함수를 등록한다.

$broadcast 및 $emit 이벤트는 '방향이 정해져 있으며', 루트 스코프나 계층구조를 통해 자식 스코프 각각에 도달할 때까지 이벤트가 전달된다. 지금은 이와 같은 기능이 불필요해 보일 수도 있지만 컨트롤러의 설계에 따라 스코프 계층구조가 복잡해지면 이를 요긴하게 활용할 수 있다.

이 예제에서는 현재 스코프를 가지고 $on 메서드를 호출해 zipCodeUpdated라는 이벤트에 대한 핸들러 함수를 설정했다. 스코프 이벤트의 핸들러 함수는 Event 객체와 인자의 객체를 받는다. 이 예제의 인자 객체에서는 type 및 zipCode 속성을 정의하고, 핸들러 함수에서는 이들 속성을 사용해 지역 스코프 속성을 다음과 같이 정의한다.

```
...
$scope.$on("zipCodeUpdated", function (event, args) {
    $scope[args.type] = args.zipCode;
});
...
```

팁 여기서는 배열 표기법을 사용해 $scope 객체 속성에 접근하고 있다. $scope 속성명은 메서드 인자로 받은 args.type 속성값으로 설정된다. args.type을 [및] 문자 사이에 두면 args.type 속성을 평가하게 되고, 평가한 값을 스코프 속성명으로 사용하게 된다.

이 이벤트는 두 스코프 모두 사용자가 제공한 우편번호 정보를 가질 수 있게 두 스코프를 서로 동기화하는 데 사용한다. 남은 동기화 과정은 $rootScope 객체를 가지고 $broadcast 메서드를 호출하면서, 이벤트 핸들러 함수에서 기대하는 type 및 zipCode 속성이 담긴 객체를 인자로 넘겨줌으로써 수행한다.

```
...
$rootScope.$broadcast("zipCodeUpdated", {
    type: type, zipCode: zip
});
...
```

정리하자면, 사용자가 Save Billing 버튼을 클릭할 때는 루트 스코프에서 $broadcast 메서드가
호출되고, 스코프 계층구조를 따라 아래로 zipCodeUpdated 이벤트를 보낸다. 이렇게 하면 이벤
트의 핸들러를 호출하는 효과가 있으므로, 배송 우편번호를 수집하는 컨트롤러와 관련한 스코프
에서도 우편주소를 알 수 있다. 이제 Use Billing 버튼을 다시 다음과 같이 사용할 수 있다.

```
...
$scope.copyAddress = function () {
    $scope.zip = $scope.billingZip;
}
...
```

$scope.zip 값을 설정하면 input 엘리먼트가 업데이트되고, ng-model 디렉티브를 통해 속성
바인딩이 일어나게 된다.

서비스를 활용한 스코프 이벤트 중개

AngularJS에서는 서비스를 사용해 스코프 사이의 통신을 중개하는 게 관례다. 서비스는 18장에서
부터 본격적으로 다루지만, 여기서는 독자들이 이벤트 중개를 이해하는 데 참고할 수 있게 서비
스 사용법을 간단히 다루려고 한다.

이 예제에서는 단일 컨트롤러만 사용하므로 이 관례를 사용하더라도 예제에 큰 영향이 없지만 여
러 개의 컨트롤러를 사용하고, 각 컨트롤러가 동일한 이벤트를 전달해야 한다면 중복 코드를 크
게 줄일 수 있을 것이다. 예제 13-8에는 스코프 이벤트 메서드와 직접 연동하지 않고 Module.
service 메서드를 사용해 컨트롤러에서 이벤트를 송수신하는 데 사용할 서비스 객체를 생성하
는 코드가 나와 있다.

예제 13-8. 스코프 이벤트 중개를 위한 서비스 활용

```
...
<script>
    angular.module("exampleApp", [])
        .service("ZipCodes", function($rootScope) {
            return {
                setZipCode: function(type, zip) {
                    this[type] = zip;
                    $rootScope.$broadcast("zipCodeUpdated", {
                        type: type, zipCode: zip
                    });
                }
```

```
            }
        })
        .controller("simpleCtrl", function ($scope, ZipCodes) {

            $scope.$on("zipCodeUpdated", function (event, args) {
                $scope[args.type] = args.zipCode;
            });

            $scope.setAddress = function (type, zip) {
                ZipCodes.setZipCode(type, zip);
                console.log("Type: " + type + " " + zip);
            }

            $scope.copyAddress = function () {
                $scope.zip = $scope.billingZip;
            }
        });
</script>
...
```

ZipCodes 서비스는 $rootScope 서비스에 대한 의존성을 선언하며, setZipCode 메서드 내에서 $broadcast 이벤트를 호출하는 데 이 서비스를 사용한다. 컨트롤러에서는 ZipCodes 서비스에 대한 의존성을 선언하고, $rootScope에 직접 접근하는 대신 setZipCode 메서드를 호출한다. 기능상의 차이점은 전혀 없다. 이와 같은 관례는 다른 컨트롤러에서 필요한 기능을 한곳에 모아둠으로써 중복 코드를 줄이기 위한 용도로 사용될 뿐이다.

컨트롤러 상속 활용

ng-controller 디렉티브는 HTML 엘리먼트 내에 중첩, 사용해 **컨트롤러 상속**을 구현할 수 있다. 이 기능은 공통 기능을 **부모 컨트롤러**에 정의하고, 이를 하나 이상의 **자식 컨트롤러**에서 사용함으로써 코드 중복을 줄이기 위한 것이다. 컨트롤러 상속을 이해하려면 예제 13-9와 같은 실제 예제를 보는 게 가장 좋다.

예제 13-9. controllers.html 파일 내 컨트롤러 상속 활용

```
<!DOCTYPE html>
<html ng-app="exampleApp">
<head>
    <title>Controllers</title>
    <script src="angular.js"></script>
    <script src="controllers.js"></script>
    <link href="bootstrap.css" rel="stylesheet" />
    <link href="bootstrap-theme.css" rel="stylesheet" />
</head>
<body ng-controller="topLevelCtrl">
```

```
    <div class="well">
        <h4>Top Level Controller</h4>
        <div class="input-group">
            <span class="input-group-btn">
                <button class="btn btn-default" type="button"
                        ng-click="reverseText()">Reverse</button>
                <button class="btn btn-default" type="button"
                        ng-click="changeCase()">Case</button>
            </span>
            <input class="form-control" ng-model="dataValue">
        </div>
    </div>

    <div class="well" ng-controller="firstChildCtrl">
        <h4>First Child Controller</h4>

            </span>
            <input class="form-control" ng-model="dataValue">
        </div>
    </div>

    <div class="well" ng-controller="secondChildCtrl">
        <h4>Second Child Controller</h4>
        <div class="input-group">          <div class="input-group">
            <span class="input-group-btn">
                <button class="btn btn-default" type="button"
                        ng-click="reverseText()">Reverse</button>
                <button class="btn btn-default" type="button"
                        ng-click="changeCase()">Case</button>
            <span class="input-group-btn">
                <button class="btn btn-default" type="button"
                        ng-click="reverseText()">Reverse</button>
                <button class="btn btn-default" type="button"
                        ng-click="changeCase()">Case</button>
                <button class="btn btn-default" type="button"
                        ng-click="shiftFour()">Shift</button>
            </span>
            <input class="form-control" ng-model="dataValue">
        </div>
    </div>
</body>
</html>
```

주의 이 예제는 이어서 보게 될 controllers.js 파일을 생성하기 전까지는 제대로 동작하지 않는다.

이 예제에는 세 개의 컨트롤러가 있으며, 각각 ng-controller 디렉티브를 사용해 특정 마크업 영역에 적용했다. topLevelCtrl 컨트롤러는 body 엘리먼트에 적용했고, 두 개의 자식 컨트롤러인 firstChildCtrl 및 secondChildCtrl는 그 안에 들어 있다. 자식 컨트롤러 외에도 최상위 레벨 컨트롤러에는 자체 엘리먼트가 들어 있으며, 세 컨트롤러 모두 컨트롤러 동작을 호출하는 인라인 버튼과 더불어 input 엘리먼트를 포함한다.

여기서는 마크업과 코드 중복을 가능한 한 줄이기 위해 script 엘리먼트의 내용을 controllers.js라는 별도 파일로 옮겼다. 이 파일에는 예제 13-10과 같이 AngularJS 애플리케이션을 설정하고 컨트롤러를 정의하는 코드가 들어 있다.

예제 13-10. controllers.js 파일의 내용

```javascript
var app = angular.module("exampleApp", []);

app.controller("topLevelCtrl", function ($scope) {

    $scope.dataValue = "Hello, Adam";

    $scope.reverseText = function () {
        $scope.dataValue = $scope.dataValue.split("").reverse().join("");
    }

    $scope.changeCase = function () {
        var result = [];
        angular.forEach($scope.dataValue.split(""), function (char, index) {
            result.push(index % 2 == 1
                ? char.toString().toUpperCase() : char.toString().toLowerCase());
        });
        $scope.dataValue = result.join("");
    };
});

app.controller("firstChildCtrl", function ($scope) {

    $scope.changeCase = function () {
        $scope.dataValue = $scope.dataValue.toUpperCase();
    };
});

app.controller("secondChildCtrl", function ($scope) {

    $scope.changeCase = function () {
        $scope.dataValue = $scope.dataValue.toLowerCase();
    };

    $scope.shiftFour = function () {
        var result = [];
        angular.forEach($scope.dataValue.split(""), function (char, index) {
            result.push(index < 4 ? char.toUpperCase() : char);
        });
        $scope.dataValue = result.join("");
    }
});
```

브라우저에서 실행한 결과는 그림 13-8에서 볼 수 있다. 여기서는 각 컨트롤러를 강조하기 위해 헤더 엘리먼트와 부트스트랩 스타일을 적용했다. 세 컨트롤러 모두 input 엘리먼트의 내용을 거꾸로 적용하는 Reverse 버튼을 보여준다.

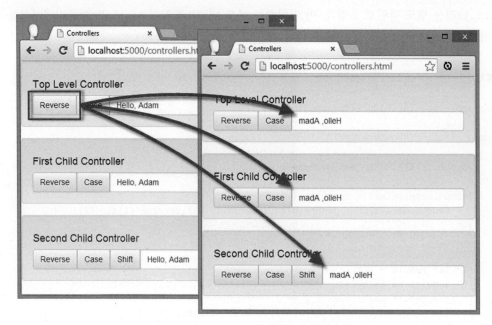

그림 13-8. 상속된 컨트롤러의 동작 활용

ng-controller 디렉티브를 사용해 컨트롤러를 중첩하면 자식 컨트롤러의 스코프가 부모 컨트롤러 스코프의 데이터 및 동작을 상속한다(이 예제에서는 부모-자식 관계가 한 단계뿐이지만, 컨트롤러는 원하는 깊이만큼 중첩할 수 있다). 이 예제에서 각 컨트롤러는 각자의 스코프를 갖고 있지만, 그림 13-9와 같이 자식 컨트롤러는 부모 컨트롤러의 데이터 값과 동작을 포함하고 있다.

Reverse 버튼을 클릭하면 컨트롤러 상속이 어떻게 동작하는지 알 수 있다. input 엘리먼트는 dataValue 속성값을 관리하게끔 설정돼 있고, Reverse 버튼에서는 reverseText 동작을 호출하는데, 이들 데이터와 동작은 모두 최상위 레벨 컨트롤러에서 정의한 것이다. 자식 컨트롤러는 데이터 동작을 상속하므로 아무 Reverse 버튼이나 클릭하면 자식 컨트롤러에서 구현한 input 엘리먼트까지 함께 바뀌게 된다.

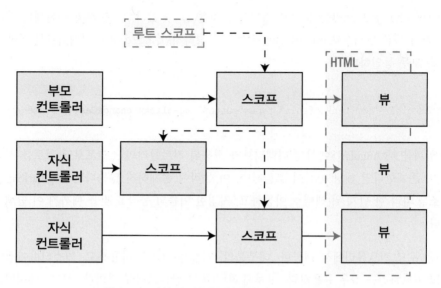

그림 13-9. 자식 컨트롤러를 사용할 때의 스코프 계층구조

상속된 데이터 및 동작에 대한 추가

컨트롤러 상속을 활용하면 부모 스코프에서 상속받은 기능과 지역적으로 정의한 추가 기능을 섞어 사용할 수 있다는 장점이 있다. 이를 활용한 예제는 secondChildCtrl 컨트롤러에서 볼 수 있다. 이 컨트롤러는 다음과 같이 dataValue 속성값에서 처음 네 개의 문자를 대문자로 만드는 shiftFour 동작을 정의한다.

```
...
$scope.shiftFour = function () {
    var result = [];
    angular.forEach($scope.dataValue.split(""), function (char, index) {
        result.push(index < 4 ? char.toUpperCase() : char);
    });
    $scope.dataValue = result.join("");
}
...
```

이 동작은 secondChildCtrl 컨트롤러의 스코프에서만 사용할 수 있다. 하지만 이때도 부모 스코프에서 정의한 dataValue 속성값을 수정하면서 상속받은 기능을 사용할 수 있다는 점에 주의하자. 이와 같은 기능을 활용하면 동작과 데이터를 중복해 정의하지 않고 기존 컨트롤러를 기반으로 추가 기능을 사용할 수 있다.

상속받은 데이터 및 동작의 오버라이드

자식 컨트롤러는 부모의 데이터 및 동작을 **오버라이드**할 수 있다. 이 말은 데이터 값 및 동작을 같은 이름의 로컬 버전으로 대체할 수 있다는 뜻이다. 예제 13-9에서는 각 자식 컨트롤러에서 자체 스코프에 changeCase라는 동작을 정의하는 것을 볼 수 있다. 이 동작의 구현체는 서로 각각 다르며, 각기 다른 방식으로 dataValue 속성을 변경하지만, ng-click 디렉티브를 통해 호출하는 방식은 모두 동일하다.

```
...
<button class="btn btn-default" type="button" ng-click="changeCase()">Case</button>
...
```

동작을 살펴볼 때 AngularJS에서는 디렉티브가 적용된 컨트롤러의 스코프부터 검토를 시작한다. 이 동작이 존재한다면 해당 동작이 호출된다. 이 동작이 존재하지 않는다면 AngularJS는 스코프 계층구조를 따라 한 단계 위 레벨로 이동하고, 지정한 이름의 동작을 찾을 때까지 이 탐색 과정은 계속된다.

이 기능은 부모 컨트롤러에서 제공한 '대부분의' 기능을 그대로 사용하고, 커스터마이징할 부분만 오버라이드하려는 경우 유용하다. 이렇게 하면 부모 컨트롤러에 정의한 코드와 데이터를 반복적으로 정의하지 않아도 애플리케이션의 각기 다른 영역에 적합한 컨트롤러를 손쉽게 개발할 수 있다.

데이터 상속의 이해

예제 13-10에는 컨트롤러 상속을 처음 사용하는 사람이라면 누구나 빠지기 쉬운 함정이 숨어 있다. 이 문제를 확인하려면 브라우저에서 controllers.html 파일을 로드하고, Reverse 버튼을 차례로 하나씩 클릭해보면 된다(클릭하는 순서는 상관없다).

이 동작은 지금까지의 설명에 따라 우리가 기대하는 결과와 동일한 결과를 보여준다. Reverse 버튼은 reverseText 동작을 호출하고, 이 동작은 dataValue 속성값을 수정한다. 이 동작과 데이터는 부모 컨트롤러에 정의돼 있으며, 자식 컨트롤러에서도 상속한다. 이에 따라 세 개의 input 엘리먼트의 내용이 모두 바뀌게 된 것이다.

이번에는 두 번째 자식 컨트롤러와 관련된 input 엘리먼트의 내용을 바꿔보자. 이때 텍스트를 변경하기만 하면 어떤 내용을 입력하는지는 상관없다. 그런 다음 다시 세 개의 Reverse 버튼을 하나씩 클릭해보자. 그럼 이번에는 다른 결과를 볼 수 있다. 세 개의 버튼 모두 처음 두 개의 input 엘리먼트만을 대상으로 작업을 수행하고, 여러분이 수정한 input 엘리먼트의 내용은 변하지 않는 것이다. 이 문제를 좀 더 깊이 들여다보기 위해 두 번째 자식 컨트롤러의 Case 및 Shift 버튼을 클릭해보자. 그럼 이번에는 마지막 input 엘리먼트의 내용이 바뀐다.

왜 이런 일이 일어났을까. 그 이유를 설명하기 전에 해결책부터 살펴보자. 예제 13-11에는 수정한 controllers.js 파일의 내용이 나와 있다.

```javascript
var app = angular.module("exampleApp", []);

app.controller("topLevelCtrl", function ($scope) {

    $scope.data = {
        dataValue: "Hello, Adam"
    }

    $scope.reverseText = function () {
        $scope.data.dataValue = $scope.data.dataValue.split("").reverse().join("");
    }

    $scope.changeCase = function () {
        var result = [];
        angular.forEach($scope.data.dataValue.split(""), function (char, index) {
            result.push(index % 2 == 1
                ? char.toString().toUpperCase() : char.toString().toLowerCase());
        });
        $scope.data.dataValue = result.join("");
    };
});

app.controller("firstChildCtrl", function ($scope) {

    $scope.changeCase = function () {
        $scope.data.dataValue = $scope.data.dataValue.toUpperCase();
    };
});

app.controller("secondChildCtrl", function ($scope) {

    $scope.changeCase = function () {
        $scope.data.dataValue = $scope.data.dataValue.toLowerCase();
    };

    $scope.shiftFour = function () {
        var result = [];
        angular.forEach($scope.data.dataValue.split(""), function (char, index) {
            result.push(index < 4 ? char.toUpperCase() : char);
        });
        $scope.data.dataValue = result.join("");
    }
});
```

여기서는 dataValue를 부모 컨트롤러의 스코프에 속성으로 직접 정의하는 대신 data라는 객체의 속성으로 정의했다. 이 파일에서 수정한 나머지 코드에서는 data 객체를 통해 dataValue 속성에 접근하게끔 참조를 수정했다. 예제 13-12에서는 이와 같이 수정한 코드를 반영하기 위해

input 엘리먼트를 dataValue 속성과 연결하는 ng-model 디렉티브를 수정한 controllers.
html 파일을 볼 수 있다.

예제 13-12. controllers.html 파일 내 상속 문제 해결

```
<!DOCTYPE html>
<html ng-app="exampleApp">
<head>
    <title>Controllers</title>
    <script src="angular.js"></script>
    <script src="controllers.js"></script>
    <link href="bootstrap.css" rel="stylesheet" />
    <link href="bootstrap-theme.css" rel="stylesheet" />
</head>
<body ng-controller="topLevelCtrl">

    <div class="well">
        <h4>Top Level Controller</h4>
        <div class="input-group">
            <span class="input-group-btn">
                <button class="btn btn-default" type="button"
                        ng-click="reverseText()">Reverse</button>
                <button class="btn btn-default" type="button"
                        ng-click="changeCase()">Case</button>
            </span>
            <input class="form-control" ng-model="data.dataValue">
        </div>
    </div>

    <div class="well" ng-controller="firstChildCtrl">
        <h4>First Child Controller</h4>
        <div class="input-group">
            <span class="input-group-btn">
                <button class="btn btn-default" type="button"
                        ng-click="reverseText()">Reverse</button>
                <button class="btn btn-default" type="button"
                        ng-click="changeCase()">Case</button>
            </span>
            <input class="form-control" ng-model="data.dataValue">
        </div>
    </div>

    <div class="well" ng-controller="secondChildCtrl">
        <h4>Second Child Controller</h4>
        <div class="input-group">
            <span class="input-group-btn">
                <button class="btn btn-default" type="button"
                        ng-click="reverseText()">Reverse</button>
                <button class="btn btn-default" type="button"
                        ng-click="changeCase()">Case</button>
                <button class="btn btn-default" type="button"
```

```
                ng-click="shiftFour()">Shift</button>
        </span>
        <input class="form-control" ng-model="data.dataValue">
    </div>
  </div>
 </body>
</html>
```

새 버전의 controllers.html 파일을 브라우저로 로드하면 모든 버튼이 input 엘리먼트의 내용에 영향을 주고, input 엘리먼트의 내용을 수정하더라도 이후 수정 결과에 영향을 주지 않는 것을 볼 수 있다.

무슨 일이 일어난 건지 이해하려면 AngularJS에서 스코프 내 데이터 값의 상속을 어떻게 처리하고, 이에 따라 ng-model 디렉티브가 어떤 영향을 받는지 살펴봐야 한다.

스코프에 직접 정의된 속성값을 읽으면 AngularJS에서는 컨트롤러의 스코프에 로컬 속성이 있는지 검사하고, 로컬 속성이 없을 경우 스코프 계층구조를 따라 위로 올라가면서 속성을 상속했는지 확인한다. 그런데 ng-model 디렉티브를 사용해 이런 속성을 '수정'하면, AngularJS에서는 스코프에 올바른 이름의 속성이 있는지 확인하고, 속성이 존재하지 않을 경우 이를 암시적으로 정의하려고 한다고 가정한다. 그 결과 앞 절의 동작에서 한 것처럼 속성값을 '오버라이드'하게 된다. 자식 input 엘리먼트의 내용을 수정할 때 Reverse 버튼이 더 이상 동작하지 않는 이유는 이제 두 개의 dataValue 속성이 생겼기 때문이다(하나는 최상위 레벨 컨트롤러에서 정의한 속성이고, 다른 하나는 자식 컨트롤러에서 정의한 속성). reverseText 동작은 최상위 레벨 컨트롤러에 정의돼 있고, 최상위 레벨 스코프에 정의된 dataValue를 가지고 작업을 수행하므로, 자식의 dataValue 속성은 수정되지 않은 채로 남게 되는 것이다.

스코프에 객체를 대입하고, 이 객체에 데이터 속성을 정의하면 이런 일이 생기지 않는다. 그 이유는 자바스크립트가 **프로토타입 상속**(프로토타입 상속에 대해서는 18장에서 자세히 설명한다)을 구현하기 때문이다. 여기서 중요한 것은 스코프에 속성을 다음과 같이 정의할 경우

```
  ...
  $scope.dataValue = "Hello, Adam";
  ...
```

ng-model 디렉티브를 사용하면 지역 변수가 생성되는 데 반해, 다음과 같이 객체를 매개체로 사용하면

```
  ...
  $scope.data = {
      dataValue: "Hello, Adam"
  }
  ...
```

ng-model 디렉티브에서 부모 스코프에 정의된 데이터 값을 업데이트해준다는 사실이다. 이는 버그가 아니다. 이런 동작은 여러분이 컨트롤러와 스코프의 동작 방식을 결정할 수 있게 하기 위한 의도적인 기능으로, 같은 스코프 내에서 얼마든지 두 가지 기법을 믹스매치해 활용할 수 있다. 처음에는 공유된 값이었지만 수정했을 경우 복사 값으로 사용하고 싶다면 데이터 속성을 직접 스코프에 정의하면 된다. 하지만 한 개의 값만 사용하고 싶다면 객체를 통해 데이터 속성을 정의하면 된다.

> **참고** 이 예제에서 사용한 컨트롤러 동작은 스코프에 정의된 값에 직접 접근해 작업을 수행한다. 여기서는 상속과 관련해 자주 생기는 문제를 강조하기 위해 이와 같은 예제를 사용했지만 AngularJS에서는 관례적으로 인자를 받는 동작을 정의하는 것을 권장한다. 하지만 AngularJS에서는 동작에서 직접 접근하든, 인자를 통해 값을 넘겨받든 상관없이 같은 절차를 통해 값을 찾아내므로 상속이 동작하는 방식에는 아무 영향이 없다.

다중 컨트롤러의 활용

애플리케이션에서는 필요한 만큼 컨트롤러를 사용할 수 있다. AngularJS 개발을 시작할 때 컨트롤러의 개수로 몇 개가 적합하지는 고민하지 않아도 된다. 코드 파일에서 특정 데이터 값이나 동작을 찾는 게 어려워지면 자연스럽게 단일 컨트롤러를 나눠야 할 때가 됐음을 알게 되기 때문이다.

필자가 사용하는 방식은 애플리케이션의 주요 뷰별로 새로운 컨트롤러를 생성하는 것이다. 물론 이는 대략적인 원칙이며, 필자는 종종 컨트롤러를 재사용하거나 컨트롤러 상속을 사용하기도 한다. 이와 관련한 엄격한 규칙 같은 것은 별도로 없으니 각자 자신에게 맞는 방식을 자연스럽게 개발하면 된다. 예제 13-13에는 사용자로부터 수집하려는 우편주소별로 하나씩, 두 개의 컨트롤러를 사용하게끔 수정한 예제가 나와 있다.

예제 13-13. controllers.html 파일 내 다중 컨트롤러 생성

```
<!DOCTYPE html>
<html ng-app="exampleApp">
<head>
    <title>Controllers</title>
    <script src="angular.js"></script>
    <link href="bootstrap.css" rel="stylesheet" />
    <link href="bootstrap-theme.css" rel="stylesheet" />
    <script>
        var app = angular.module("exampleApp", []);

        app.controller("firstController", function ($scope) {

            $scope.dataValue = "Hello, Adam";
```

```
                    $scope.reverseText = function () {
                        $scope.dataValue = $scope.dataValue.split("").reverse().join("");
                    }
                });

                app.controller("secondController", function ($scope) {

                    $scope.dataValue = "Hello, Jacqui";

                    $scope.changeCase = function () {
                        $scope.dataValue = $scope.dataValue.toUpperCase();
                    };
                });
        </script>
</head>
<body>
        <div class="well" ng-controller="firstController">
            <h4>First Controller</h4>
            <div class="input-group">
                <span class="input-group-btn">
                    <button class="btn btn-default" type="button"
                            ng-click="reverseText()">Reverse</button>
                </span>
                <input class="form-control" ng-model="dataValue">
            </div>
        </div>

        <div class="well" ng-controller="secondController">
            <h4>Second Controller</h4>
            <div class="input-group">
                <span class="input-group-btn">
                    <button class="btn btn-default" type="button"
                            ng-click="changeCase()">
                        Case
                    </button>
                </span>
                <input class="form-control" ng-model="dataValue">
            </div>
        </div>
</body>
</html>
```

이 예제에서는 두 개의 컨트롤러가 정의됐고, 각 컨트롤러는 각기 다른 HTML 엘리먼트에 적용
됐다. 이 말은 그림 13-10과 같이 컨트롤러가 서로 독립적으로 동작하고, 스코프를 공유하거나
데이터나 동작을 상속하지 않는다는 뜻이다.

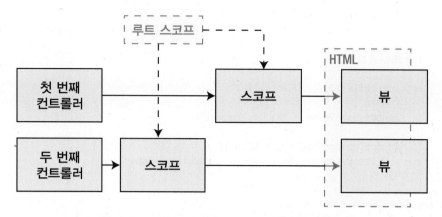

그림 13-10. 별도 컨트롤러를 사용할 때의 스코프 계층구조

이와 같은 컨트롤러 배치는 그림 13-6에서 같은 컨트롤러의 여러 인스턴스를 사용한 경우와 같음을 알 수 있다. 여기서 달라진 점은 지금은 루트 스코프의 존재에 대해 알고 있다는 점뿐이다. 이와 같은 루트 스코프는 각 컨트롤러에서 설정한 스코프 간에 통신하는 데 꼭 필요하다.

| 스코프리스 컨트롤러 활용

스코프가 지나치게 복잡해 보이고, 애플리케이션에서 상속이나 컨트롤러 간 통신이 필요 없다면 **스코프리스 컨트롤러**를 사용하면 된다. 스코프리스 컨트롤러는 스코프를 전혀 사용하지 않고 뷰로 데이터 및 동작을 제공하는 컨트롤러다. 대신 이때 뷰는 예제 13-14와 같이 컨트롤러를 나타내는 특수 변수를 제공받는다.

예제 13-14. controllers.html 파일 내 스코프리스 컨트롤러 활용

```
<!DOCTYPE html>
<html ng-app="exampleApp">
<head>
    <title>Controllers</title>
    <script src="angular.js"></script>
    <link href="bootstrap.css" rel="stylesheet" />
    <link href="bootstrap-theme.css" rel="stylesheet" />
    <script>
        var app = angular.module("exampleApp", [])
            .controller("simpleCtrl", function () {
                this.dataValue = "Hello, Adam";

                this.reverseText = function () {
                    this.dataValue = this.dataValue.split("").reverse().join("");
                }
            });
```

```
        </script>
    </head>
    <body>
        <div class="well" ng-controller="simpleCtrl as ctrl">
            <h4>Top Level Controller</h4>
            <div class="input-group">
                <span class="input-group-btn">
                    <button class="btn btn-default" type="button"
                            ng-click="ctrl.reverseText()">Reverse</button>
                </span>
                <input class="form-control" ng-model="ctrl.dataValue">
            </div>
        </div>
    </body>
</html>
```

이 예제의 컨트롤러는 $scope에 대한 의존성을 선언하지 않고, 다음과 같이 자바스크립트 this
키워드를 사용해 데이터 값 및 동작을 정의한다.

```
...
this.dataValue = "Hello, Adam";
...
```

스코프리스 컨트롤러를 적용할 때는 ng-controller 디렉티브에 사용하는 표현식의 형태를 달
리 해야 한다. 이때는 뷰에서 컨트롤러를 접근할 때 사용할 변수명을 지정해야 한다.

```
...
<div class="well" ng-controller="simpleCtrl as ctrl">
...
```

이 표현식의 형식은 <적용할 컨트롤러> as <변수명>이다. 이 예제에서는 simpleCtrl 컨트롤러를
div 엘리먼트에 적용하고, ctrl이라는 변수를 생성한다. 그런 다음 뷰에서 다음과 같이 ctrl 변
수를 사용해 데이터 및 동작에 접근한다.

```
...
<input class="form-control" ng-model="ctrl.dataValue">
...
```

스코프리스 컨트롤러는 스코프와 관련한 복잡함을 없애주지만, AngularJS에 비교적 최근에 추가
된 기능으로 아직까지는 폭넓게 사용되고 있지 않다. 필자는 시간을 들여 스코프의 동작 원리를
통달함으로써 AngularJS에서 제공하는 모든 기능을 최대한 활용할 것을 권장한다. 이런 기능에는
컨트롤러와의 연동 기능뿐 아니라 15~17장에서 살펴볼 기법을 활용한 커스텀 디렉티브 생성 기
능도 포함된다.

| 명시적 스코프 업데이트

대부분의 경우 AngularJS에서는 스코프를 별 문제 없이 자동으로 최신으로 유지하지만, 다른 자바스크립트 프레임워크와 AngularJS를 연동해야 하는 경우처럼 이 과정을 직접 제어해야 하는 경우가 있을 수 있다. 예컨대 다른 클라이언트사이드 프레임워크를 개발한 기존 제품이나 서비스에 새 기능을 추가하는 경우처럼 애플리케이션에서 항상 AngularJS만을 사용할 수 있는 것은 아니다.

AngularJS는 스코프 객체에 정의된 세 메서드를 사용해 다른 프레임워크와 연동할 수 있다. 표 13-4에 정리된 이들 메서드는 스코프 변화에 반응하는 핸들러를 등록하고, AngularJS 이외의 코드에서 스코프에 변경 사항을 주입할 수 있게 해준다.

표 13-4. 스코프 연동 메서드

메서드	설명
`$apply(expression)`	스코프에 변경 사항을 적용한다.
`$watch(expression, handler)`	표현식을 통해 참조한 값이 바뀔 때 이를 통보받을 핸들러를 등록한다.
`$watchCollection` `(object, handler)`	지정한 객체 내 임의의 속성이 바뀔 때 이를 통보받을 핸들러를 등록한다.

여기서는 이들 메서드의 활용법을 보여주기 위해 제이쿼리 UI를 사용한다. 제이쿼리 UI는 제이쿼리 팀에서 개발한 UI 툴킷으로, 제이쿼리를 기반으로 한 멋진 위젯을 제공하며, 다양한 브라우저와 호환된다.

 표현식 대신 함수를 `$apply` 메서드로 넘겨줄 수도 있다. 이 기법은 커스텀 디렉티브를 정의하고, 사용자가 디렉티브에서 관리하는 엘리먼트와 상호작용할 때 이에 반응해 스코프에서 업데이트할 내용을 정의하는 데 유용하게 활용할 수 있다. 커스텀 디렉티브를 구현하는 법은 15~17장에서 다루고, `$apply` 메서드에 함수를 사용하는 법은 18장에서 살펴본다.

제이쿼리 UI 설정

여기서는 제이쿼리 UI가 어떻게 동작하는지에 대해서는 자세히 다루지 않는다. 제이쿼리 UI에 관심 있는 독자라면 Apress에서 출간한 필자의 책 『Pro jQuery 2』를 참고하자. 여기서는 로컬에 파일을 내려받아 설치하지 않아도 되게끔 구글 콘텐츠 전달 네트워크(CDN)에서 제이쿼리 및 제이쿼리 UI 파일을 가져온다. 예제 13-15에는 제이쿼리 UI 버튼이 들어 있는 간단한 예제 애플리케이션이 나와 있다. UI 버튼은 제이쿼리 UI에서 제공하는 UI 컴포넌트 중 가장 간단한 컴포넌트에 속한다.

```html
<!DOCTYPE html>
<html ng-app="exampleApp">
<head>
    <title>Controllers</title>
    <script src="angular.js"></script>
    <link href="bootstrap.css" rel="stylesheet" />
    <link href="bootstrap-theme.css" rel="stylesheet" />
    <script src="//ajax.googleapis.com/ajax/libs/jquery/1.10.2/jquery.min.js"></script>
    <script src="//ajax.googleapis.com/ajax/libs/jqueryui/1.10.3/jquery-ui.min.js">
        </script>
    <link rel="stylesheet" href=
    "http://ajax.googleapis.com/ajax/libs/jqueryui/1.10.3/themes/sunny/jquery-ui.min.css">
    <script>

        $(document).ready(function () {
            $('#jqui button').button().click(function (e) {
                alert("jQuery UI Button was clicked");
            });
        });

        var app = angular.module("exampleApp", [])
            .controller("simpleCtrl", function ($scope) {

                $scope.buttonEnabled = true;
                $scope.clickCounter = 0;

                $scope.handleClick = function () {
                    $scope.clickCounter++;
                }
            });
    </script>
</head>
<body>
    <div id="angularRegion" class="well" ng-controller="simpleCtrl">
        <h4>AngularJS</h4>
        <div class="checkbox">
            <label>
                <input type="checkbox" ng-model="buttonEnabled"> Enable Button
            </label>
        </div>
        Click counter: {{clickCounter}}
    </div>
    <div id="jqui" class="well">
        <h4>jQuery UI</h4>
        <button>Click Me!</button>
    </div>
</body>
</html>
```

여기서는 두 개의 콘텐츠 영역을 정의했다. 첫 번째 콘텐츠 영역에는 AngularJS 디렉티브와 데이터 바인딩이 들어 있다. 또 다른 콘텐츠 영역에는 제이쿼리 UI 버튼이 들어 있다. 두 번째 영역에서 눈여겨볼 점은 다음과 같이 메서드 호출을 통해 제이쿼리 UI 위젯을 설정한다는 점이다.

```
...
$('#jqui button').button().click(function (e) {
    alert("jQuery UI Button was clicked");
});
...
```

이 명령에서는 button 엘리먼트를 선택하고, 제이쿼리 UI를 적용한 후, 버튼을 클릭할 때 호출할 이벤트 핸들러를 설정한다. 앞에서 설명한 것처럼 이 책에서는 제이쿼리 UI에 대해 자세히 다루지는 않지만, 이 코드를 보면 AngularJS에서 사용하는 디렉티브와는 다른 접근 방식을 사용하는 것을 볼 수 있다. 현재 버튼을 클릭하면 경고창이 표시되지만, 이 경고창은 제이쿼리 UI와 AngularJS를 서로 연동하기 전까지 임시로 사용하기 위한 것이다.

이 예제의 AngularJS 영역에는 제이쿼리 UI 버튼을 활성화/비활성화하는 데 사용할 체크박스와 버튼 클릭 횟수를 세는 데 사용할 변수 및 동작이 들어 있다. 브라우저에서 예제를 실행한 결과는 그림 13-11에서 볼 수 있다.

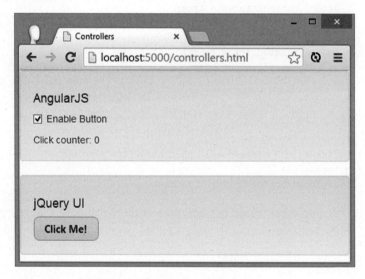

그림 13-11. 제이쿼리 UI 버튼이 들어 있는 예제

버튼 상태 제어

연동을 위해 첫 번째로 할 일은 AngularJS 체크박스에 반응해 제이쿼리 UI 버튼을 활성화/비활성화하는 것이다. 예제 13-16에서는 이를 구현한 코드를 볼 수 있다.

```
...
<script>
    $(document).ready(function () {
        $('#jqui button').button().click(function (e) {
            alert("jQuery UI Button was clicked");
        });
    });

    var app = angular.module("exampleApp", [])
        .controller("simpleCtrl", function ($scope) {

            $scope.buttonEnabled = true;
            $scope.clickCounter = 0;

            $scope.handleClick = function () {
                $scope.clickCounter++;
            }

            $scope.$watch('buttonEnabled', function (newValue) {
                $('#jqui button').button({
                    disabled: !newValue
                });
            });
        });
</script>
...
```

$watch 메서드는 스코프 내 값이 변할 때 호출되는 핸들러 함수를 등록한다. 이 경우, button Enabled 속성을 감시하게끔 지정했다. 핸들러 함수에서는 새로운 속성값을 받는다. 이 예제에서는 새 속성값을 사용해 제이쿼리 UI 버튼의 상태를 변경하는데, 이를 위해서는 예제 코드처럼 메서드를 호출해야 한다.

$watch 메서드는 **외부 연동**을 위한 기능을 제공해준다. 이를 활용하면 스코프 내 변경 사항이 있을 때 다른 프레임워크에서 해당 변경 사항에 맞는 코드를 호출할 수 있다. 이 예제의 경우 버튼의 상태를 변경하고 있다.

> **팁** $watch 메서드의 첫 번째 인자는 표현식이며, AngularJS에서는 이 표현식을 평가해 모니터링할 대상을 판단한다. 이 말은 표현식으로 속성명을 생성하는 함수를 호출할 수도 있다는 뜻이다. 아울러 속성명을 직접 지정하려고 하는 경우, 이 예제에서처럼 항상 문자열 리터럴을 사용해야 한다는 뜻이기도 하다.

버튼 클릭 횟수 세기

$apply 메서드는 다른 프레임워크에서의 변경 사항이 AngularJS에서 특정 변화를 일으키게끔 **내부 연동**을 위한 기능을 제공한다. 예제 13-17에서는 AngularJS 컨트롤러에서 정의한 handleClick 동작을 호출하게끔 제이쿼리 UI 버튼의 이벤트 핸들러를 수정한 것을 볼 수 있다.

예제 13-17. controllers.html 파일 내 제이쿼리 UI 클릭에 반응한 AngularJS 스코프 업데이트

```
...
$(document).ready(function () {
    $('#jqui button').button().click(function (e) {
        angular.element(angularRegion).scope().$apply('handleClick()');
    });
});
...
```

이 명령에서는 많은 작업을 수행한다. 우선, AngularJS 컨트롤러를 적용한 엘리먼트와 연계된 스코프의 위치를 찾는다. 이 자바스크립트 코드는 AngularJS 세계의 코드가 아니므로 $scope에 대한 의존성을 선언해 이를 가져올 수 없다는 점에 주의하자.

AngularJS에서는 제이쿼리의 경량 구현체의 일부로 angular.element 메서드를 제공한다. 이 메서드의 인자로 특정 엘리먼트의 id 어트리뷰트 값을 넘겨주면 필요한 스코프를 반환하는 scope 메서드가 정의된 객체를 가져올 수 있다.

> **팁** scope 메서드는 jqLite 기능의 일부에 지나지 않는다. 나머지 기능은 15장에서 살펴본다.

스코프를 찾고 나면 $apply 메서드를 호출해 handleClick 동작을 호출한다. 이때 handleClick 동작을 직접 호출하지 않는다는 점에 주의하자. 여기서는 스코프가 변경 사항을 인지하고 이를 바인딩 표현식으로 전달할 수 있게 $apply 메서드를 통해 표현식을 지정해야 한다. handleClick 동작을 호출하면 clickCounter 변수가 업데이트되고, 이 변수는 단방향 데이터 바인딩을 통해 HTML에 표시된다. 물론 다음과 같은 표현식을 사용해 clickCount 변수를 직접 수정할 수도 있겠지만

```
...
angular.element(angularRegion).scope().$apply('clickCounter = clickCounter + 1');
...
```

이보다는 동작을 정의해 호출하는 방식을 더 권장한다. 동작을 정의하면 스코프를 업데이트하는 로직을 AngularJS 코드 내 한곳에 둘 수 있기 때문이다. 독자들 또한 이와 같은 접근 방식을 따를 것을 권장한다.

┃ 정리

이 장에서는 AngularJS에서 컨트롤러와 스코프가 담당하는 역할에 대해 살펴봤다. 먼저 컨트롤러의 팩터리 함수에서 스코프를 어떻게 사용하는지, 애플리케이션에서 컨트롤러를 어떻게 배치해야 하고 이런 배치가 스코프 계층구조에 미치는 영향이 무엇인지, 스코프를 사용하지 않는 컨트롤러를 어떻게 생성해야 하는지 배웠다. 끝으로 스코프를 활용해 AngularJS와 다른 자바스크립트 프레임워크를 연동하는 법을 알아봤다. 이 기법은 특히 기존 프로젝트에서 AngularJS를 활용하려고 하는 독자에게 큰 도움이 될 것이다. 다음 장에서는 뷰에서 데이터를 보여줄 때 데이터를 포매팅하고 변형해주는 AngularJS 필터에 대해 설명한다.

CHAPTER 14

필터 활용

필터는 데이터가 디렉티브에 의해 처리된 후 뷰에 표시되기 전에 스코프 내 원본 데이터를 수정하지 않은 채 데이터를 변형해준다. 이와 같은 필터를 활용하면 애플리케이션의 각기 다른 영역에서 다양한 방식으로 같은 데이터를 보여줄 수 있다. 필터에서는 어떠한 형태의 데이터 변형도 수행할 수 있지만, 대부분은 특정 방식으로 데이터를 포매팅하거나 데이터를 정렬하는 역할을 한다. 이 장에서는 AngularJS 애플리케이션에서 필터가 차지하는 역할을 살펴보고, AngularJS의 내장 필터를 들여다보며, 커스텀 필터를 구현하는 법도 알아본다. 표 14-1에는 이 장의 내용이 정리돼 있다.

표 14-1. 장 요약

문제	해결책	예제
통화 값 포매팅	통화 필터를 사용한다.	1~3
일반 숫자 값 포매팅	숫자 필터를 사용한다.	4
날짜 포매팅	날짜 필터를 사용한다.	5
문자열의 대소문자 변경	대문자 또는 소문자 필터를 사용한다.	6
자바스크립트 객체의 JSON 표현값 생성	`json` 필터를 사용한다.	7
통화, 숫자, 날짜 필터에서 생성한 포매팅의 지역화	`script` 엘리먼트를 통해 HTML 문서에 AngularJS 지역화 파일을 추가한다.	8
배열에서 제한된 개수의 객체 선택	`limitTo` 필터를 사용한다.	9
배열 내 객체 선택	`filter` 필터를 사용한다.	10, 11
배열 내 객체 정렬	`orderBy` 필터를 사용한다.	12~16
여러 필터 병합	필터 체인을 사용한다.	17
커스텀 필터 구현	`Module.filter` 메서드를 사용해 데이터 포매팅이나 변형을 수행하는 작업자 함수를 생성하는 팩터리 함수를 지정한다.	18~22

다른 필터를 사용하는 필터 생성	커스텀 필터 팩터리 함수에서 $filter 서비스에 대한 의존성을 선언하고, 서비스를 사용해 필요한 필터에 접근해 호출한다.	23, 24

필터는 언제, 왜 사용하나

필터는 특정 컨트롤러나 데이터 타입에 국한되지 않고 애플리케이션 전역에서 적용해야 하는 공통 데이터 변형을 정의하는 데 사용한다. 필터는 데이터가 스코프에서 디렉티브로 전달되는 과정에서 데이터를 변형하지만, 소스 데이터를 수정하지 않으므로 뷰에서 보여주고 싶은 대로 자유롭게 데이터를 변형할 수 있다.

물론 이런 변형 로직을 컨트롤러 동작이나 커스텀 디렉티브에 둘 수도 있겠지만, 변형 로직을 재사용 가능한 필터로 분리하면 같은 동작이나 디렉티브에 각기 다른 필터를 적용할 수 있게 되므로 애플리케이션이 그만큼 유연해지고, 같은 뷰 내에서뿐 아니라 다른 뷰에서도 다양한 방식으로 데이터를 보여줄 수 있다. 표 14-2에는 AngularJS에서 필터를 언제, 왜 사용하는지가 정리돼 있다.

표 14-2. 필터의 사용 이유와 시점

이유	시점
필터는 뷰에서 보여주려는 애플리케이션의 데이터에 공통으로 적용할 수 있는 변형 로직을 담는다.	필터는 디렉티브에서 데이터를 처리하고 뷰에서 데이터를 보여주기 전에 데이터를 포매팅한다.

예제 프로젝트 준비

이 장의 예제를 준비하려면 angularjs 웹 서버 폴더의 내용을 지우고, 1장에서 설명한 대로 angular.js, bootstrap.css, bootstrap-theme.css 파일을 설치한다. 그런 다음 예제 14-1과 같이 filters.html 파일을 생성한다.

예제 14-1. filters.html 파일의 내용

```html
<html ng-app="exampleApp">
<head>
    <title>Filters</title>
    <script src="angular.js"></script>
    <link href="bootstrap.css" rel="stylesheet" />
    <link href="bootstrap-theme.css" rel="stylesheet" />
    <script>
        angular.module("exampleApp", [])
            .controller("defaultCtrl", function ($scope) {
```

```
        $scope.products = [
            { name: "Apples", category: "Fruit", price: 1.20, expiry: 10 },
            { name: "Bananas", category: "Fruit", price: 2.42, expiry: 7 },
            { name: "Pears", category: "Fruit", price: 2.02, expiry: 6 },

            { name: "Tuna", category: "Fish", price: 20.45, expiry: 3 },
            { name: "Salmon", category: "Fish", price: 17.93, expiry: 2 },
            { name: "Trout", category: "Fish", price: 12.93, expiry: 4 },

            { name: "Beer", category: "Drinks", price: 2.99, expiry: 365 },
            { name: "Wine", category: "Drinks", price: 8.99, expiry: 365 },
            { name: "Whiskey", category: "Drinks", price: 45.99, expiry: 365 }
        ];
    });
    </script>
</head>
<body ng-controller="defaultCtrl">
    <div class="panel panel-default">
        <div class="panel-heading">
            <h3>
                Products
                <span class="label label-primary">{{products.length}}</span>
            </h3>
        </div>
        <div class="panel-body">
            <table class="table table-striped table-bordered table-condensed">
                <thead>
                    <tr>
                        <td>Name</td>
                        <td>Category</td>
                        <td>Expiry</td>
                        <td class="text-right">Price</td>
                    </tr>
                </thead>
                <tbody>
                    <tr ng-repeat="p in products">
                        <td>{{p.name}}</td>
                        <td>{{p.category}}</td>
                        <td>{{p.expiry}}</td>
                        <td class="text-right">{{p.price}}</td>
                    </tr>
                </tbody>
            </table>
        </div>
    </div>
</body>
</html>
```

여기서는 수퍼마켓에서 살 만한 상품으로 구성된 상품 객체 배열을 스코프 내에 정의하는 컨트롤러를 정의했다. 이 예제에서는 각기 다른 필터 기능을 보여줄 수 있을 만큼 공통 성격을 지닌 항목만 충분히 있으면 데이터 자체는 중요하지 않다. 이 예제에서는 ng-repeat 디렉티브를 사용해 table 엘리먼트에 행을 생성해 상품 객체를 보여준다. 브라우저에서 filters.html 파일을 실행한 결과는 그림 14-1에서 볼 수 있다.

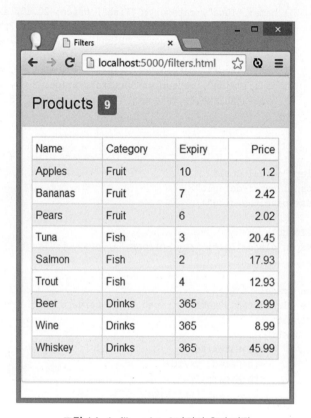

그림 14-1. filters.html 파일의 초기 버전

참고   이 장의 캡처 화면에서는 대부분 테이블의 일부 행만 보여준다. 이렇게 한 이유는 모든 행에 같은 포맷이 적용돼 있으므로 그림이 차지하는 면적을 줄이기 위해서다.

지역화 파일 다운로드

이 장에서 설명하는 일부 내장 필터는 지역화 규칙을 사용해 데이터 값을 포매팅할 수 있다. 지역화 규칙을 지원하는 내장 필터를 사용하려면 특정 파일에 대한 규칙을 지정하는 파일을 사용해야 한다.

angularjs.org로 가서 Download 버튼을 클릭하고 Extras 링크를 클릭한다. 그럼 AngularJS에서 사용할 수 있는 파일 목록이 표시된다. i18n 링크를 클릭하고 angular-locale_fr-fr.js 파일을 찾아 angularjs 폴더에 저장한다. 이 파일은 프랑스에서 사용하는 프랑스어에 대한 지역화 파일이다(기본 로케일인 미국 영어와 확실히 구분되는 로케일을 사용하기 위해 이 파일을 선택했다). 아직까지는 이 파일을 내려받는 것 외에 아무 일도 하지 않아도 된다.

| 단일 데이터 값 필터링

AngularJS에는 두 가지 유형의 내장 필터가 있다. 바로, 단일 값에 적용하는 필터와 컬렉션에 적용하는 필터다. 여기서는 사용하기 쉽고 필터를 좀 더 쉽게 이해할 수 있다는 점에서 단일 값 필터부터 살펴본다. 단일 값 필터는 표 14-3에 정리돼 있다. 이어지는 절에서는 각 필터를 하나씩 살펴본다.

표 14-3. 단일 값 내장 필터

필터	설명
currency	통화 값을 포매팅하는 필터
date	날짜 값을 포매팅하는 필터
json	JSON 문자열로부터 객체를 생성하는 필터
number	숫자 값을 포매팅하는 필터
uppercase lowercase	문자열을 대문자나 소문자로 포매팅하는 필터

 필터를 가지고 가장 많이 하는 작업 중 하나는 같은 데이터에 대해 차례로 여러 개의 필터를 **체인** 형태로 적용하는 것이다. 이 장에서는 이와 같은 필터 체인이 어떻게 동작하는지 살펴보기 전에 내장 필터(특히 컬렉션에 대한 작업을 수행하는)의 사용법을 살펴본다. 필터 체인을 사용하는 예제는 '필터 체인' 절을 참고하자.

통화 값 포매팅

통화 필터는 숫자 값을 포매팅해 통화량을 나타낸다. 이를 활용하면 예컨대 1.2가 $1.20 같은 형태로 포매팅된다. 예제 14-2에서는 통화 필터를 예제의 Price 칼럼에 적용하는 예제를 볼 수 있다.

예제 14-2. filters.html 파일 내 통화 필터 적용

```
...
<tr ng-repeat="p in products">
    <td>{{p.name}}</td>
    <td>{{p.category}}</td>
```

```
    <td>{{p.expiry}}</td>
    <td class="text-right">{{p.price | currency}}</td>
</tr>
...
```

이 예제에서는 데이터 바인딩에 필터를 적용하는 게 얼마나 쉬운지 알 수 있다. 여기서는 막대 기호(| 문자)를 바인딩 소스(이 경우 p.price)에 덧붙이고, 이어서 필터명을 첨부했다. 이렇게 하면 필터를 적용할 수 있다. 결과 화면은 그림 14-2에서 볼 수 있다.

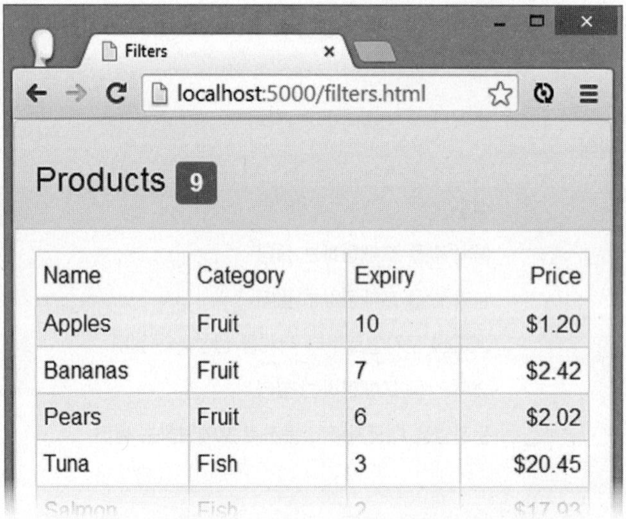

그림 14-2. 통화 필터 적용 효과

컨트롤러에서 데이터를 포매팅하지 않는 이유

독자들 중에는 소스 데이터의 통화 값을 그냥 포매팅하지 않고 왜 데이터 바인딩에 통화 필터를 적용하는지 궁금한 사람도 있을 것이다. 다음과 같이 컨트롤러 팩토리 함수를 간단히 수정하면 통화 값을 포매팅할 수 있는데 말이다.

```
...
<script>
    angular.module("exampleApp", [])
        .controller("defaultCtrl", function ($scope) {
            $scope.products = [
                { name: "Apples", category: "Fruit", price: 1.20 },
                { name: "Bananas", category: "Fruit", price: 2.42 },
                { name: "Pears", category: "Fruit", price: 2.02 },
                // ...지면상 다른 데이터 객체 생략...
            ];
```

```
            for (var i = 0; i < $scope.products.length; i++) {
                $scope.products[i].price =
                    "$" + Number($scope.products[i].price).toFixed(2);
            }
        });
    </script>
    ...
```

이 방식은 그럴듯해 보이기는 하지만 데이터를 활용할 수 있는 범위를 그만큼 제한한다. 여기서는 자바스크립트 Number.toFixed 메서드를 사용해 가까운 소수점 숫자 값을 구하고, 나머지 소수점 값은 버린다. 물론 이렇게 하더라도 이 예제에서는 문제 되지 않지만, 이 방식을 사용하면 소스 데이터를 활용해 정확한 계산을 할 수 없게 되고, 정확한 값을 다뤄야 할 경우 이와 같은 제약은 꽤나 심각한 문제가 될 수 있다.

또, 데이터를 다른 형태로 포매팅할 수도 없게 된다. 만일 price 속성값의 평균을 계산하고 싶거나 전체 달러 값을 보여주려면 계산을 수행하거나 새 표시 값을 구하기 전에 먼저 통화 문자열을 파싱해 숫자를 추출해야 한다.

필터는 스코프 내 데이터를 온전히 보존해줄 뿐 아니라, 앞으로 보겠지만 이와 같이 컨트롤러 외부에 포매팅 로직을 보관하면 애플리케이션 전역에 포매팅할 수 있다는 장점이 있다. 그럼 포매팅 로직을 재사용하는 데도 도움되고, 테스트 및 유지보수가 그만큼 쉬워진다.

숫자 값은 소수점 두 자리에서 조정되고, 앞에 통화 기호를 붙인 채로 표시된다. 기본 통화 기호는 $이지만 예제 14-3과 같이 다른 통화 기호를 지정할 수도 있다.

예제 14-3. filters.html 파일 내 통화 필터에 다른 통화 기호 적용

```
...
<tr ng-repeat="p in products">
    <td>{{p.name}}</td>
    <td>{{p.category}}</td>
    <td>{{p.expiry}}</td>
    <td class="text-right">{{p.price | currency:"£" }}</td>
</tr>
...
```

여기서는 필터명 다음에 콜론(: 문자)을 사용하고, 이어서 표현하려는 통화 기호를 문자열 리터럴로 지정했다. 이 예제에서는 영국 파운드 기호를 사용하고, 결과 화면은 그림 14-3에서 볼 수 있다.

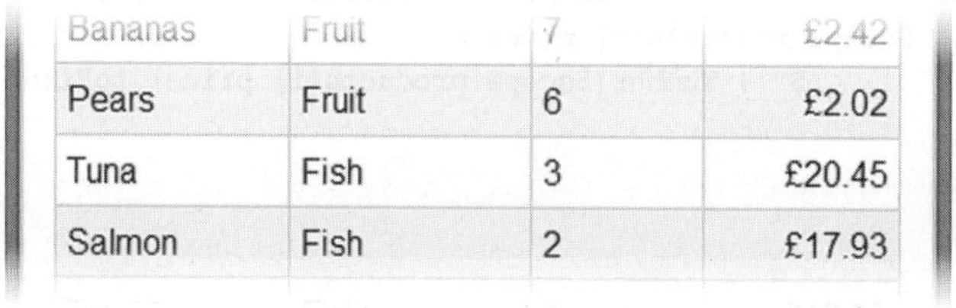

Bananas	Fruit	7	£2.42
Pears	Fruit	6	£2.02
Tuna	Fish	3	£20.45
Salmon	Fish	2	£17.93

그림 14-3. 다른 통화 기호 지정

다른 숫자 값 포매팅

숫자 필터는 필요에 따라 값을 반올림/반내림해 지정된 소수점 길이로 데이터 값을 포매팅한다. 예제 14-4에서는 예제 테이블의 Price 칼럼에서 달러 값만을 표시하기 위해 숫자 필터를 사용한 예제를 볼 수 있다.

예제 14-4. filters.html 파일 내 숫자 필터 적용

```
...
<tr ng-repeat="p in products">
    <td>{{p.name}}</td>
    <td>{{p.category}}</td>
    <td>{{p.expiry}}</td>
    <td class="text-right">${{p.price | number:0 }}</td>
</tr>
...
```

여기서는 막대 문자와 필터명, 이어서 콜론, 표시하려는 소수점 자리수를 지정했다. 이 예제에서는 소수점 0 자리수를 지정해 그림 14-4와 같은 결과를 얻었다.

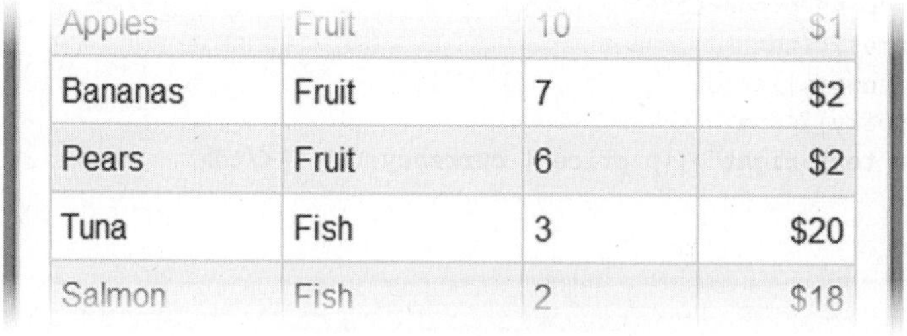

Apples	Fruit	10	$1
Bananas	Fruit	7	$2
Pears	Fruit	6	$2
Tuna	Fish	3	$20
Salmon	Fish	2	$18

그림 14-4. 숫자 필터 활용

주의 숫자 필터는 1,000자리 값을 구분하기 위해 자동으로 콤마를 삽입한다. 따라서 12345 같은 값은 12,345가 된다.

날짜 포매팅

날짜 필터는 날짜를 포매팅한다. 이때 날짜는 문자열, 자바스크립트 Date 객체, 밀리초 숫자 값으로 표현할 수 있다. 날짜 필터의 사용법을 보여주기 위해 예제 컨트롤러에 미래 특정 일까지 남은 일자에 해당하는 Date 객체를 반환하는 동작을 추가했다. 그런 다음 예제 14-5와 같이 이 동작을 사용해 날짜 필터를 적용할 각 데이터 객체의 expiry 속성을 준비했다.

예제 14-5. filters.html 파일 내 날짜 필터 활용

```html
<html ng-app="exampleApp">
<head>
    <title>Filters</title>
    <script src="angular.js"></script>
    <link href="bootstrap.css" rel="stylesheet" />
    <link href="bootstrap-theme.css" rel="stylesheet" />
    <script>
        angular.module("exampleApp", [])
            .controller("defaultCtrl", function ($scope) {
                $scope.products = [
                    { name: "Apples", category: "Fruit", price: 1.20, expiry: 10 },
                    { name: "Bananas", category: "Fruit", price: 2.42, expiry: 7 },
                    { name: "Pears", category: "Fruit", price: 2.02, expiry: 6 },

                    // ...지면상 다른 데이터 객체 생략...
                ];

                $scope.getExpiryDate = function (days) {
                    var now = new Date();
                    return now.setDate(now.getDate() + days);
                }
            });
    </script>
</head>
<body ng-controller="defaultCtrl">
    <div class="panel panel-default">
        <div class="panel-heading">
            <h3>
                Products
                <span class="label label-primary">{{products.length}}</span>
            </h3>
        </div>
        <div class="panel-body">
            <table class="table table-striped table-bordered table-condensed">
                <thead>
                    <tr>
                        <td>Name</td><td>Category</td>
                        <td>Expiry</td><td class="text-right">Price</td>
                    </tr>
                </thead>
```

```
        <tbody>
            <tr ng-repeat="p in products">
                <td>{{p.name}}</td>
                <td>{{p.category}}</td>
                <td>{{getExpiryDate(p.expiry) | date:"dd MMM yy"}}</td>
                <td class="text-right">${{p.price | number:0 }}</td>
            </tr>
        </tbody>
    </table>
        </div>
    </div>
</body>
</html>
```

표 14-4. 날짜 필터에서 지원하는 포매팅 문자열 컴포넌트

컴포넌트	설명
yyyy	연도의 네 자리 표현값(예: 2050)
yy	연도의 두 자리 표현값(예: 50)
MMMM	월의 전체 이름(예: January)
MMM	월의 단축 이름(예: Jan)
MM	두 글자로 표현한 숫자 월(예: 01)
M	길이를 보정하지 않은 숫자 월(예: 1)
dd	두 글자로 보정한 숫자 일(예: 02)
d	길이를 보정하지 않은 숫자 일(예: 2)
EEEE	요일의 전체 이름(예: Tuesday)
EEE	요일의 단축 이름(예: Tue)
HH	날의 시간. 24시간제 기반, 두 글자로 보정(예: 02)
H	날의 시간. 24시간제. 길이 보정 안 함(예: 2)
hh	날의 시간. 12시간제. 두 글자로 보정(예: 02)
h	날의 시간. 12시간제. 길이 보정 안 함(예: 2)
mm	시간의 분. 두 글자의 보정(예: 02)
m	시간의 분. 보정 안 함(예: 2)
ss	분의 초. 두 글자로 보정(예: 02)
s	분의 초. 보정 안 함(예: 2)
a	a.m./p.m. 표시
Z	시간대의 네 글자 표현값

필터를 사용하기 위해 예제 14-5에서는 날짜, 콜론, 이어서 표시하려는 날짜 컴포넌트를 구성하는 포매팅 문자열을 지정했다. 또, 포매팅 문자열에 d, MMM, yy라는 세 가지 날짜 컴포넌트를 사용했다. 전체 날짜 컴포넌트는 표 14-4에 정리돼 있다.

이 표를 보면 예제에서 사용한 포매팅 문자열로 인해 05 Mar 15 같은 날짜가 생성되는 것을 알 수 있다. 결과 화면은 그림 14-5에서 볼 수 있다.

Bananas	Fruit	02 Mar 15	$2
Pears	Fruit	01 Mar 15	$2
Tuna	Fish	26 Feb 15	$20
Salmon	Fish	25 Feb 15	$18

그림 14-5. 날짜 필터를 활용한 날짜 포매팅

> **주의** 날짜 표현은 전 세계 각 지역마다 크게 다르므로 사용자에게 적합한 포매팅 문자열을 사용하는 게 중요하다. 예를 들어, 1/9/2015 같은 날짜는 미국에서는 1월 9일이지만, 다른 지역에서는 9월 1일로 해석한다. 날짜 필터에서는 미리 정의된 지역화 포매팅 문자열을 지원하는데, 이와 같은 지역화에 대해서는 이 장에서 나중에 '필터 결과 지역화' 절을 통해 자세히 살펴본다.

문자열 대소문자 변경

대문자 필터와 소문자 필터는 글자가 모두 대문자나 소문자가 되게끔 변형한다. 필자의 경우 대문자 필터는 잘 사용하지 않지만 소문자 필터는 HTML 레이아웃에서 보여주기 위해 대문자로 지정한 문자열과 속성명을 서로 매핑할 때 유용하게 활용하는 편이다. 예제 14-6에서는 대문자 필터를 Name 칼럼에 적용하고, 소문자 필터를 Category 칼럼에 적용한 것을 볼 수 있다. 이들 필터에는 설정 옵션이 없다.

예제 14-6. filters.html 파일 내 대문자/소문자 필터 적용

```
...
<tr ng-repeat="p in products">
    <td>{{p.name | uppercase }}</td>
    <td>{{p.category | lowercase }}</td>
    <td>{{getExpiryDate(p.expiry) | date:"dd MMM yy"}}</td>
    <td class="text-right">${{p.price | number:0 }}</td>
</tr>
...
```

이 필터들은 우리가 예상하는 대로 동작하며, 결과 화면은 그림 14-6에서 볼 수 있다.

BANANAS	fruit	02 Mar 15	$2
PEARS	fruit	01 Mar 15	$2
TUNA	fish	26 Feb 15	$20
SALMON	fish	25 Feb 15	$18

그림 14-6. 대문자 및 소문자 필터 활용

JSON 생성

json 필터는 자바스크립트 객체로부터 JSON 문자열을 생성한다. 여기서는 책의 완성도를 위해 이 필터를 소개했지만, 자바스크립트에서 JSON 데이터와 연동하는 게 얼마나 쉬운지 감안하면 이 필터는 사실상 사용할 만한 곳이 그리 많지 않다. 예제 14-7에서는 각 데이터 객체의 JSON 표현값을 포함하게끔 ng-repeat 디렉티브를 수정했다.

예제 14-7. filters.html 파일 내 json 필터 적용

```
...
<tr ng-repeat="p in products">
    <td colspan="4">{{p | json}}</td>
</tr>
...
```

여기서는 원본 테이블 셀을 모든 칼럼을 차지하는 셀로 바꾸고, 이 셀 안에 json 필터에서 필터링한 데이터 객체를 보여주게 했다. 결과 화면은 그림 14-7과 같다.

{ "name": "Apples", "category": "Fruit", "price": 1.2, "expiry": 10 }
{ "name": "Bananas", "category": "Fruit", "price": 2.42, "expiry": 7 }
{ "name": "Pears", "category": "Fruit", "price": 2.02, "expiry": 6 }
{ "name": "Tuna", "category": "Fish", "price": 20.45, "expiry": 3 }

그림 14-7. json 필터를 활용한 자바스크립트 객체의 JSON 표현값 생성

필터 결과 지역화

통화 필터, 숫자 필터, 날짜 필터는 지역화 규칙을 사용한 포매팅 값을 지원한다. 지역화 규칙은 이 장에서 앞서 내려받은 파일 같은 지역화 파일에 정의한다. 예제 14-8에서는 지역화 파일을 활용해 지역화된 포매팅을 생성하는 예제를 볼 수 있다.

예제 14-8. filters.html 파일 내 지역화된 필터 포매팅 활용

```
<html ng-app="exampleApp">
<head>
    <title>Filters</title>
    <script src="angular.js"></script>
    <script src="angular-locale_fr-fr.js"></script>
    <link href="bootstrap.css" rel="stylesheet" />
    <link href="bootstrap-theme.css" rel="stylesheet" />
    <script>
        angular.module("exampleApp", [])
            .controller("defaultCtrl", function ($scope) {
                $scope.products = [
                    { name: "Apples", category: "Fruit", price: 1.20, expiry: 10 },
                    { name: "Bananas", category: "Fruit", price: 2.42, expiry: 7 },
                    { name: "Pears", category: "Fruit", price: 2.02, expiry: 6 },

                    { name: "Tuna", category: "Fish", price: 20.45, expiry: 3 },
                    { name: "Salmon", category: "Fish", price: 17.93, expiry: 2 },
                    { name: "Trout", category: "Fish", price: 12.93, expiry: 4 },

                    { name: "Beer", category: "Drinks", price: 2.99, expiry: 365 },
                    { name: "Wine", category: "Drinks", price: 8.99, expiry: 365 },
                    { name: "Whiskey", category: "Drinks", price: 45.99, expiry: 365 }
                ];

                $scope.getExpiryDate = function (days) {
                    var now = new Date();
                    return now.setDate(now.getDate() + days);
                }
            });
    </script>
</head>
<body ng-controller="defaultCtrl">
    <div class="panel panel-default">
        <div class="panel-heading">
            <h3>
                Products
                <span class="label label-primary">{{products.length}}</span>
            </h3>
        </div>
        <div class="panel-body">
            <table class="table table-striped table-bordered table-condensed">
                <thead>
```

```
            <tr>
                <td>Name</td>
                <td>Category</td>
                <td>Expiry</td>
                <td class="text-right">Price</td>
            </tr>
        </thead>
        <tbody>
            <tr ng-repeat="p in products">
                <td>{{p.name}}</td>
                <td>{{p.category}}</td>
                <td>{{getExpiryDate(p.expiry) | date:"shortDate"}}</td>
                <td class="text-right">{{p.price | currency }}</td>
            </tr>
        </tbody>
    </table>
</div>
</div>
</body>
</html>
```

여기서는 HTML 문서로 angular-locale_fr-fr.js 파일을 불러오기 위해 script 엘리먼트를 추가하고, 개별 모델 객체 속성별로 셀이 보이게끔 기존 테이블 셀을 복원했다. name 및 category 속성은 필터링하지 않지만, expiry 및 price 속성에는 각각 날짜 및 통화 필터를 적용한다.

이 예제에서 날짜 필터 포매팅 문자열에 shortDate를 지정한 것에 주의하자. 이 문자열은 날짜 필터에서 지원하는 공통 날짜 표현의 단축값 중 하나다. 표 14-5에는 이와 같은 단축값의 전체 목록이 정리돼 있다. 이들 단축값에서 생성한 결과는 당연히 로케일을 따르지만 여기서는 미국에서 사용하는 영어를 나타내는 en-US 로케일에 해당하는 값을 보여주고 있다.

표 14-5. 날짜 필터에서 지원하는 단축 포매팅 문자열

포매팅 문자열	설명
medium	MMM d, y h:mm:ss a에 해당
short	M/d/yy h:mm a에 해당
fullDate	EEEE, MMMM d, y에 해당
longDate	MMMM d, y에 해당
mediumDate	MMM d, y에 해당
shortDate	M/d/yy에 해당
mediumTime	h:mm:ss a에 해당
shortTime	h:mm a에 해당

그림 14-8에는 지역화된 포매팅을 사용할 때와 사용하지 않을 때의 차이점을 한눈에 알 수 있게 angular-locale_fr-fr.js 파일을 불러오는 script 엘리먼트가 적용된 테이블과 적용 안 된 테이블이 나와 있다.

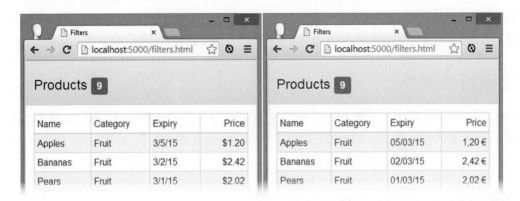

그림 14-8. 지역화된 포매팅의 결과

기본 로케일과 fr-fr 로케일 사이에는 명확한 차이가 있다. 우선 월과 날짜의 순서가 서로 반대이며, 통화 기호 및 위치도 다르다. 또, 소수점 숫자 값을 구분하는 데 점 대신 콤마(3.41이 아니라 3,41)를 사용한 점도 다르다.

섣부른 지역화의 위험성

AngularJS의 지역화 지원 기능은 클라이언트사이드 개발 프레임워크의 표준에 매우 부합한다. AngularJS의 지역화 기능은 나무랄 데가 없지만, 이것만으로는 지역화된 애플리케이션을 구현할 수 없다. 로케일상의 차이점은 단순히 날짜, 숫자, 통화 형식을 넘어서며, 지역화된 애플리케이션을 제대로 구현하려면 지역적 관례와 규정, 관용어구, 종교적 믿음 등 모든 요소를 고려해 신중하게 기획하고 전문가의 조언을 따라야 한다.

따라서 완전히 지역화된 애플리케이션을 개발하는 데 필요한 시간, 노력, 자원을 들일 수 있는 여건이 되지 않는다면 en-US 로케일만을 대상으로 삼으라고 권장하고 싶다. 미국에 살고 있고 북미의 사업적 및 언어적 관례를 따르는 영어 전용 웹 앱은 영어 사용자를 대상으로 비교적 쉽게 구현할 수 있고, 인터넷 또한 미국 중심적인 성격을 띠는 만큼 en-US 관례는 전 세계인이 쉽게 이해할 수 있다. 물론, 이 방식을 따르면 영어를 모르거나 미국 관례를 이해하지 못하는 잠재적 사용자를 배제하게 되겠지만, 대개는 지역화가 잘못된 애플리케이션보다 결과가 훨씬 더 낫다. 서비스하는 지역별로 지역화를 제대로 구현한다면 더 나은 결과를 얻을 수 있겠지만, 날짜나 통화 기호 이외에 다른 정보를 지역화하지 않는다면 오히려 난감한 상황이 초래될 수 있다.

| 컬렉션 필터링

컬렉션 필터링은 단일 데이터 값을 필터링하는 기본 기법을 그대로 사용하지만, 대개 올바른 결과를 얻으려면 좀 더 많은 주의가 필요하다. 이어지는 절에서 보겠지만 AngularJS 라이브러리에는 세 개의 컬렉션 필터가 기본으로 들어 있으며, 물론 원한다면 커스텀 필터를 구현할 수도 있다. 커스텀 필터를 구현하는 법은 이 장에서 나중에 볼 '커스텀 필터 구현' 절을 참고하자.

항목 개수 제한

limitTo 필터는 데이터 객체 배열에서 가져온 항목 개수를 제한한다. 이 필터는 특정 개수의 항목만 집어넣을 수 있는 레이아웃과 연동할 때 유용하게 활용할 수 있다. 예제 14-9에서는 limitTo 필터 활용법을 보여주기 위해 수정한 filters.html 파일을 볼 수 있다.

예제 14-9. filters.html 파일 내 limitTo 필터 활용

```
<html ng-app="exampleApp">
<head>
    <title>Filters</title>
    <script src="angular.js"></script>
    <link href="bootstrap.css" rel="stylesheet" />
    <link href="bootstrap-theme.css" rel="stylesheet" />
    <script>
        angular.module("exampleApp", [])
            .controller("defaultCtrl", function ($scope) {
                $scope.products = [
                    { name: "Apples", category: "Fruit", price: 1.20, expiry: 10 },
                    { name: "Bananas", category: "Fruit", price: 2.42, expiry: 7 },
                    { name: "Pears", category: "Fruit", price: 2.02, expiry: 6 },

                    { name: "Tuna", category: "Fish", price: 20.45, expiry: 3 },
                    { name: "Salmon", category: "Fish", price: 17.93, expiry: 2 },
                    { name: "Trout", category: "Fish", price: 12.93, expiry: 4 },

                    { name: "Beer", category: "Drinks", price: 2.99, expiry: 365 },
                    { name: "Wine", category: "Drinks", price: 8.99, expiry: 365 },
                    { name: "Whiskey", category: "Drinks", price: 45.99, expiry: 365
    }
                ];

                $scope.limitVal = "5";
                $scope.limitRange = [];
                for (var i = (0 - $scope.products.length);
                        i <= $scope.products.length; i++) {
                    $scope.limitRange.push(i.toString());
                }
            });
```

```
            </script>
        </head>
        <body ng-controller="defaultCtrl">
            <div class="panel panel-default">
                <div class="panel-heading">
                    <h3>
                        Products
                        <span class="label label-primary">{{products.length}}</span>
                    </h3>
                </div>
                <div class="panel-body">
                    Limit: <select ng-model="limitVal"
                        ng-options="item for item in limitRange"></select>
                </div>
                <div class="panel-body">
                    <table class="table table-striped table-bordered table-condensed">
                        <thead>
                            <tr>
                                <td>Name</td>
                                <td>Category</td>
                                <td>Expiry</td>
                                <td class="text-right">Price</td>
                            </tr>
                        </thead>
                        <tbody>
                            <tr ng-repeat="p in products | limitTo:limitVal">
                                <td>{{p.name}}</td>
                                <td>{{p.category}}</td>
                                <td>{{p.expiry}}</td>
                                <td class="text-right">{{p.price | currency }}</td>
                            </tr>
                        </tbody>
                    </table>
                </div>
            </div>
        </body>
    </html>
```

> **팁** 이 예제에서는 예제를 간단히 하기 위해 지역화 파일을 제거했다.

---

filters.html 파일에서 수정한 내용 중 가장 중요한 부분은 다음과 같이 ng-repeat에 정의한 표현식에서 products 배열에 limitTo 필터를 적용한 부분이다.

```
...
<tr ng-repeat="p in products | limitTo:limitVal">
...
```

필터를 적용한 컬렉션은 단일 값과 동일한 방식으로 필터가 적용된다. limitTo 필터는 소스 배열에서 사용할 항목 개수를 지정해 설정한다. 이 예제에서는 컨트롤러의 팩터리 함수에서 정의한 limitVal 속성값을 사용해 항목 개수를 제한했다.

```
...
$scope.limitVal = "5";
...
```

다시 말해, 이 예제에서는 limitTo 필터를 사용해 ng-repeat 디렉티브를 제한함으로써 products 배열 내 처음 다섯 개의 객체만 ng-repeat 디렉티브가 처리하게 했다. 결과 화면은 그림 14-9에서 볼 수 있다.

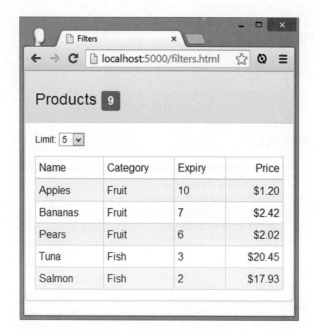

그림 14-9. limitTo 필터 활용

다른 필터와 마찬가지로 limitTo 필터는 스코프 내에 있는 데이터를 수정하지 않으며, 다만 이 경우 ng-repeat 디렉티브로 전달되는 데이터에만 영향을 준다. 이 그림에서는 Products 제목 옆에 있는 카운터 숫자가 여전히 9인 것을 볼 수 있다. 이렇게 된 이유는 ng-repeat 디렉티브에서 배열 내 5개의 항목만 전달받는 것과 상관없이 이 숫자는 products.length로 바인딩했기 때문이다.

팁 | limitTo 필터는 문자열 값에도 적용할 수 있다. 이 경우 각 문자를 배열 내 객체처럼 처리한다.

이 예제에서는 음수 값을 지정했을 때 어떤 일이 일어나는지 알아보기 위해 `limitTo` 필터 값을 변수로 지정했다. 이와 관련해 filters.html 마크업에는 다음과 같이 값 배열을 생성해 ng-options 어트리뷰트를 설정한 select 엘리먼트가 들어 있다.

```
...
for (var i = (0 - $scope.products.length); i <= $scope.products.length; i++) {
    $scope.limitRange.push(i.toString());
}
...
```

products 배열에는 9개의 데이터 객체가 있다. 따라서 select 엘리먼트에는 -9부터 9까지의 값이 들어 있는 option 엘리먼트가 생성된다. 그림과 같이 `limitTo` 필터에 양수 값(예를 들어 5)을 설정하면, 필터에서는 배열에서 처음 다섯 개의 객체를 선택한다. 그런데 -5와 같은 음수 값을 선택하면 필터는 배열에서 마지막 5개의 객체를 선택한다. 결과 화면은 그림 14-10에서 볼 수 있다.

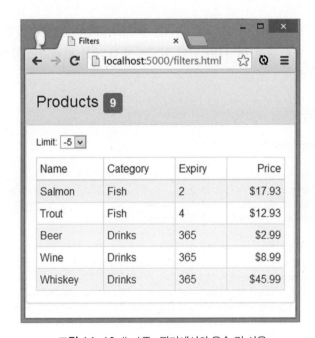

그림 14-10. limitTo 필터에서의 음수 값 사용

팁 이때 경계 범위를 넘어서는 문제는 걱정하지 않아도 된다. 지정한 숫자가 배열의 크기보다 클 경우 `limitTo` 필터에서는 자동으로 배열 내 모든 객체를 반환한다.

항목 선택

다소 헷갈리는 이름의 filter 필터는 배열에서 객체를 선택하는 데 사용한다. 선택 기준은 표현식, 속성값과의 일치 비교에 사용하는 맵 객체, 또는 함수를 사용해 지정할 수 있다. 예제 14-10에서는 선택 기준을 지정한 간단한 예제를 볼 수 있다.

예제 14-10. filters.html 파일 내 항목 선택

```
...
<tr ng-repeat="p in products | filter:{category: 'Fish'}">
    <td>{{p.name}}</td>
    <td>{{p.category}}</td>
    <td>{{p.expiry}}</td>
    <td class="text-right">{{p.price | currency }}</td>
</tr>
...
```

이 예제에서는 맵 객체 방식을 사용해 category 속성값이 Fish인 항목만 선택하게 했다. 함수를 사용해 필터링할 경우 예제 14-11과 같이 함수에서 true를 반환하는 항목만 선택 항목으로 남게 된다.

예제 14-11. filters.html 파일 내 항목 선택

```
<html ng-app="exampleApp">
<head>
    <title>Filters</title>
    <script src="angular.js"></script>
    <link href="bootstrap.css" rel="stylesheet" />
    <link href="bootstrap-theme.css" rel="stylesheet" />
    <script>
        angular.module("exampleApp", [])
            .controller("defaultCtrl", function ($scope) {
                $scope.products = [
                    { name: "Apples", category: "Fruit", price: 1.20, expiry: 10 },
                    { name: "Bananas", category: "Fruit", price: 2.42, expiry: 7 },
                    { name: "Pears", category: "Fruit", price: 2.02, expiry: 6 },

                    { name: "Tuna", category: "Fish", price: 20.45, expiry: 3 },
                    { name: "Salmon", category: "Fish", price: 17.93, expiry: 2 },
                    { name: "Trout", category: "Fish", price: 12.93, expiry: 4 },

                    { name: "Beer", category: "Drinks", price: 2.99, expiry: 365 },
                    { name: "Wine", category: "Drinks", price: 8.99, expiry: 365 },
                    { name: "Whiskey", category: "Drinks", price: 45.99, expiry: 365 }
                ];

                $scope.limitVal = "5";
```

```
                    $scope.limitRange = [];
                    for (var i = (0 - $scope.products.length) ;
                            i <= $scope.products.length; i++) {
                        $scope.limitRange.push(i.toString());
                    }

                    $scope.selectItems = function (item) {
                        return item.category == "Fish" || item.name == "Beer";
                    };
                });
        </script>
    </head>
    <body ng-controller="defaultCtrl">
        <div class="panel panel-default">
            <div class="panel-heading">
                <h3>
                    Products
                    <span class="label label-primary">{{products.length}}</span>
                </h3>
            </div>
            <div class="panel-body">
                Limit: <select ng-model="limitVal"
                            ng-options="item for item in limitRange"></select>
            </div>
            <div class="panel-body">
                <table class="table table-striped table-bordered table-condensed">
                    <thead>
                        <tr>
                            <td>Name</td>
                            <td>Category</td>
                            <td>Expiry</td>
                            <td class="text-right">Price</td>
                        </tr>
                    </thead>
                    <tbody>
                        <tr ng-repeat="p in products | filter:selectItems">
                            <td>{{p.name}}</td>
                            <td>{{p.category}}</td>
                            <td>{{p.expiry}}</td>
                            <td class="text-right">{{p.price | currency }}</td>
                        </tr>
                    </tbody>
                </table>
            </div>
        </div>
    </body>
</html>
```

이 예제에서는 selectItems라는 스코프 동작을 정의했다. 이 동작은 컬렉션 내 각 항목별로 호출되고, 각 객체를 인자로 넘겨받는다. 이 예제에서는 category 속성값이 Fish이거나 name 속성값이 Beer일 경우 true를 반환하고 있다. 이와 같은 동작을 사용하면 단순히 표현식을 사용할 때보다 훨씬 더 복잡한 선택 작업을 수행할 수 있다.

항목 정렬

내장 필터 중 가장 복잡한 필터는 orderBy다. 이 필터는 배열 내 객체를 정렬한다. 예제 14-12에서는 예제에 orderBy 필터를 적용한 코드를 볼 수 있다.

예제 14-12. filters.html 파일 내 orderBy 필터 적용

```
...
<tr ng-repeat="p in products | orderBy:'price'">
    <td>{{p.name}}</td>
    <td>{{p.category}}</td>
    <td>{{p.expiry}}</td>
    <td class="text-right">{{p.price | currency }}</td>
</tr>
...
```

여기서는 객체를 정렬하는 가장 단순한 방법(객체를 정렬할 속성명을 지정하는)을 사용하고 있다. 이 경우 price 속성을 지정했으며, 결과 화면은 그림 14-11에서 볼 수 있다.

Name	Category	Expiry	Price
Apples	Fruit	10	$1.20
Pears	Fruit	6	$2.02
Bananas	Fruit	7	$2.42
Beer	Drinks	365	$2.99
Wine	Drinks	365	$8.99
Trout	Fish	4	$12.93
Salmon	Fish	2	$17.93
Tuna	Fish	3	$20.45
Whiskey	Drinks	365	$45.99

그림 14-11. 가격을 기준으로 한 객체 정렬

주의 이 예제에서 속성명을 'price'처럼 따옴표로 감싸고, price처럼 사용하지 않은 점에 주의하자. 속성명을 디렉티브의 표현식에 지정할 때 이와 같은 따옴표를 빼먹으면 orderBy 필터의 작업이 오류 없이 조용히 실패한다. 따옴표를 사용하지 않으면 필터는 스코프 변수를 사용하거나 미래 어느 시점에 정의할 price라는 컨트롤러 변수를 사용한다고 가정하게 된다.

정렬 방향 설정

단순히 속성명만 지정하면 필터가 오름차순으로 객체를 정렬하게끔 암시적으로 요청하게 된다. 명시적으로 정렬 순서를 지정하려면 예제 14-13과 같이 +나 - 문자를 사용하면 된다.

예제 14-13. filters.html 파일 내 정렬 방향의 명시적 설정

```
...
<tr ng-repeat="p in products | orderBy:'-price'">
...
```

속성명 앞에 접두어로 빼기 기호(-)를 지정함으로써 여기서는 price 속성을 그림 14-12처럼 내림차순으로 정렬하게 한다. 더하기 기호(+)를 지정할 경우 접두어를 지정하지 않은 경우와 동일하며, 오름차순 정렬을 적용하게 된다.

Name	Category	Expiry	Price
Whiskey	Drinks	365	$45.99
Tuna	Fish	3	$20.45
Salmon	Fish	2	$17.93
Trout	Fish	4	$12.93

그림 14-12. 내림차순 정렬 수행

함수를 통한 정렬

속성명을 지정할 때 리터럴 문자열로 지정하게끔 주의해야 하는 이유는 orderBy 필터에서 함수를 활용한 정렬도 수행하기 때문이다. 이와 같이 함수를 통해 정렬 필터를 적용하면 특정 속성값만을 기준으로 하지 않고 복잡한 정렬을 수행할 수 있다. 예제 14-14에서는 여러 속성값을 기준으로 정렬을 수행하는 함수를 어떻게 정의하는지 볼 수 있다.

```
...
<script>
    angular.module("exampleApp", [])
        .controller("defaultCtrl", function ($scope) {
            $scope.products = [
                { name: "Apples", category: "Fruit", price: 1.20, expiry: 10 },
                { name: "Bananas", category: "Fruit", price: 2.42, expiry: 7 },
                { name: "Pears", category: "Fruit", price: 2.02, expiry: 6 },

                { name: "Tuna", category: "Fish", price: 20.45, expiry: 3 },
                { name: "Salmon", category: "Fish", price: 17.93, expiry: 2 },
                { name: "Trout", category: "Fish", price: 12.93, expiry: 4 },

                { name: "Beer", category: "Drinks", price: 2.99, expiry: 365 },
                { name: "Wine", category: "Drinks", price: 8.99, expiry: 365 },
                { name: "Whiskey", category: "Drinks", price: 45.99, expiry: 365 }
            ];

            $scope.myCustomSorter = function (item) {
                return item.expiry < 5 ? 0 : item.price;
            }
        });
</script>
...
```

정렬에 사용하는 함수는 데이터 배열로부터 객체를 넘겨받고, 정렬 과정에서 비교에 사용할 객체나 값을 반환한다. 이 함수에서는 expiry 속성값이 5보다 작지 않으면 price 속성값을 반환하고, 5보다 작으면 0을 반환한다. 이 함수를 정렬 필터에 적용하면 expiry 값이 작은 항목이 오름차순으로 정렬된 데이터 배열 위쪽에 위치하게 된다. 예제 14-15에서는 orderBy 필터에 이 함수를 어떻게 적용하는지 볼 수 있다.

```
...
<tr ng-repeat="p in products | orderBy:myCustomSorter">
    <td>{{p.name}}</td>
    <td>{{p.category}}</td>
    <td>{{p.expiry}}</td>
    <td class="text-right">{{p.price | currency }}</td>
</tr>
...
```

이때는 속성명을 리터럴 문자열로 감쌀 때처럼 함수명을 따옴표로 감싸지 않는 점에 주의하자. 이 함수를 적용한 결과는 그림 14-13에서 볼 수 있다.

Name	Category	Expiry	Price
Tuna	Fish	3	$20.45
Salmon	Fish	2	$17.93
Trout	Fish	4	$12.93
Apples	Fruit	10	$1.20
Pears	Fruit	6	$2.02
Bananas	Fruit	7	$2.42
Beer	Drinks	365	$2.99
Wine	Drinks	365	$8.99
Whiskey	Drinks	365	$45.99

그림 14-13. 함수를 활용한 데이터 객체 정렬

다중 서술식을 활용한 정렬

AngularJS의 정렬 함수는 동작 방식이 조금 이상하다. 정렬 함수는 두 객체를 비교해 상대적인 순위를 결정하는 대신 orderBy 필터가 순위 결정에 사용할 값을 반환하게끔 돼 있다. 이에 따라 이전 예제에서처럼 서로 다른 속성값에 가중치를 부여할 경우 본래 의도한 정렬 효과가 제대로 나오지 않게 되는 문제가 생길 수 있다. 앞에서는 expiry 값이 가장 작은 객체를 테이블 상단에 두려고 했지만(실제로 이렇게 정렬됐다), orderBy 필터에서는 그 외에 추가적인 정렬을 전혀 수행하지 않고 있다.

다행히 속성명 배열이나 함수 배열을 차례로 사용해 객체를 정렬하게끔 orderBy 필터를 설정할수 있다. 두 객체가 배열 내 첫 번째 속성이나 함수에서 값이 같으면, orderBy 필터에서는 두 번째 값이나 함수를 고려한다. 이와 같은 비교 작업은 데이터 객체의 우선순위를 결정하거나 속성/함수를 모두 검토할 때까지 계속 진행된다. 예제 14-16에서는 filters.html 파일에 배열을 적용한 예제를 볼 수 있다.

예제 14-16. filters.html 파일 내 orderBy 필터 정렬에 배열을 사용한 예제

```
...
<tr ng-repeat="p in products | orderBy:[myCustomSorter, '-price']">
    <td>{{p.name}}</td>
    <td>{{p.category}}</td>
    <td>{{p.expiry}}</td>
    <td class="text-right">{{p.price | currency }}</td>
</tr>
...
```

여기서는 앞 절의 myCustomSorter 함수를 적용하고, 이어서 price 속성을 내림차순으로 적용했다. myCustomSorter 함수에서는 expiry 값이 작은 객체에 같은 정렬값을 지정하므로 이와 같이 배열을 사용하면 그림 14-14처럼 추가로 데이터를 정렬할 수 있다.

Name	Category	Expiry	Price
Tuna	Fish	3	$20.45
Salmon	Fish	2	$17.93
Trout	Fish	4	$12.93
Apples	Fruit	10	$1.20
Pears	Fruit	6	$2.02

그림 14-14. 정렬 기준으로 배열을 활용한 결과 화면

| 필터 체인

지금까지 내장 필터를 차례로 모두 살펴봤다. 하지만 필터에서 가장 좋은 기능은 여러 개의 필터를 결합해 좀 더 복잡한 효과를 구현하는 기능이다. 예제 14-17에서는 limitTo와 orderBy를 결합한 필터 체인 예제를 볼 수 있다.

예제 14-17. filters.html 파일 내 필터 체인

```
...
<tr ng-repeat="p in products | orderBy:[myCustomSorter, '-price'] | limitTo: 5">
    <td>{{p.name}}</td>
    <td>{{p.category}}</td>
    <td>{{p.expiry}}</td>
    <td class="text-right">{{p.price | currency }}</td>
</tr>
...
```

> **팁** 단일 값에 적용되는 필터에도 필터 체인을 활용할 수 있지만, 통화나 날짜 필터 같은 경우 특정 데이터 유형을 포매팅하도록 설계됐으므로 이런 필터 체인을 사용하는 게 큰 의미가 없다. 이와 같은 이유로 대개 필터 체인은 컬렉션에 대한 작업을 수행하는 필터에서 사용해 복잡한 변형을 수행한다.

필터를 체인으로 묶을 때는 막대(|) 문자를 사용하며, 필터 체인은 필터를 작성한 순서대로 적용

된다. 이 예제의 경우, orderBy 필터가 먼저 적용되고, 이어서 limitTo 필터가 정렬된 결과에 적용된다. 이와 같이 처음 다섯 개의 정렬된 객체를 대상으로 ng-repeat 디렉티브를 적용하고 나면 그림 14-15와 같은 결과를 볼 수 있다.

Name	Category	Expiry	Price
Tuna	Fish	3	$20.45
Salmon	Fish	2	$17.93
Trout	Fish	4	$12.93
Apples	Fruit	10	$1.20
Pears	Fruit	6	$2.02

그림 14-15. 필터 체인

I 커스텀 필터 구현

단순히 내장 필터를 사용하는 데서 그치는 게 아니라 애플리케이션에 맞게 데이터를 처리하는 커스텀 필터를 구현할 수도 있다. 이 절에서는 각기 다른 세 개의 필터를 구현하는 법을 살펴본다. 첫 번째 필터는 단일 데이터 값을 포매팅하고, 두 번째 필터는 객체 배열을 처리하며, 세 번째 필터는 다른 필터에서 제공한 기능을 토대로 작업을 수행한다.

데이터 값을 포매팅하는 필터 구현

필터는 Module.filter 메서드를 통해 구현하는데, 이 메서드는 두 개의 인자를 받는다. 바로, 생성할 필터명과, 실제 작업을 수행할 작업자 함수를 생성하는 팩터리 함수다. 필터 구현법을 보여주기 위해 여기서는 angularjs 폴더에 customFilters.js라는 자바스크립트 파일을 새로 추가했다. 예제 14-18에서는 이 파일의 내용을 볼 수 있다.

예제 14-18. customFilters.js 파일의 내용

```
angular.module("exampleApp")
    .filter("labelCase", function () {
        return function (value, reverse) {
            if (angular.isString(value)) {
                var intermediate = reverse ? value.toUpperCase() : value.toLowerCase();
```

```
        return (reverse ? intermediate[0].toLowerCase() :
            intermediate[0].toUpperCase()) + intermediate.substr(1);
    } else {
        return value;
    }
};
});
```

참고 이 예제에서는 인자를 한 개만 사용해 angular.module 메서드를 호출한 점에 주의하자. 이렇게
하면 추가 설정을 위해 이전에 정의한 모듈(이 경우 filters.html 파일에서 정의한 모듈)을 가
져오게 된다. 이와 같이 모듈을 가져오면 코드가 별도 파일에 들어 있더라도 filter 메서드를 사
용해 exampleApp 모듈을 보완할 수 있다.

여기서 구현한 필터는 labelCase로, 첫 번째 글자만 대문자가 되게끔 문자열을 포매팅한다. 여
기서 정의한 작업자 함수에서는 두 개의 인자를 받는다. 첫 번째 인자는 필터링할 값(이 값은
AngularJS에서 필터가 적용될 때 제공된다)이고, 두 번째 값은 첫 번째 글자가 소문자가 되고 나
머지 글자가 대문자가 되게끔 필터를 역순으로 적용하게 해주는 인자다.

팁 이 예제에서 angular.isString 메서드를 사용해 필터에서 포매팅하는 값이 문자열인지 검사한
점에 주의하자. 이 장에서는 단일 값 필터와 컬렉션 필터를 구분해서 사용했지만 필터를 구현할
때는 둘 사이에 실질적인 차이가 전혀 없으며, 디렉티브 표현식에서 필터를 잘못 적용하는 경우
를 대비해 항상 이 예제처럼 예상한 데이터 값 유형을 받는지 검사하는 게 좋다. 이 필터의 경우
필터 적용 값이 문자열이 아니면 데이터 값을 수정하지 않은 채로 반환하지만, 테스트 과정에서
오류를 찾아내기 쉽게 에러를 내보내는 것도 좋다.

필터를 적용하기 전에 예제 14-19와 같이 메인 문서로 customFilters.js 파일에 들어 있는 코
드를 불러올 수 있게 filters.html 파일에 script 엘리먼트를 추가해야 한다.

예제 14-19. filters.html 파일에 customFilters.js 파일을 불러오는 script 엘리먼트 추가

```
...
<head>
    <title>Filters</title>
    <script src="angular.js"></script>
    <link href="bootstrap.css" rel="stylesheet" />
    <link href="bootstrap-theme.css" rel="stylesheet" />
    <script>
        angular.module("exampleApp", [])
            .controller("defaultCtrl", function ($scope) {
```

```
              // ...지면상 다른 명령 생략...
          });
      </script>
      <script src="customFilters.js"></script>
</head>
...
```

여기서는 자바스크립트 파일 내 코드가 이미 정의된 모듈에 의존하므로 exampleApp 모듈을 정
의하는 코드 다음에 customFilters.js 파일을 불러오는 script 엘리먼트를 추가했다. 수정해
야 할 부분은 마크업에 필터를 적용하는 코드뿐이다. 예제 14-20에서는 filters.html 파일에서
테이블의 Name 및 Category 칼럼에 필터를 적용한 코드를 볼 수 있다.

예제 14-20. filters.html 파일 내 커스텀 필터 적용

```
...
<tr ng-repeat="p in products | orderBy:[myCustomSorter, '-price'] | limitTo: 5">
    <td>{{p.name | labelCase }}</td>
    <td>{{p.category | labelCase:true }}</td>
    <td>{{p.expiry}}</td>
    <td class="text-right">{{p.price | currency }}</td>
</tr>
...
```

name 속성에 필터를 적용할 때는 설정 옵션을 지정하지 않았다. 이렇게 하면 AngularJS는 필터
작업자 함수의 두 번째 인자 값으로 null 값을 넘겨준다. 이 필터는 두 번째 값이 false이거나
null일 경우 기본 동작을 수행하게끔 구현했는데, 독자들 또한 이와 같은 방식으로 필터를 구현
할 것을 권장한다. 이렇게 하면 커스텀 필터를 그만큼 쉽게 사용할 수 있기 때문이다. category
속성에 필터를 적용할 때는 설정 옵션을 true로 지정했다. 이렇게 하면 필터에 적용되는 대소문
자 형식이 반대가 된다. 두 필터를 적용한 결과는 그림 14-16에서 볼 수 있다.

Name	Category	Expiry	Price
Tuna	fISH	3	$20.45
Salmon	fISH	2	$17.93
Trout	fISH	4	$12.93
Apples	fRUIT	10	$1.20
Pears	fRUIT	6	$2.02

그림 14-16. 커스텀 필터 적용

컬렉션 필터 구현

객체 컬렉션을 대상으로 작업을 수행하는 필터 또한 구현 방식은 동일하지만 그래도 예제를 통해 살펴보고 넘어가는 게 좋을 것 같다. 이 절에서는 배열 앞에서부터 특정 개수의 항목을 제거하는 skip 필터를 구현한다. 이 필터는 그 자체로는 별로 쓸모없지만 이 장에서는 나중에 이 필터를 기반으로 추가 필터를 개발한다. 예제 14-21에서는 skip 필터를 구현하기 위해 customFilters.js 파일에 추가한 코드를 볼 수 있다.

```javascript
angular.module("exampleApp")
    .filter("labelCase", function () {
        return function (value, reverse) {
            if (angular.isString(value)) {
                var intermediate =  reverse ? value.toUpperCase() : value.toLowerCase();
                return (reverse ? intermediate[0].toLowerCase() :
                    intermediate[0].toUpperCase()) + intermediate.substr(1);
            } else {
                return value;
            }
        };
    })
    .filter("skip", function () {
        return function (data, count) {
            if (angular.isArray(data) && angular.isNumber(count)) {
                if (count > data.length || count < 1) {
                    return data;
                } else {
                    return data.slice(count);
                }
            } else {
                return data;
            }
        }
    });
```

작업자 함수에서는 데이터가 배열인지 검사하고, count 인자 값으로 숫자 값을 받았는지 확인한다. 여기서는 필터가 요청받은 작업을 배열에서 수행할 수 있는지 확인하기 위해 간단한 경계 값을 검사한다. 아무 문제가 없다면, 자바스크립트의 내장 메서드인 slice 메서드를 사용해 지정한 개수만큼 객체를 건너뛴다. 예제 14-22에서는 filters.html 파일의 ng-repeat 디렉티브 표현식에 skip 필터를 적용한 코드를 볼 수 있다(여기서는 테이블 칼럼에서 labelCase 필터를 제거했다).

예제 14-22. filters.html 파일 내 커스텀 컬렉션 필터 적용

```
...
<tr ng-repeat="p in products | skip:2 | limitTo: 5">
    <td>{{p.name}}</td>
    <td>{{p.category}}</td>
    <td>{{p.expiry}}</td>
    <td class="text-right">{{p.price | currency }}</td>
</tr>
...
```

이 예제에서는 커스텀 필터도 내장 필터처럼 똑같이 사용할 수 있다는 점을 강조하기 위해 skip 필터와 limitTo 필터를 필터 체인으로 지정했다. 이와 같이 두 필터를 적용하면 그림 14-17과 같이 배열에서 처음 두 개의 항목을 건너뛰고, 이후 다섯 개의 항목만 선택하게 된다.

Name	Category	Expiry	Price
Pears	Fruit	6	$2.02
Tuna	Fish	3	$20.45
Salmon	Fish	2	$17.93
Trout	Fish	4	$12.93
Beer	Drinks	365	$2.99

그림 14-17. 커스텀 필터와 내장 컬렉션 필터의 적용

기존 필터 확장

이 절에서는 skip 필터와 limitTo 필터의 기능을 단일 필터로 결합하려고 한다. 예제 14-20에서 볼 수 있듯 필터는 체인을 통해 여러 개를 손쉽게 적용할 수 있지만 이 예제에서는 중복 코드를 사용하지 않고 기존 필터 기능을 토대로 또 다른 필터를 구현하는 법을 보여주려고 한다. 예제 14-23에서는 take 필터를 정의하기 위해 customFilters.js 파일에 새로 추가한 코드를 볼 수 있다.

예제14-23. customFilters.js 파일 내 take 필터 정의

```
angular.module("exampleApp")
    .filter("labelCase", function () {
        // ...지면상 명령 생략...
    })
    .filter("skip", function () {
```

```
        // ...지면상 명령 생략...
    })
    .filter("take", function ($filter) {
        return function (data, skipCount, takeCount) {
            var skippedData = $filter("skip")(data, skipCount);
            return $filter("limitTo")(skippedData, takeCount);
        }
    });
```

take 필터에는 별도의 변형 로직은 들어 있지 않으며, 필터에서 받는 데이터의 유형도 검사하지 않는다. 대신 이 필터는 자체적으로 유효성 검증을 수행하고 변형을 적용하는 skip 필터와 limitTo 필터의 로직에 전적으로 의존한다.

이 예제에서 필터의 팩터리 함수에서는 모듈 내 정의된 모든 필터에 접근할 수 있게 해주는 $filter 서비스에 대한 의존성을 선언한다. 이와 같은 필터는 작업자 함수에서 이름을 사용해 다음과 같이 접근하고 호출할 수 있다.

```
...
var skippedData = $filter("skip")(data, skipCount);
...
```

이 명령에서는 작업자 함수 내에서 skip 필터를 호출하고, 처리된 데이터 컬렉션을 일반 자바스크립트 변수에 대입해 저장한다. 이어서 limitTo 필터를 사용해 같은 과정을 반복함으로써 다른 필터를 기반으로 한 커스텀 필터를 구현한다. 예제 14-24에서는 filters.html 파일 내 ng-repeat 디렉티브에 이 필터를 적용한 코드를 볼 수 있다.

예제 14-24. filters.html 파일 내 take 필터 적용

```
...
<tr ng-repeat="p in products | take:2:5">
    <td>{{p.name}}</td>
    <td>{{p.category}}</td>
    <td>{{p.expiry}}</td>
    <td class="text-right">{{p.price | currency }}</td>
</tr>
...
```

팁 여기서는 처음으로 한 개보다 많은 설정 인자를 받는 필터의 작업자 함수를 볼 수 있다. 이 예제에서는 인자 값을 넘겨줄 때 값을 콜론으로 구분하는 것도 볼 수 있다. 이와 같이 값을 지정하면 값을 처리해 작업자 함수로 넘겨주는 일은 AngularJS에서 알아서 처리해준다.

take 필터는 이 필터에서 활용하는 다른 필터와 비교해 별다른 기능을 제공하지 않지만, 이 예제를 살펴보면 다른 곳에 중복 기능을 구현하지 않고 새로운 기능을 수행하는 필터를 구현하는 게 얼마나 쉬운지 알 수 있을 것이다.

| 정리

이 장에서는 AngularJS에서 어떤 식으로 필터를 활용해 데이터를 포매팅 및 변형해 뷰에서 보여주는지 살펴봤다. 먼저 단일 데이터 항목과 컬렉션을 포매팅하는 AngularJS 내장 필터에 대해 배우고, 커스텀 필터를 구현해 적용하는 법을 알아봤다. 끝으로 애플리케이션 내 여러 곳에 중복 코드를 작성하는 대신 $filter 서비스를 활용해 다른 필터를 토대로 추가 필터를 구현하는 법도 익혔다. 다음 장에서는 커스텀 디렉티브를 구현하는 법을 살펴본다.

커스텀 디렉티브 구현

10~12장에서는 단방향, 양방향 데이터 바인딩을 처리하는 디렉티브(ng-bind 및 ng-model), 데이터로부터 콘텐츠를 생성하는 디렉티브(ng-repeat, ng-switch 등), HTML 엘리먼트 조작 디렉티브(ng-class, ng-if 등), 사용자 상호작용에 반응하는 디렉티브(ng-click, ng-change)를 비롯해 AngularJS에서 제공하는 내장 디렉티브 활용법을 살펴봤다. 12장에서는 데이터 유효성 검증을 활성화하고, option 엘리먼트 생성처럼 자주 하는 작업을 수행하기 위해 표준 HTML 폼 엘리먼트를 대체하는 디렉티브를 들여다본다.

AngularJS는 가장 흔한 웹 애플리케이션 시나리오를 해결해주는 방대한 디렉티브를 기본으로 제공하지만, 내장 디렉티브에서 필요한 기능을 제공하지 않는다면 커스텀 디렉티브를 직접 구현할 수도 있다. 이 장에서는 커스텀 디렉티브를 구현하는 기본 절차를 설명하고, 디렉티브에서 HTML 엘리먼트를 관리하는 데 사용하는 jqLite를 살펴본다. 16장과 17장에서는 커스텀 디렉티브의 동작 방식을 좀 더 제어할 수 있는 고급 기능을 다룬다. 표 15-1에는 이 장의 내용이 정리돼 있다.

표 15-1. 장 요약

문제	해결책	예제
커스텀 디렉티브 구현	Module.directive 메서드를 호출하고 인자로 디렉티브명과 팩터리 함수를 넘겨준다.	1~3
디렉티브가 제어하는 엘리먼트 준비	팩터리 함수에서 링크 함수를 반환한다.	4~5
디렉티브 설정	지원 어트리뷰트를 추가하거나 표현식을 평가한다.	6~8
스코프 변화에 반응	와처 함수를 사용한다.	9~11
링크 함수에서 엘리먼트 조작	jqLite를 사용한다.	12~19
jqLite를 제이쿼리로 대체	AngularJS 스크립트 이전에 제이쿼리 script 엘리먼트를 추가한다.	20

앞으로 배우겠지만 커스텀 디렉티브를 작성할 때는 앞 장에서 배운 기능(특히 스코프)을 활용한다. 이와 같은 이유로 이 책에서는 디렉티브 주제로 돌아가기 전에 다른 주제를 먼저 다뤘다.

| 커스텀 디렉티브는 언제, 왜 사용하나

커스텀 디렉티브는 내장 디렉티브에서 필요한 기능을 제공하지 못할 때, 복잡한 기능을 HTML이 아니라 코드로 표현하려고 할 때, 여러 AngularJS 애플리케이션에서 활용할 만한 자체 기능 모듈을 구현하려고 할 때 활용할 수 있다. 이 장에서는 이들 각 디렉티브 유형에 해당하는 예제를 모두 살펴본다. 표 15-2에는 AngularJS 애플리케이션에서 커스텀 디렉티브를 언제, 왜 사용해야 하는지가 정리돼 있다.

표 15-2. 커스텀 디렉티브의 사용 이유와 시점

이유	시점
커스텀 디렉티브를 사용하면 AngularJS에서 제공하는 기본 디렉티브에서 벗어난 기능을 제공할 수 있다.	커스텀 디렉티브는 내장 디렉티브에서 필요한 기능을 제공하지 못할 때나 다른 애플리케이션에서 재사용하고 싶은 자체 기능 모듈이 필요할 때 구현한다.

| 예제 프로젝트 준비

이 장의 프로젝트 예제를 준비하려면 angularjs 웹 서버 폴더의 내용을 모두 지우고, 1장의 설명에 따라 angular.js, bootstrap.css, bootstrap-theme.css를 설치한다. 그런 다음 directives.html이라는 파일을 생성한다. 이 파일의 내용은 예제 15-1에서 볼 수 있다.

예제 15-1. directives.html 파일의 내용

```html
<html ng-app="exampleApp">
<head>
    <title>Directives</title>
    <script src="angular.js"></script>
    <link href="bootstrap.css" rel="stylesheet" />
    <link href="bootstrap-theme.css" rel="stylesheet" />
    <script>
        angular.module("exampleApp", [])
            .controller("defaultCtrl", function ($scope) {
                $scope.products = [
                    { name: "Apples", category: "Fruit", price: 1.20, expiry: 10 },
                    { name: "Bananas", category: "Fruit", price: 2.42, expiry: 7 },
                    { name: "Pears", category: "Fruit", price: 2.02, expiry: 6 }
                ];
```

```
            });
        </script>
    </head>
    <body ng-controller="defaultCtrl">
        <div class="panel panel-default">
            <div class="panel-heading">
                <h3>Products</h3>
            </div>
            <div class="panel-body">
                Content will go here
            </div>
        </div>
    </body>
</html>
```

이 문서에서는 defaultCtrl이라는 단일 컨트롤러를 사용한 AngularJS 애플리케이션을 정의한다. 컨트롤러에서는 14장에서 필터 기능을 보여줄 때 사용한 데이터 일부가 들어 있는 products 배열을 스코프에 설정한다. 브라우저에서 이 파일을 실행한 결과는 그림 15-1에서 볼 수 있다.

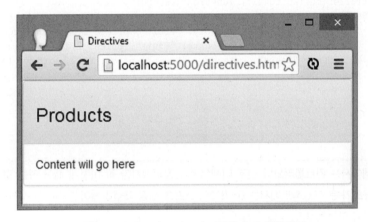

그림 15-1. directives.html 파일의 초기 실행 결과

| 커스텀 디렉티브 구현

여기서는 먼저 커스텀 디렉티브를 구현하는 간단한 예제를 통해 이 장에서 나중에 다룰 예제의 기본 기능을 살펴보고 전체적인 이해를 돕는다. 여기서는 products 배열에 들어 있는 각 객체별로 li 엘리먼트가 들어 있는 ul 엘리먼트를 생성하려고 한다. 이어지는 절에서는 이 과정을 단계별로 살펴본다.

디렉티브 정의

디렉티브는 Module.directive 메서드를 사용해 생성하고, 이때 인자로 새 디렉티브의 이름과 디렉티브를 생성할 팩터리 함수를 넘겨준다. 예제 15-2에서는 directives.html 파일에 unorderedList라는 디렉티브를 추가한 것을 볼 수 있다. 이 디렉티브는 현재 아무 일도 하지 않지만 앞으로 나올 절에서 기능을 하나씩 개발하면서 핵심 사항을 설명하는 데 도움이 될 것이다.

> **예제 15-2.** directives.html 파일에 디렉티브 추가

```
...
<script>
    angular.module("exampleApp", [])
        .directive("unorderedList", function () {
            return function (scope, element, attrs) {
                // 이곳에 구현 코드가 들어감
            }
        })

        .controller("defaultCtrl", function ($scope) {
            $scope.products = [
                { name: "Apples", category: "Fruit", price: 1.20, expiry: 10 },
                { name: "Bananas", category: "Fruit", price: 2.42, expiry: 7 },
                { name: "Pears", category: "Fruit", price: 2.02, expiry: 6 }
            ];
        })
</script>
...
```

팁 이 예제에서는 컨트롤러보다 먼저 디렉티브를 정의했지만 꼭 이렇게 해야 하는 것은 아니다. 아울러 규모가 큰 프로젝트에서는 6~8장의 스포츠 상점 애플리케이션에서 한 것처럼 보통 디렉티브를 하나 이상의 별도 파일에 정의한다.

---

directive 메서드로 넘겨준 첫 번째 인자는 새 디렉티브의 이름을 unorderedList로 설정한다. 이때 자바스크립트의 표준 대소문자 관례를 사용해 unodered의 u는 소문자로 쓰고, list의 L은 대문자로 쓴 것에 주의하자. AngularJS는 대소문자가 혼용된 이름과 관련해 좀 특이한 성격을 띤다. unorderedList 디렉티브를 HTML 엘리먼트에 적용한 예제 15-3을 보면 이 말이 무슨 뜻인지 알 수 있을 것이다.

팁 예제 15-3에서는 디렉티브를 어트리뷰트로 적용했지만 16장에서는 HTML 엘리먼트, 클래스 어트리뷰트 값, 주석으로 사용할 수 있는 디렉티브 구현법을 살펴본다.

```
...
<body ng-controller="defaultCtrl">
    <div class="panel panel-default">
        <div class="panel-heading">
            <h3>Products</h3>
        </div>
        <div class="panel-body">
            <div unordered-list="products"></div>
        </div>
    </div>
</body>
...
```

여기서는 div 엘리먼트에 디렉티브를 어트리뷰트로 적용했다. 그런데 이 예제에서는 directive 메서드로 넘겨준 인자의 이름과 어트리뷰트명이 다른 것을 알 수 있다. 즉, 어트리뷰트로 unordered List 대신 unordered-list를 쓰고 있는 것이다. 인자로 넘긴 각 대문자는 어트리뷰트명에서 별도 단어로 처리되며, 각 단어는 이와 같이 하이픈을 통해 구분된다.

여기서는 어트리뷰트 값을 객체 배열명(이 경우 products)으로 지정했다. 디렉티브는 전체 애플리케이션에서 재사용되기 위한 용도로 설계된 만큼 특정 컨트롤러에서 생성한 데이터에 대한 참조를 비롯해 의존성을 하드코딩하는 것은 삼가야 한다.

링크 함수 구현

여기서 구현한 디렉티브의 작업자 함수는 **링크 함수**라고 부르는데, 이 함수는 디렉티브를 문서 내 HTML 및 스코프 내 데이터로 '연결'하는 기능을 제공한다(디렉티브와 연관된 또 다른 함수로 **컴파일 함수**가 있다. 컴파일 함수는 17장에서 다룬다).

링크 함수는 AngularJS에서 각 디렉티브 인스턴스를 설정하고 다음 세 개의 인자를 받을 때 호출된다. 이들 인자는 각각 디렉티브가 적용된 뷰에 대한 스코프, 디렉티브가 적용된 HTML **엘리먼트**, HTML 엘리먼트의 **어트리뷰트**다. 관례적으로 링크 함수는 scope, element, attrs라는 인자를 사용해 정의한다. 이어지는 절에서는 예제 디렉티브에 사용할 링크 함수를 정의하는 법을 차례로 살펴본다.

팁 scope, element, attrs 인자는 일반 자바스크립트 인자로서, 의존성 주입을 통해 제공되지 않는다. 이 말은 링크 함수로 전달되는 객체의 순서가 정해져 있다는 뜻이다.

스코프로부터 데이터 가져오기

커스텀 디렉티브를 구현하기 위한 첫 단계는 표현하려는 데이터를 스코프로부터 가져오는 것이다. AngularJS 컨트롤러와 달리 디렉티브는 $scope 서비스에 대한 의존성을 선언하지 않는다. 대신 디렉티브가 적용된 뷰를 지원하는 컨트롤러에서 생성한 스코프를 인자로 받는다. 이렇게 하면 애플리케이션에서 한 개의 디렉티브를 여러 차례 사용할 수 있고, 각 애플리케이션이 계층구조 내 각기 다른 스코프를 사용할 수 있으므로 이 사실은 매우 중요하다(스코프 계층구조는 13장에서 설명한 바 있다).

예제 15-3에서는 커스텀 디렉티브를 div 엘리먼트의 어트리뷰트로 적용하고, 다음과 같이 어트리뷰트 값을 사용해 스코프 내 배열명을 지정했다.

```
...
<div unordered-list="products"></div>
...
```

스코프로부터 데이터를 가져오려면 먼저 어트리뷰트 값에 접근해야 한다. 링크 함수의 세 번째 인자는 어트리뷰트 컬렉션으로, 어트리뷰트명을 통해 인덱싱된다. 디렉티브를 적용하는 데 사용할 어트리뷰트명을 가져오는 별도 기능은 없으므로, 스코프에서 데이터를 가져올 때는 예제 15-4와 같은 방식을 사용해야 한다.

예제 15-4. directives.html 파일 내 스코프로부터 데이터 가져오기

```
...
angular.module("exampleApp", [])
    .directive("unorderedList", function () {
        return function (scope, element, attrs) {
            var data = scope[attrs["unorderedList"]];
            if (angular.isArray(data)) {
                for (var i = 0; i < data.length; i++) {
                    console.log("Item: " + data[i].name);
                }
            }
        }
    })
...
```

여기서는 attrs 컬렉션으로부터 unorderedList 키와 관련한 값을 가져오고, 그 결과를 다음과 같이 스코프 객체로 넘겨 데이터를 가져온다.

```
...
var data = scope[attrs["unorderedList"]];
...
```

여기서 unordered-list 어트리뷰트 값을 가져올 때 이름으로 unorderedList를 사용한 점에 주의하자. AngularJS에서는 두 이름 형식을 자동으로 매핑해준다. unorderedList 형태는 정 규화된 이름이며, HTML에 디렉티브를 적용할 때와는 달리 이때는 이 이름을 사용한다.

데이터를 가져오고 나면 angular.isArray 메서드를 사용해 실제로 배열을 사용하고 있는지 확 인하고, for 순환문을 사용해 콘솔에 각 객체의 name 속성값을 출력한다(여기서는 디렉티브에서 처리하는 모든 객체가 name 속성을 갖고 있다고 가정한 것을 상기하자. 실제 프로젝트라면 이런 코드를 사용해서는 안 된다. 이는 그만큼 재사용성을 방해하기 때문이다. 좀 더 유연한 구현 방식 은 '표현식 평가' 절에서 살펴본다). 브라우저에서 directives.html 파일을 로드하면 자바스크 립트 콘솔에서 다음 출력 결과를 확인할 수 있다.

```
Item: Apples
Item: Bananas
Item: Pears
```

HTML 엘리먼트 생성

다음으로 데이터 객체를 통해 필요한 엘리먼트를 생성해야 한다. AngularJS에는 제이쿼리의 경 량 버전인 jqLite가 들어 있다. jqLite에는 제이쿼리의 모든 기능이 들어 있지는 않지만 디렉티브 와 연동하기에 충분한 기능을 제공한다. jqLite는 이 장에서 나중에 'jqLite 활용' 절을 통해 자세 히 다루기로 하고, 지금은 예제 15-5와 같이 커스텀 디렉티브에 필요한 부분만 수정한다.

예제 15-5. directives.html 파일 내 커스텀 디렉티브를 통한 엘리먼트 생성

```
...
angular.module("exampleApp", [])
    .directive("unorderedList", function () {
        return function (scope, element, attrs) {
            var data = scope[attrs["unorderedList"]];
            if (angular.isArray(data)) {
                var listElem = angular.element("<ul>");
                element.append(listElem);
                for (var i = 0; i < data.length; i++) {
                    listElem.append(angular.element('<li>').text(data[i].name));
                }
            }
        }
    })
...
```

jqLite 기능은 링크 함수로 전달된 element 인자를 통해 접근할 수 있다. 여기서는 먼저 angular.element 메서드를 호출해 새 엘리먼트를 생성하고, element 인자를 가지고 append 메서드를 호출해 다음과 같이 문서에 새 엘리먼트를 삽입한다.

```
...
var listElem = angular.element("<ul>");
element.append(listElem);
...
```

제이쿼리 라이브러리에서 거의 모든 메서드가 제이쿼리 객체를 반환하는 것과 마찬가지로 jqLite 메서드의 호출 결과는 대부분 jqLite 기능에 접근하게 해주는 또 다른 객체다. AngularJS에서는 브라우저에서 제공하는 DOM API를 노출하지 않으며, 엘리먼트와 연동할 때는 항상 jqLite 객체를 받게 된다. 이 책에서는 이와 같이 jqLite 메서드에서 반환하는 결과를 jqLite 객체라고 부른다.

jqLite 객체가 없는 상태에서 jqLite 객체가 필요하다면(예컨대 새 엘리먼트를 생성하려는 경우) 다음과 같이 angular.element 메서드를 호출하면 된다.

```
...
angular.element('<li>').text(data[i].name)
...
```

두 방식 모두 jqLite 객체를 반환하므로 이를 통해 다른 jqLite 메서드를 호출할 수 있다(이를 **메서드 체인**이라고 부른다). 다음 예제에서는 li 엘리먼트를 생성하고, text 메서드를 호출해 엘리먼트의 내용을 설정하면서 이와 같은 메서드 체인 방식을 활용하고 있다.

```
...
angular.element('<li>').text(data[i].name)
...
```

메서드 체인을 지원하는 라이브러리를 플루언트 API라고 부르며, jqLite의 기반이 되는 제이쿼리는 가장 많이 사용하는 플루언트 API 중 하나다.

> **팁** 제이쿼리를 사용해본 적이 있다면 jqLite 메서드의 용도와 성격을 바로 이해할 수 있을 것이다. 하지만 그렇지 않더라도 걱정하지 않아도 된다. jqLite에 대해서는 잠시 후 'jqLite 활용' 절을 통해 자세히 살펴보기 때문이다.

이와 같이 jqLite를 활용하면 커스텀 디렉티브에서는 이 디렉티브가 적용된 엘리먼트(예제에서는 div 엘리먼트)에 ul 엘리먼트를 추가하고, 스코프에서 가져온 데이터 배열 내 각 객체별로 li 엘리먼트를 생성해준다(그림 15-2 참고).

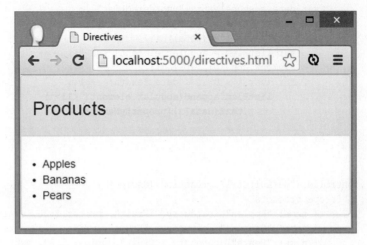

그림 15-2. 커스텀 디렉티브 내 jqLite 사용 결과

데이터 속성 의존성 제거

현재 커스텀 디렉티브는 잘 동작하지만 리스트 항목을 생성할 때 배열 내 객체에 의존하고 있다. 커스텀 디렉티브에서는 이 객체가 name 속성을 갖고 있다고 가정한다. 이와 같은 의존성은 디렉티브를 특정 데이터 객체셋으로 한정하므로 애플리케이션 내 다른 곳이나 다른 애플리케이션에서 디렉티브를 재사용할 수 없게 된다. 이어지는 절에서는 이와 같은 문제를 해결하는 방법을 살펴본다.

지원 어트리뷰트 추가

첫 번째 방법은 가장 간단한 방법으로, li 항목에서 표시할 값 속성을 지정하는 어트리뷰트를 정의하는 것이다. 링크 함수에서는 디렉티브가 적용된 엘리먼트에 정의돼 있는 모든 어트리뷰트를 인자로 넘겨받으므로 이 방식을 손쉽게 사용할 수 있다. 예제 15-6에서는 list-property 어트리뷰트를 어떤 식으로 추가하는지 볼 수 있다.

예제 15-6. directives.html 파일 내 디렉티브 지원 어트리뷰트 추가

```html
<html ng-app="exampleApp">
<head>
    <title>Directives</title>
    <script src="angular.js"></script>
    <link href="bootstrap.css" rel="stylesheet" />
    <link href="bootstrap-theme.css" rel="stylesheet" />
    <script>
        angular.module("exampleApp", [])
            .directive("unorderedList", function () {
                return function (scope, element, attrs) {
```

```
                var data = scope[attrs["unorderedList"]];
                var propertyName = attrs["listProperty"];
                if (angular.isArray(data)) {
                    var listElem = angular.element("<ul>");
                    element.append(listElem);
                    for (var i = 0; i < data.length; i++) {
                        listElem.append(angular.element('<li>')
                            .text(data[i][propertyName]));
                    }
                }
            }
        })
        .controller("defaultCtrl", function ($scope) {
            $scope.products = [
                { name: "Apples", category: "Fruit", price: 1.20, expiry: 10 },
                { name: "Bananas", category: "Fruit", price: 2.42, expiry: 7 },
                { name: "Pears", category: "Fruit", price: 2.02, expiry: 6 }
            ];
        })
    </script>
</head>
<body ng-controller="defaultCtrl">
    <div class="panel panel-default">
        <div class="panel-heading">
            <h3>Products</h3>
        </div>
        <div class="panel-body">
            <div unordered-list="products" list-property="name"></div>
        </div>
    </div>
</body>
</html>
```

이 예제에서는 링크 함수로 전달된 attrs 인자를 통해 listProperty 키를 사용해 list-property 어트리뷰트 값을 가져온다. 이번에도 AngularJS에서는 어트리뷰트명을 정규화하는 것을 볼 수 있다. listProperty 어트리뷰트 값은 다음과 같이 데이터 객체 배열에서 각 객체 값을 가져오는 데 사용한다.

```
...
listElem.append(angular.element('<li>').text(data[i][propertyName]));
...
```

팁 　 속성명 앞에 접두어로 data-를 사용하면 AngularJS에서는 링크 함수로 전달되는 어트리뷰트 셋을 지정할 때 접두어를 제거한다. 이 말은 예컨대 data-list-property 및 list-property 모두 이름이 정규화된 후 링크 함수로 전달될 때 listProperty가 된다는 뜻이다.

표현식 평가

다른 어트리뷰트를 추가하는 게 도움되기는 하지만 몇 가지 문제가 있다. 예를 들어 예제 15-7처럼 표시할 속성에 필터를 적용하게끔 코드를 수정하는 경우를 생각해보자.

예제 15-7. directives.html 파일 내 어트리뷰트 값에 필터 추가

```html
...
<body ng-controller="defaultCtrl">
    <div class="panel panel-default">
        <div class="panel-heading">
            <h3>Products</h3>
        </div>
        <div class="panel-body">
            <div unordered-list="products" list-property="price | currency"></div>
        </div>
    </div>
</body>
...
```

이와 같이 코드를 수정하고 나면 커스텀 디렉티브에서는 어트리뷰트 값을 읽고, 이 값을 속성명으로 사용하므로 커스텀 디렉티브가 제대로 동작하지 않게 된다. 이 문제를 해결하려면 스코프에서 어트리뷰트 값을 표현식으로서 평가하게 해야 한다. 이때는 scope.$eval 메서드를 사용하는데, 이 메서드의 인자로는 평가할 표현식과 평가를 수행하는 데 필요한 로컬 데이터가 전달된다. 예제 15-8에서는 $eval을 활용해 예제 15-7과 같은 표현식을 어떻게 지원해야 하는지 볼 수 있다.

예제 15-8. directives.html 파일 내 표현식 평가

```javascript
...
angular.module("exampleApp", [])
    .directive("unorderedList", function () {
        return function (scope, element, attrs) {
            var data = scope[attrs["unorderedList"]];
            var propertyExpression = attrs["listProperty"];

            if (angular.isArray(data)) {
                var listElem = angular.element("<ul>");
                element.append(listElem);
                for (var i = 0; i < data.length; i++) {
                    listElem.append(angular.element('<li>')
                        .text(scope.$eval(propertyExpression, data[i])));
                }
            }
        }
    })
...
```

이 예제에서는 listProperty 어트리뷰트 값을 가져오는데, 이 값은 표현식으로 평가할 문자열 값이 된다. li 엘리먼트를 생성할 때는 링크 함수의 인자로 전달된 스코프를 가지고 $eval 메서드를 호출하면서, 인자로 표현식과 표현식을 평가하는 데 필요한 속성의 소스가 되는 현재 데이터 객체를 넘겨준다. 그럼 AngularJS에서 나머지 과정을 모두 처리해주고, 그림 15-3과 같은 결과를 확인할 수 있다. 이 그림에서는 li 엘리먼트에 각 데이터 객체의 price 속성이 통화 필터에 의해 포매팅된 형태로 표현된 것을 볼 수 있다.

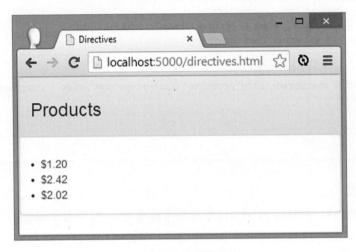

그림 15-3. 표현식 평가

데이터 변화 처리

커스텀 디렉티브에 다음으로 추가할 기능은 스코프 내 데이터 변화에 반응하는 기능이다. 현재 li 엘리먼트의 내용은 AngularJS에서 HTML 페이지를 처리할 때 설정되고, 내부 데이터 값이 변하더라도 자동으로 업데이트되지 않는다. 예제 15-9에서는 상품 객체의 price 속성값을 수정할 수 있게 고친 directives.html 파일을 볼 수 있다.

팁   여기서는 디렉티브를 사용할 때 AngularJS와 자바스크립트 사이에서 자주 생기는 문제를 강조하기 위해 데이터 변화를 처리하는 과정을 여러 단계로 나눠 살펴보고, 그 해결책을 알아본다.

예제 15-9. directives.html 파일 내 값 변경

```
<html ng-app="exampleApp">
<head>
    <title>Directives</title>
    <script src="angular.js"></script>
    <link href="bootstrap.css" rel="stylesheet" />
```

```
        <link href="bootstrap-theme.css" rel="stylesheet" />
        <script>
            angular.module("exampleApp", [])
                .directive("unorderedList", function () {
                    return function (scope, element, attrs) {
                        var data = scope[attrs["unorderedList"]];
                        var propertyExpression = attrs["listProperty"];

                        if (angular.isArray(data)) {
                            var listElem = angular.element("<ul>");
                            element.append(listElem);
                            for (var i = 0; i < data.length; i++) {
                                listElem.append(angular.element('<li>')
                                    .text(scope.$eval(propertyExpression, data[i])));
                            }
                        }
                    }
                })
                .controller("defaultCtrl", function ($scope) {
                    $scope.products = [
                        { name: "Apples", category: "Fruit", price: 1.20, expiry: 10 },
                        { name: "Bananas", category: "Fruit", price: 2.42, expiry: 7 },
                        { name: "Pears", category: "Fruit", price: 2.02, expiry: 6 }
                    ];

                    $scope.incrementPrices = function () {
                        for (var i = 0; i < $scope.products.length; i++) {
                            $scope.products[i].price++;
                        }
                    }
                })
        </script>
    </head>
    <body ng-controller="defaultCtrl">
        <div class="panel panel-default">
            <div class="panel-heading">
                <h3>Products</h3>
            </div>
            <div class="panel-body">
                <button class="btn btn-primary" ng-click="incrementPrices()">
                    Change Prices
                </button>
            </div>
            <div class="panel-body">
                <div unordered-list="products" list-property="price | currency"></div>
            </div>
        </div>
    </body>
</html>
```

여기서는 버튼을 추가하고, incrementPrices 컨트롤러 동작을 호출할 수 있게 ng-click 디렉티브를 추가했다. 이 컨트롤러 동작의 내용은 매우 간단하다. for 순환문을 사용해 products 배열 내 객체를 모두 순회하며, 각 객체의 price 속성값을 1달러씩 늘리는 게 전부다. 예컨대 1.20 값은 버튼을 처음으로 누를 때는 2.20이 되고, 두 번째로 누를 때는 3.20이 되는 식이다.

와처 추가

디렉티브는 13장에서 설명한 $watch 메서드를 사용해 스코프 변화를 모니터링한다. 여기서 구현한 커스텀 디렉티브의 경우 어트리뷰트 값으로부터 평가할 표현식을 가져오므로 이 과정이 좀 더 복잡하다. 아울러 앞으로 보겠지만 몇 가지 추가 준비 단계도 필요하다. 예제 15-10에서는 스코프를 모니터링하고, 속성값이 변할 때 HTML 엘리먼트를 업데이트하게끔 수정한 디렉티브를 볼 수 있다.

> **주의** 이 예제의 코드는 제대로 동작하지 않는다. 이유는 다음 절에서 설명한다.

예제 15-10. directives.html 파일 내 데이터 변화 처리

```
...
angular.module("exampleApp", [])
    .directive("unorderedList", function () {
        return function (scope, element, attrs) {
            var data = scope[attrs["unorderedList"]];
            var propertyExpression = attrs["listProperty"];

            if (angular.isArray(data)) {
                var listElem = angular.element("<ul>");
                element.append(listElem);
                for (var i = 0; i < data.length; i++) {
                    var itemElement = angular.element('<li>');
                    listElem.append(itemElement);
                    var watcherFn = function (watchScope) {
                        return watchScope.$eval(propertyExpression, data[i]);
                    }
                    scope.$watch(watcherFn, function (newValue, oldValue) {
                        itemElement.text(newValue);
                    });
                }
            }
        }
    })
...
```

13장에서는 문자열 표현식과 핸들러 함수를 사용해 $watch 메서드를 사용하는 법을 살펴봤다. AngularJS에서는 스코프가 바뀔 때마다 매번 표현식을 평가하고, 평가 결과에서 다른 결과가 나오면 핸들러 함수를 호출한다.

이 예제의 경우 두 가지 함수를 사용하고 있다. 첫 번째 함수(**와처 함수**)는 스코프 내 데이터를 값으로 값이 계산되며, 스코프가 변할 때마다 AngularJS에서 호출된다. 함수에서 반환한 값이 변할 경우 문자열 표현식을 대상으로 핸들러 함수가 호출된다.

이와 같이 함수를 제공하면 표현식에 필터링이 적용될 여지가 있는 데이터 값이 있더라도 이를 처리할 수 있다. 다음은 이 예제에서 정의한 와처 함수다.

```
...
var watcherFn = function (watchScope) {
    return watchScope.$eval(propertyExpression, data[i]);
}
...
```

와처 함수는 호출될 때마다 매번 인자로 스코프를 넘겨받으며, 여기서는 데이터 객체 중 하나를 속성값의 소스로 넘겨 $eval 함수를 호출함으로써 표현식을 평가한다. 그런 다음 이 함수는 $watch 메서드로 넘겨 콜백 함수를 지정한다. 콜백 함수에서는 jqLite의 text 함수를 사용해 li 엘리먼트의 텍스트 내용을 업데이트함으로써 바뀐 값을 반영한다.

```
...
scope.$watch(watcherFn, function (newValue, oldValue) {
    itemElement.text(newValue);
});
...
```

이렇게 하면 디렉티브에서는 li 엘리먼트에서 표시하는 속성값을 모니터링하고, 값이 바뀔 때 엘리먼트의 내용을 업데이트할 수 있게 된다.

> **팁** $watch 핸들러 함수 밖에서는 li 엘리먼트의 내용을 설정할 필요가 없다는 점에 주의하자. AngularJS에서는 디렉티브가 처음 적용될 때 핸들러를 호출해준다. 이 경우 newValue 인자는 초기 표현식 평가 값이 되고, oldValue 인자는 undefined가 된다.

스코프 문제 해결

브라우저에서 directives.html 파일을 로드해보면 디렉티브가 li 엘리먼트를 제대로 업데이트하지 못하는 것을 볼 수 있다. 또, DOM에서 HTML 엘리먼트를 살펴보면 li 엘리먼트에 아무 내용도 들어 있지 않은 것을 볼 수 있다. 물론 이 문제는 AngularJS가 아니라 자바스크립트로 인해 생기지만 자주 생기기 쉬운 만큼 문제가 생기는 원인과 그 해결책을 확실히 짚어보는 게 좋다. 문제는 다음 명령에 들어 있다.

```
...
var watcherFn = function (watchScope) {
    return watchScope.$eval(propertyExpression, data[i]);
}
...
```

자바스크립트에서는 클로저라는 기능을 지원한다. 클로저는 스코프 외부에서 변수를 참조할 수 있게 하는 기능이다. 클로저는 멋진 기능일 뿐 아니라 손쉽게 자바스크립트 코드를 작성하는 데도 도움된다. 만일 클로저가 없다면 함수에서 값에 접근하려고 할 때마다 모든 객체와 값별로 인자를 정의해야 할 것이다.

여기서 많은 사람들이 혼동하는 부분은 함수가 정의되는 시점이 아니라 함수가 호출되는 시점에 함수에서 접근하는 변수가 평가된다는 사실이다. 예제의 와처 함수의 경우, 이 말은 AngularJS에서 함수를 호출하기 전까지 변수 i가 평가되지 않는다는 뜻이다. 그 결과 이벤트는 다음과 같은 순서로 진행된다.

1. AngularJS에서 링크 함수를 호출해 디렉티브를 설정한다.

2. for 순환문이 실행되고, products 배열 내 객체를 순회한다.

3. 변수 i 값이 0으로, 이는 배열 내 첫 번째 객체에 해당한다.

4. for 순환문이 i를 1로 늘린다. 이는 배열 내 두 번째 객체에 해당한다.

5. for 순환문이 i를 2로 늘리고, 이는 배열 내 세 번째 객체에 해당한다.

6. for 순환문이 i를 3으로 늘리고, 이는 배열 길이보다 큰 값이 된다.

7. for 순환문이 종료된다.

8. AngularJS에서 data[i]를 참조하는 세 개의 와처 함수를 평가한다.

8번째 단계가 실행되는 시점에 i값은 3이다. 이 말은 세 개의 와처 함수가 모두 존재하지 않는 데이터 배열의 객체에 접근하게 된다는 뜻으로, 이에 따라 디렉티브는 제대로 동작할 수 없게 된다.

이 문제를 해결하려면 고정 또는 경계 변수를 사용해 데이터 객체를 참조할 수 있게 클로저 기능을 제어해야 한다. 이렇게 하면 AngularJS에서 와처 함수를 평가하는 시점이 아니라 3~5단계 동안 변수에 값을 대입할 수 있다. 수정한 코드는 예제 15-11에서 볼 수 있다.

```
...
angular.module("exampleApp", [])
    .directive("unorderedList", function () {
        return function (scope, element, attrs) {
            var data = scope[attrs["unorderedList"]];
            var propertyExpression = attrs["listProperty"];

            if (angular.isArray(data)) {
                var listElem = angular.element("<ul>");
                element.append(listElem);
                for (var i = 0; i < data.length; i++) {
                    (function () {
                        var itemElement = angular.element('<li>');
                        listElem.append(itemElement);
                        var index = i;
                        var watcherFn = function (watchScope) {
                            return watchScope.$eval(propertyExpression, data[index]);
                        }
                        scope.$watch(watcherFn, function (newValue, oldValue) {
                            itemElement.text(newValue);
                        });
                    }());
                }
            }
        }
    })
...
```

여기서는 for 순환문 내에 **즉시 호출 함수 표현식**(IIFE)을 정의했다. 즉시 호출 함수 표현식이란 정의하는 즉시 호출되는 함수를 말한다(이를 종종 자기 실행 함수라고 부르기도 한다). 즉시 호출 함수 표현식의 기본 구조는 다음과 같다.

```
...
(function() {
    // ...이곳에 실명할 명령을 집어넣음...
}());
...
```

즉시 호출 함수 표현식에서는 i의 현재 값을 대입할 index라는 변수를 정의한다. 즉시 호출 함수 표현식은 정의되는 즉시 호출되므로 인덱스의 값은 다음 번 for 순환문의 반복이 일어날 때 업데이트되지 않으며, 따라서 다음과 같이 와처 함수 내에서 데이터 배열 내 올바른 객체에 접근할 수 있게 된다.

```
...
return watchScope.$eval(propertyExpression, data[index]);
...
```

이와 같이 즉시 호출 함수 표현식을 추가하고 나면 와처 함수에서는 올바른 인덱스를 사용해 데이터 객체를 가져오게 되므로, 그림 15-4와 같이 디렉티브가 정상적으로 동작하게 된다.

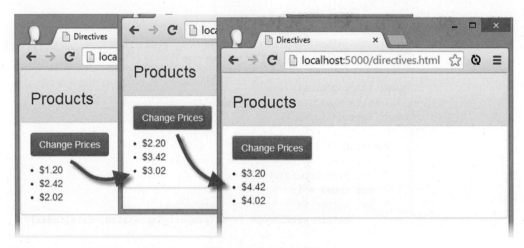

그림 15-4. 데이터 변화 처리

l jqLite 활용

이제 커스텀 디렉티브를 구현하는 법을 배웠으니 이번에는 다시 돌아가 AngularJS에서 제공하는 제이쿼리의 경량 버전인 jqLite 활용법을 살펴보자. jqLite는 디렉티브 내에서 HTML 엘리먼트를 생성, 조작, 관리하는 데 사용된다. 이어지는 절에서는 jqLite에서 제공하는 메서드를 살펴보고, 이 중 가장 중요한 메서드를 대상으로 예제 활용법을 알아본다.

각 메서드 구현체는 같은 이름의 제이쿼리 메서드에 대응되므로 여기서는 jqLite에서 제공하는 모든 메서드를 다루지는 않는다. 제이쿼리 API 문서는 http://jquery.com 또는 Apress에서 출간한 필자의 책 『Pro jQuery 2.0』을 통해 확인할 수 있다.

문서 객체 모델 탐색

첫 번째로 살펴볼 jqLite의 지원 기능은 문서 객체 모델(DOM)에서 엘리먼트를 찾는 기능이다. 보통 간단한 디렉티브에서는 링크 함수를 통해 element 인자(이 인자는 디렉티브가 적용된 엘리먼트를 나타내는 jqLite 객체다)가 전달되므로 DOM을 탐색할 일이 없다. 하지만 좀 더 복잡한 디렉티브에서는 엘리먼트셋을 관리하거나 엘리먼트 계층구조를 탐색해 하나 이상의 엘리먼트를 선택하는 일이 생길 수 있다. 표 15-3에는 DOM 탐색과 관련해 jqLite에서 제공하는 메서드가 정리돼 있다.

표 15-3. DOM 탐색을 위한 jqLite 메서드

메서드	설명
children()	자식 엘리먼트셋을 반환한다. 이 메서드의 jqLite 구현체에서는 제이쿼리에서 제공하는 선택자 기능을 지원하지 않는다.
eq(index)	엘리먼트 컬렉션에서 특정 인덱스에 해당하는 엘리먼트를 반환한다.
find(tag)	지정한 태그명이 들어 있는 모든 자손 엘리먼트를 찾는다. 제이쿼리 구현체에서는 엘리먼트를 선택할 수 있는 추가 옵션을 제공하지만, 이 메서드의 jqLite 구현체에서는 이 기능을 사용할 수 없다.
next()	다음 형제 엘리먼트를 가져온다. 이 메서드의 jqLite 구현체에서는 제이쿼리에서 제공하는 선택자 기능을 지원하지 않는다.
parent()	부모 엘리먼트를 반환한다. 이 메서드의 jqLie 구현체에서는 제이쿼리에서 제공하는 선택자 기능을 지원하지 않는다.

제이쿼리를 사용해본 적이 없다면 이런 메서드와 설명이 잘 이해되지 않을 것이다. AngularJS에서 HTML 엘리먼트를 표현할 때 사용하는 객체(이 책에서는 jqLite 객체라고 부른다)는 사실 0개, 1개, 또는 여러 개의 HTML 엘리먼트를 나타낼 수 있다. eq 같은 일부 *jqLite* 메서드에서 jqLite 객체를 컬렉션으로 처리하거나 자식과 같은 엘리먼트 컬렉션을 반환하는 것도 이 때문이다. 메서드가 어떻게 동작하는지 좀 더 이해하기 쉽게 여기서는 angularjs 폴더에 jqlite.html 파일을 새로 추가하고, 이 파일을 사용해 jqLite를 활용해 간단한 DOM 탐색을 수행하는 디렉티브를 정의했다. 새 파일의 내용은 예제 15-12에서 볼 수 있다.

예제 15-12. jqlite.html 파일의 내용

```html
<html ng-app="exampleApp">
<head>
    <title>Directives</title>
    <script src="angular.js"></script>
    <script>
        angular.module("exampleApp", [])
            .directive("demoDirective", function () {
                return function (scope, element, attrs) {
                    var items = element.children();
                    for (var i = 0; i < items.length; i++) {
                        if (items.eq(i).text() == "Oranges") {
                            items.eq(i).css("font-weight", "bold");
                        }
                    }
                }
            })
            .controller("defaultCtrl", function ($scope) {
                // 컨트롤러에서는 아무 데이터나 동작도 정의하지 않음
            })
```

```
        </script>
    </head>
    <body ng-controller="defaultCtrl">
        <h3>Fruit</h3>
        <ol demo-directive>
            <li>Apples</li>
            <li>Oranges</li>
            <li>Pears</li>
        </ol>
    </body>
</html>
```

이 예제의 디렉티브는 demoDirective로, 디렉티브가 적용된 엘리먼트의 자식을 처리해 내용이 Oranges인 엘리먼트를 찾는다. 물론 실제 프로젝트라면 이런 작업을 하는 데 디렉티브를 사용하지는 않겠지만, 여기서는 jqLite의 활용법을 보기 위해 이런 예제를 고안했다.

이 디렉티브의 시작점(모든 디렉티브가 마찬가지)은 링크 함수로 전달되는 element 인자다. element 인자는 표 15-3에 수록된 메서드를 비롯해 앞으로 살펴볼 모든 메서드를 지원하는 jqLite 객체다. element 객체는 디렉티브가 적용된 엘리먼트를 나타낸다. 여기서는 먼저 다음과 같이 children 메서드를 호출한다.

```
...
var items = element.children();
...
```

children 메서드의 반환 결과는 또 다른 jqLite 객체다. 하지만 이 객체에는 디렉티브가 적용된 엘리먼트에서 정의하는 모든 자식 엘리먼트가 들어 있다. 여기서 자식 엘리먼트는 엘리먼트의 직접적인 자손으로, li 엘리먼트셋으로 이뤄져 있다.

여기서는 length 속성을 사용해 자식의 개수를 파악하고 표준 for 순환문을 사용해 엘리먼트의 항목 객체를 순회한다. 그런 다음 각 엘리먼트를 대상으로 text 메서드('엘리먼트 수정' 절에서 설명한다)를 사용해 엘리먼트의 텍스트 내용을 가져와 Oranges와 일치하는지 검사한다.

```
...
if (items.eq(i).text() == "Oranges") {
...
```

이때 jqLite 객체를 자바스크립트 배열(예를 들어 items[i])로 처리하지 않고 eq 메서드를 사용해 현재 인덱스의 엘리먼트를 가져온다는 점에 주의하자. eq 메서드는 지정한 인덱스에 들어 있는 엘리먼트가 포함된 jqLite 객체를 반환하며, 이렇게 반환받은 객체는 jqLite 메서드를 모두 지원한다. 자바스크립트 배열 인덱스는 HTMLElement 객체를 반환하는데, 이 객체는 브라우저에서 DOM 내 엘리먼트를 표현할 때 사용하는 객체다. 물론 원한다면 직접 HTMLElement 객체와 연동할 수도 있지만 이들 객체는 jqLite 메서드를 지원하지 않으며, 이와 같은 직접적인 DOM

API는 jqLite/제이쿼리와 비교해 명령이 매우 복잡하고 작업하기도 번거롭다.

이 예제에서는 끝으로 css 메서드('엘리먼트 수정' 절에서 설명하겠지만 엘리먼트에서 직접 CSS 속성을 설정한다)를 사용해 브라우저가 엘리먼트 텍스트를 굵은 글씨로 표시하게 한다.

```
...
items.eq(i).css("font-weight", "bold");
...
```

이때도 마찬가지로 eq 메서드를 사용해 엘리먼트에 접근한다. 그림 15-5에서는 디렉티브를 적용한 결과 화면을 볼 수 있다.

그림 15-5. jqLite를 활용한 DOM 탐색

자손 찾기

children 메서드는 jqLite 객체에서 나타내는 엘리먼트(들)의 모든 직계 자손을 반환한다. 만일 엘리먼트 계층구조를 따라 좀 더 내려가고 싶다면 특정 타입에 해당하는 자식, 자식의 자식 등 모든 자손을 통해 엘리먼트를 찾아주는 find 메서드를 사용하면 된다. 예제 15-13과 같이 jqlite. html 파일에서 리스트에 엘리먼트를 좀 더 추가하면 children 메서드의 한계를 쉽게 확인할 수 있다.

예제 15-13. jqlite.html 파일 내 엘리먼트 추가

```
...
<ol demo-directive>
    <li>Apples</li>
    <ul>
        <li>Bananas</li>
        <li>Cherries</li>
        <li>Oranges</li>
    </ul>
    <li>Oranges</li>
    <li>Pears</li>
</ol>
...
```

children 메서드는 ol 엘리먼트의 자식만을 반환하므로, 새로 추가한 ul 엘리먼트는 포함되지만, 새 li 엘리먼트는 제외된다. 이로 인해 생기는 문제는 그림 15-6에서 볼 수 있다. 여기서는 Oranges가 들어 있는 엘리먼트 중 한 엘리먼트만 굵은 글씨로 표시된 것을 알 수 있다.

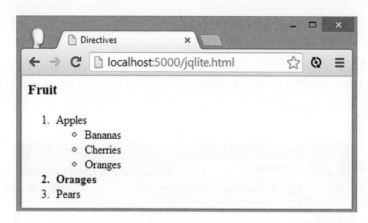

그림 15-6. children 메서드의 제약

그에 반해 find 메서드를 사용하면 계층구조를 따라 좀 더 아래에 배치된 엘리먼트를 비롯해 ol 엘리먼트의 모든 자손 li 엘리먼트를 찾을 수 있다. find 메서드를 활용하는 법은 예제 15-14에서 볼 수 있다.

예제 15-14. jqlite.html 파일 내 find 메서드 활용

```
...
angular.module("exampleApp", [])
    .directive("demoDirective", function () {
        return function (scope, element, attrs) {
            var items = element.find("li");
            for (var i = 0; i < items.length; i++) {
                if (items.eq(i).text() == "Oranges") {
                    items.eq(i).css("font-weight", "bold");
                }
            }
        }
    })
...
```

jqLite에서는 제이쿼리 라이브러리에서 지원하는 메서드 중 일부만 지원할 뿐 아니라, 지원하는 메서드조차도 종종 제이쿼리에서 제공하는 기능 중 일부만 제공한다. 여기에는 태그명만을 기반으로 엘리먼트를 찾는 find 메서드도 포함된다. find 메서드의 제이쿼리 구현체에서는 다양한 방식으로 자손을 찾을 수 있다. 이 예제에서는 ol 엘리먼트의 자손인 li 엘리먼트를 모두 찾고 있

으므로 여기에는 예제 15-13에서 추가한 엘리먼트도 포함된다. 수정한 코드의 실행 결과는 그림 15-7에서 볼 수 있다.

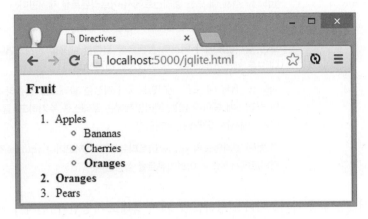

그림 15-7. find 메서드의 활용

> **주의** jqLite 메서드를 사용하면 디렉티브를 적용한 엘리먼트를 벗어난 영역을 비롯해 DOM 내 아무 곳으로나 이동할 수 있다. 물론 이와 같이 DOM을 마음대로 이동하는 게 좋아 보일 수도 있지만 링크 함수로 전달되는 엘리먼트는 자식 및 자손으로만 한정할 것을 권장한다. 다른 엘리먼트에 대한 작업을 수행할 경우 그만큼 헷갈리기 쉽고, 다른 디렉티브의 동작에 방해될 수도 있기 때문 이다.

엘리먼트 수정

디렉티브의 링크 함수에서 DOM을 탐색하는 이유는 대부분 하나 이상의 엘리먼트를 수정하기 위해서다. jqLite에서는 표 15-4에 정리된 것 같이 엘리먼트의 내용 및 어트리뷰트를 수정할 수 있는 메서드를 제공한다.

표 15-4. 엘리먼트 수정을 위한 jqLite 메서드

메서드	설명
addClass(name)	jqLite 객체 내 모든 엘리먼트를 지정한 클래스에 추가한다.
attr(name) attr(name, value)	jqLite 객체 내 첫 번째 엘리먼트에서 지정한 어트리뷰트 값을 가져오거나 지정한 값을 모든 엘리먼트에 설정한다.
css(name) css(name, value)	첫 번째 엘리먼트에서 지정한 CSS 속성값을 가져오거나 지정한 값을 jqLite 객체 내 모든 엘리먼트에 설정한다.
hasClass(name)	jqLite 객체 내 엘리먼트 중 지정한 클래스에 속하는 엘리먼트가 있으면 true 를 반환한다.

prop(name) prop(name, value)	jqLite 객체 내 첫 번째 엘리먼트에서 지정한 속성값을 가져오거나 지정한 값을 모든 엘리먼트에 설정한다.
removeAttr(name)	jqLite 객체 내 모든 엘리먼트에서 어트리뷰트를 제거한다.
removeClass(name)	jqLite 객체 내 엘리먼트에서 지정한 클래스를 제거한다.
text() text(value)	모든 엘리먼트에서 텍스트 콘텐츠를 결합한 내용을 가져오거나 jqLite 객체 내 모든 엘리먼트에 텍스트 콘텐츠를 설정한다.
toggleClass(name)	jqLite 객체 내 모든 엘리먼트에서 지정한 클래스를 번갈아 설정/해제한다. 이 클래스에 속하지 않는 엘리먼트에는 클래스를 추가하고, 클래스에 속한 엘리먼트에서는 클래스를 제거한다.
val() val(value)	첫 번째 엘리먼트의 value 어트리뷰트를 가져오거나 jqLite 객체 내 모든 엘리먼트에서 value 어트리뷰트를 설정한다.

이 중 일부 메서드는 값을 가져오거나 설정하는 두 가지 형태로 사용한다. 인자가 적은 형태의 메서드에서는 jqLite 객체가 나타내는 첫 번째 엘리먼트에서 값을 가져온다. 예컨대 단일 인자만 사용해 css 메서드를 호출하면 jqLite 객체의 첫 번째 엘리먼트에서 지정한 속성값을 가져오게 된다(나머지 엘리먼트는 모두 무시한다). 활용법을 보여주기 위해 예제 15-15에서는 jqLite. html 파일 내 find 메서드를 통해 반환받은 jqLite 객체를 사용해 css 메서드를 호출한다.

예제 15-15. jqlite.html 파일 내 jqLite 메서드의 get 버전 호출

```
...
angular.module("exampleApp", [])
    .directive("demoDirective", function () {
        return function (scope, element, attrs) {
            var items = element.find("li");

            for (var i = 0; i < items.length; i++) {
                if (items.eq(i).text() == "Oranges") {
                    items.eq(i).css("font-weight", "bold");
                } else {
                    items.eq(i).css("font-weight", "normal");
                }
            }
            console.log("Element count: " + items.length);
            console.log("Font: " + items.css("font-weight"));
        }
    })
...
```

이 패턴에서 예외에 속하는 메서드는 text 메서드뿐이다. 이 메서드는 인자 없이 호출할 경우 첫 번째 엘리먼트가 아닌 jqLite 객체가 나타내는 모든 엘리먼트의 텍스트 내용을 결합한 문자열을 반환한다.

여기서는 item 객체가 나타내는 엘리먼트 개수 및 단일 인자를 사용해 호출한 css 메서드의 결과를 자바스크립트 콘솔에 출력하고 있다. 이 예제에서는 font-weight 속성을 지정했으며, 실행 결과는 다음과 같다.

```
...
Element count: 6
Font: normal
...
```

이 결과를 보면 첫 번째 엘리먼트의 font-weight(이 경우 normal)만 출력되는 것을 알 수 있다. 이에 반해 이 메서드를 값을 사용하는 데 설정하면 jqLite 객체에서 나타내는 모든 엘리먼트에 값이 적용된다. 예제 15-16에서는 css 메서드를 사용해 CSS color 속성값을 설정하는 예제를 볼 수 있다.

예제 15-16. jqlite.html 파일 내 qjLite 메서드의 set 버전 호출

```
...
angular.module("exampleApp", [])
    .directive("demoDirective", function () {
        return function (scope, element, attrs) {
            var items = element.find("li");

            items.css("color", "red");

            for (var i = 0; i < items.length; i++) {
                if (items.eq(i).text() == "Oranges") {
                    items.eq(i).css("font-weight", "bold");
                }
            }
        }
    })
...
```

이렇게 하면 그림 15-8과 같이 디렉티브를 적용한 엘리먼트의 모든 자손에 해당하는 li 엘리먼트에 color 속성이 적용된다.

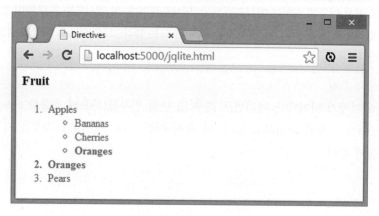

그림 15-8. CSS 속성값 설정

> 💬 **팁** 특정 엘리먼트를 대상으로 하고 싶다면 표 15-3에서 설명한 DOM 탐색 메서드를 사용해 수정
> 하려는 엘리먼트만 포함하는 jqLite 객체를 생성하면 된다.

어트리뷰트와 속성

표 15-4에서는 `attr` 및 `removeAttr` 같은 메서드가 어트리뷰트를 처리하는 데 반해 속성은
`prop` 메서드를 사용해 처리하는 것을 볼 수 있다. 이와 같은 차이는 쉽게 이해하기 어려울
수 있다. `prop` 메서드에서는 DOM API `HTMLElement` 객체에서 정의하는 속성만을 처리하
며, HTML 엘리먼트가 마크업에 정의한 어트리뷰트를 처리하지는 않는다. 종종 어트리뷰트
와 속성이 같은 경우도 있지만 항상 같은 것은 아니다. 간단한 예로 `class` 어트리뷰트가 있
다. `HTMLElement` 객체에서는 이 어트리뷰트를 `className` 속성을 사용해 표현한다.

일반적으로 어트리뷰트 값보다 작업하기 쉬운 객체를 반환하는 `prop` 메서드를 항상 사용하
는 게 좋다. 이들 객체는 DOM API에 정의돼 있으며, 자세한 내용은 www.w3.org/TR/html5
에서 볼 수 있다.

엘리먼트 생성 및 제거

물론 디렉티브에서 항상 기존 엘리먼트를 찾아 수정하지는 않을 것이다. 경우에 따라서는 새 콘
텐츠를 생성하거나 DOM에서 오래된 콘텐츠를 제거해야 하는 일도 생긴다. 표 15-5에는 jqLite
에서 엘리먼트 생성 및 제거를 위해 제공하는 메서드가 정리돼 있다.

표 15-5. 엘리먼트 생성 및 제거를 위한 jqLite 메서드

메서드	설명
angular.element(html)	HTML 문자열에서 지정한 엘리먼트를 나타내는 jqLite 객체를 생성한다.
after(elements)	메서드를 호출한 엘리먼트 다음에 지정한 콘텐츠를 삽입한다.
append(elements)	메서드를 호출한 jqLite 객체 내 각 엘리먼트의 마지막 자식으로 인자로 지정한 엘리먼트를 삽입한다.
clone()	메서드를 호출한 객체의 엘리먼트를 복제하는 새 jqLite 객체를 반환한다.
prepend(elements)	지정한 엘리먼트를 메서드를 호출한 jqLite 객체 내 각 엘리먼트의 첫 번째 자식으로 삽입한다.
remove()	DOM에서 jqLite 객체 내 엘리먼트를 제거한다.
replaceWith(elements)	메서드를 호출한 jqLite 객체 내 엘리먼트를 지정한 엘리먼트로 대체한다.
wrap(elements)	jqLite 객체 내 각 엘리먼트를 지정한 엘리먼트로 감싼다.

엘리먼트를 인자로 받는 메서드는 jqLite 객체나 HTML 조각을 처리할 수 있으므로 새로운 콘텐츠를 간편하게 동적으로 생성하는 데 도움이 된다. angular.element 메서드는 두 접근 방식을 서로 연결해주는 역할을 하며, DOM으로부터 HTML 조각이나 HTMLElement 객체를 받아 이를 jqLite 객체로 패키징한다.

여기서 주의할 점은 제이쿼리의 플루언트 API에 따라 이들 메서드 중 많은 메서드가 해당 메서드를 호출한 jqLite 객체 내에 들어 있는 원본 엘리먼트셋이 담긴 jqLite 객체를 반환한다는 점이다. 이 말이 잘 이해되지 않는 독자가 많을 것 같아, 개발자들이 범하기 쉬운 함정을 보여주는 예제를 하나 준비했다. 예제 15-17에서는 디렉티브에서 리스트 엘리먼트셋을 생성하게끔 jqlite.html 파일을 수정했다.

예제 15-17. jqlite.html 파일 내 리스트 엘리먼트 생성

```html
<html ng-app="exampleApp">
<head>
    <title>Directives</title>
    <script src="angular.js"></script>
    <script>
    angular.module("exampleApp", [])
        .directive("demoDirective", function () {
            return function (scope, element, attrs) {
                var listElem = element.append("<ol>");
                for (var i = 0; i < scope.names.length; i++) {
                    listElem.append("<li>").append("<span>").text(scope.names[i]);
                }
            }
        })
```

```
            .controller("defaultCtrl", function ($scope) {
                $scope.names = ["Apples", "Bananas", "Oranges"];
            })
    </script>
</head>
<body ng-controller="defaultCtrl">
    <h3>Fruit</h3>
    <div demo-directive></div>
</body>
</html>
```

여기서는 디렉티브를 적용하는 엘리먼트를 div로 바꾸고, 스코프에 데이터 배열을 정의하게끔 컨트롤러를 수정했으며, jqLite를 사용해 li 엘리먼트가 들어 있는 ol 엘리먼트를 생성하게끔 디렉티브 링크 함수를 수정했다. 각 li 엘리먼트에는 span 엘리먼트가 들어 있으며, 이 안에는 배열 내 값이 들어 있다. 생성하려는 엘리먼트셋의 구조는 다음과 같다.

```
...
<div demo-directive="">Oranges</div>
    <ol>
        <li><span>Apples</span></li>
        <li><span>Bananas</span></li>
        <li><span>Oranges</span></li>
    </ol>
</div>
...
```

하지만 예제에서 생성하는 실제 결과는 그림 15-9에서 보다시피 의도한 결과와는 다르다.

그림 15-9. 리스트 항목 생성 실패

F12 개발자 도구를 사용해 DOM 내 HTML 엘리먼트를 살펴보면 생성된 HTML이 다음과 같은 것을 볼 수 있다.

```
...
<div demo-directive="">Oranges</div>Oranges</div>
...
```

뭐가 잘못된 걸까? 문제는 애초부터 DOM에서 잘못된 엘리먼트를 가지고 작업했다는 데 있다. 다음은 이 예제에서 첫 번째로 수행하는 jqLite 작업이다.

```
...
var listElem = element.append("<ol>");
...
```

여기서는 ol 엘리먼트를 링크 함수로 전달된 element 인자(div 엘리먼트를 나타내는)의 자식으로 첨부하고 있다. 문제는 append 작업의 결과를 대입한 변수명인 listElem에서 볼 수 있다. 사실 append 메서드는 표 15-5에서 element 인자를 받는 나머지 메서드와 마찬가지로 작업을 수행한 엘리먼트를 나타내는 jqLite 객체를 반환한다. 이 경우 이 엘리먼트는 ol 엘리먼트가 아니라 div 엘리먼트다. 이 말은 이 예제에서 사용한 다른 jqLite 명령에서 우리가 의도한 것과 전혀 다른 결과가 나오게 된다는 뜻이다.

```
...
listElem.append("<li>").append("<span>").text(scope.names[i]);
...
```

이 명령에서는 세 가지 작업(두 번의 append 메서드 호출과 한 번의 text 메서드 호출)을 수행하며, 이들 세 작업은 모두 div 엘리먼트에 적용된다. 먼저 새 li 엘리먼트를 div 엘리먼트의 자식으로 추가한다. 그런 다음 span 엘리먼트를 추가한다. 끝으로 text 메서드를 호출해 div 엘리먼트에 추가한 모든 자식 엘리먼트를 텍스트 문자열로 바꾸게 된다. 아울러 여기서는 for 순환문을 사용해 이들 작업을 수행하므로 배열에 있는 값별로 작업이 한 번씩 실행된다. div 엘리먼트에 배열의 마지막 값인 Oranges가 들어가는 것 또한 이 때문이다.

이와 같은 실수는 숙련된 제이쿼리 개발자조차도 저지르기 쉽다. 필자 또한 이 장을 시작할 때 커스텀 디렉티브를 구현하면서 이와 같은 실수를 한 바 있다. 따라서 작업을 수행하는 엘리먼트는 항상 주의 깊게 살펴봐야 한다. 아쉽게도 jqLite에서는 이 과정에서 도움될 만한 메서드가 몇 개 빠져 있으므로 이 작업이 조금 더 어려운 측면이 있다.

이 문제를 가장 확실하게 피하는 방법은 angular.element 메서드를 사용해 jqLite 객체를 생성하고, 별도 명령에서 jqLite 객체에 대한 작업을 수행하는 것이다. 예제 15-18에서는 이 방식을 통해 리스트 엘리먼트를 제대로 생성하는 코드를 볼 수 있다.

예제 15-18. jqlite.html 파일 내 문제 해결

```
...
angular.module("exampleApp", [])
    .directive("demoDirective", function () {
        return function (scope, element, attrs) {
            var listElem = angular.element("<ol>");
```

```
            element.append(listElem);
            for (var i = 0; i < scope.names.length; i++) {
                listElem.append(angular.element("<li>")
                    .append(angular.element("<span>").text(scope.names[i])));
            }
        }
    })
...
```

이렇게 수정하고 나면 그림 15-10에서 보듯 이 절의 서두에서 설명한 것과 같은 ol, li, span 엘리먼트 계층구조를 생성할 수 있다.

그림 15-10. jqLite를 활용한 엘리먼트셋의 올바른 생성

이벤트 처리

jqLite에서는 표 15-6과 같은 메서드를 통해 엘리먼트에서 전달한 이벤트를 처리할 수 있게 지원한다. 이들 메서드는 내장 이벤트 디렉티브(11장에서 설명)가 이벤트를 수신하고 처리할 때 사용하는 메서드와 동일한 메서드다.

표 15-6. 이벤트 처리를 위한 jqLite 메서드

메서드	설명
on(events, handler)	jqLite 객체가 나타내는 엘리먼트에서 전달한 하나 이상의 이벤트를 처리할 핸들러를 등록한다. 이 메서드의 jqLite 구현체에서는 제이쿼리에서 제공하는 선택자나 이벤트 데이터 기능을 지원하지 않는다.
off(events, handler)	jqLite 객체에서 나타내는 엘리먼트에서 이전에 등록된 이벤트 핸들러를 제거한다. 이 메서드의 jqLite 구현체에서는 제이쿼리에서 제공하는 선택자 기능을 지원하지 않는다.
triggerHandler(event)	jqLite 객체에서 나타내는 엘리먼트에 등록된 특정 이벤트에 대한 핸들러를 모두 트리거한다.

예제 15-19에서는 jqlite.html 파일 마크업에 버튼 엘리먼트를 추가하고, on 메서드를 사용해 엘리먼트가 click 이벤트를 내보낼 때 호출할 핸들러 함수를 등록한 것을 볼 수 있다.

예제 15-19. jqlite.html 파일 내 이벤트 핸들러 추가

```html
<html ng-app="exampleApp">
<head>
    <title>Directives</title>
    <script src="angular.js"></script>
    <style>
        .bold { font-weight: bold; }
    </style>
    <script>
        angular.module("exampleApp", [])
            .directive("demoDirective", function () {
                return function (scope, element, attrs) {
                    var listElem = angular.element("<ol>");
                    element.append(listElem);
                    for (var i = 0; i < scope.names.length; i++) {
                        listElem.append(angular.element("<li>")
                            .append(angular.element("<span>").text(scope.names[i])));
                    }
                    var buttons = element.find("button");
                    buttons.on("click", function (e) {
                        element.find("li").toggleClass("bold");
                    });
                }
            })
            .controller("defaultCtrl", function ($scope) {
                $scope.names = ["Apples", "Bananas", "Oranges"];
            })
    </script>
</head>
<body ng-controller="defaultCtrl">
    <h3>Fruit</h3>
    <div demo-directive>
        <button>Click Me</button>
    </div>
</body>
</html>
```

디렉티브의 링크 함수에서는 find 메서드를 사용해 디렉티브가 적용된 엘리먼트의 자손 중 button 엘리먼트의 위치를 모두 찾는다. 그런 다음 find 메서드에서 찾은 jqLite 객체를 가지고 on 메서드를 호출해 click 이벤트에 반응할 핸들러 함수를 등록한다.

핸들러 함수가 호출되면 핸들러 함수는 자손 li 엘리먼트를 찾아서 toggleClass 메서드를 사용해 bold 클래스(문서에 추가한 간단한 CSS 스타일)를 추가하거나 제거한다. 버튼을 클릭하면 그림 15-11과 같이 일반 텍스트와 굵은 텍스트가 번갈아 표시되는 효과가 적용된다.

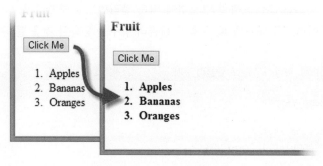

그림 15-11. 이벤트 처리

기타 jqLite 메서드

지금까지 살펴본 범주에 속하지 않지만 jqLite에서 제공하는 제이쿼리 메서드가 몇 가지 있다. 책의 완성도를 위해 이들 메서드는 표 15-7에 정리했지만, AngularJS 디렉티브에서 잘 사용하지 않는 만큼 별도로 예제를 살펴보지는 않겠다. 좀 더 자세한 내용은 필자의 책 『Pro JQuery 2.0』을 참고하자.

표 15-7. 기타 jqLite 메서드

메서드	설명
data(key, value) data(key)	임의의 데이터를 모든 엘리먼트와 연계하거나 jqLite 객체에서 나타내는 첫 번째 엘리먼트에 지정된 키에 해당하는 값을 가져온다.
removeData(key)	jqLite 객체에서 나타내는 엘리먼트에서 지정된 키와 관련된 데이터를 제거한다.
html()	jqLite 객체가 나타내는 첫 번째 엘리먼트의 내용을 HTML 표현값 형태로 반환한다.
ready(handler)	DOM이 완전히 로드될 때 호출할 핸들러 함수를 등록한다.

jqLite를 통한 AngularJS 기능 접근

지금까지 살펴본 제이쿼리 메서드뿐 아니라 jqLite에서는 AngularJS의 특정 기능에 접근할 수 있게 해주는 추가 메서드를 제공한다. 이들 메서드는 표 15-8에 정리돼 있다.

표 15-8. AngularJS 기능에 접근하는 jqLite 메서드

메서드	설명
controller() controller(name)	콘텐츠 엘리먼트나 부모와 관련된 컨트롤러를 반환한다. 컨트롤러와 디렉티브 사이의 구체적인 상호작용 방법은 17장을 참고하자.

injector()	현재 엘리먼트나 부모와 관련된 주입기를 반환한다. 주입기에 대해서는 24장에서 설명한다.
isolatedScope()	현재 엘리먼트와 관련된 고립 스코프가 있다면 이를 반환한다. 고립 스코프는 16장에서 설명한다.
scope()	현재 엘리먼트나 부모와 관련된 스코프를 반환한다. 디렉티브에서 스코프를 관리하는 자세한 방법은 16장에서 살펴본다.
inheritedData(key)	이 메서드는 제이쿼리의 data 메서드와 동일한 작업을 수행하지만 지정한 키와 일치하는 값을 찾기 위해 엘리먼트 계층구조를 순회한다는 점이 다르다.

 이들 메서드는 대다수 프로젝트에서 사용할 일이 없다. 여기서는 책의 완성도를 위해 이들 메서드를 수록했지만 실제로는 거의 사용하지 않는 편이다.

제이쿼리를 통한 jqLite 대체

jqLite에서는 전체 제이쿼리 라이브러리에서 제공하는 메서드 중 일부만 구현하는데, 이런 메서드에서도 (앞 절에서 본 것처럼) 제이쿼리 프로그래머들이 자주 사용하는 옵션을 모두 제공하지는 않는다.

jqLite에서는 속도, 단순성, 크기에 중점을 두므로 이와 같이 제한적인 메서드에 익숙해지고 나면 실제 제이쿼리 라이브러리에서 제공하는 메서드와 기능을 사용할 때보다는 우아하지 않지만 디렉티브에서 필요한 기능을 모두 수행할 수는 있다는 사실을 알게 될 것이다. AngularJS에서 제공하는 내장 디렉티브가 모두 jqLite를 사용해 구현됐다는 점을 감안하면 필수적인 기능은 모두 들어 있다고 이해할 수 있을 것이다.

그럼에도 불구하고 jqLite만으로는 작업하는 것이 불편하다면 이를 완전한 기능을 제공하는 제이쿼리 라이브러리로 대체할 수 있다. 예제 15-20에서는 제이쿼리 라이브러리를 사용할 수 있게 directives.html 파일을 수정하고, jqLite에서 제공하지 않는 일부 제이쿼리 메서드를 사용해 커스텀 디렉티브 코드를 단순화했다.

 전체 제이쿼리 라이브러리를 사용하는 경우 브라우저에서 또 다른 자바스크립트 파일을 내려받아 처리해야 하고, 디렉티브를 재사용하는 모든 애플리케이션이 제이쿼리에 의존해야 한다. 따라서 충분한 시간을 들여 jqLite에 익숙해진 이후에 제이쿼리 라이브러리로 전환할지 여부를 결정할 것을 권장한다.

```
...
<head>
    <title>Directives</title>
    <script src="http://code.jquery.com/jquery-1.10.1.min.js"></script>
    <script src="angular.js"></script>
    <link href="bootstrap.css" rel="stylesheet" />
    <link href="bootstrap-theme.css" rel="stylesheet" />
    <script>
        angular.module("exampleApp", [])
            .directive("unorderedList", function () {
                return function (scope, element, attrs) {
                    var data = scope[attrs["unorderedList"]];
                    var propertyExpression = attrs["listProperty"];
                    if (angular.isArray(data)) {
                        var listElem = angular.element("<ul>").appendTo(element);
                        for (var i = 0; i < data.length; i++) {
                            (function () {
                                var itemElement =
                                    angular.element("<li>").appendTo(listElem);
                                var index = i;
                                var watcherFn = function (watchScope) {
                                    return watchScope.$eval(propertyExpression,
                                        data[index]);
                                }
                                scope.$watch(watcherFn, function (newValue, oldValue) {
                                    itemElement.text(newValue);
                                });
                            }());
                        }
                    }
                }
            }).controller("defaultCtrl", function ($scope) {
                $scope.products = [
                    { name: "Apples", category: "Fruit", price: 1.20, expiry: 10 },
                    { name: "Bananas", category: "Fruit", price: 2.42, expiry: 7 },
                    { name: "Pears", category: "Fruit", price: 2.02, expiry: 6 }
                ];

                $scope.incrementPrices = function () {
                    for (var i = 0; i < $scope.products.length; i++) {
                        $scope.products[i].price++;
                    }
                }
            })
    </script>
</head>
...
```

여기서는 콘텐츠 전달 네트워크(CDN)로부터 제이쿼리 라이브러리 파일을 로드하는 script 엘리먼트를 추가했다. 이렇게 하면 angularjs 폴더에 아무 파일을 추가하지 않아도 제이쿼리 라이브러리를 사용할 수 있다. 여기서는 먼저 제이쿼리 script 엘리먼트를 AngularJS script 엘리먼트보다 먼저 선언한 것에 주의하자. AngularJS에서는 jqLite를 설치하기 전에 제이쿼리가 로드됐는지 검사하므로, script 엘리먼트를 항상 이 순서대로 지정해야 한다. AngularJS script 절 이전까지 제이쿼리를 추가하지 않은 경우 jqLite가 사용된다.

jqLite를 사용할 때 필자가 가장 아쉽다고 느끼는 메서드는 appendTo 메서드다. 이 메서드는 '엘리먼트 생성 및 삭제' 절에서 설명한 문제를 해결할 수 있는 방법 중 하나다. 이 메서드를 사용하면 새 엘리먼트를 생성하고, 이를 문서에 추가한 후, 다른 제이쿼리 메서드를 호출해 새 엘리먼트를 수정할 수 있다. 이를 활용하면 다음과 같이 여러 명령으로 구성된 jqLite 명령을

```
...
var itemElement = angular.element('<li>');
listElem.append(itemElement);
...
```

다음과 같은 제이쿼리 명령 한 줄로 바꿀 수 있다.

```
...
var listElem = angular.element("<ul>").appendTo(element);
...
```

 제이쿼리에서 이 메서드를 많이 사용하기는 하지만 필자는 AngularJS 프로젝트에서 jqLite를 제이쿼리로 바꾸는 일이 거의 없다. 필자는 현재 jqLite의 제한적인 기능에 익숙해졌으며 독자들 또한 그렇게 되기를 바란다.

정리

이 장에서는 기본적인 커스텀 디렉티브를 구현하는 데 필요한 기법을 살펴봤다. 먼저 directive 메서드를 사용해 새 디렉티브를 정의하고, 링크 함수를 정의하는 법, 디렉티브를 활용해 표현식을 처리하고, 스코프 변화를 관찰하는 법을 배웠다. 또, AngularJS에 제이쿼리를 대신해 포함된 경량 버전인 jqLite를 디렉티브에서 활용하고, 필요에 따라 이를 제이쿼리로 대체하는 법도 살펴봤다(물론 애플리케이션에서 필요한 자바스크립트 개수를 줄이고, 디렉티브 재사용성을 높이기 위해 jqLite를 우선적으로 사용할 것을 권장한다). 다음 장에서는 좀 더 고급의 디렉티브를 구현할 때 활용할 만한 고급 기법을 다룬다.

CHAPTER 16

고급 디렉티브 구현

앞 장에서는 jqLite를 활용해 HTML 엘리먼트를 조작하고 관리하는 법을 비롯해 커스텀 디렉티브를 구현하는 데 필요한 기법을 살펴봤다. 이 장에서는 커스텀 디렉티브를 좀 더 정교하게 제어하는 데 활용할 만한 기법을 배운다. 물론 이런 기법이 항상 필요하지는 않지만(15장에서 살펴본 기본 기법만 사용해도 거의 대부분의 상황에서 충분하다) 좀 더 복잡하고 정교한 디렉티브를 구현하려면 이 장과 17장에서 소개하는 고급 기법이 기능을 보충하는 데 큰 도움이 될 것이다. 표 16-1에는 이 장의 내용이 정리돼 있다.

표 16-1. 장 요약

문제	해결책	예제
복잡한 디렉티브 정의	directive 메서드의 팩터리 함수에서 정의 객체를 반환한다.	1
디렉티브의 적용 방식 지정	restrict 속성을 설정한다.	2~6
디렉티브의 내용을 (jqLite를 사용하지 않고) HTML로 표현	template 속성을 설정한다.	7~8
외부 템플릿 파일 사용	templateUrl 속성을 설정한다.	9~12
템플릿 콘텐츠가 디렉티브를 적용한 엘리먼트를 대체할지 여부를 지정	replace 속성을 설정한다.	13~15
각 디렉티브 인스턴스별로 별도 스코프 생성.	scope 속성을 true로 설정한다.	16~19
디렉티브로부터 생성된 스코프가 부모 스코프의 객체 및 속성을 상속하지 못하게 차단	고립 스코프를 생성한다.	20
고립 스코프에 단방향 바인딩 생성	스코프 객체에 값 앞에 @ 접두어를 사용한 속성을 추가한다.	21~22

고립 스코프에 양방향 바인딩 생성	스코프 객체에 값 앞에 = 접두어를 사용한 속성을 추 가한다.	23
부모 스코프 컨텍스트에서 표현식을 평가	스코프 객체에 값 앞에 & 접두어를 사용한 속성을 추 가한다.	24

| 예제 프로젝트 준비

이 장에서는 15장에서 생성한 unorderedList 디렉티브를 가지고 계속해서 작업한다. 시작하기 전에 예제 16-1과 같이 먼저 디렉티브를 좀 더 기본 상태로 돌려놓은 후 전체 제이쿼리 라이브러리에 대한 의존성을 제거하자.

예제 16-1. directives.html 파일 준비

```html
<html ng-app="exampleApp">
<head>
    <title>Directives</title>
    <script src="angular.js"></script>
    <link href="bootstrap.css" rel="stylesheet" />
    <link href="bootstrap-theme.css" rel="stylesheet" />
    <script>
        angular.module("exampleApp", [])
            .directive("unorderedList", function () {
                return function (scope, element, attrs) {
                    var data = scope[attrs["unorderedList"]];
                    var propertyExpression = attrs["listProperty"];
                    if (angular.isArray(data)) {
                        var listElem = angular.element("<ul>");
                        element.append(listElem);
                        for (var i = 0; i < data.length; i++) {
                            var itemElement = angular.element("<li>")
                                .text(scope.$eval(propertyExpression, data[i]));
                            listElem.append(itemElement);
                        }
                    }
                }
            }).controller("defaultCtrl", function ($scope) {
                $scope.products = [
                    { name: "Apples", category: "Fruit", price: 1.20, expiry: 10 },
                    { name: "Bananas", category: "Fruit", price: 2.42, expiry: 7 },
                    { name: "Pears", category: "Fruit", price: 2.02, expiry: 6 }
                ];
            })
    </script>
</head>
<body ng-controller="defaultCtrl">
    <div class="panel panel-default">
```

```
        <div class="panel-heading">
            <h3>Products</h3>
        </div>
        <div class="panel-body">
            <div unordered-list="products" list-property="price | currency"></div>
        </div>
    </div>
</body>
</html>
```

| 복잡한 디렉티브 정의

16장에서는 링크 함수를 반환하는 팩터리 함수를 활용해 커스텀 디렉티브를 구현하는 법을 살펴봤다. 이 방식은 가장 간편한 방식이지만, 이를 활용하면 디렉티브에서 정의할 수 있는 수많은 옵션에 항상 기본값만 사용하게 된다. 이와 같은 옵션을 커스터마이징하려면 팩터리 함수에서 **정의 객체**를 반환해야 한다. 정의 객체는 표 16-2에 수록된 속성 중 일부 또는 전체를 정의하는 자바스크립트 객체를 말한다. 이어지는 절에서는 이런 속성 중 일부를 적용해 커스텀 디렉티브 사용 방식을 제어하는 법을 배운다. 나머지 속성을 활용하는 법은 17장에서 다룬다.

표 16-2. 디렉티브 정의 객체에서 정의하는 속성

속성	설명
compile	컴파일 함수를 지정한다. 17장을 참고하자.
controller	디렉티브를 위한 컨트롤러 함수를 생성한다. 17장을 참고하자.
link	디렉티브를 위한 링크 함수를 지정한다. 이 장의 '디렉티브 적용 방식 정의' 절을 참고하자.
replace	템플릿의 콘텐츠로 디렉티브가 적용된 엘리먼트를 대체할지 여부를 지정한다. 이 장의 '엘리먼트 대체' 절을 참고하자.
require	컨트롤러에 대한 의존성을 선언한다. 17장을 참고하자.
restrict	디렉티브 적용 방식을 지정한다. 이 장의 '디렉티브 적용 방식 정의' 절을 참고하자.
scope	디렉티브를 위한 새 스코프 또는 고립 스코프를 생성한다. 이 장의 '디렉티브 스코프 관리' 절을 참고하자.
template	HTML 문서로 삽입될 템플릿을 지정한다. 이 장의 '템플릿 디렉티브 활용' 절을 참고하자.
templateUrl	HTML 문서로 삽입될 외부 템플릿을 지정한다. 이 장의 '템플릿 디렉티브 활용' 절을 참고하자.
transclude	디렉티브를 사용해 임의의 콘텐츠를 감쌀지 여부를 지정한다. 17장을 참고하자.

디렉티브 적용 방식 정의

링크 함수만 반환할 경우 어트리뷰트 형태로만 적용할 수 있는 디렉티브를 구현하게 된다. 물론 대부분의 AngularJS에서는 어트리뷰트 방식으로 디렉티브를 적용하지만 restrict 속성을 사용하면 기본값을 변경해 다른 방식으로 적용할 수 있는 디렉티브를 생성할 수 있다. 예제 16-2에서는 정의 객체를 사용해 unorderedList 디렉티브를 구현하고 restrict 속성을 사용하게끔 수정한 코드를 볼 수 있다.

예제 16-2. directives.html 파일 내 restrict 옵션 설정

```
...
<script>
    angular.module("exampleApp", [])
        .directive("unorderedList", function () {
            return {
                link: function (scope, element, attrs) {
                    var data = scope[attrs["unorderedList"] || attrs["listSource"]];
                    var propertyExpression = attrs["listProperty"] || "price | currency";
                    if (angular.isArray(data)) {
                        var listElem = angular.element("<ul>");
                        if (element[0].nodeName == "#comment") {
                            element.parent().append(listElem);
                        } else {
                            element.append(listElem);
                        }
                        for (var i = 0; i < data.length; i++) {
                            var itemElement = angular.element("<li>")
                                .text(scope.$eval(propertyExpression, data[i]));
                            listElem.append(itemElement);
                        }
                    }
                },
                restrict: "EACM"
            }

    }).controller("defaultCtrl", function ($scope) {
        $scope.products = [
            { name: "Apples", category: "Fruit", price: 1.20, expiry: 10 },
            { name: "Bananas", category: "Fruit", price: 2.42, expiry: 7 },
            { name: "Pears", category: "Fruit", price: 2.02, expiry: 6 }
        ];
    })
</script>
...
```

링크 함수 vs 컴파일 함수

엄밀히 말해 compile 정의 속성에서 지정한 컴파일 함수는 DOM을 수정하는 데만 사용하고, 링크 함수는 와처를 생성하거나 이벤트 핸들러를 설정하는 작업에만 사용해야 한다. 이와 같이 컴파일/링크 함수를 분리하면 복잡한 작업을 수행하거나 많은 양의 데이터를 처리하는 디렉티브의 성능을 개선할 수 있다. 하지만 필자는 개인적으로 프로젝트를 진행할 때 링크 함수에 모든 기능을 집어넣는 편이며, 독자들 또한 이와 같이 할 것을 권장한다. 필자의 경우 컴파일 함수는 ng-repeat 디렉티브와 유사한 기능(17장에서 살펴본다)을 구현할 때만 사용한다.

여기서는 객체를 반환하게끔 팩터리 함수를 수정했다. 이제 팩터리 함수에서는 링크 함수 대신 정의 객체를 반환한다. 물론 디렉티브를 사용하려면 여전히 링크 함수가 필요하므로, 링크 함수는 표 16-2에서 본 것처럼 정의 객체의 link 속성에 집어넣는다. 다음으로 수정한 부분은 정의 객체에 restrict 속성을 추가한 것이다. 이렇게 하면 AngularJS에서는 네 가지 방식 중 어떤 방식을 사용해 디렉티브를 정의해야 할지 알 수 있게 된다. 이때 사용할 수 있는 네 가지 방식은 표 16-3에 정리된 한 자리 글자를 통해 지정한다.

표 16-3. restrict 정의 옵션 설정에 사용할 수 있는 글자

글자	설명
E	디렉티브를 엘리먼트 형태로 적용할 수 있게 한다.
A	디렉티브를 어트리뷰트 형태로 적용할 수 있게 한다.
C	디렉티브를 클래스 형태로 적용할 수 있게 한다.
M	디렉티브를 주석 형태로 적용할 수 있게 한다.

예제 16-2에서는 네 글자를 모두 지정했다. 이렇게 하면 커스텀 디렉티브를 네 가지 방식 모두(엘리먼트, 어트리뷰트, 클래스, 주석)를 통해 적용할 수 있다. 디렉티브를 네 가지 방식으로 적용하는 예제는 이어지는 절에서 볼 수 있다.

팁 실제 프로젝트에서 디렉티브를 네 가지 방식으로 모두 적용할 수 있는 경우는 거의 없다. restrict 정의 속성에 가장 많이 사용하는 값은 A(디렉티브를 어트리뷰트 방식으로 적용), E(디렉티브를 엘리먼트로만 사용) 또는 AE(디렉티브를 엘리먼트나 어트리뷰트로 사용)다. 이어지는 절에서 설명하겠지만 C나 M 옵션은 거의 사용하지 않는다.

엘리먼트 형태의 디렉티브 적용

AngularJS에서는 템플릿 및 `templateUrl` 정의 속성을 통해 템플릿을 관리하는 디렉티브에 엘리먼트를 사용하는 게 관례다(템플릿과 관련한 자세한 내용은 '디렉티브 템플릿 활용' 절에서 다룬다). 하지만 이건 어디까지나 관례이고, 원한다면 `restrict` 정의 속성값이 글자 E를 지정해 아무 커스텀 디렉티브나 엘리먼트 형태로 적용할 수 있다. 예제 16-3에서는 예제 디렉티브를 엘리먼트 형태로 적용하는 법을 볼 수 있다.

예제 16-3. directives.html 파일 내 엘리먼트 형태의 디렉티브 적용

```
...
<div class="panel-body">
    <unordered-list list-source="products" list-property="price | currency" />
</div>
...
```

여기서는 디렉티브를 `unordered-list` 엘리먼트로 적용하고, 어트리뷰트를 사용해 디렉티브를 설정한다. 이렇게 할 경우 새 어트리뷰트를 사용해 데이터 소스를 정의해야 하므로 디렉티브의 링크 함수도 수정해야 한다. 여기서는 새 어트리뷰트의 이름으로 `list-source`를 사용했으며, 다음 코드에서는 `unordered-list` 어트리뷰트 값이 없는 경우 어떤 식으로 어트리뷰트 값을 검사하는지 볼 수 있다.

```
...
var data = scope[attrs["unorderedList"] || attrs["listSource"]];
...
```

어트리뷰트 형태의 디렉티브 적용

AngularJS에서는 대부분의 디렉티브를 어트리뷰트 형태로 적용하는 게 관례다. 15장에서 어트리뷰트 방식을 사용한 것 또한 이 때문이다. 하지만 책의 완성도를 위해 예제 16-4에는 커스텀 디렉티브를 어트리뷰트로 적용하는 예제를 수록했다.

예제 16-4. directives.html 파일 내 어트리뷰트 형태의 디렉티브 적용

```
...
<div class="panel-body">
    <div unordered-list="products" list-property="price | currency"></div>
</div>
...
```

물론 이런 식으로 디렉티브를 적용할 때는 링크 함수를 수정하지 않아도 된다. 애초부터 이 방식을 염두에 두고 링크 함수 코드를 작성했기 때문이다.

class 어트리뷰트 값 형태의 디렉티브 적용

가능하면 디렉티브는 엘리먼트나 어트리뷰트 방식으로 적용해야 한다. 그 이유는 두 방식을 사용할 경우 그만큼 디렉티브를 어디에 적용했는지 쉽게 알 수 있기 때문이다. 하지만 디렉티브는 class 어트리뷰트의 값으로도 적용할 수 있는데, 이 방식은 변경하기 어려운 애플리케이션에서 생성하는 HTML과 AngularJS를 연동하려고 할 때 도움이 된다. 예제 16-5에서는 class 어트리뷰트를 활용해 디렉티브를 적용하는 예제를 볼 수 있다.

예제 16-5. directives.html 파일 내 class 어트리뷰트 값 형태의 디렉티브 적용

```
...
<div class="panel-body">
    <div class="unordered-list: products" list-property="price | currency"></div>
</div>
...
```

여기서는 class 어트리뷰트의 값을 디렉티브의 이름으로 설정했다. 여기서는 디렉티브의 설정 값을 지정하기 위해 디렉티브명 다음에 콜론(: 문자), 이어서 값을 지정했다. 이 경우 AngularJS에서는 디렉티브를 어트리뷰트로 적용한 경우와 마찬가지로 엘리먼트에 unordered-list 어트리뷰트가 있는 것처럼 이 정보를 해석한다.

이 예제에서는 약간의 속임수를 사용해 디렉티브를 적용하는 엘리먼트에 list-property 어트리뷰트를 정의했다. 물론 실제 프로젝트였다면 애초부터 class 어트리뷰트를 통해 디렉티브를 적용할 필요가 없을 것이다. 실제 프로젝트라면 아마 다음과 같은 코드를 사용할 것이다.

```
...
<div class="panel-body">
    <div class="unordered-list: products, price | currency"></div>
</div>
...
```

이렇게 하면 AngularJS는 디렉티브의 링크 함수로 "products, price | currency" 값이 들어 있는 unorderedList 어트리뷰트 값을 넘겨주게 된다. 그럼 링크 함수에서는 이 값을 파싱하면 된다. 여기서는 자바스크립트의 문자열 파싱 기능이 중요한 게 아니므로 AngularJS에 집중하기 위해 이와 같은 방식 대신 편법을 사용했다.

주석 형태의 디렉티브 적용

디렉티브를 적용하는 데 사용할 수 있는 마지막 옵션은 HTML 주석 형태의 방식이다. 이 방식은 최후의 수단이며, 가능하면 다른 세 가지 옵션 중 하나를 사용해야 한다. 주석을 활용해 디렉티브를 적용하면 다른 개발자들이 HTML을 읽기가 그만큼 어렵다(대다수 개발자는 주석이 애플리케

이션 기능에 영향을 준다고 생각하지 않을 테니 말이다). 또, 배포용 파일 크기를 줄이기 위해 주석을 제거하는 빌드 툴에서는 문제가 생길 여지도 있다. 예제 16-6에서는 커스텀 디렉티브를 주석 형태로 적용하는 법을 볼 수 있다.

예제 16-6. directives.html 파일 내 주석 형태의 디렉티브 적용

```
...
<div class="panel-body">
    <!-- directive: unordered-list products -->
</div>
...
```

주석은 항상 directive 단어로 시작하고, 이어서 콜론, 디렉티브명, 선택적으로 설정 인자를 지정한다. 앞 절과 마찬가지로 여기서는 문자열 파싱을 건너뛰기 위해 선택 인자를 사용해 데이터의 소스를 지정하고, 속성 표현식의 기본값을 설정하게끔 다음과 같이 링크 함수를 수정했다.

```
...
var propertyExpression = attrs["listProperty"] || "price | currency";
...
```

주석 방식을 지원하려면 링크 함수를 수정해야 한다. 다른 방식에서는 디렉티브가 적용된 엘리먼트에 내용을 추가하기만 하면 되지만, 주석에는 이 방식이 통하지 않기 때문이다. 따라서 이번에는 jqLite를 활용해 다음과 같이 주석 엘리먼트의 부모에 접근해 작업을 수행한다.

```
...
if (element[0].nodeName == "#comment") {
    element.parent().append(listElem);
} else {
    element.append(listElem);
}
...
```

이 코드는 편법에 가까우며, jQuery/jqLite 객체가 HTMLElement 객체(브라우저가 DOM에서 HTML 엘리먼트를 표현할 때 사용하는 방식)의 배열 형태로 표현된다는 사실에 의존한다. 여기서는 0번째 배열 인덱스를 사용해 jqLite 객체의 첫 번째 요소를 가져오고 nodeName 속성을 호출한다. 그럼 디렉티브가 적용된 엘리먼트의 종류를 알 수 있다. 엘리먼트가 주석이면 jqLite의 parent 메서드를 사용해 주석이 들어 있는 엘리먼트를 가져오고, ul 엘리먼트를 부모에 추가한다. 보다시피 이런 접근 방식은 상당히 지저분하며, 주석을 사용해 디렉티브를 적용하는 것을 삼가야 하는 이유도 이 때문이다.

| 디렉티브 템플릿 활용

지금까지 커스텀 디렉티브에서는 jqLite나 제이쿼리를 사용해 엘리먼트를 생성했다. 물론 이 방식도 괜찮지만 기본적으로 이런 식으로 선언적인 콘텐츠를 생성하는 것은 가능한 한 지양해야 한다. 특히 프로젝트가 복잡할 경우 복잡한 jqLite 명령 블록으로 인해 코드를 읽고 유지보수하는 게 그만큼 어려워진다.

콘텐츠를 생성하는 데 사용할 수 있는 대안으로는 HTML 템플릿을 활용하는 방식이 있다. HTML 템플릿을 활용하면 디렉티브가 적용된 엘리먼트의 내용을 대체할 수 있다. 예제 16-7에 서는 template 정의 속성을 활용해 간단한 템플릿을 생성하는 코드를 볼 수 있다.

예제 16-7. directives.html 파일 내 템플릿을 활용한 콘텐츠 생성

```html
<html ng-app="exampleApp">
<head>
    <title>Directives</title>
    <script src="angular.js"></script>
    <link href="bootstrap.css" rel="stylesheet" />
    <link href="bootstrap-theme.css" rel="stylesheet" />
    <script>
        angular.module("exampleApp", [])
            .directive("unorderedList", function () {
                return {
                    link: function (scope, element, attrs) {
                        scope.data = scope[attrs["unorderedList"]];
                    },
                    restrict: "A",
                    template: "<ul><li ng-repeat='item in data'>"
                        + "{{item.price | currency}}</li></ul>"
                }
            }).controller("defaultCtrl", function ($scope) {
                $scope.products = [
                    { name: "Apples", category: "Fruit", price: 1.20, expiry: 10 },
                    { name: "Bananas", category: "Fruit", price: 2.42, expiry: 7 },
                    { name: "Pears", category: "Fruit", price: 2.02, expiry: 6 }
                ];
            })
    </script>
</head>
<body ng-controller="defaultCtrl">
    <div class="panel panel-default">
        <div class="panel-heading">
            <h3>Products</h3>
        </div>
        <div class="panel-body">
            <div unordered-list="products">
                This is where the list will go
```

```
            </div>
        </div>
    </div>
</body>
</html>
```

이와 같은 템플릿을 활용하면 디렉티브의 내용이 그만큼 단순하고 간결해진다. 어떤 언어든 코드를 사용해 HTML을 생성할 경우 코드가 길어지기 마련이며, HTML 생성을 전문으로 하는 제이쿼리나 jqLite도 마찬가지다. 이 예제에서는 수정한 곳이 두 군데다. 첫 번째로 수정한 부분에서는 data라는 스코프 속성을 생성하고 이를 사용해 (directive 어트리뷰트에서 가져온) 데이터 소스를 설정한다(예제를 간단히 하기 위해 여기서는 디렉티브를 어트리뷰트 형태로만 적용할 수 있게 restrict 정의 속성값을 A로 바꿨다. 이렇게 하면 데이터 소스를 찾기 위해 다른 어트리뷰트명을 검사하지 않아도 되기 때문이다).

링크 함수에서 할 일은 이게 전부다. 이제 링크 함수에서는 사용자에게 데이터를 보여주는 데 사용할 HTML 엘리먼트를 생성하는 일을 더 이상 하지 않아도 된다. 이 예제에서는 다음과 같이 template 정의 속성을 사용해 디렉티브를 적용한 엘리먼트의 내용으로 사용할 HTML 조각을 지정했다.

```
...
template: "<ul><li ng-repeat='item in data'>{{item.price | currency}}</li></ul>"
...
```

예제에서는 두 개의 문자열을 결합해 템플릿을 생성하지만 이렇게 한 이유는 단지 인쇄된 책에서 코드를 보기 쉽게 하기 위해서다. 실제 HTML 코드 조각은 ul 엘리먼트와 ng-repeat 디렉티브가 적용된 li 엘리먼트로 구성되며, 인라인 바인딩 표현식을 사용한다.

AngularJS에서 커스텀 디렉티브를 적용하면 디렉티브가 적용된 div 엘리먼트의 내용이 template 정의 속성의 값으로 대체되고, 다른 AngularJS 디렉티브 및 표현식이 있는지 찾기 위해 새로 바뀐 내용을 평가하게 된다. div 엘리먼트의 결과는 다음 코드에서 시작해

```
...
<div unordered-list="products">
    This is where the list will go
</div>
...
```

다음과 같이 바뀌게 된다.

```
...
<div unordered-list="products">
    <ul><!-- ngRepeat: item in data -->
        <li ng-repeat="item in data" class="ng-scope ng-binding">$1.20</li>
        <li ng-repeat="item in data" class="ng-scope ng-binding">$2.42</li>
        <li ng-repeat="item in data" class="ng-scope ng-binding">$2.02</li>
    </ul>
</div>
...
```

함수를 활용한 템플릿

앞 절에서는 템플릿의 내용을 리터럴 문자열로 표현했지만 template 속성은 템플릿용 콘텐츠를
생성하는 함수를 지정하는 데도 사용할 수 있다. 이 함수는 두 개의 인자(디렉티브가 적용된 엘
리먼트 및 어트리뷰트셋)를 받으며, 문서에 삽입할 HTML 조각을 반환한다.

> **주의** 템플릿 함수 기능은 프로그래밍적으로 필요한 콘텐츠를 생성하는 데 사용하지 말아야 한다. 이때
> 는 15장과 이 장의 서두에서 본 것처럼 링크 함수를 대신 사용해야 한다.

이 기능은 템플릿 콘텐츠를 나머지 디렉티브와 분리하는 데 특히 도움된다. 예제 16-8에서는 템
플릿이 들어 있는 script 엘리먼트를 생성하고, template 속성에 지정된 함수를 사용해 디렉티
브에 사용할 콘텐츠를 가져오는 코드를 볼 수 있다.

예제 16-8. directives.html 파일 내 템플릿 콘텐츠 분리

```
...
<head>
    <title>Directives</title>
    <script src="angular.js"></script>
    <link href="bootstrap.css" rel="stylesheet" />
    <link href="bootstrap-theme.css" rel="stylesheet" />
    <script type="text/template" id="listTemplate">
        <ul>
            <li ng-repeat="item in data">{{item.price | currency}}</li>
        </ul>
    </script>
    <script>
        angular.module("exampleApp", [])
            .directive("unorderedList", function () {
                return {
                    link: function (scope, element, attrs) {
                        scope.data = scope[attrs["unorderedList"]];
                    },
```

```
                    restrict: "A",
                    template: function () {
                        return angular.element(
                            document.querySelector("#listTemplate")).html();
                    }
                }
            }).controller("defaultCtrl", function ($scope) {
                $scope.products = [
                    { name: "Apples", category: "Fruit", price: 1.20, expiry: 10 },
                    { name: "Bananas", category: "Fruit", price: 2.42, expiry: 7 },
                    { name: "Pears", category: "Fruit", price: 2.02, expiry: 6 }
                ];
            })
    </script>
</head>
...
```

여기서는 사용하려는 템플릿 내용이 들어 있는 script 엘리먼트를 추가하고, 템플릿 정의 객체 함수를 설정한다. jqLite에서는 id 어트리뷰트를 통한 엘리먼트 선택을 지원하지 않으므로(아울 러 간단한 디렉티브에 전체 제이쿼리 라이브러리를 사용하지 않기 위해) 이 예제에서는 DOM API를 사용해 script 엘리먼트를 찾고 이를 다음과 같이 jqLite 객체로 감싼다.

```
...
return angular.element(document.querySelector("#listTemplate")).html();
...
```

이 코드에서는 jqLite의 html 메서드를 사용해 템플릿 엘리먼트의 HTML 내용을 가져오고 이를 템플릿 함수의 결과로 반환한다. 물론 이와 같이 DOM API를 사용하는 것은 지양해야 하지만 이런 간단한 작업에서 jqLite가 제공하는 것 이외의 기능을 사용하려면 이런 방식도 나쁘지만은 않다.

팁 물론 DOM만을 활용해 엘리먼트의 내용을 가져올 수도 있다. 이와 관련한 예제는 17장에서 볼 수 있다.

외부 템플릿 활용

script 엘리먼트를 사용하는 방식은 템플릿 콘텐츠를 분리하는 데 효과적이다. 하지만 엘리먼 트가 여전히 HTML 문서에 남아 있는 만큼 애플리케이션의 각기 다른 영역에서 자유롭게 템플 릿을 공유하려고 하거나 다른 애플리케이션과 공유해야 하는 복잡한 프로젝트에서는 관리가 어 려울 수 있다. 이에 대한 대안으로 템플릿 콘텐츠를 외부 파일에 정의하고, templateUrl 정의 객체 속성을 사용해 파일명을 지정하는 방법이 있다. 예제 16-9에서는 angularjs 폴더에 추가한 itemTemplate.html 파일의 내용을 볼 수 있다.

예제 16-9. itemTemplate.html 파일의 내용

```html
<p>This is the list from the template file</p>
<ul>
    <li ng-repeat="item in data">{{item.price | currency}}</li>
</ul>
```

이 파일에는 앞의 예제와 동일한 템플릿이 들어 있지만, 콘텐츠의 소스를 좀 더 명확히 하기 위해 글자를 몇 개 추가했다. 예제 16-10에서는 templateUrl 정의 속성을 사용해 이 파일을 참조한다.

예제 16-10. directives.html 파일 내 외부 템플릿 파일 지정

```html
...
<script>
    angular.module("exampleApp", [])
        .directive("unorderedList", function () {
            return {
                link: function (scope, element, attrs) {
                    scope.data = scope[attrs["unorderedList"]];
                },
                restrict: "A",
                templateUrl: "itemTemplate.html"
            }
        }).controller("defaultCtrl", function ($scope) {
            $scope.products = [
                { name: "Apples", category: "Fruit", price: 1.20, expiry: 10 },
                { name: "Bananas", category: "Fruit", price: 2.42, expiry: 7 },
                { name: "Pears", category: "Fruit", price: 2.02, expiry: 6 }
            ];
        })
</script>
...
```

함수를 통한 외부 템플릿 선택

templateUrl 속성값은 함수로 설정하면 디렉티브에서 사용할 URL을 지정할 수 있다. 이 기법을 활용하면 디렉티브를 적용한 엘리먼트에 따라 템플릿을 동적으로 선택할 수 있다.

구체적인 사용법을 살펴보기 위해 여기서는 angularjs 폴더 내에 tableTemplate.html이라는 새 HTML 파일을 추가했다. 이 파일의 내용은 예제 16-11에서 볼 수 있다.

```
<table>
    <thead>
        <tr><th>Name</th><th>Price</th></tr>
    </thead>
    <tbody>
        <tr ng-repeat="item in data">
            <td>{{item.name}}</td>
            <td>{{item.price | currency}}</td>
        </tr>
    </tbody>
</table>
```

이 템플릿은 어떤 템플릿 파일을 사용해 콘텐츠를 생성했는지 알기 쉽게 table 엘리먼트를 기반으로 작성했다. 예제 16-12에서는 templateUrl 속성값으로 함수를 설정해 디렉티브를 적용한 엘리먼트에 정의된 어트리뷰트를 기반으로 템플릿을 선택한다.

예제 16-12. directives.html 파일 내 동적인 템플릿 파일 선택

```
<html ng-app="exampleApp">
<head>
    <title>Directives</title>
    <script src="angular.js"></script>
    <link href="bootstrap.css" rel="stylesheet" />
    <link href="bootstrap-theme.css" rel="stylesheet" />
    <script>
        angular.module("exampleApp", [])
            .directive("unorderedList", function () {
                return {
                    link: function (scope, element, attrs) {
                        scope.data = scope[attrs["unorderedList"]];
                    },
                    restrict: "A",
                    templateUrl: function (elem, attrs) {
                        return attrs["template"] == "table" ?
                            "tableTemplate.html" : "itemTemplate.html";
                    }
                }
            }).controller("defaultCtrl", function ($scope) {
                $scope.products = [
                    { name: "Apples", category: "Fruit", price: 1.20, expiry: 10 },
                    { name: "Bananas", category: "Fruit", price: 2.42, expiry: 7 },
                    { name: "Pears", category: "Fruit", price: 2.02, expiry: 6 }
                ];
            })
    </script>
</head>
<body ng-controller="defaultCtrl">
```

```
        <div class="panel panel-default">
            <div class="panel-heading">
                <h3>Products</h3>
            </div>
            <div class="panel-body">
                <div unordered-list="products">
                    This is where the list will go
                </div>
            </div>
            <div class="panel-body">
                <div unordered-list="products" template="table">
                    This is where the list will go
                </div>
            </div>
        </div>
    </body>
</html>
```

templateUrl 속성값으로 지정한 함수는 디렉티브를 적용한 엘리먼트를 나타내는 jqLite 객체와 이 엘리먼트에 정의된 어트리뷰트셋을 인자로 넘겨받는다. 여기서는 템플릿 어트리뷰트를 검사해 어트리뷰트가 존재하고 table로 설정돼 있으면 tableTemplate.html 파일의 URL을 반환한다. 템플릿 어트리뷰트가 없거나 다른 값이 지정돼 있으면 itemTemplate.html 파일을 반환한다. directives.html 파일의 body 영역에서는 두 개의 div 엘리먼트에 디렉티브를 적용한다. 이 중 하나는 예제에서 검사하는 어트리뷰트 및 값을 갖고 있다. 결과 화면은 그림 16-1에서 볼 수 있다.

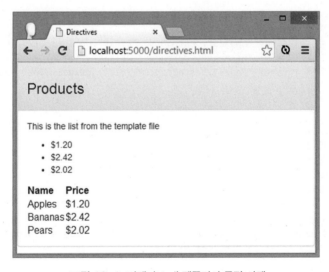

그림 16-1. 디렉티브 내 템플릿의 동적 선택

엘리먼트 대체

기본적으로 템플릿의 내용은 디렉티브를 적용한 엘리먼트 내에 삽입된다. 이와 같은 결과는 앞서 살펴본 예제에서 ul 엘리먼트가 div 엘리먼트의 자식으로 추가되는 것을 보더라도 알 수 있다. replace 정의 속성은 템플릿을 통해 엘리먼트를 대체함으로써 이와 같은 동작을 변경하는 데 활용할 수 있다. replace 속성의 활용 예제를 보여주기 전에 먼저 중요한 효과에만 집중할 수 있게 디렉티브를 좀 더 단순하게 수정하고 CSS 스타일을 적용해보자. 예제 16-13에는 수정된 directives.html 파일이 나와 있다.

예제 16-13. directives.html 파일 내 replace 속성 지정을 위한 준비

```html
<html ng-app="exampleApp">
<head>
    <title>Directives</title>
    <script src="angular.js"></script>
    <link href="bootstrap.css" rel="stylesheet" />
    <link href="bootstrap-theme.css" rel="stylesheet" />
    <script>
        angular.module("exampleApp", [])
            .directive("unorderedList", function () {
                return {
                    link: function (scope, element, attrs) {
                        scope.data = scope[attrs["unorderedList"]];
                    },
                    restrict: "A",
                    templateUrl: "tableTemplate.html"
                }
            }).controller("defaultCtrl", function ($scope) {
                $scope.products = [
                    { name: "Apples", category: "Fruit", price: 1.20, expiry: 10 },
                    { name: "Bananas", category: "Fruit", price: 2.42, expiry: 7 },
                    { name: "Pears", category: "Fruit", price: 2.02, expiry: 6 }
                ];
            })
    </script>
</head>
<body ng-controller="defaultCtrl">
    <div class="panel panel-default">
        <div class="panel-heading">
            <h3>Products</h3>
        </div>
        <div class="panel-body">
            <div unordered-list="products" class="table table-striped">
                This is where the list will go
            </div>
        </div>
    </div>
</body>
</html>
```

여기서는 항상 tableTemplate.html 파일을 사용하게끔 templateUrl 속성을 수정하고 디렉티브를 적용한 div 엘리먼트에 클래스를 추가했다. 또, div 엘리먼트에 두 개의 부트스트랩 클래스(table 및 table-striped)를 추가했다. 결과 화면은 그림 16-2에서 볼 수 있다.

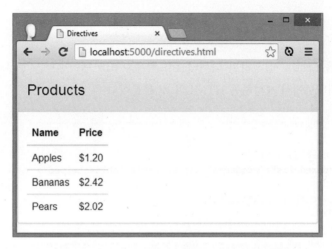

그림 16-2. 래퍼 엘리먼트에 클래스를 적용한 결과

부트스트랩에서는 table 엘리먼트에 직접 적용하지 않아도 스타일이 동작하게끔 클래스를 정의했으므로 여기서는 table 클래스를 문제 없이 사용할 수 있다. 하지만 table-striped 클래스의 경우 이에 해당하지 않으므로 여기서는 테이블에 대비되는 색상 행이 빠져 있는 것을 볼 수 있다. 디렉티브에서 생성하는 HTML의 첫 부분은 다음과 같다.

```
...
<div class="panel-body">
    <div unordered-list="products" class="table table-striped">
        <table>
            <thead>
                <tr><th>Name</th><th>Price</th></tr>
            </thead>
...
```

예제 16-14에는 replace 속성을 어떻게 적용해야 하는지 보여주는 예제가 나와 있다.

예제 16-14. directives.html 파일 내 replace 속성 적용

```
...
.directive("unorderedList", function () {
    return {
        link: function (scope, element, attrs) {
```

```
            scope.data = scope[attrs["unorderedList"]];
        },
        restrict: "A",
        templateUrl: "tableTemplate.html",
        replace: true
    }
...
```

replace 속성값을 true로 설정하면 디렉티브가 적용된 div 엘리먼트를 템플릿 콘텐츠가 대체
한다. 다음은 디렉티브에서 생성하는 HTML의 첫 부분이다.

```
...
<div class="panel-body">
    <table unordered-list="products" class="table table-striped">
        <thead>
            <tr><th>Name</th><th>Price</th></tr>
        </thead>
...
```

replace 속성은 엘리먼트를 템플릿으로 대체할 뿐 아니라 엘리먼트의 어트리뷰트를 템플릿 콘
텐츠의 엘리먼트로 전달하는 일도 수행한다. 이 경우 이에 따라 table 및 table-striped 부트
스트랩 클래스가 table 엘리먼트에 적용되므로, 그림 16-3과 같은 결과가 나오게 된다.

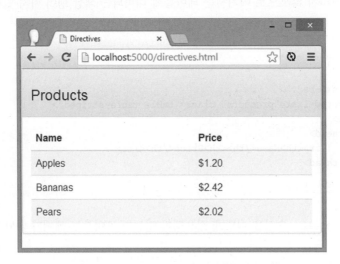

그림 16-3. replace 정의 속성을 통한 클래스 전달

이 기법은 디렉티브를 적용한 환경에 맞게 디렉티브에서 생성하는 콘텐츠를 설정하는 데 매우 유
용하게 활용할 수 있다. 이 커스텀 디렉티브는 애플리케이션의 여러 곳에서 사용할 수 있으므로,
예컨대 각기 다른 부트스트랩 스타일을 각 테이블에 적용할 수 있다.

이 기능은 다른 AngularJS 디렉티브를 디렉티브의 템플릿 콘텐츠로 직접 전달하는 데도 활용할 수 있다. 예제 16-15에서는 예제의 div 엘리먼트에 ng-repeat 디렉티브를 적용한 것을 볼 수 있다.

예제 16-15. directives.html 파일 내 디렉티브 전달을 위한 replace 정의 속성 활용

```
...
<div class="panel-body">
    <div unordered-list="products" class="table table-striped"
            ng-repeat="count in [1, 2, 3]">
        This is where the list will go
    </div>
</div>
...
```

이렇게 하면 div 엘리먼트를 중복으로 작성하지 않아도 템플릿 파일 내 table 엘리먼트에 ng-repeat 디렉티브를 직접 적용하는 것과 같은 효과가 있다.

| 디렉티브 스코프 관리

디렉티브와 스코프의 관계로 인해 애플리케이션 전역에서 재사용할 디렉티브를 구현하려는 경우 주의가 필요하다. 기본적으로 링크 함수는 디렉티브를 적용한 엘리먼트가 들어 있는 뷰를 관리하는 컨트롤러의 스코프를 인자로 넘겨받는다. 물론 이 말이 복잡하게 들릴 수도 있지만 앞의 문장을 다시 한 번 천천히 잘 읽어보면 AngularJS 애플리케이션의 주요 컴포넌트들 간의 관계가 이해될 것이다. 실제로 간단한 예제를 살펴보면 이해하는 데 좀 더 도움될 것이다. 예제 16-16에는 angularjs 폴더에 새로 추가한 directiveScopes.html 파일의 내용이 나와 있다.

예제 16-16. directiveScopes.html 파일의 내용

```
<!DOCTYPE html>
<html ng-app="exampleApp">
<head>
    <title>Directive Scopes</title>
    <script src="angular.js"></script>
    <link href="bootstrap.css" rel="stylesheet" />
    <link href="bootstrap-theme.css" rel="stylesheet" />
    <script type="text/javascript">
        angular.module("exampleApp", [])
            .directive("scopeDemo", function () {
                return {
                    template:
                        "<div class='panel-body'>Name: <input ng-model=name /></div>",
                }
```

```
                }))
            .controller("scopeCtrl", function ($scope) {
                // 아무 일도 하지 않음. 아무 동작도 필요 없음.
            });
    </script>
</head>
<body>
    <div ng-controller="scopeCtrl" class="panel panel-default">
        <div class="panel-body" scope-demo></div>
        <div class="panel-body" scope-demo></div>
    </div>
</body>
</html>
```

이 디렉티브는 매우 간단하므로 링크 함수를 정의할 필요도 없다. 이 디렉티브는 ng-model 디렉티브가 적용된 input 엘리먼트가 들어 있는 템플릿을 반환해주는 일만 수행한다. ng-model 디렉티브는 name이라는 스코프 속성에 대해 양방향 바인딩을 생성한다. 이 디렉티브는 문서의 body 영역에 있는 두 개의 별도 div 엘리먼트에 적용했다.

이렇게 하면 두 개의 디렉티브 인스턴스가 존재하기는 하지만 둘 다 scopeCtrl 컨트롤러의 name이라는 동일한 속성을 업데이트한다. 브라우저에서 directivesScopes.html 파일을 로드한 후 input 엘리먼트 중 한 곳에 글자를 입력해보면 이런 결과를 확인할 수 있다. 여기서는 양방향 바인딩으로 인해 그림 16-4와 같이 두 개의 input 엘리먼트가 항상 동기화된다.

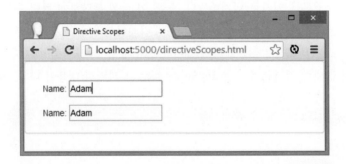

그림 16-4. 두 개의 디렉티브 인스턴스가 같은 스코프를 업데이트한 결과

물론 이와 같은 동작이 도움이 될 수도 있고, 실제로 같은 데이터를 서로 조율해 여러 엘리먼트에서 보여줘야 하는 경우 유용하게 활용할 수도 있다. 하지만 때로는 디렉티브를 재사용해 각기 '다른' 데이터를 가져오거나 표시해야 하는데, 이때는 스코프 관리가 필요하다.

디렉티브와 스코프를 설정하는 각기 다른 방법이 잘 이해되지 않을 수 있는 만큼 여기서는 각기 다른 설정을 생성할 때마다 다이어그램을 보여줄 생각이다. 그림 16-5에는 예제 16-16에 따른 결과가 정리돼 있다. 이 그림에서 왼쪽 그림은 input 엘리먼트를 수정하기 이전이고, 오른쪽 그림은 수정한 이후 그림이다.

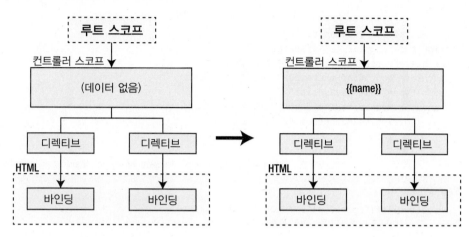

그림 16-5. 컨트롤러 스코프에 대해 작업을 수행하는 여러 디렉티브 인스턴스

애플리케이션이 처음 시작할 때는 예제 애플리케이션에 스코프 데이터가 없지만, 디렉티브 템플릿에 포함시킨 ng-model 디렉티브로 인해 AngularJS에서는 두 input 엘리먼트 중 하나의 엘리먼트라도 변하면 동적으로 name 속성을 생성해준다. 이 예제에서는 한 개의 스코프만 존재하므로(이 장에서 직접 사용하지 않는 루트 스코프는 논의에서 제외하기로 한다), 두 디렉티브 모두 같은 속성으로 바인딩된다. 이에 따라 두 디렉티브는 항상 속성값이 동기화된다.

팁 이 장에서는 예제에서 구현한 컨트롤러 및 디렉티브에서 사용한 스코프에 대해서만 다룬다. 하지만 실제로는 디렉티브가 템플릿을 통해 다른 디렉티브를 사용하거나 명시적으로 스코프를 생성할 수도 있으므로 스코프가 훨씬 더 많을 수 있다. 이 장에서는 컨트롤러/디렉티브의 스코프만을 중점적으로 다루지만 이 장에서 설명하는 원칙과 동작은 스코프 전체 계층구조에도 그대로 적용된다.

다중 컨트롤러 생성

우아한 방식은 아니지만 디렉티브를 재사용하려고 할 때 사용할 수 있는 가장 간편한 방법은 각 디렉티브가 각자 스코프를 갖게끔 각 디렉티브 인스턴스별로 별도 컨트롤러를 생성하는 것이다. 이 기법은 우아하지는 않지만 사용 중인 디렉티브의 소스 코드를 수정할 수 없는 상태에서는 유용하게 활용할 수 있다. 예제 16-17에서는 directiveScopes.html 파일에 추가 컨트롤러를 추가한 예제를 볼 수 있다.

```html
<!DOCTYPE html>
<html ng-app="exampleApp">
<head>
    <title>Directive Scopes</title>
    <script src="angular.js"></script>
    <link href="bootstrap.css" rel="stylesheet" />
    <link href="bootstrap-theme.css" rel="stylesheet" />
    <script type="text/javascript">
        angular.module("exampleApp", [])
            .directive("scopeDemo", function () {
                return {
                    template:
                        "<div class='panel-body'>Name: <input ng-model=name /></div>",
                }
            })
        .controller("scopeCtrl", function ($scope) {
            // 아무 일도 하지 않음. 아무 동작도 필요 없음.
        })
        .controller("secondCtrl", function($scope) {
            // 아무 일도 하지 않음. 아무 동작도 필요 없음.
        });
    </script>
</head>
<body>
    <div class="panel panel-default">
        <div ng-controller="scopeCtrl" class="panel-body" scope-demo></div>
        <div ng-controller="secondCtrl" class="panel-body" scope-demo></div>
    </div>
</body>
</html>
```

이와 같이 두 개의 컨트롤러를 사용하면 두 개의 스코프가 생기므로 각 스코프에서 자체 name 속성을 지니고, 이에 따라 각 input 엘리먼트가 서로 독립적으로 동작하게 된다. 그림 16-6에는 이 예제에서 스코프 및 데이터가 어떻게 동작하는지가 정리돼 있다.

여기서는 두 개의 컨트롤러가 존재하고, 애플리케이션이 시작할 때는 각 컨트롤러에 아무 데이터도 없다. 동적으로 input 엘리먼트를 편집하면 input 엘리먼트를 관리하는 디렉티브 인스턴스가 들어 있는 컨트롤러의 스코프에 name 속성이 생기지만 이들 속성은 서로 완전히 독립적으로 존재한다.

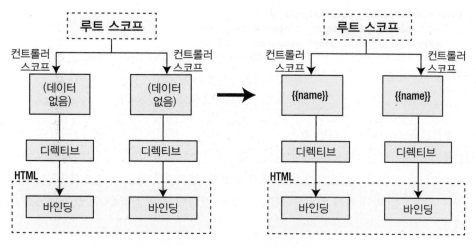

그림 16-6. 각 디렉티브 인스턴스별로 별도 컨트롤러를 생성한 결과

각 디렉티브 인스턴스에 자체 스코프 부여

각 컨트롤러에 자체 스코프를 지정하기 위해 꼭 컨트롤러를 생성해야 하는 것은 아니다. 이 방식 보다는 예제 16-18과 같이 scope 정의 객체 속성을 true로 설정해 각 디렉티브 인스턴스별로 스코프를 생성하는 게 좀 더 우아한 방식이다.

예제 16-18. directiveScopes.html 파일 내 각 디렉티브 인스턴스별로 새 스코프 생성

```
<!DOCTYPE html>
<html ng-app="exampleApp">
<head>
    <title>Directive Scopes</title>
    <script src="angular.js"></script>
    <link href="bootstrap.css" rel="stylesheet" />
    <link href="bootstrap-theme.css" rel="stylesheet" />
    <script type="text/javascript">
        angular.module("exampleApp", [])
            .directive("scopeDemo", function () {
                return {
                    template:
                        "<div class='panel-body'>Name: <input ng-model=name /></div>",
                    scope: true
                }
            })
            .controller("scopeCtrl", function ($scope) {
                // 아무 일도 하지 않음. 아무 동작도 필요 없음.
            });
    </script>
</head>
<body ng-controller="scopeCtrl">
```

```
        <div class="panel panel-default">
            <div class="panel-body" scope-demo></div>
            <div class="panel-body" scope-demo></div>
        </div>
    </body>
</html>
```

scope 속성값을 true로 설정하면 같은 컨트롤러 내에서 디렉티브를 재사용할 수 있으므로 두 번째 컨트롤러를 제거하고 애플리케이션 코드를 좀 더 단순화할 수 있다. 물론 여기서는 예제가 간단하므로 코드가 단순해지는 효과가 그리 크지 않지만, 프로젝트 규모가 크고 복잡하다면 데이터 값이 공유되는 것을 막기 위해 컨트롤러를 계속해서 생성할 경우 걷잡을 수 없는 결과를 불러올 수 있다.

scope 속성을 true로 설정할 때 생성되는 스코프는 13장에서 설명한 일반 스코프 계층구조에 속한다. 이 말은 객체 상속 및 속성과 관련해 설명한 규칙이 그대로 적용된다는 뜻으로, 각 커스텀 디렉티브 인스턴스에서 사용하는 데이터를 자유롭게 설정할 수 있다는 뜻이다. 간단한 예를 보여주기 위해 예제 16-19에서는 자주 사용하는 치환 기법을 활용해 예제를 확장했다.

예제 16-19. directiveScopes.html 파일 내 예제 디렉티브 확장

```
<!DOCTYPE html>
<html ng-app="exampleApp">
<head>
    <title>Directive Scopes</title>
    <script src="angular.js"></script>
    <link href="bootstrap.css" rel="stylesheet" />
    <link href="bootstrap-theme.css" rel="stylesheet" />
    <script type="text/ng-template" id="scopeTemplate">
        <div class="panel-body">
            <p>Name: <input ng-model="data.name" /></p>
            <p>City: <input ng-model="city" /></p>
            <p>Country: <input ng-model="country" /></p>
        </div>
    </script>
    <script type="text/javascript">
        angular.module("exampleApp", [])
            .directive("scopeDemo", function () {
                return {
                    template: function() {
                        return angular.element(
                            document.querySelector("#scopeTemplate")).html();
                    },
                    scope: true
                }
            })
            .controller("scopeCtrl", function ($scope) {
```

```
            $scope.data = { name: "Adam" };
            $scope.city = "London";
        });
    </script>
</head>
<body ng-controller="scopeCtrl">
    <div class="panel panel-default">
        <div class="panel-body" scope-demo></div>
        <div class="panel-body" scope-demo></div>
    </div>
</body>
</html>
```

여기서는 문자열을 템플릿으로 사용하기에는 한계가 있으므로 script 엘리먼트를 사용해 마크업을 정의했다. 템플릿은 이 장에서 앞서 '함수를 활용한 템플릿' 절에서 설명한 것처럼 템플릿함수를 통해 요청하고 선택한다. 템플릿에는 세 개의 input 엘리먼트가 들어 있으며, 각 엘리먼트는 ng-model 디렉티브를 통해 스코프 내 데이터 값에 바인딩된다. 그림 16-7에서는 이 예제의스코프 및 데이터 배치 구조를 볼 수 있다.

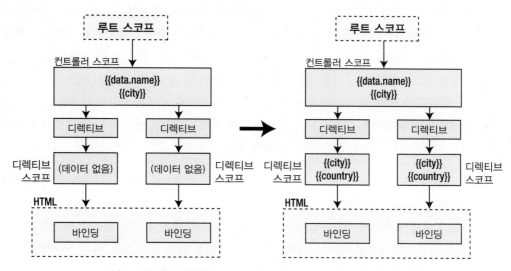

그림 16-7. 단일 컨트롤러 내 각 디렉티브 인스턴스에 자체 스코프 부여

이 예제에는 데이터가 복잡하게 배치돼 있으므로 세 가지 데이터 값 각각에서 무슨 일이 일어나는지에 대해서는 표 16-4에서 자세히 설명한다.

표 16-4. directiveScopes.html 파일 내 데이터 속성

속성	설명
data.name	이 속성은 객체에 정의돼 있다. 이 말은 단일 값을 여러 디렉티브 인스턴스에서 공유하게 되고, 이 속성으로 바인딩된 모든 input 엘리먼트가 동기화된다는 뜻이다.
city	이 속성은 컨트롤러 스코프에 직접 대입했다. 이 경우 모든 디렉티브가 처음에는 같은 값으로 출발하지만, input 엘리먼트를 수정할 경우 자체 스코프에 있는 자체 버전을 수정하게 된다.
country	이 속성에는 값이 지정돼 있지 않다. 이 경우 각 디렉티브 인스턴스는 해당 input 엘리먼트가 수정될 때 별도 country 속성을 생성한다.

고립 스코프의 생성

앞의 예제에서는 각 디렉티브 인스턴스별로 별도 스코프를 생성해 중복 컨트롤러를 제거하고, 스코프 계층구조를 따라 하위 스코프로 상속되는 객체 및 속성(이 부분은 13장에서 다뤘다)을 다양하게 활용하는 법을 살펴봤다.

이 방식의 장점은 사용하기 간편하고, 나머지 AngularJS API와도 일치한다는 점이다. 하지만 스코프 상속과 관련한 기본 규칙을 항상 사용하므로, 디렉티브의 동작이 디렉티브가 적용된 컨트롤러를 그대로 따라야 된다는 단점이 있다. 프로젝트를 진행하다 보면 한 컨트롤러에서 count라는 스코프 속성을 3으로 정의하고, 다른 컨트롤러에서는 count를 Dracula로 정의하는 일이 생기기 쉽다. 이런 경우 값을 아예 상속받고 싶지 않거나 스코프 객체에 정의된 속성을 변경함에 따라 컨트롤러 스코프를 예상치 못한 방식으로 수정하는 일이 생길 수 있다. 예컨대 다른 개발자가 여러분이 개발한 디렉티브를 적용할 경우 이런 문제가 생기기 쉽다.

이 문제를 해결하려면 고립 스코프를 생성해야 한다. 고립 스코프에서는 AngularJS가 각 디렉티브 인스턴스별로 별도 스코프를 생성하지만, 스코프가 컨트롤러 스코프를 상속하지 않는다. 이 기법은 여러 상황에서 폭넓게 재사용할 수 있는 디렉티브를 구현하고, 컨트롤러나 스코프 계층구조 내 다른 스코프에서 정의한 데이터 객체나 속성의 영향을 받지 않고 싶을 때 유용하게 활용할 수 있다. 고립 스코프는 scope 정의 속성에 객체를 설정할 때 생성된다. 가장 기본적인 형태의 고립 스코프는 예제 16-20과 같이 아무 속성도 없는 객체를 통해 표현할 수 있다.

예제 16-20. directiveScopes.html 파일 내 고립 스코프 생성

```
...
<script type="text/javascript">
    angular.module("exampleApp", [])
        .directive("scopeDemo", function () {
            return {
```

```
                  template: function() {
                      return angular.element(
                          document.querySelector("#scopeTemplate")).html();
                  },
                  scope: {}

              }
          })
      .controller("scopeCtrl", function ($scope) {
          $scope.data = { name: "Adam" };
          $scope.city = "London";
      });
  </script>
  ...
```

고립 스코프의 적용 결과는 브라우저에서 directiveScopes.html 파일을 로드해보면 확인할
수 있다(물론 이 예제에서는 6개의 input 엘리먼트가 모두 비어 있으므로 시각적으로 대단한 결
과는 없지만). 이와 같은 결과는 고립 스코프로 인해 생긴다. 여기서는 컨트롤러의 스코프에서
아무것도 상속하지 않으므로 ng-model 디렉티브에서 지정한 속성에 아무 값도 정의돼 있지 않
은 것이다. AngularJS에서는 input 엘리먼트를 수정할 경우 이런 속성을 동적으로 생성해주지만,
이때도 속성은 수정된 input 엘리먼트와 관련된 디렉티브의 고립 스코프 내에만 존재한다. 그림
16-8에서는 독자들이 고립 스코프를 이전 예제와 비교할 수 있게끔 스코프 배치 다이어그램을
보여준다.

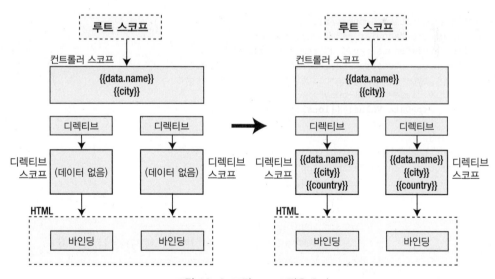

그림 16-8. 고립 스코프 적용 효과

각 디렉티브 인스턴스는 자체 스코프를 갖고 있지만 컨트롤러 스코프로부터 아무 데이터 값도 상속하지 않는다. 이와 같이 상속이 이뤄지지 않으므로 객체를 통해 정의한 속성값을 변경하더라도 이 값이 다른 컨트롤러 스코프로 전달되지 않는다. 간단히 말해 고립 스코프는 나머지 스코프 계층구조로부터 완전히 단절돼 있는 것이다.

어트리뷰트 값을 통한 바인딩

고립 스코프는 각기 다른 상황에서 재사용할 수 있는 디렉티브를 구현할 때 중요한 바인딩 요소다. 고립 스코프를 활용하면 컨트롤러 스코프와 디렉티브 사이의 예상치 못한 상호작용을 피할 수 있기 때문이다. 하지만 이와 같이 디렉티브를 완전히 고립시키면 데이터를 주고받기가 그만큼 어려워지므로 AngularJS에서는 컨트롤러 스코프와 디렉티브 사이에서 우리가 원하는 상호작용만 일어나게끔 해주는 메커니즘을 제공한다.

고립 스코프는 디렉티브와 더불어 엘리먼트에 적용된 어트리뷰트를 사용해 컨트롤러 스코프에 있는 데이터 값에 바인딩할 수 있게 해준다. 이와 같은 기능은 예제를 보면 좀 더 쉽게 이해할 수 있는데, 예제 16-21에서는 컨트롤러 스코프와 디렉티브의 지역 스코프 사이에서 데이터 값을 어떤 식으로 단방향 바인딩하는지 배울 수 있다.

> **예제 16-21.** directiveScopes.html 파일 내 고립 스코프를 위한 단방향 바인딩 생성

```
<!DOCTYPE html>
<html ng-app="exampleApp">
<head>
    <title>Directive Scopes</title>
    <script src="angular.js"></script>
    <link href="bootstrap.css" rel="stylesheet" />
    <link href="bootstrap-theme.css" rel="stylesheet" />
    <script type="text/ng-template" id="scopeTemplate">
        <div class="panel-body">
            <p>Data Value: {{local}}</p>
        </div>
    </script>
    <script type="text/javascript">
        angular.module("exampleApp", [])
            .directive("scopeDemo", function () {
                return {
                    template: function() {
                        return angular.element(
                            document.querySelector("#scopeTemplate")).html();
                    },
                    scope: {
                        local: "@nameprop"
                    }
                }
            })
```

```
            .controller("scopeCtrl", function ($scope) {
                $scope.data = { name: "Adam" };
            });
        </script>
    </head>
    <body ng-controller="scopeCtrl">
        <div class="panel panel-default">
            <div class="panel-body">
                Direct Binding: <input ng-model="data.name" />
            </div>
            <div class="panel-body" scope-demo nameprop="{{data.name}}"></div>
        </div>
    </body>
</html>
```

이 예제에서는 세 부분을 수정했는데, 수정한 세 부분은 모두 컨트롤러 스코프와 디렉티브 스코
프 사이에서 바인딩을 생성하는 데 사용된다. 첫 번째로 수정한 부분은 스코프 객체 정의로, 여기
서는 다음과 같이 어트리뷰트와 디렉티브 스코프 내 속성 사이에서 단방향 매핑을 설정했다.

```
...
scope: {
    local: "@nameprop"
}
...
```

이 코드에서는 스코프 정의 객체에 지정된 객체에 local이라는 속성을 정의했다. 이렇게 하면
AngularJS에서는 이 속성명을 가지고 디렉티브 스코프에 새 속성을 정의한다. local 속성의 값
에는 접두어로 @ 문자를 사용했는데, 이렇게 하면 local 속성값을 nameprop이라는 어트리뷰트
로부터 단방향 바인딩 형태로 가져오게끔 지정하게 된다.

두 번째 수정한 코드에서는 다음과 같이 커스텀 디렉티브를 적용하는 엘리먼트에 nameprop이라
는 어트리뷰트를 정의한다.

```
...
<div class="panel-body" scope-demo nameprop="{{data.name}}"></div>
...
```

여기서는 nameprop 어트리뷰트에 AngularJS 표현식을 집어넣음으로써 디렉티브 스코프에 있는
local 속성값을 지정한다. 이 예제의 경우 data.name 속성값을 선택했지만, 표현식으로는 아무
표현식이나 사용할 수 있다. 마지막으로 수정한 부분에서는 local 속성값을 표시하게끔 템플릿
을 업데이트한다.

```
...
<script type="text/ng-template" id="scopeTemplate">
    <div class="panel-body">
        <p>Data Value: {{local}}</p>
    </div>
</script>
...
```

여기서는 인라인 표현식을 사용해 local 속성값을 표시한다. 이 예제에서는 컨트롤러 스코프에 있는 data.name 속성을 수정할 수 있게 input 엘리먼트를 추가했으며, 결과 화면은 그림 16-9에서 볼 수 있다.

그림 16-9. 고립 스코프에 단방향 데이터 바인딩 추가

이 개념은 고급 디렉티브를 개발할 때 매우 중요한 개념이며, 많은 개발자가 헷갈려하는 부분이므로 예제에서 어떤 일이 일어나는지 이해하고 넘어가는 게 중요하다. 여기서는 디렉티브가 컨트롤러 스코프의 데이터를 상속해 예기치 않은 데이터에 접근하지 않게끔 고립 스코프를 사용했다(일반 비고립 스코프의 경우 부모로부터 데이터 값을 상속받는 과정을 선택적으로 제어할 수 없으므로 이와 같은 실수를 하기가 쉽다).

주의 고립 스코프에 대한 단방향 바인딩은 항상 문자열 값으로 평가된다. 만일 배열에 접근해야 한다면 수정할 생각이 없더라도 양방향 바인딩을 사용해야 한다. 양방향 바인딩을 생성하는 법은 다음 절에서 설명한다.

하지만 이 디렉티브에서는 컨트롤러 스코프에 있는 데이터 값에 접근할 필요가 있으므로 여기서는 어트리뷰트 값으로 지정한 표현식과 지역 스코프의 속성 사이에서 단방향 바인딩을 생성했다. 그림 16-10에서는 예제에서 스코프 및 데이터가 어떻게 배치되는지 볼 수 있다.

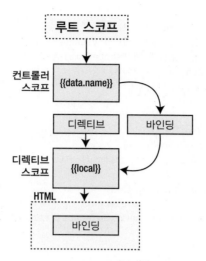

그림 16-10. 고립 스코프에 대한 단방향 데이터 바인딩 효과

이 다이어그램에서 볼 수 있듯 여기에는 두 개의 데이터 바인딩이 존재한다. 첫 번째 바인딩에서는 어트리뷰트 값에서 지정한 대로 컨트롤러 스코프의 data.name 속성을 고립 스코프의 local 속성으로 바인딩한다. 두 번째 바인딩에서는 고립 스코프의 local 속성을 디렉티브 템플릿의 인라인 바인딩 표현식으로 바인딩한다. AngularJS에서는 data.name 속성이 local 속성값을 업데이트하게끔 모든 변경 사항을 관리해준다.

> **주의** 이 예제에서는 템플릿에서 ng-model 디렉티브를 적용한 input 엘리먼트를 제거한 것을 볼 수 있다. 이렇게 한 이유는 여기서는 단방향 데이터 바인딩을 생성하기 때문이다. 이 경우 컨트롤러 스코프에서 data.name 속성을 업데이트하면 디렉티브의 스코프에 있는 local 속성도 업데이트 되지만, 그 반대의 경우에는 업데이트가 이뤄지지 않는다. 만일 디렉티브에서 컨트롤러 스코프에 있는 데이터도 수정하고 싶다면 다음 절에서 살펴볼 양방향 데이터 바인딩을 사용해야 한다.

이와 같은 기법을 활용하면 필요에 따라 선택적으로 스코프를 상속할 수 있고, 덤으로 디렉티브를 적용할 때 이와 같은 설정을 마음대로 선택할 수 있다. 이와 같은 기능은 코드나 마크업을 수정하지 않고 여러 가지 방식으로 단일 디렉티브를 재사용하려고 할 때 매우 핵심이 되는 기능이다. 이 디렉티브를 재사용하는 예제는 예제 16-22에서 볼 수 있다.

예제 16-22. directiveScopes.html 파일 내 단방향 데이터 바인딩을 적용한 디렉티브 재사용

```
<!DOCTYPE html>
<html ng-app="exampleApp">
<head>
    <title>Directive Scopes</title>
```

```
    <script src="angular.js"></script>
    <link href="bootstrap.css" rel="stylesheet" />
    <link href="bootstrap-theme.css" rel="stylesheet" />
    <script type="text/ng-template" id="scopeTemplate">
        <div class="panel-body">
            <p>Data Value: {{local}}</p>
        </div>
    </script>
    <script type="text/javascript">
        angular.module("exampleApp", [])
            .directive("scopeDemo", function () {
                return {
                    template: function() {
                        return angular.element(
                            document.querySelector("#scopeTemplate")).html();
                    },
                    scope: {
                        local: "@nameprop"
                    }
                }
            })
            .controller("scopeCtrl", function ($scope) {
                $scope.data = { name: "Adam" };
            });
    </script>
</head>
<body ng-controller="scopeCtrl">
    <div class="panel panel-default">
        <div class="panel-body">
            Direct Binding: <input ng-model="data.name" />
        </div>
        <div class="panel-body" scope-demo nameprop="{{data.name}}"></div>
        <div class="panel-body" scope-demo nameprop="{{data.name + 'Freeman'}}"></div>
    </div>
</body>
</html>
```

여기서는 커스텀 디렉티브의 두 번째 인스턴스를 생성하고, data.name 속성을 기반으로 표현식에 바인딩할 수 있게 nameprop 어트리뷰트를 설정했다. 이 예제에서 중요한 부분은 바로 디렉티브를 전혀 수정하지 않았다는 점이다. 여기서는 디렉티브를 적용한 엘리먼트에서 어트리뷰트 값을 수정하는 것만으로 각기 다른 두 데이터 값을 보여줄 수 있다는 점을 강조하기 위해 동일한 기능을 사용하고 있다. 이는 매우 강력한 기능으로, 복잡한 디렉티브를 구현할 때 꼭 필요한 요소다.

양방향 바인딩 생성

예제 16-23에서 볼 수 있듯 고립 스코프에서 양방향 데이터 바인딩을 생성하는 과정은 단방향 바인딩을 구현할 때와 거의 같다.

```html
<!DOCTYPE html>
<html ng-app="exampleApp">
<head>
    <title>Directive Scopes</title>
    <script src="angular.js"></script>
    <link href="bootstrap.css" rel="stylesheet" />
    <link href="bootstrap-theme.css" rel="stylesheet" />
    <script type="text/ng-template" id="scopeTemplate">
        <div class="panel-body">
            <p>Data Value: <input ng-model="local" /></p>
        </div>
    </script>
    <script type="text/javascript">
        angular.module("exampleApp", [])
            .directive("scopeDemo", function () {
                return {
                    template: function() {
                        return angular.element(
                            document.querySelector("#scopeTemplate")).html();
                    },
                    scope: {
                        local: "=nameprop"
                    }
                }
            })
            .controller("scopeCtrl", function ($scope) {
                $scope.data = { name: "Adam" };
            });
    </script>
</head>
<body ng-controller="scopeCtrl">
    <div class="panel panel-default">
        <div class="panel-body">
            Direct Binding: <input ng-model="data.name" />
        </div>
        <div class="panel-body" scope-demo nameprop="data.name"></div>
    </div>
</body>
</html>
```

양방향 바인딩을 생성하려면 고립 스코프를 생성할 때 @ 문자를 = 문자로 바꾸면 된다. 따라서 이전 예제에서 사용한 다음의 고립 스코프 정의를

```
...
scope: { local: "@nameprop" }
...
```

다음과 같이 바꾸면 된다.

```
...
scope: { local: "=nameprop" }
...
```

그런데 이 부분만 바꿔서는 안 된다. 단방향 바인딩을 사용할 때는 {{ 및 }} 문자를 사용해 전체 바인딩 표현식을 제공했지만, 양방향 데이터 바인딩에서는 AngularJS에서 어떤 속성을 업데이트 해야 하는지 알아야 하므로 다음과 같이 어트리뷰트 값을 속성명으로 설정해야 한다.

```
...
<div class="panel-body" scope-demo nameprop="data.name"></div>
...
```

이렇게 수정하고 나면 양방향 바인딩을 생성하고, 디렉티브의 템플릿을 업데이트할 수 있게 되므로 데이터 값을 수정하는 콘텐츠를 집어넣을 수 있다. 이 예제에서는 다음과 같이 ng-model 디렉티브를 사용하는 input 엘리먼트를 간단히 추가했다.

```
...
<div class="panel-body" scope-demo nameprop="data.name"></div>
...
```

이와 같이 예제를 수정하면 스코프 사이에서 양방향으로 업데이트가 진행된다(컨트롤러 스코프에서 data.name 속성이 업데이트되면 고립 스코프에서 local 속성이 업데이트되고, local 속성이 업데이트되면 그림 16-11과 같이 data.name이 업데이트된다). 이와 같은 관계를 그림으로 캡처해 보여주기는 어려운 만큼 브라우저를 통해 directiveScopes.html 파일을 직접 열어봄으로써 input 엘리먼트의 내용이 어떻게 동기화되는지 확인해볼 것을 권장한다.

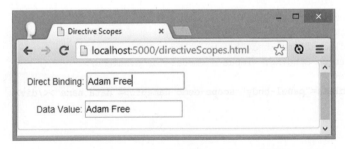

그림 16-11. 고립 스코프에 양방향 데이터 바인딩 추가

팁　이 예제에서 데이터 바인딩이 양방향이라는 점을 제외하면 스코프 배치는 앞의 그림 16-10과 동일하다.

표현식 평가

마지막으로 살펴볼 고립 스코프 기능은 표현식을 어트리뷰트로 지정하고, 이를 컨트롤러의 스코프에서 평가하는 기능이다. 이 기능도 예제를 통해 살펴보는 게 이해하기 쉬우므로 바로 예제 16-24를 살펴보자.

예제 16-24. directiveScopes.html 파일 내 컨트롤러 스코프에서의 표현식 평가

```html
<!DOCTYPE html>
<html ng-app="exampleApp">
<head>
    <title>Directive Scopes</title>
    <script src="angular.js"></script>
    <link href="bootstrap.css" rel="stylesheet" />
    <link href="bootstrap-theme.css" rel="stylesheet" />
    <script type="text/ng-template" id="scopeTemplate">
        <div class="panel-body">
            <p>Name: {{local}}, City: {{cityFn()}}</p>
        </div>
    </script>
    <script type="text/javascript">
        angular.module("exampleApp", [])
            .directive("scopeDemo", function () {
                return {
                    template: function () {
                        return angular.element(
                            document.querySelector("#scopeTemplate")).html();
                    },
                    scope: {
                        local: "=nameprop",
                        cityFn: "&city"
                    }
                }
            })
        .controller("scopeCtrl", function ($scope) {
            $scope.data = {
                name: "Adam",
                defaultCity: "London"
            };

            $scope.getCity = function (name) {
                return name == "Adam" ? $scope.data.defaultCity : "Unknown";
            }
        });
    </script>
</head>
<body ng-controller="scopeCtrl">
    <div class="panel panel-default">
        <div class="panel-body">
            Direct Binding: <input ng-model="data.name" />
```

```
        </div>
        <div class="panel-body" scope-demo
                city="getCity(data.name)" nameprop="data.name"></div>
    </div>
</body>
</html>
```

이 기법은 조금 복잡하지만 컨트롤러에서 정의한 동작과 데이터를 항상 예상 가능한 형태로 재사용할 수 있는 디렉티브를 구현하려고 할 때 꼭 필요한 기능인 만큼 이해하고 넘어가는 게 중요하다.

첫 번째로 수정한 부분에서는 이름 인자를 검사하고 이름과 관련된 도시명을 반환하는 간단한 컨트롤러 동작을 정의한다. 기본 도시명은 스코프 속성으로 정의돼 있다. 이 예제에서는 컨트롤러 동작에서 무슨 일을 하는지는 중요하지 않으며, 다만 동작과 이 동작에서 사용하는 데이터가 컨트롤러 스코프에 정의돼 있다는 사실과, 이로 인해 고립된 스코프의 디렉티브에서는 기본적으로 사용할 수 없다는 사실이 중요하다.

동작의 이름은 getCity이며, 이 동작을 디렉티브에서 사용할 수 있게끔 여기서는 다음과 같이 디렉티브를 적용한 엘리먼트에 새 어트리뷰트를 추가했다.

```
...
<div class="panel-body" scope-demo city="getCity(data.name)" nameprop="data.
name"></div>
...
```

city 어트리뷰트의 값은 getCity 동작을 호출하고, 처리할 인자로 data.name 속성값을 넘겨주는 표현식이다. 이 표현식을 고립 스코프에서 사용할 수 있게끔 다음과 같이 스코프 객체에 새 속성을 추가했다.

```
...
scope: {
    local: "=nameprop",
    cityFn: "&city"
}
...
```

& 접두어는 AngularJS가 지정한 어트리뷰트 값을 함수로 바인딩하게끔 한다. 이 경우 어트리뷰트는 city이고, 여기서는 이를 cityFn이라는 함수로 바인딩하려고 한다. 이제 남은 작업은 함수를 호출해 디렉티브 템플릿의 표현식을 평가하는 것뿐이다.

```
...
<div class="panel-body">
    <p>Name: {{local}}, City: {{cityFn()}}</p>
</div>
...
```

여기서는 괄호를 사용해 `cityFn()`을 호출해 어트리뷰트에서 지정한 표현식을 평가한다. 표현식 자체가 함수에 대한 호출일 경우에도 이 과정은 꼭 필요하다. 실행 결과는 그림 16-12에서 볼 수 있다. `data.name` 속성값이 Adam일 경우 템플릿의 데이터 바인딩에서는 London이라는 도시명을 보여준다.

그림 16-12. 컨트롤러의 스코프 내에 있는 표현식 평가

고립 스코프를 활용한 표현식 평가

앞의 예제를 응용해 고립 스코프로부터 컨트롤러 스코프 내의 표현식에서 평가할 데이터를 넘겨줄 수도 있다. 이를 활용하려면 동작으로 전달되는 인자가 컨트롤러의 스코프에 정의되지 않은 속성명이 되게끔 다음과 같이 표현식을 수정해야 한다.

```
...
<div class="panel-body" scope-demo city="getCity(nameVal)" nameprop="data.name"></div>
...
```

여기서는 인자의 이름으로 `nameVal`을 선택했다. 고립 스코프로부터 데이터를 넘겨주기 위해 템플릿의 바인딩 또한 다음과 같이 표현식 인자 값을 제공하는 객체를 넘겨주게끔 수정했다.

```
...
<div class="panel-body">
    <p>Name: {{local}}, City: {{cityFn({nameVal: local})}}</p>
</div>
...
```

이렇게 하면 고립 스코프와 컨트롤러 스코프에 정의된 데이터를 혼용해 표현식을 평가하는 데이터 바인딩을 구현할 수 있다. 이 경우 컨트롤러의 스코프에서 표현식 내 인자에 해당하는 속성명을 정의하지 않게끔 각별히 주의해야 한다. 이렇게 할 경우 고립 스코프에서 넘겨주는 값이 무시되기 때문이다.

| 정리

이 장에서는 계속해서 커스텀 디렉티브를 구현하는 데 활용할 수 있는 기능을 살펴보고, 기본적인 수준에서 출발해 점점 고급 기능으로 심화시켜 갔다. 또 정의 객체를 활용한 디렉티브 구현, 템플릿 활용법, 디렉티브에서 사용하는 스코프의 생성 및 관리 방법을 배웠다. 디렉티브 기능에 대한 설명은 다음 장까지 이어지는데, 다음 장에서는 일반적인 경우에는 거의 사용하지 않지만 규모가 크고 매우 복잡한 프로젝트에서는 큰 도움이 될 만한 고급 기능을 살펴본다.

고급 디렉티브 기능

이 장에서는 난이도가 가장 높은 고급 기능을 소개함으로써 커스텀 디렉티브에 대한 설명을 마무리한다. 물론 이런 고급 기능은 대개 자주 사용하지는 않지만, 복잡하고 유연한 디렉티브를 구현하려고 할 때 매우 강력한 힘을 발휘할 수 있다. 표 17-1에는 이 장의 내용이 정리돼 있다.

표 17-1. 장 요약

문제	해결책	예제
엘리먼트 감싸기	트랜스클루전을 사용하는 디렉티브를 생성한다.	1
트랜스클루전 콘텐츠 반복	컴파일 함수를 사용한다.	2
디렉티브 간 통신	디렉티브 컨트롤러를 사용한다.	3~5
커스텀 폼 엘리먼트 생성	ngModel 컨트롤러를 사용한다.	6
커스텀 폼 디렉티브에서 외부 데이터 변화 처리	$render 메서드를 재정의한다.	7
커스텀 폼 디렉티브에서 내부 데이터 변화 처리	$setViewValue 메서드를 호출한다.	8
커스텀 폼 디렉티브에서 값 포매팅	$formatters 배열을 사용한다.	9~10
커스텀 폼 디렉티브에서 값 유효성 검증	$setValidity 메서드를 호출한다.	11~12

> **참고** 이 장을 처음 읽을 때 여기서 소개한 기법이 모두 이해되지 않더라도 걱정하지 않아도 된다. 실제로 AngularJS 애플리케이션을 몇 개 개발해본 후 이 장의 내용을 다시 읽으면 그동안 쌓인 경험 덕분에 이 장의 내용을 좀 더 쉽게 이해할 수 있을 것이다.

| 예제 프로젝트 준비

이 장에서는 15장에서 만들고 16장에서 내용을 추가한 angularjs 폴더를 가지고 계속 작업한다. 이 장의 각 절에서는 예제 기능을 보여주기 위해 새 HTML 파일을 추가한다.

| 트랜스클루전 활용

트랜스클루전이라는 용어는 참조를 통해 문서 영역의 일부를 다른 문서에 삽입하는 것을 말한다. 디렉티브 구현에 있어서 트랜스클루전은 임의의 콘텐츠를 감싼 래퍼 역할을 하는 디렉티브를 구현할 때 매우 유용하다. 구체적인 활용법을 살펴보기 위해 여기서는 angularjs 폴더에 transclude.html이라는 새 HTML 파일을 추가하고, 예제 17-1과 같은 예제 애플리케이션을 정의했다.

예제 17-1. transclude.html 파일의 내용

```
<!DOCTYPE html>
<html ng-app="exampleApp">
<head>
    <title>Transclusion</title>
    <script src="angular.js"></script>
    <link href="bootstrap.css" rel="stylesheet" />
    <link href="bootstrap-theme.css" rel="stylesheet" />
    <script type="text/ng-template" id="template">
        <div class="panel panel-default">
            <div class="panel-heading">
                <h4>This is the panel</h4>
            </div>
            <div class="panel-body" ng-transclude>
            </div>
        </div>
    </script>
    <script type="text/javascript">
        angular.module("exampleApp", [])
            .directive("panel", function () {
                return {
                    link: function (scope, element, attrs) {
                        scope.dataSource = "directive";
                    },
                    restrict: "E",
                    scope: true,
                    template: function () {
                        return angular.element(
                            document.querySelector("#template")).html();
                    },
                    transclude: true
                }
```

```
            })
            .controller("defaultCtrl", function ($scope) {
                $scope.dataSource = "controller";
            });
    </script>
</head>
<body ng-controller="defaultCtrl">
    <panel>
        The data value comes from the: {{dataSource}}
    </panel>
</body>
</html>
```

이 예제의 목적은 부트스트랩 패널 스타일이 적용된 엘리먼트셋을 사용해 임의의 콘텐츠를 감쌀 수 있는 디렉티브를 구현하는 것이다. 이 디렉티브의 이름은 panel로 지정했고, 엘리먼트 형태로만 지정할 수 있게끔 restrict 정의 속성을 설정했다(트랜스클루전을 사용하는 데 있어서 이런 제약이 꼭 필요한 것은 아니지만 다른 콘텐츠를 감쌀 때 필자는 관례적으로 이 방식을 사용한다). 이 예제에서는 다음과 같은 콘텐츠에 디렉티브를 적용해

```
...
<panel>
    The data value comes from the: {{dataSource}}
</panel>
...
```

다음과 같은 마크업을 생성하려고 한다.

```
...
<div class="panel panel-default">
    <div class="panel-heading">
        <h4>This is the panel</h4>
    </div>
    <div class="panel-body">
        The data value comes from the: controller
    </div>
</div>
...
```

트랜스클루전이라는 용어는 panel 엘리먼트 안에 있는 콘텐츠가 템플릿 안으로 삽입되기 때문에 붙여진 이름이다. 트랜스클루전을 적용하려면 두 단계를 거쳐야 한다. 우선, 디렉티브를 생성할 때 다음과 같이 transclude 정의 속성을 true로 설정해야 한다.

```
...
transclude: true
...
```

두 번째로 래핑된 엘리먼트를 삽입하려는 템플릿 내 위치에 ng-transclude 디렉티브를 적용해야 한다.

> 팁　transclude를 true로 설정하면 디렉티브가 적용된 엘리먼트의 콘텐츠는 감싸지만, 엘리먼트
> 자체는 감싸지 않는다. 엘리먼트를 포함시키려면 transclude 속성을 element로 설정해야 한다.
> 이를 활용한 예제는 '컴파일 함수 활용' 절에서 볼 수 있다.

여기서는 다음과 같이 panel-body 스타일이 적용된 템플릿 div 엘리먼트에 엘리먼트를 삽입하려고 한다.

```
...
<div class="panel panel-default">
    <div class="panel-heading">
        <h4>This is the panel</h4>
    </div>
    <div class="panel-body" ng-transclude>
    </div>
</div>
...
```

panel 엘리먼트로 둘러싸인 콘텐츠는 모두 앞에서 강조 표시한 div 엘리먼트 안으로 삽입되고, 결과 화면은 그림 17-1과 같다.

그림 17-1. 트랜스클루전을 활용한 임의의 콘텐츠 감싸기

트랜스클루전을 적용한 콘텐츠에서는 인라인 데이터 바인딩을 포함시킨 것도 볼 수 있다.

```
...
The data value comes from the: {{dataSource}}
...
```

이와 같이 데이터 바인딩을 포함시킨 이유는 트랜스클루전 기능에서 중요한 특징을 강조하기 위해서다. 바로, 트랜스클루전되는 콘텐츠의 표현식은 디렉티브의 스코프가 아니라 컨트롤러의 스

코프에서 평가된다는 사실이다. dataSource 속성의 값은 컨트롤러 팩터리 함수 및 디렉티브의 링크 함수에서 정의했지만, AngularJS에서는 영리하게도 이 값을 컨트롤러에서 가져온다. 이와 같은 '스마트' 기능 덕분에 트랜스클루전되는 콘텐츠는 어느 스코프에 데이터가 정의돼 있는지 알 필요가 없다. 트랜스클루전을 사용할 때는 트랜스클루전으로 인해 아무런 스코프 문제도 생기지 않는다고 생각하고 편하게 표현식을 작성하면 된다. 그럼 AngularJS에서 나머지 작업을 알아서 처리해준다.

하지만 트랜스클루전된 표현식을 평가할 때 디렉티브의 스코프를 꼭 고려해야 한다면 다음과 같이 scope 속성을 항상 false로 설정해야 한다.

```
...
restrict: "E",
scope: false,
template: function () {
...
```

이렇게 하면 디렉티브가 컨트롤러 스코프에서 동작하게 되고, 링크 함수에서 정의한 값이 트랜스클루전된 표현식에 영향을 준다. 이렇게 수정한 결과 화면은 그림 17-2에서 볼 수 있다. 이 그림에서는 인라인 바인딩 표현식의 데이터 값이 링크 함수에서 정의한 값이 된다.

그림 17-2. 트랜스클루전 적용 과정에서 스코프를 공유한 결과

컴파일 함수 활용

16장에서는 복잡한 디렉티브나 많은 데이터를 처리하는 디렉티브가 컴파일 함수를 활용해 DOM을 조작하고, 링크 함수를 활용해 다른 작업을 수행하는 게 효과적이라고 설명한 바 있다. 필자는 개인 프로젝트에서 컴파일 함수를 좀처럼 사용하지 않으며, 성능 문제에 접근할 때도 코드를 단순화하거나 처리하는 데이터를 최적화하는 방식을 택하는 편이다. 하지만 이와 상관없이 이 절에서는 컴파일 함수의 활용법을 살펴보려고 한다.

성능과 별개로 컴파일 함수를 사용할 때는 한 가지 장점이 있다. 바로 트랜스클루전을 활용해 ng-repeat를 사용할 때처럼 반복적으로 콘텐츠를 생성할 수 있다는 점이다. 이를 활용한 예제는 예제 17-2에서 볼 수 있다. 이 예제에는 angularjs 폴더에 추가한 compileFunction.html 파일의 내용이 나와 있다.

예제 17-2. compileFunction.html 파일의 내용

```html
<!DOCTYPE html>
<html ng-app="exampleApp">
<head>
    <title>Compile Function</title>
    <script src="angular.js"></script>
    <link href="bootstrap.css" rel="stylesheet" />
    <link href="bootstrap-theme.css" rel="stylesheet" />
    <script type="text/javascript">
        angular.module("exampleApp", [])
            .controller("defaultCtrl", function ($scope) {
                $scope.products = [{ name: "Apples", price: 1.20 },
                    { name: "Bananas", price: 2.42 }, { name: "Pears", price: 2.02 }];

                $scope.changeData = function () {
                    $scope.products.push({ name: "Cherries", price: 4.02 });
                    for (var i = 0; i < $scope.products.length; i++) {
                        $scope.products[i].price++;
                    }
                }
            })
            .directive("simpleRepeater", function () {
                return {
                    scope: {
                        data: "=source",
                        propName: "@itemName"
                    },
                    transclude: 'element',
                    compile: function (element, attrs, transcludeFn) {
                        return function ($scope, $element, $attr) {
                            $scope.$watch("data.length", function () {
                                var parent = $element.parent();
                                parent.children().remove();
                                for (var i = 0; i < $scope.data.length; i++) {
                                    var childScope = $scope.$new();
                                    childScope[$scope.propName] = $scope.data[i];
                                    transcludeFn(childScope, function (clone) {
                                        parent.append(clone);
                                    });
                                }
                            });
                        }
                    }
                }
```

```
                });
        </script>
</head>
<body ng-controller="defaultCtrl" class="panel panel-body" >
    <table class="table table-striped">
        <thead><tr><th>Name</th><th>Price</th></tr></thead>
        <tbody>
            <tr simple-repeater source="products" item-name="item">
                <td>{{item.name}}</td><td>{{item.price | currency}}</td>
            </tr>
        </tbody>
    </table>
    <button class="btn btn-default text" ng-click="changeData()">Change</button>
</body>
</html>
```

이 예제에는 트랜스클루전을 활용해 배열 내 각 객체별로 엘리먼트셋을 반복하는 simpleRepeater라는 디렉티브가 들어 있다. 이 디렉티브는 ng-repeat의 단순 버전이다. 실제 ng-repeat 디렉티브에서는 DOM에서 엘리먼트를 추가하고 제거하는 일을 피하기 위해 훨씬 더 많은 작업을 수행하지만, 이 디렉티브는 트랜스클루전된 엘리먼트를 모두 대체하므로 ng-repeat 디렉티브만큼 효율적이지는 않다. 이 디렉티브를 HTML 엘리먼트에 적용하려면 다음과 같이 하면 된다.

```
...
<tbody>
    <tr simple-repeater source="products" item-name="item">
        <td>{{item.name}}</td><td>{{item.price | currency}}</td>
    </tr>
</tbody>
...
```

여기서는 source 어트리뷰트를 사용해 데이터 객체의 소스를 지정하고, item-name 어트리뷰트를 사용해 트랜스클루전 템플릿 내 현재 객체를 참조하는 이름을 지정했다. 이 예제에서는 컨트롤러에서 생성한 products 배열 및 항목의 name을 지정했다(이를 통해 트랜스클루전된 콘텐츠에서 item.name 및 item.currency를 참조할 수 있게 된다).

이 디렉티브의 목적은 각 상품 객체별로 tr 엘리먼트를 반복하는 것이다. 이를 위해 여기서는 transclude 정의 속성을 element로 설정해 콘텐츠뿐 아니라 엘리먼트 자체가 트랜스클루전에 포함되게 했다. 물론 이 디렉티브를 tbody 엘리먼트에 적용하고 transclude 속성을 true로 설정할 수도 있었지만, 여기서는 두 설정 방식을 모두 보여주기 위해 이 같은 방식을 택했다.

이 디렉티브에서 핵심이 되는 부분은 컴파일 함수다. 컴파일 함수는 compile 속성을 사용해 지정한다. 컴파일 함수는 세 개의 인자를 넘겨받는다. 바로, 디렉티브를 적용할 엘리먼트, 엘리먼트의 어트리뷰트, 트랜스클루전된 엘리먼트의 복사본을 생성하는 데 사용할 함수다.

컴파일 함수에서 가장 중요한 점은 컴파일 함수가 링크 함수를 반환한다는 점이다(compile 속성을 사용할 때는 link 속성이 무시된다). 이 부분은 조금 이상해 보일 수도 있지만, 컴파일 함수의 목적이 DOM을 수정하는 것임을 감안하면 컴파일 함수에서 링크 함수를 반환하는 게 디렉티브의 한 부분에서 다른 곳으로 데이터를 쉽게 넘겨주는 데 도움됨을 이해할 수 있을 것이다.

컴파일 함수는 DOM만을 조작해야 하므로 스코프를 제공받지 않는다. 하지만 컴파일 함수에서 반환하는 링크 함수는 일반 링크 함수에 대응되는 $scope, $element, $attrs에 대한 의존성을 선언할 수 있다.

이 부분이 잘 이해되지 않더라도 걱정할 건 없다. 여기서 컴파일 함수를 사용한 이유는 스코프를 갖고 있고, 트랜스클루전 함수를 호출할 수 있는 링크 함수를 가져오기 위해서다. 곧 보겠지만 콘텐츠를 반복할 수 있는 디렉티브를 구현할 때는 이와 같이 컴파일 함수 및 링크 함수를 조합하는 게 핵심이다.

컴파일 함수 이해

다음은 컴파일 함수와 컴파일 함수 안에 들어 있는 링크 함수다.

```
...
compile: function (element, attrs, transcludeFn) {
    return function ($scope, $element, $attr) {
        $scope.$watch("data.length", function () {
            var parent = $element.parent();
            parent.children().remove();
            for (var i = 0; i < $scope.data.length; i++) {
                var childScope = $scope.$new();
                childScope[$scope.propName] = $scope.data[i];
                transcludeFn(childScope, function (clone) {
                    parent.append(clone);
                });
            }
        });
    }
}
...
```

링크 함수에서 처음으로 하는 일은 데이터 항목 개수 변화에 반응할 수 있게 data.length 속성과 관련한 스코프에 대해 와처를 설정하는 일이다. 여기서는 13장에서 설명한 $watch 메서드를 사용한다(데이터는 트랜스클루전된 템플릿에 바인딩되므로 데이터 객체의 개별 속성에 대해서는 걱정하지 않아도 된다).

와처 함수 내에서는 jqLite를 활용해 디렉티브가 적용된 엘리먼트의 부모를 찾고, 자식을 제거한다. 여기서는 transclude 속성을 element로 설정했으므로 디렉티브 엘리먼트의 복사본을 추가하고 제거하는 과정에서 이와 같이 부모 엘리먼트를 가지고 작업해야 한다.

다음으로 데이터 객체를 모두 순회한다. 이때 $scope.$new 메서드를 호출해 새 스코프를 생성한다. 이렇게 하면 다음과 같이 복제하는 트랜스클루전 콘텐츠의 개별 인스턴스별로 item 속성에 각기 다른 객체를 대입할 수 있다.

```
...
transcludeFn(childScope, function (clone) {
    parent.append(clone);
});
...
```

이 부분이 이 예제에서 가장 중요한 부분이다. 여기서는 각 데이터 객체별로 컴파일 함수로 전달되는 트랜스클루드 함수를 호출한다. 이 함수의 첫 번째 인자는 현재 데이터 항목으로 설정된 item 속성이 들어 있는 자식 스코프다. 두 번째 인자는 트랜스클루전 콘텐츠의 복제셋을 전달받는 함수로, 여기서는 jqLite를 사용해 이를 부모 엘리먼트에 추가한다. 이렇게 하면 각 데이터 객체별로 디렉티브를 적용한 tr 엘리먼트의 복사본을 생성하고, 트랜스클루전 콘텐츠가 현재 데이터 객체를 item으로 참조할 수 있게 해주는 새 스코프를 생성할 수 있다.

디렉티브가 데이터 변화에 반응하는지 확인하기 위해 컨트롤러의 changeData 동작을 호출하는 Change 버튼을 추가했다. 이 동작에서는 데이터 배열에 새 항목을 추가하고, 모든 데이터 객체의 price 속성값을 1씩 늘린다. 디렉티브 및 Change 버튼의 클릭 결과는 그림 17-3에서 볼 수 있다.

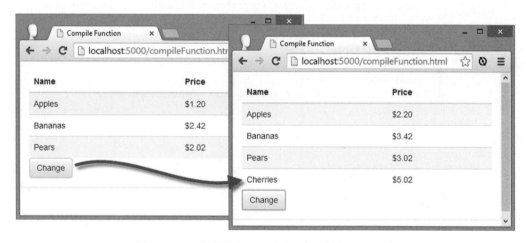

그림 17-3. 트랜스클루전 및 컴파일 함수를 활용한 콘텐츠 복제

| 디렉티브 내 컨트롤러 활용

디렉티브는 컨트롤러를 생성할 수 있으며, 이 컨트롤러는 다른 디렉티브에서 사용할 수도 있다. 이 기법을 활용하면 여러 디렉티브를 결합해 좀 더 복잡한 컴포넌트를 구현할 수 있다. 이를 활용

한 예제를 보여주기 위해 angularjs 폴더에 directiveControllers.html 파일을 새로 추가하고, 예제 17-3과 같은 AngularJS 애플리케이션을 정의했다.

예제 17-3. directiveControllers.html 파일의 내용

```html
<!DOCTYPE html>
<html ng-app="exampleApp">
<head>
    <title>Directive Controllers</title>
    <script src="angular.js"></script>
    <link href="bootstrap.css" rel="stylesheet" />
    <link href="bootstrap-theme.css" rel="stylesheet" />
    <script type="text/ng-template" id="productTemplate">
        <td>{{item.name}}</td>
        <td><input ng-model='item.quantity' /></td>
    </script>
    <script>
        angular.module("exampleApp", [])
        .controller("defaultCtrl", function ($scope) {
            $scope.products = [{ name: "Apples", price: 1.20, quantity: 2 },
                { name: "Bananas", price: 2.42, quantity: 3 },
                { name: "Pears", price: 2.02, quantity: 1 }];
        })
        .directive("productItem", function () {
            return {
                template: document.querySelector("#productTemplate").outerText
            }
        })
        .directive("productTable", function () {
            return {
                transclude: true,
                scope: { value: "=productTable", data: "=productData" },
            }
        });
    </script>
</head>
<body ng-controller="defaultCtrl">
    <div class="panel panel-default">
        <div class="panel-body">
            <table class="table table-striped" product-table="totalValue"
                    product-data="products" ng-transclude>
                <tr><th>Name</th><th>Quantity</th></tr>
                <tr ng-repeat="item in products" product-item></tr>
                <tr><th>Total:</th><td>{{totalValue}}</td></tr>
            </table>
        </div>
    </div>
</body>
</html>
```

이 예제는 두 개의 디렉티브를 기반으로 한다. `productTable` 디렉티브는 `table` 엘리먼트에 적용되며, 트랜스클루전을 활용해 `tr` 엘리먼트를 감싼다. `tr` 엘리먼트 중 한 곳에는 `totalValue` 값에 대한 인라인 바인딩이 들어 있다. 또 다른 디렉티브인 `productItem`은 `ng-repeat` 디렉티브를 사용해 표준 AngularJS 컨트롤러에서 정의한 각 데이터 객체별로 테이블 행을 생성하게끔 `table` 내에 적용했다. 이는 디렉티브의 컨트롤러 기능은 아니며 일반적인 기능이다.

이렇게 하고 나면 `productItem` 디렉티브 인스턴스가 여러 개 들어 있는 테이블이 생기고, 각 인스턴스는 데이터 항목이 나타내는 `quantity` 속성에 대해 양방향 바인딩을 갖게 된다. 결과 화면은 그림 17-4에서 볼 수 있다.

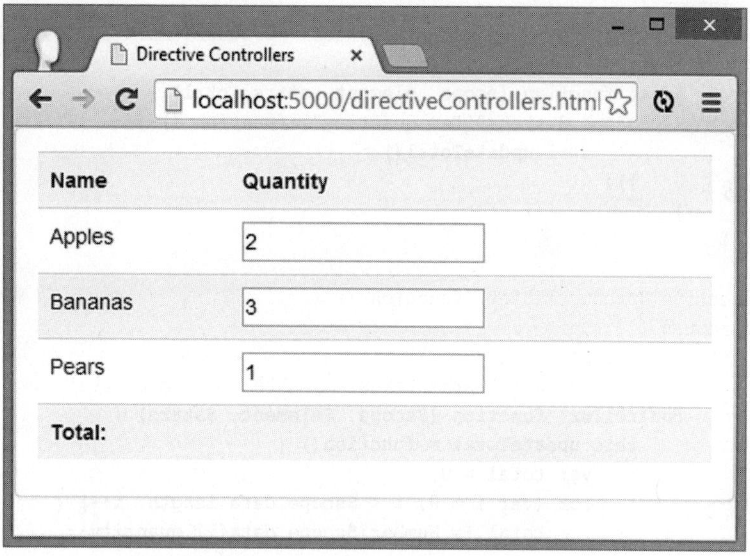

그림 17-4. 예제 애플리케이션의 초기 상태

이 예제의 목적은 `productTable` 디렉티브를 확장해서 `productItem` 디렉티브의 인스턴스가 `input` 엘리먼트 값이 바뀔 때 이를 알려주는 데 사용할 수 있는 함수를 제공하게 하는 것이다. AngularJS에서는 이와 같은 기능을 여러 가지로 구현할 수 있지만 여기서는 예제 17-4와 같이 `productTable` 디렉티브에 컨트롤러를 추가하고, 이를 `productItem` 디렉티브에서 사용하려고 한다.

예제 17-4. directiveControllers.html 파일 내 디렉티브 컨트롤러 지원 기능 추가

```
<!DOCTYPE html>
<html ng-app="exampleApp">
<head>
    <title>Directive Controllers</title>
    <script src="angular.js"></script>
```

```html
        <link href="bootstrap.css" rel="stylesheet" />
        <link href="bootstrap-theme.css" rel="stylesheet" />
        <script type="text/ng-template" id="productTemplate">
            <td>{{item.name}}</td>
            <td><input ng-model='item.quantity' /></td>
        </script>
        <script>
            angular.module("exampleApp", [])
            .controller("defaultCtrl", function ($scope) {
                $scope.products = [{ name: "Apples", price: 1.20, quantity: 2 },
                    { name: "Bananas", price: 2.42, quantity: 3 },
                    { name: "Pears", price: 2.02, quantity: 1 }];
            })
            .directive("productItem", function () {
                return {
                    template: document.querySelector("#productTemplate").outerText,
                    require: "^productTable",
                    link: function (scope, element, attrs, ctrl) {
                        scope.$watch("item.quantity", function () {
                            ctrl.updateTotal();
                        });
                    }
                }
            })
            .directive("productTable", function () {
                return {
                    transclude: true,
                    scope: { value: "=productTable", data: "=productData" },
                    controller: function ($scope, $element, $attrs) {
                        this.updateTotal = function() {
                            var total = 0;
                            for (var i = 0; i < $scope.data.length; i++) {
                                total += Number($scope.data[i].quantity);
                            }
                            $scope.value = total;
                        }
                    }
                }
            });
        </script>
</head>
<body ng-controller="defaultCtrl">
    <div class="panel panel-default">
        <div class="panel-body">
            <table class="table table-striped" product-table="totalValue"
                    product-data="products" ng-transclude>
                <tr><th>Name</th><th>Quantity</th></tr>
                <tr ng-repeat="item in products" product-item></tr>
                <tr><th>Total:</th><td>{{totalValue}}</td></tr>
            </table>
        </div>
    </div>
```

```
    </body>
    </html>
```

controller 정의 객체 속성은 디렉티브의 컨트롤러를 생성하는 데 사용하며, 이 속성으로 지정
한 함수에서는 스코프($scope), 디렉티브가 적용된 엘리먼트($element), 엘리먼트의 어트리뷰
트($attrs)에 대한 의존성을 선언할 수 있다. 여기서는 컨트롤러를 사용해 updateTotal이라는
함수를 정의했는데, 이 함수는 데이터 항목의 quantity 속성값을 더해주는 일을 한다. require
정의 객체 속성은 컨트롤러에 대한 의존성을 선언하는 데 사용하며, 여기서는 다음과 같이 이 속
성을 productItem 디렉티브에 추가했다.

```
    ...
    require: "^productTable",
    ...
```

이 속성값은 디렉티브의 이름이며, 표 17-2와 같이 선택적으로 접두어를 사용할 수 있다.

표 17-2. require 속성값에 사용되는 접두어

접두어	설명
없음	두 디렉티브가 같은 엘리먼트에 적용된다고 가정한다.
^	디렉티브가 적용된 엘리먼트의 부모 엘리먼트에서 다른 디렉티브를 찾는다.
?	디렉티브를 찾을 수 없더라도 에러를 보고하지 않는다 – 이 접두어는 주의해서 사용해야 한다.

여기서는 이름으로 productTable(사용하려는 컨트롤러가 들어 있는 디렉티브의 이름)을 지
정하고, 접두어로 ^를 사용했다(productItem 디렉티브가 적용된 엘리먼트의 부모 엘리먼트에
productTable 디렉티브가 적용됐으므로).

또, 컨트롤러에서 정의한 기능을 사용하기 위해 링크 함수에 대한 추가 파라미터를 다음과 같이
지정한다.

```
    ...
    link: function (scope, element, attrs, ctrl) {
    ...
```

컨트롤러 인자는 의존성 주입이 되지 않으므로 인자명을 아무렇게나 지정해도 된다. 필자는 개인
적으로 ctrl이라는 인자명을 사용한다. 이렇게 코드를 수정하고 나면 마치 지역 디렉티브에 정
의돼 있는 것처럼 컨트롤러 객체의 함수를 호출할 수 있게 된다.

```
    ...
    ctrl.updateTotal();
    ...
```

여기서는 계산을 수행해야 할 시점이 됐음을 알리기 위해 컨트롤러 메서드를 호출한다. 이 메서드에서는 아무 인자도 받지 않지만 컨트롤러와 컨트롤러 사이에서는 얼마든지 데이터를 넘겨줄 수 있다. 다만 컨트롤러 함수에서 넘겨받는 $scope 인자가 컨트롤러를 필요로 하는 디렉티브의 스코프가 아니라 컨트롤러를 '정의'하는 디렉티브의 스코프라는 점만은 꼭 기억하자.

기타 디렉티브 추가

이와 같이 컨트롤러 함수를 정의하면 기능을 분리하고 재사용할 수 있으며, 테스트를 독립적으로 수행할 수 있다는 점에서 매우 효과적이다. 앞에서 살펴본 예제에서 productTable 컨트롤러는 productItem 컨트롤러의 설계나 구현 방식에 대해서는 아무것도 모른다. 이 말은 productTable 컨트롤러가 계속해서 updateTotal 함수를 제공하기만 한다면 코드를 얼마든지 자유롭게 수정해 두 코드를 별도로 테스트할 수 있다는 뜻이다.

이와 같은 접근 방식을 활용하면 여러 디렉티브 기능을 믹스매치해 애플리케이션 내에서 다양한 기능 조합을 구현할 수 있다. 이를 보여주기 위해 예제 17-5에서는 directiveControllers. html 파일에 새 디렉티브를 추가했다.

예제 17-5. directiveControllers.html 파일에 새 디렉티브 추가

```
<!DOCTYPE html>
<html ng-app="exampleApp">
<head>
    <title>Directive Controllers</title>
    <script src="angular.js"></script>
    <link href="bootstrap.css" rel="stylesheet" />
    <link href="bootstrap-theme.css" rel="stylesheet" />
    <script type="text/ng-template" id="productTemplate">
        <td>{{item.name}}</td>
        <td><input ng-model='item.quantity' /></td>
    </script>
    <script type="text/ng-template" id="resetTemplate">
        <td colspan="2"><button ng-click="reset()">Reset</button></td>
    </script>
    <script>
        angular.module("exampleApp", [])
        .controller("defaultCtrl", function ($scope) {
            $scope.products = [{ name: "Apples", price: 1.20, quantity: 2 },
                { name: "Bananas", price: 2.42, quantity: 3 },
                { name: "Pears", price: 2.02, quantity: 1 }];
        })
        .directive("productItem", function () {
            return {
                template: document.querySelector("#productTemplate").outerText,
                require: "^productTable",
                link: function (scope, element, attrs, ctrl) {
```

```
                    scope.$watch("item.quantity", function () {
                        ctrl.updateTotal();
                    });
                }
            }
        })
        .directive("productTable", function () {
            return {
                transclude: true,
                scope: { value: "=productTable", data: "=productData" },
                controller: function ($scope, $element, $attrs) {
                    this.updateTotal = function () {
                        var total = 0;
                        for (var i = 0; i < $scope.data.length; i++) {
                            total += Number($scope.data[i].quantity);
                        }
                        $scope.value = total;
                    }
                }
            }
        })
        .directive("resetTotals", function () {
            return {
                scope: { data: "=productData", propname: "@propertyName" },
                template: document.querySelector("#resetTemplate").outerText,
                require: "^productTable",
                link: function (scope, element, attrs, ctrl) {
                    scope.reset = function () {
                        for (var i = 0; i < scope.data.length; i++) {
                            scope.data[i][scope.propname] = 0;
                        }
                        ctrl.updateTotal();
                    }
                }
            }
        });
    </script>
</head>
<body ng-controller="defaultCtrl">
    <div class="panel panel-default">
        <div class="panel-body">
            <table class="table table-striped" product-table="totalValue"
                    product-data="products" ng-transclude>
                <tr><th>Name</th><th>Quantity</th></tr>
                <tr ng-repeat="item in products" product-item></tr>
                <tr><th>Total:</th><td>{{totalValue}}</td></tr>
                <tr reset-totals product-data="products" property-name="quantity"></tr>
            </table>
        </div>
    </div>
</body>
</html>
```

새 디렉티브의 이름은 resetTotals로, 이 디렉티브는 모든 수량을 0으로 초기화하는 Reset 버튼을 테이블에 추가한다. Reset 버튼의 위치는 데이터 배열과 0으로 설정할 속성명을 제공하는 고립 스코프에 대한 데이터 바인딩을 사용해 결정한다. 값을 재설정하고 나면 resetTotals 디렉티브는 productTable 디렉티브에서 제공하는 updateTotal 메서드를 호출한다.

이 예제는 간단한 예제이지만 productTable이 어떤 디렉티브가 자신의 컨트롤러를 사용하는지 전혀 알지도, 신경 쓰지도 않는다는 사실을 잘 보여준다. resetTotals나 productItem 디렉티브 인스턴스가 임의로 들어 있는 productTable 인스턴스는 얼마든지 생성할 수 있으며, 코드를 수정하지 않아도 모든 기능은 정상 동작한다.

| 커스텀 폼 엘리먼트 구현

ng-model 디렉티브는 10장에서 양방향 데이터 바인딩을 소개하면서 살펴본 바 있으며, 12장에서 AngularJS가 HTML 폼을 어떤 식으로 지원하는지 배울 때도 다룬 바 있다. ng-model 디렉티브의 구조로 인해 우리는 표준 폼 엘리먼트에서 벗어나 원하는 방식대로 데이터 입력값을 받을 수 있으며, 사용자에게 보여주고 싶은 컴포넌트를 마음대로 생성해 보여줄 수도 있다. 예제를 살펴보기 위해 angularjs 폴더에 customForms.html이라는 새 파일을 추가했다. 이 파일의 내용은 예제 17-6에서 볼 수 있다.

예제 17-6. customForms.html 파일의 내용

```
<!DOCTYPE html>
<html ng-app="exampleApp">
<head>
    <title>CustomForms</title>
    <script src="angular.js"></script>
    <link href="bootstrap.css" rel="stylesheet" />
    <link href="bootstrap-theme.css" rel="stylesheet" />
    <script type="text/ng-template" id="triTemplate">
        <div class="well">
            <div class="btn-group">
                <button class="btn btn-default">Yes</button>
                <button class="btn btn-default">No</button>
                <button class="btn btn-default">Not Sure</button>
            </div>
        </div>
    </script>
    <script>
        angular.module("exampleApp", [])
        .controller("defaultCtrl", function ($scope) {
            $scope.dataValue = "Not Sure";
        })
        .directive("triButton", function () {
```

```
            return {
                restrict: "E",
                replace: true,
                require: "ngModel",
                template: document.querySelector("#triTemplate").outerText,
                link: function (scope, element, attrs, ctrl) {
                    var setSelected = function (value) {
                        var buttons = element.find("button");
                        buttons.removeClass("btn-primary");
                        for (var i = 0; i < buttons.length; i++) {
                            if (buttons.eq(i).text() == value) {
                                buttons.eq(i).addClass("btn-primary");
                            }
                        }
                    }
                    setSelected(scope.dataValue);
                }
            }
        });
    </script>
</head>
<body ng-controller="defaultCtrl">
    <div><tri-button ng-model="dataValue" /></div>
    <div class="well">
            Value:
            <select ng-model="dataValue">
                <option>Yes</option>
                <option>No</option>
                <option>Not Sure</option>
            </select>
    </div>
</body>
</html>
```

이 예제에서는 커스텀 폼 엘리먼트의 구조를 정의하지만 아직 API는 사용하지 않고 있다. 여기
서는 UI 컨트롤이 어떻게 동작하는지 먼저 설명한 후 이어서 새 기법을 적용한다. 이 예제 자체
에는 새로운 내용이 없다. 여기서는 엘리먼트 형태로 적용할 수 있는 triButton이라는 디렉티
브를 구현하고, 부트스트랩을 사용해 스타일을 적용한 세 개의 버튼을 사용자에게 보여준다. 또,
ngModel 컨트롤러(ng-model 디렉티브에서 정의하는 컨트롤러. AngularJS에서는 이름을 정규화
함을 상기하자)에 대한 의존성을 추가하고, 링크 함수에 ctrl 인자를 추가했다.

링크 함수 내에는 setSelected라는 함수를 정의했다. 이 함수는 디렉티브에서 보여주는 폼 값
을 나타내는 버튼 엘리먼트를 강조하는 데 사용한다. 이때 jqLite를 사용해 부트스트랩 클래스를
추가 또는 제거한다. 결과 화면은 그림 17-5에서 볼 수 있다.

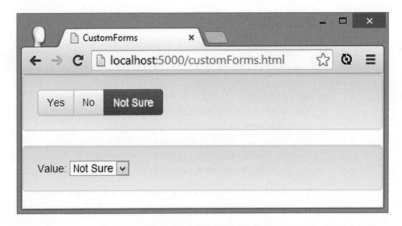

그림 17-5. 예제의 초기 상태

이때 다음과 같이 tri-button 엘리먼트에 ng-model 디렉티브를 적용한 점에 주의하자.

```
...
<div><tri-button ng-model="dataValue" /></div>
...
```

이렇게 하면 디렉티브를 커스텀 엘리먼트에 적용하고, 스코프상의 dataValue 속성에 대해 양방향 바인딩을 설정한다. 이 예제의 목적은 ngModel 컨트롤러 API를 사용해 triButton 디렉티브 내에서 바인딩을 구현하는 것이다.

여기서는 dataValue 속성값으로 바인딩된 select 엘리먼트도 포함시켰다. 이 부분은 커스텀 디렉티브에 포함되지는 않지만 양방향 데이터 바인딩을 구현하므로 커스텀 디렉티브를 통해 dataValue 값을 바꾼 효과를 사용자에게 보여주고, 값 변경에 대한 알림을 다른 곳에서 어떻게 처리할지 보여주기 위해 포함시켰다.

외부 변화 처리

첫 번째로 추가할 기능은 디렉티브 외부에서 dataValue 속성값이 수정됐을 때 하이라이트 버튼을 바꾸는 기능이다. 이 예제의 경우 select 엘리먼트를 통해 값을 변경하고 있지만 실제 프로젝트라면 얼마든지 다른 방식으로 값을 변경할 수 있을 것이다. 수정한 링크 함수 코드는 예제 17-7에서 볼 수 있다.

```
...
link: function (scope, element, attrs, ctrl) {

    var setSelected = function (value) {
        var buttons = element.find("button");
        buttons.removeClass("btn-primary");
        for (var i = 0; i < buttons.length; i++) {
            if (buttons.eq(i).text() == value) {
                buttons.eq(i).addClass("btn-primary");
            }
        }
    }

    ctrl.$render = function () {
        setSelected(ctrl.$viewValue || "Not Sure");
    }
}
...
```

수정한 코드가 많지 않지만 그 효과는 분명하다. 여기서는 ngModel 컨트롤러에서 정의한 $render 함수를 setSelected 함수를 호출하는 함수로 바꿨다. $render 메서드는 값이 디렉티브 외부에서 수정됨에 따라 디스플레이를 업데이트해야 할 때 ng-model 디렉티브에서 호출한다. 여기서는 $viewValue 속성을 읽음으로써 새 값을 가져온다.

팁   이 예제에서는 예제 17-6에서 명시적으로 setSelected를 호출하는 코드를 제거한 것에 주의하자. ngModel 컨트롤러는 디렉티브의 초기 상태를 설정할 수 있게 애플리케이션이 시작할 때 $render 함수를 호출해준다. 동적으로 속성을 정의할 경우 $viewValue 값은 undefined가 되므로 이 예제에서 한 것처럼 대체 값을 제공하는 게 좋다.

브라우저에서 customForms.html 파일을 로드하고 select 엘리먼트를 사용해 dataValue 속성 값을 변경해보면 그림 17-6과 같은 결과를 확인할 수 있다. 예제의 디렉티브에서는 dataValue 속성값을 직접 참조하지 않은 점에 주의하자. 데이터 바인딩 및 데이터 속성은 ngModel 컨트롤러 API를 통해 관리된다.

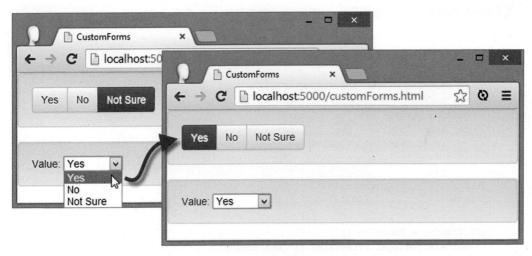

그림 17-6. 커스텀 디렉티브 외부에서의 dataValue 속성값 변경

`$render` 메서드 및 `$viewValue` 속성은 NgModel 컨트롤러에서 제공하는 핵심 API이지만, 표 17-3에서는 기본 메서드 및 속성을 별도로 정리했다. 여기서 기본이라고 말한 이유는 폼 유효성 검증과 관련한 다른 메서드 및 속성(이후 절에서 살펴봄)이 몇 가지 더 있기 때문이다.

표 17-3. NgModel 컨트롤러에서 제공하는 기본 메서드 및 속성

메서드 및 속성	설명
`$render()`	데이터 바인딩 값이 변할 때 NgModel 컨트롤러가 UI를 업데이트하기 위해 호출하는 메서드다. 주로 커스텀 디렉티브에서 오버라이드한다.
`$setViewValue(value)`	데이터 바인딩 값을 업데이트한다.
`$viewValue`	디렉티브를 통해 표시할 포매팅된 값을 반환한다.
`$modelValue`	스코프로부터 포매팅되지 않은 값을 반환한다.
`$formatters`	`$modelValue`를 `$viewValue`로 포매팅하는 포매터 함수 배열이다.

나머지 메서드 및 속성을 사용하는 법은 이어지는 절에서 살펴본다.

내부 변화 처리

커스텀 디렉티브에서 다음으로 추가할 기능은 사용자가 버튼 중 하나를 클릭할 때 ng-model 디렉티브를 통해 스코프로 변경 사항을 전달하는 것이다. 이를 구현한 코드는 예제 17-8에서 볼 수 있다.

```
...
link: function (scope, element, attrs, ctrl) {
    element.on("click", function (event) {
        setSelected(event.target.innerText);
        scope.$apply(function () {
            ctrl.$setViewValue(event.target.innerText);
        });
    });

    var setSelected = function (value) {
        var buttons = element.find("button");
        buttons.removeClass("btn-primary");
        for (var i = 0; i < buttons.length; i++) {
            if (buttons.eq(i).text() == value) {
                buttons.eq(i).addClass("btn-primary");
            }
        }
    }

    ctrl.$render = function () {
        setSelected(ctrl.$viewValue || "Not Sure");
    }
}
...
```

여기서는 15장에서 설명한 jqLite on 메서드를 사용해 디렉티브 템플릿 내 버튼 엘리먼트에 대해 click 이벤트 핸들러 함수를 등록했다. 사용자가 버튼 중 하나를 클릭하면 다음과 같이 $setViewValue 메서드를 호출해 NgModel 컨트롤러에게 이를 통보한다.

```
...
scope.$apply(function () {
    ctrl.$setViewValue(event.target.innerText);
});
...
```

scope.$apply 메서드는 13장에서 소개했으며, 데이터 모델로 업데이트 정보를 전달하는 데 사용한다고 설명한 바 있다. 13장에서는 $apply 메서드의 인자로 스코프에서 평가할 표현식을 넘겼지만, 이 예제에서는 함수를 인자로 사용하고 있다. 그럼 스코프에서는 함수를 실행하고 자신의 상태를 업데이트하게 된다. 이와 같이 함수를 사용하면 NgModel 컨트롤러에게 변경 사항을 알려주고, 스코프가 상태를 업데이트하는 작업을 한 번에 수행할 수 있다.

데이터 바인딩 값을 업데이트하기 위해 여기서는 $setViewValue 메서드를 호출한다. 이 메서드는 새 값을 인자로 받는다. 이 예제에서는 클릭한 버튼의 텍스트 값을 가져온다. 따라서 사용자가 Yes 버튼을 클릭한 경우 dataValue 속성값은 Yes로 설정된다.

데이터 값 포매팅

표 17-3에서는 $viewValue 및 $modelValue 속성에 대해 설명했다. NgModel 컨트롤러는 디렉티브에서 값을 표현하기 적합하게끔 데이터 모델 내 값을 포매팅할 수 있는 간단한 메커니즘을 제공한다. 이와 같은 포매터(함수로 표현되는)를 적용하면 $modelValue 속성은 $viewValue 값으로 변형된다. 예제 17-9에서는 포매터를 활용해 select 값에서 정의한 추가 값을 디렉티브에서 제공하는 버튼으로 매핑하는 예제를 볼 수 있다.

예제 17-9. customForms.html 파일 내 포매터 활용

```
...
link: function (scope, element, attrs, ctrl) {

    ctrl.$formatters.push(function (value) {
        return value == "Huh?" ? "Not Sure" : value;
    });

    // ...지면상 다른 명령 생략...
}
```

$formatters 속성은 순서대로 적용되는 함수 배열이다. 이전 포매터의 결과는 인자로 전달되고, 함수에서는 포매팅된 결과를 반환한다. 이 예제에서 구현한 포매터는 Huh?라는 새 값을 Not Sure로 매핑한다. 포매터를 활용하기 위해 예제 17-10에서는 select 엘리먼트에 새 값을 추가했다.

예제 17-10. customForms.html 파일 내 select 엘리먼트에 새 값 추가

```
...
<div class="well">
    Value: <select ng-model="dataValue">
        <option>Yes</option>
        <option>No</option>
        <option>Not Sure</option>
        <option>Huh?</option>
    </select>
</div>
...
```

실행 결과는 그림 17-7에서 볼 수 있다. 여기서는 select 엘리먼트가 Huh?로 설정돼 있지만 커스텀 디렉티브에서는 Not Sure 버튼이 강조돼 있다. 여기서 중요한 점은 포매팅 결과가 $viewValue 속성값에 대입되지만, $modelValue 속성을 통해 포매팅되지 않은 값을 가져올 수 있다는 점이다.

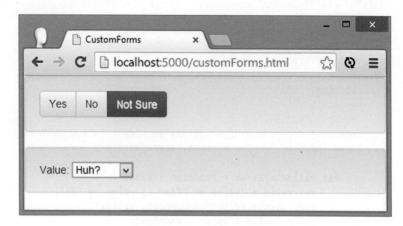

그림 17-7. 포매터 활용 결과

커스텀 폼 엘리먼트의 유효성 검증

ngModel 컨트롤러는 커스텀 디렉티브와 AngularJS 폼 유효성 검증 시스템을 연동할 수 있는 기능도 지원한다. 활용법을 살펴보기 위해 예제 17-11에는 Yes 및 No 값만 유효한 값으로 판단하게끔 수정한 triButton 디렉티브가 나와 있다.

예제 17-11. customForms.html 파일 내 유효성 검증 추가

```
<!DOCTYPE html>
<html ng-app="exampleApp">
<head>
    <title>CustomForms</title>
    <script src="angular.js"></script>
    <link href="bootstrap.css" rel="stylesheet" />
    <link href="bootstrap-theme.css" rel="stylesheet" />
    <style>
        *.error { color: red; font-weight: bold; }
    </style>
    <script type="text/ng-template" id="triTemplate">
        <div class="well">
            <div class="btn-group">
                <button class="btn btn-default">Yes</button>
                <button class="btn btn-default">No</button>
                <button class="btn btn-default">Not Sure</button>
            </div>
```

```
                <span class="error" ng-show="myForm.decision.$error.confidence">
                    You need to be sure
                </span>
            </div>
        </script>
        <script>
            angular.module("exampleApp", [])
            .controller("defaultCtrl", function ($scope) {
                $scope.dataValue = "Not Sure";
            })
            .directive("triButton", function () {
                return {
                    restrict: "E",
                    replace: true,
                    require: "ngModel",
                    template: document.querySelector("#triTemplate").outerText,
                    link: function (scope, element, attrs, ctrl) {

                        var validateParser = function (value) {
                            var valid = (value == "Yes" || value == "No");
                            ctrl.$setValidity("confidence", valid);
                            return valid ? value : undefined;
                        }

                        ctrl.$parsers.push(validateParser);

                        element.on("click", function (event) {
                            setSelected(event.target.innerText);
                            scope.$apply(function () {
                                ctrl.$setViewValue(event.target.innerText);
                            });
                        });

                        var setSelected = function (value) {
                            var buttons = element.find("button");
                            buttons.removeClass("btn-primary");
                            for (var i = 0; i < buttons.length; i++) {
                                if (buttons.eq(i).text() == value) {
                                    buttons.eq(i).addClass("btn-primary");
                                }
                            }
                        }

                        ctrl.$render = function () {
                            setSelected(ctrl.$viewValue || "Not Sure");
                        }
                    }
                }
            });
        </script>
    </head>
    <body ng-controller="defaultCtrl">
```

```
    <form name="myForm" novalidate>
        <div><tri-button name="decision" ng-model="dataValue" /></div>
    </form>
</body>
</html>
```

이 예제에서 수정한 코드는 대부분 12장에서 설명한 표준 폼 유효성 검증 기법과 관련 있다. 여기서는 디렉티브 템플릿에 span 엘리먼트를 추가하고, confidence라는 유효성 검증 에러에 따라 이 엘리먼트의 가시성을 조절한다. 또, triButton 디렉티브를 감싸는 form 엘리먼트를 추가하고 name 어트리뷰트를 적용했다.

유효성 검증을 수행하기 위해 이 예제에서는 validateParser라는 새 함수를 다음과 같이 정의했다.

```
    ...
    var validateParser = function (value) {
        var valid = (value == "Yes" || value == "No");
        ctrl.$setValidity("confidence", valid);
        return valid ? value : undefined;
    }
    ...
```

이 파서 함수는 데이터 바인딩 값을 인자로 넘겨받고, 값이 유효한지 여부를 검사하는 일을 한다. 값의 유효성은 NgModel 컨트롤러에서 정의하는 $setValidity 메서드를 호출해 설정하며, 이때 이 메서드는 키(유효성 메시지를 보여주는 데 사용) 및 유효성 상태(불리언으로 표현)를 인자로 받는다. 또, 파서 함수는 유효하지 않은 값에 대해 undefined를 반환하는 책임도 지닌다. 파서는 다음과 같이 NgModel 컨트롤러에 정의된 $parsers 배열에 함수를 추가 등록한다.

```
    ...
    ctrl.$parsers.push(validateParser);
    ...
```

디렉티브는 포매터와 마찬가지로 여러 개의 파서 함수를 가질 수 있다. 유효성 검증 결과는 브라우저에서 customForms.html 파일을 로드하고, Yes 버튼을 클릭한 후, Not Sure 버튼을 클릭해 보면 확인할 수 있다(그림 17-8 참고).

NgModel 컨트롤러는 커스텀 디렉티브와 유효성 검증 절차를 연동하는 데 도움되는 다양한 메서드 및 속성을 제공한다. 이들 메서드 및 속성은 표 17-4에 정리돼 있다.

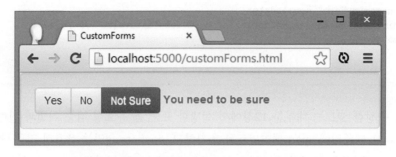

그림 17-8. 커스텀 폼 컨트롤에 대한 유효성 검증 수행

표 17-4. NgModel 컨트롤러에서 제공하는 유효성 검증 메서드 및 속성

메서드 및 속성	설명
`$setPristine()`	컨트롤러의 유효성 검증 상태를 초기로 되돌림으로써 유효성 검증이 수행되지 않게 한다.
`$isEmpty()`	컨트롤에 값이 없을 때 이를 알리기 위해 디렉티브에 설정할 수 있다. 기본 구현체는 표준 폼 엘리먼트에서 빈 문자열, `null`, `undefined` 값을 찾기 위해 사용된다.
`$parsers`	모델 값의 유효성을 검증하는 데 사용할 함수 배열이다.
`$error`	유효성 검증 에러에 대응되는 속성을 지닌 객체를 반환한다.
`$pristine`	사용자가 컨트롤을 수정하지 않은 경우 `true`를 반환한다.
`$dirty`	사용자가 컨트롤을 수정한 경우 `true`를 반환한다.
`$valid`	모델이 유효한 경우 `true`를 반환한다.
`$invalid`	모델이 유효하지 않은 경우 `true`를 반환한다.

독자들 중에는 유효성 검증 메시지를 확인할 때 왜 Yes 버튼을 먼저 클릭하고 Not Sure 버튼을 클릭해야 하는지 궁금한 사람도 있을 것이다. 그 이유는 사용자가 디렉티브에서 표현하는 UI와 상호작용하기 전까지(좀 더 정확히 말하자면 새 값이 NgModel 컨트롤러로 전달되기 전까지) 유효성 검증이 수행되지 않기 때문이다. 따라서 모델이 변하기 전까지는 파서가 사용되지 않는 것이다.

이 문제는 예제 17-12와 같이 `$render` 함수에서 파서 함수를 명시적으로 호출함으로써 해결할 수 있다.

예제 17-12. customForms.html 파일 내 파서 함수의 명시적 호출

```
...
ctrl.$render = function () {
    validateParser(ctrl.$viewValue);
    setSelected(ctrl.$viewValue || "Not Sure");
}
...
```

이 방식은 다소 편법이긴 하지만 우리가 원하는 기능을 수행해주며, HTML 파일이 로드되자마자 유효성 검증 메시지를 바로 보여준다.

│ 정리

이 장에서 고급 기법을 살펴봄으로써 AngularJS 커스텀 디렉티브에 대한 설명을 모두 마쳤다. 이 장에서는 트랜스클루전을 활용한 콘텐츠 래핑, 트랜스클루전과 컴파일 함수를 활용한 반복 콘텐츠 생성, 컨트롤러를 활용해 다른 디렉티브와 통신하는 디렉티브의 구현(필자가 제일 좋아하는 기능이다), NgModel 컨트롤러에서 제공하는 API를 기반으로 한 커스텀 폼 엘리먼트 구현 방법을 살펴봤다. 이 책의 3부에서는 모듈과 서비스 주제로 돌아가 AngularJS에서 제공하는 방대한 내장 서비스를 비롯해 다양한 주제를 살펴본다.

03

AngularJS 서비스

모듈 및 서비스 활용

이 장에서는 AngularJS에서 모듈에 수행하는 역할을 복습하고 모듈을 활용해 애플리케이션 컴포넌트를 조직화하는 법을 알아본다. 또, 서비스 컴포넌트를 소개하고, 서비스를 생성하고 활용하는 다양한 방법을 배우며, AngularJS에서 기본으로 제공하는 여러 내장 서비스에 대해 간략히 살펴본다. 이 장에서 이들 서비스를 간략히 살펴보는 이유는 이어지는 장에서 내장 서비스에 대해자세히 다루기 때문이다. 표 18-1에는 이 장의 내용이 정리돼 있다.

표 18-1. 장 요약

문제	해결책	예제
애플리케이션을 여러 파일로 분리	기존 모듈을 확장하거나 새 모듈을 생성한다.	1~5
객체 정의를 통한 서비스 생성	`Module.factory` 메서드를 사용한다.	6~8
생성자 정의를 통한 서비스 생성	`Module.service` 메서드를 사용한다.	9~10
프로바이더를 통해 설정 가능한 서비스 생성	`Module.provider` 메서드를 사용한다.	11~13

ㅣ 서비스 및 모듈은 언제, 왜 사용하나

서비스는 애플리케이션에서 재사용하려는 기능을 캡슐화하려고 하는데, 이는 해당 기능이 3장에서 설명한 모델-뷰-컨트롤러 패턴에 부합되지 않을 때 사용한다. 서비스는 주로 횡단 관심사(cross-cutting concerns)를 구현하는 데 사용한다. 횡단 관심사란 하나 이상의 컴포넌트에 의해영향을 받거나 하나 이상의 컴포넌트에 영향을 주는 공통 기능을 가리키는 용어다. 횡단 관심사에 해당하는 전형적인 예로는 로깅, 보안, 네트워킹 등이 있다. 이들 기능은 모델에 속하지 않으며(담당 업무 자체가 로깅, 보안, 네트워킹이 아닌 이상), 사용자 상호작용에 반응하거나 모델을가지고 작업을 수행하지도 않으므로 컨트롤러에 속하지도 않고, 모델을 사용자에게 보여주지 않으므로 뷰에 속하지도 않는다. 간단히 말해 이처럼 다른 곳에 속하지 않는 기능을 구현해야 할 때서비스를 구현하면 된다.

모듈은 AngularJS에서 두 가지 역할을 담당한다. 첫 번째 역할은 ng-app 디렉티브를 사용해 HTML 엘리먼트에 적용된 애플리케이션 기능을 정의하는 것이다. 이 책에서는 모든 예제 애플리케이션에서 이 작업을 수행한 바 있으며 이와 같은 모듈 정의는 AngularJS 개발을 시작할 때 항상 하는 일이다. 모듈의 두 번째 역할은 서비스, 디렉티브, 필터 같은 기능을 다른 애플리케이션에서 재사용하기 쉽게끔 정의하는 것이다. 표 18-2에는 서비스 및 모듈을 언제, 왜 사용해야 하는지가 정리돼 있다.

표 18-2. 모듈 및 서비스의 사용 이유와 시점

이유	시점
서비스는 애플리케이션 전반에서 재사용할 수 있게 기능을 패키징한다. 모듈은 여러 애플리케이션에서 기능을 재사용하기 쉽게끔 기능을 패키징한다.	서비스는 기능이 다른 MVC 컴포넌트에 집어넣기에 적합하지 않으며, 횡단 관심사에 해당할 때 구현한다. 모듈은 여러 애플리케이션에서 기능을 재사용하고 싶을 때 구현한다.

AngularJS에는 중요한 기능을 제공하는 여러 내장 모듈 서비스가 들어 있다. 이어지는 장들을 통해 내장 서비스를 자세히 들여다보기 전에 이 장에서는 모듈 및 서비스를 구현하는 각기 다른 방법을 살펴본다.

| 예제 프로젝트 준비

이 장의 예제를 준비하려면 angularjs 웹 서버 폴더의 내용을 모두 지우고, 1장에서 설명한 대로 angular.js, bootstrap.css, bootstrap-theme.css 파일을 설치한다. 그 다음 example.html이라는 파일을 생성한다. 이 파일의 내용은 예제 18-1에서 볼 수 있다.

예제 18-1. example.html 파일의 내용

```
<!DOCTYPE html>
<html ng-app="exampleApp">
<head>
    <title>Services and Modules</title>
    <script src="angular.js"></script>
    <link href="bootstrap.css" rel="stylesheet" />
    <link href="bootstrap-theme.css" rel="stylesheet" />
    <script>
        angular.module("exampleApp", [])
        .controller("defaultCtrl", function ($scope) {
            $scope.data = {
                cities: ["London", "New York", "Paris"],
                totalClicks: 0
            };
```

```
            $scope.$watch('data.totalClicks', function (newVal) {
                console.log("Total click count: " + newVal);
            });
        })
        .directive("triButton", function () {
            return {
                scope: { counter: "=counter" },
                link: function (scope, element, attrs) {
                    element.on("click", function (event) {
                        console.log("Button click: " + event.target.innerText);
                        scope.$apply(function () {
                            scope.counter++;
                        });
                    });
                }
            }
        });
    </script>
</head>
<body ng-controller="defaultCtrl">
    <div class="well">
        <div class="btn-group" tri-button
            counter="data.totalClicks" source="data.cities">
            <button class="btn btn-default"
                    ng-repeat="city in data.cities">
                {{city}}
            </button>
        </div>
        <h5>Total Clicks: {{data.totalClicks}}</h5>
    </div>
</body>
</html>
```

이 예제는 세 개의 버튼 엘리먼트를 기반으로 하며, 이들 버튼은 컨트롤러에 의해 스코프에 정의된 도시명 리스트를 토대로 ng-repeat 디렉티브를 통해 생성한다. 이 예제에는 버튼 엘리먼트의 클릭 이벤트를 처리하고 컨트롤러에서 정의한 카운터를 업데이트하는 triButton 디렉티브가 들어 있으며, 고립 스코프를 통해 데이터 바인딩돼 있다.

이 예제는 그 자체로는 의미 없지만 이어지는 절을 통해 중요한 기능을 보여줄 수 있는 성격을 지니고 있다. 브라우저에서 예제를 실행한 결과 화면은 그림 18-1에서 볼 수 있다.

그림 18-1. 예제 애플리케이션의 세 버튼과 카운터

버튼을 클릭할 때마다 매번 컨트롤러 및 디렉티브에 의해 다음과 같은 메시지가 자바스크립트 콘솔(브라우저의 F12 개발자 툴을 통해 접근할 수 있다)에 출력된다.

```
Button click: London
Total click count: 1
```

전체 클릭 횟수는 HTML 마크업 내 인라인 바인딩 표현식을 통해서도 표시된다(그림에서도 이를 볼 수 있다).

> **팁** 애플리케이션이 브라우저로 처음 로드될 때도 컨트롤러에 의해 메시지가 콘솔에 출력된다. 이렇게 되는 이유는 이 예제에서 스코프 $watch 메서드(13장에서 설명)를 사용하기 때문이다. 이 메서드를 사용하면 와처가 처음 설정될 때 핸들러 함수가 트리거된다.

| 모듈을 활용한 애플리케이션 구조화

3장에서 설명한 것처럼 AngularJS는 복잡한 애플리케이션을 구현할 때 빛을 발한다. 이와 같은 복잡한 애플리케이션에서는 대개 여러 개의 컨트롤러, 디렉티브, 필터, 서비스가 서로 연동해 사용자에게 기능을 제공한다. 지금까지 이 책에서 기능을 보여주기 위해 작성한 예제는 대부분 한 HTML 파일 내에 코드와 마크업이 모두 들어 있었지만 실제 프로젝트에서는 이런 방식을 사용하지 않는다. 이렇게 하면 파일 내용이 걷잡을 수 없을 만큼 커질 뿐 아니라 여러 개발자가 동시에 프로젝트에서 작업을 하는 것도 그만큼 어렵기 때문이다.

이런 문제를 해결하려면 애플리케이션의 컴포넌트를 여러 파일로 분리해야 하고, script 엘리먼트를 사용해 메인 HTML 파일에서 해당 파일들을 참조하도록 해야 한다. 파일은 프로젝트 성격에 따라 원하는 대로 이름을 지정하고 조직화할 수 있다. 하지만 보통은 특정 타입의 컴포넌트를 모아 한 곳에 두고(컨트롤러를 한 파일에 두고, 디렉티브를 다른 파일에 두는 방식), 애플리케이션의 특정 부분과 관련한 모든 컴포넌트(사용자 관리와 관련한 컴포넌트를 한 파일에, 콘텐츠 관리와 관련한 컴포넌트를 다른 파일에)를 모아 다른 곳에 두는 방식을 택한다.

팁 마찬가지로 애플리케이션 내 HTML 마크업도 여러 파일로 분리하고, 애플리케이션이 실행되는 동안 필요에 따라 HTML 조각을 로드할 수 있다. 자세한 방법은 22장에서 설명한다.

규모가 매우 큰 애플리케이션이라면 각 조직화 단계(기능 또는 컴포넌트)별로 폴더 계층구조를 생성하고 각 레벨에 여러 파일을 두기도 한다. 어떤 접근 방식을 사용하든 코드를 조직화하려면 모듈을 사용해야 한다. 이어지는 절에서는 모듈을 활용하는 두 접근 방식을 통해 애플리케이션을 구조화하는 방법을 살펴본다.

팁 AngularJS를 처음 접한다면 컴포넌트 타입에 따른 조직화 방식부터 시작할 것을 권장한다. 예컨대 특정 코드를 구현할 때 컨트롤러나 디렉티브 중 어떤 컴포넌트를 사용할지 결정할 때도 우선 컴포넌트 타입을 고려해야 하기 때문이다. 이와 같은 조직화 방식부터 적용하고 나면 AngularJS에 익숙해진 후 다른 조직화 방식으로도 얼마든지 쉽게 전환할 수 있다.

단일 모듈 방식

컴포넌트를 다른 파일로 옮기는 가장 손쉬운 방법은 같은 모듈 안으로 옮기는 것이다. 이를 보여주기 위해 여기서는 directives.js라는 파일을 추가하고, 예제 18-2와 같이, 예제 18-1의 triButton 디렉티브를 이 파일로 옮겼다.

예제 18-2. directives.js 파일의 내용

```
angular.module("exampleApp")
.directive("triButton", function () {
    return {
        scope: { counter: "=counter" },
        link: function (scope, element, attrs) {
            element.on("click", function (event) {
                console.log("Button click: " + event.target.innerText);
                scope.$apply(function () {
                    scope.counter++;
                });
            });
        }
    }
});
```

여기서는 angular.module 메서드를 호출하면서 인자로 example.html 파일의 script 엘리먼트에서 정의한 모듈명을 넘겨준다. 단일 인자를 사용해 module 메서드를 호출하면 AngularJS에서는 이전에 정의된 모듈을 나타내는 Module 객체를 가져오게 되는데, 이렇게 가져온 객체를 사용해 directive 같은 메서드를 호출하면 새 기능을 정의할 수 있다. Module 객체에서 정의하는 메서드는 앞에서 이미 여러 개를 다룬 바 있으며, 이 장에서는 나머지 메서드만 살펴본다. 복습을 위해 표 18-3에는 Module 메서드의 내용이 정리돼 있다.

표 18-3. Module 객체의 멤버

이름	설명
animation(name, factory)	애니메이션 기능을 지원. 23장에서 설명한다.
config(callback)	로드 시점에 모듈을 설정하는 데 사용할 함수를 등록. 9장을 참고하자.
constant(key, value)	상수 값을 반환하는 서비스를 정의. 9장을 참고하자.
controller(name, constructor)	컨트롤러를 생성. 자세한 내용은 13장을 참고하자.
directive(name, factory)	디렉티브를 생성. 자세한 내용은 15~17장을 참고하자.
factory(name, provider)	서비스를 생성. 자세한 내용은 이 장의 'factory 메서드 활용' 절을 참고하자.
filter(name, factory)	사용자에게 보여주기 위해 데이터를 포매팅하는 필터를 생성. 자세한 내용은 14장을 참고하자.
provider(name, type)	이 장의 'provider 메서드 활용' 절에서 설명하는 대로 서비스를 생성한다.
name	모듈의 이름을 반환한다.
run(callback)	AngularJS에서 모든 모듈을 로드 및 설정한 후 호출할 함수를 등록. 9장을 참고하자.
service(name, constructor)	이 장의 'service 메서드 활용' 절에서 설명하는 대로 서비스를 생성한다.
value(name, value)	상수 값을 반환하는 서비스를 정의. 9장을 참고하자.

> **팁** constant 및 value 메서드도 서비스를 생성한다. 다만 이들 서비스는 사용할 수 있는 곳이 제한적일 뿐이다. 물론 이와 같이 서비스를 생성한다는 사실을 고려하더라도 이들 메서드를 사용하는 방식은 큰 영향이 없겠지만, 이를 감안하면 AngularJS에서 얼마나 폭넓게 서비스를 사용하는지 새삼 실감할 수 있다.

새 자바스크립트 파일을 애플리케이션에서 사용할 수 있게 예제 18-3에서는 example.html 파일에 script 엘리먼트를 추가한다.

```
...
<head>
    <title>Services and Modules</title>
    <script src="angular.js"></script>
    <link href="bootstrap.css" rel="stylesheet" />
    <link href="bootstrap-theme.css" rel="stylesheet" />
    <script>
        angular.module("exampleApp", [])
        .controller("defaultCtrl", function ($scope) {
            $scope.data = {
                cities: ["London", "New York", "Paris"],
                totalClicks: 0
            };

            $scope.$watch('data.totalClicks', function (newVal) {
                console.log("Total click count: " + newVal);
            });
        });
    </script>
    <script src="directives.js"></script>
</head>
...
```

여기서는 example.html 파일에 정의된 모듈에 디렉티브를 추가하고 있으므로 인라인 script 엘리먼트 다음에 directives.js 파일에 대한 script 엘리먼트를 추가해야 한다. 만일 exampleApp 모듈이 정의되기 전에 directives.js 파일을 불러올 경우 AngularJS에서 에러를 보고하게 된다.

새 모듈 생성

애플리케이션이 간단하다면 한 모듈 안에 모든 내용을 집어넣는 것도 괜찮다. 하지만 복잡한 애플리케이션에서는 여러 모듈을 정의하는 게 도움이 된다. 특히 여러 프로젝트에서 기능을 재사용할 생각이 있다면 더욱 그렇다. 예제 18-4에서는 디렉티브를 새 모듈에서 정의하기 위해 directives.js 파일을 어떻게 수정해야 하는지 볼 수 있다.

예제 18-4. directives.js 파일 내 새 모듈 정의

```
angular.module("customDirectives", [])
.directive("triButton", function () {
    return {
        scope: { counter: "=counter" },
        link: function (scope, element, attrs) {
            element.on("click", function (event) {
                console.log("Button click: " + event.target.innerText);
```

```
            scope.$apply(function () {
                scope.counter++;
            });
        });
    }
    }
});
```

이 코드에서 달라진 점은 angular.module 메서드를 호출한 부분이다. 여기서는 메서드를 호출 하면서 두 개의 인자를 넘겨줬는데, 이렇게 하면 AngularJS에서는 새 모듈을 생성하게 된다. 첫 번째 인자는 새 모듈의 이름으로, 이 예제의 경우 customDirectives이고, 두 번째 인자는 새 모 듈이 의존하고 있는 모듈명이 담긴 배열이다. 여기서는 의존성이 없음을 나타내기 위해 빈 배열을 사용했다. 예제 18-5에서는 example.html 파일에서 새 모듈을 사용하는 코드를 볼 수 있다.

예제 18-5. example.html 파일 내 새 모듈 활용

```
...
<head>
    <title>Services and Modules</title>
    <script src="angular.js"></script>
    <script src="directives.js"></script>
    <link href="bootstrap.css" rel="stylesheet" />
    <link href="bootstrap-theme.css" rel="stylesheet" />
    <script>
        angular.module("exampleApp", ["customDirectives"])
        .controller("defaultCtrl", function ($scope) {
            $scope.data = {
                cities: ["London", "New York", "Paris"],
                totalClicks: 0
            };

            $scope.$watch('data.totalClicks', function (newVal) {
                console.log("Total click count: " + newVal);
            });
        });
    </script>
</head>
...
```

directives.js 파일에 들어 있는 디렉티브를 사용하기 위해 여기서는 exampleApp 모듈의 의 존성으로 customDirectives 모듈의 이름을 추가했다. 새 모듈의 디렉티브는 defaultCtrl 컨 트롤러에서 관리하는 뷰 엘리먼트 중 한 곳에 적용했으므로 여기서는 이 의존성을 선언해야 한다.

서비스의 생성 및 활용

AngularJS Module은 서비스를 정의하게끔 해주는 세 개의 메서드를 정의한다. 바로 factory,
service, provider 메서드다. 이들 메서드의 반환 결과는 모두 동일(AngularJS 애플리케이션
전역에서 사용할 수 있는 기능을 제공하는 **서비스 객체**)하지만, 이어지는 절에서 보듯 각 메서드
에서 서비스 객체를 생성하고 관리하는 방식에는 조금 차이가 있다.

factory 메서드 활용

서비스를 생성하는 가장 간편한 방법은 Module.factory 메서드를 사용하고 인자로 서비스명
및 서비스 객체를 반환하는 팩터리 함수를 넘겨주는 것이다. 활용법을 보여주기 위해 여기서는
angularjs 폴더에 services.js라는 새 파일을 생성하고, 이 파일을 사용해 서비스를 정의하는
새 모듈을 생성했다. services.js 파일의 내용은 예제 18-6에서 볼 수 있다.

예제 18-6. services.js 파일의 내용

```
angular.module("customServices", [])
    .factory("logService", function () {
        var messageCount = 0;
        return {
            log: function (msg) {
                console.log("(LOG + " + messageCount++ + ") " + msg);
            }
        };
    });
```

여기서는 customServices라는 새 모듈을 정의하고, factory 메서드를 호출해 logService라
는 서비스를 생성했다. 서비스의 팩터리 함수에서는 log 함수를 정의하는 객체를 반환하는데, 이
함수는 메시지를 인자로 받아 이를 콘솔에 출력하는 일을 한다.

> **팁** 여기서는 커스텀 로깅 서비스를 구현하고 있지만 AngularJS에서는 이와 같은 커스텀 서비스 대
> 신 사용할 수 있는 내장 서비스를 기본으로 제공한다. 이 서비스의 이름은 $log로, 19장에서 설
> 명한다.

factory 함수에서 반환하는 객체는 **서비스 객체**로서, `logService`를 요청할 때마다 AngularJS에서 사용할 수 있다. factory 함수에서 생성하고 반환한 객체는 애플리케이션에서 서비스가 필요할 때마다 사용되므로 factory 함수는 한 번만 호출된다. 흔히 서비스를 사용하는 코드에서 매번 다른 서비스 객체를 받을 것이라고 생각하기 쉬운데 이는 잘못된 생각이다.

> **주의** 서비스의 이름은 재사용하지 않도록 주의해야 한다. 서비스의 이름을 재사용하면 서비스가 기존 서비스를 대체하게 된다. 내장 서비스(다음 장부터 살펴본다)의 이름이 모두 $로 시작하는 것 또한 이와 같은 이름 충돌을 방지하기 위해서다. 19장에서는 커스텀 구현체를 통해 대체하기에 적합한 내장 서비스를 한 가지 다루고 있지만, 그 외의 경우에는 모두 서비스명으로 고유한 이름을 사용해야 한다.

여기서는 서비스 객체가 싱글턴이라는 사실을 강조하기 위해 자바스크립트 콘솔에 출력하는 메시지에 포함시킬 `messageCount` 변수를 정의했다. 이 변수는 메시지가 콘솔에 출력될 때마다 값이 증가하는 카운터 변수이며, 객체의 인스턴스가 한 개만 생성된다는 사실을 잘 보여준다. 잠시 후 서비스를 실제로 테스트해보면 이 카운터의 결과를 확인할 수 있을 것이다.

> **팁** 여기서는 `messageCount` 변수를 서비스 객체의 일부가 아니라 팩터리 함수 내에 정의한 점에 주의하자. 여기서는 서비스를 사용하는 코드에서 카운터 값을 수정할 수 없게끔 변수를 서비스 객체 외부에 두었다. 이렇게 하면 서비스를 사용하는 코드에서 이 변수에 접근할 수 없게 된다.

이제 서비스를 생성했으니 예제 18-7과 같이 서비스를 메인 애플리케이션 모듈에 적용해보자.

예제 18-7. example.html 파일 내 서비스 활용

```
<!DOCTYPE html>
<html ng-app="exampleApp">
<head>
    <title>Services and Modules</title>
    <script src="angular.js"></script>
    <script src="directives.js"></script>
    <script src="services.js"></script>
    <link href="bootstrap.css" rel="stylesheet" />
    <link href="bootstrap-theme.css" rel="stylesheet" />
    <script>
        angular.module("exampleApp", ["customDirectives", "customServices"])
        .controller("defaultCtrl", function ($scope, logService) {
            $scope.data = {
                cities: ["London", "New York", "Paris"],
                totalClicks: 0
            };
```

```
            $scope.$watch('data.totalClicks', function (newVal) {
                logService.log("Total click count: " + newVal);
            });
        });
    </script>
</head>
<body ng-controller="defaultCtrl">
    <div class="well">
        <div class="btn-group" tri-button
            counter="data.totalClicks" source="data.cities">
            <button class="btn btn-default"
                    ng-repeat="city in data.cities">
                {{city}}
            </button>
        </div>
        <h5>Total Clicks: {{data.totalClicks}}</h5>
    </div>
</body>
</html>
```

여기서는 HTML 문서로 services.js 파일을 불러오기 위해 script 엘리먼트를 추가했다. 이렇게 하면 서비스를 사용할 수 있게 된다. 그러고 나면 컨트롤러의 팩터리 함수에 간단히 인자를 추가해 서비스의 의존성을 선언하면 된다. 이때 AngularJS에서는 팩터리 함수의 인자를 검사한 후 이를 활용해 의존성 주입을 수행하므로, 인자의 이름은 서비스를 생성할 때 사용한 이름과 '반드시' 일치해야 한다. 이 말은 인자를 원하는 순서대로 정의해도 되지만 인자명을 마음대로 지정할 수는 없다는 뜻이다. 커스텀 디렉티브에서는 예제 18-8과 같이 서비스를 사용한다.

예제 18-8. directives.js 파일 내 서비스 활용

```
angular.module("customDirectives", ["customServices"])
    .directive("triButton", function (logService) {
        return {
            scope: { counter: "=counter" },
            link: function (scope, element, attrs) {
                element.on("click", function (event) {
                    logService.log("Button click: " + event.target.innerText);
                    scope.$apply(function () {
                        scope.counter++;
                    });
                });
            }
        }
    });
```

모듈 및 서비스에 대한 의존성을 선언하고 나면 logService.log 메서드를 호출해 서비스에서 제공하는 간단한 기능에 접근한다. 브라우저에서 예제 HTML 파일을 로드하고 버튼을 클릭하면

자바스크립트 콘솔에서 다음과 같은 출력 결과를 볼 수 있다.

```
(LOG + 0) Total click count: 0
(LOG + 1) Button click: London
(LOG + 2) Total click count: 1
(LOG + 3) Button click: New York
(LOG + 4) Total click count: 2
```

독자들 중에는 console.log를 직접 호출하는 기존 예제보다 서비스를 사용하는 예제가 어떤 점에서 더 좋은지 의아한 사람도 있을 것이다. 이와 같이 서비스를 사용하면 몇 가지 장점이 있다. 첫 번째 장점은 애플리케이션에서 console.log를 호출하는 코드를 모두 찾지 않아도 services.js 파일에서 한 줄만 주석 처리하면 전체 애플리케이션에서 로깅을 비활성화할 수 있다는 점이다. 물론 이 예제처럼 애플리케이션이 간단하다면 큰 차이가 없겠지만 수많은 파일로 이뤄진 실제 프로젝트라면 큰 도움이 될 것이다.

두 번째 장점은 서비스를 사용하는 코드가 구현체에 대한 정보나 의존성을 전혀 갖지 않는다는 점이다. 이 예제에서 컨트롤러 및 디렉티브는 logService가 존재하고, 이 서비스가 log라는 메서드를 정의한다는 사실만 알 뿐이다. 이 말은 서비스 객체 외부 코드를 전혀 수정하지 않고도 로깅 방식을 얼마든지 자유롭게 바꿀 수 있다는 뜻이 된다.

끝으로 25장에서 살펴볼 기법을 활용해 애플리케이션의 나머지 영역과 완전히 독립적으로 로깅 기능을 고립화하고 테스트할 수 있는 장점이 있다.

간단히 말해 서비스는 MVC 패턴을 깨뜨리지 않고 공통 기능을 구현할 수 있게 해준다. 이와 같은 서비스의 역할은 프로젝트 규모와 복잡도가 커질수록 더욱 중요해진다. 아울러 앞으로 배우겠지만 AngularJS의 주요 기능 중 일부도 내장 서비스를 통해 제공되고 있다.

service 메서드 활용

Module.service 메서드 또한 서비스 객체를 생성하지만 방식이 조금 다르다. AngularJS가 factory 메서드에서 정의한 서비스에 대한 의존성을 만족시켜야 할 때 AngularJS는 factory 함수에서 반환한 객체를 그냥 사용하지만, service 메서드에서 정의한 서비스의 경우 AngularJS에서는 factory 함수에서 반환한 객체를 생성자로 사용하고 자바스크립트 new 키워드를 사용해 서비스 객체를 생성한다.

new 키워드는 자바스크립트 개발에서 자주 사용하지 않으며, 간혹 사용할 경우 대다수 개발자가 자바스크립트에서 사용하는 프로토타입 기반 상속 대신 C#이나 자바 같은 다른 언어에서 사용하는 클래스 기반 상속으로 이를 혼동하곤 한다. new 키워드가 어떻게 동작하고, Module.service

메서드에서 이를 어떻게 사용하는지는 예제를 통해 살펴보는 게 도움될 것이다. 예제 18-9에서는 service 메서드를 사용하게끔 수정한 services.js 파일의 내용을 볼 수 있다.

예제 18-9. services.js 파일 내 service 메서드 활용

```
var baseLogger = function () {
    this.messageCount = 0;
    this.log = function (msg) {
        console.log(this.msgType + ": " + (this.messageCount++) + " " + msg);
    }
};

var debugLogger = function () { };
debugLogger.prototype = new baseLogger();
debugLogger.prototype.msgType = "Debug";

var errorLogger = function () { };
errorLogger.prototype = new baseLogger();
errorLogger.prototype.msgType = "Error";

angular.module("customServices", [])
    .service("logService", debugLogger)
    .service("errorService", errorLogger);
```

여기서는 먼저 **생성자 함수**를 작성했다. 생성자 함수는 기본적으로 새 객체에 정의할 기능을 정의하는 템플릿이다. 예제의 생성자 함수명은 baseLogger이며, 앞 절에서 살펴본 messageCount 변수 및 log 메서드를 정의한다. log 메서드는 msgType이라는 정의되지 않은 변수를 console.log 메서드로 넘겨주는데, 이 변수는 baseLogger 생성자 함수를 템플릿으로 사용할 때 설정할 것이다.

다음으로 debugLogger라는 새 생성자 함수를 작성하고, new 키워드와 baseLogger 키워드를 사용해 생성한 새 객체를 이 함수의 prototype으로 설정한다. new 키워드는 새 객체를 생성하고 생성자 함수에서 정의한 속성 및 함수를 새 객체로 복사한다. prototype 속성은 템플릿을 변경하는 데 사용된다. 여기서는 debugLogger 생성자가 baseLogger 생성자의 속성 및 메서드를 상속하게끔 prototype 속성을 한 번 호출하고, msgType 속성을 정의하기 위해 한 번 더 prototype 속성을 호출한다.

이와 같은 생성자는 템플릿에 기능을 한 번만 정의하고 여러 객체에 적용하게끔 하는 데 그 핵심이 있다. 아울러 이와 같은 특징을 강조하기 위해 여기서는 앞의 과정을 한 번 더 반복해 errorLogger라는 세 번째 생성자 함수를 작성했다. 두 경우 모두 new 키워드를 사용하면 messageCount 속성 및 log 메서드를 한 번만 정의했더라도 debugLogger 생성자, errorLogger 생성자 및 이를 통해 생성되는 객체에 이를 적용할 수 있다. 이 예제에서는 끝으로 다음과 같이

debugLogger 및 errorLogger 생성자를 서비스로 등록한다.

```
...
angular.module("customServices", [])
    .service("logService", debugLogger)
    .service("errorService", errorLogger);
...
```

여기서는 service 메서드로 생성자를 넘겨준 것에 주의하자. AngularJS에서는 new 메서드를 호출해 서비스 객체를 생성한다. 새 서비스를 테스트하려면 브라우저에서 example.html 파일을 로드하면 된다. AngularJS에서는 서비스를 생성하는 구체적인 방식은 숨긴 채 서비스 사용 코드로 서비스 객체를 동일하게 전달해주므로 컨트롤러나 디렉티브는 수정하지 않아도 된다. 도시명 버튼을 클릭하면 다음과 같은 출력 결과를 볼 수 있다.

```
...
Debug: 0 Total click count: 0
Debug: 1 Button click: London
Debug: 2 Total click count: 1
Debug: 3 Button click: New York
Debug: 4 Total click count: 2
...
```

앞에서 말한 것처럼 new 키워드는 폭넓게 사용되지 않으며, 프로토타입 기반 상속은 헷갈리기 쉬운 만큼 여기서는 대략적인 사용법만 간단하게 언급했다. 이 방식의 장점은 log 메서드를 한 곳에 정의했지만 두 서비스에서 사용할 수 있다는 점이다. 하지만 이 방식의 단점은 코드가 장황하고, 대다수 자바스크립트 프로그래머가 쉽게 이해하기 어려운 코드라는 점이다.

service 메서드에서 꼭 프로토타입을 사용할 필요는 없다. service 메서드도 factory 메서드처럼 취급할 수 있으며, AngularJS를 처음 접한다면 이와 같은 방식을 사용할 것을 권장한다. 이렇게 어떤 메서드가 어떤 기법을 사용해 서비스 객체를 생성하는지 기억하지 않아도 되므로 그만큼 편리하다. 예제 18-10에서는 자바스크립트 프로토타입 기능을 사용하지 않고 service 메서드를 통해 서비스를 정의하게끔 수정한 services.js 파일을 볼 수 있다.

예제 18-10. services.js 파일 내 프로토타입을 사용하지 않은 service 메서드 활용

```
angular.module("customServices", [])
    .service("logService", function () {
        return {
            messageCount: 0,
            log: function (msg) {
                console.log("Debug: " + (this.messageCount++) + " " + msg);
            }
```

```
        };
    });
```

이 방식을 사용하더라도 AngularJS에서는 내부적으로 new 키워드를 사용하므로 이 방식은 그다지 유연하지는 않지만 service 메서드를 언제든 factory 메서드로 대체할 수 있다는 점과 좀더 이해하기 쉬운 이름을 사용한다는 장점이 있다.

provider 메서드 활용

Module.provider 메서드를 사용하면 서비스 객체 생성 및 설정 과정을 좀 더 제어할 수 있다. 예제 18-11에는 provider 메서드를 사용해 로깅 서비스를 정의하게끔 수정한 코드가 나와 있다.

예제 18-11. services.js 파일 내 provider 메서드를 활용한 서비스 정의

```
angular.module("customServices", [])
    .provider("logService", function() {
        return {
            $get: function () {
                return {
                    messageCount: 0,
                    log: function (msg) {
                        console.log("(LOG + " + this.messageCount++ + ") " + msg);
                    }
                };
            }
        }
    });
```

provider 메서드의 인자로는 정의할 서비스의 이름과 팩터리 함수를 넘겨준다. 팩터리 함수는 $get이라는 메서드를 정의하는 **프로바이더 객체**를 반환해야 하는데, 이때 $get 메서드는 서비스 객체를 반환하는 일을 한다.

서비스가 필요할 때 AngularJS에서는 팩터리 메서드를 호출해 프로바이더 객체를 가져오고, 이어서 $get 메서드를 호출해 서비스 객체를 가져온다. provider 메서드를 사용하더라도 서비스를 사용하는 방식은 달라지지 않으므로 예제에서 컨트롤러나 디렉티브는 전혀 수정하지 않아도 된다. 컨트롤러나 디렉티브에서는 계속해서 logService 서비스에 대한 의존성을 선언하고, 제공받은 서비스 객체를 가지고 log 메서드를 호출하기만 하면 된다.

provider 메서드를 사용하면 서비스 객체를 설정하는 데 사용할 수 있는 기능을 추가할 수 있다는 장점이 있다. provider 메서드는 예제를 통해 설명하는 게 가장 이해하기 쉽다. 예제 18-12

에서는 메시지 카운터를 로깅 메시지에 포함시킬지 여부를 결정하고, 메시지를 출력할지 여부를
결정하는 함수를 프로바이더 객체에 추가했다.

예제 18-12. services.js 파일 내 프로바이더 객체에 함수 추가

```
angular.module("customServices", [])
    .provider("logService", function () {
        var counter = true;
        var debug = true;
        return {
            messageCounterEnabled: function (setting) {
                if (angular.isDefined(setting)) {
                    counter = setting;
                    return this;
                } else {
                    return counter;
                }
            },
            debugEnabled: function(setting) {
                if (angular.isDefined(setting)) {
                    debug = setting;
                    return this;
                } else {
                    return debug;
                }
            },
            $get: function () {
                return {
                    messageCount: 0,
                    log: function (msg) {
                        if (debug) {
                            console.log("(LOG"
                                + (counter ? " + " + this.messageCount++ + ") " : ") ")
                                + msg);
                        }
                    }
                };
            }
        }
    });
```

여기서는 counter와 debug라는 두 개의 설정 변수를 정의했다. 두 변수는 모두 log 메서
드의 출력 결과를 제어하는 데 사용된다. 두 변수는 프로바이더 객체에 추가한 두 함수인
messageCounterEnabled 및 debugEnabled를 통해 외부로 노출한다. 프로바이더 객체 메서드
는 인자를 제공한 경우에는 설정을 지정하고, 인자가 없는 경우에는 설정을 조회하는 게 관례다.
또, 설정을 지정한 경우에는 여러 설정을 체인 형태로 적용할 수 있게끔 관례적으로 프로바이더
객체를 메서드 결과로 반환한다.

AngularJS에서는 서비스명과 Provider라는 단어를 함께 사용해 프로바이더 객체를 의존성 주입에 사용할 수 있다. 따라서 이 예제의 경우 프로바이더 객체는 logServiceProvider에 대한 의존성을 선언함으로써 가져올 수 있다. 프로바이더 객체를 가져와 사용하는 경우는 주로 Module.config 메서드로 넘겨주는 함수 내에서다. 이 함수는 9장에서 설명한 것과 같이 애플리케이션의 모든 모듈을 AngularJS가 로드한 이후 실행하는 함수다. 예제 18-13에서는 config 메서드를 사용해 로깅 서비스에 대한 프로바이더 객체를 가져온 후 설정을 변경하는 코드를 볼 수 있다.

예제 18-13. example.html 파일 내 프로바이더를 통한 서비스 설정

```
...
<script>
    angular.module("exampleApp", ["customDirectives", "customServices"])
    .config(function (logServiceProvider) {
        logServiceProvider.debugEnabled(true).messageCounterEnabled(false);
    })
    .controller("defaultCtrl", function ($scope, logService) {
        $scope.data = {
            cities: ["London", "New York", "Paris"],
            totalClicks: 0
        };

        $scope.$watch('data.totalClicks', function (newVal) {
            logService.log("Total click count: " + newVal);
        });
    });
</script>
...
```

Module.config 메서드를 통해 꼭 서비스를 설정할 필요는 없지만 이와 같이 서비스를 설정할 것을 권장한다. 서비스 객체는 싱글턴이며, 애플리케이션이 시작한 이후 수정한 변경 사항은 서비스를 사용하는 모든 코드에 영향을 준다는 사실을 기억하자. 이로 인해 종종 예기치 않은 동작이 일어날 수도 있다.

l 내장 모듈 및 서비스의 활용

AngularJS에서는 공통 작업을 수행하는 데 활용할 수 있는 방대한 서비스를 제공한다. 이어지는 장에서는 각 서비스를 차례대로 살펴볼 예정인데, 표 18-4에는 각 서비스의 기능과 해당 서비스를 상세하게 설명한 장이 간략히 정리돼 있다.

표 18-4. 내장 AngularJS 서비스

서비스	설명
$anchorScroll	지정한 앵커로 브라우저 창을 스크롤한다. 19장 참고.
$animate	콘텐츠 화면 전환(transition)에 애니메이션을 적용한다. 23장 참고.
$compile	HTML 코드 조각을 처리해 콘텐츠를 생성하는 데 사용할 수 있는 함수를 생성한다. 19장 참고.
$controller	컨트롤러를 인스턴스화하는 $injector 서비스를 감싼 래퍼다. 25장 참고.
$document	DOM window.document 객체가 들어 있는 jqLite 객체를 제공한다. 19장 참고.
$exceptionHandler	애플리케이션에서 일어나는 예외를 처리한다. 19장 참고.
$filter	필터에 접근할 수 있게 해준다. 14장 참고.
$http	Ajax 요청을 생성하고 관리한다. 20장 참고.
$injector	AngularJS 컴포넌트 인스턴스를 생성한다. 24장 참고.
$interpolate	바인딩 표현식이 들어 있는 문자열을 처리해 콘텐츠를 생성하는 데 사용할 수 있는 함수를 생성한다. 19장 참고.
$interval	window.setInterval 함수를 감싼 고급 래퍼를 제공한다. 19장 참고.
$location	브라우저 location 객체를 감싼 래퍼를 제공한다. 19장 참고.
$log	전역 console 객체를 감싼 래퍼를 제공한다. 19장 참고.
$parse	표현식을 처리해 콘텐츠를 생성하는 데 사용할 수 있는 함수를 생성한다. 19장 참고.
$provide	Module에서 노출하는 메서드를 대부분 구현한다. 24장 참고.
$q	지연 객체/프로미스를 제공한다. 20장 참고.
$resource	RESTful API 지원 및 연동 기능을 제공한다. 21장 참고.
$rootElement	DOM 내 루트 엘리먼트에 접근하게 해준다. 19장 참고.
$rootScope	스코프 계층구조 최상단에 접근하게 해준다. 13장 참고.
$route	브라우저의 URL 경로를 기반으로 뷰 콘텐츠 변경 기능을 지원한다. 22장 참고.
$routeParams	URL 라우트에 대한 정보를 제공한다. 22장 참고.
$sanitize	위험한 HTML 문자를 안전한 문자로 대체한다. 19장 참고.
$sce	HTML 문자열에서 위험한 엘리먼트 및 어트리뷰트를 제거해서 보여주기 적합한 콘텐츠만 남긴다. 19장 참고.
$swipe	스와이프 제스처를 인식한다. 23장 참고.
$timeout	window.setTimeout 함수를 감싼 고급 래퍼를 제공한다. 19장 참고.
$window	DOM window 객체에 대한 참조를 제공한다. 19장 참고.

| 정리

이 장에서는 AngularJS 애플리케이션에서 모듈이 수행하는 역할을 복습하고, 모듈을 활용해 코드를 컴포넌트로 조직화하는 법을 살펴봤다. 또, 서비스가 AngularJS 애플리케이션에서 수행하는 역할에 대해 배우고, Module 클래스에서 서비스를 생성할 수 있는 세 가지 각기 다른 방식을 살펴봤다. 다음 장부터는 AngularJS에서 제공하는 내장 서비스를 살펴본다.

전역 객체, 에러, 표현식을 위한 서비스

이 장에서는 전역 객체 접근, 예외 처리, 위험한 데이터 표현, 표현식 처리를 위해 AngularJS에서 제공하는 내장 서비스를 살펴본다. 이들 서비스는 AngularJS에서 제공하는 서비스 중 가장 도움되는 서비스로서, 이런 서비스를 직접 사용하면 이전 장에서 살펴본 AngularJS의 기본 기능 중 일부를 제어할 수 있다. 표 19-1에는 이 장의 내용이 정리돼 있다.

표 19-1. 장 요약

문제	해결책	예제
단위 테스트하기 쉽게끔 전역 객체에 접근	`$document`, `$interval`, `$log`, `$timeout`, `$window`, `$location`, `$anchorScroll` 서비스를 사용한다.	1~9
예외 처리	`$exceptionHandler` 서비스를 재정의한다.	11~13
위험한 데이터 표시	`ng-bind-html` 바인딩을 사용한다.	14~16
명시적으로 데이터 값 보호	`$sanitize` 서비스를 사용한다.	16
데이터 값 신뢰	`$sce` 서비스를 사용한다.	17
표현식 처리	`$parse`, `$interpolate`, `$compile` 서비스를 사용한다.	18~22

┃ 예제 프로젝트 준비

이 장에서는 18장에서 작성한 파일을 갖고 계속해서 작업한다. 각기 다른 기능을 살펴보면서 새 HTML 파일을 추가하기도 하고, 앞서 기본적인 모듈 및 서비스 사용법을 보여주면서 사용한 예제 애플리케이션을 개선하기도 한다.

I DOM API 전역 객체 접근

처음으로 살펴볼 내장 서비스에서는 AngularJS나 jqLite의 사용 방식에 적합하게끔 브라우저의 DOM API를 노출해준다. 표 19-2에는 이들 서비스가 정리돼 있다.

표 19-2. DOM API 기능을 노출하는 서비스

서비스	설명
`$anchorScroll`	브라우저 창을 특정 앵커로 스크롤한다.
`$document`	DOM `window.document` 객체가 들어 있는 jqLite 객체를 제공한다.
`$interval`	`window.setInterval` 함수를 감싼 개선된 래퍼를 제공한다.
`$location`	URL 접근 기능을 제공한다.
`$log`	`console` 객체를 감싼 래퍼를 제공한다.
`$timeout`	`window.setTimeout` 함수를 감싼 개선된 래퍼를 제공한다.
`$window`	DOM `window` 객체에 대한 참조를 제공한다.

전역 객체 서비스는 언제, 왜 사용하나

AngularJS에서 이런 서비스를 기본으로 제공하는 주된 이유는 테스트를 쉽게 하기 위해서다. 테스트에 대해서는 25장에서 자세히 살펴볼 텐데, 단위 테스트에서 중요한 요소 중 하나는 작은 코드 조각을 고립화하고, 코드에서 의존하는 컴포넌트를 테스트하지 않더라도 코드의 동작을 테스트할 수 있는 기능이다. 이와 같은 환경에서는 특정 코드에 집중된 테스트가 가능하다. DOM API는 document나 window 같은 전역 객체를 통해 기능을 노출한다. 이들 객체의 경우 브라우저에서 전역 객체를 구현하는 방식을 테스트하지 않고는 단위 테스트를 위해 코드를 고립화하기 어렵다. 그러나 $document 같은 서비스를 활용하면 직접 DOM API 전역 객체를 사용하지 않고 AngularJS 코드를 작성할 수 있으며, AngularJS의 테스트 서비스를 활용하면 특정 테스트 시나리오를 설정할 수 있다.

window 객체 접근

$window 서비스는 사용하기 간편하며, 이 서비스에 대한 의존성을 선언하면 전역 window 객체를 감싼 래퍼 객체를 반환받을 수 있다. AngularJS에서는 전역 객체에서 제공하는 API를 개선하거나 변경하지 않으며, window 객체에서 정의하는 메서드는 DOM API를 직접 사용할 때와 같은 방식으로 접근할 수 있다. 이 서비스(아울러 이 카테고리에 속하는 다른 서비스)의 활용법을 보여주기 위해 여기서는 angularjs 폴더에 domApi.html이라는 새 HTML 파일을 추가했다. 이 파일의 내용은 예제 19-1에서 볼 수 있다.

```
<!DOCTYPE html>
<html ng-app="exampleApp">
<head>
    <title>DOM API Services</title>
    <script src="angular.js"></script>
    <link href="bootstrap.css" rel="stylesheet" />
    <link href="bootstrap-theme.css" rel="stylesheet" />
    <script>
        angular.module("exampleApp", [])
        .controller("defaultCtrl", function ($scope, $window) {
            $scope.displayAlert = function(msg) {
                $window.alert(msg);
            }
        });
    </script>
</head>
<body ng-controller="defaultCtrl" class="well">
    <button class="btn btn-primary" ng-click="displayAlert('Clicked!')">Click Me</button>
</body>
</html>
```

여기서는 alert 메서드를 호출하는 컨트롤러 동작을 정의하기 위해 $window 서비스에 대한 의존성을 선언했다. 이 동작은 그림 19-1에서 보듯 button 엘리먼트를 클릭할 때마다 ng-click 디렉티브에 의해 호출된다.

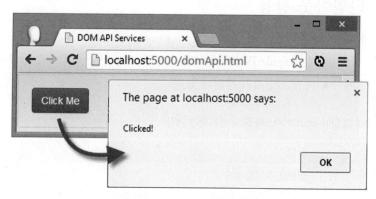

그림 19-1. $window 서비스의 활용

document 객체 접근

$document 서비스는 DOM API 전역 window.document 객체를 갖고 있는 jqLite 객체다. 이 서비스는 jqLite를 통해 표현되므로 이를 활용하면 15장에서 설명한 것처럼 메서드를 호출해

DOM을 조회할 수 있다. 예제 19-2에는 $document 서비스를 적용하는 법을 보여주는 예제가
나와 있다.

예제 19-2. domApi.html 파일 내 $document 서비스 활용

```
<!DOCTYPE html>
<html ng-app="exampleApp">
<head>
    <title>DOM API Services</title>
    <script src="angular.js"></script>
    <link href="bootstrap.css" rel="stylesheet" />
    <link href="bootstrap-theme.css" rel="stylesheet" />
    <script>
        angular.module("exampleApp", [])
        .controller("defaultCtrl", function ($scope, $window, $document) {
            $document.find("button").on("click", function (event) {
                $window.alert(event.target.innerText);
            });
        });
    </script>
</head>
<body ng-controller="defaultCtrl" class="well">
    <button class="btn btn-primary">Click Me</button>
</body>
</html>
```

인터벌 및 타임아웃 활용

$interval 및 $timeout 서비스는 window.setInterval 및 window.setTimeout 함수에 접근
하게 해주는데, 두 서비스는 AngularJS와 연동하기 쉽게끔 개선 기능을 추가로 제공한다. 표 19-3
에는 이들 서비스에서 넘겨받는 인자가 정리돼 있다.

표 19-3. $interval 및 $timeout 서비스와 함께 사용하는 인자

인자	설명
fn	실행을 지연할 함수
delay	함수 실행 시점까지의 지연 시간 밀리초 값
count	지연/실행 주기를 반복할 횟수($interval 전용). 기본값은 0이며, 0 값은 무한 반복을 의미한다.
invokeApply	true(기본값)로 설정하면 fn이 scope.$apply 메서드 내에서 실행된다.

두 함수는 일정 시간 동안 함수 실행을 지연한다는 점에서 동일하게 동작한다. 차이점은
$timeout 서비스는 함수 실행을 한 번만 지연한 후 수행하는 데 반해 $interval은 지연 실행을

반복적으로 수행한다는 점이다. 예제 19-3에서는 $interval 서비스를 사용하는 예제를 볼 수 있다.

```html
<!DOCTYPE html>
<html ng-app="exampleApp">
<head>
    <title>DOM API Services</title>
    <script src="angular.js"></script>
    <link href="bootstrap.css" rel="stylesheet" />
    <link href="bootstrap-theme.css" rel="stylesheet" />
    <script>
        angular.module("exampleApp", [])
        .controller("defaultCtrl", function ($scope, $interval) {
            $interval(function () {
                $scope.time = new Date().toTimeString();
            }, 2000);
        });
    </script>
</head>
<body ng-controller="defaultCtrl">
    <div class="panel panel-default">
        <h4 class="panel-heading">Time</h4>
        <div class="panel-body">
            The time is: {{time}}
        </div>
    </div>
</body>
</html>
```

> **팁** 이들 서비스의 인자로 넘긴 함수에서 던진 예외는 $exceptionHandler 서비스로 전달된다. 이 서비스는 '예외 처리' 절에서 살펴본다.

여기서는 $interval 서비스를 사용해 2초마다 현재 시간으로 스코프 변수를 업데이트하는 함수를 실행하고 있다. 이 예제에서는 마지막 두 개의 인자를 생략했는데, 이렇게 하면 기본값이 적용된다.

URL 접근

$location 서비스는 전역 window 객체의 location 속성을 감싼 래퍼로서, 현재 URL에 접근할 수 있게 해준다. $location 서비스는 첫 번째 # 문자 다음에 나오는 URL 세그먼트(segment)를 가지고 작업을 수행한다. 따라서 이 서비스는 현재 문서 내에서의 내비게이션에는 사용할 수

있지만, 다른 문서로의 이동에는 사용할 수 없다. 이와 같은 동작이 이상해 보일 수도 있지만, 사용자가 메인 문서에서 벗어나 다른 곳으로 이동하는 경우 웹 애플리케이션이 언로드되고 데이터 및 상태를 모두 잃어버리게 되는 점을 감안하면 이와 같이 외부 문서로 이동해야 하는 경우는 거의 없음을 이해할 수 있다. 예를 들어 AngularJS 애플리케이션에서 흔히 볼 수 있는 다음과 같은 URL이 있다고 가정하자.

```
http://mydomain.com/app.html#/cities/london?select=hotels#north
```

$location 서비스는 이 URL에서 강조한 부분을 변경할 수 있게 해준다. 이 서비스에서는 이를 URL이라고 부르며, 이와 같은 URL은 **경로**, **검색어**, **해시**라는 세 개의 구성 요소로 이뤄진다. 이들 세 용어는 모두 # 문자 이전의 URL 부분을 가리킨다. AngularJS에서는 애플리케이션 내에서 이동할 수 있게끔 # 이후의 전체 URL을 재생성해준다. 아울러 이와 같은 내비게이션은 22장에서 살펴볼 서비스 덕분에 쉽게 사용할 수 있다. 다음은 경로 부분을 강조한 동일한 URL이다.

```
http://mydomain.com/app.html#/cities/london?select=hotels#north
```

다음은 검색어를 강조한 URL이다.

```
http://mydomain.com/app.html#/cities/london?select=hotels#north
```

끝으로 다음은 해시를 강조한 URL이다.

```
http://mydomain.com/app.html#/cities/london?select=hotels#north
```

표 19-4에는 $location 서비스에서 제공하는 메서드가 정리돼 있다.

표 19-4. $location 서비스에서 정의하는 메서드

메서드	설명
absUrl()	첫 번째 # 문자 이전 부분을 비롯해 현재 문서의 전체 URL을 반환한다(http://mydomain.com/app.html#/cities/london?select=hotels#north).
hash()hash(target)	URL의 해시 영역을 가져오거나 설정한다.
host()	URL(mydomain.com)의 호스트네임 컴포넌트를 반환한다.

path() path(target)	URL의 경로 컴포넌트를 가져오거나 설정한다.
port()	포트 번호를 반환한다. 예제에서는 암시적 포트를 사용했으며, 기본값은 80이다.
protocol()	URL의 프로토콜 컴포넌트(http)를 반환한다.
replace()	HTML5 브라우저에서 호출하면 URL이 바뀔 때 새 브라우저 히스토리가 생기는 대신 가장 최신 히스토리 항목을 대체한다.
search() search(term, params)	검색어를 가져오거나 설정한다.
url()url(target)	경로, 쿼리 문자열, 해시를 한꺼번에 가져오거나 설정한다.

> 팁   이 URL은 지저분하다. HTML5 기능을 활용하는 방법은 'HTML5 URL 활용' 절에서 살펴본다.

앞서 살펴본 메서드 외에도 $location 서비스는 사용자 상호작용이나 프로그래밍 코드에 의해 URL이 변경될 때 이를 수신할 수 있는 두 개의 이벤트를 정의한다. 이들 이벤트는 표 19-5에 정리돼 있다. 두 이벤트의 핸들러 함수는 스코프 $on 메서드(15장에서 설명)를 사용해 등록하며, 인자로는 이벤트 객체, 새 URL, 기존 URL을 넘겨받는다.

표 19-5. $location 서비스에서 정의하는 이벤트

이벤트	설명
$locationChangeStart	URL이 변경되기 전에 호출된다. Event 객체를 가지고 preventDefault 메서드를 호출하면 URL이 변경되는 것을 막을 수 있다.
$locationChangeSuccess	URL이 변경된 후 호출된다.

예제 19-4에서는 $location 서비스 활용법을 살펴보기 위해 수정한 domApi.html 파일의 내용을 볼 수 있다. 이 예제에서는 URL 변화를 어떻게 적용하는지 알 수 있게 읽기-쓰기 메서드를 모두 사용한다.

예제 19-4. domApi.html 파일 내 $location 서비스 활용

```
<!DOCTYPE html>
<html ng-app="exampleApp">
<head>
    <title>DOM API Services</title>
    <script src="angular.js"></script>
    <link href="bootstrap.css" rel="stylesheet" />
    <link href="bootstrap-theme.css" rel="stylesheet" />
    <script>
        angular.module("exampleApp", [])
```

```
        .controller("defaultCtrl", function ($scope, $location) {

            $scope.$on("$locationChangeSuccess", function (event, newUrl) {
                $scope.url = newUrl;
            });

            $scope.setUrl = function (component) {
                switch (component) {
                    case "reset":
                        $location.path("");
                        $location.hash("");
                        $location.search("");
                        break;
                    case "path":
                        $location.path("/cities/london");
                        break;
                    case "hash":
                        $location.hash("north");
                        break;
                    case "search":
                        $location.search("select", "hotels");
                        break;
                    case "url":
                        $location.url("/cities/london?select=hotels#north");
                        break;
                }
            }
        });
    </script>
</head>
<body ng-controller="defaultCtrl">
    <div class="panel panel-default">
        <h4 class="panel-heading">URL</h4>
        <div class="panel-body">
            <p>The URL is: {{url}}</p>
            <div class="btn-group ">
                <button class="btn btn-primary" ng-click="setUrl('reset')">Reset</button>
                <button class="btn btn-primary" ng-click="setUrl('path')">Path</button>
                <button class="btn btn-primary" ng-click="setUrl('hash')">Hash</button>
                <button class="btn btn-primary"
                    ng-click="setUrl('search')">Search</button>
                <button class="btn btn-primary" ng-click="setUrl('url')">URL</button>
            </div>
        </div>
    </div>
</body>
</html>
```

이 예제에는 URL에서 네 개의 쓰기 가능 컴포넌트(경로, 해시, 쿼리 문자열, URL)를 설정할 수 있는 버튼이 들어 있다. 이 예제에서는 각 컴포넌트가 어떻게 변하는지 볼 수 있고, URL 변화가

\# 문자 이후에 일어남에 따라 내비게이션을 수행하더라도 브라우저에서 새 문서를 로드하지 않는 것을 볼 수 있다.

HTML5 URL 활용

앞 절에서 살펴본 표준 URL 형식은 기본적으로 지저분하다. 이 형식을 사용하면 애플리케이션에서는 브라우저가 새 HTML 문서를 로드하지 않게끔 \# 문자 이후의 URL 컴포넌트 영역을 매번 복제해야 한다.

HTML5 히스토리 API는 이 문제를 해결할 수 있는 좀 더 우아한 접근 방식을 제공하며, 문서를 재로드하지 않아도 URL을 변경할 수 있게 해준다. 주요 브라우저의 최신 버전에서는 모두 이 같은 히스토리 API를 지원하며, AngularJS에서 이 기능을 활용하려면 $location 서비스의 프로바이더인 $locationProvider를 통해 지원 기능을 활성화하면 된다. 예제 19-5에서는 domApi.html 파일에서 히스토리 API를 활성화한 것을 볼 수 있다.

예제 19-5. domApi.html 파일 내 HTML5 히스토리 API 활성화

```
...
<script>
    angular.module("exampleApp", [])
    .config(function($locationProvider) {
        $locationProvider.html5Mode(true);
    })
    .controller("defaultCtrl", function ($scope, $location) {

        $scope.$on("$locationChangeSuccess", function (event, newUrl) {
            $scope.url = newUrl;
        });

        $scope.setUrl = function (component) {
            switch (component) {
                case "reset":
                    $location.path("");
                    $location.hash("");
                    $location.search("");
                    break;
                case "path":
                    $location.path("/cities/london");
                    break;
                case "hash":
                    $location.hash("north");
                    break;
                case "search":
                    $location.search("select", "hotels");
                    break;
                case "url":
                    $location.url("/cities/london?select=hotels#north");
                    break;
```

```
            }
        }
    });
</script>
...
```

`html5Mode` 메서드를 호출하면서 인자 값으로 `true`를 넘기면 HTML5 기능을 활성화하게 되고, `$location` 서비스의 메서드에서 처리하는 URL을 변경할 수 있게 된다. 표 19-6에는 예제에서 각 버튼을 차례로 눌렀을 때 브라우저의 내비게이션 바에 표시된 URL 변화가 정리돼 있다.

표 19-6. 예제 애플리케이션에서 버튼을 눌렀을 때의 URL 변화

버튼	효과
Reset	`http://localhost:5000`
Path	`http://localhost:5000/cities/london`
Hash	`http://localhost:5000/cities/london#north`
Search	`http://localhost:5000/cities/london?select=hotels#north`
URL	`http://localhost:5000/cities/london?select=hotels#north`

이와 같은 URL은 구조가 훨씬 더 깔끔하지만 이 기능은 과거 브라우저에서는 사용할 수 없는 HTML5 기능에 의존하고 있으며, 히스토리 API를 지원하지 않는 브라우저에서 `$location` HTML5 모드를 활성화하면 애플리케이션이 제대로 동작하지 않을 수 있다. 이때는 모더나이저 같은 라이브러리를 사용하거나 예제 19-6과 같이 직접 코드를 통해 히스토리 API를 사용할 수 있는지 테스트하고 문제를 우회할 수 있다.

예제 19-6. domApi.html 파일 내 히스토리 API의 사용 가능 여부 검사

```
...
<script>
    angular.module("exampleApp", [])
    .config(function ($locationProvider) {
        if (window.history && history.pushState) {
            $locationProvider.html5Mode(true);
        }
    })
    .controller("defaultCtrl", function ($scope, $location) {
...
```

config 함수로는 상수 값이나 프로바이더만 주입될 수 있으므로 여기서는 두 개의 전역 객체에 직접 접근해야 한다(다시 말해 $window 서비스는 사용할 수 없다). 이 예제에서는 브라우저에서 window.history 객체 및 history.pushState 메서드를 정의하면 $location 서비스에서 HTML5 모드를 활성화하고 개선된 URL 구조를 활용한다. 그렇지 않은 기존 브라우저에서는 HTML5 모드를 비활성화하고, 좀 더 복잡한 URL 구조를 사용한다.

$location 해시 위치로의 스크롤 조정

$anchorScroll 서비스는 $location.hash 메서드에서 반환한 값과 id가 일치하는 엘리먼트가 보이게끔 브라우저 창의 스크롤을 조정해준다. $anchorScroll 서비스는 사용하기 편리할 뿐 아니라 보여주려는 엘리먼트를 찾기 위해 전역 document 객체에 접근할 필요도 없고, 전역 window 객체에 접근해 스크롤 조정을 수행할 필요도 없다는 점에서 큰 장점이 있다. 예제 19-7 에서는 $anchorScroll 서비스를 활용해 긴 문서에 있는 특정 엘리먼트를 보여준다.

예제 19-7. domApi.html 파일 내 $anchorScroll 서비스 활용

```
<!DOCTYPE html>
<html ng-app="exampleApp">
<head>
    <title>DOM API Services</title>
    <script src="angular.js"></script>
    <link href="bootstrap.css" rel="stylesheet" />
    <link href="bootstrap-theme.css" rel="stylesheet" />
    <script>
        angular.module("exampleApp", [])
        .controller("defaultCtrl", function ($scope, $location, $anchorScroll) {
            $scope.itemCount = 50;
            $scope.items = [];

            for (var i = 0; i < $scope.itemCount; i++) {
                $scope.items[i] = "Item " + i;
            }

            $scope.show = function(id) {
                $location.hash(id);
            }
        });
    </script>
</head>
<body ng-controller="defaultCtrl">
    <div class="panel panel-default">
        <h4 class="panel-heading">URL</h4>
        <div class="panel-body">
            <p id="top">This is the top</p>
            <button class="btn btn-primary" ng-click="show('bottom')">
                Go to Bottom</button>
            <p>
```

```
        <ul>
            <li ng-repeat="item in items">{{item}}</li>
        </ul>
    </p>
    <p id="bottom">This is the bottom</p>
    <button class="btn btn-primary" ng-click="show('top')">Go to Top</button>
        </div>
    </div>
</body>
</html>
```

이 예제에서는 id 값이 top과 bottom인 p 엘리먼트 중 하나가 화면에서 보이지 않게끔 ng-repeat 디렉티브를 사용해 여러 개의 li 엘리먼트를 생성한다. button 엘리먼트에서는 ng-click 디렉티브를 사용해 show라는 컨트롤러 동작을 호출하는데, 이 동작은 엘리먼트 id를 인자로 받아서 $location.hash 메서드를 호출하는 일을 한다.

$anchorScroll 서비스는 서비스 객체를 사용할 필요가 없다는 점에서 성격이 조금 독특하다. 이 서비스를 사용할 때는 의존성만 선언하면 된다. 서비스 객체가 생성되면, 서비스 객체에서는 $location.hash 값의 모니터링을 시작하고, 값이 변할 때 자동으로 스크롤을 조정한다. 결과 화면은 그림 19-2에서 볼 수 있다.

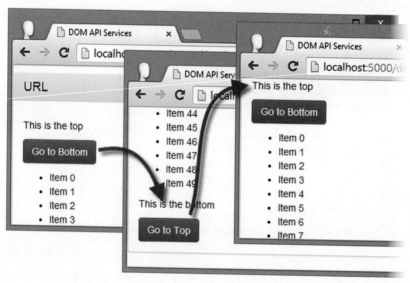

그림 19-2. $anchorScroll 서비스를 활용한 엘리먼트 스크롤

자동 스크롤 기능은 서비스 프로바이더를 통해 비활성화할 수 있다. 서비스 프로바이더를 활용하면 예제 19-8과 같이 $anchorScroll 서비스를 함수로 호출함으로써 선택적으로 스크롤을 조정할 수 있다.

```
...
<script>
    angular.module("exampleApp", [])
    .config(function ($anchorScrollProvider) {
        $anchorScrollProvider.disableAutoScrolling();
    })
    .controller("defaultCtrl", function ($scope, $location, $anchorScroll) {

        $scope.itemCount = 50;
        $scope.items = [];

        for (var i = 0; i < $scope.itemCount; i++) {
            $scope.items[i] = "Item " + i;
        }

        $scope.show = function(id) {
            $location.hash(id);
            if (id == "bottom") {
                $anchorScroll();
            }
        }
    });
</script>
...
```

여기서는 Module.config 메서드(9장에서 설명)를 호출해 자동 스크롤을 비활성화한다. 자동 스
크롤을 비활성화할 때는 $anchorScrollProvider를 가지고 disableAutoScrolling 메서드를
호출한다. 이렇게 하고 나면 $location.hash 값이 변하더라도 더 이상 자동 스크롤 조정이 일
어나지 않는다. 명시적으로 스크롤 조정이 일어나게 하려면 $anchorScroll 서비스 함수를 호출
하면 된다. 여기서는 show 동작에서 인자로 받은 값이 bottom일 때 이 함수를 호출하고 있다. 그
결과 Go to Bottom 버튼을 클릭할 때는 브라우저에서 스크롤이 움직이지만, Go to Top 버튼을
누를 때는 스크롤이 움직이지 않게 된다.

로깅 수행

18장에서는 간단한 로깅 서비스를 구현한 바 있지만 AngularJS에서는 $log 서비스를 기본으로
제공한다. $log 서비스는 전역 콘솔 객체를 감싼 래퍼다. $log 서비스에서는 콘솔 객체에서 정
의한 메서드에 대응되는 debug, error, info, log, warn 메서드를 정의하고 있다. 18장의 예제
에서도 보듯 콘솔 결과를 출력할 때 꼭 $log 서비스를 사용할 필요는 없지만, $log 서비스를 사
용하면 그만큼 단위 테스트가 쉬워지는 장점이 있다. 예제 19-9에서는 메시지를 출력할 때 $log
서비스를 활용하게끔 수정한 커스텀 로깅 서비스를 볼 수 있다.

```
angular.module("customServices", [])
    .provider("logService", function () {
        var counter = true;
        var debug = true;
        return {
            messageCounterEnabled: function (setting) {
                if (angular.isDefined(setting)) {
                    counter = setting;
                    return this;
                } else {
                    return counter;
                }
            },
            debugEnabled: function (setting) {
                if (angular.isDefined(setting)) {
                    debug = setting;
                    return this;
                } else {
                    return debug;
                }
            },
            $get: function ($log) {
                return {
                    messageCount: 0,
                    log: function (msg) {
                        if (debug) {
                            $log.log("(LOG"
                                + (counter ? " + " + this.messageCount++ + ") " : ") ")
                                + msg);
                        }
                    }
                };
            }
        }
    });
```

여기서는 $get 함수에서 서비스에 대한 의존성을 선언한 것에 주의하자. 이는 프로바이더 함수를 사용할 때의 특징으로, service 메서드나 factory 메서드를 사용할 때는 좀처럼 볼 수 없는 구문이다. 일례로 예제 19-10에는 18장에서 factory 메서드를 사용해 생성한 커스텀 서비스 버전에서 $log 서비스를 사용하는 코드가 나와 있다.

예제 19-10. services.html 파일 내 factory 메서드를 활용해 정의한 서비스에서의 $log 활용

```
angular.module("customServices", [])
    .factory("logService", function ($log) {
        var messageCount = 0;
        return {
```

```
        log: function (msg) {
            $log.log("(LOG + " + this.messageCount++ + ") " + msg);
        }
    };
});
```

 $log 서비스는 기본적으로 콘솔의 debug 메서드를 호출하지 않는다. 디버깅을 활성화하려면
$logProvider.debugEnabled 속성을 true로 설정해야 한다. 프로바이더 속성을 설정하는 자
세한 방법은 18장을 참고하자.

예외 처리

AngularJS에서는 $exceptionHandler 서비스를 활용해 애플리케이션 실행 도중 일어난 예외를
처리한다. 기본 구현체에서는 $log 서비스에 정의된 error 메서드를 호출하고, 이 메서드는 다
시 전역 메서드인 console.error 메서드를 호출한다.

예외 서비스는 언제, 왜 사용하나

예외의 범주는 크게 두 개로 나뉜다. 첫 번째 범주는 코딩 및 테스트 과정에서 발생하는 예외로,
이는 개발 주기상 자연스러울 뿐 아니라 개발 중인 애플리케이션의 골격을 갖추는 데도 도움된
다. 또 다른 범주의 예외로는 애플리케이션을 배포한 이후 사용자가 보게 되는 예외가 있다.

두 범주에 속한 예외를 처리하는 방식은 다를 수 있지만 두 경우 모두 예외에 반응하고, 궁극적으
로는 향후 분석에 활용할 수 있게끔 일관된 방식으로 예외를 잡아내는 게 중요하다. 바로 이런 점
에서 $exceptionHandler 서비스는 요긴하게 활용할 수 있다. 기본적으로 이 서비스는 예외 상
세 정보를 자바스크립트 콘솔에 출력하고, 애플리케이션이 계속해서 실행되게끔(가능하다면) 해
준다. 하지만 앞으로 보겠지만 이 서비스는 배포 후 뭔가가 잘못됐을 때도 사용자가 불만을 느끼
지 않게끔 해주는 고급 작업에도 얼마든지 활용할 수 있다.

 $exceptionHandler 서비스는 처리하지 않은 예외만 처리한다. 예외는 자바스크립트 try...
catch 블록을 사용해 잡을 수 있으며, 이렇게 잡은 예외는 서비스에서 처리하지 않는다.

예외 활용

$exceptionHandler 서비스 활용법을 살펴보기 위해 예제 19-11에서는 angularjs 폴더에
exceptions.html이라는 새 HTML 파일을 추가했다.

```
<!DOCTYPE html>
<html ng-app="exampleApp">
<head>
    <title>Exceptions</title>
    <script src="angular.js"></script>
    <link href="bootstrap.css" rel="stylesheet" />
    <link href="bootstrap-theme.css" rel="stylesheet" />
    <script>
        angular.module("exampleApp", [])
        .controller("defaultCtrl", function ($scope) {
            $scope.throwEx = function () {
                throw new Error("Triggered Exception");
            }
        });
    </script>
</head>
<body ng-controller="defaultCtrl">
    <div class="panel panel-default">
        <div class="panel-body">
            <button class="btn btn-primary" ng-click="throwEx()">Throw Exception
            </button>
        </div>
    </div>
</body>
</html>
```

이 예제에는 ng-click 핸들러를 사용해 throwEx라는 컨트롤러 동작(이 동작에서는 예외를 던
진다)을 호출하는 button 엘리먼트가 들어 있다. 브라우저에서 exceptions.html 파일을 로드
하고 버튼을 클릭하면 자바스크립트 콘솔에서 다음과 같은 출력 결과를 볼 수 있다.

```
Error: Triggered Exception
```

사용하는 브라우저에 따라 예외 명령이 들어 있는 줄 번호와 파일명이 포함된 스택 트레이스가
출력될 수도 있다.

예외 서비스의 직접 활용

물론 AngularJS에서 자동으로 예외를 $exceptionHandler 서비스로 넘겨주기는 하지만 코드에
서 이 서비스와 직접 연동하면 발생한 오류와 관련해 좀 더 정확한 정보를 사용자에게 제공할 수
있다. 예제 19-12에서는 예외를 직접 서비스로 전달할 수 있게 $exceptionHandler 서비스에
대한 의존성을 선언했다.

```html
<!DOCTYPE html>
<html ng-app="exampleApp">
<head>
    <title>Exceptions</title>
    <script src="angular.js"></script>
    <link href="bootstrap.css" rel="stylesheet" />
    <link href="bootstrap-theme.css" rel="stylesheet" />
    <script>
        angular.module("exampleApp", [])
        .controller("defaultCtrl", function ($scope, $exceptionHandler) {
            $scope.throwEx = function () {
                try {
                    throw new Error("Triggered Exception");
                } catch (ex) {
                    $exceptionHandler(ex.message, "Button Click");
                }
            }
        });
    </script>
</head>
<body ng-controller="defaultCtrl">
    <div class="panel panel-default">
        <div class="panel-body">
            <button class="btn btn-primary" ng-click="throwEx()">Throw Exception</button>
        </div>
    </div>
</body>
</html>
```

$exceptionHandler 서비스 객체는 두 개의 인자를 받는 함수다. 이 함수에서 받는 두 인자는 각각 예외 및 예외의 원인을 설명하는 선택 문자열이다. 이 예제에서는 예외의 원인이 하나뿐이므로 cause 인자가 별 도움이 되지 않지만, 예컨대 데이터 항목을 순환문에서 처리하는 동안 예외를 잡아낸다면 문제를 일으킨 데이터 항목에 대한 상세 정보를 cause로 넘김으로써 문제를 찾아내는 데 큰 도움을 받을 수 있다. 다음은 예제에서 버튼을 클릭할 때 콘솔에 출력되는 결과다.

```
Triggered Exception Button Click
```

커스텀 예외 핸들러 구현

18장에서는 AngularJS나 사용 중인 다른 패키지에서 정의한 서비스를 오버라이드하지 않게끔 고유한 서비스명을 사용하라고 주의를 당부했다. 하지만 이 절에서는 커스텀 예외 처리 정책을 정의하기 위해 $errorHandler 서비스의 AngularJS 구현체를 고의적으로 오버라이드한다. 예제

19-13에서는 대체 서비스를 구현한 코드를 볼 수 있다.

예제 19-13. exceptions.html 파일 내 $errorHandler 서비스 대체

```html
<!DOCTYPE html>
<html ng-app="exampleApp">
<head>
    <title>Exceptions</title>
    <script src="angular.js"></script>
    <link href="bootstrap.css" rel="stylesheet" />
    <link href="bootstrap-theme.css" rel="stylesheet" />
    <script>
        angular.module("exampleApp", [])
        .controller("defaultCtrl", function ($scope, $exceptionHandler) {
            $scope.throwEx = function () {
                try {
                    throw new Error("Triggered Exception");
                } catch (ex) {
                    $exceptionHandler(ex, "Button Click");
                }
            }
        })
        .factory("$exceptionHandler", function ($log) {
            return function (exception, cause) {
                $log.error("Message: " + exception.message + " (Cause: " + cause + ")");
            }
        });
    </script>
</head>
<body ng-controller="defaultCtrl">
    <div class="panel panel-default">
        <div class="panel-body">
            <button class="btn btn-primary" ng-click="throwEx()">Throw Exception</button>
        </div>
    </div>
</body>
</html>
```

여기서는 18장에서 설명한 factory 메서드를 사용해 $errorHandler 서비스 객체를 재정의하고, 예외 및 원인을 알아보기 쉽게끔 메시지를 포매팅한다.

> **팁** 이와 같은 기본 동작은 훨씬 더 복잡한 동작으로 대체할 수 있다. 하지만 이때 예외 처리 코드에 항상 완전히 검증된 코드만 사용하게끔 각별히 주의해야 한다. 예외 처리 코드에 버그가 있을 경우 애플리케이션에서 실제 문제점을 찾아낼 수 없게 되기 때문이다. 대개는 가장 단순한 형태의 예외 처리가 가장 좋다.

브라우저에서 exceptions.html 파일을 로드하고 버튼을 클릭하면 다음과 같이 포매팅된 출력 결과를 볼 수 있다.

```
Message: Triggered Exception (Cause: Button Click)
```

위험한 데이터 처리

웹 애플리케이션은 브라우저나 다른 사용자를 속이기 위해 고안된 데이터를 표시하게 하는 공격을 자주 받는다. 이 과정에서 브라우저는 주로 애플리케이션을 공격한 해커가 제공한 자바스크립트 코드를 실행하게 되는데, 공격 유형에 따라 애플리케이션 레이아웃이 특정 CSS 스타일에 따라 바뀌기도 한다. 이와 같은 공격의 유형은 수없이 많지만 한 가지 공통점은 폼을 통해 악의적인 콘텐츠를 애플리케이션으로 주입해 해당 콘텐츠를 해커나 다른 사용자에게 보여준다는 점이다. AngularJS에서는 이와 같은 공격의 위험을 최소화할 수 있는 훌륭한 내장 기능을 제공하며, 이 절에서는 이와 같은 기능을 어떻게 활용해 위험을 최소화할 수 있는지 살펴본다. 표 19-7에는 위험한 데이터를 처리하기 위해 AngularJS에서 제공하는 서비스가 정리돼 있다.

표 19-7. 위험한 데이터를 처리하는 서비스

서비스	설명
$sce	HTML에서 위험한 엘리먼트 및 어트리뷰트를 제거한다.
$sanitize	HTML 문자열에서 위험한 문자열을 이스케이프된 대체 문자열로 대체한다.

위험한 데이터 서비스는 언제, 왜 사용하나

AngularJS에서는 잠재적으로 위험한 콘텐츠를 처리하기 위한 훌륭한 기본 정책을 제공하고 있지만, 좀 더 유연하게 대처해야 할 때는 이 절에서 설명하는 서비스와 직접 연동할 필요가 있다. 예컨대 사용자가 HTML 콘텐츠를 생성할 수 있는 애플리케이션(예를 들어 온라인 HTML 편집기 등)을 사용하거나 HTML 코드 내에 데이터와 프레젠테이션이 혼재해 있는 레거시 시스템(오래된 콘텐츠 관리 시스템이나 포탈이 이에 해당)에서 생성한 콘텐츠를 처리할 때 등이 이에 해당한다.

위험한 데이터 표시

AngularJS에서는 **엄격한 맥락적 이스케이핑**(SCE)이라는 기능을 통해 안전하지 않은 값이 데이터 바인딩을 통해 표현되지 못하게 막는다. 이 기능은 기본으로 활성화되며, 사용 예제를 보기 위해 여기서는 angularjs 폴더에 htmlData.html이라는 새 HTML을 추가했다. 이 파일의 내용은 예제 19-14에서 볼 수 있다.

```
<!DOCTYPE html>
<html ng-app="exampleApp">
<head>
    <title>SCE</title>
    <script src="angular.js"></script>
    <link href="bootstrap.css" rel="stylesheet" />
    <link href="bootstrap-theme.css" rel="stylesheet" />
    <script>
        angular.module("exampleApp", [])
        .controller("defaultCtrl", function ($scope) {
            $scope.htmlData
                = "<p>This is <b onmouseover=alert('Attack!')>dangerous</b> data</p>";
        });
    </script>
</head>
<body ng-controller="defaultCtrl">
    <div class="well">
        <p><input class="form-control" ng-model="htmlData" /></p>
        <p>{{htmlData}}</p>
    </div>
</body>
</html>
```

이 예제의 컨트롤러 스코프에는 htmlData라는 속성으로 바인딩된 input 엘리먼트가 들어 있으며, 이 속성값은 인라인 바인딩 표현식을 통해 표시된다. 여기서는 독자들이 input 엘리먼트에 직접 내용을 입력하지 않아도 되게끔 속성값에 위험한 HTML 문자열을 설정했지만, 대개는 해커가 input 엘리먼트에 악의적인 콘텐츠를 집어넣어 브라우저에서 애플리케이션 코드가 아닌 다른 자바스크립트 코드를 실행하게 하는 게 보통이다. 아울러 이 예제에서는 경고창을 보여주지만, 대부분의 공격에서는 해커가 HTML 형태로 입력한 데이터를 다른 사용자에게 보여줌으로써 개인 정보를 빼내거나 악의적인 행동을 수행한다.

이와 같은 공격의 위험을 최소화하기 위해 그림 19-3과 같이 AngularJS에서는 위험한 문자(HTML 콘텐츠의 〈 및 〉 등)를 안전하게 표시할 수 있는 이스케이프된 문자열로 자동으로 대체한다.

그림 19-3. AngularJS는 바인딩에 표시된 데이터 값을 자동으로 이스케이프한다.

AngularJS에서는 input 엘리먼트에 들어 있는 다음 HTML 문자열을

```
<p>This is <b onmouseover=alert('Attack!')>dangerous</b> data</p>
```

안전하게 표시할 수 있는 다음과 같은 문자열로 대체한다.

```
&lt;p&gt;This is &lt;b onmouseover=alert('Attack!')&gt;dangerous&lt;/b&gt; data&lt;/p&gt;
```

여기서는 브라우저가 HTML로 처리하는 문자열이 모두 안전한 대체 문자열로 바뀐 것을 볼 수 있다.

> **팁** 콘텐츠를 이스케이프하는 과정에서 스코프에 있는 원본 값은 영향을 받지 않는다. 다만 바인딩에서 표시하는 데이터만 다르게 보일 뿐이다. 이 말은 계속해서 내부적으로 HTML 데이터를 가지고 안전하고 작업할 수 있으며, AngularJS를 활용해 브라우저에서 이를 안전하게 렌더링할 수 있다는 뜻이다.

대부분의 애플리케이션에서는 AngularJS의 기본 동작만으로도 위험한 데이터가 표시되는 것을 막기에 충분하다. 하지만 간혹 드물게 HTML 콘텐츠를 이스케이프하지 않은 상태로 보여줘야 할 때가 있는데, 이때는 이와 관련한 지원 기술을 활용해야 한다.

안전하지 않은 바인딩 활용

첫 번째로 살펴볼 기법은 ng-bind-html 디렉티브로, 이 디렉티브는 데이터 값을 신뢰할 수 있으며 이스케이프하지 않은 상태로 표시해야 한다고 지정한다. ng-bind-html 디렉티브는 AngularJS 메인 라이브러리에 포함되지 않은 ngSanitize 모듈에 의존한다. http://angularjs.org로 이동해 Download를 클릭하고, 필요한 버전(이 책을 쓰고 있는 현 시점 기준으로 1.2.5버전이 가장 최신 버전이다)을 선택하고, 그림 19-4와 같이 창 좌측 하단에서 Extras 링크를 클릭한다.

angular-sanitize.js 파일을 angularjs 폴더로 내려받는다. 예제 19-15에서는 ngSanitize 모듈에 대한 의존성을 선언하고, ng-bind-html 디렉티브를 적용해 위험한 데이터 값을 표시하는 것을 볼 수 있다.

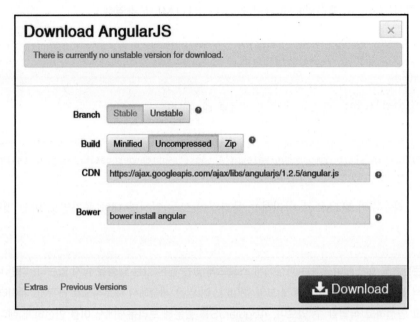

그림 19-4. AngularJS 선택 모듈 내려받기

```html
<!DOCTYPE html>
<html ng-app="exampleApp">
<head>
    <title>SCE</title>
    <script src="angular.js"></script>
    <script src="angular-sanitize.js"></script>
    <link href="bootstrap.css" rel="stylesheet" />
    <link href="bootstrap-theme.css" rel="stylesheet" />
    <script>
        angular.module("exampleApp", ["ngSanitize"])
        .controller("defaultCtrl", function ($scope) {
            $scope.htmlData
                = "<p>This is <b onmouseover=alert('Attack!')>dangerous</b> data</p>";
        });
    </script>
</head>
<body ng-controller="defaultCtrl">
    <div class="well">
        <p><input class="form-control" ng-model="htmlData" /></p>
        <p ng-bind-html="htmlData"></p>
    </div>
</body>
</html>
```

ng-bind-html 디렉티브에서는 인라인 바인딩 표현식을 사용할 수 없으므로 이 예제에서는 디렉티브를 콘텐츠에 적용할 수 있게 span 엘리먼트를 추가했다. 결과 화면은 그림 19-5에서 볼 수 있다.

그림 19-5. ng-bind-html 디렉티브의 적용 결과

여기서는 콘텐츠가 HTML에 표시되지만 b 엘리먼트에 적용한 onmouseover 이벤트 핸들러는 동작하지 않는다. 이렇게 되는 이유는 HTML 문자열에서 위험한 엘리먼트나 어트리뷰트를 제거해주는 2차 보안 조치 때문이다. 이에 따라 htmlData 값이 변형된 최종 결과는 다음과 같다.

```
<p>This is <b>dangerous</b> data</p>
```

변형 과정에서 script 및 css 엘리먼트, 인라인 자바스크립트 핸들러 및 스타일 어트리뷰트, 그 외 문제를 일으킬 만한 요소는 모두 제거된다. 이 과정을 **위생화**(sanitization)라고 부르며, ngSanitize 모듈의 $sanitize 서비스가 이 기능을 제공한다. $sanitize 서비스는 ng-bind-html 디렉티브를 사용할 때 자동으로 적용되며, 앞의 예제에서 이 모듈을 추가한 이유도 이 때문이다.

직접적인 위생화 수행

특정 안전 조치를 구체적으로 비활성화하는 경우(이 장에서 나중에 설명)가 아니라면 AngularJS에서 제공하는 $sanitize 서비스를 그대로 사용해 값을 표시하면 된다. 하지만 때로는 한 걸음 더 나아가 애플리케이션에 저장한 값을 대상으로 위생화를 수행해야 할 때가 있다. 물론 안전한 값을 표시하는 것도 좋지만, 안전하지 않은 HTML을 데이터베이스에 저장하면 애플리케이션이 해당 데이터를 읽는 다른 애플리케이션의 공격 대상이 될 수 있고, AngularJS의 보호 기능을 충분히 활용하지 못할 수도 있다. 예제 19-16에서는 $sanitize 서비스를 직접 사용해 스코프에 추가하기 전 HTML 콘텐츠를 대상으로 위생화를 수행하는 법을 볼 수 있다.

```
<!DOCTYPE html>
<html ng-app="exampleApp">
<head>
    <title>SCE</title>
    <script src="angular.js"></script>
    <script src="angular-sanitize.js"></script>
    <link href="bootstrap.css" rel="stylesheet" />
    <link href="bootstrap-theme.css" rel="stylesheet" />
    <script>
        angular.module("exampleApp", ["ngSanitize"])
        .controller("defaultCtrl", function ($scope, $sanitize) {
            $scope.dangerousData
                = "<p>This is <b onmouseover=alert('Attack!')>dangerous</b> data</p>";

            $scope.$watch("dangerousData", function (newValue) {
                $scope.htmlData = $sanitize(newValue);
            });
        });
    </script>
</head>
<body ng-controller="defaultCtrl">
    <div class="well">
        <p><input class="form-control" ng-model="dangerousData" /></p>
        <p ng-bind="htmlData"></p>
    </div>
</body>
</html>
```

여기서는 input 엘리먼트의 ng-model 디렉티브를 수정해 dangerousData라는 명시적으로 정의된 변수를 설정했다. 컨트롤러에서는 스코프 와처 함수를 사용해 defaultData 속성값의 변화를 모니터링하고, 값이 변하면 $sanitize 서비스 객체를 사용해 값을 처리했다. $sanitize 객체는 잠재적으로 위험한 값을 인자로 받아 안전한 결과를 반환하는 함수다. 결과를 확인하기 위해 여기서는 위생화된 htmlData 값을 보여주는 표준 ng-bind를 사용하게끔 예제를 다시 수정했다. 결과 화면은 그림 19-6에서 볼 수 있다.

그림 19-6. 명시적 데이터 위생화

이 그림을 보면 위생화 과정에서 input 엘리먼트에 입력한 문자열 중 자바스크립트 이벤트 핸들러가 제거된 것을 알 수 있다. ng-bind 디렉티브가 위험한 문자를 여전히 이스케이핑하므로 값은 HTML로 표시되지 않는다.

명시적 데이터 신뢰

때로는 잠재적 위험이 있는 콘텐츠를 이스케이핑이나 위생화를 거치지 않고 보여줘야 한다. 이럴 때는 $sce 서비스를 사용해 콘텐츠를 신뢰할 수 있다고 선언하면 된다.

> **주의** 필자는 수년간 수많은 웹 애플리케이션을 개발해왔지만 그동안 신뢰할 수 없는 로(raw) 데이터 값을 보여줘야 하는 경우는 손으로 꼽을 만큼 적었다. 2000년대 중반에는 애플리케이션을 포탈 형태로 배포하는 게 유행이었고, 각 콘텐츠를 자체 자바스크립트 및 CSS에서 가져왔다. 이런 포탈 운동이 점차 사그라지면서 포탈을 대체하는 애플리케이션에서는 다른 콘텐츠를 방해하지 않고 렌더링해야 하는 콘텐츠 조각으로 구성된 데이터베이스를 물려받게 됐다. 이에 따라 AngularJS의 sce와 유사한 기능을 비활성화해야만 했다. 그 외 필자가 참여한 다른 프로젝트에서는 애플리케이션에서 보여주는 모든 데이터(특히 사용자가 제공하는 데이터)를 안전하게 이스케이핑하기 위해 많은 노력을 기울여야 했다. 결국 요점은 꼭 필요한 경우가 아니라면 이 기능을 사용하지 말라는 것이다.

$sce 서비스 객체는 trustAsHtml 메서드를 정의한다. 이 메서드는 예제 19-17에서 보듯 SCE를 적용하는 동안 표시할 값을 반환한다.

> **예제 19-17.** htmlData.html 파일 내 위험한 콘텐츠 표시

```
<!DOCTYPE html>
<html ng-app="exampleApp">
<head>
    <title>SCE</title>
    <script src="angular.js"></script>
    <script src="angular-sanitize.js"></script>
    <link href="bootstrap.css" rel="stylesheet" />
    <link href="bootstrap-theme.css" rel="stylesheet" />
    <script>
        angular.module("exampleApp", ["ngSanitize"])
        .controller("defaultCtrl", function ($scope, $sce) {
            $scope.htmlData
                = "<p>This is <b onmouseover=alert('Attack!')>dangerous</b> data</p>";

            $scope.$watch("htmlData", function (newValue) {
                $scope.trustedData = $sce.trustAsHtml(newValue);
            });
        });
```

```
        </script>
    </head>
    <body ng-controller="defaultCtrl">
        <div class="well">
            <p><input class="form-control" ng-model="htmlData" /></p>
            <p ng-bind-html="trustedData"></p>
        </div>
    </body>
</html>
```

여기서는 trustedData 속성값을 $sce.trustAsHtml 메서드의 결과로 설정하기 위해 와처 함수를 사용한다. 이 예제에서는 값을 이스케이핑된 텍스트가 아니라 HTML로 표시하기 위해 계속해서 ng-bind-html 디렉티브를 사용한다. 데이터 값을 신뢰하면 자바스크립트 이벤트 핸들러가 제거되는 것을 막을 수 있으며, ng-bind-html 디렉티브를 사용하면 문자가 이스케이핑되는 것을 막을 수 있다. 그 결과 브라우저는 input 엘리먼트의 콘텐츠를 보여주고, 자바스크립트를 처리하게 된다. 볼드체 텍스트 위로 마우스를 올리면 그림 19-7과 같은 경고창을 볼 수 있다.

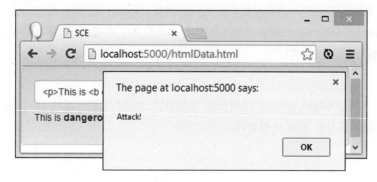

그림 19-7. 신뢰할 수 있는 언이스케이프 데이터 표시

I AngularJS 표현식 및 디렉티브 활용

AngularJS에서는 AngularJS 콘텐츠 및 바인딩 표현식과 함께 사용할 수 있는 서비스를 제공한다. 이들 서비스는 표 19-8에 정리돼 있다. 이런 서비스에서는 애플리케이션에서 콘텐츠를 간단한 표현식부터 바인딩과 디렉티브가 들어 있는 HTML 코드 조각에 이르기까지 다양한 콘텐츠를 생성하는 데 호출할 수 있는 함수로 처리해준다.

표 19-8. AngularJS 표현식 처리 서비스

서비스	설명
$compile	바인딩 및 디렉티브가 들어 있는 HTML 조각을 콘텐츠를 생성할 때 호출할 수 있는 함수로 변환한다.
$interpolate	인라인 바인딩이 들어 있는 문자열을 콘텐츠를 생성할 때 호출할 수 있는 함수로 변환한다.
$parse	AngularJS 표현식을 콘텐츠를 생성할 때 호출할 수 있는 함수로 변환한다.

표현식 및 디렉티브 서비스는 언제, 왜 사용하나

이들 서비스는 콘텐츠를 생성하고 렌더링하는 과정을 직접 제어할 수 있다는 점에서 디렉티브를 작성할 때 매우 유용하다. 기본 디렉티브에서는 이런 서비스를 사용할 필요가 없겠지만 템플릿을 정확히 관리해야 할 경우 이런 서비스가 큰 도움이 될 것이다.

표현식의 함수 변환

$parse 서비스는 AngularJS 표현식을 인자로 받아 스코프 객체를 사용해 표현식을 평가하는 데 사용할 수 있는 함수로 변환한다. 이 서비스는 디렉티브에서 표현식의 세부 정보를 모르더라도 어트리뷰트를 통해 표현식을 제공하고 평가할 수 있는 커스텀 디렉티브에서 유용하게 활용할 수 있다. $parse 서비스의 활용법을 보여주기 위해 angularjs 폴더에 expressions.html HTML 파일을 추가했다. 이 파일의 내용은 예제 19-18에서 볼 수 있다.

예제 19-18. expressions.html 파일의 내용

```
<!DOCTYPE html>
<html ng-app="exampleApp">
<head>
    <title>Expressions</title>
    <script src="angular.js"></script>
    <link href="bootstrap.css" rel="stylesheet" />
    <link href="bootstrap-theme.css" rel="stylesheet" />
    <script>
        angular.module("exampleApp", [])
        .controller("defaultCtrl", function ($scope) {
            $scope.price = "100.23";
        })
        .directive("evalExpression", function ($parse) {
            return function(scope, element, attrs) {
                scope.$watch(attrs["evalExpression"], function (newValue) {
                    try {
                        var expressionFn = $parse(scope.expr);
                        var result = expressionFn(scope);
```

```
                if (result == undefined) {
                    result = "No result";
                }
            } catch (err) {
                result = "Cannot evaluate expression";
            }
            element.text(result);
        });
    }
    });
</script>
</head>
<body ng-controller="defaultCtrl">
    <div class="well">
        <p><input class="form-control" ng-model="expr" /></p>
        <div>
            Result: <span eval-expression="expr"></span>
        </div>
    </div>
</body>
</html>
```

이 예제에는 evalExpression이라는 디렉티브가 들어 있다. 이 디렉티브는 $parse 서비스를 통해 평가할 표현식이 들어 있는 scope 속성을 통해 설정된다. 이 디렉티브는 span 엘리먼트에 적용했으며, expr라는 스코프 속성을 사용하게끔 설정했다. 이 속성은 input 엘리먼트로 바인딩함으로써 동적으로 표현식을 입력하고 평가할 수 있게 했다. 결과 화면은 그림 19-8에서 볼 수 있다.

그림 19-8. $parse 서비스를 활용한 표현식 평가

작업할 데이터가 있어야 하므로 여기서는 컨트롤러를 사용해 숫자 값으로 설정된 price라는 스코프 속성을 추가했다. 이 그림에서는 input 엘리먼트에 price | currency를 입력했을 때의 결과를 보여준다. 이렇게 하면 price 속성이 통화 필터에 의해 처리되고, 결과가 디렉티브를 적용한 span 엘리먼트의 텍스트 콘텐츠로 표시된다.

물론 애플리케이션에서 사용자가 이와 같이 AngularJS 표현식을 입력할 일은 없겠지만(잠시 후 $parse를 사용하는 좀 더 일반적인 사례를 살펴본다), 여기서는 AngularJS의 내부 기능과 긴밀하게 연동해 단순히 데이터 값을 바꾸는 데서 그치지 않고 표현식 자체도 처리할 수 있다는 점을 강조하기 위해 이 같은 예제를 사용했다.

$parse 서비스를 사용하는 과정은 간단하다. 서비스 객체는 평가할 표현식을 단일 인자로 받고, 평가를 수행할 준비가 됐을 때 사용할 함수를 반환하는 함수다. 다시 말해 $parse 서비스 자체에서 표현식을 평가하는 게 아니다. 이 서비스는 실제 작업을 수행하는 함수를 위한 팩터리 함수일 뿐이다. 다음은 예제에서 실제 $parse 서비스 객체를 사용하는 명령문이다.

```
...
var expressionFn = $parse(scope.expr);
...
```

여기서는 표현식(이 예제의 경우 사용자가 input 엘리먼트에 입력한 내용)을 $parse 함수로 넘겨주고, 결과를 expressionFn이라는 변수에 저장한다. 이어서 다음과 같이 표현식의 데이터 값 소스로 스코프를 넘겨줌으로써 함수를 호출한다.

```
...
var result = expressionFn(scope);
...
```

이때 값의 소스로 꼭 스코프를 넘겨줄 필요는 없지만 대개는 이렇게 한다(다음 절에서는 표현식에서 스코프와 로컬 데이터를 사용하는 법을 보여준다). 이 함수를 호출한 결과는 평가된 표현식이 되며, 이 예제의 경우 그림에서 보듯 통화 필터를 통해 처리된 price 속성값이 된다.

사용자가 제공한 표현식을 평가할 때는 표현식이 유효하지 않을 경우를 대비해야 한다. input 엘리먼트의 필터명에서 몇 글자를 지워 존재하지 않는 필터를 지정하면 표현식을 평가할 수 없다는 에러 메시지를 볼 수 있다. 이렇게 된 이유는 유효하지 않은 표현식을 파싱하고 평가할 때 일어나는 예외를 잡았기 때문이다.

또, 표현식이 존재하지 않는 데이터 값을 참조할 때처럼 표현식을 평가할 때 정의되지 않은 결과가 나오는 상황에도 대비해야 한다. AngularJS 바인딩에서는 정의되지 않은 값을 자동으로 빈 문자열로 표시하지만, $parse 서비스를 직접 사용할 때는 이 문제를 직접 처리해야 한다. 이 예제의 경우 표현식의 평가 값이 undefined일 때 다음과 같이 No result라는 문자열을 보여주고 있다.

```
...
if (result == undefined) {
    result = "No result";
}
...
```

로컬 데이터 제공

사용자가 표현식을 직접 입력하는 경우가 드문 만큼 앞의 예제는 $parse 서비스를 주로 사용하는 방식과는 조금 동떨어져 있다. 이보다는 표현식이 애플리케이션 내에 이미 정의돼 있고, 사용자가 표현식에 적합한 데이터 값을 제공하는 경우가 좀 더 일반적이다. 예제 19-19에서는 이 상황에 맞게끔 expressions.html 파일의 내용을 재작성했다.

예제 19-19. expressions.html 파일 내 고정 표현식을 대상으로 한 사용자 값 평가

```html
<!DOCTYPE html>
<html ng-app="exampleApp">
<head>
    <title>Expressions</title>
    <script src="angular.js"></script>
    <link href="bootstrap.css" rel="stylesheet" />.
    <link href="bootstrap-theme.css" rel="stylesheet" />
    <script>
        angular.module("exampleApp", [])
        .controller("defaultCtrl", function ($scope) {
            $scope.dataValue = "100.23";
        })
        .directive("evalExpression", function ($parse) {
            var expressionFn = $parse("total | currency");
            return {
                scope: {
                    amount: "=amount",
                    tax: "=tax"
                },
                link: function (scope, element, attrs) {
                    scope.$watch("amount", function (newValue) {
                        var localData = {
                            total: Number(newValue)
                                + (Number(newValue) * (Number(scope.tax) /100))
                        }
                        element.text(expressionFn(scope, localData));
                    });
                }
            }
        });
    </script>
</head>
<body ng-controller="defaultCtrl">
    <div class="well">
        <p><input class="form-control" ng-model="dataValue" /></p>
        <div>
            Result: <span eval-expression amount="dataValue" tax="10"></span>
        </div>
    </div>
</body>
</html>
```

이 예제에서는 예제를 간단히 하기 위해 정의 객체(16장에서 설명)를 사용해 디렉티브를 정의했다. 표현식은 디렉티브의 팩터리 함수에서 $parse 서비스를 통해 함수로 파싱된다. 표현식은 한 번만 파싱하며, amount 속성값이 변할 때마다 이 함수를 호출해 표현식을 평가한다.

표현식에는 스코프 내에 존재하지 않는 total 속성에 대한 참조가 들어 있다. 이 속성은 다음과 같이 고립 스코프로 바인딩된 두 속성을 사용해 와처 함수에서 동적으로 계산한다.

```
...
var localData = {
    total: Number(newValue) + (Number(newValue) * (Number(scope.tax) /100))
}
element.text(expressionFn(scope, localData));
...
```

여기서 중점적으로 살펴볼 부분은 total 속성이 들어 있는 객체를 표현식 함수의 인자로 넘기는 부분이다. 이렇게 하면 스코프에서 가져온 값을 보충해주고, 표현식에서 total 참조에 대한 값도 제공해줄 수 있다. 그 결과 사용자가 input 엘리먼트에 아무 값이나 입력하면 설정 가능한 세율이 포함된 전체 가격이 디렉티브가 적용된 span 엘리먼트의 내용으로 표시된다(그림 19-9 참고).

그림 19-9. 표현식을 평가할 때 로컬 데이터 제공

문자열 보간

$interpolate 서비스 및 이 서비스의 프로바이더인 $interpolateProvider는 AngularJS에서 보간을 수행하는 방식을 설정하는 데 사용된다. 보간이란 문자열 내에 표현식을 삽입하는 과정을 말한다. $interpolate 서비스는 단순히 표현식 자체가 아니라 표현식이 들어 있는 문자열과 연동할 수 있다는 점에서 $parse보다 더 유연하다. 예제 19-20에서는 expressions.html 파일에서 $interpolate 서비스를 사용한 예제를 볼 수 있다.

```html
<!DOCTYPE html>
<html ng-app="exampleApp">
<head>
    <title>Expressions</title>
    <script src="angular.js"></script>
    <link href="bootstrap.css" rel="stylesheet" />
    <link href="bootstrap-theme.css" rel="stylesheet" />
    <script>
        angular.module("exampleApp", [])
        .controller("defaultCtrl", function ($scope) {
            $scope.dataValue = "100.23";
        })
        .directive("evalExpression", function ($interpolate) {
            var interpolationFn
                = $interpolate("The total is: {{amount | currency}} (including tax)");
            return {
                scope: {
                    amount: "=amount",
                    tax: "=tax"
                },
                link: function (scope, element, attrs) {
                    scope.$watch("amount", function (newValue) {
                        var localData = {
                            total: Number(newValue)
                                + (Number(newValue) * (Number(scope.tax) /100))
                        }
                        element.text(interpolationFn(scope));
                    });
                }
            }
        });
    </script>
</head>
<body ng-controller="defaultCtrl">
    <div class="well">
        <p><input class="form-control" ng-model="dataValue" /></p>
        <div>
            <span eval-expression amount="dataValue" tax="10"></span>
        </div>
    </div>
</body>
</html>
```

예제에서 볼 수 있듯 $interpolate 서비스는 $parse와 유사하다. 하지만 둘 사이에는 몇 가지
중요한 차이점이 있다. 첫 번째이자 가장 두드러진 차이점은 $interpolate 서비스는 인라인 바
인딩과 비 AngularJS 콘텐츠가 섞여 있는 문자열을 처리할 수 있다는 점이다. 실제로 인라인 바인
딩을 나타내는 {{ 및 }} 문자는 **보간 문자**라고 부르는데, 이는 이들 문자가 $interpolate 서비

스와 그만큼 긴밀하게 연계돼 있기 때문이다. 두 번째 차이점은 $interpolate 서비스에서 생성하는 보간 함수로는 스코프나 로컬 데이터를 인자로 넘길 수 없다는 점이다. 대신 표현식에서 필요로 하는 데이터 값이 보간 함수의 인자로 넘기는 객체 내에 항상 들어 있어야 한다.

보간 설정

{{ 및 }} 문자를 사용하는 라이브러리가 AngularJS에만 있는 게 아니므로 AngularJS를 다른 라이브러리 패키지와 혼용해 사용할 때 종종 문제가 생길 수 있다. 다행히도 AngularJS에서 보간에 사용하는 문자는 $interpolate 서비스의 프로바이더인 $interpolateProvider에서 정의하는 표 19-9의 메서드를 통해 변경할 수 있다.

표 19-9. $interpolate 프로바이더에서 정의하는 메서드

메서드	설명
startSymbol(symbol)	시작 문자(기본값 {{)를 대체한다.
endSymbol(symbol)	종료 문자(기본값 }})를 대체한다.

이들 메서드를 사용하면 HTML 마크업 내 인라인 데이터 바인딩을 비롯해 모든 AngularJS 보간에 영향을 주므로 주의해야 한다. 보간 문자를 바꾸는 예제는 예제 19-21에서 볼 수 있다.

예제 19-21. expressions.html 파일 내 보간 문자 변경

```html
<!DOCTYPE html>
<html ng-app="exampleApp">
<head>
    <title>Expressions</title>
    <script src="angular.js"></script>
    <link href="bootstrap.css" rel="stylesheet" />
    <link href="bootstrap-theme.css" rel="stylesheet" />
    <script>
        angular.module("exampleApp", [])
        .config(function($interpolateProvider) {
            $interpolateProvider.startSymbol("!!");
            $interpolateProvider.endSymbol("!!");
        })
        .controller("defaultCtrl", function ($scope) {
            $scope.dataValue = "100.23";
        })
        .directive("evalExpression", function ($interpolate) {
            var interpolationFn
                = $interpolate("The total is: !!amount | currency!! (including tax)");
            return {
                scope: {
                    amount: "=amount",
                    tax: "=tax"
                },
```

```
                link: function (scope, element, attrs) {
                    scope.$watch("amount", function (newValue) {
                        var localData = {
                            total: Number(newValue)
                                + (Number(newValue) * (Number(scope.tax) / 100))
                        }
                        element.text(interpolationFn(scope));
                    });
                }
            }
        });
    </script>
</head>
<body ng-controller="defaultCtrl">
    <div class="well">
        <p><input class="form-control" ng-model="dataValue" /></p>
        <div>
            <span eval-expression amount="dataValue" tax="10"></span>
            <p>Original amount: !!dataValue!!</p>
        </div>
    </div>
</body>
</html>
```

여기서는 시작 및 종료 문자를 !!로 바꿨다. 예제 애플리케이션에서는 {{ 및 }}를 더 이상 인라인 바인딩 표현식으로 인지하지 않으며, 다음과 같이 새로 지정한 문자열에만 보간을 수행한다.

```
...
$interpolate("The total is: !!amount | currency!! (including tax)");
...
```

이 예제에서는 그 효과가 $interpolate 서비스를 직접 사용하는 것보다 더 광범위하게 적용된다는 점을 강조하기 위해 expressions.html 문서의 body 영역에도 인라인 표현식을 추가했다.

```
...
<p>Original amount: !!dataValue!!</p>
...
```

일반 인라인 바인딩은 AngularJS에서 $interpolate 서비스를 사용해 처리하는데, 서비스 객체는 싱글턴이므로 설정 변화는 전체 모듈에 적용된다.

콘텐츠 컴파일

$compile 서비스는 바인딩 및 표현식이 들어 있는 HTML 조각을 처리해 스코프로부터 콘텐츠를 생성하는 데 사용할 수 있는 함수를 생성한다. 이 서비스는 $parse 및 $interpolate 서비스와 유사하지만 디렉티브를 지원한다는 차이점이 있다. 예제 19-22를 보면 $compile 서비스의 사용법이 이 절의 다른 서비스보다 좀 더 복잡한 것을 알 수 있다.

```
<!DOCTYPE html>
<html ng-app="exampleApp">
<head>
    <title>Expressions</title>
    <script src="angular.js"></script>
    <link href="bootstrap.css" rel="stylesheet" />
    <link href="bootstrap-theme.css" rel="stylesheet" />
    <script>
        angular.module("exampleApp", [])
        .controller("defaultCtrl", function ($scope) {
            $scope.cities = ["London", "Paris", "New York"];
        })
        .directive("evalExpression", function($compile) {
            return function (scope, element, attrs) {
                var content = "<ul><li ng-repeat='city in cities'>{{city}}</li></ul>"
                var listElem = angular.element(content);
                var compileFn = $compile(listElem);
                compileFn(scope);
                element.append(listElem);
            }
        });
    </script>
</head>
<body ng-controller="defaultCtrl">
    <div class="well">
        <span eval-expression></span>
    </div>
</body>
</html>
```

이 예제의 컨트롤러에서는 도시명 배열을 정의한다. 디렉티브에서는 $compile 서비스를 사용해
HTML 조각을 처리하는데, 이 HTML 조각 내에서는 ng-repeat 디렉티브를 사용해 도시 데이
터가 들어 있는 ul 엘리먼트를 생성한다. 여기서는 단계별로 어떤 작업을 수행하는지 설명하기
위해 $compile 서비스를 사용하는 과정을 각 명령 단위로 분리했다. 먼저, HTML 조각을 정의
하고, 이를 다음과 같이 jqLite 객체로 감싼다.

```
...
var content = "<ul><li ng-repeat='city in cities'>{{city}}</li></ul>"
var listElem = angular.element(content);
...
```

이 예제에서는 간단한 코드 조각을 사용하지만, 원한다면 15~17장의 예제에서 디렉티브를 사용
할 때처럼 템플릿 엘리먼트에서 복잡한 콘텐츠를 가져올 수도 있다. 다음으로 $compile 서비스
객체를 사용한다. 이 서비스 객체는 콘텐츠를 생성할 때 사용할 함수를 생성하는 함수다.

```
...
var compileFn = $compile(listElem);
...
```

컴파일 함수를 가져오고 나면, 이 함수를 호출해 콘텐츠를 처리할 수 있다. 함수를 호출하면 HTML 조각 내에 들어 있는 표현식 및 디렉티브가 평가 및 실행되는데, 이때 컴파일 함수를 호출하더라도 아무 반환값도 없다는 점에 주의해야 한다.

```
...
compileFn(scope);
...
```

대신 이와 같이 콘텐츠를 처리하고 나면 jqLite 객체 내 엘리먼트가 업데이트된다. 이 예제에서 이와 같이 수정된 엘리먼트를 마지막에 DOM에 추가하는 것도 이 때문이다.

```
...
element.append(listElem);
...
```

이렇게 하고 나면 cities 스코프 배열 내 각 값별로 li 엘리먼트가 들어 있는 ul 엘리먼트가 생성되며, 결과 화면은 그림 19-10과 같다.

그림 19-10. 콘텐츠 컴파일

| 정리

이 장에서는 엘리먼트 관리, 에러 처리, 위험한 데이터 표시, 표현식 처리에 활용할 수 있는 내장 서비스를 살펴봤다. 이들 서비스는 AngularJS의 근간이 되며, 이를 직접 활용하면 애플리케이션의 핵심 기능을 어느 정도 제어할 수 있다. 이와 같은 제어 기능은 특히 커스텀 디렉티브를 구현하려고 할 때 큰 도움이 된다. 다음 장에서는 비동기적 HTTP 요청 및 프로미스(비동기적 요청 응답을 처리하는 데 필요한 객체)를 제공해주는 서비스를 살펴본다.

Ajax 서비스 및 프로미스

이 장에서는 Ajax 요청 수행 및 비동기적 행동을 나타내는 데 사용되는 AngularJS 내장 서비스를 살펴본다. 이들 서비스는 그 자체보다는 이후 장에서 다룰 서비스의 근간이 된다는 점에서 중요한 서비스다. 표 20-1에는 이 장의 내용이 정리돼 있다.

표 20-1. 장 요약

문제	해결책	예제
Ajax 요청 수행	`$http` 서비스를 사용한다.	1~3
Ajax 요청으로부터 데이터 수신	`$http` 메서드에서 반환한 객체를 가지고 `success`, `error`, `then` 메서드를 사용해 콜백 함수를 등록한다.	4
비JSON 데이터 처리	`success`나 `then` 콜백 함수를 사용해 데이터를 수신한다. 데이터가 XML이라면 jqLite를 통해 데이터를 처리한다.	5~6
요청 설정 또는 응답 전처리	변형 함수를 사용한다.	7~8
Ajax 요청의 기본값 설정	`$httpProvider`를 사용한다.	9
요청이나 응답 가로채기	`$httpProvider`를 통해 인터셉터 팩터리 함수를 등록한다.	10
미래 지정하지 않은 시점에 완료될 활동을 표현	지연 객체 및 프로미스 객체로 이뤄진 프로미스를 활용한다.	11
지연 객체 가져오기	`$q` 서비스에서 제공하는 `defer` 메서드를 호출한다.	12
프로미스 객체 가져오기	지연 객체에서 정의한 `promise` 값을 사용한다.	13
프로미스 체인 활용	`then` 메서드를 사용해 콜백을 등록한다. `then` 메서드는 콜백 함수가 실행될 때 리졸브되는 또 다른 프로미스를 반환한다.	14
여러 프로미스 기다리기	`$q.all` 메서드를 사용해 입력 프로미스가 모두 리졸브될 때까지 리졸브되지 않는 프로미스를 생성한다.	15

Ajax 서비스는 언제, 왜 사용하나

Ajax는 현대 웹 애플리케이션의 기초이며, 브라우저에서 새 콘텐츠를 로드하지 않고(이렇게 하면 AngularJS 애플리케이션도 언로드된다) 서버와 통신하려면 매번 이 서비스를 사용해야 한다.

하지만 이와 별개로 RESTful API로부터 데이터를 가져올 때는 $resource 서비스를 사용한다. REST 및 $resource 서비스는 21장에서 자세히 다룬다. 간단히 말해 $resource는 이 장에서 설명하는 서비스를 기반으로 좀 더 고수준 API를 제공해주고, 자주 사용하는 데이터 작업을 좀 더 쉽게 수행할 수 있게 해준다.

예제 프로젝트 준비

이 장의 예제에서는 angularjs 폴더에 새로운 내용을 추가한다. 이 장에서 살펴볼 대다수 예제에서는 데이터 파일이 필요하다. 이에 따라 angularjs 폴더에 productData.json이라는 새 파일을 추가한다. 이 파일의 내용은 예제 20-1에서 볼 수 있다.

예제 20-1. productData.json 파일의 내용

```
[{ "name": "Apples", "category": "Fruit", "price": 1.20, "expiry": 10 },
 { "name": "Bananas", "category": "Fruit", "price": 2.42, "expiry": 7 },
 { "name": "Pears", "category": "Fruit", "price": 2.02, "expiry": 6 },
 { "name": "Tuna", "category": "Fish", "price": 20.45, "expiry": 3 },
 { "name": "Salmon", "category": "Fish", "price": 17.93, "expiry": 2 },
 { "name": "Trout", "category": "Fish", "price": 12.93, "expiry": 4 }]
```

이 파일에는 이전 장에서 사용한 것과 유사한 상품 정보가 JSON(자바스크립트 객체 표기법, 5장에서 설명) 형태로 저장돼 있다.

JSON은 자바스크립트에서 파생된 언어독립적인 데이터 표현 형식으로, 현재는 거의 모든 프로그래밍 언어에서 지원할 정도로 인기 있다. 특히 웹 애플리케이션에서 JSON은 거의 독보적인 데이터 교환 형식으로 자리잡았다. 과거에는 데이터 교환 형식으로 주로 XML을 사용했지만(Ajax의 X는 XML의 약어다), 현재는 좀 더 간결하고 개발자가 읽기 쉽다는 점에서 JSON이 XML을 거의 대체했다. 특히 웹 애플리케이션에서는 자바스크립트를 통해 JSON을 쉽게 생성하고 파싱할 수 있으며, AngularJS에서는 포매팅 및 파싱을 자동으로 처리해준다.

I Ajax 요청 수행

Ajax 요청을 수행하고 처리할 때는 $http 서비스를 사용한다. 이 서비스는 비동기적으로 수행하는 표준 HTTP 요청을 수행하는 데 사용한다. Ajax는 현대 웹 애플리케이션의 심장과도 같으며, 사용자가 애플리케이션과 상호작용하는 동안 백그라운드에서 콘텐츠 및 데이터를 요청하는 기능은 풍부한 사용자 경험을 전달하는 데 꼭 필요한 요소가 됐다. $http 서비스를 사용해 Ajax 요청을 수행하는 법을 살펴보기 위해 여기서는 아직 아무 데이터도 갖고 있지 않은 간단한 애플리케이션을 만들었다. 예제 20-2에서는 angularjs 폴더에 추가한 ajax.html 파일의 내용을 볼 수 있다.

예제 20-2. ajax.html 파일 내 데이터 없는 애플리케이션

```html
<!DOCTYPE html>
<html ng-app="exampleApp">
<head>
    <title>Ajax</title>
    <script src="angular.js"></script>
    <link href="bootstrap.css" rel="stylesheet" />
    <link href="bootstrap-theme.css" rel="stylesheet" />
    <script>
        angular.module("exampleApp", [])
        .controller("defaultCtrl", function ($scope) {
            $scope.loadData = function () {

            }
        });
    </script>
</head>
<body ng-controller="defaultCtrl">
    <div class="panel panel-default">
        <div class="panel-body">
            <table class="table table-striped table-bordered">
                <thead><tr><th>Name</th><th>Category</th><th>Price</th></tr></thead>
                <tbody>
                    <tr ng-hide="products.length">
                        <td colspan="3" class="text-center">No Data</td>
                    </tr>
                    <tr ng-repeat="item in products">
                        <td>{{name}}</td>
                        <td>{{category}}</td>
                        <td>{{price | currency}}</td>
                    </tr>
                </tbody>
            </table>
            <p><button class="btn btn-primary"
                ng-click="loadData()">Load Data</button></p>
        </div>
    </div>
</body>
</html>
```

이 예제에는 ng-hide 디렉티브를 사용해 products라는 스코프 배열의 항목 개수를 기준으로 가시성을 제어하는 행이 포함된 테이블이 들어 있다. 데이터 배열은 기본적으로 정의돼 있지 않으며, 따라서 데이터가 없다는 내용이 표시된다. table에는 ng-repeat 디렉티브를 적용한 행도 들어 있는데, 이 디렉티브에 따라 배열이 정의되는 시점에 각 상품 데이터 객체별로 새 행이 생성된다.

이 예제에서는 loadData라는 컨트롤러 동작을 호출하는 ng-click 디렉티브를 사용하는 버튼도 추가했다. 이 동작은 현재 빈 함수로 정의돼 있지만 잠시 후 이 동작에서 $http 서비스를 호출해 Ajax 요청을 수행할 예정이다. 예제 애플리케이션의 초기 상태는 그림 20-1에서 볼 수 있다. 지금은 버튼을 클릭하더라도 아무 동작도 일어나지 않는다.

그림 20-1. 예제 애플리케이션의 초기 상태

여기서는 단 몇 줄의 코드만 추가해 Ajax 요청을 수행하고 응답을 처리할 수 있다는 점을 강조하기 위해 $http 서비스의 사용 전 화면과 사용 후 화면을 모두 수록했다. 예제 20-3에서는 $http 서비스를 사용한 이후의 ajax.html 파일의 내용을 볼 수 있다.

예제 20-3. ajax.htm 파일 내 $http 서비스를 활용한 Ajax 요청 수행

```
<!DOCTYPE html>
<html ng-app="exampleApp">
<head>
    <title>Ajax</title>
    <script src="angular.js"></script>
    <link href="bootstrap.css" rel="stylesheet" />
    <link href="bootstrap-theme.css" rel="stylesheet" />
    <script>
        angular.module("exampleApp", [])
        .controller("defaultCtrl", function ($scope, $http) {
            $scope.loadData = function () {
                $http.get("productData.json").success(function (data) {
```

```
                    $scope.products = data;
                });
            }
        });
    </script>
</head>
<body ng-controller="defaultCtrl">
    <div class="panel panel-default">
        <div class="panel-body">
            <table class="table table-striped table-bordered">
                <thead><tr><th>Name</th><th>Category</th><th>Price</th></tr></thead>
                <tbody>
                    <tr ng-hide="products.length">
                        <td colspan="3" class="text-center">No Data</td>
                    </tr>
                    <tr ng-repeat="item in products">
                        <td>{{item.name}}</td>
                        <td>{{item.category}}</td>
                        <td>{{item.price | currency}}</td>
                    </tr>
                </tbody>
            </table>
            <p><button class="btn btn-primary"
                    ng-click="loadData()">Load Data</button></p>
        </div>
    </div>
</body>
</html>
```

여기서는 $http 서비스에 대한 의존성을 선언하고, 세 줄의 코드를 추가했다. AngularJS 애플리케이션이 Ajax 연동을 할 때 제이쿼리와 다른 점은 서버에서 가져온 데이터를 스코프에 바로 적용하기만 하면 애플리케이션 내 HTML 엘리먼트를 업데이트하게끔 바인딩이 자동으로 갱신된다는 점이다. 그 결과 제이쿼리 애플리케이션에서 데이터를 처리하고 DOM을 조작하는 데 필요한 코드를 더 이상 작성하지 않아도 된다. 하지만 이와 별개로 제이쿼리를 사용해본 경험이 있다면 Ajax 요청을 수행하는 기본적인 메커니즘이 비슷하게 느껴질 것이다. Ajax 요청 수행은 두 단계(요청 수행 및 응답 처리)로 이뤄지며, 이어지는 절에서 각 단계에 대해 설명한다.

Ajax 요청 수행

$http 서비스를 사용해 요청을 수행하는 방법은 두 가지가 있다. 첫 번째이자 가장 많이 사용하는 방식은 서비스에서 정의하는 편의 메서드 중 하나(표 20-2에 정리)를 사용하는 것이다. 이들 메서드는 가장 많이 사용하는 HTTP 방식을 통해 요청을 수행하게 해준다. 이들 메서드는 모두 설정 객체를 선택 인자로 받을 수 있는데, 설정 객체에 대해서는 이 장에서 나중에 'Ajax 요청 설정' 절을 통해 자세히 설명한다.

표 20-2. Ajax 요청 수행을 위해 $http 서비스에서 정의하는 메서드

메서드	설명
get(url, config)	지정한 URL로 GET 요청을 수행한다.
post(url, data, config)	지정한 데이터를 전송하기 위해 지정한 URL로 POST 요청을 수행한다.
delete(url, config)	지정한 URL로 DELETE 요청을 수행한다.
put(url, data, config)	지정한 데이터 및 URL을 가지고 PUT 요청을 수행한다.
head(url, config)	지정한 URL로 HEAD 요청을 수행한다.
jsonp(url, config)	GET 요청을 수행해 자바스크립트 코드 조각을 가져와 실행한다. 'JSON with padding'의 약자인 JSONP는 자바스크립트 코드를 로드할 수 있는 위치를 제한하는 브라우저 제약을 우회할 수 있는 방법 중 하나다. JSONP는 보안상 상당히 위험할 수 있는 만큼 이 책에서는 JSONP에 대해 다루지 않는다. 자세한 내용은 http://en.wikipedia.org/wiki/JSONP를 참고하자.

Ajax 요청을 수행하는 또 다른 방법은 $http 서비스 객체를 함수처럼 처리하고 설정 객체를 넘겨주는 방식이다. 이 방식은 편의 메서드가 제공되지 않는 HTTP 요청 방식을 사용해야 할 때 도움이 된다. 이때는 사용하려는 HTTP 방식을 지정한 설정 객체(이 장에서 나중에 설명)를 인자로 넘겨주게 된다. 이런 식으로 Ajax 요청을 수행하는 방법은 21장에서 RESTful 서비스를 다루면서 자세히 살펴본다. 하지만 이 장에서는 편의 메서드를 사용하는 데만 집중한다.

이 표를 보면 예제 20-3에서 다음과 같이 설정 객체 없이 GET 요청을 수행한 것을 알 수 있다.

```
...
$http.get("productData.json")
...
```

URL로는 productData.json을 지정했다. 이와 같은 URL은 메인 HTML 문서의 상대 위치로 지정하므로 프로토콜, 호스트네임, 포트를 애플리케이션에서 하드코딩하지 않아도 된다.

GET과 POST – 올바른 HTTP 방식의 선택

기본적으로 GET 요청은 읽기 전용 정보를 조회하는 데만 사용해야 하며, POST 요청은 애플리케이션 상태를 변경하는 작업에 사용해야 한다. 표준 규정에 따르면 GET 요청은 '안전한' 상호작용(정보 조회 이외에 아무 부작용이 없음)이며, POST 요청은 '안전하지 않은' 상호작용(결정을 하거나 뭔가를 변경함)이다. 이들 관례는 월드 와이드 웹 컨소시엄(W3C)에서 정한 것이다(www.w3.org/Protocols/rfc2616/rfc2616-sec9.html).

GET 요청은 '자체 주소'를 갖고 있다. 즉, 모든 정보가 URL 안에 들어 있으므로 이런 주소를 북마크하거나 링크할 수 있다. GET 요청은 상태를 변경하는 작업에 사용하지 말아야 한다.

많은 웹 개발자들은 2005년 구글 웹 액셀러레이터가 일반에 공개된 후에야 뒤늦게 이 사실을 깨달았다. 구글 웹 액셀러레이터 애플리케이션에서는 GET 요청이 안전하므로 각 페이지에서 링크된 콘텐츠를 모두 미리 가져왔다. 하지만 많은 웹 개발자는 당시 이와 같은 HTTP 관례를 무시하고 애플리케이션에서 '항목 삭제'나 '장바구니 추가' 같은 단순 링크를 심어둠으로써 큰 혼란을 야기했다.

일례로 한 기업에서는 자사의 콘텐츠가 계속해서 삭제되는 일이 생기자 자사의 콘텐츠 관리 시스템이 해커의 반복 공격 대상이 됐다고 판단했다. 하지만 이 회사에서는 뒤늦게 검색 엔진 크롤러가 관리자 페이지의 URL에 접근해 삭제 링크를 모두 크롤링하고 있었다는 사실을 깨닫게 됐다.

Ajax 응답 수신

Ajax 처리에서 요청을 보내는 부분은 전체 과정 중 첫 번째 부분일 뿐이며, 올바른 처리를 위해서는 응답이 준비되면 응답을 수신해야 한다. Ajax에서 A는 비동기적(asynchronous)의 약자로, 요청이 백그라운드에서 수행되고 미래 어느 시점에 서버로부터 응답을 받으면 이를 통보받게 됨을 의미한다.

AngularJS에서는 **프로미스**라는 자바스크립트 패턴을 사용해 Ajax 요청 같은 비동기적 작업의 결과를 나타낸다. 프로미스는 작업이 완료됐을 때 호출할 함수를 등록하는 데 사용할 수 있는 메서드를 정의하는 객체다. 프로미스에 대해서는 이 장에서 나중에 $q 서비스를 다룰 때 좀 더 자세히 설명한다. 표 20-2의 $http 메서드에서 반환하는 프로미스 객체에서는 표 20-3에 나와 있는 메서드를 정의한다.

표 20-3. $http 서비스 메서드에서 반환하는 프로미스 객체가 정의하는 메서드

메서드	설명
success(fn)	HTTP 요청이 성공적으로 완료될 때 지정한 함수를 호출한다.
error(fn)	요청이 성공적으로 완료되지 않을 때 지정한 함수를 호출한다.
then(fn, fn)	성공 함수나 실패 함수를 등록한다.

success 메서드나 error 메서드는 서버에서 받은 응답을 단순화한 뷰를 함수의 인자로 넘겨준다. success 함수는 서버에서 보내는 데이터를 전달하고, error 함수는 발생한 문제를 설명하는 문자열을 전달받는다. 아울러 서버의 응답이 JSON 데이터인 경우 AngularJS에서는 자바스크립트 객체를 생성하기 위해 JSON을 파싱하고, 파싱 결과를 success 함수로 자동으로 넘겨준다.

예제 20-3에서는 이와 같은 기능을 사용해 productData.json 파일로부터 데이터를 수신하고, 이를 다음과 같이 스코프에 추가한다.

```
...
$http.get("productData.json").success(function (data) {
    $scope.products = data;
});
...
```

success 함수에서는 AngularJS가 JSON 응답으로부터 생성한 데이터 객체를 스코프 내의 products 속성에 대입한다. 이렇게 하면 테이블에서 비어 있는 행을 제거하고, ng-repeat 디렉티브에 의해 서버에서 받은 각 데이터 항목별로 행이 생성되게 할 수 있다(그림 20-2 참고).

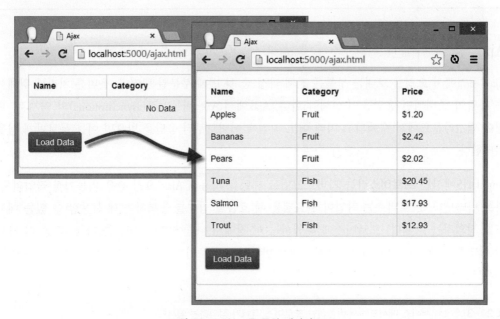

그림 20-2. Ajax를 통한 데이터 로드

> **팁** success 및 error 메서드의 결과는 모두 프로미스 객체 자체다. 이와 같은 프로미스 객체를 사용하면 단일 명령 내에서 메서드를 체인 형태로 연속 호출할 수 있다.

응답 상세 정보 조회

프로미스 객체에서 then 메서드를 사용하면 단일 메서드 호출에서 success 및 error 함수를 둘다 등록할 수 있다. 하지만 이 메서드는 서버에서 받은 응답에 대한 상세 정보에 접근할 수 있다는 점에서 좀 더 중요한 의미가 있다. then 메서드가 success 및 error 함수로 넘기는 객체는 표 20-4에 정리된 속성을 정의한다.

표 20-4. then 메서드에서 넘기는 객체의 속성

속성	설명
data	요청에서 가져온 데이터를 반환한다.
status	서버에서 반환한 HTTP 상태 코드를 반환한다.
headers	이름을 통해 헤더를 가져오는 데 사용할 수 있는 함수를 반환한다.
config	요청을 수행하는 데 사용한 설정 객체. 자세한 내용은 'Ajax 요청 설정' 절을 참고하자.

예제 20-4에서는 then 메서드를 사용해 success 함수(error 함수는 선택 사항이다)를 등록하고 응답 상세 정보를 콘솔에 출력하는 예제를 볼 수 있다.

예제 20-4. ajax.html 파일 내 promise.then 메서드 활용

```
...
<script>
    angular.module("exampleApp", [])
    .controller("defaultCtrl", function ($scope, $http) {
        $scope.loadData = function () {
            $http.get("productData.json").then(function (response) {
                console.log("Status: " + response.status);
                console.log("Type: " + response.headers("content-type"));
                console.log("Length: " + response.headers("content-length"));
                $scope.products = response.data;
            });
        }
    });
</script>
...
```

이 예제에서는 HTTP 상태 코드, Content-Type, Content-Length 헤더를 콘솔에 출력한다. 버튼을 클릭했을 때 출력되는 결과는 다음과 같다.

```
Status: 200
Type: application/json
Length: 434
```

then 메서드를 사용하더라도 AngularJS에서는 여전히 JSON 데이터를 처리해준다. 따라서 이 경우에도 응답 객체의 data 속성값은 컨트롤러 스코프의 products 속성으로 간단히 대입하면 된다.

그 외 데이터 타입 처리

$http 서비스를 사용할 때는 JSON 데이터를 가져오는 게 가장 일반적이지만, 항상 AngularJS에서 자동으로 처리해주는 데이터 형식과 연동할 수 있다는 보장은 없다. 이 경우 AngularJS에서

는 표 20-4에 나온 속성이 담긴 객체를 success 함수로 넘겨주고, 개발자가 직접 데이터를 파싱해야 한다. 간단한 예제를 살펴보기 위해 여기서는 이전 예제와 동일한 상품 정보가 XML 형태로 담긴 productData.xml이라는 새 파일을 추가했다. productData.xml 파일의 내용은 예제 20-5에서 볼 수 있다.

예제 20-5. productData.xml 파일의 내용

```xml
<products>
  <product name="Apples" category="Fruit" price="1.20" expiry="10" />
  <product name="Bananas" category="Fruit" price="2.42" expiry="7" />
  <product name="Pears" category="Fruit" price="2.02" expiry="10" />
  <product name="Tuna" category="Fish" price="20.45" expiry="3" />
  <product name="Salmon" category="Fish" price="17.93" expiry="2" />
  <product name="Trout" category="Fish" price="12.93" expiry="4" />
</products>
```

이 XML 코드에서는 product 엘리먼트로 구성된 products 엘리먼트를 정의하며, 각 product 엘리먼트에서는 단일 상품을 설명하는 어트리뷰트 값을 갖고 있다. 이런 형태의 XML은 기존 콘텐츠 관리 시스템과 연동할 때 흔히 볼 수 있다. 이 XML은 무스키마(schema-less) XML이지만 올바른 형식과 일관된 생성 방식을 따르고 있다. 예제 20-6에서는 XML 데이터를 요청하고 처리하기 위해 수정한 ajax.html 파일의 내용을 볼 수 있다.

예제 20-6. ajax.html 파일 내 XML 연동

```javascript
...
<script>
    angular.module("exampleApp", [])
    .controller("defaultCtrl", function ($scope, $http) {
        $scope.loadData = function () {
            $http.get("productData.xml").then(function (response) {
                $scope.products = [];
                var productElems = angular.element(response.data.trim()).find("product");
                for (var i = 0; i < productElems.length; i++) {
                    var product = productElems.eq(i);
                    $scope.products.push({
                        name: product.attr("name"),
                        category: product.attr("category"),
                        price: product.attr("price")
                    });
                }
            });
        }
    });
</script>
...
```

XML과 HTML은 서로 밀접한 연관이 있다(HTML 명세 버전 중에는 XML과 호환되는 XHTML 이라는 명세도 있을 정도다). 이와 같은 유사성 덕분에 *jqLite*를 활용하면 마치 HTML처럼 XML 코드를 처리할 수 있다. 이 예제에서도 이 기법을 사용하고 있다.

success 함수의 인자로 넘긴 객체의 data 속성에서는 XML 파일의 내용을 반환하는데, 이 예제에서는 angular.element 메서드를 활용해 그 결과를 jqLite 객체로 감싼다. 그런 다음 find 메서드를 사용해 products 엘리먼트의 위치를 찾고, for 순환문을 사용해 엘리먼트를 순회하면서 어트리뷰트 값을 추출한다. 이 예제에서 사용한 *jqLite* 메서드는 모두 15장에서 설명한 바 있다.

Ajax 요청 설정

$http 서비스에서 정의하는 메서드는 모두 설정 정보를 담고 있는 객체를 선택 인자로 받을 수 있다. 대다수 애플리케이션에서는 Ajax 요청을 수행하는 데 기본 설정으로도 충분하지만, 필요하다면 표 20-5에 나온 설정 객체에 속성을 정의함으로써 요청 수행 방식을 조절할 수 있다.

표 20-5. $http 메서드를 위한 설정 속성

속성	설명
data	서버로 전송되는 데이터를 설정한다. 이 속성을 객체로 설정하면 AngularJS에서는 객체를 JSON 형식으로 직렬화한다.
headers	요청 헤더를 설정하는 데 사용한다. 요청에 추가하려는 헤더에 해당하는 이름과 값으로 구성된 속성을 지닌 객체를 사용해 헤더를 설정한다.
method	요청에 사용할 HTTP 방식을 설정한다.
params	URL 파라미터를 설정한다. 포함시키려는 파라미터에 해당하는 속성명 및 값으로 구성된 객체를 사용해 파라미터를 설정한다.
timeout	요청이 만료되기까지의 시간을 밀리초 값으로 지정한다.
transformRequest	서버로 요청을 전송하기 전 요청을 조작하는 데 사용한다(이후 설명 참고).
transformResponse	서버로부터 응답을 받을 때 응답을 조작하는 데 사용한다(이후 설명 참고).
url	요청 URL을 설정한다.
withCredentials	true로 설정하면 요청에서 인증 쿠키를 포함하는 내부 브라우저 요청 객체의 with Credentials 옵션이 활성화된다. 이 속성의 활용법은 8장에서 다룬 바 있다.
xsrfHeaderNamexsrf CookieName	이들 속성은 서버에서 요청할 수 있는 크로스사이트 요청 위조 토큰에 반응하는 데 사용한다. 자세한 내용은 http://en.wikipedia.org/wiki/Cross-site_request_ forgery를 참고하자.

이 중 가장 주의해서 살펴볼 설정 기능은 transformRequest 및 transformResponse 속성을 통해 요청 및 응답을 변형하는 기능이다. AngularJS에서는 두 가지의 기본 변형을 정의하고 있다.

바로, 외부로 전송되는 데이터를 JSON으로 직렬화하고, 수신하는 JSON 데이터를 자바스크립트 객체로 파싱하는 것이다.

응답 변형

설정 객체의 transformResponse 속성에 함수를 대입하면 응답을 변형할 수 있다. 변형 함수는 응답 데이터 및 헤더 값을 가져오는 데 사용할 수 있는 함수를 인자로 받는다. 이 함수는 데이터의 대체 버전을 반환할 책임이 있으며, 주로 서버에서 전송한 데이터의 역직렬화 버전을 반환하는 일을 한다. 예제 20-7에서는 변형 함수를 사용해 productData.xml 파일에 들어 있는 XML 데이터를 자동으로 역직렬화하는 코드를 볼 수 있다.

예제 20-7. ajax.html 파일 내 응답 변형

```
...
<script>
    angular.module("exampleApp", [])
    .controller("defaultCtrl", function ($scope, $http) {
        $scope.loadData = function () {
            var config = {
                transformResponse: function (data, headers) {
                    if(headers("content-type") == "application/xml"
                            && angular.isString(data)) {
                        products = [];
                        var productElems = angular.element(data.trim()).find("product");
                        for (var i = 0; i < productElems.length; i++) {
                            var product = productElems.eq(i);
                            products.push({
                                name: product.attr("name"),
                                category: product.attr("category"),
                                price: product.attr("price")
                            });
                        }
                        return products;
                    } else {
                        return data;
                    }
                }
            }

            $http.get("productData.xml", config).success(function (data) {
                $scope.products = data;
            });
        }
    });
</script>
...
```

여기서는 Content-Type 헤더 값을 검사해 XML 데이터를 처리하는 중인지 확인하고, 데이터 값이 문자열인지 확인한다. 배열을 사용하면(또는 이 장에서 나중에 보겠지만 $http 서비스의 프로바이더를 지정하면) 변형 함수를 여러 개 지정할 수 있으므로 변형 함수에서 처리 중인 데이터 형식이 예상한 형식과 같은지 항상 확인하는 게 중요하다.

주의 여기서는 예제를 간단히 하기 위해 편법을 사용하고 있다. 이 예제에서는 요청에서 수신한 모든 xml 데이터에 name, category, price 어트리뷰트가 포함된 product 엘리먼트가 들어 있다고 가정한다. 물론 책의 예제이므로 여기서는 이와 같은 코드를 사용해도 되지만, 실제 프로젝트에서는 수신한 데이터의 종류가 예상한 형식과 같은지 좀 더 면밀하게 검사해야 한다.

처리할 XML 데이터가 있음을 확인하고 나면 앞서 살펴본 jqLite 기법을 활용해 XML을 자바스크립트 객체 배열로 처리하고, 변형 함수의 결과로 반환한다. 이와 같이 변형 함수를 사용하고 나면 success 함수에서 더 이상 XML 데이터를 직접 처리하지 않아도 된다.

팁 응답에 XML 데이터가 들어 있지 않거나 데이터가 문자열이 아닌 경우 원본 데이터를 그대로 반환하는 점에 주의하자. 변형 함수에서 반환하는 결과는 항상 success 핸들러 함수로 전달되므로 이 부분은 매우 중요하다.

요청 변형

설정 객체의 transformRequest 속성에 함수를 대입하면 요청을 변형할 수 있다. 이 함수는 서버로 전송할 데이터, 헤더 값을 반환하는 함수를 인자로 받는다(물론 많은 헤더가 브라우저에 의해 요청을 보내기 직전에 설정되지만). 이 함수에서 반환한 결과는 요청에 사용되며, 데이터를 직렬화하는 데 사용할 수 있다. 예제 20-8에서는 변형 함수를 통해 상품 데이터를 XML로 직렬화하는 예제 코드를 볼 수 있다.

팁 AngularJS에서는 JSON 데이터를 자동으로 직렬화해주므로 JSON 데이터를 보내려고 할 때는 변형 함수를 사용하지 않아도 된다.

예제 20-8. ajax.html 파일 내 요청 변형 함수 적용

```html
<!DOCTYPE html>
<html ng-app="exampleApp">
<head>
    <title>Ajax</title>
    <script src="angular.js"></script>
    <link href="bootstrap.css" rel="stylesheet" />
```

```
<link href="bootstrap-theme.css" rel="stylesheet" />
<script>
    angular.module("exampleApp", [])
    .controller("defaultCtrl", function ($scope, $http) {

        $scope.loadData = function () {
            $http.get("productData.json").success(function (data) {
                $scope.products = data;
            });
        }

        $scope.sendData = function() {
            var config = {
                headers: {
                    "content-type": "application/xml"
                },
                transformRequest: function (data, headers) {
                    var rootElem = angular.element("<xml>");
                    for (var i = 0; i < data.length; i++) {
                        var prodElem = angular.element("<product>");
                        prodElem.attr("name", data[i].name);
                        prodElem.attr("category", data[i].category);
                        prodElem.attr("price", data[i].price);
                        rootElem.append(prodElem);
                    }
                    rootElem.children().wrap("<products>");
                    return rootElem.html();
                }
            }
            $http.post("ajax.html", $scope.products, config);
        }
    });
</script>
</head>
<body ng-controller="defaultCtrl">
    <div class="panel panel-default">
        <div class="panel-body">
            <table class="table table-striped table-bordered">
                <thead><tr><th>Name</th><th>Category</th><th>Price</th></tr></thead>
                <tbody>
                    <tr ng-hide="products.length">
                        <td colspan="3" class="text-center">No Data</td>
                    </tr>
                    <tr ng-repeat="item in products">
                        <td>{{item.name}}</td>
                        <td>{{item.category}}</td>
                        <td>{{item.price | currency}}</td>
                    </tr>
                </tbody>
            </table>
            <p>
                <button class="btn btn-primary" ng-click="loadData()">Load Data</button>
```

```
            <button class="btn btn-primary" ng-click="sendData()">Send Data</button>
        </p>
      </div>
    </div>
  </body>
</html>
```

여기서는 ng-click 디렉티브를 사용해 버튼 클릭 시 sendData라는 컨트롤러 동작을 호출하는
button 엘리먼트를 추가했다. 이 동작에서는 jqLite를 사용해 요청 데이터로부터 XML을 생성하
는 변형 함수가 포함된 설정 객체를 정의한다(서버로 데이터를 보내려면 먼저 Load Data 버튼을
클릭해 데이터를 가져와야 한다).

jqLite를 활용한 XML 생성

실제 프로젝트라면 아마도 jqLite를 사용해 XML을 생성하지 않을 것이다. 이런 용도로 설계
된 훌륭한 자바스크립트 라이브러리가 이미 많이 나와 있기 때문이다. 하지만 XML을 조금
만 생성해도 충분하고, 또 프로젝트에 새로운 의존성을 추가하고 싶지 않다면 jqLite를 활용
해 XML을 생성해도 것도 좋다. 다만 이때는 몇 가지 주의할 점이 있다. 첫 번째로 주의할 사
항은 새 엘리먼트를 생성할 때 다음과 같이 태그명에 〈 및 〉 문자를 반드시 사용해야 한다는
점이다.

```
...
angular.element("<product>")
...
```

〈 및 〉 문자를 빼먹으면 jqLite에서는 선택자를 사용해 엘리먼트를 찾을 수 없다는 예외를 내
보내게 된다.

또 다른 주의 사항은 완성된 XML 데이터를 가져오는 것과 관계있다. jqLite에서는 엘리먼트
의 내용은 쉽게 가져올 수 있지만 엘리먼트 자체는 가져오기가 쉽지 않다. 이 문제를 해결하
려면 다음과 같이 더미(dummy) 엘리먼트를 생성하는 게 좋다.

```
...
var rootElem = angular.element("<dummy>");
...
```

이때 필자는 보통 xml 태그를 사용하지만 이는 어디까지나 개인 취향일 뿐이다. 여기서 지정
한 엘리먼트는 최종 결과에는 포함되지 않는다. 데이터에서 XML 문자열을 가져올 준비가
끝나면 wrap 메서드를 사용해 원하는 최상위 레벨 엘리먼트를 삽입하고, 더미 엘리먼트를
대상으로 html 메서드를 호출하면 된다.

```
...
rootElem.children().wrap("<products>").html();
return rootElem.html();
...
```

이렇게 하면 여러 개의 product 엘리먼트가 들어 있는 products 엘리먼트가 포함된 XML 조각을 가져올 수 있게 되고, 최종 결과에는 더미 xml 엘리먼트가 포함되지 않는다.

데이터는 $http.post 메서드를 사용해 서버로 전송한다. 여기서는 ajax.html URL을 타깃으로 하지만 서버에서는 이 데이터를 무시하고 그냥 ajax.html 파일의 내용을 전송해준다. 여기서는 HTML 파일의 내용이 필요 없으므로 success(또는 error) 함수는 지정하지 않았다.

 이 예제에서 설정 객체 내에 Content-type 헤더를 명시적으로 application/xml로 설정한 것에 주의하자. AngularJS에서는 변형 함수에서 데이터를 직렬화했는지 알 방도가 없으므로 헤더를 정확히 설정하게끔 각별히 주의해야 한다. 헤더를 정확히 설정하지 않으면 서버에서 요청을 제대로 처리하지 못할 수도 있다.

Ajax 기본값 설정

$http 서비스의 프로바이더인 $httpProvider를 활용하면 Ajax 요청의 기본 설정을 정의할 수 있다. 이 프로바이더에서는 표 20-6과 같은 속성을 정의한다.

표 20-6. $httpProvider에서 정의하는 속성

속성	설명
defaults.headers.common	모든 요청에 사용되는 기본 헤더를 정의한다.
defaults.headers.post	POST 요청에 사용되는 헤더를 정의한다.
defaults.headers.put	PUT 요청에 사용되는 헤더를 정의한다.
defaults.transformResponse	모든 응답에 적용할 변형 함수 배열이다.
defaults.transformRequest	모든 요청에 적용할 변형 함수 배열이다.
interceptors	인터셉터 팩터리 함수 배열. 인터셉터는 정교한 형태의 변형 함수로서, 다음 절에서 자세히 설명한다.
withCredentials	모든 요청에 대해 withCredentials 옵션을 설정. 이 속성은 인증이 필요한 크로스 오리진(cross-origin) 요청을 해결하는 데 사용하며, 사용법은 8장에서 다룬 바 있다.

defaults.transformResponse 및 defaults.transformRequest 속성은 애플리케이션에서 수행하는 모든 Ajax 요청에 변형 함수를 적용하는 데 도움이 된다. 이들 속성은 배열로 정의돼 있으므로, 변형 함수를 추가할 때는 push 메서드를 사용해야 한다. 예제 20-9에서는 이전 예제에서 XML 직렬화 함수를 사용하던 코드를 $httpProvider를 사용하게끔 수정한 예제를 볼 수 있다.

예제 20-9. ajax.html 파일 내 전역 응답 변형 함수 설정

```
...
<script>
    angular.module("exampleApp", [])
    .config(function($httpProvider) {
        $httpProvider.defaults.transformResponse.push(function (data, headers) {
            if (headers("content-type") == "application/xml"
                                && angular.isString(data)) {
                products = [];
                var productElems = angular.element(data.trim()).find("product");
                for (var i = 0; i < productElems.length; i++) {
                    var product = productElems.eq(i);
                    products.push({
                        name: product.attr("name"),
                        category: product.attr("category"),
                        price: product.attr("price")
                    });
                }
                return products;
            } else {
                return data;
            }
        });
    })
    .controller("defaultCtrl", function ($scope, $http) {
        $scope.loadData = function () {
            $http.get("productData.xml").success(function (data) {
                $scope.products = data;
            });
        }
    });
</script>
...
```

Ajax 인터셉터 활용

$httpProvider는 **요청 인터셉터**라는 기능도 제공한다. 요청 인터셉터는 변형 함수를 정교한 로직으로 대체할 수 있는 기능이다. 예제 20-10에서는 ajax.html 파일에서 인터셉터를 활용하는 예제를 볼 수 있다.

예제 20-10. ajax.html 파일 내 인터셉터 활용

```html
<!DOCTYPE html>
<html ng-app="exampleApp">
<head>
    <title>Ajax</title>
    <script src="angular.js"></script>
    <link href="bootstrap.css" rel="stylesheet" />
    <link href="bootstrap-theme.css" rel="stylesheet" />
    <script>
        angular.module("exampleApp", [])
        .config(function ($httpProvider) {
            $httpProvider.interceptors.push(function () {
                return {
                    request: function (config) {
                        config.url = "productData.json";
                        return config;
                    },
                    response: function (response) {
                        console.log("Data Count: " + response.data.length);
                        return response;
                    }
                }
            });
        })
        .controller("defaultCtrl", function ($scope, $http) {
            $scope.loadData = function () {
                $http.get("doesnotexit.json").success(function (data) {
                    $scope.products = data;
                });
            }
        });
    </script>
</head>
<body ng-controller="defaultCtrl">
    <div class="panel panel-default">
        <div class="panel-body">
            <table class="table table-striped table-bordered">
                <thead><tr><th>Name</th><th>Category</th><th>Price</th></tr></thead>
                <tbody>
                    <tr ng-hide="products.length">
                        <td colspan="3" class="text-center">No Data</td>
                    </tr>
                    <tr ng-repeat="item in products">
```

```
                    <td>{{item.name}}</td>
                    <td>{{item.category}}</td>
                    <td>{{item.price | currency}}</td>
                </tr>
            </tbody>
        </table>
        <p><button class="btn btn-primary"
                ng-click="loadData()">Load Data</button></p>
    </div>
  </div>
</body>
</html>
```

$httpProvider.interceptor 속성은 표 20-7의 속성을 지닌 객체를 반환하는 팩터리 함수로 구성된 배열이다. 각 속성은 서로 다른 인터셉터 타입에 해당하며, 속성에 대입한 함수에서는 요청이나 응답을 수정할 수 있다.

표 20-7. 인터셉터 속성

속성	설명
request	요청이 수행되기 전 인터셉터 함수가 호출되고, 인자로 표 20-5에 수록된 속성을 정의하는 설정 객체를 넘겨받는다.
requestError	앞의 요청 인터셉터에서 에러를 던질 경우 인터셉터 함수가 호출된다.
response	응답을 수신할 때 인터셉터 함수가 호출되고, 표 20-4에 수록된 속성을 정의하는 응답 객체를 인자로 넘겨받는다.
responseError	앞의 응답 인터셉터에서 예외를 던질 경우 인터셉터 함수가 호출된다.

이 예제에서는 팩터리 함수에서 생성하는 객체가 request 및 response 속성을 정의하고 있다. request 속성에 지정한 함수에서는 인터셉터를 활용해 $http 서비스 메서드에서 넘겨받은 내용과 관계없이 요청 URL을 productData.json으로 강제하는 것을 확인할 수 있다. 이와 같은 처리를 위해 여기서는 설정 객체의 url 속성을 설정하고, 이를 함수의 결과로 반환함으로써 다음 인터셉터에서 url을 넘겨받거나, 이 인터셉터가 배열 내 마지막 인터셉터인 경우 요청이 바로 수행되게 한다.

response 인터셉터에서는 함수를 사용해 서버에서 수신한 응답을 디버깅하는 법을 보여준다(인터셉터는 이런 작업을 하는 데 가장 도움된다). 여기서는 응답 객체의 data 속성을 살펴보고, 응답에 들어 있는 객체 수를 출력한다.

response 인터셉터에서는 AngularJS가 인터셉터를 활용해 JSON 데이터를 파싱한다는 사실에 의존하고 있다. 인터셉터에서 문자열이 아닌 객체 배열을 검사하는 것 또한 이 때문이다. 물론 실제 프로젝트라면 이런 방식을 사용하지 않겠지만 여기서는 인터셉터가 적용되기 전 AngularJS에서 응답을 처리한다는 점을 보여주기 위해 이 같은 예제를 사용했다.

| 프로미스 활용

프로미스는 Ajax 요청에 대해 서버에서 전송한 응답처럼 미래에 일어날 어떤 일에 대한 관심을 미리 등록하는 수단이다. 프로미스는 AngularJS에서만 사용하지는 않으며 제이쿼리를 비롯한 여러 라이브러리에서 볼 수 있다. 하지만 설계 철학이나 라이브러리 개발자의 취향에 따라 구현체에는 여러 차이점이 있다.

프로미스에 필요한 객체는 두 가지가 있다. 미래 결과에 대한 알림을 수신하는 데 사용되는 프로미스 객체와 알림을 전송하는 데 사용되는 지연 객체다. 대부분의 경우 프로미스는 특수한 형태의 이벤트 정도로 생각하는 게 가장 이해하기 쉽다. 프로미스 객체를 통해 특정 작업이나 행동에 대한 이벤트를 전달하는 데는 지연 객체가 사용된다.

프로미스는 미래에 일어날 수 있는 모든 일을 나타내는 데 사용할 수 있으므로 앞서 말한 '특정 작업이나 행동'이라는 표현도 지나치게 모호한 표현이 아니다. 이와 같은 프로미스의 유연한 특징을 제대로 이해하려면 예제를 살펴보는 게 좋다. 여기서는 또 다른 Ajax 요청을 보여주는 대신 간단한 버튼 클릭 예제를 살펴본다. 예제 20-11에서는 angularjs 폴더에 추가한 promises.html 파일의 내용을 볼 수 있다. 이 예제는 아직까지는 일반 AngularJS 애플리케이션이며, 앞으로 프로미스를 추가할 예정이다.

예제 20-11. promises.html 파일의 내용

```html
<!DOCTYPE html>
<html ng-app="exampleApp">
<head>
    <title>Promises</title>
    <script src="angular.js"></script>
    <link href="bootstrap.css" rel="stylesheet" />
    <link href="bootstrap-theme.css" rel="stylesheet" />
    <script>
        angular.module("exampleApp", [])
        .controller("defaultCtrl", function ($scope) {

        });
    </script>
</head>
<body ng-controller="defaultCtrl">
    <div class="well">
        <button class="btn btn-primary">Heads</button>
        <button class="btn btn-primary">Tails</button>
```

```
                <button class="btn btn-primary">Abort</button>
                Outcome: <span></span>
        </div>
    </body>
</html>
```

이 예제는 Heads, Tails, Abort라는 버튼과 outcome이라는 속성에 대해 인라인 데이터 바인딩이 적용된 매우 간단한 예제다. 이 예제에서는 지연 객체와 프로미스 객체를 활용해 버튼을 서로 연결함으로써, 한 버튼을 클릭하면 outcome 바인딩이 업데이트되게 하려고 한다. 이 과정에서 왜 프로미스가 일반 이벤트와 다른지 설명하려고 한다. 그림 20-3에서는 브라우저에서 promises. html 파일을 불러온 결과 화면을 볼 수 있다.

그림 20-3. 프로미스 예제 애플리케이션의 초기 상태

AngularJS에서는 프로미스를 가져오고 관리할 수 있는 $q 서비스를 제공한다. 이 서비스는 표 20-8에 설명된 메서드를 통해 프로미스를 가져오고 관리할 수 있다. 이어지는 절에서는 예제 애플리케이션을 조금씩 개발하면서 $q 서비스를 활용하는 구체적인 방법을 살펴본다.

표 20-8. $q 서비스에서 정의하는 메서드

메서드	설명
all(promises)	지정한 배열 내 모든 프로미스가 리졸브되거나 이 중 하나라도 거부된 경우 리졸브된 프로미스를 반환한다.
defer()	지연 객체를 생성한다.
reject(reason)	항상 거부되는 프로미스를 반환한다.
when(value)	(지정한 값을 결과로 사용해) 항상 리졸브되는 프로미스를 사용해 값을 감싼다.

지연 객체 가져오기 및 활용

이 예제에서는 프로미스의 두 측면을 모두 보여주려고 한다. 이를 위해서는 사용자가 버튼 중 하나를 클릭할 때 최종 결과를 보고하는 데 사용할 지연 객체를 생성해야 한다. 지연 객체는

$q.defer 메서드를 통해 가져올 수 있는데, 이렇게 가져온 지연 객체에서는 표 20-9와 같은 메서드 및 속성을 정의한다.

표 20-9. 지연 객체에서 정의하는 멤버

메서드	설명
resolve(result)	지연 활동이 지정한 값을 가지고 완료됐음을 알린다.
reject(reason)	지연 활동이 실패했거나 지정한 이유로 인해 완료되지 못했음을 알린다.
notify(result)	지연 활동으로부터 중간 결과를 제공한다.
promise	다른 메서드로부터 알림을 수신할 수 있는 프로미스 객체를 반환한다.

기본적인 사용 패턴은 지연 객체를 가져온 후 resolve나 reject 메서드를 사용해 활동의 결과를 알리는 것이다. 아울러 필요에 따라 notify 메서드를 통해 중간 업데이트 정보를 제공할 수도 있다. 예제 20-12에서는 지연 객체를 사용하는 디렉티브를 예제에 추가했다.

예제 20-12. promises.html 파일 내 지연 객체 활용

```
<!DOCTYPE html>
<html ng-app="exampleApp">
<head>
    <title>Promises</title>
    <script src="angular.js"></script>
    <link href="bootstrap.css" rel="stylesheet" />
    <link href="bootstrap-theme.css" rel="stylesheet" />
    <script>
        angular.module("exampleApp", [])
        .directive("promiseWorker", function($q) {
            var deferred = $q.defer();
            return {
                link: function(scope, element, attrs) {
                    element.find("button").on("click", function (event) {
                        var buttonText = event.target.innerText;
                        if (buttonText == "Abort") {
                            deferred.reject("Aborted");
                        } else {
                            deferred.resolve(buttonText);
                        }
                    });
                },
                controller: function ($scope, $element, $attrs) {
                    this.promise = deferred.promise;
                }
            }
        })
        .controller("defaultCtrl", function ($scope) {
```

```
            });
        </script>
    </head>
    <body ng-controller="defaultCtrl">
        <div class="well" promise-worker>
            <button class="btn btn-primary">Heads</button>
            <button class="btn btn-primary">Tails</button>
            <button class="btn btn-primary">Abort</button>
            Outcome: <span></span>
        </div>
    </body>
</html>
```

새 디렉티브의 이름은 promiseWorker이며, 이 디렉티브는 $q 서비스에 의존한다. 팩토리 함수 내에서는 링크 함수에서 컨트롤러 모두에 접근할 수 있게끔 $q.defer 메서드를 호출해 새 지연 객체를 가져온다.

링크 함수에서는 jqLite를 활용해 button 엘리먼트를 찾고, click 이벤트에 대한 핸들러 함수를 등록한다. 이벤트를 수신하면 클릭한 엘리먼트의 텍스트를 검사해 지연 객체의 resolve 메서드 (Heads 및 Tails 버튼의 경우)를 호출하거나 reject 메서드(Abort 버튼의 경우)를 호출한다. 컨트롤러에서는 지연 객체의 promise 속성으로 매핑된 promise 속성을 정의한다. 아울러 이 속성을 컨트롤러를 통해 노출함으로써 다른 디렉티브에서도 지연 객체와 관련된 프로미스 객체를 가져와, 결과에 대한 알림을 수신할 수 있게 한다.

> **팁**   이때 지연 객체는 외부 컴포넌트에서 접근하지 못하게 하고, 애플리케이션의 다른 부분으로는 promise 객체만 노출해야 한다. 이렇게 하지 않으면 지연 객체가 예상치 못한 방식으로 프로미스를 리졸브하거나 거부할 수 있기 때문이다. 예제 20-12에서 팩토리 함수 내에서 지연 객체를 대입하고, 컨트롤러를 통해서만 promise 속성을 제공한 것도 이 때문이다.

프로미스 처리

예제 애플리케이션은 지연 객체를 사용해 사용자 버튼 클릭 결과를 알려준다는 점에서는 잘 동작하지만 아직까지 이를 수신할 대상이 없다. 다음으로 할 일은 이전 예제에서 생성한 프로미스를 통해 결과를 모니터링하는 또 다른 디렉티브를 추가하고, 예제에서 span 엘리먼트의 내용을 업데이트하는 일이다. 예제 20-13에서는 이 작업을 수행하는 데 필요한 promiseObserver라는 디렉티브를 구현한 코드를 볼 수 있다.

```html
<!DOCTYPE html>
<html ng-app="exampleApp">
<head>
    <title>Promises</title>
    <script src="angular.js"></script>
    <link href="bootstrap.css" rel="stylesheet" />
    <link href="bootstrap-theme.css" rel="stylesheet" />
    <script>
        angular.module("exampleApp", [])
        .directive("promiseWorker", function($q) {
            var deferred = $q.defer();
            return {
                link: function(scope, element, attrs) {
                    element.find("button").on("click", function (event) {
                        var buttonText = event.target.innerText;
                        if (buttonText == "Abort") {
                            deferred.reject("Aborted");
                        } else {
                            deferred.resolve(buttonText);
                        }
                    });
                },
                controller: function ($scope, $element, $attrs) {
                    this.promise = deferred.promise;
                }
            }
        })
        .directive("promiseObserver", function() {
            return {
                require: "^promiseWorker",
                link: function (scope, element, attrs, ctrl) {
                    ctrl.promise.then(function (result) {
                        element.text(result);
                    }, function (reason) {
                        element.text("Fail (" + reason + ")");
                    });
                }
            }
        })
        .controller("defaultCtrl", function ($scope) {

        });
    </script>
</head>
<body ng-controller="defaultCtrl">
    <div class="well" promise-worker>
        <button class="btn btn-primary">Heads</button>
        <button class="btn btn-primary">Tails</button>
        <button class="btn btn-primary">Abort</button>
        Outcome: <span promise-observer></span>
```

```
        </div>
    </body>
</html>
```

새 디렉티브에서는 require 정의 속성을 사용해 다른 디렉티브로부터 컨트롤러를 가져온 후 프로미스 객체를 가져온다. 프로미스 객체에서는 표 20-10에 수록된 메서드를 정의한다.

표 20-10. 프로미스 객체에서 정의하는 메서드

메서드	설명
then(success, error, notify)	지연 객체의 resolve, reject, notify 메서드에 반응해 호출되는 함수를 등록한다. 이 함수는 지연 객체의 메서드를 호출하는 데 사용된 인자를 인자로 넘겨받는다.
catch(error)	에러 처리 함수만을 등록한다. 에러 처리 함수에서는 지연 객체의 reject 메서드를 호출하는 데 사용된 인자를 넘겨받는다.
finally(fn)	프로미스의 리졸브 또는 거부 여부와 상관없이 호출되는 함수를 등록한다. 이 함수는 지연 객체의 resolve 또는 reject 메서드를 호출하는 데 사용된 인자를 인자로 넘겨받는다.

> **팁** 프로미스 객체에서는 이 장에서 앞서 살펴본 ajax 예제에서 사용한 success 및 error 메서드를 정의하지 않은 점에 주의하자. 이들 메서드는 $http 서비스를 사용하기 쉽게 하려고 추가된 편의 메서드일 뿐이다.

이 예제에서는 then 메서드를 사용해 지연 객체의 resolve 및 reject 메서드 호출에 반응해 호출할 함수를 등록한다. 두 함수 모두 디렉티브가 적용된 엘리먼트의 내용을 업데이트한다. 브라우저로 promises.html 파일을 로드하고 각 버튼을 하나씩 클릭해보면 그림 20-4와 같은 결과를 확인할 수 있다.

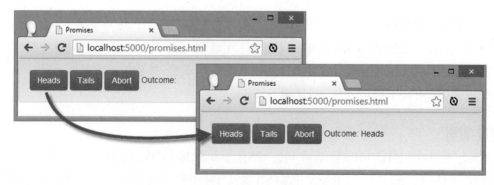

그림 20-4. 지연 객체 및 프로미스 활용

프로미스가 일반 이벤트가 아닌 이유

이쯤에서 독자들 중에는 왜 이렇게 번거롭게 지연 객체와 프로미스 객체를 생성해 일반 자바스크립트 이벤트 핸들러로 할 수 있는 일을 하는지 의아한 사람도 있을 것이다. 물론 프로미스가 기본적으로 동일한 기능을 수행하는 것은 사실이다. 프로미스는 미래에 특정 행동(버튼 클릭이나 서버로부터의 Ajax 결과 도착 등)이 일어날 때 이를 통보받을 수 있게 해준다. 프로미스와 일반 이벤트는 미래에 뭔가가 일어날 때 호출할 함수를 등록하는 데 필요한 기능을 똑같이 제공한다. 아울러 이 버튼 예제에서는 일반 이벤트를 사용해(또는 ng-click 디렉티브를 사용할 수도 있다. ng-click 디렉티브도 내부적으로는 일반 이벤트를 사용하며 복잡한 이벤트 처리 과정을 숨겨줄 뿐이다) 얼마든지 처리할 수 있었다.

프로미스와 일반 이벤트의 차이점과 AngularJS 애플리케이션에서 프로미스 및 일반 이벤트가 담당하는 역할의 차이점은 자세한 내용을 깊이 들여다보기 전까지는 알기 어렵다. 이어지는 절에서는 프로미스와 이벤트가 어떤 점에서 다른지 자세히 살펴본다.

한 번만 사용하고 버려짐

프로미스는 활동의 단일 인스턴스를 나타내므로, 한 번 리졸브되거나 거부되고 나면 다시 사용할 수 없다. promises.html 파일을 브라우저에서 로드한 후 Heads 버튼을 클릭하고, Tails 버튼을 클릭하면 이 사실을 확인할 수 있다. 첫 번째 버튼을 클릭할 때는 화면이 업데이트되고 결과가 Heads로 표시된다. 하지만 두 번째 버튼을 클릭하면 아무런 반응도 없는데, 이는 예제에서 프로미스가 이미 리졸브됐으므로 다시 사용할 수 없기 때문이다. 이와 같이 프로미스는 한 번 설정되고 나면 결과가 수정 불가능하다.

이와 같은 사실은 옵저버로 전달된 신호가 '사용자가 처음으로 선택한 Heads, Tails, Aborts 중 하나'임을 나타낸다는 점에서 매우 중요하다. 만일 자바스크립트 click 이벤트를 사용한다면 사용자가 처음으로 클릭했는지, 열 번째 클릭했는지에 대한 정보 없이 오직 '사용자가 버튼을 클릭했다'는 정보만 전달하게 된다.

이는 매우 중요한 차이점으로, 특정 행동의 결과를 알리는 데 프로미스가 매우 유용함을 잘 보여준다. 이와 같은 프로미스에 비해 이벤트의 결과는 여러 번 반복될 수 있고 매번 다를 수도 있다. 달리 말해 프로미스는 단일 행동의 결과(사용자의 결정이 됐든, 특정 Ajax 요청의 응답이 됐든)를 알려준다는 점에서 좀 더 정확하다고 할 수 있다.

결과 알림

이벤트는 뭔가가 일어날 때(예를 들어 버튼 클릭) 신호를 보내준다. 프로미스도 같은 방식으로 사용할 수 있지만, 프로미스는 활동을 수행하지 않았거나 지연 객체 내 reject 메서드를 통해 활동이 실패함에 따라(이때는 프로미스 객체에 등록한 error 콜백 함수가 호출된다) 아무 결과가 없을 때도 이를 알려주는 데 사용할 수 있다. 예제에서 Abort 버튼을 클릭하면 reject 함수가 호출돼 사용자가 아무 결정도 하지 않았음을 보여주는 대목에서 프로미스의 이와 같은 기능을 확인할 수 있다.

활동이 일어나지 않았음을 알리거나 뭔가가 잘못됐음을 알리는 기능은 Ajax 요청 등을 수행할 때 문제가 있을 경우 사용자에게 이를 알려야 하는 활동에 있어서 매우 중요한 기능이다.

프로미스 체인

행동을 수행하지 않아도 항상 결과를 수신하는 특징 덕분에 프로미스에서는 매우 유용한 기능을 추가로 제공할 수 있다. 바로, 프로미스 체인을 활용해 좀 더 복잡한 결과를 생성하는 기능이다. 이와 같은 호출 체인이 가능한 이유는 프로미스 객체에서 정의하는 then 같은 메서드가 또 다른 프로미스(이 프로미스는 콜백 함수가 실행을 마칠 때 리졸브된다)를 반환하기 때문이다. 예제 20-14에서는 then 메서드를 활용해 프로미스 체인을 구성하는 예제를 볼 수 있다.

예제 20-14. promises.html 파일 내 프로미스 체인

```
...
<script>
    angular.module("exampleApp", [])
    .directive("promiseWorker", function($q) {
        var deferred = $q.defer();
        return {
            link: function(scope, element, attrs) {
                element.find("button").on("click", function (event) {
                    var buttonText = event.target.innerText;
                    if (buttonText == "Abort") {
                        deferred.reject("Aborted");
                    } else {
                        deferred.resolve(buttonText);
                    }
                });
            },
            controller: function ($scope, $element, $attrs) {
                this.promise = deferred.promise;
            }
        }
    })
    .directive("promiseObserver", function() {
        return {
            require: "^promiseWorker",
            link: function (scope, element, attrs, ctrl) {
                ctrl.promise
                    .then(function (result) {
                        return "Success (" + result + ")";
```

```
                }).then(function(result) {
                    element.text(result);
                });
            }
        }
    })
    .controller("defaultCtrl", function ($scope) {

    });
</script>
...
```

promiseObserver 디렉티브의 링크 함수 내에서는 프로미스를 가져오고 then 메서드를 호출해 프로미스가 리졸브될 때 호출할 콜백 함수를 등록한다. then 메서드의 결과는 또 다른 프로미스 객체로, 이 객체는 콜백 함수가 실행된 후 리졸브된다. 여기서는 then 메서드를 한 번 더 사용해 두 번째 프로미스에 콜백을 등록한다.

> **팁**　예제를 간단히 하기 위해 여기서는 거부되는 프로미스를 처리하는 핸들러는 포함시키지 않았다.
> 따라서 이 예제는 Heads나 Tails 버튼을 클릭할 때만 동작한다.

첫 번째 콜백 함수에서 다음과 같이 결과를 반환하는 부분을 주의해서 살펴보자.

```
...
ctrl.promise.then(function (result) {
    return "Success (" + result + ")";
}).then(function(result) {
    element.text(result);
});
...
```

프로미스를 체인으로 사용할 때는 체인 내 다음 프로미스로 전달되는 결과를 조작할 수 있다. 이 경우 결과 문자열을 간단히 포매팅한 후, 포매팅한 결과를 체인상의 다음 콜백으로 넘겨준다. 사용자가 Heads 버튼을 클릭할 때 일어나는 작업은 다음과 같다.

1. promiseWorker 링크 함수에서 지연 객체의 resolve 메서드를 호출하면서 결과로 Heads 를 넘긴다.

2. 프로미스가 리졸브되고, success 함수를 호출하면서 인자 값으로 Heads를 넘긴다.

3. 콜백 함수에서 Heads 값을 포매팅하고 포매팅된 문자열을 반환한다.

4. 두 번째 프로미스가 리졸브되고, 자신의 success 함수를 호출하면서 포매팅된 문자열을 콜백 함수의 결과로 넘겨준다.

5. 콜백 함수가 포매팅된 문자열을 HTML 엘리먼트에 표시한다.

이와 같은 프로미스 체인은 이전 결과에 의존해 연쇄적으로 행동을 수행하려는 경우에 매우 중요하다. 물론 이 예제에서 사용한 문자열 포매팅은 이런 관점에서 프로미스 체인을 사용하기에 적합하지는 않지만, 예컨대 Ajax 요청을 수행해 서비스 URL을 가져오고, 그 결과를 체인 내 다음 프로미스로 넘겨주면, 이 프로미스의 콜백에서 해당 URL을 사용해 다른 데이터를 호출하는 경우 등을 생각해볼 수 있다.

프로미스 그룹핑

프로미스 체인은 연속으로 행동을 수행하는 데 효과적이지만, 때로는 몇 가지 결과를 사용할 수 있을 때까지 행동을 지연해야 하는 경우가 있다. 이때는 $q.all 메서드를 사용하면 된다. 이 메서드는 프로미스 배열을 인자로 받고, 입력 프로미스가 모두 리졸브될 때까지 리졸브되지 않는 프로미스를 반환해준다. 예제 20-15에서는 all 메서드를 사용하는 예제 코드를 볼 수 있다.

예제 20-15. promises.html 파일 내 프로미스 그룹핑

```
<!DOCTYPE html>
<html ng-app="exampleApp">
<head>
    <title>Promises</title>
    <script src="angular.js"></script>
    <link href="bootstrap.css" rel="stylesheet" />
    <link href="bootstrap-theme.css" rel="stylesheet" />
    <script>
        angular.module("exampleApp", [])
        .directive("promiseWorker", function ($q) {
            var deferred = [$q.defer(), $q.defer()];
            var promises = [deferred[0].promise, deferred[1].promise];
            return {
                link: function (scope, element, attrs) {
                    element.find("button").on("click", function (event) {
                        var buttonText = event.target.innerText;
                        var buttonGroup = event.target.getAttribute("data-group");
                        if (buttonText == "Abort") {
                            deferred[buttonGroup].reject("Aborted");
                        } else {
                            deferred[buttonGroup].resolve(buttonText);
                        }
                    });
                },
                controller: function ($scope, $element, $attrs) {
                    this.promise = $q.all(promises).then(function (results) {
                        return results.join();
                    });
```

```
                    }
                }
            })
            .directive("promiseObserver", function () {
                return {
                    require: "^promiseWorker",
                    link: function (scope, element, attrs, ctrl) {
                        ctrl.promise.then(function (result) {
                            element.text(result);
                        }, function (reason) {
                            element.text(reason);
                        });
                    }
                }
            })
            .controller("defaultCtrl", function ($scope) {

            });
    </script>
</head>
<body ng-controller="defaultCtrl">
    <div class="well" promise-worker>
        <div class="btn-group">
            <button class="btn btn-primary" data-group="0">Heads</button>
            <button class="btn btn-primary" data-group="0">Tails</button>
            <button class="btn btn-primary" data-group="0">Abort</button>
        </div>
        <div class="btn-group">
            <button class="btn btn-primary" data-group="1">Yes</button>
            <button class="btn btn-primary" data-group="1">No</button>
            <button class="btn btn-primary" data-group="1">Abort</button>
        </div>
        Outcome: <span promise-observer></span>
    </div>
</body>
</html>
```

이 예제에는 사용자가 선택할 수 있는 두 그룹의 버튼이 있다. 바로 Heads/Tails와 Yes/No다. promiseWorker 디렉티브에서는 지연 객체 배열 및 지연 객체에 대응되는 프로미스 객체 배열을 생성한다. 컨트롤러를 통해 노출하는 프로미스는 $q.all 메서드를 사용해 다음과 같이 생성한다.

```
...
...
this.promise = $q.all(promises).then(function (results) {
    return results.join();
});
...
```

all 메서드를 호출하면 '모든' 입력 프로미스(promises 배열 내 프로미스 객체셋)가 리졸브될 때까지 리졸브되지 않고, 입력 프로미스 중 '하나라도 거부되면' 거부되는 프로미스가 반환된다. promiseObserver 디렉티브에서는 이 프로미스 객체를 가져오고, success 및 error 콜백 함수를 등록해 관찰한다. 결과를 확인하려면 브라우저에서 promises.html 파일을 로드하고 Heads나 Tails 버튼을 클릭한 후, 이어서 Yes나 No 버튼을 클릭하면 된다. 두 번째로 버튼을 선택하고 나면 그림 20-5와 같이 전체 결과가 표시된다.

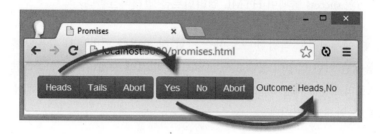

그림 20-5. 프로미스 그룹핑

이 예제에서 $q.all 메서드를 통해 생성한 프로미스는 각 input 엘리먼트의 결과가 담긴 배열을 success 함수로 넘겨준다. 결과는 입력 프로미스의 순서대로 정렬되며, 이에 따라 Heads/Tails가 결과 배열에서 먼저 나오게 된다. 이 예제에서는 표준 자바스크립트 join 메서드를 사용해 결과를 결합한 후 이를 체인상의 다음 단계로 넘겨준다. 예제를 자세히 살펴보면 다음과 같은 다섯 개의 프로미스가 존재하는 것을 볼 수 있다.

1. 사용자가 Heads나 Tails를 선택할 때 리졸브되는 프로미스

2. 사용자가 Yes나 No를 선택할 때 리졸브되는 프로미스

3. 프로미스 1이나 2가 리졸브될 때 리졸브되는 프로미스

4. join 메서드를 사용해 결과를 결합하는 콜백이 지정된 프로미스

5. HTML 엘리먼트에 결합된 결과를 표시하는 콜백이 지정된 프로미스

물론 같은 설명을 반복하고 싶지는 않지만 이와 같이 복잡한 프로미스 체인을 사용하다 보면 그만큼 헷갈리기 쉽다. 이에 따라 앞의 프로미스 목록을 참조해 예제에서 일어나는 행동을 정리했다(여기서는 사용자가 Heads/Tails를 먼저 선택한다고 가정하지만, 사용자가 Yes/No를 먼저 선택하더라도 전체 과정은 크게 다르지 않다).

1. 사용자가 Heads나 Tails를 클릭하고 프로미스 1이 리졸브된다.

2. 사용자가 Yes나 No를 클릭하고, 프로미스 2가 리졸브된다.

3. 사용자의 추가 상호작용 없이 프로미스 3이 리졸브되고, 프로미스 1과 2의 결과를 담은 배열을 success 콜백 함수로 넘겨준다.

4. success 함수에서 join 메서드를 사용해 단일 결과를 생성한다.

5. 프로미스 4가 리졸브된다.

6. 프로미스 5가 리졸브된다.

7. 프로미스 5의 success 콜백이 HTML 엘리먼트를 업데이트한다.

여기서는 간단한 예제에서도 복잡한 프로미스 조합 및 체인을 얼마든지 활용할 수 있음을 볼 수 있다. 물론 처음에는 이런 작업이 불필요해 보일 수도 있지만 프로미스를 연동하는 데 좀 더 익숙해지고 나면 프로미스에서 제공하는 정확성과 유연성이 복잡한 애플리케이션에서 얼마만큼 도움이 되는지 느낄 수 있게 될 것이다.

┃ 정리

이 장에서는 Ajax 요청을 수행하고 프로미스를 관리하는 데 사용할 수 있는 $http 및 $q 서비스에 대해 살펴봤다. 두 서비스는 Ajax 요청의 비동기적 성격으로 인해 서로 밀접한 관계가 있으며, 이후 장에서 살펴볼 고수준 서비스의 기반을 형성하기도 한다. 다음 장에서는 RESTful 서비스에 접근할 수 있게 해주는 서비스를 살펴본다.

REST 서비스

이 장에서는 AngularJS의 RESTful 웹 서비스 지원 기능을 살펴본다. **REST**(Representational State Transfer)는 HTTP 요청상에서 작업을 수행하는 API 방식으로, 3장에서 소개한 바 있다. REST API에서 요청 URL은 작업할 데이터를 식별해주고, HTTP 방식은 수행할 작업을 식별해준다.

REST는 공식 명세라기보다는 API 스타일에 가까우며, 무엇이 RESTful(REST 스타일을 따르는 API를 지칭하는 용어)하고 무엇이 RESTful하지 않은지에 대해서는 아직까지 의견이 분분하다. AngularJS에서는 매우 유연하게 RESTful 웹 서비스를 처리할 수 있으며, 이 장에서는 AngularJS를 활용해 구체적인 REST 구현체와 연동하는 법을 살펴보려고 한다.

REST에 익숙하지 않거나 기존에 RESTful 웹 서비스와 연동해본 적이 없더라도 걱정하지 않아도 된다. 여기서는 먼저 간단한 REST 서비스부터 개발하고 이어서 이 서비스를 활용하는 다양한 예제를 다룰 예정이기 때문이다. 표 21-1에는 이 장의 내용이 정리돼 있다.

표 21-1. 장 요약

문제	해결책	예제
명시적 Ajax 호출을 통한 RESTful API 처리	`$http` 서비스를 사용해 서버에서 데이터를 요청하고 데이터에 대한 작업을 수행한다.	1~8
Ajax 요청을 노출하지 않고 RESTful API 처리	`$resource` 서비스를 사용한다.	9~14
`$resource` 서비스에서 사용하는 Ajax 요청 설정	커스텀 액션을 정의하거나 기본 액션을 재정의한다.	15~16
RESTful 데이터와 연동할 수 있는 컴포넌트 생성	선택적으로 `$resource` 서비스와 연동할 수 있는 지원 기능을 활성화하고, 컴포넌트를 적용할 때 반드시 사용해야 할 액션이 설정되게끔 한다.	17~18

I REST 서비스는 언제, 왜 사용하나

이 장에서 설명하는 서비스는 RESTful API에 대한 데이터 작업을 수행할 때 사용하면 된다. 물론 처음에는 $http 서비스를 사용해 Ajax 요청을 수행하는 게 더 편해 보일 수도 있다(특히 기존에 제이쿼리를 사용해본 개발자라면). 이런 독자들을 감안해 이 장에서는 우선 $http를 활용한 방식부터 살펴보고, 이어서 REST API에서 $http를 직접 사용할 때의 제약을 설명한 후, $http 대신 $resource 서비스를 사용할 때의 장점을 살펴본다.

I 예제 프로젝트 준비

AngularJS를 다양하게 활용해 RESTful 웹 서비스를 처리하는 법을 보여주려면 백엔드 서비스가 필요하다. 이를 위해 이 장에서는 다시 한 번 Deployd를 사용한다. 아직 Deployd를 내려받고 설치하지 않았다면 1장의 설명을 참고하자.

 여기서는 이 책의 1부에 등장한 SportsStore 예제의 products 데이터 컬렉션명을 그대로 사용한다. SportsStore 예제를 따라 한 적이 있다면 이 장의 설명을 따라 하기 전에 Deployd 디렉터리를 지워야 한다.

RESTful 서비스 생성

새 서비스를 생성하려면 명령행 프롬프트에 다음 내용을 입력하면 된다.

```
dpd create products
```

새 서비스를 시작하고 서비스 콘솔을 보려면 Deployd를 시작하는 다음 명령을 입력하면 된다.

```
dpd -p 5500 products\app.dpd
dashboard
```

그럼 그림 21-1과 같이 Deployd 대시보드가 브라우저에 표시된다.

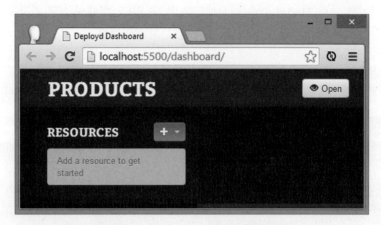

그림 21-1. Deployd 대시보드의 초기 상태

데이터 구조 생성

이제 백엔드 서비스를 생성했으니 데이터 구조를 추가할 차례다. Deployd 대시보드에서 녹색 버튼을 클릭하고 팝업 메뉴에서 Collection을 선택한다. 그리고 그림 21-2와 같이 컬렉션의 이름을 /products로 설정하고 Create 버튼을 클릭한다.

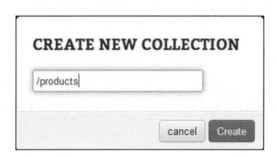

그림 21-2. products 컬렉션 생성

그럼 Deployd에서는 컬렉션 내 객체에 포함시킬 속성을 정의하라는 화면을 표시한다. 표 21-2에 정리된 속성을 입력한다.

표 21-2. products 컬렉션의 필수 속성

속성명	타입	필수 여부
name	string	예
category	string	예
price	number	예

속성 입력을 마치면 그림 21-3과 같은 대시보드를 볼 수 있다. 이때 속성명 철자를 정확히 입력했는지 확인하고, 각 속성에서 올바른 타입을 선택했는지 확인한다.

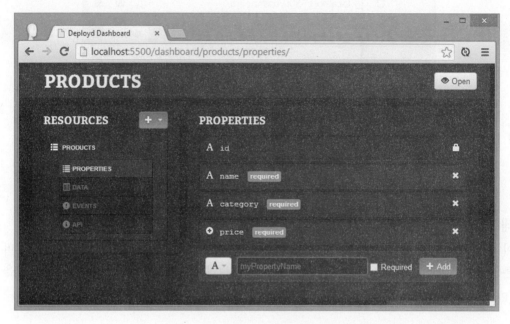

그림 21-3. Deployd 대시보드 내 속성셋

초기 데이터 추가

여기서는 예제를 간단히 하기 위해 초기 데이터를 사용해 Deployd를 채울 생각이다. 대시보드 화면의 Resources 영역에서 Data 링크를 클릭하고 테이블 편집기를 사용해 표 21-3에 나온 데이터 항목을 추가한다.

표 21-3. 초기 데이터 항목

Name	Category	Price
Apples	Fruit	1.20
Bananas	Fruit	2.42
Pears	Fruit	2.02
Tuna	Fish	20.45
Salmon	Fish	17.93
Trout	Fish	12.93

데이터를 추가하고 나면 그림 21-4와 같은 대시보드 화면을 볼 수 있다.

그림 21-4. 데이터 추가

API 테스트

Deployd 대시보드에서 API 링크를 클릭하면 URL 목록과 데이터를 조작하는 데 사용할 수 있는 HTTP 방식(이 둘은 RESTful 서비스의 핵심이다)이 나열된 표를 볼 수 있다. 이 장에서는 AngularJS에서 제공하는 각기 다른 기능을 활용해 이들 URL과 HTTP 방식을 결합해 애플리케이션 데이터를 제어한다. 표 21-4에는 API 표의 주요 정보가 정리돼 있다.

표 21-4. RESTful 서비스에서 지원하는 HTTP 방식 및 URL

작업	방식	URL	파라미터	반환값
products 목록	GET	/products	없음	객체 배열
객체 생성	POST	/products	단일 객체	저장된 객체
객체 조회	GET	/products/<id>	없음	단일 객체
객체 수정	PUT	/products/<id>	단일 객체	저장된 객체
객체 삭제	DELETE	/products/<id>	단일 객체	없음

> 팁 RESTful 서비스에서 제공하는 API는 항상 확인하는 게 좋다. HTTP 방식과 URL을 결합해 데이터를 조작하는 데 있어서 종종 비일관적인 성격을 띠는 API도 있기 때문이다. 예를 들어 일부 서비스에서는 PATCH 방식을 통해 객체의 개별 속성을 업데이트하는 데 반해, Deployd에서는 PUT 방식을 사용한다.

Deployd를 구동할 때 사용한 명령에서는 서버에서 사용하는 포트 번호를 5500으로 설정했다. 따라서 브라우저를 열어 다음 URL로 이동하면 상품 목록을 직접 나열할 수 있다(로컬 장비에서 Deployd를 실행한다고 가정).

```
http://localhost:5500/products
```

이 URL을 요청하면 Deployd 서버에서는 표 21-3에서 입력한 상세 정보가 담긴 JSON 문자열을 반환한다. 구글 크롬을 사용 중이라면 JSON이 브라우저 창에 표시되지만, 인터넷 익스플로러를 비롯한 다른 브라우저에서는 JSON 데이터를 파일로 저장할지 묻는다. Deploy의 JSON은 20장에서 직접 작성한 JSON과 유사하지만 한 가지 차이점이 있다. 이 데이터는 서버에 저장돼 있으므로 각 상품 객체가 id라는 속성에 고유 키를 갖고 있다는 점이다. id 속성값은 표 21-4에서 보듯 RESTful URL에서 개별 상품 객체를 식별하는 데 사용된다. 다음은 상품 객체 중 하나를 나타내기 위해 Deployd에서 전송한 JSON이다.

```
...
{"name":"Apples",
 "category":"Fruit",
 "price":1.2,
 "id":"b57776c8bd96ba29"
}
...
```

id 값 b57776c8bd96ba29는 name 속성이 Apples로 설정된 상품 객체를 고유 식별해준다. REST를 통해 이 객체를 삭제하려면 HTTP DELETE 방식을 사용해 다음 URL을 호출하면 된다.

```
http://localhost:5500/products/b57776c8bd96ba29
```

AngularJS 애플리케이션 구현

이제 RESTful API도 설정했고 데이터도 채웠으니 AngularJS 애플리케이션의 기본 골격을 만들어보자. 이 애플리케이션에서는 콘텐츠를 보여주고, 사용자가 상품 객체를 추가, 수정, 삭제할 수 있는 기능을 제공할 계획이다.

먼저 angularjs 디렉터리의 내용을 모두 삭제하고, 1장에서 설명한 대로 AngularJS 및 부트스트랩 파일을 재설치한다. 그런 다음 products.html이라는 새 HTML 파일을 생성한다. 이 파일의 내용은 예제 21-1에서 볼 수 있다.

```
<!DOCTYPE html>
<html ng-app="exampleApp">
<head>
    <title>Products</title>
    <script src="angular.js"></script>
    <link href="bootstrap.css" rel="stylesheet" />
    <link href="bootstrap-theme.css" rel="stylesheet" />
    <script src="products.js"></script>
</head>
<body ng-controller="defaultCtrl">
    <div class="panel panel-primary">
        <h3 class="panel-heading">Products</h3>
        <ng-include src="'tableView.html'" ng-show="displayMode == 'list'"></ng-include>
        <ng-include src="'editorView.html'" ng-show="displayMode == 'edit'"></ng-include>
    </div>
</body>
</html>
```

이 예제는 실제 프로젝트에서처럼 여러 개의 작은 파일로 나눠서 구현하려고 한다. products.
html 파일에는 AngularJS에 사용하는 script 엘리먼트와 부트스트랩용 link 엘리먼트가 들어
있다. 이 애플리케이션의 메인 콘텐츠는 두 개의 뷰 파일인 tableView.html 및 editorView.
html 파일에 들어 있으며, 두 파일은 잠시 후 작성한다. 이들 두 파일은 ng-include 디렉티브
를 사용해 products.html 파일로 불러오고, displayMode라는 스코프 변수와 연동된 ng-show
디렉티브를 사용해 엘리먼트의 가시성을 제어한다.

products.html 파일에는 products.js라는 파일을 불러오는 script 엘리먼트도 들어 있다.
이 스크립트는 애플리케이션에서 필요한 동작을 정의하는 역할을 한다. 여기서는 먼저 더미 로컬
데이터로 시작한 후, 나중에 REST를 통해 가져온 실제 데이터로 이를 대체한다. 예제 21-2에서
는 products.js 파일의 내용을 볼 수 있다.

```
angular.module("exampleApp", [])
.controller("defaultCtrl", function ($scope) {

    $scope.displayMode = "list";
    $scope.currentProduct = null;

    $scope.listProducts = function () {
        $scope.products = [
            { id: 0, name: "Dummy1", category: "Test", price: 1.25 },
            { id: 1, name: "Dummy2", category: "Test", price: 2.45 },
            { id: 2, name: "Dummy3", category: "Test", price: 4.25 }];
    }
```

```
    $scope.deleteProduct = function (product) {
        $scope.products.splice($scope.products.indexOf(product), 1);
    }

    $scope.createProduct = function (product) {
        $scope.products.push(product);
        $scope.displayMode = "list";
    }

    $scope.updateProduct = function (product) {
        for (var i = 0; i < $scope.products.length; i++) {
            if ($scope.products[i].id == product.id) {
                $scope.products[i] = product;
                break;
            }
        }
        $scope.displayMode = "list";
    }

    $scope.editOrCreateProduct = function (product) {
        $scope.currentProduct =
            product ? angular.copy(product) : {};
        $scope.displayMode = "edit";
    }

    $scope.saveEdit = function (product) {
        if (angular.isDefined(product.id)) {
            $scope.updateProduct(product);
        } else {
            $scope.createProduct(product);
        }
    }

    $scope.cancelEdit = function () {
        $scope.currentProduct = {};
        $scope.displayMode = "list";
    }

    $scope.listProducts();
});
```

예제의 컨트롤러에서는 상품 데이터를 처리하는 데 필요한 모든 기능을 정의한다. 여기서 정의한 동작은 크게 두 카테고리에 속한다. 첫 번째 카테고리는 스코프상의 데이터를 조작하는 동작으로, listProducts, deleteProduct, createProduct, updateProduct 함수가 이에 해당한다. 이들 동작은 표 21-4에서 설명한 REST 작업에 대응되는 동작이며, 이 장의 내용 대부분은 이런 메서드를 구현하는 각기 다른 방식을 설명하는 데 할애하고 있다. 여기서는 전체 애플리케이션이 어떻게 동작하는지 살펴본 후 RESTful 서비스를 처리하는 방법을 알아보기 위해 아직까지는 애플리케이션에서 더미 테스트 데이터를 사용하고 있다.

나머지 동작에 해당하는 editOrCreateProduct, saveEdit, cancelEdit는 사용자 인터페이스를 지원하고, 사용자 상호작용에 반응해 호출된다. 예제 21-1에서는 ng-include 디렉티브를 사용해 두 개의 HTML 뷰를 불러온 것을 볼 수 있다. 첫 번째로 불러온 뷰는 tableView.html로, 이 뷰는 데이터를 보여주고 사용자가 데이터를 재로드하거나, 상품을 생성, 삭제, 수정할 수 있는 버튼을 제공하는 데 사용된다. 예제 21-3에서는 tableView.html 파일의 내용을 볼 수 있다.

예제 21-3. tableView.html 파일의 내용

```html
<div class="panel-body">
    <table class="table table-striped table-bordered">
        <thead>
            <tr>
                <th>Name</th>
                <th>Category</th>
                <th class="text-right">Price</th>
                <th></th>
            </tr>
        </thead>
        <tbody>
            <tr ng-repeat="item in products">
                <td>{{item.name}}</td>
                <td>{{item.category}}</td>
                <td class="text-right">{{item.price | currency}}</td>
                <td class="text-center">
                    <button class="btn btn-xs btn-primary"
                            ng-click="deleteProduct(item)">
                        Delete
                    </button>
                    <button class="btn btn-xs btn-primary"
                            ng-click="editOrCreateProduct(item)">
                        Edit
                    </button>
                </td>
            </tr>
        </tbody>
    </table>
    <div>
        <button class="btn btn-primary" ng-click="listProducts()">Refresh</button>
        <button class="btn btn-primary" ng-click="editOrCreateProduct()">New</button>
    </div>
</div>
```

이 뷰에서는 지금까지 살펴본 AngularJS 기능을 활용하고 있다. 여기서는 ng-repeat 디렉티브를 사용해 각 상품 객체별로 행을 생성하고, 통화 필터를 활용해 상품 객체의 price 속성을 포매팅한다. 끝으로 ng-click 디렉티브를 사용해 사용자가 버튼을 클릭할 때 반응하고, products.js 파일에 정의한 컨트롤러의 동작을 호출한다.

또 다른 뷰 파일은 editorView.html 파일로, 이 뷰는 사용자가 새 상품 객체를 생성하거나 기존 상품을 수정할 수 있게 해준다. editorView.html 파일의 내용은 예제 21-4에서 볼 수 있다.

예제 21-4. editorView.html 파일의 내용

```html
<div class="panel-body">
    <div class="form-group">
        <label>Name:</label>
        <input class="form-control" ng-model="currentProduct.name" />
    </div>
    <div class="form-group">
        <label>Category:</label>
        <input class="form-control" ng-model="currentProduct.category" />
    </div>
    <div class="form-group">
        <label>Price:</label>
        <input class="form-control" ng-model="currentProduct.price" />
    </div>
    <button class="btn btn-primary" ng-click="saveEdit(currentProduct)">Save</button>
    <button class="btn btn-primary" ng-click="cancelEdit()">Cancel</button>
</div>
```

이 뷰에서는 ng-model 디렉티브를 사용해 수정하거나 생성할 상품과 양방향 바인딩하고, ng-click 디렉티브를 사용해 사용자가 Save나 Cancel 버튼을 클릭할 때 반응한다.

애플리케이션 테스트

AngularJS 애플리케이션을 테스트하려면 products.html 파일을 브라우저로 로드하면 된다. 그럼 나머지 파일이 모두 로드되고, 그림 21-5와 같은 더미 데이터 목록을 볼 수 있다.

Delete 버튼을 클릭하면 deleteProduct 동작이 호출되고, 버튼을 클릭한 행에 해당하는 상품이 데이터 배열에서 제거된다. Refresh 버튼을 클릭하면 listProducts 동작이 호출되고, 현재는 이 동작에서 데이터를 정의하고 있으므로 데이터가 재설정된다(나중에 Ajax 요청을 시작하면 데이터가 이와 같이 재설정되지 않는다).

Edit나 New 버튼을 클릭하면 editOrCreateProduct 동작이 호출되고, 그림 21-6과 같이 editorView.html 파일의 내용이 표시된다.

Save 버튼을 클릭하면 기존 항목의 수정 사항이 저장되거나 새 상품이 생성된다. 여기서는 수정할 데이터 객체가 id 어트리뷰트를 갖고 있다는 사실을 기반으로 수정 또는 생성 작업을 수행한다. Cancel 버튼을 누르면 변경 사항을 저장하지 않고 리스트 화면으로 돌아가는데, 이와 같이 작업을 취소하면 상품 객체를 언제든 버릴 수 있게끔 angular.copy 메서드를 사용해 상품의 복사본을 생성해 작업을 수행한다.

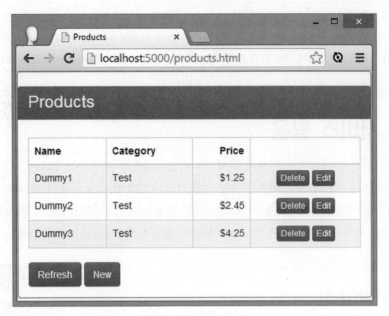

그림 21-5. 더미 데이터 표시

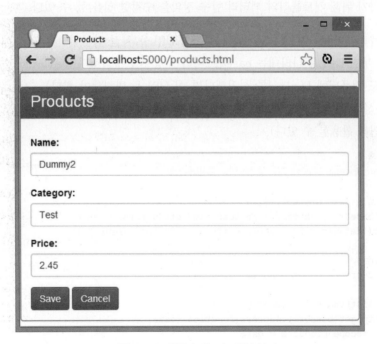

그림 21-6. 상품 수정 또는 생성 화면

> **참고** 현재 구현 방식의 한 가지 단점은 새 product 객체를 생성할 때는 id 어트리뷰트를 추가하지 않는다는 점이다. 이는 새 product가 데이터베이스에 저장될 때 RESTful 서비스에서 id 값을 설정하기 때문이며, 실제 네트워크 요청 기능을 추가하고 나면 이 문제는 자동으로 해결된다.

| $http 서비스 활용

예제 애플리케이션을 완전히 구현하기 위해 첫 번째로 사용할 서비스는 20장에서 살펴본 바 있는 $http 서비스다. RESTful 서비스는 표준 비동기적 HTTP 요청을 사용해 처리되며, $http 서비스는 데이터를 애플리케이션으로 가져오고 변경 사항을 서버로 전송하는 데 필요한 모든 기능을 제공해준다. 이어지는 절에서는 $http 서비스를 활용하게끔 데이터 조작 동작을 모두 재작성한다.

상품 데이터 조회

Ajax를 사용하기 위해 수정해야 할 코드 중에는 특별히 복잡한 코드가 없다. 예제 21-5에서는 의존성을 선언하기 위해 컨트롤러의 팩터리 함수 정의를 수정한 것을 볼 수 있다.

여기서는 애플리케이션 전반에 RESTful 서비스의 URL을 직접 집어넣지 않기 위해 데이터에 접근할 수 있는 루트 URL을 나타내는 baseUrl이라는 상수를 정의했다(Deployd에 다른 포트를 사용하거나 별도 컴퓨터에 Deployd를 설치했다면 이 URL을 변경해야 한다). 그런 다음 baseUrl에 대한 의존성을 선언했다(18장에서 설명한 것과 같이 상수는 서비스에 해당하므로 이와 같이 의존성을 선언해 활용할 수 있다).

예제 21-5. products.js 파일 내 의존성 선언 및 데이터 조회

```
angular.module("exampleApp", [])
.constant("baseUrl", "http://localhost:5500/products/")
.controller("defaultCtrl", function ($scope, $http, baseUrl) {

    $scope.displayMode = "list";
    $scope.currentProduct = null;

    $scope.listProducts = function () {
        $http.get(baseUrl).success(function (data) {
            $scope.products = data;
        });
    }

    $scope.deleteProduct = function (product) {
        $scope.products.splice($scope.products.indexOf(product), 1);
    }
```

```
    $scope.createProduct = function (product) {
        $scope.products.push(product);
        $scope.displayMode = "list";
    }

    $scope.updateProduct = function (product) {
        for (var i = 0; i < $scope.products.length; i++) {
            if ($scope.products[i].id == product.id) {
                $scope.products[i] = product;
                break;
            }
        }
        $scope.displayMode = "list";
    }

    $scope.editOrCreateProduct = function (product) {
        $scope.currentProduct =
            product ? angular.copy(product) : {};
        $scope.displayMode = "edit";
    }

    $scope.saveEdit = function (product) {
        if (angular.isDefined(product.id)) {
            $scope.updateProduct(product);
        } else {
            $scope.createProduct(product);
        }
    }

    $scope.cancelEdit = function () {
        $scope.currentProduct = {};
        $scope.displayMode = "list";
    }

    $scope.listProducts();
});
```

listProduct 메서드의 구현체에서는 20장에서 배운 $http.get 편의 메서드를 사용한다. 여기
서는 기본 URL을 호출하고, 이 URL은 표 21-4에서 설명한 것과 같이 서버로부터 상품 객체 배
열을 가져온다. 그런 다음 success 메서드를 사용해 서버에서 전송한 데이터를 수신하고, 이를
컨트롤러 스코프의 products 속성에 대입한다.

컨트롤러 팩터리 함수의 마지막 명령에서는 listProduct 동작을 호출해 애플리케이션이 데이
터를 가지고 시작할 수 있게 한다. 브라우저에서 products.html 파일을 로드하고 F12 개발자
툴을 사용하면 네트워크 요청 과정을 확인할 수 있다. 그럼 기본 URL로 GET 요청을 보내는 것
과 테이블 엘리먼트에 그림 21-7과 같은 데이터가 표시되는 것을 볼 수 있다.

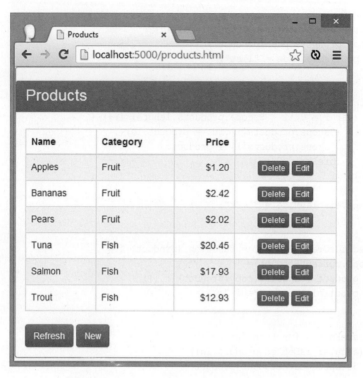

그림 21-7. Ajax를 활용한 서버 데이터 조회 및 표시

> 💬 **팁**   tableView.html 파일의 내용이 표시되고, 채워지기까지 약간의 시간이 걸리는 것을 볼 수 있다. 이는 서버에서 Ajax 요청을 처리하고 응답을 보내는 데 걸리는 시간으로, 네트워크나 서비스의 부하가 클 때는 꽤 오랜 시간이 지연될 수 있다. 22장에서는 URL 라우팅 기능을 활용해 데이터가 도착할 때까지 뷰가 표시되지 않게 하는 기법을 살펴본다.

상품 삭제

다음으로 구현할 동작은 예제 21-6에 나와 있는 deleteProduct 동작이다.

예제 21-6. products.js 파일 내 deleteProduct 함수에 Ajax 요청 기능 추가

```
...
$scope.deleteProduct = function (product) {
    $http({
        method: "DELETE",
        url: baseUrl + product.id
    }).success(function () {
        $scope.products.splice($scope.products.indexOf(product), 1);
    });
```

```
    }
    ...
```

HTTP DELETE 방식에 사용할 수 있는 $http 편의 메서드는 없으므로 여기서는 $http 서비스
객체를 함수처럼 처리하고, 설정 객체를 넘겨주는 기법을 대신 사용해야 한다. 설정 객체에 설정
할 수 있는 속성에 대해서는 20장에서 설명한 바 있다. 이 예제에서는 method 및 url 속성만 설
정하면 된다.

URL은 표 21-4에서 설명한 URL 패턴에 따라 기본 URL에 삭제하려는 상품의 id를 더한 값이
된다. $http 서비스 객체는 프로미스를 반환하므로, success 메서드를 사용해 로컬 배열에서
해당 상품을 삭제하면 서버와 로컬 데이터를 동기화할 수 있다.

이와 같이 수정하고 나면 Delete 버튼을 클릭할 때 서버와 클라이언트 모두에서 해당 상품이 삭
제된다. 삭제된 데이터는 Deployd 대시보드뿐 아니라 예제 AngularJS 애플리케이션을 실행하는
브라우저 모두에서 확인할 수 있다.

상품 생성

새 상품 객체를 생성하는 기능을 지원하려면 HTTP POST 방식을 사용해야 한다. $http 서비스
는 이 방식에 사용할 수 있는 편의 메서드를 제공한다. 수정한 createProduct 동작은 예제 21-7
에서 볼 수 있다.

예제 21-7. products.js 파일 내 상품 생성

```
...
$scope.createProduct = function (product) {
    $http.post(baseUrl, product).success(function (newProduct) {
        $scope.products.push(newProduct);
        $scope.displayMode = "list";
    });
}
...
```

RESTful 서비스는 생성 요청에 반응해 우리가 보낸 데이터를 기반으로 데이터베이스에서 생성
한 객체를 반환해준다. 서버에서 반환하는 객체에는 id 속성이 지정돼 있으므로 products 배열
에는 동작의 인자로 넘긴 객체가 아니라 서버에서 반환받은 객체를 저장한다. 서버에서는 id를
기반으로 작업을 수행하므로 만일 ng-model 디렉티브에서 생성한 상품 객체를 저장한다면 나중
에 이 객체를 수정하거나 삭제할 수 없게 된다. 새 객체를 배열에 추가하고 나면 애플리케이션에
서 리스트 뷰를 보여주게끔 displayMode 변수를 설정한다.

상품 수정

마지막으로 수정할 동작은 `updateProduct`다. 수정한 코드는 예제 21-8에서 볼 수 있다.

예제 21-8. product.json 파일 내 Ajax를 활용해 수정한 updateProduct 동작

```
...
$scope.updateProduct = function (product) {
    $http({
        url: baseUrl + product.id,
        method: "PUT",
        data: product
    }).success(function (modifiedProduct) {
        for (var i = 0; i < $scope.products.length; i++) {
            if ($scope.products[i].id == modifiedProduct.id) {
                $scope.products[i] = modifiedProduct;
                break;
            }
        }
        $scope.displayMode = "list";
    });
}
...
```

기존 상품 객체를 수정하려면 HTTP `PUT` 방식을 사용해야 하는데, 이와 관련한 `$http` 편의 메서드는 제공되지 않는다. 따라서 이때도 `$http` 서비스 객체를 함수처럼 취급하고, HTTP 방식과 URL을 지정한 설정 객체를 인자로 넘겨줘야 한다. 그럼 서버에서는 수정된 객체를 응답으로 반환하는데, 이렇게 반환받은 객체는 id 값을 각 객체와 차례로 비교해 로컬 데이터 배열에 집어넣는다. 수정한 객체를 배열에 추가하고 나면 애플리케이션에서 리스트 뷰를 보여주게끔 `displayMode` 변수를 설정한다.

Ajax 구현 테스트

앞 절에서 보듯 RESTful 서비스와 연동하는 Ajax 호출을 애플리케이션에 구현하는 작업은 비교적 간단하게 할 수 있다. 물론 이 예제에서는 폼 유효성 검증이나 에러 처리와 같이 실제 애플리케이션에서 꼭 필요한 세부 기능을 일부 생략했지만, `$http` 서비스를 사용해 조금만 주의를 기울이면 얼마든지 RESTful 서비스를 처리할 수 있다는 대략적인 개념은 충분히 이해할 수 있었을 것이다.

Ajax 요청 숨기기

$http 서비스를 사용하더라도 손쉽게 RESTful API를 처리할 수 있으며, 지금까지 이 방식을 통해 AngularJS의 다양한 기능을 어떤 식으로 서로 결합해 애플리케이션을 구현해야 하는지도 배울 수 있었다. 기능 측면에서는 이 방식도 괜찮지만 이 방식에는 애플리케이션 설계상 큰 문제점이 있다.

이 문제점은 바로 로컬 데이터와 서버에서 데이터를 조작하는 동작이 별개로 존재함에 따라 두 데이터를 동기화하는 과정에서 각별히 주의해야 한다는 점이다. 이는 스코프를 통해 애플리케이션 전역으로 데이터가 전달되고, 자유롭게 업데이트되는 AngularJS의 일반적인 작업 방식과는 정면으로 대치되는 것이다. 문제점을 확인하기 위해 여기서는 increment.js라는 새 파일을 angularjs 폴더에 추가했다. 이 모듈의 내용은 예제 21-9에서 볼 수 있다.

예제 21-9. increment.js 파일의 내용

```
angular.module("increment", [])
    .directive("increment", function () {
        return {
            restrict: "E",
            scope: {
                value: "=value"
            },
            link: function (scope, element, attrs) {
                var button = angular.element("<button>").text("+");
                button.addClass("btn btn-primary btn-xs");
                element.append(button);
                button.on("click", function () {
                    scope.$apply(function () {
                    scope.value++;
                    })
                })
            }
        },
    }
});
```

이 파일에 들어 있는 increment라는 모듈에서는 increment 디렉티브를 정의한다. 이 디렉티브는 버튼을 클릭할 때 값을 업데이트하는 일을 한다. 이 디렉티브는 엘리먼트 형태로 적용하며, 고립 스코프에 대해 양방향 바인딩을 사용해 데이터 값을 가져온다(이 과정은 16장에서 설명한 바 있다). 이 모듈을 사용하기 위해 products.html 파일에는 예제 21-10과 같이 script 엘리먼트를 추가했다.

```html
<!DOCTYPE html>
<html ng-app="exampleApp">
<head>
    <title>Products</title>
    <script src="angular.js"></script>
    <link href="bootstrap.css" rel="stylesheet" />
    <link href="bootstrap-theme.css" rel="stylesheet" />
    <script src="products.js"></script>
    <script src="increment.js"></script>
</head>
<body ng-controller="defaultCtrl">
    <div class="panel panel-primary">
        <h3 class="panel-heading">Products</h3>
        <ng-include src="'tableView.html'" ng-show="displayMode == 'list'"></ng-include>
        <ng-include src="'editorView.html'" ng-show="displayMode == 'edit'"></ng-include>
    </div>
</body>
</html>
```

또, 예제 21-11과 같이 products.js 파일 내에 모듈에 대한 의존성을 추가했다.

```javascript
angular.module("exampleApp", ["increment"])
.constant("baseUrl", "http://localhost:5500/products/")
.controller("defaultCtrl", function ($scope, $http, baseUrl) {
...
```

끝으로, 테이블의 각 행에 증가 버튼이 들어가게끔 예제 21-12와 같이 tableView.html 파일에 디렉티브를 적용했다.

```html
...
<tr ng-repeat="item in products">
    <td>{{item.name}}</td>
    <td>{{item.category}}</td>
    <td class="text-right">{{item.price | currency}}</td>
    <td class="text-center">
        <button class="btn btn-xs btn-primary"
                ng-click="deleteProduct(item)">
            Delete
        </button>
        <button class="btn btn-xs btn-primary"
                ng-click="editOrCreateProduct(item)">
```

```
        Edit
    </button>
    <increment value="item.price" />
    </td>
</tr>
...
```

결과 화면은 그림 21-8에서 볼 수 있다. + 버튼을 클릭하면 해당 상품 객체의 price 속성값이 1씩 증가한다.

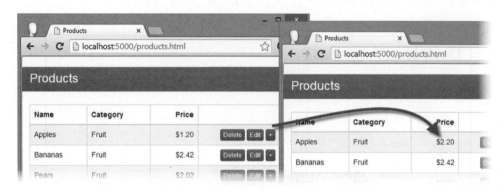

그림 21-8. 가격 올리기

문제는 Reload 버튼을 클릭할 때 일어난다. Reload 버튼을 클릭하면 로컬 상품 데이터를 서버에서 가져온 최신 데이터로 대체하게 된다. increment 디렉티브에서는 price 속성값을 늘릴 때 필요한 Ajax 업데이트를 수행하지 않았으므로 이제 로컬 데이터는 서버 데이터와 제대로 동기화되지 않게 된다.

물론 이 예제는 특별히 고안해낸 예제이기는 하지만, 다른 개발자나 서드파티 개발자가 작성한 디렉티브를 사용할 때는 이런 일이 자주 일어난다. increment 디렉티브를 작성한 개발자가 Ajax 업데이트 작업이 필요하다는 사실을 알았더라도, Ajax 업데이트 로직이 모두 컨트롤러에 들어 있고 디렉티브에서 바로 접근할 수 없다면(특히 다른 모듈에 들어 있는 경우), Ajax 업데이트 작업을 할 수 없을 것이다.

이 문제를 해결하려면 로컬 데이터가 변경될 때마다 필요한 Ajax 요청이 자동으로 생성되게끔 해야 한다. 하지만 그러려면 데이터 작업을 하는 모든 컴포넌트가 데이터가 원격 서버와 동기화돼야 하는지 여부 및 업데이트에 필요한 Ajax 요청을 수행하는 방법을 알고 있어야 한다.

AngularJS에서는 $resource 서비스를 통해 이 문제를 부분적으로 해결할 수 있는 해법을 제시한다. 이 서비스는 Ajax 요청 및 URL 형식에 대한 세부 정보를 숨김으로써 애플리케이션에서 간편하게 RESTful 데이터와 연동할 수 있게 해준다. $resource 서비스를 활용하는 구체적인 방법은 이어지는 절에서 설명한다.

ngResource 모듈 설치

$resource 서비스는 ngResource라는 선택 모듈 내에 정의돼 있으므로 이 모듈을 먼저 angularjs 폴더로 내려받아야 한다. http://angularjs.org로 이동해 Download를 클릭하고 필요한 버전(이 책을 쓰고 있는 현 시점 기준으로 1.2.5 버전이 가장 최신 버전이다)을 선택하고, 그림 21-9에 보이는 것처럼 창 좌측 하단 구석에 있는 Extras 링크를 클릭한다.

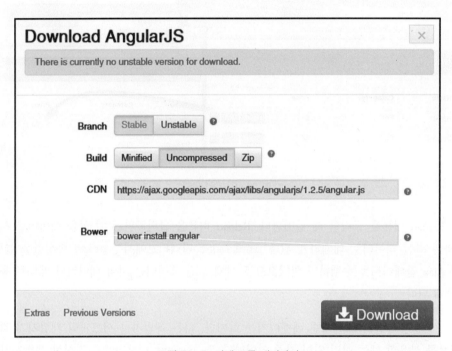

그림 21-9. 선택 모듈 내려받기

angular-resource.js 파일을 angularjs 폴더로 내려받는다. 예제 21-13에서는 products.html 파일에서 새 파일을 불러오기 위해 추가한 script 엘리먼트를 볼 수 있다.

예제 21-13. products.html 파일에 스크립트 참조 추가

```
...
<head>
    <title>Products</title>
    <script src="angular.js"></script>
    <script src="angular-resource.js"></script>
    <link href="bootstrap.css" rel="stylesheet" />
```

```
<link href="bootstrap-theme.css" rel="stylesheet" />
<script src="products.js"></script>
<script src="increment.js"></script>
</head>
...
```

$resource 서비스 활용

예제 21-14에서는 products.js 파일에서 직접 Ajax 요청을 생성하지 않고 $resource 서비스를 활용해 서버에서 가져온 데이터를 관리하는 코드를 볼 수 있다.

예제 21-14. products.js 파일 내 $resource 서비스 활용

```
angular.module("exampleApp", ["increment", "ngResource"])
.constant("baseUrl", "http://localhost:5500/products/")
.controller("defaultCtrl", function ($scope, $http, $resource, baseUrl) {

    $scope.displayMode = "list";
    $scope.currentProduct = null;

    $scope.productsResource = $resource(baseUrl + ":id", { id: "@id" });

    $scope.listProducts = function () {
        $scope.products = $scope.productsResource.query();
    }

    $scope.deleteProduct = function (product) {
        product.$delete().then(function () {
            $scope.products.splice($scope.products.indexOf(product), 1);
        });
        $scope.displayMode = "list";
    }

    $scope.createProduct = function (product) {
        new $scope.productsResource(product).$save().then(function(newProduct) {
            $scope.products.push(newProduct);
            $scope.displayMode = "list";
        });
    }

    $scope.updateProduct = function (product) {
        product.$save();
        $scope.displayMode = "list";
    }

    $scope.editOrCreateProduct = function (product) {
        $scope.currentProduct = product ? product : {};
        $scope.displayMode = "edit";
    }
```

```
    $scope.saveEdit = function (product) {
        if (angular.isDefined(product.id)) {
            $scope.updateProduct(product);
        } else {
            $scope.createProduct(product);
        }
    }

    $scope.cancelEdit = function () {
        if ($scope.currentProduct && $scope.currentProduct.$get) {
            $scope.currentProduct.$get();
        }
        $scope.currentProduct = {};
        $scope.displayMode = "list";
    }

    $scope.listProducts();
});
```

컨트롤러에서 정의한 동작의 함수 시그니처는 그대로다. 따라서 $resource 서비스를 사용하더라도 HTML 엘리먼트는 전혀 수정할 필요가 없다. 하지만 각 동작의 구현체에서는 데이터를 가져오는 방식뿐 아니라 데이터의 성격에 대한 가정까지 모두 바뀌었다. 이 예제에서는 많은 작업이 진행되는 중이며, $resource 서비스는 다소 이해하기 어려울 수 있으므로 이어지는 절에서는 각 단계를 하나씩 차근차근 살펴본다.

$resource 서비스 설정

첫 번째로 할 일은 RESTful Deployd 서비스와 연동하는 법을 알 수 있게끔 $resource 서비스를 설정하는 일이다. 설정을 수행하는 명령은 다음과 같다.

```
...
$scope.productsResource = $resource(baseUrl + ":id", { id: "@id" });
...
```

$resource 서비스 객체는 RESTful 서비스를 처리하는 데 사용하는 URL을 설명하는 함수다. 객체별로 변하는 URL 영역 앞에는 콜론(: 문자) 접두어를 사용한다. 표 21-4를 다시 보면 예제 서비스에서 URL 영역 중 변하는 부분이 상품 객체의 id 영역뿐임을 알 수 있다. 이 id는 객체를 삭제하거나 수정할 때 필요하다. 첫 번째 인자로는 baseUrl 상수와 변할 수 있는 URL 영역을 나타내는 :id를 결합해 다음과 같은 값을 넘겨준다.

```
http://localhost:5500/products/:id
```

두 번째 인자는 변수 영역의 값을 가져오는 속성을 지정한 설정 객체다. 각 속성은 첫 번째 인자의 가변 영역에 대응돼야 하며, 값은 고정돼 있거나 이 예제에서처럼 속성명 앞에 @ 문자 접두어를 사용해 데이터 객체의 속성으로 바인딩해야 한다.

팁 대부분의 실전 프로젝트에서는 좀 더 복잡한 데이터 컬렉션을 표현하기 위해 다양한 영역을 사용한다. $resource 서비스로 넘기는 URL에서는 필요한 만큼 가변 영역을 지정할 수 있다.

$resource 서비스 함수를 호출하면 결과로 접근 객체를 반환받는다. 접근 객체는 표 21-5에 나열한 메서드를 사용해 서버 데이터를 조회하고 수정하는 데 사용할 수 있다.

표 21-5. 접근 객체에서 정의하는 기본 행동

메서드	HTP 방식	URL	설명
delete(params, product)	DELETE	/products/<id>	지정한 ID를 갖는 객체를 제거한다.
get(id)	GET	/products</id>	지정한 ID를 갖는 (단일) 객체를 가져온다.
query()	GET	/products	모든 객체를 배열로 가져온다.
remove(params, product)	DELETE	/products</id>	지정한 ID를 갖는 객체를 제거한다.
save(product)	POST	/products</id>	지정한 ID를 갖는 객체에 수정 사항을 저장한다.

팁 delete 및 remove 메서드는 동일하며, 서로 바꿔 사용할 수 있다.

표 21-5에 수록된 HTTP 방식 및 URL 조합은 표 21-4에서 살펴본 Deployd에 정의된 API와 유사하지만 동일하지는 않은 것을 볼 수 있다. 다행히 Deployd는 이와 같은 차이점을 극복할 수 있을 만큼 유연하게 동작하지만, 이 장에서는 나중에 $resource 서비스 설정을 수정해 두 API가 정확히 일치하게 하는 법을 살펴본다.

팁 이 표에서는 delete 및 remove 메서드에 params 인자가 필요하다고 설명하고 있다. params 인자는 서버로 보내는 URL에 포함할 추가 파라미터를 담는 객체다. 특이하게도 $resource 코드에서는 delete 및 remove 메서드를 호출할 때는 params 객체에 아무 속성이나 값이 없더라도 항상 이런 식으로 params 객체를 넘겨서 메서드를 호출해야 한다.

잠시 후면 각 행동이 수행하는 역할을 분명히 알 수 있게 될 테니 지금 당장 각 행동이 하는 역할이 이해되지 않더라도 걱정하지 말자.

REST 데이터 조회

$resource 서비스 객체를 호출한 결과로 받은 접근 객체는 productResource라는 변수에 대입한다. 그런 다음 이 변수를 사용해 서버에서 초기 데이터를 가져온다. 다음은 listProducts 동작의 정의다.

```
...
$scope.listProducts = function () {
    $scope.products = $scope.productsResource.query();
}
...
```

접근 객체에서는 서버의 데이터를 조회 및 수정할 수 있게 해주지만, 행동을 자동으로 수행하지는 않는다. 여기서 query 메서드를 호출해 애플리케이션에서 사용할 초기 데이터를 가져오는 것도 이 때문이다. query 메서드는 Deployd 서비스에서 제공하는 /products URL을 요청해 모든 데이터 객체를 가져온다.

query 메서드의 결과는 초기에는 비어 있는 **컬렉션** 배열이다. $resource 서비스는 결과 배열을 생성하고, $http 서비스를 사용해 Ajax 요청을 수행한다. Ajax 요청이 완료되면 서버에서 가져온 데이터가 컬렉션 안으로 들어간다. 이 부분은 매우 중요한 부분이므로 아래 주의 표시를 통해 다시 한 번 강조하고자 한다.

주의   query 메서드에서 반환한 배열은 처음에는 비어 있으며, 비동기적 HTTP 요청이 완료된 후 내용이 채워진다.

데이터 로딩 대응

대다수 애플리케이션에서는 비동기적으로 데이터를 로드하는 방식을 사용하는 게 가장 좋으며, 스코프에 변화가 생기면 데이터를 가져오게 함으로써 애플리케이션이 데이터 변화에 제대로 반응하도록 해야 한다. 이 장의 예제는 간단하기는 하지만 대다수 AngularJS 애플리케이션을 어떻게 구성해야 하는지 잘 보여준다. 이 예제에서는 먼저 데이터를 가져오고, 스코프에 변화가 생기면 바인딩을 리프레시한 후 테이블에 데이터를 다시 보여주는 전형적인 기법을 잘 볼 수 있다.

때로는 데이터가 도착하는 순간에 좀 더 직접적으로 반응해야 하는 경우가 있다. 이를 지원하기 위해 $resource 서비스에서는 query 메서드에서 반환하는 컬렉션 배열에 $promise 속성을 추가했다. 이 프로미스는 데이터에 대한 Ajax 요청이 완료될 때 리졸브된다. 다음은 이 프로미스에 success 핸들러를 등록하는 법을 볼 수 있는 예제 코드다.

```
...
$scope.listProducts = function () {
    $scope.products = $scope.productsResource.query();
    $scope.products.$promise.then(function (data) {
        // 데이터를 가지고 작업을 수행
    });
}
...
```

이 프로미스는 결과 배열이 채워진 후 리졸브되므로 success 함수에 인자로 전달된 배열을
사용하면 데이터에 바로 접근할 수 있다. 프로미스에 대한 자세한 설명 및 구체적인 활용법
은 20장을 참고하자.

데이터가 도착하고 컬렉션 배열이 채워지면 데이터 바인딩은 자동으로 업데이트되므로 이와 같
은 비동기적 데이터 전달 방식은 데이터 바인딩과도 완벽하게 연동된다.

데이터 객체 수정

query 메서드는 Resource 객체를 사용해 컬렉션 배열을 채운다. Resource 객체는 서버에서 반
환한 데이터에 지정된 속성을 모두 정의하며, 컬렉션 배열을 사용하지 않고도 데이터를 조작할
수 있는 메서드를 정의한다. 표 21-6에는 Resource 객체에서 정의하는 메서드가 정리돼 있다.

표 21-6. Resource 객체에서 지원하는 메서드

메서드	설명
$delete()	서버에서 객체를 삭제. $remove()를 호출하는 것에 해당한다.
$get()	서버로부터 객체를 가져와 갱신. 커밋하지 않은 로컬 변경 사항을 모두 제거한다.
$remove()	서버에서 객체를 삭제. $delete()를 호출하는 것에 해당한다.
$save()	객체를 서버에 저장한다.

이 중 $save 메서드는 가장 쉽게 사용할 수 있는 메서드다. 다음은 updateProduct 동작에서 이
메서드를 사용하는 코드다.

```
...
$scope.updateProduct = function (product) {
    product.$save();
    $scope.displayMode = "list";
}
...
```

Resource 객체의 메서드는 모두 비동기적 요청을 수행하고, 요청이 완료되거나 실패할 때 이를
수신하는 데 사용할 수 있는 프로미스 객체를 반환한다.

여기서는 예제를 간단히 하기 위해 Ajax 요청이 모두 성공한다고 가정한다. 하지만 실제 프로젝트에서는 에러에 제대로 반응하게끔 주의해야 한다.

$get 메서드 또한 매우 간단하다. 이 예제에서는 다음과 같이 cancelEdit 동작을 통해 수정 사항을 제거하는 데 이 메서드를 사용한다.

```
...
$scope.cancelEdit = function () {
    if ($scope.currentProduct && $scope.currentProduct.$get) {
        $scope.currentProduct.$get();
    }
    $scope.currentProduct = {};
    $scope.displayMode = "list";
}
...
```

여기서는 $get 메서드를 호출하기 전에 이 메서드를 호출할 수 있는지 먼저 검사한다. 이렇게 하면 수정한 객체를 서버에서 저장된 상태로 재설정할 수 있다. 이 방식은 앞서 $http 서비스를 사용할 때 적용한 수정 방식과는 조금 다르다. 앞에서는 수정을 취소할 때 이전 상태로 돌아갈 수 있게끔 로컬 데이터를 복제하는 방법을 사용한 바 있다.

데이터 객체 삭제

$delete 및 $remove 메서드는 서버로 동일한 요청을 보내고, 모든 점에서 동일하게 동작한다. 이 메서드를 사용할 때 주의할 점은 서버로 객체 제거 요청을 보내기는 하지만 컬렉션 배열에서 객체를 제거하지는 않는다는 점이다. 서버로 보낸 요청의 결과는 응답을 수신할 때까지는 알 수 없으며, 애플리케이션에서 로컬 복사본을 미리 제거할 경우 서버에서 에러를 보내면 데이터가 동기화되지 않을 수 있으므로 이와 같은 접근 방식은 적절하다고 볼 수 있다.

로컬 컬렉션에서 객체가 자동으로 제거되지 않는 문제를 해결하기 위해 여기서는 이들 메서드에서 반환하는 프로미스 객체를 사용해 콜백 핸들러를 등록하고, 서버에서 데이터가 제대로 삭제된 경우에만 deleteProduct 동작에서 다음과 같이 로컬 데이터를 동기화한다.

```
...
$scope.deleteProduct = function (product) {
    product.$delete().then(function () {
        $scope.products.splice($scope.products.indexOf(product), 1);
    });
    $scope.displayMode = "list";
}
...
```

새 객체 생성

접근 객체를 가지고 new 키워드를 사용하면 $resource 메서드를 데이터 객체에 적용해 데이터를 서버에 저장할 수 있다. createProduct 동작에서는 이 기법을 활용해 $save 메서드를 호출하고 새 객체를 데이터베이스에 저장한다.

```
...
$scope.createProduct = function (product) {
    new $scope.productsResource(product).$save().then(function (newProduct) {
        $scope.products.push(newProduct);
        $scope.displayMode = "list";
    });
}
...
```

$delete 메서드와 마찬가지로 $save 메서드도 새 객체를 서버에 저장할 때 컬렉션 배열을 업데이트하지 않는다. 여기서는 $save 메서드에서 반환한 프로미스를 사용해 Ajax 요청이 성공한 경우에만 컬렉션 배열에 객체를 추가한다.

$resource 서비스 행동 설정

get, save, query, remove, delete 메서드는 컬렉션 배열에서 사용할 수 있으며, 개별 Resource 객체에서 $ 접두어가 붙은 대응 메서드는 **액션**(action)이라고 부른다. 기본적으로 $resource 서비스는 표 21-5에 수록한 액션을 정의하지만, 메서드가 서버에서 제공하는 API에 대응되게끔 이를 손쉽게 설정할 수도 있다. 예제 21-15에서는 표 21-4에서 설명한 Deployd API에 맞게 행동을 수정하는 법을 볼 수 있다.

예제 21-15. products.js 파일 내 $resource 액션 수정

```
...
$scope.productsResource = $resource(baseUrl + ":id", { id: "@id" },
    { create: { method: "POST" }, save: { method: "PUT" }});
...
```

$resource 서비스 객체 함수는 액션을 정의하는 세 번째 인자를 사용해 호출할 수 있다. 액션은 객체 속성 형태로 표현하는데, 이때 속성명은 정의 또는 재정의(필요에 따라 기본 액션을 대체할 수 있으므로)하는 액션에 해당한다.

각 액션 속성은 설정 객체로 설정된다. 여기서는 method라는 속성 하나만 사용해 액션에 사용되는 HTTP 방식을 설정했다. 그 결과 POST 방식을 사용하는 create라는 새 액션을 정의하고, PUT 방식을 사용하게끔 save 액션을 재정의했다. 이에 따라 productsResoures 접근 객체에서 지원하는 액션이 Deployd API와 좀 더 일치하게 됐으며, 새 객체를 생성하는 요청을 기존 객체를

수정하는 요청과 분리할 수 있게 됐다. 표 21-7에서는 액션을 정의하거나 재정의하는 데 사용할 수 있는 설정 속성이 정리돼 있다.

표 21-7. 액션에 사용할 수 있는 설정 속성

속성	설명
method	Ajax 요청에 사용할 HTTP 방식을 설정한다.
params	$resource 서비스 함수의 첫 번째 인자로 전달되는 영역 변수의 값을 지정한다.
url	이 액션의 기본 URL을 오버라이드한다.
isArray	true로 설정하면 응답이 JSON 데이터 배열이라고 지정한다. 기본값은 false로서, 요청 응답이 단일 객체라고 지정한다.

추가로 transformRequest, transformResponse, cache, timeout, withCredentials, responseType, interceptor 속성을 사용해 액션에서 생성하는 Ajax 요청을 설정할 수 있다(이들 옵션은 20장에서 설명한 바 있다).

이런 식으로 정의한 액션은 기본 액션과 마찬가지로 컬렉션 배열이나 개별 Resource 객체를 대상으로 호출할 수 있다. 예제 21-16에서는 create 액션을 사용하게끔 수정한 createProduct 동작을 볼 수 있다(이 액션에서는 기존 save 액션에서 사용하는 HTTP 방식만 바꾸므로 다른 동작은 수정하지 않아도 된다).

예제 21-16. products.js 파일 내 커스텀 액션 활용

```
...
$scope.createProduct = function (product) {
    new $scope.productsResource(product).$create().then(function (newProduct) {
        $scope.products.push(newProduct);
        $scope.displayMode = "list";
    });
}
...
```

$resource 활용에 적합한 컴포넌트 구현

$resource 서비스를 사용하면 데이터를 조작하는 데 필요한 Ajax 요청에 대한 상세 정보를 모르더라도 RESTful 데이터 작업을 수행할 수 있는 컴포넌트를 작성할 수 있다. 예제 21-17에서는 이 장에서 앞서 살펴본 increment 디렉티브를 수정해 $resource 서비스에서 가져온 데이터를 사용하게끔 설정한 것을 볼 수 있다.

비동기적 데이터 함정 피하기

$resource 서비스는 애플리케이션 전역에서 RESTful 데이터를 사용할 수 있게 해주는 부분 솔루션을 제공해준다. $resource 서비스는 Ajax 요청에 대한 상세 정보를 숨겨주지만, 컴포넌트에서는 데이터가 RESTful 데이터이고, $save 및 $delete 같은 메서드를 사용해 조작해야 한다는 사실을 여전히 알고 있어야 한다.

이쯤에서 일부 독자 중에는 스코프 와처와 이벤트 핸들러를 사용해 RESTful 데이터를 감싸는 래퍼를 작성하고, 데이터 변화를 모니터링해 자동으로 서버에 변경 사항을 저장함으로써 RESTful API를 완전히 자동화하는 게 좋겠다고 생각하는 사람도 있을 것이다.

하지만 이렇게 해서는 안 된다. 이는 함정이며, 실제로 이렇게 하더라도 작업이 제대로 성공할 수 없다. 이런 생각을 하는 개발자는 데이터를 사용하는 컴포넌트에서 REST의 기반이 되는 Ajax 요청의 비동기적 성격을 숨기려고 한다. 그런데 RESTful 데이터가 사용 중임을 모르는 코드에서는 모든 작업이 즉각적으로 일어난다고 가정하게 되고, 브라우저 내 데이터를 참조하는 게 항상 옳다고 가정한다. 하지만 Ajax 요청이 백그라운드에서 일어날 경우 두 가정 모두 사실이 아니다.

또, 서버에서 에러를 반환할 경우 모든 것이 어긋나게 된다. 에러는 데이터에 대한 동기적 작업이 완료되고, 코드 실행이 진행된 후 한참이 지나서 브라우저에 도착하게 된다. 이 경우 에러를 처리할 수 있는 방법이 마땅히 없다. 작업을 복원하려면 애플리케이션 상태가 비일관적인 상태(코드의 동기적 실행이 계속 진행됐으므로)에 빠질 수 있게 되고, 코드에서 재시도를 수행하게끔 지시하는 수단도 부족하다(이렇게 하려면 코드에서 Ajax 요청에 대해 알고 있어야 하므로). 이 경우 현재의 애플리케이션 상태를 포기하고, 서버에서 데이터를 재로드하는 방식이 최선인데, 이렇게 하면 사용자의 짜증을 유발할 수밖에 없다.

따라서 $resource 서비스가 데이터 객체에 추가해주는 메서드를 이해할 수 있게 컴포넌트를 재작성하거나 수정해야 한다는 사실을 받아들이고, increment 디렉티브를 수정하는 과정에서 본 것처럼 이들 메서드의 활용 여부를 설정 가능하게 하는 게 가장 좋다.

예제 21-17. increment.js 파일 내 RESTful 데이터 연동

```
angular.module("increment", [])
    .directive("increment", function () {
        return {
            restrict: "E",
            scope: {
                item: "=item",
```

```
                property: "@propertyName",
                restful: "@restful",
                method: "@methodName"
            },
        link: function (scope, element, attrs) {
            var button = angular.element("<button>").text("+");
            button.addClass("btn btn-primary btn-xs");
            element.append(button);
            button.on("click", function () {
                scope.$apply(function () {
                    scope.item[scope.property]++;
                    if (scope.restful) {
                        scope.item[scope.method]();
                    }
                })
            })
        },
    }
});
```

$resource 서비스에서 제공하는 데이터와 연동할 수 있는 컴포넌트를 작성할 때는 RESTful 지원 기능을 활성화할 수 있는 설정 옵션뿐 아니라 서버를 업데이트하는 데 필요한 행동 메서드 및 HTTP 방식도 지정해야 한다. 이 예제에서는 restful이라는 어트리뷰트 값을 사용해 REST 지원 기능을 설정하고, method-name 어트리뷰트를 사용해 값을 증가시킬 때 호출할 메서드명을 지정했다. 예제 21-18에서는 이와 같이 수정한 tableView.html 파일을 볼 수 있다.

예제 21-18. tableView.html 파일 내 설정 어트리뷰트 추가

```
<div class="panel-body">
    <table class="table table-striped table-bordered">
        <thead>
            <tr>
                <th>Name</th>
                <th>Category</th>
                <th class="text-right">Price</th>
                <th></th>
            </tr>
        </thead>
        <tbody>
            <tr ng-repeat="item in products">
                <td>{{item.name}}</td>
                <td>{{item.category}}</td>
                <td class="text-right">{{item.price | currency}}</td>
                <td class="text-center">
                    <button class="btn btn-xs btn-primary"
                            ng-click="deleteProduct(item)">
                        Delete
                    </button>
```

```
                <button class="btn btn-xs btn-primary"
                        ng-click="editOrCreateProduct(item)">
                    Edit
                </button>
                <increment item="item" property-name="price" restful="true"
                    method-name="$save" />
            </td>
        </tr>
    </tbody>
</table>
<div>
    <button class="btn btn-primary" ng-click="listProducts()">Refresh</button>
    <button class="btn btn-primary" ng-click="editOrCreateProduct()">New</button>
</div>
</div>
```

이렇게 하고 나면 테이블 행에서 + 버튼을 클릭할 때 로컬 값이 업데이트되고, $save 메서드가
호출돼 수정된 값을 서버로 전송한다.

| 정리

이 장에서는 RESTful 서비스 활용법을 살펴봤다. 먼저 $http 서비스를 직접 사용해 Ajax 요청을
수행하는 법을 살펴보고, 데이터를 데이터 생성 컴포넌트 외부에서 사용할 때 이 방식이 어떤 문
제가 있는지 설명했다. 이어서 $resource 서비스를 활용해 Ajax 요청의 세부 정보를 숨기는 법
을 배웠는데, 이때 컴포넌트로부터 RESTful 데이터의 비동기적 성격을 숨기려고 할 경우 빠질
수 있는 함정에 대해 각별히 주의할 것을 당부했다. 다음 장에서는 URL 라우팅을 제공하는 서비
스를 살펴본다.

뷰를 위한 서비스

이 장에서는 AngularJS에서 뷰 연동을 위해 제공하는 서비스를 살펴본다. 뷰에 대해서는 10장에서 소개했으며, ng-include 디렉티브를 활용해 뷰를 애플리케이션으로 불러오는 법을 배운 바 있다. 이 장에서는 **URL 라우팅**을 활용하는 법을 살펴본다. URL 라우팅은 뷰를 사용해 애플리케이션 내에서 복잡한 내비게이션을 구현하는 기법이다. URL 라우팅은 이해하기 어려운 주제일 수도 있는 만큼 이 장에서는 예제 애플리케이션에서 개별 기능을 차근차근히 구현해봄으로써 URL 라우팅 기능을 하나씩 이해한다. 표 22-1에는 이 장의 내용이 정리돼 있다.

표 22-1. 장 요약

문제	해결책	예제
애플리케이션 내에서 내비게이션 활성화	$routeProvider를 사용해 URL 라우트를 정의한다.	1~4
활성 라우트의 뷰 표시	ng-view 디렉티브를 적용한다.	5
활성 뷰 변경	$location.path 메서드 또는 href 어트리뷰트 값이 라우트 경로와 일치하는 엘리먼트를 사용한다.	6~7
경로를 통해 정보 전달	라우트 URL에서 라우트 파라미터를 사용한다. $routeParams 서비스를 사용해 파라미터에 접근한다.	8~10
활성 라우트에서 표시하는 뷰와 컨트롤러 연계	컨트롤러 설정 속성을 사용한다.	11
컨트롤러에 대한 의존성 정의	resolve 설정 속성을 사용한다.	12~13

| 뷰 서비스는 언제, 왜 사용하나

이 장에서 설명하는 서비스는 여러 컴포넌트에서 사용자가 보는 콘텐츠를 제어할 수 있게 함으로써 복잡한 애플리케이션을 단순화하는 데 도움이 된다. 이런 서비스는 작거나 간단한 애플리케이션에서는 굳이 필요 없다.

예제 프로젝트 준비

이 장에서는 21장에서 작성한 예제를 가지고 계속해서 작업하며, AngularJS 애플리케이션에서 RESTful API를 처리하는 각기 다른 기법을 살펴본다. 앞 장에서는 RESTful 데이터를 위해 Ajax를 관리하는 데 초점을 맞춘 만큼 다소 지저분한 편법을 사용했다. 이 문제를 해결하는 법을 배우기 전에 문제점이 무엇인지부터 알아보자.

문제 파악

이 애플리케이션에는 tableView.html 및 editorView.html이라는 두 개의 뷰 파일이 들어 있다. 두 파일은 ng-include 디렉티브를 사용해 products.html 파일로 불러오고 있다.

tableView.html 파일에는 애플리케이션의 기본 화면이 들어 있으며, 서버에서 가져온 데이터를 table 엘리먼트에 보여준다. 사용자가 새 상품을 생성하거나 기존 상품을 수정할 때는 editorView.html 파일로 화면을 바꾼다. 작업이 완료(또는 취소)되면 tableView.html 파일로 다시 돌아온다. 문제는 뷰 파일 내용의 가시성을 관리하는 방법에 있다. 예제 22-1에서는 products.html 파일을 볼 수 있다.

예제 22-1. products.html 파일의 내용

```
<!DOCTYPE html>
<html ng-app="exampleApp">
<head>
    <title>Products</title>
    <script src="angular.js"></script>
    <script src="angular-resource.js"></script>
    <link href="bootstrap.css" rel="stylesheet" />
    <link href="bootstrap-theme.css" rel="stylesheet" />
    <script src="products.js"></script>
    <script src="increment.js"></script>
</head>
<body ng-controller="defaultCtrl">
    <div class="panel panel-primary">
        <h3 class="panel-heading">Products</h3>
        <ng-include src="'tableView.html'" ng-show="displayMode == 'list'"></ng-include>
        <ng-include src="'editorView.html'" ng-show="displayMode == 'edit'"></ng-include>
    </div>
</body>
</html>
```

여기서는 ng-show 디렉티브를 사용해 엘리먼트의 가시성을 제어하고 있다. 뷰의 내용을 사용자에게 보여줘야 할지 판단할 때 코드에서는 displayMode라는 스코프 변수 값을 검사하고, 이 값이 다음 리터럴 값과 일치하는지 비교한다.

```
...
    <ng-include src="'tableView.html'" ng-show="displayMode == 'list'"></ng-include>
...
```

displayMode 값은 products.js 파일에 정의한 컨트롤러 동작에서 설정해 필요한 콘텐츠를 보여준다. 예제 22-2에는 뷰를 전환하기 위해 displayMode를 설정하는 products.js 파일 내 코드가 강조돼 있다.

예제 22-2. products.js 파일 내 displayMode 값 설정

```
angular.module("exampleApp", ["increment", "ngResource"])
.constant("baseUrl", "http://localhost:5500/products/")
.controller("defaultCtrl", function ($scope, $http, $resource, baseUrl) {

    $scope.displayMode = "list";
    $scope.currentProduct = null;

    $scope.productsResource = $resource(baseUrl + ":id", { id: "@id" },
            { create: { method: "POST" }, save: { method: "PUT" } });

    $scope.listProducts = function () {
        $scope.products = $scope.productsResource.query();
    }

    $scope.deleteProduct = function (product) {
        product.$delete().then(function () {
            $scope.products.splice($scope.products.indexOf(product), 1);
        });
        $scope.displayMode = "list";
    }

    $scope.createProduct = function (product) {
        new $scope.productsResource(product).$create().then(function (newProduct) {
            $scope.products.push(newProduct);
            $scope.displayMode = "list";
        });
    }

    $scope.updateProduct = function (product) {
        product.$save();
        $scope.displayMode = "list";
    }

    $scope.editOrCreateProduct = function (product) {
        $scope.currentProduct = product ? product : {};
        $scope.displayMode = "edit";
    }

    $scope.saveEdit = function (product) {
        if (angular.isDefined(product.id)) {
```

```
            $scope.updateProduct(product);
        } else {
            $scope.createProduct(product);
        }
    }

    $scope.cancelEdit = function () {
        if ($scope.currentProduct && $scope.currentProduct.$get) {
            $scope.currentProduct.$get();
        }
        $scope.currentProduct = {};
        $scope.displayMode = "list";
    }

    $scope.listProducts();
});
```

물론 이 방식도 제대로 동작하기는 하지만 한 가지 문제가 있다. 바로, 애플리케이션의 레이아웃을 수정해야 하는 컴포넌트에서 항상 컨트롤러 스코프에 정의된 displayMode 변수에 접근할 수 있어야 한다는 점이다. 물론 항상 단일 컨트롤러를 통해 뷰를 관리하는 간단한 애플리케이션이라면 큰 문제가 없겠지만, 추가 컴포넌트에서 사용자가 보고 있는 내용을 제어해야 한다면 확장성에 문제가 생길 수 있다.

따라서 애플리케이션 내 아무 곳에서나 애플리케이션 콘텐츠를 제어할 수 있게끔 컨트롤러로부터 뷰 선택 로직을 분리해야 한다. 이 장에서 살펴볼 주제가 바로 이것이다.

I URL 라우팅 활용

AngularJS는 **URL 라우팅**이라는 기능을 지원한다. URL 라우팅에서는 $location.path 메서드가 반환한 값을 사용해 뷰 파일을 로드하고 표시해주므로, 마크업이나 코드에 리터럴 값을 지저분하게 하드코딩하지 않아도 된다. 이어지는 절에서는 이와 같은 URL 라우팅 기능을 제공하는 $route 서비스를 설치하고 활용하는 법을 살펴본다.

ngRoute 모듈 설치

$route 서비스는 ngRoute라는 선택 모듈에 정의돼 있으며, 이 모듈은 angularjs 폴더로 별도로 내려받아야 한다. http://angularjs.org로 이동해, Download를 클릭하고 필요한 버전(이 책을 쓰고 있는 현 시점 기준으로 1.2.5 버전이 가장 최신 버전이다)을 선택하고, 그림 22-1에 보이는 것처럼 창 좌측 하단에 있는 Extras 링크를 클릭한다.

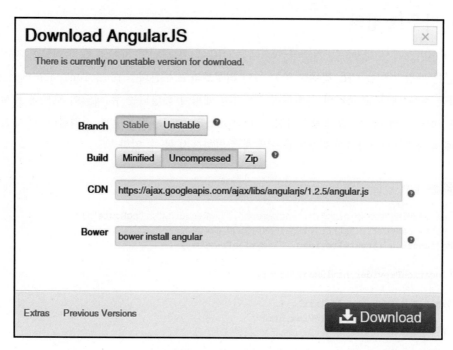

그림 22-1. 선택 모듈 다운로드

angular-route.js 파일을 angularjs 폴더로 내려받는다. 예제 22-3에서는 새로 내려받은 스크립트 파일을 불러오기 위해 products.html 파일에 script 엘리먼트를 추가한 것을 볼 수 있다.

예제 22-3. products.html 파일에 스크립트 참조 추가

```
<!DOCTYPE html>
<html ng-app="exampleApp">
<head>
    <title>Products</title>
    <script src="angular.js"></script>
    <script src="angular-resource.js"></script>
    <script src="angular-route.js"></script>
    <link href="bootstrap.css" rel="stylesheet" />
    <link href="bootstrap-theme.css" rel="stylesheet" />
    <script src="products.js"></script>
    <script src="increment.js"></script>
</head>
<body ng-controller="defaultCtrl">
    <div class="panel panel-primary">
        <h3 class="panel-heading">Products</h3>
        <ng-include src="'tableView.html'" ng-show="displayMode == 'list'"></ng-include>
        <ng-include src="'editorView.html'" ng-show="displayMode == 'edit'"></ng-include>
    </div>
</body>
</html>
```

URL 라우트 정의

$route 서비스에서 제공하는 기능의 핵심에는 URL과 뷰 파일명 사이의 매핑 기능이 자리한다.
이와 같은 매핑 기능을 **URL 라우트** 또는 그냥 **라우트**라고 부른다. $location.path 메서드에서
반환하는 값은 매핑 중 하나와 일치하며, 그 결과 매핑에 해당되는 뷰 파일이 로드돼 표시된다.
매핑은 $route 서비스를 위한 프로바이더인 $routeProvider를 사용해 정의한다. 예제 22-4에
서는 예제 애플리케이션에서 라우트를 어떻게 정의하는지 볼 수 있다.

예제 22-4. products.js 파일 내 라우트 정의

```
angular.module("exampleApp", ["increment", "ngResource", "ngRoute"])
.constant("baseUrl", "http://localhost:5500/products/")
.config(function ($routeProvider, $locationProvider) {

    $locationProvider.html5Mode(true);

    $routeProvider.when("/list", {
        templateUrl: "/tableView.html"
    });

    $routeProvider.when("/edit", {
        templateUrl: "/editorView.html"
    });

    $routeProvider.when("/create", {
        templateUrl: "/editorView.html"
    });

    $routeProvider.otherwise({
        templateUrl: "/tableView.html"
    });

})
.controller("defaultCtrl", function ($scope, $http, $resource, baseUrl) {
    // ...지면상 다른 컨트롤러 생략...
});
```

여기서는 ngRoute 모듈에 대한 의존성을 추가하고, 라우트를 정의하기 위해 config 함수를 추가
했다. config 함수에서는 $route 및 $location 서비스에 사용할 프로바이더에 대한 의존성을
선언하는데, 이 중 $location 서비스는 HTML5 URL을 활성화하는 데 사용한다.

팁 이 장에서는 좀 더 깔끔하고 간결하다는 점과 사용할 브라우저에서 HTML5 히스토리 API를 지
원한다는 사실을 감안해 HTML5 URL을 사용한다. $location 서비스의 HTML5 지원 기능에
대한 자세한 설명 및 브라우저에서 필요한 기능을 제공하는지 여부를 판단하는 법과 사용에 따른
잠재적인 문제점은 19장을 참고하자.

라우트는 $routeProvider.when 메서드를 사용해 정의한다. 이 메서드에서 첫 번째 인자는 라우팅을 적용할 URL이고, 두 번째 인자는 라우트 설정 객체다. 여기서 정의한 라우트는 정적인 URL 및 최소한의 설정 정보만을 지정한, 가장 단순한 형태의 라우트다. 하지만 이 장에서는 나중에 이보다 좀 더 복잡한 라우트 예제도 살펴볼 예정이다. 설정 옵션에 대해서는 이 장에서 나중에 자세히 소개하기로 하고, 지금은 templateUrl 설정 옵션이 현재 브라우저 URL의 경로가 when 메서드의 첫 번째 인자와 일치할 때 사용할 뷰 파일을 지정한다는 사실만 알면 된다.

 팁 templateUrl 값을 지정할 때는 항상 앞에 / 문자를 사용해야 한다. 이 문자를 사용하지 않으면 $location.path 메서드에서 반환한 값의 상대 경로로 URL을 해석하게 되며, 애플리케이션 내 내비게이션에서 결국 Not Found 에러를 일으키게 된다.

otherwise 메서드는 현재 URL 경로와 일치하는 뷰가 없을 때 사용할 라우트를 정의한다. 이와 같은 대체 라우트는 항상 제공하는 게 좋으며, 앞에서 정의한 라우트의 적용 결과는 표 22-2에 정리돼 있다.

표 22-2. products.js 파일 내 정의한 라우트의 결과

URL 경로	뷰 파일
/list	tableView.html
/edit	editorView.html
/create	editorView.html
그 외 나머지 URL	tableView.html

팁 다른 라우트가 현재 경로와 모두 일치하지 않을 경우 otherwise 메서드에서 tableView.html 뷰 파일을 보여주게끔 라우트를 정의했으므로 여기서 굳이 /list에 대한 라우트를 정의할 필요는 없었다. 하지만 라우트는 굉장히 복잡해질 수 있는 만큼 라우트를 좀 더 쉽게 읽고 이해하는 데 도움이 된다는 측면에서 이와 같이 명시적으로 라우트를 정의하는 게 좋다.

선택 뷰 표시

ngRoute 모듈에는 $location 서비스에서 반환한 현재 URL 경로와 일치하는 라우트에서 지정한 뷰 파일의 내용을 표시해주는 ng-view 디렉티브가 들어 있다. 예제 22-5에서는 ng-view 디렉티브를 사용해 products.html 파일에서 문제가 되는 엘리먼트를 대체하고, 리터럴 값을 제거한 예제 코드를 볼 수 있다.

```
<!DOCTYPE html>
<html ng-app="exampleApp">
<head>
    <title>Products</title>
    <script src="angular.js"></script>
    <script src="angular-resource.js"></script>
    <script src="angular-route.js"></script>
    <link href="bootstrap.css" rel="stylesheet" />
    <link href="bootstrap-theme.css" rel="stylesheet" />
    <script src="products.js"></script>
    <script src="increment.js"></script>
</head>
<body ng-controller="defaultCtrl">
    <div class="panel panel-primary">
        <h3 class="panel-heading">Products</h3>
        <div ng-view></div>
    </div>
</body>
</html>
```

$location/path에서 반환한 값이 바뀌면 $route 서비스는 프로바이더를 통해 정의된 라우트를 평가하고, ng-view 디렉티브가 적용된 엘리먼트의 내용을 변경한다.

코드 및 마크업 연결

이제 남은 일은 애플리케이션 레이아웃을 변경하기 위해 displayMode 변수를 업데이트하는 대신 URL을 변경하게끔 코드 및 마크업을 수정하는 것뿐이다. 이를 위해 자바스크립트 코드에서는 예제 22-6과 같이 $location 서비스에서 제공하는 path 메서드를 사용해야 한다.

예제 22-6. products.js 파일 내 뷰 변경을 위한 $location 서비스 활용

```
angular.module("exampleApp", ["increment", "ngResource", "ngRoute"])
.constant("baseUrl", "http://localhost:5500/products/")
.config(function ($routeProvider, $locationProvider) {

    $locationProvider.html5Mode(true);

    $routeProvider.when("/list", {
        templateUrl: "/tableView.html"
    });

    $routeProvider.when("/edit", {
        templateUrl: "/editorView.html"
    });
    $routeProvider.when("/create", {
```

```
        templateUrl: "/editorView.html"
    });

    $routeProvider.otherwise({
        templateUrl: "/tableView.html"
    });

})
.controller("defaultCtrl", function ($scope, $http, $resource, $location, baseUrl) {

    $scope.currentProduct = null;

    $scope.productsResource = $resource(baseUrl + ":id", { id: "@id" },
            { create: { method: "POST" }, save: { method: "PUT" } });

    $scope.listProducts = function () {
        $scope.products = $scope.productsResource.query();
    }

    $scope.deleteProduct = function (product) {
        product.$delete().then(function () {
            $scope.products.splice($scope.products.indexOf(product), 1);
        });

        $location.path("/list");
    }

    $scope.createProduct = function (product) {
        new $scope.productsResource(product).$create().then(function (newProduct) {
            $scope.products.push(newProduct);
            $location.path("/list");
        });
    }
    $scope.updateProduct = function (product) {
        product.$save();
        $location.path("/list");
    }

    $scope.editProduct = function (product) {
        $scope.currentProduct = product;
        $location.path("/edit");
    }

    $scope.saveEdit = function (product) {
        if (angular.isDefined(product.id)) {
            $scope.updateProduct(product);
        } else {
            $scope.createProduct(product);
        }
        $scope.currentProduct = {};
    }
```

```
    $scope.cancelEdit = function () {
        if ($scope.currentProduct && $scope.currentProduct.$get) {
            $scope.currentProduct.$get();
        }
        $scope.currentProduct = {};
        $location.path("/list");
    }

    $scope.listProducts();
});
```

이 예제에서 수정한 내용은 많지 않다. 여기서는 $location 서비스에 대한 의존성을 추가하고, displayMode 값을 변경하는 구문을 모두 $location.path 메서드에 대한 호출 구문으로 바꿨다. 아울러 한 가지 관심 있게 볼 만한 변경 사항이 있다. 바로 기존 editOrCreateProduct 동작을 좀 더 단순한 editProduct로 대체한 것이다. 다음은 기존 동작이다.

```
...
$scope.editOrCreateProduct = function (product) {
    $scope.currentProduct = product ? product : {};
    $scope.displayMode = "edit";
}
...
```

아래 코드는 새로 작성한 동작이다.

```
...
$scope.editProduct = function (product) {
    $scope.currentProduct = product;
    $location.path("/edit");
}
...
```

기존 동작은 수정 작업 및 생성 작업을 할 때 모두 시작점 역할을 했으며, 생성과 수정의 구분은 product 인자를 통해 이뤄졌다. product 인자가 null이 아니면 상품 객체를 사용해 currentProduct 변수를 설정했고, 그에 따라 필드가 editorView.html 뷰에서 채워졌다.

> **팁** 이 예제에서 강조한 수정 사항이 한 가지 더 있다. 바로, currentProduct 변수 값을 재설정하게끔 saveEdit 동작을 수정한 것이다. 이렇게 수정하지 않으면 사용자가 수정 후 새 상품을 생성할 때 수정한 값이 사용자에게 표시된다. 이 문제는 애플리케이션에서 라우팅 기능을 완전히 적용하지 않아 생기는 임시적인 문제이며, 나중에 라우팅 기능을 확장하면 자동으로 해결된다.

이 동작을 이와 같이 단순화할 수 있는 이유는 라우팅 기능에 따라 URL을 변경하는 것만으로 새 상품 생성 과정을 시작할 수 있게 되기 때문이다. 예제 22-7에서는 수정한 tableView.html 파일의 내용을 볼 수 있다.

```
<div class="panel-body">
    <table class="table table-striped table-bordered">
        <thead>
            <tr>
                <th>Name</th>
                <th>Category</th>
                <th class="text-right">Price</th>
                <th></th>
            </tr>
        </thead>
        <tbody>
            <tr ng-repeat="item in products">
                <td>{{item.name}}</td>
                <td>{{item.category}}</td>
                <td class="text-right">{{item.price | currency}}</td>
                <td class="text-center">
                    <button class="btn btn-xs btn-primary"
                            ng-click="deleteProduct(item)">
                        Delete
                    </button>
                    <button class="btn btn-xs btn-primary" ng-click="editProduct(item)">
                        Edit
                    </button>
                    <increment item="item" property-name="price" restful="true"
                            method-name="$save" />
                </td>
            </tr>
        </tbody>
    </table>
    <div>
        <button class="btn btn-primary" ng-click="listProducts()">Refresh</button>
        <a href="create" class="btn btn-primary">New</a>
    </div>
</div>
```

여기서는 기존 동작을 호출하던 ng-click 디렉티브가 들어 있는 button 엘리먼트를 a 엘리먼트로 대체하고, editorView.html 뷰를 보여주는 라우트와 일치하는 URL을 href 어트리뷰트 값으로 지정했다. 부트스트랩에서는 button과 a 엘리먼트에 동일한 스타일을 적용할 수 있으므로 사용자가 보는 레이아웃상에는 차이점이 전혀 없다. 하지만 a 엘리먼트를 클릭하고 나면 URL이 /create로 바뀌게 되고, 그림 22-2와 같이 editorView.html 뷰가 표시된다.

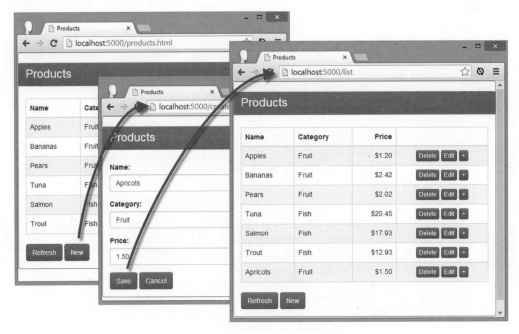

그림 22-2. 애플리케이션 내 내비게이션

결과를 확인하려면 products.html 파일을 브라우저에서 로드하고 New 버튼을 클릭한다. 그럼 브라우저에서 표시하는 URL이 http://localhost:5000/products.html에서 http://localhost:5000/create로 바뀌게 된다. 이는 HTML5 브라우저 히스토리 API를 통해 관리되는 HTML5 URL 덕분이며, 이와 같은 URL의 변화에 따라 editorView.html 뷰가 사용자에게 표시된다. 새 상품의 상세 정보를 입력하고 Save 버튼(또는 Cancel 버튼)을 클릭하면 URL이 http://localhost:5000/list로 바뀌면서 다시 tableView.html의 내용이 표시된다.

> **주의** 라우팅은 애플리케이션에서 URL을 변경할 때는 동작하지만 사용자가 URL을 변경할 때는 동작하지 않는다. 브라우저에서는 사용자가 입력한 URL을 모두 파일에 대한 요청으로 간주해 서버에서 해당 콘텐츠를 요청하게 된다.

| 라우트 파라미터 활용

앞 절에서 라우트를 정의하는 데 사용한 URL은 '고정돼 있는 정적인' URL이었다. 이 경우에는 $location.path 메서드로 전달된 값이나 a 엘리먼트의 href 어트리뷰트에 설정된 값이 $routeProvider.when 메서드에 사용한 값과 정확히 일치해야 한다. 복습할 겸, 앞에서 정의한 라우트 하나를 다시 살펴보면 다음과 같다.

```
...
$routeProvider.when("/create", {
    templateUrl: "editorView.html"
});
...
```

이 라우트는 URL의 경로 컴포넌트가 /create와 일치할 때 활성화된다. 이는 라우팅에 활용할 수 있는 가장 기본적인 형태의 URL로서, 그만큼 제약도 크다.

라우트 URL은 라우트 파라미터를 포함할 수 있다. **라우트 파라미터**는 브라우저에서 표시하는 경로에서 하나 이상의 **세그먼트**와 일치할 수 있다. 세그먼트란 두 / 문자 사이에 있는 문자들을 말한다. 예를 들어, http://localhost:5000/users/adam/details라는 URL에서 세그먼트는 users, adam, details가 된다. 라우트 파라미터의 종류에는 두 가지가 있다. 바로 **보수적 파라미터**와 **열성적 파라미터**다. 보수적(conservative) 라우트 파라미터는 한 개의 세그먼트와 일치하는 데 반해, 열성적(eager) 파라미터는 가능한 한 많은 세그먼트와 일치한다. 동작 방식을 살펴보기 위해 여기서는 예제 22-8과 같이 products.js 파일에서 라우트를 수정했다.

예제 22-8. products.js 파일 내 라우트 파라미터를 활용한 라우트 정의

```
...
.config(function ($routeProvider, $locationProvider) {

    $locationProvider.html5Mode(true);

    $routeProvider.when("/list", {
        templateUrl: "/tableView.html"
    });

    $routeProvider.when("/edit/:id", {
        templateUrl: "/editorView.html"
    });

    $routeProvider.when("/edit/:id/:data*", {
        templateUrl: "/editorView.html"
    });

    $routeProvider.when("/create", {
        templateUrl: "/editorView.html"
    });

    $routeProvider.otherwise({
        templateUrl: "/tableView.html"
    });
})
...
```

첫 번째로 강조한 라우트 URL인 /edit/:id에는 보수적 라우트 파라미터가 들어 있다. 변수는 콜론 문자(:)와 변수명으로 표시하며, 이 경우 변수는 id다. 이 라우트는 /edit/1234와 같은 경로에 대응되며, 이 경우 1234라는 값을 id라는 라우트 파라미터에 대입한다(잠시 후 보겠지만 라우트 변수는 $routeParams 서비스를 통해 접근할 수 있다).

정적인 세그먼트와 보수적인 라우트 파라미터만을 사용하는 라우트는 URL에 동일한 개수의 세그먼트가 들어 있는 URL에 대해서만 대응된다. /edit/:id URL의 경우, 두 개의 세그먼트가 들어 있고, 첫 번째 세그먼트가 edit일 때만 라우트가 URL로 대응된다. 세그먼트 개수가 더 많거나 적은 경로는 이 라우트와 대응되지 않으며, 첫 번째 세그먼트가 edit가 아닌 경로 또한 이 라우트의 적용 대상이 아니다.

라우트 URL과 일치하는 경로 범위를 확장하려면 다음과 같이 열성적 라우트 파라미터를 포함시키면 된다.

```
...
$routeProvider.when("/edit/:id/:data*", {
...
```

열성적 라우트 파라미터는 콜론, 변수명, 별표를 통해 지정한다. 이 예제의 경우 최소 세 개의 세그먼트가 들어 있고, 첫 번째 세그먼트가 edit인 모든 경로에 대응된다. 두 번째 세그먼트는 라우트 파라미터 id로 대입되고, 나머지 세그먼트는 라우트 파라미터 data로 대입된다.

> **팁** 지금은 세그먼트 변수와 라우트 파라미터가 이해되지 않더라도 걱정하지 않아도 된다. 이어지는 절에서 예제를 개발하다 보면 자연스럽게 이해할 수 있을 것이다.

라우트 및 라우트 파라미터 접근

앞 절에서 사용한 URL에서는 경로를 처리하고 세그먼트의 내용을 라우트 파라미터에 대입한다. 이와 같이 세그먼트를 대입한 라우트 파라미터는 코드를 통해 접근할 수 있다. 이 절에서는 $route 및 $routeParams 서비스(두 서비스는 모두 ngRoute 모듈에 들어 있다)를 활용해 이들 값에 접근하는 법을 살펴본다. 우선, 예제 22-9와 같이 tableView.html 파일에서 상품 객체를 수정하는 버튼부터 바꿔보자.

```html
<div class="panel-body">
    <table class="table table-striped table-bordered">
        <thead>
            <tr>
                <th>Name</th>
                <th>Category</th>
                <th class="text-right">Price</th>
                <th></th>
            </tr>
        </thead>
        <tbody>
            <tr ng-repeat="item in products">
                <td>{{item.name}}</td>
                <td>{{item.category}}</td>
                <td class="text-right">{{item.price | currency}}</td>
                <td class="text-center">
                    <button class="btn btn-xs btn-primary"
                            ng-click="deleteProduct(item)">
                        Delete
                    </button>
                    <a href="/edit/{{item.id}}" class="btn btn-xs btn-primary">Edit</a>
                    <increment item="item" property-name="price" restful="true"
                            method-name="$save" />
                </td>
            </tr>
        </tbody>
    </table>
    <div>
        <button class="btn btn-primary" ng-click="listProducts()">Refresh</button>
        <a href="create" class="btn btn-primary">New</a>
    </div>
</div>
```

여기서는 button 엘리먼트를 a 엘리먼트로 대체하고, href 어트리뷰트 값이 예제 22-9에서 정의한 라우팅 URL에 대응되게끔 했다. 이 과정에서 ng-repeat 디렉티브 내에 표준 인라인 바인딩 표현식을 사용했다. 이렇게 하면 table 엘리먼트의 각 행은 다음과 같은 a 엘리먼트를 포함하게 된다.

```html
<a href="/edit/18d5f4716c6b1acf" class="btn btn-xs  btn-primary">Edit</a>
```

링크를 클릭하면 예제 22-8에서 정의한 id라는 라우트 파라미터에 18d5f4716c6b1acf라는 값이 대입되는데, 이 값은 사용자가 수정하려는 상품 객체의 id 속성값에 해당한다. 예제 22-10에서는 이와 같이 수정한 코드에 따라 products.js 파일 내 컨트롤러를 수정한 것을 볼 수 있다.

```
...
.controller("defaultCtrl", function ($scope, $http, $resource, $location,
    $route, $routeParams, baseUrl) {

    $scope.currentProduct = null;

    $scope.$on("$routeChangeSuccess", function () {
        if ($location.path().indexOf("/edit/") == 0) {
            var id = $routeParams["id"];
            for (var i = 0; i < $scope.products.length; i++) {
                if ($scope.products[i].id == id) {
                    $scope.currentProduct = $scope.products[i];
                    break;
                }
            }
        }
    });

    $scope.productsResource = $resource(baseUrl + ":id", { id: "@id" },
            { create: { method: "POST" }, save: { method: "PUT" } });

    $scope.listProducts = function () {
        $scope.products = $scope.productsResource.query();
    }

    $scope.deleteProduct = function (product) {
        product.$delete().then(function () {
            $scope.products.splice($scope.products.indexOf(product), 1);
        });

        $location.path("/list");
    }

    $scope.createProduct = function (product) {
        new $scope.productsResource(product).$create().then(function (newProduct) {
            $scope.products.push(newProduct);
            $location.path("/list");
        });
    }

    $scope.updateProduct = function (product) {
        product.$save();
        $location.path("/list");
    }

    $scope.saveEdit = function (product) {
        if (angular.isDefined(product.id)) {
            $scope.updateProduct(product);
        } else {
            $scope.createProduct(product);
```

```
        }
        $scope.currentProduct = {};
    }

    $scope.cancelEdit = function () {
        if ($scope.currentProduct && $scope.currentProduct.$get) {
            $scope.currentProduct.$get();
        }
        $scope.currentProduct = {};
        $location.path("/list");
    }

    $scope.listProducts();
});
...
```

이 예제에서는 강조 표시한 코드에서 많은 작업을 수행하므로 이어지는 절에서는 주요 부분을 하나씩 떼어내 차례로 살펴본다.

> **참고** 여기서는 컨트롤러에서 `editProduct` 동작을 제거했다. 이 동작은 앞서 편집 과정을 시작하기 위해 호출하고 `editorView.html` 뷰를 보여주기 위해 사용했다. 하지만 이제 라우팅 시스템에 의해 편집이 시작되므로 이 동작은 더 이상 필요 없다.

라우트 변화에 반응

예제 22-10에서 의존성을 추가한 `$route` 서비스는 현재 선택된 라우트를 관리하는 데 사용할 수 있다. 표 22-3에는 `$route` 서비스에서 정의하는 메서드 및 속성이 정리돼 있다.

표 22-3. $route 서비스에서 정의하는 메서드 및 속성

속성 및 메서드	설명
current	활성 라우트에 대한 정보를 제공하는 객체를 반환한다. 이 속성에서 반환하는 객체는 라우트와 관련한 컨트롤러를 반환하는 `controller` 속성('라우트와 연계한 컨트롤러 활용' 절 참고) 및 컨트롤러 의존성셋(set)을 제공하는 `locals` 속성('라우트에 의존성 추가' 절 참고)을 정의한다. `locals` 속성에서 반환하는 컬렉션에는 컨트롤러의 스코프 및 뷰 콘텐츠를 반환하는 `$scope` 및 `$template` 속성도 들어 있다.
reload()	URL이 변하지 않았더라도 뷰를 재로드한다.
routes	`$routeProvider`를 통해 정의된 라우트 컬렉션을 반환한다.

여기서는 표 22-3에 수록된 멤버는 하나도 사용하지 않지만, `$route` 서비스의 또 다른 성격은 활용하고 있다. 바로, 표 22-4에 설명한 대로 활성 라우트의 변화를 알리는 데 사용되는 이벤트

셋이다. 이들 메서드를 위한 핸들러는 15장에서 설명한 대로 스코프 $on 메서드를 사용해 등록한다.

표 22-4. $route 서비스에서 정의하는 이벤트

이벤트	설명
$routeChangeStart	라우트가 변경되기 전 일어난다.
$routeChangeSuccess	라우트가 변경된 후 일어난다.
$routeUpdate	라우트가 갱신될 때 일어난다. 이 이벤트는 '라우트 설정' 절에서 설명하는 reloadOnSearch 설정 속성과 밀접한 연관이 있다.
$routeChangeError	라우트를 변경할 수 없을 때 일어난다.

대부분의 $route 서비스는 사용할 만한 곳이 그다지 많지 않다. 대개는 라우트와 관련해 두 가지 사실만 알면 되는데, 바로 라우트가 변하는 시점과 새 경로다. $routeChangeSuccess 메서드는 이 중 첫 번째 정보를 제공해주고, $location 서비스($route 서비스가 아니다)는 두 번째 정보를 제공해준다. products.js 파일에서 가져온 다음 코드를 보면 이와 같은 새 경로를 어떻게 가져오는지 알 수 있다.

```
...
$scope.$on("$routeChangeSuccess", function () {
    if ($location.path().indexOf("/edit/") == 0) {
        // ... /edit 라우트에 반응하는 명령...
    }
});
...
```

여기서는 현재 라우트가 변경될 때 호출되는 핸들러 함수를 등록하고, $location.path 메서드를 사용해 애플리케이션의 현재 상태를 파악한다. 경로가 /edit/로 시작한다면 수정 작업에 반응해야 함을 알 수 있다.

라우트 파라미터 가져오기

경로가 /edit/로 시작하면 editorView.html 파일의 필드를 채울 수 있게 id 라우트 파라미터의 값을 가져와야 한다. 라우트 파라미터 값은 $routeParams 서비스를 통해 접근할 수 있다. 파라미터 값은 다음과 같이 이름을 통해 인덱싱할 수 있는 컬렉션 형태로 제공된다.

```
...
$scope.$on("$routeChangeSuccess", function () {
    if ($location.path().indexOf("/edit/") == 0) {
        var id = $routeParams["id"];
        for (var i = 0; i < $scope.products.length; i++) {
            if ($scope.products[i].id == id) {
```

```
            $scope.currentProduct = $scope.products[i];
            break;
        }
    }
  }
});
...
```

여기서는 id 파라미터 값을 가져온 후 이를 사용해 사용자가 수정하려는 객체를 찾고 있다.

 주의 여기서는 예제를 간단히 하기 위해 id 라우트 파라미터가 항상 올바른 형태이며, 데이터 배열 내 객체의 id 값에 대응된다고 가정한다. 만일 실제 프로젝트라면 이보다 좀 더 주의를 기울여 수신 하는 값이 유효한지 검사해야 한다.

| 라우트 설정

지금까지 이 장에서 정의한 라우트에서는 templateUrl 설정 속성만을 정의했다. 이 속성은 라우트에서 표시할 뷰 파일의 URL을 지정하는 속성으로, 사용 가능한 전체 설정 옵션 중 하 나일 뿐이다. 표 22-5에는 전체 속성이 정리돼 있으며, 이어지는 절에서는 이 중 가장 중요한 controller 및 resolve 속성에 대해 살펴본다.

표 22-5. 라우트 설정 옵션

속성	설명
controller	라우트에서 표시하는 뷰와 관련한 컨트롤러의 이름을 지정한다. '라우트와 연계한 컨트롤러 활용' 절을 참고하자.
controllerAs	컨트롤러에 사용할 별칭을 지정한다.
template	뷰의 콘텐츠를 지정한다. 뷰의 콘텐츠는 리터럴 HTML 문자열이나 HTML을 반환하는 함수가 될 수 있다.
templateUrl	라우트가 일치할 때 표시할 뷰 파일의 URL을 지정한다. URL은 문자열 또는 문자열을 반환하는 함수가 될 수 있다.
resolve	컨트롤러에 필요한 의존성셋(set)을 지정한다. '라우트에 의존성 추가' 절을 참고하자.
redirectTo	라우트가 일치할 때 브라우저가 리다이렉트할 경로를 지정한다. 문자열 또는 함수로 지정할 수 있다.
reloadOnSearch	true(기본값)로 설정하면 $location search 및 hash 메서드에서 반환한 값이 바뀔 때만 라우트가 재로드된다.
caseInsensitiveMatch	true(기본값)로 설정하면 대소문자를 구분하지 않고(예를 들어 /Edit 및 /edit가 동일한 경로로 처리된다) 라우팅을 수행한다.

라우트와 연계한 컨트롤러 활용

애플리케이션에 뷰가 여러 개라면 다양한 뷰에서 단일 컨트롤러를 사용하게 할 경우(이 장에서 지금까지 한 것처럼) 관리 및 테스트가 그만큼 어려워진다. controller 설정 옵션을 사용하면 뷰에서 Module.controller 메서드를 통해 등록한 컨트롤러를 지정할 수 있다. 그 결과 예제 22-11처럼 각 뷰별로 고유 컨트롤러 로직을 사용하게끔 컨트롤러를 분리할 수 있다.

예제 22-11. products.js 파일 내 뷰 컨트롤러 활용

```
angular.module("exampleApp", ["increment", "ngResource", "ngRoute"])
.constant("baseUrl", "http://localhost:5500/products/")
.config(function ($routeProvider, $locationProvider) {

    $locationProvider.html5Mode(true);

    $routeProvider.when("/edit/:id", {
        templateUrl: "/editorView.html",
        controller: "editCtrl"
    });

    $routeProvider.when("/create", {
        templateUrl: "/editorView.html",
        controller: "editCtrl"
    });

    $routeProvider.otherwise({
        templateUrl: "/tableView.html"
    });
})
.controller("defaultCtrl", function ($scope, $http, $resource, $location, baseUrl) {

    $scope.productsResource = $resource(baseUrl + ":id", { id: "@id" },
            { create: { method: "POST" }, save: { method: "PUT" } });

    $scope.listProducts = function () {
        $scope.products = $scope.productsResource.query();
    }

    $scope.createProduct = function (product) {
        new $scope.productsResource(product).$create().then(function (newProduct) {
            $scope.products.push(newProduct);
            $location.path("/list");
        });
    }

    $scope.deleteProduct = function (product) {
        product.$delete().then(function () {
            $scope.products.splice($scope.products.indexOf(product), 1);
        });
```

```
                $location.path("/list");
        }

        $scope.listProducts();
    })
.controller("editCtrl", function ($scope, $routeParams, $location) {

    $scope.currentProduct = null;

    if ($location.path().indexOf("/edit/") == 0) {
        var id = $routeParams["id"];
        for (var i = 0; i < $scope.products.length; i++) {
            if ($scope.products[i].id == id) {
                $scope.currentProduct = $scope.products[i];
                break;
            }
        }
    }

    $scope.cancelEdit = function () {
        if ($scope.currentProduct && $scope.currentProduct.$get) {
            $scope.currentProduct.$get();
        }
        $scope.currentProduct = {};
        $location.path("/list");
    }

    $scope.updateProduct = function (product) {
        product.$save();
        $location.path("/list");
    }

    $scope.saveEdit = function (product) {
        if (angular.isDefined(product.id)) {
            $scope.updateProduct(product);
        } else {
            $scope.createProduct(product);
        }
        $scope.currentProduct = {};
    }
});
```

여기서는 editCtrl이라는 새 컨트롤러를 정의하고, defaultCtrl 컨트롤러에서 editorView.
html 뷰를 지원하는 데 필요한 코드만을 가져왔다. 그런 다음 controller 설정 옵션을 사용해
editorView.html 파일을 보여주는 라우트와 이 컨트롤러를 서로 연계했다.

새 editCtrl 컨트롤러 인스턴스는 editorView.html 뷰가 보일 때마다 매번 생성된다. 이에 따
라 $route 서비스 이벤트를 사용해 언제 뷰가 변하는지 검사하지 않아도 컨트롤러 함수를 항상
사용할 수 있다.

이런 식으로 컨트롤러를 사용하면 13장에서 설명한 표준 상속 규칙이 적용된다는 장점이 있다. 이 경우 editCtrl 컨트롤러는 defaultCtrl 내에 있으므로 해당 스코프에 정의된 데이터 및 동작에 접근할 수 있다. 이 말은 공통 데이터 및 기능은 최상위 레벨 컨트롤러에 정의하고, 특정 뷰와 관련한 기능은 하위 컨트롤러에 정의함으로써 코드를 그만큼 효율적으로 작성할 수 있다는 뜻이다.

라우트에 의존성 추가

resolve 설정 속성을 사용하면 controller 속성을 사용해 지정한 컨트롤러에 주입할 의존성을 지정할 수 있다. 이와 같은 의존성으로 서비스를 지정할 수도 있지만, resolve 속성은 뷰를 초기화하는 데 필요한 작업을 수행하는 데 더 도움된다. 그 이유는 resolve 속성의 의존성으로 프로미스 객체를 반환할 경우, 라우트에서 의존성이 리졸브되기 전까지 컨트롤러를 인스턴스화하지 않기 때문이다. 예제 22-12에서는 예제 애플리케이션에서 새 컨트롤러를 추가하고, resolve 속성을 활용해 서버에서 데이터를 불러오고 있다.

예제 22-12. products.js 파일 내 resolve 설정 속성 활용

```
angular.module("exampleApp", ["increment", "ngResource", "ngRoute"])
.constant("baseUrl", "http://localhost:5500/products/")
.factory("productsResource", function ($resource, baseUrl) {
    return $resource(baseUrl + ":id", { id: "@id" },
            { create: { method: "POST" }, save: { method: "PUT" } });
})
.config(function ($routeProvider, $locationProvider) {

    $locationProvider.html5Mode(true);

    $routeProvider.when("/edit/:id", {
        templateUrl: "/editorView.html",
        controller: "editCtrl"
    });

    $routeProvider.when("/create", {
        templateUrl: "/editorView.html",
        controller: "editCtrl"
    });

    $routeProvider.otherwise({
        templateUrl: "/tableView.html",
        controller: "tableCtrl",
        resolve: {
            data: function (productsResource) {
                return productsResource.query();
            }
        }
```

```
        });
    })
    .controller("defaultCtrl", function ($scope, $location, productsResource) {

        $scope.data = {};

        $scope.createProduct = function (product) {
            new productsResource(product).$create().then(function (newProduct) {
                $scope.data.products.push(newProduct);
                $location.path("/list");
            });
        }

        $scope.deleteProduct = function (product) {
            product.$delete().then(function ()
                $scope.data.products.splice($scope.data.products.indexOf(product), 1);
            });

            $location.path("/list");
        }
    })
    .controller("tableCtrl", function ($scope, $location, $route, data) {
        $scope.data.products = data;

        $scope.refreshProducts = function () {
            $route.reload();
        }
    })
    .controller("editCtrl", function ($scope, $routeParams, $location) {

        $scope.currentProduct = null;

        if ($location.path().indexOf("/edit/") == 0) {
            var id = $routeParams["id"];
            for (var i = 0; i < $scope.data.products.length; i++) {
                if ($scope.data.products[i].id == id) {
                    $scope.currentProduct = $scope.data.products[i];
                    break;
                }
            }
        }

        $scope.cancelEdit = function () {
            $location.path("/list");
        }

        $scope.updateProduct = function (product) {
            product.$save();
            $location.path("/list");
        }

        $scope.saveEdit = function (product) {
```

```
        if (angular.isDefined(product.id)) {
            $scope.updateProduct(product);
        } else {
            $scope.createProduct(product);
        }
        $scope.currentProduct = {};
    }
});
```

이 예제에는 수정한 코드가 많으므로 각 부분을 차례대로 살펴보자. 가장 중요한 부분은 다음과
같이 controller 및 resolve 속성을 사용하게끔 /list 라우트 정의를 수정한 부분이다.

```
...
$routeProvider.otherwise({
    templateUrl: "/tableView.html",
    controller: "tableCtrl",
    resolve: {
        data: function (productsResource) {
            return productsResource.query();
        }
    }
});
...
```

여기서는 라우트가 tableCtrl이라는 컨트롤러를 인스턴스화하게끔 지정하고, resolve 속성을
활용해 data라는 의존성을 생성했다. data 속성은 tableCtrl 컨트롤러가 생성되기 전 평가되
는 함수로 설정했으며, 결과는 data라는 인자로 전달된다.

이 예제에서는 $resource 접근 객체를 사용해 서버에서 데이터를 가져온다. 이 말은 데이터가
로드되기 전까지 컨트롤러가 인스턴스화되지 않는다는 뜻이며, 그 결과 tableView.html 뷰는
데이터가 로드되기 전까지 보이지 않게 된다.

라우트 의존성에서 접근 객체에 접근할 수 있으려면 다음과 같이 새 서비스를 생성해야 한다.

```
...
.factory("productsResource", function ($resource, baseUrl) {
    return $resource(baseUrl + ":id", { id: "@id" },
            { create: { method: "POST" }, save: { method: "PUT" } });
})
...
```

이 코드는 이전 예제에서 컨트롤러 내에서 productResource 객체를 생성할 때 사용한 코드와
같은 코드이며, 다만 애플리케이션 전역에서 쉽게 접근할 수 있게 factory 메서드(18장에서 설
명)를 통해 서비스로 위치를 옮겼을 뿐이다.

`tableCtrl` 컨트롤러의 코드는 다음과 같이 간단하다.

```
...
.controller("tableCtrl", function ($scope, $location, $route, data) {

    $scope.data.products = data;

    $scope.refreshProducts = function () {
        $route.reload();
    }
})
...
```

여기서는 data 인자를 통해 서버에서 상품 정보를 받고, 이를 `$scope.data.products` 속성에 대입한다. 앞 절에서 설명한 것처럼 라우트와 연계해 컨트롤러를 사용할 때는 13장에서 설명한 컨트롤러/스코프 상속 규칙이 적용된다. 그러므로 `tabelCtrl` 컨트롤러에 속하는 스코프뿐 아니라 애플리케이션 내 모든 컨트롤러에서 상품 데이터에 접근할 수 있으려면 data 속성이 속하는 객체를 추가해야 한다.

이와 같이 라우트에 의존성을 추가하고 나면 `listProducts` 동작이 더 이상 필요 없으므로 `defaultCtrl` 컨트롤러에서 이를 제거한다. 그런데 이렇게 하면 `tableView.html` 뷰에서 **Refresh** 버튼이 강제로 데이터를 로드할 수 없게 되므로 refreshProducts라는 동작을 새로 정의했다. 이 동작에서는 표 22-3에서 설명한 `$route.reload` 메서드를 사용한다. 마지막으로 수정한 자바스크립트 코드는 cancelEdit 동작을 단순화하기 위한 코드로, 이제 /list 라우트가 활성화되면 모든 데이터가 자동으로 갱신되므로 수정 작업을 취소하더라도 이 동작이 서버에서 상품을 다시 로드할 필요가 없어졌다.

```
...
$scope.cancelEdit = function () {
    $scope.currentProduct = {};
    $location.path("/list");
}
...
```

컨트롤러에서 수정한 코드를 반영하려면 예제 22-13과 같이 `tableView.html` 파일도 수정해야 한다.

예제 22-13. 컨트롤러 수정 코드 반영을 위한 tableView.html 파일 수정

```
<div class="panel-body">
    <table class="table table-striped table-bordered">
        <thead>
            <tr>
                <th>Name</th>
                <th>Category</th>
```

```
                <th class="text-right">Price</th>
                <th></th>
            </tr>
        </thead>
        <tbody>
            <tr ng-repeat="item in data.products">
                <td>{{item.name}}</td>
                <td>{{item.category}}</td>
                <td class="text-right">{{item.price | currency}}</td>
                <td class="text-center">
                    <button class="btn btn-xs btn-primary"
                            ng-click="deleteProduct(item)">
                        Delete
                    </button>
                    <a href="/edit/{{item.id}}" class="btn btn-xs btn-primary">Edit</a>
                    <increment item="item" property-name="price" restful="true"
                            method-name="$save" />
                </td>
            </tr>
        </tbody>
    </table>
    <div>
        <button class="btn btn-primary" ng-click="refreshProducts()">Refresh</button>
        <a href="create" class="btn btn-primary">New</a>
    </div>
</div>
```

이 파일에서는 두 부분을 간단히 수정했다. 첫 번째로 수정한 부분은 스코프 계층구조를 처리하기 위해 집어넣은 새 데이터 구조에 맞춰 수정한 ng-repeat 디렉티브다. 두 번째로 수정한 부분은 기존 listProducts 대신 refreshProducts를 호출하게끔 수정한 Refresh 버튼이다. 이와 같이 수정하고 나면 /list 뷰가 활성화될 때 서버에서 자동으로 데이터를 가져올 수 있게 되고, 애플리케이션의 전체적인 코드도 그만큼 간결해진다.

| 정리

이 장에서는 AngularJS에서 URL 라우팅을 위해 제공하는 내장 서비스를 살펴봤다. 이 기법은 규모가 크고 복잡한 애플리케이션을 개발할 때 유용하게 활용할 수 있는 고급 기법이다. 다음 장에서는 콘텐츠 애니메이션 및 터치 이벤트를 지원하는 서비스를 살펴본다.

CHAPTER
23

애니메이션 및 터치를
위한 서비스

이 장에서는 문서 객체 모델(DOM) 내 콘텐츠 변화 애니메이션 및 터치 이벤트 처리를 위해 AngularJS에서 제공하는 서비스를 살펴본다. 표 23-1에는 이 장의 내용이 정리돼 있다.

표 23-1. 장 요약

문제	해결책	예제
콘텐츠 전환 애니메이션	ngAnimate 모듈에 대한 의존성을 선언하고, 특수 명명 구조를 사용해 애니메이션이나 화면 전환이 포함된 CSS 스타일을 정의한 후, 콘텐츠를 관리하는 디렉티브 중 한 곳에 클래스를 적용한다.	1~4
스와이프 제스처 감지	ng-swipe-left 및 ng-swipe-right 디렉티브를 사용한다.	5

| 예제 프로젝트 준비

이 장에서는 22장의 예제를 가지고 계속해서 작업한다. 이 애플리케이션은 Deployd 서버에서 제공하는 RESTful API를 사용해 데이터를 가져온다. 이 장에서 설명하는 서비스는 RESTful 데이터나 Ajax 요청에 국한되거나 이들 주제와 특별한 관계가 있는 것은 아니지만, 이 애플리케이션이 새로운 기능을 설명하는 데 도움이 될 거라 판단했다.

| 엘리먼트 애니메이션

$animate 서비스를 사용하면 DOM에서 엘리먼트를 추가, 제거, 이동할 때 전환 효과를 보여줄 수 있다. $animate 서비스는 그 자체로는 아무 애니메이션도 정의하지 않으며, CSS 애니메이션 및 전환 기능에 의존하고 있다. CSS 애니메이션 및 전환 기능은 이 책의 범위를 벗어나며, Apress에서 출간한 책 『The Definitive Guide to HTML5』를 참고하면 상세한 설명을 볼 수 있다.

애니메이션 서비스는 언제, 왜 사용하나

애니메이션은 애플리케이션 레이아웃에서 중요한 변화가 있을 때 사용자의 시선을 끌거나, 한 상
태에서 다른 상태로 부드럽게 전환할 때 유용하게 활용할 수 있다.

많은 개발자들은 미처 이루지 못한 자신의 예술적인 욕구를 분출하는 도구로써 애니메이션을 취
급하고, 가능한 한 많은 애니메이션을 적용하려고 한다. 하지만 이는 결과적으로 사용자의 짜증
을 불러일으킬 뿐이다. 특히 작업을 수행할 때마다 매번 끝없이 이어지는 특수 효과를 봐야 한다
면 더욱 그렇다. 특별히 사용자가 하루 종일 반복해서 사용하는 업무용 애플리케이션이라면 그
불편은 말로 표현할 수 없을 만큼 클 것이다.

애니메이션은 은은하고, 간결하며, 짧아야 한다. 애니메이션의 목적은 뭔가가 변했다는 사실을
사용자가 알 수 있게 사용자의 관심을 유도하는 데 있다. 애니메이션은 일관되게, 주의해서 사용
해야 하며, 무엇보다도 남용하지 말아야 한다.

ngAnimation 모듈 설치

$animation 서비스는 ngAnimate라는 선택 모듈에 정의돼 있으며, 이 모듈은 angularjs 폴더
로 별도로 내려받아야 한다. http://angularjs.org로 이동해, Download를 클릭하고, 필요한 버전
(이 책을 쓰고 있는 현 시점 기준으로 가장 최신 버전은 1.2.5다)을 선택하고, 그림 23-1에 보이
는 것처럼 창 좌측 하단 구석에 있는 Extras 링크를 클릭한다.

angular-animate.js 파일을 angularjs 폴더로 내려받는다. 예제 23-1에서는 products.
html 파일에서 이 스크립트를 사용하기 위해 새로 script 엘리먼트를 추가한 것을 볼 수 있다.

예제 23-2에서는 ngAnimate 서비스를 사용할 수 있게 products.js 파일에 모듈 의존성을 추
가한 것을 볼 수 있다.

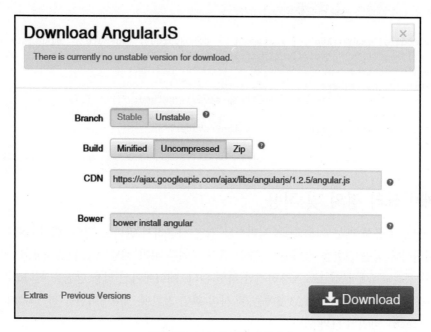

그림 23-1. 선택 모듈 내려받기

예제 23-1. products.html 파일에 스크립트 참조 추가

```
<!DOCTYPE html>
<html ng-app="exampleApp">
<head>
    <title>Products</title>
    <script src="angular.js"></script>
    <script src="angular-resource.js"></script>
    <script src="angular-route.js"></script>
    <script src="angular-animate.js"></script>
    <link href="bootstrap.css" rel="stylesheet" />
    <link href="bootstrap-theme.css" rel="stylesheet" />
    <script src="products.js"></script>
    <script src="increment.js"></script>
</head>
<body ng-controller="defaultCtrl">
    <div class="panel panel-primary">
        <h3 class="panel-heading">Products</h3>
        <div ng-view></div>
    </div>
</body>
</html>
```

```
angular.module("exampleApp", ["increment", "ngResource", "ngRoute", "ngAnimate"])
.constant("baseUrl", "http://localhost:5500/products/")
.factory("productsResource", function ($resource, baseUrl) {
    return $resource(baseUrl + ":id", { id: "@id" },
            { create: { method: "POST" }, save: { method: "PUT" } });
})
.config(function ($routeProvider, $locationProvider) {
...
```

애니메이션의 정의 및 적용

애니메이션을 적용할 때는 $animate 서비스를 직접 사용하지 않아도 된다. 대신 CSS를 사용해 애니메이션이나 화면 전환을 정의하고, 특수 명명 관례를 따라 해당 이름을 AngularJS 디렉티브가 적용된 엘리먼트에 클래스로 적용하기만 하면 된다. 애니메이션 적용 방법을 이해하려면 예제를 살펴보는 게 가장 좋다. 예제 23-3에는 뷰 사이 화면 전환에 애니메이션을 적용하게끔 수정한 products.html 파일이 나와 있다.

```
<!DOCTYPE html>
<html ng-app="exampleApp">
<head>
    <title>Products</title>
    <script src="angular.js"></script>
    <script src="angular-resource.js"></script>
    <script src="angular-route.js"></script>
    <script src="angular-animate.js"></script>
    <link href="bootstrap.css" rel="stylesheet" />
    <link href="bootstrap-theme.css" rel="stylesheet" />
    <script src="products.js"></script>
    <script src="increment.js"></script>
    <style type="text/css">
        .ngFade.ng-enter { transition: 0.1s linear all;  opacity: 0; }
        .ngFade.ng-enter-active { opacity: 1; }
    </style>
</head>
<body ng-controller="defaultCtrl">
    <div class="panel panel-primary">
        <h3 class="panel-heading">Products</h3>
        <div ng-view class="ngFade"></div>
    </div>
</body>
</html>
```

표 23-2. 애니메이션을 지원하는 내장 디렉티브 및 애니메이션과 관련한 이름

디렉티브	이름
ng-repeat	enter, leave, move
ng-view	enter, leave
ng-include	enter, leave
ng-switch	enter, leave
ng-if	enter, leave
ng-class	add, remove
ng-show	add, remove
ng-hide	add, remove

이 예제에서 어떤 일이 일어나는지 이해하려면 내장 디렉티브 중 콘텐츠가 변할 때 애니메이션을 지원하는 디렉티브가 있다는 사실부터 이해하는 게 중요하다. 표 23-2에는 애니메이션을 지원하는 디렉티브 및 애니메이션과 관련한 이름이 정리돼 있다.

enter라는 이름은 콘텐츠가 사용자에게 표시될 때 사용된다. leave라는 이름은 콘텐츠가 사용자로부터 숨겨질 때 사용된다. move라는 이름은 콘텐츠가 DOM 내에서 이동할 때 사용된다. add 및 remove라는 이름은 DOM에서 콘텐츠가 추가 또는 제거될 때 사용된다.

표 23-2를 참고하면 예제에 추가한 style 엘리먼트의 내용이 무엇인지 감을 잡을 수 있을 것이다.

```
...
<style type="text/css">
    .ngFade.ng-enter { transition: 0.1s linear all; opacity: 0; }
    .ngFade.ng-enter-active { opacity: 1; }
</style>
...
```

여기서는 ngFade.ng-enter 및 ngFade.ng-enter-active라는 두 개의 CSS 클래스를 정의했다. 이때 클래스의 이름이 매우 중요하다. 이 클래스에서 첫 번째 부분(이 경우 ngFade)은 다음과 같이 엘리먼트에 애니메이션이나 화면 전환을 적용할 때 사용하는 이름이다.

```
...
<div ng-view class="ngFade"></div>
...
```

클래스명에서 두 번째 부분은 어떤 CSS 스타일을 사용할지 지정한다. 이 예제에는 두 개의 클래스명이 있다. 바로 ng-enter와 ng-enter-active다. 이때 ng- 접두어는 필수 접두어이며, 이 접두어를 사용하지 않으면 AngularJS에서 애니메이션을 처리하지 않는다. 이름에 나오는 다음 부분은 표 23-2에서 설명한 내용에 해당한다. 이 예제에서는 뷰가 사용자에게 보이고 숨겨질 때 애니메이션을 수행하는 ng-view 디렉티브를 사용하고 있다. 스타일 정의에서는 ng-enter 접두어를 사용함으로써 뷰가 사용자에게 보일 때 화면 전환을 적용하게끔 한다.

두 스타일에서는 ng-view 디렉티브에서 사용할 화면 전환의 시작점과 끝점을 정의한다. ng-enter 스타일은 시작점 및 상세 화면 전환을 정의한다. 여기서는 CSS opacity 속성이 0(뷰가 초기에 완전히 투명하고 사용자에게 안 보이는 상태)에서 출발해 1/10초 동안 화면 전환이 이뤄지게끔 지정했다(앞서 애니메이션이 짧아야 한다고 말한 것을 상기하자). ng-enter-active 스타일에서는 화면 전환의 종료점을 지정한다. 여기서는 CSS opacity 속성값이 1이 되게 함으로써 뷰가 완전히 불투명해지고, 사용자에게 보이게 한다.

이렇게 스타일을 적용하면 뷰가 바뀔 때 ng-view 디렉티브에서 새 뷰에 CSS 클래스를 적용하고, 뷰가 투명 상태에서 불투명 상태로 부드럽게 전환된다(기본적으로 새 뷰가 페이드인되는 효과를 볼 수 있다).

병렬적 애니메이션의 위험성

애니메이션을 적용할 때는 기존 콘텐츠가 화면에서 벗어나고 새 콘텐츠가 화면으로 들어올 때 두 콘텐츠에 모두 애니메이션을 적용하는 게 좋겠다고 생각하기 쉽다. 하지만 이렇게 할 경우 문제가 생길 수 있다. 문제는 일반적인 상황에서 ng-view 디렉티브가 새 뷰를 DOM에 추가하고, 기존 뷰를 DOM에서 제거한다는 점이다. 만일 새 콘텐츠를 보여주는 애니메이션을 적용하고 기존 뷰를 숨기는 애니메이션을 적용할 경우, 두 뷰가 한 번에 같이 보이게 된다. 예제 23-4에는 이 문제를 잘 보여주는 products.html 파일이 나와 있다.

```
<!DOCTYPE html>
<html ng-app="exampleApp">
<head>
    <title>Products</title>
    <script src="angular.js"></script>
    <script src="angular-resource.js"></script>
    <script src="angular-route.js"></script>
    <script src="angular-animate.js"></script>
    <link href="bootstrap.css" rel="stylesheet" />
    <link href="bootstrap-theme.css" rel="stylesheet" />
    <script src="products.js"></script>
    <script src="increment.js"></script>
    <style type="text/css">
        .ngFade.ng-enter { transition: 0.1s linear all;  opacity: 0; }
        .ngFade.ng-enter-active { opacity: 1; }
        .ngFade.ng-leave { transition: 0.1s linear all; opacity: 1;  }
        .ngFade.ng-leave-active { opacity: 0; }
    </style>
</head>
<body ng-controller="defaultCtrl">
    <div class="panel panel-primary">
        <h3 class="panel-heading">Products</h3>
        <div ng-view class="ngFade"></div>
    </div>
</body>
</html>
```

이 예제처럼 애니메이션을 적용하면 잠시 동안 두 개의 뷰가 모두 보이게 되는데, 이는 보기에 좋지도 않고 사용자의 혼란을 초래할 수도 있다. ng-view 디렉티브에서는 한 뷰 위에 다른 뷰가 위치하더라도 개의치 않으므로, 새 콘텐츠는 그림 23-2와 같이 기존 뷰 밑에 표시된다.

이 그림에서는 화면 전환 중간에 캡처 화면을 찍었으므로 불투명도 값으로 0.5가 적용돼 콘텐츠가 반투명하게 보인다. 이와 같은 병렬 애니메이션보다는 enter만을 사용해 새로 들어오는 뷰에만 애니메이션을 적용하는 게 더 바람직하다. 그럼 애니메이션이 조금 덜 화려해지지만, 뷰 전환이 조잡하지 않으면서 사용자의 시선을 끌기에도 충분하다.

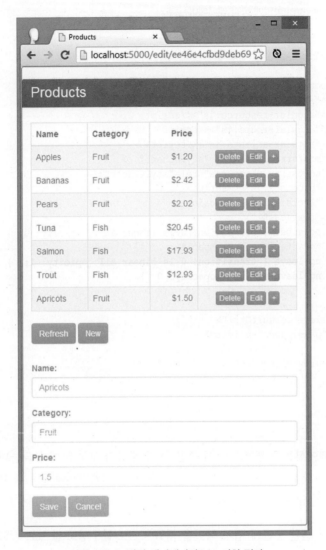

그림 23-2. 병렬 애니메이션으로 인한 결과

┃ 터치 이벤트 지원

ngTouch 모듈에는 $swipe 서비스가 들어 있다. 이 서비스는 11장에서 설명한 기본 이벤트 외에 터치 화면 이벤트를 지원하는 데 활용할 수 있다. ngTouch 모듈에 정의된 이벤트에서는 스와이프 제스처에 대한 알림 기능 및 ng-click 디렉티브의 대체 기능을 제공함으로써 터치 기기에서 공통으로 생기는 이벤트 문제를 효과적으로 해결해준다.

터치 이벤트는 언제, 왜 사용하나

스와이프 제스처는 터치 화면 기기를 지원하려고 할 때 유용하게 활용할 수 있다. ngTouch의 스와이프 이벤트는 왼쪽에서 오른쪽, 오른쪽에서 왼쪽으로 움직이는 스와이프 제스처를 감지하는 데 사용할 수 있다. 사용자가 혼란을 느끼지 않게 하려면 이런 제스처에 반응해 수행하는 행동이 내부 플랫폼(또는 최소한 플랫폼으로서의 기본 웹 브라우저)의 나머지 동작과도 일관되게 유지돼야 한다. 예를 들어 오른쪽에서 왼쪽으로 가는 제스처가 웹 브라우저에서 주로 '뒤로 가기'라면 애플리케이션에서 이 제스처를 다른 방식으로 해석해서는 안 된다.

ng-click 디렉티브 대체 기능은 마우스 이벤트를 염두에 두고 작성된 자바스크립트 코드와의 호환성을 위해 click 이벤트를 합성해주므로 터치 지원 브라우저에서 매우 유용하다. 터치 브라우저에서는 주로 사용자가 화면을 탭한 후 300밀리초 동안 기다리며 또 다른 탭이 일어나는지 검사한다. 두 번째 탭이 일어나지 않는다면 브라우저에서는 터치 이벤트를 생성해 탭을 나타내고, 마우스를 시뮬레이션하기 위해 click 이벤트를 생성한다. 하지만 이와 같은 300밀리초의 반응 지연은 사용자가 눈치 챌 수 있을 만큼 긴 시간이며, 자칫 애플리케이션이 제대로 반응하지 않는 듯한 인상을 줄 수 있다. ngTouch 모듈에 들어 있는 ng-click 대체 기능에서는 두 번째 탭을 기다리지 않고 훨씬 빠르게 click 이벤트를 내보낸다.

ngTouch 모듈 설치

ngTouch 모듈은 http://angularjs.org에서 내려받아야 한다. 이 장에서 앞서 ngAnimate 모듈을 내려받을 때와 같은 절차를 따르되, angular-touch.js 파일을 선택한 후 angularjs 폴더에 내려받는다.

스와이프 제스처 처리

스와이프 제스처 사용법을 살펴보기 위해 이번에는 swipe.html이라는 HTML 파일을 angularjs 폴더에 새로 추가했다. 예제 23-5에서는 새 파일의 내용을 볼 수 있다.

예제 23-5. swipe.html 파일의 내용

```
<!DOCTYPE html>
<html ng-app="exampleApp">
<head>
    <title>Swipe Events</title>
    <script src="angular.js"></script>
    <script src="angular-touch.js"></script>
    <link href="bootstrap.css" rel="stylesheet" />
    <link href="bootstrap-theme.css" rel="stylesheet" />
    <script>
```

```
        angular.module("exampleApp", ["ngTouch"])
        .controller("defaultCtrl", function ($scope, $element) {
            $scope.swipeType = "<None>";
            $scope.handleSwipe = function(direction) {
                $scope.swipeType = direction;
            }
        });
    </script>
</head>
<body ng-controller="defaultCtrl">
    <div class="panel panel-default">
        <div class="panel-body">
            <div class="well"
                ng-swipe-right="handleSwipe('left-to-right')"
                ng-swipe-left="handleSwipe('right-to-left')">
                <h4>Swipe Here</h4>
            </div>
            <div>Swipe was: {{swipeType}}</div>
        </div>
    </div>
</body>
</html>
```

여기서는 먼저 ngTouch 모듈에 대한 의존성을 선언한다. 이벤트 핸들러는 ng-swipe-left 및
ng-swipe-right 디렉티브를 사용해 적용할 수 있다. 이들 두 디렉티브는 div 엘리먼트에 적용
하고, 인라인 바인딩 표현식을 사용해 표시되는 스코프 속성을 업데이트하는 컨트롤러 동작을 호
출하게 했다.

스와이프 제스처는 터치 지원 기기나 마우스를 사용해 제스처를 수행할 때 감지된다. 터치 이벤
트를 테스트하려면 터치 지원 기기를 사용하는 게 가장 좋다. 하지만 터치 지원 기기가 없다면 구
글 크롬의 터치 입력 시뮬레이션 기능이 큰 도움이 된다. F12 툴 창의 우측 하단 구석에서 기어
아이콘을 클릭하고, Overrides 탭을 선택한 후, Emulate Touch Events 옵션을 선택한다. 구글에서
는 종종 F12 툴의 레이아웃을 변경하고 있으므로 옵션을 제대로 찾으려면 이곳 저곳을 둘러봐야
할 수도 있다. 터치 이벤트가 활성화되면, 마우스를 사용해 왼쪽 스와이프, 오른쪽 스와이프를 사
용할 수 있고, 브라우저에서는 그림 23-3과 같이 필요한 터치 이벤트를 생성하게 된다.

ng-click 대체 디렉티브 활용

ng-click 대체 디렉티브는 11장에서 설명한 ng-click 디렉티브를 그대로 반복하는 디렉티브
이므로 여기서는 별도로 예제를 다루지 않겠다.

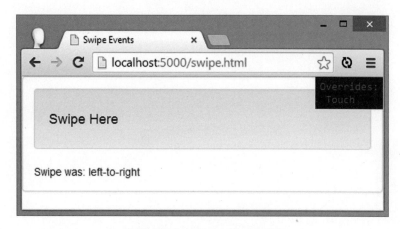

그림 23-3. 스와이프 제스처 감지

| 정리

이 장에서는 AngularJS에서 엘리먼트 애니메이션 및 터치 감지를 위해 제공하는 서비스를 살펴봤다. 다음 장에서는 AngularJS에서 내부적으로 사용하지만 단위 테스트 기능의 기초가 되는 서비스들을 살펴본다.

CHAPTER 24

프로비전 및 주입을 위한 서비스

이 장에서는 AngularJS 컴포넌트를 등록하고 의존 해결을 위해 컴포넌트를 주입하는 데 사용되는 내부 서비스를 살펴본다. 물론 이런 서비스는 일반적인 프로젝트에서 필요한 기능은 아니지만 AngularJS가 내부적으로 어떤 일을 하는지 들여다보고, 25장에서 살펴볼 단위 테스트에 도움된다는 점에서 AngularJS에 대한 혜안을 제시해줄 수 있다. 표 24-1에는 이 장의 내용이 정리돼 있다.

표 24-1. 장 요약

문제	해결책	예제
서비스 데코레이션	`$provide.decorator` 메서드를 사용한다.	1
함수에서 선언한 의존성 찾기	`$injector` 서비스를 사용한다.	2~5
의존성 선언 없이 `$injector` 서비스 가져오기	`$rootElement.injector` 메서드를 사용한다.	6

프로비전 및 주입 서비스는 언제, 왜 사용하나

이들 서비스는 Module 메서드(18장에서 설명)를 통해 기능을 외부로 노출하고, AngularJS 내부적으로 사용되므로 직접 사용하기 위한 용도는 아니다. 이 장에서 이들 서비스를 다루는 이유는 이런 서비스가 어떻게 동작하는지 이해함으로써 AngularJS에 대한 이해의 폭을 넓힐 수 있기 때문이다. 아울러 단위 테스트에서도 이런 서비스를 유용하게 활용할 수 있다.

예제 프로젝트 준비

이 장에서는 angularjs 폴더의 내용을 모두 삭제하고, 1장에서 설명한 대로 코어 AngularJS 라이브러리 및 부트스트랩 파일을 재설치했다.

I AngularJS 컴포넌트 등록

$provide 서비스는 의존성을 충족할 수 있게끔 서비스 같은 컴포넌트를 주입할 수 있게 등록하는 데 사용된다(이 장에서 나중에 '주입 관리' 절을 통해 설명하겠지만 실제 작업은 $injector 서비스가 수행한다). 대부분의 경우 $provide 서비스에서 정의하는 메서드는 Module 타입을 통해 외부로 노출되고 접근할 수 있지만 Module에서 제공하지 않는 특수 메서드(이 메서드는 특정 상황에서 요긴하게 활용할 수 있다)도 하나 있다. 표 24-2에는 $provide 서비스에서 정의하는 메서드가 정리돼 있다.

표 24-2. $provide 서비스가 정의하는 메서드

메서드	설명
constant(name, value)	9장에서 설명한 대로 상수를 정의한다.
decorator(name, service)	잠시 후 설명하겠지만 서비스 데코레이터를 정의한다.
factory(name, service)	18장에서 설명한 대로 서비스를 정의한다.
provider(name, service)	18장에서 설명한 대로 서비스를 정의한다.
service(name, provider)	18장에서 설명한 대로 서비스를 정의한다.
value(name, value)	9장에서 설명한 대로 값 서비스를 정의한다.

Module 타입을 통해 외부로 노출되지 않는 메서드는 바로 decorator 메서드로, 이 메서드는 서비스에 대한 요청을 가로채 다른 기능이나 추가 기능을 제공하는 데 사용된다. 예제 24-1에서는 angularjs 폴더에 새로 추가한 components.html 파일에서 decorator 메서드를 활용해 $log 서비스의 동작을 변형한 것을 볼 수 있다.

예제 24-1. components.html 파일의 내용

```
<!DOCTYPE html>
<html ng-app="exampleApp">
<head>
    <title>Components</title>
    <script src="angular.js"></script>
    <link href="bootstrap.css" rel="stylesheet" />
    <link href="bootstrap-theme.css" rel="stylesheet" />
    <script>
        angular.module("exampleApp", [])
        .config(function($provide) {
            $provide.decorator("$log", function ($delegate) {
                $delegate.originalLog = $delegate.log;
                $delegate.log = function (message) {
                    $delegate.originalLog("Decorated: " + message);
                }
                return $delegate;
```

```
            });
        })
        .controller("defaultCtrl", function ($scope, $log) {
            $scope.handleClick = function () {
                $log.log("Button Clicked");
            };
        });
    </script>
</head>
<body ng-controller="defaultCtrl">
    <div class="well">
        <button class="btn btn-primary" ng-click="handleClick()">Click Me!</button>
    </div>
</body>
</html>
```

이 예제 애플리케이션은 ng-click 디렉티브를 사용해 handleClick이라는 스코프 동작을 호출하는 버튼으로 구성된다. handleClick 동작에서는 19장에서 설명한 $log 서비스를 사용해 콘솔에 메시지를 출력하고 있다.

이 예제에서는 Module.conf 메서드(9장에서 설명)를 호출하는 주요 코드 부분을 강조 표시했다. 이 설정 함수에서는 decorator 메서드를 사용할 수 있게끔 $provide 서비스에 대한 의존성을 선언하고 있다.

decorator 메서드의 인자로는 데코레이션을 적용할 서비스의 이름(리터럴 문자열로 표현)과 **데코레이션 함수**를 지정해야 하는데, 이때 데코레이션 함수에서는 함수로 원본 서비스를 전달하는 데 사용되는 $delegate에 대한 의존성을 반드시 선언해야 한다.

> **팁** decorator 메서드의 첫 번째 인자로는 "$log"처럼 문자열 값을 사용해야 하고 $log 같은 값을 사용해서는 안 된다. 이 인자는 AngularJS에서 데코레이션하려는 서비스를 판단하는 데 사용하기 위한 것으로, 의존성 선언이 아니다.

이 예제에서는 첫 번째 인자로 "$log"를 지정함으로써 19장에서 살펴본 $log 서비스를 데코레이션한다고 지정한다. 이렇게 하면 AngularJS에서는 $log 서비스 객체 인스턴스를 생성하고 이 인스턴스를 decorator 함수의 $delegate 인자로 넘겨준다. $delegate 함수 내에서는 $delegate 객체를 자유롭게 변경할 수 있으며, 이 함수에서 반환하는 결과가 애플리케이션의 다른 영역에서 $log 서비스에 대한 의존성을 리졸브하는 데 사용된다.

> **팁** decorator 함수에서는 지정한 서비스와 관련한 의존성을 리졸브하는 데 사용할 객체를 반드시 반환해야 한다. 만일 값을 반환하지 않으면 의존성이 자바스크립트 undefined 값으로 리졸브된다.

다음은 이 예제에서 서비스를 데코레이션하는 코드다.

```
...
$provide.decorator("$log", function ($delegate) {
    $delegate.originalLog = $delegate.log;
    $delegate.log = function (message) {
        $delegate.originalLog("Decorated: " + message);
    }
    return $delegate;
});
...
```

여기서는 log 메서드의 이름을 originalLog로 바꾸고, 로그 메시지에 Decorated라는 접두어를 첨부하는 새 로그 메서드를 추가했다. 예제 애플리케이션을 실행하고 버튼을 클릭한 후 자바스크립트 콘솔을 확인하면 수정된 결과를 볼 수 있다.

```
Decorated: Button Clicked
```

서비스는 원하는 대로 마음껏 바꿀 수 있지만 decorator 함수에서 반환하는 객체가 서비스 객체의 성격에 대해 알고 있고 이를 사용하는 기존 컴포넌트에 전달된다는 점을 꼭 기억해야 한다. 이 예제의 경우 $log 서비스에서 log 메서드의 이름을 detailedLog로 바꾸더라도 사실 아무 의미가 없다. 기존 컴포넌트 중 $log 서비스에 대한 의존성을 선언하고 이 메서드명을 예상해 기존 메서드를 계속해서 사용하려는 컴포넌트가 하나도 없기 때문이다. 따라서 서비스 데코레이션 기능은 작은 부분을 조정하려고 할 때 가장 유용하게 활용할 수 있다. 예컨대 서비스 메서드를 호출할 때 자바스크립트 콘솔에 메시지를 출력해 복잡한 문제를 디버깅하는 경우가 이에 해당한다.

| 주입 관리

$injector 서비스는 함수에서 선언하는 의존성을 판단하고, 의존성을 리졸브하는 책임을 진다. 표 24-3에는 $injector 서비스에서 지원하는 메서드가 정리돼 있다.

표 24-3. $injector 서비스가 정의하는 메서드

메서드	설명
annotate(fn)	지정한 함수에 대한 인자를 가져온다. 서비스에 해당하지 않는 함수도 포함한다.
get(name)	지정한 서비스명에 대한 서비스 객체를 가져온다.
has(name)	지정한 이름과 관련해 서비스가 존재하는지 여부를 반환한다.
invoke(fn, self, locals)	this에 지정한 값과 지정한 비서비스 인자 값을 사용해 지정 함수를 호출한다.

$injector 서비스는 AngularJS 라이브러리의 핵심 서비스로, 이 서비스를 직접 활용해야 하는 경우는 거의 없다. 하지만 이 서비스를 이해하고 나면 AngularJS가 어떻게 동작하고, AngularJS를 어떻게 커스터마이징해야 하는지 이해하는 데 도움이 된다. 다만 이런 커스터마이징을 적용할 때는 각별히 주의하고, 철저한 테스트를 수행해야 한다.

 AngularJS에는 컨트롤러 인스턴스를 생성하는 $controller라는 관련 서비스도 들어 있다. 컨트롤러를 직접 생성해야 하는 경우는 단위 테스트를 작성할 때뿐이다. 25장에서는 $controller 서비스를 활용해 단위 테스트를 작성하는 법을 살펴본다.

함수 의존성 판단

자바스크립트는 유연하고 동적인 언어다. 자바스크립트는 언어로서 장점이 많지만, 함수 실행과 동작을 관리하는 함수 애노테이션 기능이 많이 부족하다. 예를 들어 C#과 같은 언어에서는 어트리뷰트를 활용해 함수 실행에 대한 명령 또는 메타데이터를 전달할 수 있다.

이와 같은 애노테이션 기능이 기본으로 제공되지 않음에 따라 AngularJS에서는 함수 인자의 이름을 서비스로 매칭함으로써 의존성 주입을 구현하는 복잡한 방식을 사용하고 있다. 보통은 함수를 작성하는 사람이 인자의 이름도 결정하기 마련인데, AngularJS에서는 이와 같은 이름이 특별한 의미를 지닌다. 예제 24-2에서 볼 수 있듯 $injector 서비스에서 정의하는 annotate 메서드는 함수에서 선언하는 의존성셋(set)을 가져오는 데 사용된다.

예제 24-2. components.html 파일 내 함수 의존성 가져오기

```
<!DOCTYPE html>
<html ng-app="exampleApp">
<head>
    <title>Components</title>
    <script src="angular.js"></script>
    <link href="bootstrap.css" rel="stylesheet" />
    <link href="bootstrap-theme.css" rel="stylesheet" />
    <script>
        angular.module("exampleApp", [])
        .controller("defaultCtrl", function ($scope, $injector) {
            var counter = 0;

            var logClick = function ($log, $exceptionHandler, message) {
                if (counter == 0) {
                    $log.log(message);
                    counter++;
                } else {
                    $exceptionHandler("Already clicked");
                }
```

```
            }

            $scope.handleClick = function () {
                var deps = $injector.annotate(logClick);
                for (var i = 0; i < deps.length; i++) {
                    console.log("Dependency: " + deps[i]);
                }
            };
        });
    </script>
</head>
<body ng-controller="defaultCtrl">
    <div class="well">
        <button class="btn btn-primary" ng-click="handleClick()">Click Me!</button>
    </div>
</body>
</html>
```

이 예제에서는 $log 서비스, $exceptionHandler 서비스에 대한 의존성을 선언하고, message 라는 일반 인자를 정의하는 logClick 함수를 정의했다. 두 서비스는 모두 컨트롤러의 factory 함수에서 의존성으로 선언하지 않았으며, 이 예제에서는 logClick 함수를 제대로 실행할 수 있게끔 logClick 함수에 필요한 의존성을 제공하려고 한다.

> **참고** 물론 실제 프로젝트라면 이와 같은 방식을 사용해서는 안 된다. 여기서는 AngularJS가 내부적으로 어떻게 동작하는지를 보여주기 위해 이런 방식을 사용하고 있음을 기억하자. 현업에서 사용하는 실전 기법에 주된 관심이 있는 독자라면 이런 예제는 건너뛰어도 무방하다.

우선 함수 내에서 의존성셋을 가져와야 한다. 이를 위해서는 다음과 같이 $injector.annotate 메서드를 사용하면 된다.

```
...
var deps = $injector.annotate(logClick);
for (var i = 0; i < deps.length; i++) {
    console.log("Dependency: " + deps[i]);
}
...
```

annotate 메서드의 인자는 의존성을 분석하려는 함수이고, 결과는 함수의 인자 배열이 된다. 이 예제에서는 결과 값을 자바스크립트 콘솔에 출력했으며, 출력 결과는 다음과 같다.

```
Dependency: $log
Dependency: $exceptionHandler
Dependency: message
```

출력 결과에서 annotate 메서드의 결과에는 함수에서 받는 인자 목록이 모두 나와 있다. 물론 이 인자들이 모두 서비스 의존성인 것은 아니다. 따라서 예제 24-3과 같이 $injector.has 메서드를 사용해 각 인자가 서비스 의존성으로 등록돼 있는지 먼저 검사해야 한다.

예제 24-3. components.html 파일 내 함수 인자 필터링을 통한 서비스 찾기

```
...
<script>
    angular.module("exampleApp", [])
    .controller("defaultCtrl", function ($scope, $injector) {
        var counter = 0;

        var logClick = function ($log, $exceptionHandler, message) {
            if (counter == 0) {
                $log.log(message);
                counter++;
            } else {
                $exceptionHandler("Already clicked");
            }
        }

        $scope.handleClick = function () {
            var deps = $injector.annotate(logClick);
            for (var i = 0; i < deps.length; i++) {
                if ($injector.has(deps[i])) {
                    console.log("Dependency: " + deps[i]);
                }
            }
        };
    });
</script>
...
```

이와 같이 has 메서드를 호출하면 다음 출력 결과에서 보듯 $log 및 $exceptionHandler 서비스를 사용할 수 있고, message 인자는 서비스 의존성이 아님을 알 수 있다.

```
Dependency: $log
Dependency: $exceptionHandler
```

서비스 인스턴스 가져오기

필요한 서비스 객체는 $injector.get 메서드를 통해 가져올 수 있다. 이 메서드는 서비스명을 인자로 받고, 서비스 객체를 반환해준다. get 메서드를 통해 가져온 객체를 사용하고, 비서비스 인자에 필요한 값을 제공하면 예제 24-4와 같이 logClick 함수를 호출할 수 있다.

```
...
<script>
    angular.module("exampleApp", [])
    .controller("defaultCtrl", function ($scope, $injector) {
        var counter = 0;

        var logClick = function ($log, $exceptionHandler, message) {
            if (counter == 0) {
                $log.log(message);
                counter++;
            } else {
                $exceptionHandler("Already clicked");
            }
        }

        $scope.handleClick = function () {
            var deps = $injector.annotate(logClick);
            var args = [];
            for (var i = 0; i < deps.length; i++) {
                if ($injector.has(deps[i])) {
                    args.push($injector.get(deps[i]));
                } else if (deps[i] == "message") {
                    args.push("Button Clicked");
                }
            }
            logClick.apply(null, args);
        };
    });
</script>
...
```

여기서는 서비스와 message 인자 값을 결합해 함수를 실행하는 데 필요한 인자 배열을 구성했
다. 그런 다음 편리한 자바스크립트 메서드인 apply 메서드를 사용해 인자 배열을 통해 함수를
호출했다.

팁   매우 편리한 메서드이기는 하지만 잘 사용하지 않으므로 독자들 중에는 apply 메서드를 처음 접
하는 사람도 있을 것이다. 이 메서드의 첫 번째 인자는 함수를 호출할 때 this에 대입할 인자이
며, 두 번째 인자는 함수로 전달할 인자 배열이다.

브라우저에서 components.html 파일을 로드하고 버튼을 두 번 클릭하면 다음과 같이 $log 및
$exceptionHandler 서비스의 결과가 자바스크립트 콘솔에 출력되는 것을 볼 수 있다.

```
Button Clicked
Already Clicked
```

호출 흐름 정리

$injector.invoke 메서드에서 서비스를 찾고, 함수에 전달할 추가 값을 관리하는 것을 설명하기 위해 지금까지 함수 호출 과정을 여러 단계로 나눠서 살펴봤다. 예제 24-5에서는 실제 예제에서 이 메서드를 호출하는 코드를 볼 수 있다.

예제 24-5. components.html 파일 내 invoke 메서드 활용

```
...
<script>
    angular.module("exampleApp", [])
    .controller("defaultCtrl", function ($scope, $injector) {
        var counter = 0;

        var logClick = function ($log, $exceptionHandler, message) {
            if (counter == 0) {
                $log.log(message);
                counter++;
            } else {
                $exceptionHandler("Already clicked");
            }
        }

        $scope.handleClick = function () {
            var localVars = { message: "Button Clicked" };
            $injector.invoke(logClick, null, localVars);
        };
    });
</script>
...
```

invoke 메서드의 인자는 호출하려는 함수, this에 사용할 값, 서비스 의존성이 아닌 함수 인자에 해당하는 속성을 포함하는 객체다.

루트 엘리먼트를 통한 $injector 서비스 가져오기

$rootElement 서비스는 ng-app 디렉티브가 적용된 HTML 엘리먼트(AngularJS 애플리케이션의 루트)에 접근할 수 있게 해준다. $rootElement 서비스는 jqLite 객체 형태로 값을 제공하므로, 15장에서 설명한 jqLite 메서드를 사용해 필요에 따라 엘리먼트 위치를 찾거나 DOM을 수정

할 수 있다. 특별히 이 장의 주제와 관련해 $rootElement 서비스 객체에서는 $injector 서비스 객체를 반환하는 injector라는 추가 메서드도 제공한다. 예제 24-6에서는 $injector 서비스에 대한 의존성을 $rootElement 서비스에 대한 의존성으로 수정한 코드를 볼 수 있다.

예제 24-6. components.html 파일 내 $rootElement 서비스 활용

```
...
<script>
    angular.module("exampleApp", [])
    .controller("defaultCtrl", function ($scope, $rootElement) {
        var counter = 0;

        var logClick = function ($log, $exceptionHandler, message) {
            if (counter == 0) {
                $log.log(message);
                counter++;
            } else {
                $exceptionHandler("Already clicked");
            }
        }

        $scope.handleClick = function () {
            var localVars = { message: "Button Clicked" };
            $rootElement.injector().invoke(logClick, null, localVars);
        };
    });
</script>
...
```

> **팁** 물론 굳이 이 예제처럼 $rootElement 서비스를 통해 $injector 서비스에 접근할 이유는 전혀 없다. 하지만 여기서는 책의 완성도를 위해 이 방식을 사용하는 예제도 포함시켰다.

| 정리

이 장에서는 서비스를 관리하고, 의존성을 리졸브하기 위해 함수로 서비스를 주입하는 일을 책임지는 서비스를 살펴봤다. 이들 서비스는 현업에서 자주 사용할 만한 서비스는 아니지만 AngularJS가 내부적으로 어떻게 동작하는지에 대한 혜안을 제시해준다. 다음 장에서는 AngularJS에서 단위 테스트를 위해 제공하는 기능을 들여다본다.

단위 테스트

이 장에서는 AngularJS에서 단위 테스트를 위해 제공하는 기능을 살펴본다. 특별히 이 중에서도 나머지 AngularJS 프레임워크로부터 코드를 고립화함으로써 철저하고 일관적인 테스트를 할 수 있게 도와주는 서비스를 살펴본다. 표 25-1에는 이 장의 내용이 정리돼 있다.

표 25-1. 장 요약

문제	해결책	예제
기본적인 자스민 단위 테스트 작성	자스민 describe, beforeEach, it, expect 함수를 사용한다.	1~4
AngularJS 테스트 준비	angular.mock.module 메서드를 사용해 테스트할 모듈을 로드하고, angular.mock.inject 메서드를 사용해 의존성을 리졸브한다.	5
목 HTTP 요청	ngMocks 모듈에 들어 있는 $httpBackend 서비스를 사용한다.	6~7
목 타임아웃 및 주기	ngMocks 모듈에 들어 있는 $interval 및 $timeout 서비스를 사용한다.	8~9
로깅 테스트	ngMocks 모듈에 들어 있는 $log 서비스를 사용한다.	10~11
필터 테스트	$filter 서비스를 사용해 필터를 인스턴스화한다.	12~13
디렉티브 테스트	$compile 서비스를 사용하고 스코프 인자를 사용해 HTML을 생성하는 데 사용할 수 있는 함수를 생성한다. HTML을 생성하고 나면 jqLite를 통해 HTML을 평가한다.	14~15
서비스 테스트	angular.mock.inject 메서드를 사용해 테스트할 서비스에 필요한 의존성을 리졸브한다.	16~17

단위 테스트는 언제, 왜 사용하나

단위 테스트는 작은 기능 단위를 고립화함으로써 나머지 애플리케이션 영역이나 AngularJS와 독립적으로 기능을 테스트하는 기법이다. 단위 테스트를 효과적으로 적용하면 이후 개발 주기에서 나타나는 소프트웨어 결함(특히 애플리케이션을 배포한 후 사용자가 겪게 되는 오류)을 줄이는 데 큰 도움이 된다.

단위 테스트는 팀이 설계 기술에 대한 경험이 풍부하고 제품의 용도를 명확히 이해하고 있을 때 가장 큰 효과를 볼 수 있다. 이와 같은 숙련된 기술과 폭넓은 시야가 없는 상태에서 단위 테스트에만 초점을 맞춘 채 단위 테스트를 수행하면 개별 기능의 품질을 지나치게 강조함에 따라 전체 애플리케이션의 구조를 망칠 수 있다. 단위 테스트를 수행하는 데 있어 최악의 환경은 수천 명의 개발자가 참여하는 대기업 프로젝트다. 이런 프로젝트에서 개인 개발자는 전체적인 아키텍처 및 소프트웨어의 흐름을 한눈에 보기 어려우며, 임의로 외부 입력값에 대해 가정한 단위 테스트를 수행해 각 기능의 품질을 측정하게 되는데, 이런 가정은 대개 잘못된 것이 된다. 이런 상황에서는 개별 단위 테스트를 통과하더라도 통합 테스트 과정에서 각 단위 테스트의 잘못된 가정이 드러나 이를 다시 수정해야 하는 절차가 뒤따른다.

그럼에도 불구하고 단위 테스트는 잘 적용하기만 하면 얼마든지 강력한 도구가 될 수 있다. 다만 단위 테스트를 적용할 때는 단위 테스트의 이점을 확실히 판단하고, 단위 테스트를 통과하더라도 각 기능 단위가 서로 연동해 항상 잘 동작하는 것은 아님을 기억해야 한다. 단위 테스트는 단대단 (end-to-end) 테스트를 수행하는 과정의 일부로써 활용해야 한다. AngularJS 프로젝트에서는 단대단 테스트에 프로트랙터(Protractor)를 사용할 것을 권장하는데, 프로트랙터에 대한 자세한 설명은 https://github.com/angular/protractor에서 볼 수 있다.

예제 프로젝트 준비

이 장의 예제에서는 angularjs 폴더의 내용을 모두 삭제하고, 1장에서 설명한 대로 AngularJS 및 부트스트랩 파일을 재설치했다.

> **주의**   지금까지는 기존 angularjs 폴더의 내용을 모두 지우고 처음부터 예제를 진행하지 않더라도 별다른 문제가 없었다. 하지만 이 장에서는 이전 장의 자바스크립트 파일을 지우지 않을 경우 잘못된 결과가 나오는 만큼 반드시 폴더의 내용을 삭제하고 시작해야 한다.

---

ngMocks 모듈 설치

AngularJS에서는 ngMock이라는 선택 모듈을 제공하는데, 이 모듈에는 단위 테스트에 도움되는 유용한 기능이 들어 있다. http://angularjs.org로 이동해 Download를 클릭하고, 필요한 버전을 선택한 다음, 그림 25-1에 보이는 것처럼 창 좌측 하단에 있는 Extras 링크를 클릭한다.

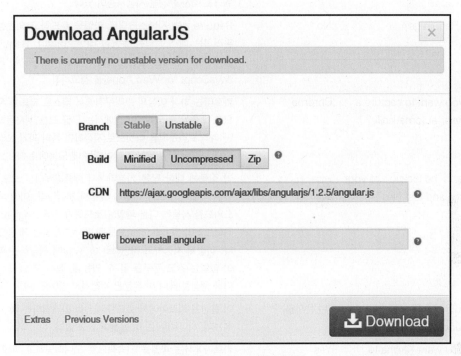

그림 25-1. 선택 모듈 내려받기

angular-mocks.js 파일을 내려받아 angularjs 폴더에 저장한다.

테스트 설정 구성

1장의 준비 과정에서 우리는 카르마(Karma) 테스트 러너를 설치한 바 있다. 카르마는 각 프로젝트별로 설정해야 한다. angularjs 폴더 내 명령행에서 다음 명령을 실행한다.

```
karma init karma.config.js
```

그럼 카르마 설정 절차가 진행되고, 몇 가지 질문에 답해야 한다. 질문 목록 및 이 장에 필요한 대답은 표 25-2에 정리했다.

표 25-2. 카르마 설정 질문

질문	답	설명
Which testing framework do you want to use?	Jasmine	카르마는 세 가지 인기 테스트 프레임워크를 기본으로 지원한다. 바로 Jasmine, Mocha, QUnit이다. 이 장에서는 자스민(Jasmine)을 사용하지만 다른 테스트 프레임워크도 각자 두터운 사용자층이 있다.
Use Require.js?	No	Require.js는 자바스크립트 파일을 로드하고 의존성을 관리하는 데 도움되는 유용한 라이브러리다. Require.js에 대한 자세한 설명은 필자의 또 다른 저서 『Pro JavaScript for Web Apps』를 참고하자.
Do you want to capture a browser automatically?	Chrome	카르마는 하나 이상의 브라우저에서 테스트 코드를 자동으로 수행할 수 있다. 이 장에서는 구글 크롬만 사용하지만 여러 브라우저를 타깃으로 지정하면 특히 과거 브라우저와 관련한 구현 문제를 찾아내는 데 도움이 된다.
What is the location of your source and test files?	`angular.js` `angular-mocks.js` `*.js` `tests/*.js`	이 질문에 대한 답은 카르마에서 애플리케이션 코드 및 단위 테스트 코드를 어떻게 찾을지 지정한다. 이때 와일드카드를 사용해 다른 파일을 로드하기 전에 AngularJS 라이브러리 및 ngMocks 모듈을 먼저 지정하는 게 중요하다. 이렇게 지정하고 나면 `tests/*.js`에 해당하는 파일이 없다는 경고 문구를 볼 수 있는데, 잠시 후 `tests` 폴더를 생성할 테니 이 부분은 걱정하지 않아도 된다.
Should any files be excluded?	〈빈 문자열〉	이 옵션은 카르마에서 로드할 파일을 필터링하는 데 사용되는데, 이 장에서는 이 옵션이 필요 없다.
Do you want Karma to watch all the files and run the tests on change?	Yes	카르마에서는 파일을 지속적으로 모니터링하고 파일 변동이 있을 경우 단위 테스트를 자동으로 수행해준다.

설정 과정을 마치고 나면 설정 옵션이 들어 있는 자바스크립트 파일인 `karma.config.js` 파일이 생성된다. 이 장에서 진행하는 설정을 독자들이 그대로 따라 할 수 있게끔 www.apress.com에서 제공하는 예제 코드에서는 이 설정 파일도 함께 제공하고 있다.

예제 애플리케이션 생성

먼저 이 장에서 테스트할 예제 애플리케이션이 필요하다. 이를 위해 angularjs 폴더에 app.html이라는 새 파일을 생성한다. 예제 25-1에서는 새 파일의 내용을 볼 수 있다.

```
<!DOCTYPE html>
<html ng-app="exampleApp">
<head>
    <title>Example</title>
    <script src="angular.js"></script>
    <script src="app.js"></script>
    <link href="bootstrap.css" rel="stylesheet" />
    <link href="bootstrap-theme.css" rel="stylesheet" />
</head>
<body ng-controller="defaultCtrl">
    <div class="panel panel-default">
        <div class="panel-body">
            <p>Counter: {{counter}}</p>
            <p>
                <button class="btn btn-primary"
                    ng-click="incrementCounter()">Increment</button>
            </p>
        </div>
    </div>
</body>
</html>
```

이 장에서 설정한 테스트 시스템의 제약 사항 중 하나는 HTML 파일 내에 들어 있는 인라인 script 엘리먼트는 테스트할 수 없고, 외부 자바스크립트 파일만을 테스트 대상으로 한다는 점이다. app.html 파일 안에 AngularJS 코드가 하나도 들어 있지 않은 것 또한 이 때문이다. 하지만 이는 사실 심각한 문제가 아니다. 이 책의 예제에서 지금까지 인라인 스크립트를 사용한 이유는 단지 예제를 간단히 하기 위한 용도일 뿐이며, 실제 프로젝트를 진행할 때도 별도 자바스크립트 파일을 사용하는 게 훨씬 편리하기 때문이다. 예제 25-2에서는 angularjs 폴더에 추가한 app.js 파일의 내용을 볼 수 있다. 이 자바스크립트 파일에는 예제 애플리케이션에 필요한 AngularJS 코드가 들어 있다.

```
angular.module("exampleApp", [])
    .controller("defaultCtrl", function ($scope) {

        $scope.counter = 0;

        $scope.incrementCounter = function() {
            $scope.counter++;
        }
    });
```

예제 코드에서 볼 수 있듯 이 장에서는 간단한 예제를 사용한다. 이 예제의 컨트롤러에서는 스코프에 counter라는 변수와 incrementCounter라는 동작을 정의한다. incrementCounter 동작은 HTML 파일 내 버튼의 ng-click 디렉티브를 통해 호출한다. 결과 화면은 그림 25-2에서 볼 수 있다.

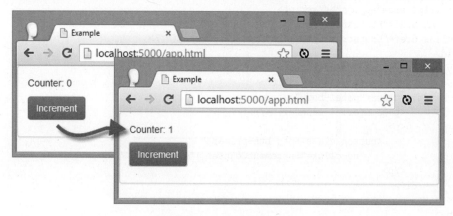

그림 25-2. 예제 애플리케이션

┃카르마 및 자스민 활용

테스트 설정이 제대로 동작하는지 확인하기 위해 이번에는 AngularJS를 전혀 사용하지 않는 간단한 단위 테스트를 작성해보자. 이렇게 하면 ngMocks 모듈에서 제공하는 테스트 기능을 사용하기 전에 카르마 및 자스민이 제대로 설정돼 있고 올바르게 동작하는지 확인할 수 있다.

카르마 설정 파일을 생성할 때 위치를 지정하기만 하면 프로젝트 내 아무 위치에나 테스트 파일을 두어도 상관없다. 하지만 필자는 다른 애플리케이션 파일과 헷갈리지 않게끔 tests라는 별도 폴더에 테스트를 보관하는 편이다. 이 장에서도 이 방식을 따르지만, 정해진 규칙은 없으므로 실제 프로젝트를 진행할 때는 자신에게 적합한 방식을 따르면 된다.

자스민 테스트는 자바스크립트를 사용해 정의한다. 이를 위해 먼저 angularjs/tests 폴더를 생성하고 firstTest.js라는 파일을 이 폴더에 추가한다. firstTest.js 파일의 내용은 예제 25-3에서 볼 수 있다.

예제 25-3. firstTest.js 파일의 내용

```
describe("First Test", function () {

    // 준비 (시나리오 설정)
    var counter;
```

```
    beforeEach(function () {
        counter = 0;
    });

    it("increments value", function () {
        // 행동 (작업 시도)
        counter++;
        // 확인 (결과 확인)
        expect(counter).toEqual(1);
    })

    it("decrements value", function () {
        // 행동 (작업 시도)
        counter--;
        // 확인 (결과 확인)
        expect(counter).toEqual(0);
    })
});
```

팁   예리한 독자라면 이 단위 테스트에 문제가 있음을 눈치 챘을 것이다. 여기서는 카르마가 자스민 테스트를 어떻게 수행하는지 보여주기 위해 문제가 되는 부분을 일부러 포함시켰다. 이 문제는 예제 25-4에서 해결한다.

단위 테스트를 작성할 때 필자는 **준비/행동/확인**(A/A/A, arrange/act/assert)이라는 패턴을 따른다. **준비**란 테스트에 필요한 시나리오를 설정하는 과정을 말한다. **행동**은 실제 테스트를 수행하는 과정이고, **확인**은 올바른 결과가 나왔는지 검사하는 과정이다.

자스민 테스트는 자바스크립트 함수를 사용해 작성하므로 애플리케이션 코드를 작성하는 연장선에서 손쉽게 테스트 코드를 작성할 수 있다. 이 예제에는 다섯 개의 자스민 함수가 들어 있으며, 각 함수는 표 25-3에 정리돼 있다.

표 25-3. firstTest.js 파일 내 자스민 함수

함수	설명
describe	관련 테스트 여러 개를 그룹으로 지정한다(선택 함수이지만 테스트 코드를 조직화하는 데 도움이 된다).
beforeEach	각 테스트 전에 함수를 실행한다(테스트 준비 과정에서 종종 사용한다).
it	테스트를 수행하기 위한 함수를 실행한다(테스트 행동 단계).
expect	테스트 결과를 확인한다(테스트 확인 단계).
toEqual	테스트 결과를 예상 결과와 비교한다(테스트 확인의 또 다른 단계).

단위 테스트를 처음 접하고 이런 함수명이 잘 이해되지 않아도 걱정할 것은 없다. 앞으로 좀 더 많은 예제를 접하면 자연스럽게 이해할 수 있기 때문이다. 여기서 주의해서 살펴볼 점은 it 함수가 테스트 함수를 수행하면 expect 및 toEqual 함수를 사용해 결과를 확인한다는 점이다. toEqual 함수는 자스민에서 테스트 결과를 평가할 수 있는 여러 수단 중 하나일 뿐이다. 표 25-4에는 결과 평가에 사용할 수 있는 나머지 함수가 정리돼 있다.

표 25-4. 테스트 결과 확인을 위한 자스민 함수

함수	설명
expect(x).toEqual(val)	x가 val과 같은 값을 갖는지 확인한다(같은 객체일 필요는 없다).
expect(x).toBe(obj)	x 및 obj가 같은 객체인지 확인한다.
expect(x).toMatch(regexp)	x가 지정한 정규식과 일치하는지 확인한다.
expect(x).toBeDefined()	x가 정의돼 있는지 확인한다
expect(x).toBeUndefined()	x가 정의돼 있지 않은지 확인한다.
expect(x).toBeNull()	x가 null인지 확인한다.
expect(x).toBeTruthy()	x가 true이거나 true로 평가되는지 확인한다.
expect(x).toBeFalsy()	x가 false이거나 false로 평가되는지 확인한다.
expect(x).toContain(y)	x가 y를 포함하는 문자열인지 확인한다.
expect(x).toBeGreaterThan(y)	x가 y보다 큰지 확인한다.

> **팁** not을 사용하면 이들 메서드의 반대 사례를 테스트할 수 있다. 예를 들어 expect(x).not.toEqual(val)을 사용하면 x가 val 값과 같은 값을 갖고 있지 않은지 테스트할 수 있다.

테스트 실행

이 장에서 앞서 카르마를 설정할 때 angularjs 및 angularjs/tests 폴더에 들어 있는 모든 자바스크립트 파일을 감시하고, 변경 사항이 있을 때 모든 자스민 테스트를 실행하게끔 지정했다. 카르마를 시작하려면 angularjs 폴더 내의 명령행에서 다음 명령을 실행하면 된다.

```
karma start karma.config.js
```

카르마에서는 설정 파일을 로드하고, 브라우저와 연동할 수 있게 크롬 인스턴스를 시작한다. 또, 찾아낸 자스민 테스트를 모두 실행해 다음과 같은 결과를 출력한다.

```
C:\angularjs>karma start karma.config.js
INFO [karma]: Karma v0.10.6 server started at http://localhost:9876/
INFO [launcher]: Starting browser Chrome
INFO [Chrome 31.0.1650 (Windows)]: Connected on socket G7kAD8HkusX5AF4ZDQtb
Chrome 31.0.1650 (Windows) First Test decrements value FAILED
        Expected -1 to equal 0.
        Error: Expected -1 to equal 0.
            at null.<anonymous> (C:/angularjs/tests/firstTest.js:21:25)
Chrome 31.0.1650 (Windows): Executed 2 of 2 (1 FAILED) (0.141 secs / 0.015 secs)
```

브라우저 창이 열려 있기는 하지만 테스트 출력 결과는 명령행 콘솔에 출력된다. 카르마에서는 문제가 있을 경우 색상 코드를 사용해 이를 표시하므로, 문제가 있다면 문제가 콘솔창에 빨간색 텍스트로 표시되는 것을 볼 수 있다.

테스트 문제점 이해

firstTest.js 파일에는 두 개의 단위 테스트가 들어 있다. 첫 번째 테스트에서는 다음과 같이 카운터 값을 늘린다.

```
...
it("increments value", function () {
    // 행동 (작업 시도)
    counter++;
    // 확인 (결과 확인)
    expect(counter).toEqual(1);
})
...
```

이 테스트의 이름은 increments value이며(이 이름은 it 함수의 첫 번째 인자로 설정했다), ++ 연산자를 사용해 counter 변수 값을 1씩 늘린다. 값을 늘린 후에는 expect 및 toEqual 함수를 사용해 값이 1인지 검사한다. 또 다른 테스트에서는 다음과 같이 counter 값을 줄인다.

```
...
it("decrements value", function () {
    // 행동 (작업 시도)
    counter--;
    // 확인 (결과 확인)
    expect(counter).toEqual(0);
})
...
```

두 번째 테스트의 이름은 decrements value다. 여기서는 -- 연산자를 사용해 counter 값을 줄이고, expect 및 toEqual 함수를 사용해 결과가 0인지 검사한다. 문제(이런 문제는 자주 생긴다)는 beforeEach 함수도 사용해 counter 변수 값을 다음과 같이 재설정하고 있다는 점이다.

```
...
beforeEach(function () {
    counter = 0;
});
...
```

beforeEach로 전달한 함수는 각 테스트가 수행되기 전에 실행되므로 첫 번째 테스트의 결과 값이 두 번째 테스트로 전달되지 않는다. 대신 값은 두 번째 테스트가 수행되기 전에 0으로 재설정된다. 카르마 출력 결과에서도 이와 같은 결과를 확인할 수 있다.

```
...
Chrome 31.0.1650 (Windows) First Test decrements value FAILED
        Expected -1 to equal 0.
        Error: Expected -1 to equal 0.
...
```

출력 결과에는 테스트의 이름, 기대한 값, 실제 값이 모두 들어 있으므로 어떤 테스트가 실패했는지 한눈에 알 수 있다.

문제 해결

이 테스트의 문제를 해결하려면 counter 변수의 초기 값에 대한 가정을 예제 25-4처럼 수정해야 한다.

예제 25-4. firstTest.js 파일 내 문제 해결

```
...
it("decrements value", function () {
    // 행동 (작업 시도)
    counter--;
    // 확인 (결과 확인)
    expect(counter).toEqual(-1);
})
...
```

수정한 파일을 저장하면 카르마에서는 자동으로 테스트를 재실행하고 다음 결과를 출력한다.

```
Chrome 31.0.1650 (Windows): Executed 2 of 2 SUCCESS (11.999 secs / 7.969 secs)
```

이제 간단한 자스민 테스트를 작성하고, 카르마를 통해 이를 실행하는 법을 배웠으니 AngularJS에서 애플리케이션 컴포넌트 테스트를 위해 제공하는 지원 기능을 살펴보자.

목 객체 이해

모킹(mocking)이란 효과적인 단위 테스트를 위해 애플리케이션의 주요 컴포넌트를 대체할 객체를 생성하는 과정을 말한다. $http 서비스를 사용해 Ajax 요청을 수행하는 컨트롤러의 동작을 테스트해야 한다고 가정하자. 이 동작에서는 여러 개의 다른 컴포넌트 및 시스템에 의존하고 있다. 예컨대, 컨트롤러가 속하는 AngularJS 모듈, $http 서비스, 요청을 처리하는 서버, 요청한 데이터가 들어 있는 데이터베이스 등이 이에 해당한다. 테스트가 실패할 경우 테스트하려는 컨트롤러 동작으로 인해 문제가 발생했는지, 이와 관계없는 다른 오류(예컨대 서버의 강제 종료 또는 데이터베이스에 연결할 수 없는 문제 등)로 인해 문제가 발생했는지 알기 어렵다.

테스트 대상에서 의존하는 컴포넌트는 **목 객체**를 통해 대체할 수 있다. 이와 같은 목 객체에서는 컴포넌트에서 필요한 API를 구현하지만, 예상 가능한 가짜 결과를 생성해준다. 코드를 다양한 시나리오에서 테스트하려면 목 객체의 동작을 수정하기만 하면 된다. 이와 같은 방식을 활용하면 테스트 서버, 데이터베이스, 네트워크 등을 끝없이 재설정하지 않아도 손쉽게 다양한 테스트를 수행할 수 있다.

테스트 객체 및 API

이 절에서는 테스트를 쉽게 수행할 수 있게끔 AngularJS에서 제공하는 목 객체 및 추가 기능을 살펴본다. 그런 다음 이 장의 나머지 부분에서 이를 활용해 효과적인 단위 테스트를 구현하는 법을 설명한다. ngMocks 모듈에는 AngularJS 컴포넌트를 대체할 수 있는 여러 목 객체가 들어 있으며, 이들 객체는 표 25-5에 정리돼 있다.

표 25-5. ngMocks 모듈에 포함된 목 객체

목 객체	설명
angular.mock	목 모듈 생성 및 의존성 리졸브에 사용된다.
$exceptionHandler	수신한 예외를 다시 던지는 $exceptionHandler 서비스의 목 구현체다.
$interval	요청한 함수 실행 예약이 일어나게끔 시간을 앞으로 이동시켜주는 $interval 서비스의 목 구현체. '기간 모킹' 절을 참고하자.
$log	수신한 메시지를 실제 서비스에서 정의하는 메서드를 따라 속성을 통해 노출하는 $log 서비스의 목 구현체. '로깅 테스트' 절을 참고하자.
$timeout	관련 함수가 실행될 수 있게끔 프로그래밍적으로 타이머의 시간을 만료시키는 $timeout 서비스의 목 구현체. '기간 모킹' 절을 참고하자.

이들 목 객체는 대부분 간단하지만 단위 테스트를 작성하는 데 꼭 필요한 기초를 제공해준다. 이어지는 절에서는 이들 목 객체를 활용해 다양한 유형의 AngularJS 컴포넌트를 테스트하는 법을 살펴본다.

`angular.mock` 객체는 단위 테스트에서 모듈을 로드하고 의존성을 리졸브할 수 있는 메서드를 제공한다. 이들 메서드는 표 25-6에 정리돼 있다.

표 25-6. angular.mock 객체에서 정의하는 메서드

메서드	설명
`module(name)`	지정한 모듈을 로드한다. '테스트 준비' 절을 참고하자.
`inject(fn)`	의존성을 리졸브하고, 이를 함수에 주입한다. '의존성 리졸브' 절을 참고하자.
`dump(object)`	AngularJS 객체(서비스 객체 등)를 직렬화한다.

ngMocks 모듈 외에도, AngularJS에서는 단위 테스트에 도움되는 메서드 및 서비스를 제공하고 있다. 이들 메서드 및 서비스는 표 25-7에 정리돼 있다.

표 25-7. 단위 테스트를 위한 추가 메서드 및 서비스

메서드 및 서비스	설명
`$rootScope.new()`	새 스코프를 생성한다.
`$controller(name)`	지정한 컨트롤러의 인스턴스를 생성한다.
`$filter(name)`	지정한 필터의 인스턴스를 생성한다.

컨트롤러 테스트

먼저 컨트롤러를 테스트하는 법부터 살펴보자. 컨트롤러는 테스트하기 쉬울뿐더러 AngularJS 목 객체에서 제공하는 기본 기능을 소개하기에도 적합하다. 컨트롤러 테스트를 위해 여기서는 angularjs/tests 폴더에 controllerTest.js 파일을 추가하고, 예제 25-5와 같이 테스트를 정의했다.

예제 25-5. controllerTest.js 파일의 내용

```
describe("Controller Test", function () {

    // 준비
    var mockScope = {};
    var controller;

    beforeEach(angular.mock.module("exampleApp"));

    beforeEach(angular.mock.inject(function ($controller, $rootScope) {
        mockScope = $rootScope.$new();
        controller = $controller("defaultCtrl", {
            $scope: mockScope
```

```
            });
        }));

        // 행동 및 확인
        it("Creates variable", function () {
            expect(mockScope.counter).toEqual(0);
        })

        it("Increments counter", function () {
            mockScope.incrementCounter();
            expect(mockScope.counter).toEqual(1);
        });
    });
```

이 테스트는 AngularJS 기능을 테스트하는 첫 번째 테스트인 만큼 이어지는 절에서는 여러 단계로 나눠 각 부분에서 어떤 작업이 진행되는지 살펴보자.

테스트 대상의 이해

컨트롤러는 스코프를 통해 뷰로 데이터와 동작을 제공한다는 점을 기억하자. 이 설정 과정은 모두 컨트롤러의 팩터리 함수에서 수행된다. 이 말은 실제 컨트롤러의 생성은 테스트의 '준비' 단계에서 일어나고, '행동' 및 '확인' 부분은 스코프상에서 실행된다는 의미다.

테스트 준비

이 테스트를 수행하려면 두 가지가 필요하다. 바로 컨트롤러의 인스턴스와 팩터리 함수로 전달할 스코프다. 이를 위해서는 몇 가지 준비 작업을 수행해야 한다. 우선, 컨트롤러가 들어 있는 모듈을 로드해야 한다. 모듈은 다음과 같이 로드한다.

```
...
beforeEach(angular.mock.module("exampleApp"));
...
```

기본적으로 기본 AngularJS 모듈만 로드되므로 ngResource 및 ngAnimate 같은 선택 모듈(21 및 23장에서 설명)을 비롯해 테스트에 필요한 모듈이 있다면 module 메서드를 호출해 모듈을 로드해야 한다. 여기서는 exampleApp 모듈에 정의된 컨트롤러를 테스트 중이므로 이 모듈만 로드하면 된다.

angular.mock.module 접두어는 사용하지 않아도 된다. angular.mock 객체에 정의된 메서드는 전역으로 정의돼 있으므로 angular.mock.module("exampleApp")이라고 호출하는 대신 그 냥 module("exampleApp")로 호출해도 된다. 하지만 필자는 호출하는 메서드의 소스를 좀 더 명확히 나타낸다는 점에서 이 예제와 같은 긴 호출 방식을 선호하는 편이다.

의존성 리졸브

이 책에서 지금까지 살펴본 것처럼 AngularJS가 제대로 동작하는 데 있어서 의존성 주입은 매우 중요하며, 단위 테스트가 제대로 동작하려면 마찬가지로 의존성을 제대로 리졸브할 수 있어야 한 다. angular.mock.inject 메서드는 인자로 받은 함수의 의존성을 리졸브해주므로, 다음과 같 이 테스트에 필요한 서비스에 접근할 수 있게 해준다.

```
...
beforeEach(angular.mock.inject(function ($controller, $rootScope) {
    mockScope = $rootScope.$new();
    controller = $controller("defaultCtrl", {
        $scope: mockScope
    });
}));
...
```

inject 메서드의 인자로 넘긴 함수에서는 $controller 및 $rootScope 서비스에 대한 의존성 을 선언하고 있다. 일반적으로 inject 메서드는 단위 테스트를 준비하는 과정에서 사용하며, 이 메서드의 인자로 넘긴 함수에서는 자스민의 it 함수에서 나중에 호출할 테스트 변수를 설정하는 일을 한다.

이 예제 함수의 목적은 새 스코프를 생성하고 예제 애플리케이션의 컨트롤러 인스턴스로 이 스 코프를 전달해 컨트롤러가 동작 및 데이터를 정의할 수 있게 하는 것이다. $rootScope 서비스 에서는 새 스코프를 생성하는 $new 메서드를 정의하고, $controller 서비스는 컨트롤러 객체 를 인스턴스화하는 일을 한다. $controller 서비스 함수의 인자로는 컨트롤러의 이름(이 경우 defaultCtrl), 컨트롤러의 팩터리 함수에서 선언한 의존성을 리졸브하는 데 사용되는 속성이 들어 있는 객체를 넘겨준다. 이 예제의 컨트롤러에서는 팩터리 함수의 스코프만 필요하지만, 좀 더 복잡한 컨트롤러에서는 다른 서비스가 필요할 수도 있다(이와 같은 서비스는 inject 메서드 를 통해 가져올 수 있다).

inject 메서드로 전달된 함수가 실행을 마칠 즈음 컨트롤러는 이미 인스턴스가 생성된 이후이 며, 팩터리 함수는 생성된 스코프를 대상으로 실행을 마친 시점이 된다. 스코프 객체는 나중에 테 스트 행동 및 확인 단계에서 사용할 수 있게끔 mockScope라는 변수에 대입한다.

테스트의 실행 및 평가

이 테스트에서 중요한 부분은 스코프 생성 설정 및 컨트롤러 인스턴스화 과정이다. 실제 테스트 자체는 매우 간단하다. 이 테스트에서는 스코프에 counter라는 속성이 있는지 검사하고, incrementCounter 동작을 호출할 경우 값이 제대로 변하는지 검사한다.

```
...
it("Creates variable", function () {
    expect(mockScope.counter).toEqual(0);
})

it("Increments counter", function () {
    mockScope.incrementCounter();
    expect(mockScope.counter).toEqual(1);
});
...
```

controllerTest.js 파일을 저장하면 카르마에서는 테스트를 실행하고, 다음과 같은 결과를 출력한다.

```
Chrome 31.0.1650 (Windows): Executed 4 of 4 SUCCESS (25 secs / 17.928 secs)
```

카르마에서는 여전히 firstTest.js 파일을 찾아 테스트를 실행하므로 여기서는 네 개의 테스트 결과가 출력된 것을 볼 수 있다. 카르마에서 AngularJS 테스트에 대한 결과만 보려면 기존 테스트 파일을 제거하면 된다. 이 파일은 이 장에서 더 이상 사용하지 않을 예정이다.

> **팁** 만일 테스트가 실패했다는 결과가 출력된다면 아마도 이전 장에서 작업한 angularjs 폴더 내용을 모두 지우라고 한 경고를 무시했기 때문일 것이다.

| 목 객체 활용

이제 간단한 컨트롤러를 테스트하는 법을 배웠으니 표 25-5에서 살펴본 다양한 목 객체를 활용하는 법을 알아보자.

HTTP 응답 모킹

$httpBackend 서비스는 $http 서비스(및 $http에 의존하는 $resource 서비스)가 Ajax 요청을 수행하기 위해 사용하는 저수준 API를 제공한다. ngMocks에 들어 있는 목 $httpBackend 서비스에서는 서버 응답을 일관되게 시뮬레이션할 수 있게 도와주며, 이를 통해 실제 서버 및 네트

워크로부터 코드 단위를 고립화해주는 데 도움을 준다. 예제 25-6에서는 Ajax 요청을 수행하게 끔 컨트롤러를 수정한 app.js 파일을 볼 수 있다.

예제 25-6. app.js 파일에 Ajax 요청 추가

```javascript
angular.module("exampleApp", [])
    .controller("defaultCtrl", function ($scope, $http) {

        $http.get("productData.json").success(function (data) {
            $scope.products = data;
        });

        $scope.counter = 0;

        $scope.incrementCounter = function() {
            $scope.counter++;
        }
    });
```

컨트롤러에서는 productData.json URL을 요청하고, success 함수를 사용해 응답을 수신한 후 데이터를 products라는 스코프 속성에 대입한다. 새로 추가한 기능을 테스트하기 위해 tests/controllerTest.js 파일을 예제 25-7과 같이 수정했다.

예제 25-7. controllerTest.js 파일 내 테스트 확장

```javascript
describe("Controller Test", function () {

    // 준비
    var mockScope, controller, backend;

    beforeEach(angular.mock.module("exampleApp"));

    beforeEach(angular.mock.inject(function ($httpBackend) {
        backend = $httpBackend;
        backend.expect("GET", "productData.json").respond(
        [{ "name": "Apples", "category": "Fruit", "price": 1.20 },
        { "name": "Bananas", "category": "Fruit", "price": 2.42 },
        { "name": "Pears", "category": "Fruit", "price": 2.02 }]);
    }));

    beforeEach(angular.mock.inject(function ($controller, $rootScope, $http) {
        mockScope = $rootScope.$new();
        $controller("defaultCtrl", {
            $scope: mockScope,
            $http: $http
        });
        backend.flush();
```

```
    }));

    // 행동 및 확인
    it("Creates variable", function () {
        expect(mockScope.counter).toEqual(0);
    })

    it("Increments counter", function () {
        mockScope.incrementCounter();
        expect(mockScope.counter).toEqual(1);
    });

    it("Makes an Ajax request", function () {
        backend.verifyNoOutstandingExpectation();
    });

    it("Processes the data", function () {
        expect(mockScope.products).toBeDefined();
        expect(mockScope.products.length).toEqual(3);
    });

    it("Preserves the data order", function () {
        expect(mockScope.products[0].name).toEqual("Apples");
        expect(mockScope.products[1].name).toEqual("Bananas");
        expect(mockScope.products[2].name).toEqual("Pears");
    });
});
```

목 $httpBackend 서비스에서는 $http 서비스를 통해 보낸 요청과 일치하는 API를 제공하며, 결과 및 결과를 보내는 시점을 제어할 수 있게 해준다. 목 $httpBackend 서비스에서 제공하는 메서드는 표 25-8에 정리돼 있다.

표 25-8. $httpBackend에서 정의하는 메서드

메서드	설명
expect(method, url, data, headers)	HTTP 방식 및 URL에 해당하는 요청에 대한 기대 값을 정의한다(선택적으로 데이터 및 헤더를 지정).
flush()	지정한 컨트롤러의 인스턴스를 생성한다.
flush(count)	남아 있는 결과(선택 인자를 사용한 경우 지정된 개수의 응답)를 전달한다.
resetExpectations()	기대 값을 재설정한다.
verifyNoOutstandingExpectation()	기대한 요청이 모두 수신됐는지 검사한다.
respond(data) response(status, data, headers)	기대한 요청에 대한 응답을 정의한다.

여기서는 독자들이 참조하기 쉽게끔 respond 메서드도 함께 수록했지만 이 메서드는 사실 expect 메서드의 결과에 적용한다.

목 $httpBackend 서비스를 사용하는 과정은 비교적 간단하며 구체적인 단계는 다음과 같다.

1. 수신하려는 요청을 정의하고, 요청에 대한 응답을 정의한다.

2. 응답을 전송한다.

3. 기대한 요청이 모두 수행됐는지 검사한다.

4. 결과를 평가한다.

이어지는 절에서는 각 단계를 살펴본다.

기대 요청 및 응답의 정의

expect 메서드는 테스트할 컴포넌트에서 수행할 요청을 정의하는 데 사용한다. 이 메서드의 필수 인자는 요청에 사용할 HTTP 방식 및 URL이며, 필요에 따라 데이터 및 헤더를 지정해 대상이 되는 요청을 좀 더 제한할 수도 있다.

```
...
beforeEach(angular.mock.inject(function ($httpBackend) {
    backend = $httpBackend;
    backend.expect("GET", "productData.json").respond(
    [{ "name": "Apples", "category": "Fruit", "price": 1.20},
    { "name": "Bananas", "category": "Fruit", "price": 2.42},
    { "name": "Pears", "category": "Fruit", "price": 2.02}]);
}));
...
```

예제 단위 테스트에서는 expect 메서드를 호출하기 위해 inject 메서드를 사용해서 $httpBackend 서비스를 가져오고 있다. ngMocks 모듈에서는 기본 서비스 구현체를 오버라이드하므로 목 객체를 가져오기 위해 별도로 해야 할 일은 없다.

 목 $httpBackend 서비스에서 정의하는 expect 메서드는 자스민에서 테스트 결과를 평가하기 위해 사용하는 메서드와 전혀 관계없다는 사실에 주의하자.

여기서는 $httpBackend가 productData.json URL을 대상으로 HTTP GET 방식을 사용한 요청을 기대하게끔 함으로써 app.js 파일에서 컨트롤러가 보내는 요청을 대체하게끔 했다.

expect 메서드의 결과는 respond 메서드를 호출할 수 있는 객체가 된다. 여기서는 이 메서드의 기본적인 형태를 사용해 서버에서 응답을 시뮬레이션하기 위해 반환할 데이터를 단일 인자로 지정했다. 응답을 시뮬레이션하는 데이터로는 이전 장의 상품 데이터 중 일부를 사용했다. 이때 데이터를 JSON으로 인코딩하지 않아도 된다는 점에 주의하자. 이 작업은 자동으로 수행된다.

응답 전송

Ajax 요청의 비동기적 특성을 반영하기 위해 목 $httpBackend 서비스에서는 flush 메서드를 호출하기 전까지 응답을 전송하지 않는다. 이와 같은 동작을 통해 오랜 지연 시간이 걸리는 상황이나 타임아웃 등을 시뮬레이션할 수 있다. 하지만 이 예제에서는 가능한 한 빨리 응답을 받아야 하므로 다음과 같이 컨트롤러 팩터리 함수를 호출한 후 바로 flush 메서드를 호출한다.

```
...
beforeEach(angular.mock.inject(function ($controller, $rootScope, $http) {
    mockScope = $rootScope.$new();
    $controller("defaultCtrl", {
        $scope: mockScope,
        $http: $http
    });
    backend.flush();
}));
...
```

flush 메서드를 호출하면 $http 서비스에서 반환한 프로미스를 리졸브하고 컨트롤러에서 정의한 success 함수를 호출하게 된다. 이때 $controller 서비스를 통해 팩터리 함수로 $http 서비스를 전달하려면 inject 메서드를 사용해 $http 서비스를 가져와야 한다는 점에 주의하자.

기대 요청의 수신 확인

$httpBackend 서비스에서는 각 expect 메서드별로 한 개의 HTTP 요청을 수신할 거라고 기대하므로, 이를 활용하면 기대한 요청을 모두 테스트했는지 쉽게 확인할 수 있다. 예제 코드에서는 한 개의 요청만 보내고 있지만 자스민 it 함수 내에서 verifyNoOutstandingExpectation 메서드를 호출해 모든 요청 결과를 예상대로 수신했는지 검사하고 있다.

```
...
it("Makes an Ajax request", function () {
    backend.verifyNoOutstandingExpectation();
});
...
```

verifyNoOutstandingExpectation 메서드는 모든 요청 결과를 수신하지 못했을 경우 예외를 던진다. 따라서 이와 같은 검사를 수행할 때는 자스민의 expect 메서드를 사용하지 않아도 된다.

결과 평가

마지막으로 테스트 결과를 평가해야 한다. 여기서는 컨트롤러를 테스트 중이므로 다음과 같이 생성된 스코프상에서 테스트를 수행한다.

```
...
it("Processes the data", function () {
    expect(mockScope.products).toBeDefined();
    expect(mockScope.products.length).toEqual(3);
});
it("Preserves the data order", function () {
    expect(mockScope.products[0].name).toEqual("Apples");
    expect(mockScope.products[1].name).toEqual("Bananas");
    expect(mockScope.products[2].name).toEqual("Pears");
});
...
```

여기서는 컨트롤러가 데이터를 훼손하지 않는지 간단히 테스트한다. 물론 실제 프로젝트라면 주로 데이터 처리보다는 요청 자체에 테스트 초점을 맞췄을 것이다.

기간 모킹

목 $interval 및 $timeout 서비스는 테스트 대상 코드에 등록된 콜백 함수를 명시적으로 실행할 수 있는 추가 메서드를 정의한다. 예제 25-8에서는 app.js 파일에서 실제 서비스를 사용하는 코드를 볼 수 있다.

예제 25-8. app.js 파일에 인터벌 및 타임아웃 추가

```
angular.module("exampleApp", [])
    .controller("defaultCtrl", function ($scope, $http, $interval, $timeout) {

        $scope.intervalCounter = 0;
        $scope.timerCounter = 0;

        $interval(function () {
            $scope.intervalCounter++;
        }, 5000, 10);

        $timeout(function () {
            $scope.timerCounter++;
        }, 5000);

        $http.get("productData.json").success(function (data) {
            $scope.products = data;
        });

        $scope.counter = 0;
```

```
        $scope.incrementCounter = function() {
            $scope.counter++;
        }
    });
```

여기서는 intervalCounter 및 timerCounter라는 두 개의 변수를 정의했다. 두 변수는 $interval 및 $timeout 서비스의 인자로 전달한 함수에서 값을 늘리는 데 사용된다. 이들 함수는 5초 후 호출되는데, 여러 테스트를 빠르게, 자주 실행해야 하는 단위 테스트에서는 이와 같은 시간 지연이 방해 요소가 된다. 표 25-9에서는 이들 서비스의 목 버전에서 정의하는 추가 메서드를 볼 수 있다.

표 25-9. 목 $timeout 및 $interval 서비스에서 정의하는 추가 메서드

서비스	메서드	설명
$timeout	flush(millis)	지정한 밀리초 값만큼 타이머를 앞당긴다.
$timeout	verifyNoPendingTasks()	아직 호출하지 않은 콜백이 남아 있는지 여부를 검사한다.
$interval	flush(millis)	지정한 밀리초 값만큼 타이머를 앞당긴다.

flush 메서드는 시간을 앞당기는 데 사용할 수 있다. 예제 25-9에서는 이 기능을 활용하는 tests/controllerTest.js 파일의 내용을 볼 수 있다.

예제 25-9. controllerTest.js 파일에 테스트 추가

```
describe("Controller Test", function () {

    // 준비
    var mockScope, controller, backend, mockInterval, mockTimeout;

    beforeEach(angular.mock.module("exampleApp"));

    beforeEach(angular.mock.inject(function ($httpBackend) {
        backend = $httpBackend;
        backend.expect("GET", "productData.json").respond(
        [{ "name": "Apples", "category": "Fruit", "price": 1.20 },
        { "name": "Bananas", "category": "Fruit", "price": 2.42 },
        { "name": "Pears", "category": "Fruit", "price": 2.02 }]);
    }));

    beforeEach(angular.mock.inject(function ($controller, $rootScope,
            $http, $interval, $timeout) {
        mockScope = $rootScope.$new();
        mockInterval = $interval;
        mockTimeout = $timeout;
        $controller("defaultCtrl", {
            $scope: mockScope,
```

```
                    $http: $http,
                    $interval: mockInterval,
                    $timeout: mockTimeout
                });
                backend.flush();
            }));

            // 행동 및 확인
            it("Creates variable", function () {
                expect(mockScope.counter).toEqual(0);
            })

            it("Increments counter", function () {
                mockScope.incrementCounter();
                expect(mockScope.counter).toEqual(1);
            });

            it("Makes an Ajax request", function () {
                backend.verifyNoOutstandingExpectation();
            });

            it("Processes the data", function () {
                expect(mockScope.products).toBeDefined();
                expect(mockScope.products.length).toEqual(3);
            });

            it("Preserves the data order", function () {
                expect(mockScope.products[0].name).toEqual("Apples");
                expect(mockScope.products[1].name).toEqual("Bananas");
                expect(mockScope.products[2].name).toEqual("Pears");
            });

            it("Limits interval to 10 updates", function () {
                for (var i = 0; i < 11; i++) {
                    mockInterval.flush(5000);
                }
                expect(mockScope.intervalCounter).toEqual(10);
            });

            it("Increments timer counter", function () {
                mockTimeout.flush(5000);
                expect(mockScope.timerCounter).toEqual(1);
            });
        });
```

로깅 테스트

목 $log 서비스는 수신한 로그 메시지를 추적하고 실제 서비스 메서드명에 추가된 logs 속성
(log.logs, debug.logs, warn.logs 등)을 통해 이를 전달한다. 이들 속성은 단위 코드에서 메

시지를 제대로 로깅하는지 쉽게 테스트하는 데 도움을 준다. 예제 25-10에서는 app.js 파일에 $log 서비스를 추가한 것을 볼 수 있다.

예제 25-10. app.js 파일에 로깅 추가

```javascript
angular.module("exampleApp", [])
    .controller("defaultCtrl", function ($scope, $http, $interval, $timeout, $log) {

        $scope.intervalCounter = 0;
        $scope.timerCounter = 0;

        $interval(function () {
            $scope.intervalCounter++;
        }, 5, 10);

        $timeout(function () {
            $scope.timerCounter++;
        }, 5);

        $http.get("productData.json").success(function (data) {
            $scope.products = data;
            $log.log("There are " + data.length + " items");
        });

        $scope.counter = 0;

        $scope.incrementCounter = function() {
            $scope.counter++;
        }
    });
```

여기서는 $interval 서비스에 등록한 콜백 함수가 호출될 때마다 메시지를 로깅한다. 예제 25-11에서는 목 $log 서비스를 활용해 로깅 메시지가 제대로 출력되는지 검사하고 있다.

예제 25-11. controllerTest.js 파일 내 목 $log 서비스 활용

```javascript
describe("Controller Test", function () {

    // 준비
    var mockScope, controller, backend, mockInterval, mockTimeout, mockLog;

    beforeEach(angular.mock.module("exampleApp"));

    beforeEach(angular.mock.inject(function ($httpBackend) {
        backend = $httpBackend;
        backend.expect("GET", "productData.json").respond(
        [{ "name": "Apples", "category": "Fruit", "price": 1.20 },
        { "name": "Bananas", "category": "Fruit", "price": 2.42 },
```

```
                { "name": "Pears", "category": "Fruit", "price": 2.02 }]);
    }));

    beforeEach(angular.mock.inject(function ($controller, $rootScope,
            $http, $interval, $timeout, $log) {
        mockScope = $rootScope.$new();
        mockInterval = $interval;
        mockTimeout = $timeout;
        mockLog = $log;
        $controller("defaultCtrl", {
            $scope: mockScope,
            $http: $http,
            $interval: mockInterval,
            $timeout: mockTimeout,
            $log: mockLog
        });
        backend.flush();
    }));

    // 행동 및 확인
    it("Creates variable", function () {
        expect(mockScope.counter).toEqual(0);
    })

    it("Increments counter", function () {
        mockScope.incrementCounter();
        expect(mockScope.counter).toEqual(1);
    });

    it("Makes an Ajax request", function () {
        backend.verifyNoOutstandingExpectation();
    });

    it("Processes the data", function () {
        expect(mockScope.products).toBeDefined();
        expect(mockScope.products.length).toEqual(3);
    });

    it("Preserves the data order", function () {
        expect(mockScope.products[0].name).toEqual("Apples");
        expect(mockScope.products[1].name).toEqual("Bananas");
        expect(mockScope.products[2].name).toEqual("Pears");
    });

    it("Limits interval to 10 updates", function () {
        for (var i = 0; i < 11; i++) {
            mockInterval.flush(5000);
        }
        expect(mockScope.intervalCounter).toEqual(10);
    });

    it("Increments timer counter", function () {
```

```
        mockTimeout.flush(5000);
        expect(mockScope.timerCounter).toEqual(1);
    });

    it("Writes log messages", function () {
        expect(mockLog.log.logs.length).toEqual(1);
    });

});
```

컨트롤러의 팩터리 함수에서는 Ajax 요청에 대한 응답을 수신할 때 $log.log 메서드에 메시지를 출력한다. 단위 테스트에서는 $log.log 메서드에 남긴 메시지가 저장되는 $log.log.logs 배열의 길이를 읽는다. logs 속성 외에도 목 $log 서비스에서는 표 25-10에 수록된 메서드를 정의한다.

표 25-10. 목 $log 서비스에서 정의하는 메서드

메서드	설명
assertEmpty()	출력된 로깅 메시지가 있으면 예외를 던진다.
reset()	저장된 메시지를 모두 제거한다.

| 기타 컴포넌트 테스트

지금까지 살펴본 테스트는 모두 컨트롤러와 관련한 테스트다. 하지만 지금까지 이 책에서 본 것처럼 AngularJS 애플리케이션에는 여러 유형의 컴포넌트가 존재한다. 이어지는 절에서는 각 컴포넌트별로 간단한 단위 테스트를 작성하는 법을 살펴본다.

필터 테스트

필터 인스턴스는 14장에서 소개한 $filter 서비스를 통해 가져올 수 있다. 예제 25-12에서는 app.js 파일에 필터를 추가한 것을 볼 수 있다.

예제 25-12. app.js 파일에 필터 추가

```
angular.module("exampleApp", [])
    .controller("defaultCtrl", function ($scope, $http, $interval, $timeout, $log) {

        $scope.intervalCounter = 0;
        $scope.timerCounter = 0;

        $interval(function () {
```

```
            $scope.intervalCounter++;
        }, 5, 10);

        $timeout(function () {
            $scope.timerCounter++;
        }, 5);

        $http.get("productData.json").success(function (data) {
            $scope.products = data;
            $log.log("There are " + data.length + " items");
        });

        $scope.counter = 0;

        $scope.incrementCounter = function() {
            $scope.counter++;
        }
    })
    .filter("labelCase", function () {
        return function (value, reverse) {
            if (angular.isString(value)) {
                var intermediate = reverse ? value.toUpperCase() : value.toLowerCase();
                return (reverse ? intermediate[0].toLowerCase() :
                    intermediate[0].toUpperCase()) + intermediate.substr(1);
            } else {
                return value;
            }
        };
    });
```

이 필터는 14장에서 작성한 커스텀 필터다. 예제 25-13에서는 이 필터를 테스트하기 위해 작성한 tests/filterTest.js 파일의 내용을 볼 수 있다.

예제 25-13. filterTest.js 파일의 내용

```
describe("Filter Tests", function () {

    var filterInstance;

    beforeEach(angular.mock.module("exampleApp"));

    beforeEach(angular.mock.inject(function ($filter) {
        filterInstance = $filter("labelCase");
    }));

    it("Changes case", function () {
        var result = filterInstance("test phrase");
        expect(result).toEqual("Test phrase");
    });
```

```
    it("Reverse case", function () {
        var result = filterInstance("test phrase", true);
        expect(result).toEqual("tEST PHRASE");
    });

});
```

여기서는 inject 메서드를 사용해 $filter 서비스 인스턴스를 가져오고, 이를 활용해 필터 인스턴스를 가져온다. 그런 다음 필터 인스턴스를 filterInstance 변수에 대입한다. 필터 객체는 beforeEach 함수 내에서 가져오므로, 테스트를 할 때마다 매번 새로운 인스턴스를 가져온다.

디렉티브 테스트

디렉티브 테스트는 디렉티브를 HTML에 적용하는 방식 및 디렉티브 적용에 따른 HTML 변화로 인해 좀 더 복잡하다. 디렉티브를 대상으로 하는 단위 테스트에서는 15장과 19장에서 각각 설명한 jqLite 및 $compile 서비스에 의존해야 한다. 예제 25-14에서는 app.js 파일에 디렉티브를 추가한 것을 볼 수 있다.

예제 25-14. app.js 파일에 디렉티브 추가

```
angular.module("exampleApp", [])
    .controller("defaultCtrl", function ($scope, $http, $interval, $timeout, $log) {

        $scope.intervalCounter = 0;
        $scope.timerCounter = 0;

        $interval(function () {
            $scope.intervalCounter++;
        }, 5, 10);

        $timeout(function () {
            $scope.timerCounter++;
        }, 5);

        $http.get("productData.json").success(function (data) {
            $scope.products = data;
            $log.log("There are " + data.length + " items");
        });

        $scope.counter = 0;

        $scope.incrementCounter = function () {
            $scope.counter++;
        }
    })
    .filter("labelCase", function () {
```

```
            return function (value, reverse) {
                if (angular.isString(value)) {
                    var intermediate = reverse ? value.toUpperCase() : value.toLowerCase();
                    return (reverse ? intermediate[0].toLowerCase() :
                        intermediate[0].toUpperCase()) + intermediate.substr(1);
                } else {
                    return value;
                }
            };
        })
        .directive("unorderedList", function () {
            return function (scope, element, attrs) {
                var data = scope[attrs["unorderedList"]];
                if (angular.isArray(data)) {
                    var listElem = angular.element("<ul>");
                    element.append(listElem);
                    for (var i = 0; i < data.length; i++) {
                        listElem.append(angular.element('<li>').text(data[i].name));
                    }
                }
            }
        }
    });
```

이 디렉티브는 15장에서 작성한 디렉티브다. 이 디렉티브에서는 스코프에서 가져온 값 배열을 사용해 무순서 목록을 생성한다. 예제 25-15에서는 이 디렉티브를 테스트하는 tests/directive Test.js 파일의 내용을 볼 수 있다.

예제 25-15. directiveTest.js 파일의 내용

```
describe("Directive Tests", function () {

    var mockScope;
    var compileService;

    beforeEach(angular.mock.module("exampleApp"));

    beforeEach(angular.mock.inject(function($rootScope, $compile) {
        mockScope = $rootScope.$new();
        compileService = $compile;
        mockScope.data = [
            { name: "Apples", category: "Fruit", price: 1.20, expiry: 10 },
            { name: "Bananas", category: "Fruit", price: 2.42, expiry: 7 },
            { name: "Pears", category: "Fruit", price: 2.02, expiry: 6 }];
    }));

    it("Generates list elements", function () {

        var compileFn = compileService("<div unordered-list='data'></div>");
        var elem = compileFn(mockScope);
```

```
            expect(elem.children("ul").length).toEqual(1);
            expect(elem.find("li").length).toEqual(3);
            expect(elem.find("li").eq(0).text()).toEqual("Apples");
            expect(elem.find("li").eq(1).text()).toEqual("Bananas");
            expect(elem.find("li").eq(2).text()).toEqual("Pears");
        });

    });
```

여기서는 inject 메서드를 사용해 $rootScope 및 $compile 서비스를 가져온다. 그런 다음 새 스코프를 생성하고, 디렉티브에서 사용할 데이터를 data 속성에 대입한다. $compile 서비스는 테스트에서 사용할 수 있게끔 참조를 보관한다.

19장에서 설명한 접근 방식에 따라 여기서는 디렉티브를 적용할 HTML 코드 조각을 컴파일하면서 데이터 소스를 스코프 data 배열로 지정한다. 이렇게 하면 목 스코프를 가지고 호출한 함수가 디렉티브를 통해 HTML 출력값을 생성하게 된다. 결과를 확인할 때는 jqLite를 활용해 디렉티브에서 생성한 엘리먼트의 구조 및 순서를 검사한다.

서비스 테스트

테스트할 서비스 인스턴스는 앞선 테스트에서 내장 서비스 및 목 서비스를 가져올 때처럼 inject 메서드를 사용해 손쉽게 가져올 수 있다. 예제 25-16에서는 app.js 파일에 간단한 서비스를 추가했다.

예제 25-16. app.js 파일에 서비스 추가

```
angular.module("exampleApp", [])
    .controller("defaultCtrl", function ($scope, $http, $interval, $timeout, $log) {

        $scope.intervalCounter = 0;
        $scope.timerCounter = 0;

        $interval(function () {
            $scope.intervalCounter++;
        }, 5, 10);

        $timeout(function () {
            $scope.timerCounter++;
        }, 5);

        $http.get("productData.json").success(function (data) {
            $scope.products = data;
            $log.log("There are " + data.length + " items");
        });
```

```
            $scope.counter = 0;

            $scope.incrementCounter = function () {
                $scope.counter++;
            }
    })
    .filter("labelCase", function () {
        return function (value, reverse) {
            if (angular.isString(value)) {
                var intermediate = reverse ? value.toUpperCase() : value.toLowerCase();
                return (reverse ? intermediate[0].toLowerCase() :
                    intermediate[0].toUpperCase()) + intermediate.substr(1);
            } else {
                return value;
            }
        };
    })
    .directive("unorderedList", function () {
        return function (scope, element, attrs) {
            var data = scope[attrs["unorderedList"]];
            if (angular.isArray(data)) {
                var listElem = angular.element("<ul>");
                element.append(listElem);
                for (var i = 0; i < data.length; i++) {
                    listElem.append(angular.element('<li>').text(data[i].name));
                }
            }
        }
    })
    .factory("counterService", function () {
        var counter = 0;
        return {
            incrementCounter: function () {
                counter++;
            },
            getCounter: function() {
                return counter;
            }
        }
    });
```

여기서는 18장에서 설명한 factory 메서드를 사용해 카운터를 보관하고, 카운터 값을 늘리고 반환하는 메서드를 정의한 서비스를 정의한다. 이 서비스는 그 자체로는 별 도움이 안 되는 서비스지만 서비스 테스트 절차를 설명하기에는 쓸 만하다. 예제 25-17에서는 tests/serviceTest.js 파일의 내용을 볼 수 있다.

```
describe("Service Tests", function () {

    beforeEach(angular.mock.module("exampleApp"));

    it("Increments the counter", function () {
        angular.mock.inject(function (counterService) {
            expect(counterService.getCounter()).toEqual(0);
            counterService.incrementCounter();
            expect(counterService.getCounter()).toEqual(1);
        });
    });
});
```

여기서는 다양한 활용법을 보여주기 위해 자스민의 it 함수 내에서 inject 메서드를 사용해 서비스 객체를 가져오고 있다. 그런 다음 카운터 변수 값을 테스트하고, 값을 늘린 후, 다시 값을 검사한다. AngularJS에서 단위 테스트를 위해 제공하는 툴은 주로 서비스 인스턴스화에 초점을 맞춰 서비스를 그만큼 쉽고 간편하게 테스트할 수 있게 해준다.

정리

이 장에서는 AngularJS에서 단위 테스트를 도와주기 위해 제공하는 툴을 살펴봤다. 각 툴의 활용법 및 AngularJS 애플리케이션의 주요 컴포넌트를 테스트하는 기본적인 접근 방식을 배웠다.

이로써 AngularJS에 대한 이 책의 설명을 모두 마쳤다. 이 책에서는 간단한 애플리케이션부터 시작해 프레임워크의 다양한 컴포넌트를 폭넓게 살펴보고, 각 컴포넌트를 설정, 커스터마이징, 또는 완전히 대체하는 법을 배웠다. 독자들이 현업에서 수행하는 AngularJS 프로젝트가 모두 성공하기를 기원하고, 필자가 그랬던 것처럼 독자들도 이 책을 즐겁게 읽었기를 바란다.

찾아보기

한글

ㄱ

가짜 객체 246
값 정의 261
값 포매팅 532
강제 변환 112
객체 리터럴 101
객체 상속 103
객체 생성 100, 655
객체 속성 반복 283
검색어 566
결과 평가 728
결합도 165
경로 566
고립 스코프 498, 543, 591
고립화 709
고정값 261
관심사의 분리 55
그리드 81
기간 모킹 728
기대 요청 726
기본 컨트롤러 369
기타 어트리뷰트 325

ㄴ

날짜 필터 411
내부 연동 400
내용 67
내장 디렉티브 691
내장 변수 284
내장 서비스 562, 597

내장 필터 255
네임드 파라미터 246

ㄷ

다중 뷰 248
다중 서술식 427
다중 컨트롤러 249, 392, 493
다형성 93
단방향 바인딩 201, 274, 501
단순 바인딩 35
단위 테스트 138, 709
단일 값 필터 407
단일 모듈 545
단일 컨트롤러 375
단일 태그 69
단일 페이지 애플리케이션 52
대괄호 119
대문자 필터 413
데이터 바인딩 150, 247, 272, 437, 543
데이터 바인딩 표현식 29
데이터 조회 640
데코레이션 함수 701
데코레이터 700
도메인 모델 57, 368
동등성 113
동등 연산자 112
동작 33, 59
동작명 159
동적인 템플릿 486
등호 부호 105
디렉터리 구조 생성 142
디렉티브 30, 239, 512

디렉티브 스코프 491, 501, 503
디렉티브 정의 251
디렉티브 정의 객체 182
디렉티브 테스트 735
디코딩 133

ㄹ

라우트 설정 679
라우트 파라미터 672, 678
라운드 트립 애플리케이션 52
라이브리로드 13
래퍼 512
로깅 573
로깅 테스트 730
로케일 416
루트 스코프 379
루트 엘리먼트 707
리졸브 627
리터럴 문자열 426
링크 엘리먼트 68
링크 함수 441, 444, 459, 476, 477, 518

ㅁ

막대(|) 문자 428
메서드 102
메서드 체인 444
메서드 호출 172
메서드 호출 체인 162
멱등적 http 62
명령 90
명시적 타입 변환 115
모델 25, 58

모델 로직 57
모델 바인딩 29
모델-뷰-컨트롤러 22, 51
모델-뷰-컨트롤러 패턴 541
모듈 20, 239
모듈 생명주기 266
모듈 생성 547
모듈 서비스 542
모듈 활용 241
모킹 719
목 객체 246, 719, 723
목 $httpBackend 서비스 726
목 $interval 728
목 $log 730
목 $log 서비스 731
목 $timeout 729
문서 객체 모델 70, 454, 687
문자열 98
문자열 리터럴 42

ㅂ

바인딩 269, 503
반복 엘리먼트 생성 280
반응형 그리드 84
배열 118
배열 리터럴 119
배열 인덱스 표기법 108
범용 유틸리티 88
변형 함수 614
보간 문자 592
보간 설정 593
보수적 파라미터 673

부동 소수 99
부모 스코프 392
부모 컨트롤러 383
부모 컨트롤러 스코프 386
부분 뷰 291
부정 연산자 126
부트스트랩 13, 71
부트스트랩 클래스 74
뷰 25, 368
뷰 데이터 59
뷰 디렉티브 174
뷰 서비스 661
뷰 정의 213
비동기적 127, 603
비즈니스 로직 24
빈 엘리먼트 69, 290

ㅅ

사용자 상호작용 38
생성자 369
생성자 함수 553
서비스 180, 239
서비스 객체 549, 550, 552, 555
서비스 역할 552
서비스 인스턴스 705
서비스 정의 258
서비스 컴포넌트 541
서비스 테스트 737
선택자 71
설정 객체 602, 608, 655
세그먼트 673
소문자 필터 413
속성 71, 101
속성 나열 106
속성명 35
속성 의존성 445
숫자 변환 117

스몰토크 55
스와이프 제스처 695
스코프 26, 59, 159, 160, 165, 201, 367, 370, 391
스코프 객체 508
스코프 계층구조 394
스코프리스 컨트롤러 394
스코프 문제 451
스코프 변수 425
스코프 변화 450
스코프 속성 157
스코프 수정 373
스코프 연동 메서드 396
스코프의 이해 174
스코프 이벤트 중개 382
스타일 컨텍스트 74
시작 태그 67
실수 99
싱글턴 258

ㅇ

암시적 모델 속성 331
애노테이션 27
애니메이션 687
애니메이션의 정의 690
애플리케이션 구조화 544
애플리케이션 테스트 638
액션 655
액션 메서드 59
액션 속성 655
양방향 데이터 바인딩 201
양방향 바인딩 31, 277, 504
어트리뷰트 22, 68, 150
엄격한 맥락적 이스케이핑 579
엘리먼트 67
엘리먼트 대체 488
엘리먼트 디렉티브 305
엘리먼트 수정 459

엘리먼트의 가시성 306
엘리먼트 콘텐츠 69
역직렬화 608
연산자 우선순위 115
열성적 파라미터 673
영속화 API 58
예외 처리 561, 575
예제 코드 8
오버라이드 387
와처 450
와처 함수 451, 518
외부 연동 399
외부 템플릿 484
요청 변형 609
요청 인터셉터 614
원시 타입 97
웹 서버 10
위생화 583
유지보수 가능성 3
유틸리티 메서드 87
유효성 검증 메서드 536
응답 모킹 723
응답 변형 608
응답 전송 727
의존성 21, 165, 184, 186, 233, 245, 442, 555,
        574, 666, 701, 702
의존성 리졸브 155, 722
의존성 선언 155, 640
의존성셋 704
의존성 인자 21
의존성 주입 47, 155, 239, 245, 523, 551
의존하는 컴포넌트 246
이벤트 디렉티브 320
이벤트 처리 315, 466
이벤트 처리 코드 41
이스케이프 581
인라인 데이터 바인딩 281, 514
인라인 데이터 바인딩 차단 276

인라인 스크립트 89
인자 93
인증 220
인증 뷰 222
인코딩 133

ㅈ

자바스크립트 87
자바스크립트 연산자 110
자바스크립트 콘솔 89
자스민 11, 714
자스민 함수 715, 716
자식 컨트롤러 383
자체 스코프 378, 387, 495
작업자 함수 253, 369, 434
전역 ajax 설정 613
전역 객체 접근 561
전환 최적화 215
점 표기법 108
접근 객체 231, 651
정규화 184
정렬 42
정렬 방향 425
정렬 필터 425
정수 99
정의 객체 475, 591
제이쿼리 54
제이쿼리 UI 396
조건문 111
조기 최적화 215
조직화 545
종료 태그 67
주입 관리 702
주입 서비스 699
준비 715
준비/행동/확인 715
즉시 호출 함수 표현식 453

지역 스코프 500
지역화 415
지역화 파일 415
지연 객체 617
지연 객체 활용 618
지원 어트리뷰트 추가 445
직렬화 609

ㅊ

최상위 레벨 컨트롤러 146
최상위 레벨 컴포넌트 241
최상위 레벨 HTML 144
최적화 함정 215

ㅋ

카르마 11, 711
캐스케이딩 스타일 시트 71
커스텀 디렉티브 181, 254, 269, 339, 437, 438,
　　　475
커스텀 로깅 서비스 549
커스텀 액션 656
커스텀 어트리뷰트 295
커스텀 엘리먼트 51, 290
커스텀 예외 핸들러 577
커스텀 이벤트 디렉티브 320
커스텀 폼 526
커스텀 필터 152, 429
컨트롤러 24, 59, 146, 368
컨트롤러 간 통신 380
컨트롤러 동작 211
컨트롤러 상속 373, 383
컨트롤러 스코프 500, 503, 580
컨트롤러 스코프 상속 161
컨트롤러의 생성 369
컨트롤러의 스코프 371, 499, 507
컨트롤러 인스턴스 378
컨트롤러 재사용 378

컨트롤러 정의 158, 244
컨트롤러 조직화 375
컨트롤러 테스트 720
컬렉션 필터 432
컬렉션 필터링 418
컴파일 함수 441, 477, 515, 517, 518
컴포넌트 테스트 733
코드 편집기 9
콜백 함수 451, 731
키워드 395

ㅌ

타입 96
터치 이벤트 687, 695
테스트 가능성 3
테스트 객체 719
테스트 설정 711
테스트 실행 716
테스트 함수 716
템플릿 490
템플릿 표현식 257
통화 필터 151, 407
트랜스클루전 310, 512, 513

ㅍ

파라미터 92
패턴 56
팩터리 239
팩터리 함수 153, 239, 244, 246, 253, 369
편의 메서드 643
포매팅 151, 255
폼 디렉티브 어트리뷰트 354
폼 생성 79
폼 스타일 80
폼 엘리먼트 80
폼 엘리먼트 연동 327
폼 유효성 검증 202, 336, 338

표준화 3

표현식 평가 29, 447, 507

프로미스 48, 127, 129, 172, 603, 616, 622, 627

프로미스 객체 621

프로미스 그룹핑 625

프로미스 체인 623, 625

프로바이더 189, 231

프로바이더 객체 189, 555

프로비전 699

프로토타입 상속 391

플루언트 API 162, 251, 263

피드백 지연 352

피드백 표시 203

필터 42, 150, 239, 403, 404

필터 결과 지역화 415

필터 구현 165

필터링 42

필터 적용 257

필터 정의 255

필터 체인 428

필터 테스트 733

필터 함수 153

필터 확장 433

ㅎ

함수 91

함수를 활용한 정렬 425

함수 의존성 703

항등성 113

항등 연산자 112

항목 정렬 424

해시 566

핸들러 함수 451

행동 715

호출 91

확인 715

확장 가능성 3

히스토리 API 569

영어

A

A/A/A 715

a 엘리먼트 157

Ajax 60, 172

Ajax 기본값 612

Ajax 서비스 598

Ajax 요청 47, 127, 601

Ajax 요청 설정 607

Ajax 응답 603

Ajax 인터셉터 614

angular.copy 104

angular.element 메서드 400, 444, 463

angular.extend 103

angular.forEach 107, 121

angular.fromJson 133

angular.isArray 119, 153, 443

angular.isDefined 127

angular.isDefined 메서드 352

angular.isFunction 94

angular.isObject 104

angular.isString 99, 153

angular.isString 메서드 430

angular.isUndefined 127, 153

angular.mock 720

angular.module 20, 147, 242, 548

angular.toJson 133

annotate 메서드 703, 705

append 메서드 465

attrs 인자 446

attrs 컬렉션 442

B

beforeEach 함수 735

body 엘리먼트 27, 69, 375

bootstrap.css 68, 73

bootstrap-theme.css 73

C

CDN 11, 396
children 메서드 457
class 어트리뷰트 273, 286, 479
compile 속성 517
compile 정의 속성 477
config 메서드 266, 267
config 함수 666
Connect 10
console.log 89
constan 546
constant 메서드 267
Content-Type 헤더 609
controller 메서드 148, 251, 369
controller 설정 옵션 680
CRUD 58, 137, 216
CSS 71
CSS color 속성 461
CSS 메서드 460
CSS 스타일 속성 303
CSS 프레임워크 13, 71

D

data.error 속성 175
Date 객체 411
debug 메서드 575
decorator 메서드 700, 701
decorator 함수 701
delete 231, 651
DELETE 633
DELETE HTTP 방식 229
delete 키워드 109
Deployd 14, 138, 633
Deployd 서버 172
directive 253

directive 메서드 182, 440
directive 어트리뷰트 482
disabled 322
display 속성 307
div 엘리먼트 83
DOCTYPE 69
document 562
DOM 70, 454, 687
DOM API 444
DOM API 전역 객체 562
DOM 조작 56

E

element 인자 254, 444
error 623
error 메서드 172, 603
expect 716
expect 메서드 726, 727

F

factory 258
factory 메서드 549
filter 42
filter 필터 422
find 메서드 457
for...in 106
form 327
form 엘리먼트 340
for 순환문 122
function 92

G

get 48, 231
GET 633
get(id) 651
get 메서드 129
GET 요청 602

H

href 68
href 어트리뷰트 675
HTML5 URL 569
HTMLElement 객체 456, 463
HTML 목업 17
html 엘리먼트 19, 69
HTTP DELETE 방식 643
HTTP GET 방식 172
HTTP POST 방식 643

I

if/else 111
inject 메서드 722, 735, 737
injector 708
input 327
input 엘리먼트 81, 200
in 표현식 109
item 변수 30
it 함수 717

J

Jasmine 11
jqLite 181, 437, 443, 454, 518, 735
jqLite 객체 455, 460, 465
jqLite 대체 470
jqLite 메서드 455
JSON 46, 133, 142, 173, 598, 634
JSON 문자열 414
json 필터 414

K

Karma 11

L

label 81
length 속성 122

limitTo 필터 166, 418, 419
link 속성 477
li 엘리먼트 291
local 속성값 501

M

message 속성 176
meta 86
Module.config 557
Module.controller 메서드 245
Module.directive 메서드 440
Module.factory 549
Module.factory 메서드 180
Module.provider 555
Module.service 382
Module.service 메서드 552
Module 객체 148, 243, 369, 546
module 메서드 253, 263, 699, 721
MVC 22, 51
MVC 패턴 57, 378, 552
MVC 패턴 구현체 56

N

name 68, 243
new 키워드 553, 655
new Array() 119
new Object() 100
ngAnimation 모듈 688
ng- 접두어 692
ng-app 22, 271
ng-app 디렉티브 145, 219, 707
ng-app 어트리뷰트 242
ng-bind 273
ng-bind 디렉티브 276
ng-bind-html 581
ng-class 311
ng-class 디렉티브 37

ng-class-even 287, 314

ng-class-odd 287, 314

ng-click 41

ng-click 디렉티브 157, 159, 694

ng-cloak 디렉티브 276, 300

ng-controller 27, 161, 271, 370

ng-controller 디렉티브 160, 195, 200, 223, 374,
       375, 379, 384

ng-controller 어트리뷰트 27, 249

ng-dirty 클래스 347

ng-disabled 디렉티브 206, 323

ng-enter 692

ng-enter-active 692

ngFade.ng-enter 691

ngFade.ng-enter-active 691

ng-false-value 357

ng-hide 176, 195, 307

ng-hide 디렉티브 35

ng-if 디렉티브 288, 308, 310

ng-include 디렉티브 177, 273, 291, 295, 661,
       662

ng-invalid 204

ng-invalid-required 클래스 348

ngMock 711

ngMocks 711

ng-model 32, 41, 59, 492, 526

ng-model 디렉티브 200, 201, 277, 319, 335,
       373, 497, 530, 643

ngModel 컨트롤러 527, 533

ng-model 표현식 361

ng-mouseenter 319

ng-mouseleave 319

ng-options 어트리뷰트 361, 363, 374

ng-pattern 357

ng-pristine 347

ng-repeat 30, 31, 128, 150, 310, 419, 516

ng-repeat 디렉티브 134, 161, 280, 283, 291,
       406, 491, 637, 675

ng-repeat 어트리뷰트 156

ng-repeat-end 288

ng-repeat-start 288

ngResource 모듈 229, 648

ngRoute 모듈 191, 664, 666, 674

ngSanitize 모듈 581

ng-show 195, 307

ng-show 디렉티브 175, 205, 349

ng-style 311, 313

ng-switch 디렉티브 295, 297

ng-swich-when 298

ng-swipe-left 696

ng-swipe-right 696

ng-switch-default 디렉티브 298

ngTouch 모듈 694

ng-true-value 357

ng-valid 204

ng-valid 클래스 347

ng-valid-email 348

ng-view 디렉티브 191, 219, 224, 667, 692

Node.js 9

novalidate 어트리뷰트 203

NPM 10

null 123

Number 117

Number.toFixed 메서드 409

O

on 메서드 467, 531

on 어트리뷰트 297

onload 어트리뷰트 293

optgroup 엘리먼트 363

option 엘리먼트 359, 361

orderBy 42

orderBy 필터 157, 424, 425

otherwise 메서드 220, 667

P

params 651
PATCH 방식 633
POST 633
POST 요청 212, 602
product 651
promise 48
promise 객체 619
provider 189, 258
PUT 633
PUT 방식 633, 644

Q

query 231
query() 651
query 메서드 652

R

redirectTo 옵션 220
reject 618
reject 함수 623
rel 68
remove 231, 651
replace 속성 490
request 615
required 69, 338, 343
required 어트리뷰트 203
requires 243
resolve 618
resolve 설정 속성 682
resolve 속성 682
Resource 객체 653
respond 메서드 726
response 615
response 인터셉터 615
REST 629, 635
RESTful 47, 60, 62, 629

RESTful API 229, 598
RESTful 서비스 633
RESTful 서비스 생성 630
restrict 속성 476
restrict 정의 477
restrict 정의 속성값 482
REST 서비스 630
return 94
run 메서드 266

S

sanitization 583
save 231, 651
SCE 579
scope 속성 515
scope 정의 객체 495
scope.$apply 메서드 531
scope.$eval 메서드 447
script 엘리먼트 19, 89
select 327
select 엘리먼트 359
service 258
service 메서드 259, 553
source 어트리뷰트 517
span 엘리먼트 38
src 어트리뷰트 290
statement 90
status 속성 176
String 함수 116
success 48, 172
success 메서드 603, 641
success 콜백 130
switch 111

T

table-striped 클래스 309
table 엘리먼트 77

tbody 엘리먼트 77
template 속성 483
templateUrl 485
textarea 엘리먼트 358
text 메서드 461, 465
text 함수 451
thead 엘리먼트 69, 77
then 메서드 131, 604
this 객체 260
this 키워드 102, 260
toEqual 함수 716
toString 116
touchend 321
touchstart 321
tr 엘리먼트 69
transclude 514
transclude 속성 518
transclude 정의 속성 517
transformRequest 속성 609
transformResponse 속성 608
trustAsHtml 메서드 585
type 338
type 어트리뷰트 342, 348

U

undefined 93, 123
unordered-list 441
unorderedList 441
URL 라우트 188
URL 라우팅 187, 661, 664

V

value 68
value 메서드 546

W

W3C 602

when 메서드 190, 667
window 562
window 객체 562
window.document 563
window.history 571
window.setInterval 564
window.setTimeout 564
withCredentials 옵션 221, 231

X

XML 609
XML 생성 611

기호

^ 523
! 126
$anchorScroll 서비스 571
$animate 서비스 687, 690
$animation 서비스 688
$apply 메서드 396, 400
$broadcast 메서드 381
$compile 서비스 594, 735
$delegate 701
$delegate 객체 701
$delegate 인자 701
$delete 654
$document 562, 563
$error.required 350
$error 변수 350
$eval 447
$even 314
$exceptionHandler 서비스 565, 575
$filter 258
$filter 서비스 246, 733, 735
$filter 인자 258
$formatters 속성 532
$http 47, 171, 630

$http 서비스 129, 226, 599, 607, 640, 723

$httpBackend 725

$httpBackend 서비스 725, 727

$http.get 130, 172

$httpProvider 612, 614

$httpProvider.interceptor 615

$index 225, 285

$injector 서비스 702, 703, 707

$injector 서비스 객체 708

$injector.get 메서드 705

$injector.invoke 메서드 707

$interpolate 서비스 591

$interpolateProvider 591

$interval 564

$interval 서비스 729, 731

$location 666

$location.hash 571

$location 서비스 565, 567, 667

$locationProvider 569

$log 서비스 573, 702

$logProvider.debugEnabled 속성 575

$odd 314

$odd 변수 286

$parse 서비스 587, 589

$provide 서비스 700

$q 서비스 617

$q.all 메서드 625

$remove 654

$render 메서드 529

$resource 47

$resource 메서드 655

$resource 서비스 229, 230, 231, 598, 630, 648, 649, 651, 656

$rootElement 서비스 707

$rootScope 370

$rootScope 객체 381

$route 666, 674

$route 서비스 189, 664, 677

$routeChangeSuccess 678

$routeParams 674

$routeParams 서비스 678

$routeProvider 189

$sanitize 서비스 584

$save 메서드 653, 659

$sce 서비스 585

$scope 26, 258, 370

$scope 객체 35, 128

$scope 서비스 260, 370, 442

$scope 컴포넌트 246

$setValidity 메서드 535

$swipe 서비스 694

$timeout 564

$timeout 서비스 728

$valid 변수 343, 347

$watch 메서드 399, 450

$window 562

$window 서비스 571

$ 기호 26

$ 접두어 655

& 접두어 508

200 상태 코드 220

401 코드 220

프로 AngularJS

초판 1쇄 발행 2015년 1월 21일

지은이 애덤 프리먼
옮긴이 유윤선

발행인 김범준
편집디자인 이가희
교정/교열 김묘선

발행처 비제이퍼블릭
출판신고 2009년 05월 01일 제300-2009-38호
주소 서울시 종로구 내수동 73 경희궁의아침 4단지 오피스텔 #1004
주문/문의 전화 02-739-0739   **팩 스** 02-6442-0739
홈페이지 http://bjpublic.co.kr **이메일** bjpublic@bjpublic.co.kr

가격 42,000원
ISBN 978-89-94774-87-9

한국어판 © 2015 비제이퍼블릭